beck'sche reihe

Was ist Literatur? Wie können Kriterien zu ihrer Interpretation aussehen? Matías Martínez und Michael Scheffel legen einen Querschnitt der modernen Literaturtheorie vor und liefern damit eine hilfreiche Orientierung in einem zunehmend unübersichtlichen Forschungsfeld. Sie ziehen in ihrem Band eine Bilanz der wichtigsten literaturtheoretischen Ansätze des 20. Jahrhunderts. Das Ergebnis ist eine repräsentative Zusammenschau der Positionen jener Denker, die die Diskussion bis heute prägen – von Sigmund Freud über Jacques Derrida bis Edward Said.

Matías Martínez, geb. 1960 in Santiago de Chile, ist Professor für Neuere deutsche Literaturgeschichte an der Bergischen Universität Wuppertal.

Michael Scheffel, geb. 1958 in Frankfurt am Main, ist Professor für Allgemeine Literaturwissenschaft und Neuere deutsche Literaturgeschichte an der Bergischen Universität Wuppertal. Bei C.H.Beck ist von ihnen erschienen: *Einführung in die Erzähltheorie* ([8]2009).

Klassiker der modernen Literaturtheorie

Von Sigmund Freud bis Judith Butler

Herausgegeben von
Matías Martínez und Michael Scheffel

Verlag C.H.Beck

Originalausgabe

Satz, Druck u. Bindung: Druckerei C.H.Beck, Nördlingen
Umschlagentwurf: malsyteufel, Willich
Umschlagabbildungen: akg-images (Freud);
ullsteinbild/SIPA (Foucault); SZ Photo (Butler).
Printed in Germany
ISBN 978 3 406 60829 2

www.beck.de

Inhaltsverzeichnis

Einleitung
Klassiker der modernen Literaturtheorie – heute

Was ist der Gegenstand von Literaturtheorie heute? Literaturtheorien, so viel scheint offensichtlich, liefern mehr oder minder systematisch ausgearbeitete Antworten auf die Frage, was Literatur eigentlich ausmacht. Doch der Literaturbegriff ist gegenwärtig alles andere als klar. Was gelten im Zeitalter digitaler Medien noch herkömmliche Kategorien der literarischen Kommunikation wie ‹Autor›, ‹Werk› und ‹Leser›? Welche Bedeutung schreibt man der Literatur in Relationen zu, wie – um nur einige aktuelle Schlagworte aufzugreifen – ‹Literatur und Kultur›, ‹Literatur und Medium›, ‹Literatur und Gedächtnis›, ‹Literatur und Kognition› oder ‹Literatur und Wissen›? Was bleibt als Spezifikum der Literatur in neueren Wissenschaftstrends wie *cognitive turn*, *cultural turn*, *narrative turn*, *performative turn* oder *pictorial turn*? Hier begegnet man einer radikalen Entgrenzung des Text- und Literaturbegriffs, dort einer Rückkehr zum literarischen Text im Zeichen einer ‹Re-Philologisierung›. Sowohl die Fragen als auch die Antworten im Hinblick auf die ‹Literatur›, ihre Voraussetzungen und Funktionen sind heute wohl vielfältiger denn je. Zugleich lassen sich in einer zerklüfteten Forschungslandschaft ganz unterschiedliche *interpretive communities* (Stanley Fish), kaum aber verbindliche Standards erkennen.

Gerade weil es den philologischen Fächern gegenwärtig schwer fällt, ihre Gegenstände und ihre Forschungsziele einvernehmlich zu benennen, sind, so möchte man meinen, theoretische Begründungen der literaturwissenschaftlichen Praxis besonders geboten. Tatsächlich lässt sich aber zurzeit eher eine gewisse Theoriemüdigkeit beobachten – jedenfalls, wenn man unter ‹Theorie› grundlegendere, nicht unmittelbar auf den Zweck der ‹Anwendbarkeit› hin angelegte Entwürfe versteht. Aber ermöglicht nicht erst die Abkehr vom Primat der Praktikabilität den Freiraum, der für die gedankliche Durchdringung von Gegenständen notwendig ist? Und was können heute, im Zeitalter des vielfach festgestellten Methodenpluralismus, Ausgangspunkte für die Weiterentwicklung des literaturwissenschaftlichen Denkens im Zeichen eines solchen Freiraums sein? In einer Situation der Erosion von Konzepten und Werten traditioneller Philologie einerseits und einer gewissen Unübersichtlichkeit, vielleicht auch Unwissenheit in literaturtheoretischen Fragen andererseits scheint es uns hilfreich, Bilanz zu ziehen und die Erträge der modernen literaturtheoretischen Reflexion zu überprüfen. Was waren gültige Einsichten? Welche Überlegungen lohnen nach wie vor die Auseinandersetzung? Was könnten zukunftsweisende Ansätze sein?

Der vorliegende Band kann und will seinen Leserinnen und Lesern keine fertigen Antworten auf diese Fragen geben. Vielmehr möchte er sowohl Voraussetzungen schaffen als auch Anreize dafür bieten, weiter zu lesen und zu denken, um sich selbst auf die Suche nach Antworten zu machen. Zu diesem Zweck strebt er einen Überblick über wichtige Bezugspunkte der modernen Literaturtheorie an, wählt dabei aber einen grundsätzlich anderen Weg als andere Einführungen. Weder Modellanalysen literarischer Texte noch Überblicksdarstellungen verschiedener Methoden sind hier zu finden, weder Begriffs- noch Institutionsgeschichten. Die Beiträge setzen vielmehr bei einzelnen Theoretikern an, aus deren Denken und Forschen sich dann das entwickelte, was – zuweilen um den Preis nicht unerheblicher gedanklicher Verkürzungen – als ihre ‹Methode› oder ‹Schule› bezeichnet und verbreitet wurde. Im Mittelpunkt steht eine kritische Rekonstruktion der Grundideen dieser Persönlichkeiten, die zu ‹Diskursbegründern› für dauerhaft einflussreiche Theorien der Literatur wurden und die insofern aus heutiger Sicht als Klassiker gelten können: Jeder von ihnen entwickelte ein bestimmtes Verständnis von Literatur, stellte einen produktiven begrifflichen Rahmen für literaturwissenschaftliche Untersuchungen bereit und legte Maßstäbe fest für das, was beim Umgang mit literarischen Texten als legitime Analyse und relevante Einsicht zählt.

Mustert man das Panorama des literaturtheoretischen Denkens, so stellt sich naturgemäß auch die Frage nach dem Verhältnis solcher, im Verlauf eines Rezeptionsprozesses klassisch gewordenen Theorien zueinander. Bilden sie Meilensteine der Literaturtheorie auf dem Weg einer umfassenden Fortschrittsgeschichte? Sicherlich nicht im Sinne der linearen, zunehmend größeren Annäherung an eine wie auch immer geartete ‹Wahrheit›. Denn die Bedingung für eine solche Fortschrittsgeschichte wäre, dass sich die historische Abfolge der Literaturtheorien entweder kumulativ oder als ein kohärenter Argumentationszusammenhang verstehen ließe – was aber wegen der Inkommensurabilität der diversen Ansätze, die im Laufe der letzten hundert Jahre vorgelegt wurden, schlicht unmöglich ist. Wenn es überhaupt so etwas wie Fortschritt in der Literaturtheorie geben sollte, dann ließe er sich wohl nur als Prozess einer zunehmenden Klärung und Differenzierung *innerhalb* bestimmter Forschungstraditionen und theoretischer Paradigmata beschreiben. Sowohl die Revision als auch die Fortführung einer so verstandenen Fortschrittsgeschichte aber setzt die Kenntnis der jeweiligen Diskursbegründer voraus.

Unser Sammelband, der ausschließlich Originalbeiträge enthält, tritt an die Stelle der 1979 von Horst Turk im C.H.Beck-Verlag herausgegebenen *Klassiker der Literaturtheorie: Von Boileau bis Barthes*. Im Unterschied zu diesem historisch breiter angelegten Band beschränkt sich der hier vorgelegte auf Theoretiker des 20. Jahrhunderts, weil die meisten literaturtheoretischen Konzepte, die heute diskutiert werden, in diesem Zeitraum entstanden sind oder zumindest ihre derzeit maßgebliche Prägung erhalten haben. Die Beiträge eröffnen Einblicke in Theorien, deren Spektrum von der psychoanalytischen, soziologischen, semiotischen und systemtheoretischen Betrachtung von Literatur über Hermeneutik, Formalismus, Strukturalismus, Diskursanalyse und Dekonstruktion bis hin zu *gender studies*, *queer studies* und *postcolonial studies* reicht. Gleichwohl ist unser Band zuallererst nicht an solchen Strömungen, sondern an Personen und den Hintergründen ihres Denkens in einem bewegten Jahrhundert orientiert. Eine solche Anlage hat Vor- und Nachteile. Einerseits können auf diese Weise ausführlicher, als es in Überblicksdarstellungen ganzer Methoden und Ansätze möglich ist, Grundideen und Argumente der Theoriebegründer dargestellt werden. Um eine idolatrisierende Klassiker-Huldigung geht es dabei allerdings nicht. Im Gegenteil: Die werknahe Darstellungsweise ermöglicht eine kritische Analyse der vorgebrachten Grundentscheidungen und Argumente und beugt einem in literaturwissenschaftlichen Auseinandersetzungen nicht selten anzutreffenden Hase-und-Igel-Spiel vor, bei dem Theorien gegen kritische Einwände mit dem Argument immunisiert werden, es sei doch von der Gründungsmutter oder dem Gründungsvater alles ganz anders gemeint gewesen. Eine genaue Lektüre der Gründungstexte führt darüber hinaus häufig zu der Einsicht, dass diese offener und komplexer sind, bevor sie im Forschungsbetrieb zu kompletten Theoriesystemen ausgebaut, aber auch konzeptionell abgerieben werden. Andererseits kann eine personenbezogene Darstellungsform naturgemäß keinen umfassenden Überblick über die vielfältigen Entwicklungslinien der modernen Literaturtheorie liefern. Diesem Nachteil wird hier zumindest dadurch Rechnung getragen, dass in jedem Beitrag neben einer kurzen Biographie und weiterführenden Literaturhinweisen stets auch Hinweise auf Entstehungskontexte und Anschlussmöglichkeiten sowie auf schulbildende Wirkungen des jeweiligen Klassikers zu finden sind.

Um in den Beiträgen ausführliche und differenzierte Darstellungen bieten zu können, war wegen des vorgegebenen Gesamtumfangs eine Auswahl zu treffen. Naturgemäß weist diese schmerzhafte Lücken auf – niemand wird den Einfluss leugnen wollen, den beispielsweise Jean Baudrillard, Walter Benjamin, Wayne C. Booth, Umberto Eco, Northrop Frye, Stephen Greenblatt, Algirdas J. Greimas, Martin Heidegger, Jacques Lacan, Claude Lévi-Strauss, Paul de Man, Jan Mukařovský, Georg Simmel, Leo Spitzer, Viktor Šklovskij, Emil Staiger, Raymond Williams und viele andere zumindest phasenweise auf teils kleinere, teils größere literaturwissenschaftliche *communities* ausgeübt haben. Gleichwohl strebt unser Band einen aussagekräftigen Querschnitt an. Im Ergebnis möchte er eine repräsentative Einsicht in die maßgeblichen Denkansätze der Personen bieten, deren theoretische Positionen in der Zeit zwischen 1900 und heute eine dauerhafte internationale Wirkung erzielt haben und die uns in der derzeitigen Situation der Literaturwissenschaft relevant und anregend erscheinen.

Sowenig die Liste der von uns ausgewählten Klassiker tatsächlich vollständig ist, sowenig können die Beiträge das Studium der klassischen Texte selbst ersetzen. Nicht nur für den Fall der hier vorgestellten Theoretiker wünschen wir uns, dass der Band zum Anlass eigenständiger Lektüre und fruchtbarer Auseinandersetzung wird.

Wuppertal, im Februar 2010

Matías Martínez
und Michael Scheffel

Joachim Pfeiffer

Sigmund Freud
(1856–1939)

I. Leben

Sigmund Freud verbrachte den größten Teil seines Lebens in Wien. Am 6. Mai 1856 als Sohn jüdischer Eltern in Freiberg (Mähren) geboren, zog er im Jahr 1860 mit seiner Familie vom Land in die Metropole – in die Stadt jener Moderne, zu deren Entfaltung er selbst wesentlich beitrug. Die geistige Atmosphäre der ‹Wiener Moderne›, die vor allem von Kunst, Literatur und Philosophie getragen wurde, gab den Nährboden ab für die «Revolution der Psychoanalyse»,[1] die sich den konservativ-klerikalen Strömungen, dem fanatischen Nationalismus ebenso wie dem Judenhass der damaligen Zeit mutig entgegenstellte. Es war gerade die Gegensätzlichkeit Wiens zwischen fortschrittlichem Liberalismus (der den Juden volle Bürgerrechte gewährte) und geistiger Repression, die Freuds Produktivität antrieb. «Wenn ich die höheren Mächte nicht beugen kann, werde ich die Unterwelt aufwühlen»: Dieses Vergilzitat, als Motto der *Traumdeutung* (1900) vorangestellt, versinnbildlicht Freuds unbeugsamen Willen zum Wissen, mit dem er die psychologischen und anthropologischen Gewissheiten seiner Zeit erschütterte.

Freud studierte Medizin, bekam als glänzender Student eine wissenschaftliche Anstellung in einem physiologischen Labor (bei Ernst Brücke), schrieb seine Promotion (1881) und Habilitation (1885). Die Kontakte mit Jean-Martin Charcot in Paris und mit Josef Breuer in Wien führten zu den *Hysteriestudien*, dem Ursprungstext der Psychoanalyse (sie wurden als erste Abhandlung der Psychoanalyse von Breuer und Freud im Jahr 1895 veröffentlicht). Die erhoffte Professur an der Wiener Universität blieb ihm bis an sein Lebensende versagt. Dazu waren seine Ideen zu unzeitgemäß und der Antisemitismus, der seit dem Börsenkrach von 1873 neue Nahrung erhalten hatte, zu mächtig. Freud eröffnete eine nervenärztliche Praxis, die ihm den Lebensunterhalt sicherte. Zugleich war sie die Erkenntnisquelle vieler seiner Schriften, in denen er sich immer mehr aus dem Bannkreis der Medizin entfernte und, ausgehend von dem Begriff des ‹Unbewussten›, eine neue kritische Theorie des Menschen entwarf, die er am Modell des ‹psychischen Apparats› konkretisierte: Das Unbewusste, das psychische Produktionen oft sinnlos erscheinen ließ, erwies sich nicht nur als Triebkraft ‹kranker› Verhaltensweisen, sondern der menschlichen Psyche überhaupt. Die Einsicht, dass «das Ich nicht Herr sei in seinem eigenen Haus»,[2] bezeichnete Freud als dritte schwere Kränkung, die – nach Kopernikus und Darwin – die Wissenschaft dem Menschen zugefügt habe. Mit der *Traumdeutung* und den Schriften *Zur Psychopathologie des Alltagslebens* (1901) und *Der Witz und seine Beziehung zum Unbewußten* (1905) begründete er eine neue Verstehenslehre, die die (unbewusste) Dynamik des Seelenlebens und dessen Kompromissbildungen zu begreifen versuchte. Diese Theorien ergänzte Freud immer wieder in kulturtheoretischen Schriften, die den Ursprung und die Entstehung von Kultur – und deren mögliches Scheitern – kritisch reflektierten.

Das Jahr 1910 markierte einen ersten Höhepunkt der psychoanalytischen Bewegung: Unter Mithilfe Freuds wurde in Nürnberg die Internationale Psychoanalytische Vereinigung gegründet. Damit war die Wissenschaft vom Unbewussten auch institutionell etabliert. Freud kämpfte von Anfang an darum, das Anwendungsspektrum dieser Grundlagenwissenschaft nach möglichst vielen Seiten hin auszuweiten: Die medizinisch-therapeutische Praxis war für ihn nur *eine* Umsetzungsmöglichkeit unter anderen; außerklinische Anwendungen im Bereich der Literatur, bildenden Kunst, Religionswissenschaft, Mythenforschung, Ethnologie und Soziologie erachtete er von vornherein als der medizinisch-therapeutischen ebenbürtig.

1938 emigrierte Freud, immer mehr bedroht durch den Nationalsozialismus, nach London, wo er etwa ein Jahr später, am 23. September 1939, starb. So blieb ihm das Schicksal von vier seiner Schwestern erspart, die in Konzentrationslagern ums Leben kamen.

2. Werk

Für Freud war die Kulturtheorie nicht ablösbar von den klinischen und metapsychologischen Aspekten seiner Lehre; im Grunde betrachtete er sie als Anfang und Ziel seiner wissenschaftlichen Tätigkeit. Welch große Rolle die Beschäftigung mit kulturtheoretischen

Fragen in seinem Forscherleben spielte, wird aus dem Nachtrag zu seiner «Selbstdarstellung» ersichtlich:

> Nach dem lebenslangen Umweg über die Naturwissenschaften, Medizin und Psychotherapie war mein Interesse zu jenen kulturellen Problemen zurückgekehrt, die dereinst den kaum zum Denken erwachten Jüngling gefesselt hatten. Bereits mitten auf der Höhe der psychoanalytischen Arbeit, im Jahre 1912, hatte ich in ‹Totem und Tabu› den Versuch gemacht, die neu gewonnenen analytischen Einsichten zur Erforschung der Ursprünge von Religion und Sittlichkeit auszunützen. Zwei spätere Essays ‹Die Zukunft einer Illusion› 1927 und ‹Das Unbehagen in der Kultur› 1930 setzten dann diese Arbeitsrichtung fort.[3]

Das Unbewusste ist für Freud nicht nur eine Dimension des Individuums, es beeinflusst auch die kulturellen Entwicklungen, die sozialen Prozesse und die künstlerischen und intellektuellen Schöpfungen. Deswegen berührt die Psychoanalyse auch andere Zweige des Wissens. Die epochale Bedeutung seiner Theorien kommt in der These Michel Foucaults zum Ausdruck, Freud gehöre zu den wenigen «Diskursivitätsbegründern» des 19. und 20. Jahrhunderts.[4] Foucault versteht darunter Autoren, die neue Redeordnungen als Ursprung unbegrenzter Möglichkeiten des Diskurses begründen – in einem ‹Gründungsakt›, der nicht in den späteren Transformationen aufgeht, sondern heterogen zu ihnen bleibt (darin unterscheiden sie sich von den ‹Wissenschaftsbegründern› wie Galileo Galilei oder Gregor Mendel): «So wird verständlich, warum man in solchen Diskursivitäten auf die Forderung nach ‹einer Rückkehr zum Ursprung› als unumgänglicher Notwendigkeit stößt.» Die Wissenschaft beziehe sich in solchen Fällen auf das Werk ihres Begründers «wie auf primäre Koordinaten».[5]

2.1 Zwischen szientistischem und hermeneutischem Ansatz. Trotz der großen kulturtheoretischen Bedeutung dieses ‹Gründungsaktes› haben die Geisteswissenschaften – und vor allem die Germanistik – zunächst eher ablehnend auf Freuds Theorien reagiert. Ein Grund dafür liegt in der seltsamen Ungleichzeitigkeit, die die Entwicklung der Geisteswissenschaften und der Psychoanalyse um die Wende zum 20. Jahrhundert kennzeichnet: Als Freud die Grundlagen zu seinem Theoriegebäude legte, befreite sich die Literaturwissenschaft gerade vom naturwissenschaftlichen Anspruch des Positivismus und griff die diltheysche Unterscheidung von Natur- und

Geisteswissenschaften auf, die den Naturwissenschaften das «Erklären», den Geisteswissenschaften das «Verstehen» zuordnete. Diltheys Bemühungen standen quer zu den Versuchen der Literaturwissenschaft in der zweiten Hälfte des 19. Jahrhunderts, sich in ihrem Vorgehen die objektivierenden Methoden der Naturwissenschaften anzueignen und sich als strenge Wissenschaft zu etablieren. Es war vor allem Wilhelm Scherer (1841–1886), der sich in der Literaturwissenschaft an naturwissenschaftlicher Methodik orientierte und die Beschränkung auf die Erforschung von Kausalzusammenhängen (insbesondere Biographik, Quellenforschung) einforderte: Eine Totalerkenntnis des literarischen Werks sei durch Ursachenanalyse möglich. Das starke Interesse der frühen Psychoanalyse an der Biographik dürfte auch in den Paradigmen des Positivismus begründet sein, der in der Erforschung biographischer Determinanten einen Weg der Annäherung der Geistes- an die Naturwissenschaften erblickte.

Um 1900, als Freuds *Traumdeutung* erschien, begannen sich die Geisteswissenschaften vom Positivismus abzusetzen; die Verstehenslehre Diltheys, die von der unüberwindbaren Subjektivität des Verstehensaktes ausging («Erleben»), hatte sich durchgesetzt. Freuds Entscheidung für einen szientistischen, also an den Naturwissenschaften orientierten Wissenschaftsbegriff musste daher auch wissenschaftstheoretisch die Psychoanalyse in Distanz zu den Geisteswissenschaften bringen. Sein Versuch, «die Psychologie auf einer ähnlichen Grundlage aufzubauen wie jede andere Naturwissenschaft»,[6] mag man als «szientistisches Selbstmissverständnis» der Psychoanalyse bezeichnen;[7] das Unbewusste jedenfalls lässt sich weder vermessen noch berechnen, es ist nur mittelbar – vor allem über die Sprache – zugänglich. Das wissenschaftstheoretische Dilemma konnte Freud nicht wirklich auflösen; sein Denken schwankte immer wieder zwischen objektivierenden szientistischen und hermeneutischen Ansätzen. Er selbst war sich dieses Problems von Anfang an bewusst, wenn er in den *Hysteriestudien* konstatiert,

> daß die Krankengeschichten, die ich schreibe, wie Novellen zu lesen sind, und daß sie sozusagen des ernsten Gepräges der Wissenschaftlichkeit entbehren. Ich muß mich damit trösten, daß für dieses Ergebnis die Natur des Gegenstandes offenbar eher verantwortlich zu machen ist als meine Vorliebe; Lokaldiagnostik und elektrische Relationen kommen bei dem Studium der Hysterie

eben nicht zur Geltung, während eine eingehendere Darstellung der seelischen Vorgänge, wie man sie vom Dichter zu erhalten gewohnt ist, mir gestattet, bei Anwendung einiger weniger psychologischer Formeln doch eine Art von Einsicht in den Hergang einer Hysterie zu gewinnen.[8]

Die Einsicht, dass auch die psychoanalytische Kur vor allem über sprachliche Rekonstruktionen verlaufe, veranlasste Freud dazu, psychische Störungen nicht mehr als «Krankheitsbilder», sondern als «Fallgeschichten», als narrative Konstruktionen zu erfassen.[9] Sind Freuds Fallgeschichten «wie Novellen» zu lesen, so ist die Psychoanalyse wesentlich eine «Deutungskunst»[10] und muss in diesem Sinn «des ernsten Gepräges der Wissenschaftlichkeit entbehren». Im Grunde arbeitete Freud sich sein Leben lang an dem Versuch ab, die Kluft zwischen Natur- und Geisteswissenschaften, Physiologie und Psychologie, Körper und Psyche zu überbrücken. Dass hier die Wissenschaft durchlässig wird für «Novellistik», dass sie also die Grenze zwischen wissenschaftlicher und literarischer Sprache durchbricht, ist ein durchaus moderner Aspekt von Freuds Lehre.

2.2 Die Erforschung des Unbewussten. Mit seiner *Traumdeutung*, die 1900, an der Schwelle zum 20. Jahrhundert, erschien (Freud datierte sie um ein Jahr vor), affirmiert sich die Psychoanalyse als hermeneutische Wissenschaft und bekräftigt zugleich die Überzeugung, dass die Subjektivität des Träumenden konstitutiv in den Verstehensprozess mit eingeht: Die Deutung des Traums ist «nur mit Hilfe der Assoziationen, die der Träumer selbst zu den Elementen des manifesten Inhaltes liefert»,[11] befriedigend durchzuführen.

Die umfangreiche Studie, in die Freud viele seiner eigenen Träume aufgenommen hat, ist nicht nur ein Stiftungstext der Psychoanalyse, sondern auch ein methodologischer Referenztext der psychoanalytischen Literaturwissenschaft. Im VII. Kapitel der *Traumdeutung* führt Freud das Unbewusste als psychoanalytischen Grundbegriff ein – mit weitreichenden Folgen. In seiner Theorie ist dieses Unbewusste am Schnittpunkt zweier Traditionen angesiedelt: einer materialistischen Denktradition einerseits (die ‹mechanistisch› mit verschiebbaren Energiequanten rechnet) und einer Philosophie des Psychischen, die im Grunde geisteswissenschaftlich-hermeneutisch orientiert ist.[12] Durch freie Assoziationen zu den Elementen des «manifesten Trauminhalts», d. h. des erinnerten Traums, kann der

Weg zu den «latenten Traumgedanken» gebahnt werden, die durch die «Traumarbeit» entstellt wurden.

Es ist für die Literaturwissenschaft von besonderem Interesse, dass Freud diese Traumarbeit vor allem auf sprachliche Prozesse zurückführte: die der Verdichtung und Verschiebung, der Metaphorisierung und Metonymisierung, der Rücksicht auf Darstellbarkeit, der sekundären Bearbeitung. Im VII. Kapitel der *Traumdeutung* («Zur Psychologie der Traumvorgänge») schreibt Freud:

> Die gleiche Würdigung haben wir bei der Traumdeutung jeder Nuance des sprachlichen Ausdrucks geschenkt, in welchem der Traum uns vorlag; ja, wenn uns ein unsinniger oder unzureichender Wortlaut vorgelegt wurde, als ob es der Anstrengung nicht gelungen wäre, den Traum in die richtige Fassung zu übersetzen, haben wir auch diese Mängel des Ausdrucks respektiert. Kurz, was nach der Meinung der Autoren eine willkürliche, in der Verlegenheit eilig zusammengebraute Improvisation sein soll, das haben wir behandelt wie einen heiligen Text.[13]

Die scheinbaren «Mängel des Ausdrucks», die willkürlich «zusammengebraute Improvisation» wie einen heiligen Text behandeln: Das Interesse für das scheinbar Sinnlose bildet offensichtlich eine wichtige Voraussetzung für Freuds Verstehenslehre. Auch in seiner Abhandlung *Das Unbewußte* (1915) verteidigt und rechtfertigt er den Begriff des Unbewussten – und seinen Versuch, das Sinnlose verständlich zu machen: «Gewinn an Sinn und Zusammenhang ist aber ein vollberechtigtes Motiv, das uns über die unmittelbare Erfahrung hinaus führen darf.»[14] Allerdings führt dieser hermeneutische Ansatz zugleich zu einer Dezentrierung des Sinns und einer Entmächtigung des Bewusstseins, da nun der Ort des Sinns sich vom Bewusstsein zum Unbewussten hin verlagert.[15] Paul Ricœur bezeichnet diese Wende als «anti-phänomenologisch»:

> Das Bewußtsein hört auf, das am besten Bekannte zu sein, und wird selber problematisch; nunmehr besteht ein Problem der Bewußtheit, des Bewußtwerdens, anstelle der sogenannten Evidenz des Bewußtseins. Diese Anti-Phänomenologie nun muß uns selbst als eine Phase der Reflexion erscheinen, als das Moment ihrer Entblößung. Der topische Begriff des Unbewußten ist dann das Korrelat dieses Nullpunktes der Reflexion.[16]

Freud hat den modellhaften Entwurf einer Dichotomie von Bewusstem und Unbewusstem («topisches Modell») auch in seinem späteren Werk nicht aufgehoben, auch wenn er ihn mit einem zweiten Modell (Es, Ich, Über-Ich) überlagert.

Die Annahme eines Unbewussten – wie immer es strukturiert sein mag – gehört zu den grundlegenden Prämissen einer psychoanalytisch orientierten Literaturinterpretation. Freud ging selbst davon aus, dass sich das Literaturmodell am Traummodell orientieren lasse, dass Traum und Dichtung denselben Mechanismen folgten und dass beide eine Art Kompromissbildung zwischen Wunsch und den ihn modifizierenden Abwehrmechanismen darstellten. Diese Analogie ist von grundlegender Bedeutung, impliziert sie doch, dass im Kunstwerk die unbefriedigende Wirklichkeit einer Kritik, und damit einer Korrektur, unterzogen und dadurch den unbewussten Wünschen des Rezipienten zum Durchbruch verholfen werden kann. Das literarische Werk stellt somit keine reine Anpassungsleistung dar, keine Flucht vor der Realität, sondern (auch) einen Widerstand gegen ihre Zwänge – wenn auch über die Umwege sprachlicher Verdichtungs- und Verschiebungsmechanismen. Die Literatur steht, so gesehen, gegen das Realitätsprinzip, mit dem sie Kompromissbildungen eingeht.

Freud zieht in seiner *Traumdeutung* für seine Argumentation immer wieder literarische Texte heran, die er in einen psychoanalytischen Deutungszusammenhang stellt. Literarische und mythologische Texte haben bei ihm nicht nur illustrierende, sondern auch heuristische Funktion: Literatur ist für ihn eine wichtige Quelle psychoanalytischer Erkenntnisse. So liefert ihm der Ödipus-Mythos, besonders in der dramatischen Version des Sophokles, die Grundlage für das Basistheorem der ödipalen Strukturierung menschlicher Psyche: Der Ödipuskomplex ist für ihn das Nadelöhr menschlicher Sozialisation und der Ausgangspunkt von Kulturentstehung überhaupt. Auf dieser Grundlage interpretiert er auch William Shakespeares *Hamlet* und erklärt dessen Zögern, den Mörder seines Vaters zu töten, mit dem unbewussten Tötungswunsch gegenüber dem Vater.[17] Hamlet ist ein Zauderer, weil er in sich dieselben Impulse entdeckt wie in dem Mörder, an dem er sich rächen will. In der Literatur findet Freud also Modelle für die Struktur der menschlichen Psyche, für ihre Entwicklungsdynamik und ihre Triebschicksale. Die Verwendung von literarischen Beispielen parallel zu vielen Traumtexten liefert schon in seinem frühen Werk eine Grundlage für die «Traumanalogie», die einen Ausgangspunkt der psychoanalytischen Textinterpretation darstellen wird. Bezeichnenderweise operiert Freud in seiner *Hamlet*-

Deutung mit Phantasiestrukturen; es geht ihm nicht um Rückschlüsse auf die Autorpsyche.

2.3 Das Problem des Biographismus. Allerdings gewinnt in der Folgezeit das biographische Interesse die Oberhand; an die Stelle von Form- und Inhaltsanalysen treten verstärkt Aufsätze zur Psychologie des Autors (Fedor Michajlovič Dostoevskij, Johann Wolfgang von Goethe, Leonardo da Vinci); auch andere Mitglieder der «Psychologischen Mittwochsgesellschaft» (Vorläufer der «Wiener Psychoanalytischen Vereinigung») verfassen produktionstheoretische Studien, die häufig – in Anknüpfung an die psychiatrische Pathographie des 19. Jahrhunderts – pathographisch orientiert sind. Sie werden zumeist in der *Imago*, der 1907 gegründeten «Zeitschrift für Anwendung der Psychoanalyse auf die Geisteswissenschaften», veröffentlicht.

Freud selbst versucht sich immer wieder von der Pathographie alten Stils abzugrenzen, wenn er z. B. in seiner Leonardo-Arbeit die Annahme einer Kausalität im Psychischen außer Kraft setzt:

> Aber selbst bei ausgiebigster Verfügung über das historische Material und bei gesichertster Handhabung der psychischen Mechanismen würde eine psychoanalytische Untersuchung an zwei bedeutsamen Stellen die Einsicht in die Notwendigkeit nicht ergeben können, daß das Individuum nur so und nicht anders werden konnte. [...] Wir müssen hier einen Grad von Freiheit anerkennen, der psychoanalytisch nicht mehr aufzulösen ist. Ebensowenig darf man den Ausgang dieses Verdrängungsschubes als den einzig möglichen Ausgang hinstellen wollen. Einer anderen Person wäre es wahrscheinlich nicht geglückt, den Hauptanteil der Libido der Verdrängung durch die Sublimierung zur Wißbegierde zu entziehen.[18]

Freud vertritt sogar die These, dass «auch das Wesen der künstlerischen Leistung uns psychoanalytisch unzugänglich ist».[19]

2.4 Die Funktion des Ästhetischen. 1908 publiziert Freud in einer literarischen Zeitschrift (*Neue Revue*) einen grundlegenden Aufsatz, den man als Basistext der psychoanalytischen Literaturinterpretation bezeichnen könnte. Der Text mit dem Titel *Der Dichter und das Phantasieren* hält sich zunächst an das (damals dominierende) produktionsästhetische Interesse und versucht den dichterischen Schaffensprozess zu erklären, geht dann jedoch auch zu wirkungsästhetischen Fragestellungen über und gelangt zu ersten

Ansätzen einer Theorie des Ästhetischen. Freuds Ausgangspunkt ist die Analogie von dichterischer Produktion und kindlichem Spiel: «Jedes spielende Kind benimmt sich wie ein Dichter, indem es sich eine eigene Welt erschafft oder, richtiger gesagt, die Dinge seiner Welt in eine neue, ihm gefällige Ordnung versetzt.»[20] Wenn Freud die Verwandtschaft von Spiel und Dichtung konstatiert, stellt er sich in eine Reihe mit prominenten Autoren wie Immanuel Kant oder Friedrich Schiller. An die Stelle des kindlichen Spiels tritt beim Erwachsenen, so Freud, der Humor – und vor allem der Tagtraum. Der Tagtraum und das Phantasieren gleichen dem Traum, insofern sie eine Wunscherfüllung darstellen: «Unbefriedigte Wünsche sind die Triebkräfte der Phantasien, und jede einzelne Phantasie ist eine Wunscherfüllung, eine Korrektur der unbefriedigenden Wirklichkeit.»[21] In einem weiteren Schritt gelangt Freud dann über den Tagtraum zur Dichtung; auch der dichterische Text korrigiert die «unbefriedigende Wirklichkeit» und wird von Erinnerungen an das Spiel der Kindheit gespeist. Im Rückbezug auf das (erinnerte oder phantasierte) Glück liegt die wichtigste Triebquelle der dichterischen Tätigkeit, und in der sekundären Bearbeitung des Phantasiematerials besteht die List, den (verbotenen) Wünschen doch noch zur Erfüllung zu verhelfen: «Ein starkes aktuelles Erlebnis weckt im Dichter die Erinnerung an ein früheres, meist der Kindheit angehöriges Erlebnis auf, von welchem nun der Wunsch ausgeht, der sich in der Dichtung seine Erfüllung schafft.»[22] Dichten ist also für Freud immer auch Wirklichkeitskorrektur – nicht nur ein Wirklichkeitssurrogat oder eine Illusion, wie er an anderer Stelle schreibt.[23]

Trotz der Nähe von Tagtraum und Dichtung übersieht Freud nicht die Unterschiede, die beide voneinander trennen: Während der Tagträumer seine Phantasien vor den Anderen eher verbirgt, macht der Dichter seine literarischen Phantasien kommunizierbar und verhilft den Rezipienten zum Lustgewinn. Dieser Lustgewinn wird von Freud als «Verlockungsprämie» oder «Vorlust» bezeichnet;[24] er findet seinen Grund in der ästhetischen Gestaltung, in der *Ars poetica*, die das Verbotene einerseits verhüllt, andererseits die «Befreiung von Spannungen in unserer Seele» ermöglicht.[25] Alle ästhetische Lust, so stellt er fest, trägt den Charakter solcher Vorlust. Auch wenn die Einseitigkeit dieser Ästhetiktheorie kritisiert wurde (siehe 3.), darf man nicht übersehen, dass mit Freuds Aufsatz über die dichterische Phantasie die erste psychoanalytische Erklärung für die Funktion des Ästhetischen vorliegt.

2.5 Die Ars poetica des Witzes. In seinem Traktat *Der Witz und seine Beziehung zum Unbewußten* aus dem Jahr 1905 wendet sich Freud dezidiert der Ausdrucksseite der Sprache, also ihrer ästhetischen Qualität zu. Wie schon in der *Traumdeutung* analysiert er die Prozesse, die der Herrschaft des Subjekts entzogen sind: Verfahren der Verschiebung, Verdichtung, Symbolisierung, Mehrdeutigkeiten. Im Grunde ist dieser Text literaturtheoretisch aufschlussreicher als die Arbeiten, die sich direkt auf Literatur beziehen. Sarah Kofman hält diese Studie für «das philosophischste Werk Freuds»;[26] der Witz werde hier zum unentbehrlichen Hilfsmittel für die Erforschung des Unbewussten. Gleich zu Beginn betont Freud, dass der Witzcharakter «in der Form, im Wortlaut seines Ausdruckes» zu suchen sei, weniger in den Gedanken.[27] Dies gilt natürlich vor allem für die Wortwitze, die mit phonetischen Gemeinsamkeiten, mit Doppel- und Mehrdeutigkeiten ihr Spiel treiben. So z. B. in folgendem jüdischen Badewitz: Zwei Juden treffen sich in der Nähe eines Badehauses. Da fragt der eine: «Hast du genommen ein Bad?» Worauf der andere die Gegenfrage stellt: «Wieso? Fehlt eins?»[28] Dieser Witz spielt mit dem Doppelsinn des Wortes ‹nehmen›, das auch im Sinn von «wegnehmen» verstanden werden kann. Ersetzt man den Ausdruck «ein Bad nehmen» durch «baden», dann ist die Wirkung des Witzes zerstört. Dieser Witz enthält im Übrigen noch eine zweite (ironische) Ebene: Juden machen sich hier selbst über die Klischees lustig, die über sie verbreitet werden.

In einem anderen Beispiel, das Freud von Georg Christoph Lichtenberg übernommen hat, wird deutlich, wie sehr psychisches Geschehen mit Sprachprozessen Hand in Hand geht. Freud hatte schon in den *Hysteriestudien* das Phänomen beschrieben, dass die Hysterikerin einen figurativen sprachlichen Ausdruck in konkrete (körperliche) Bedeutung transformiert, indem sie z. B. Redensarten wie «Stich ins Herz», «Schlag ins Gesicht» oder «etwas herunterschlucken» somatisch transformiert und damit die Empfindungen wiederbelebt, denen der sprachliche Ausdruck seine Berechtigung verdankt.[29] Diese Ausdrucksweisen mögen gegenwärtig zumeist so abgeschwächt sein, daß ihr sprachlicher Ausdruck uns als bildliche Übertragung erscheint, allein sehr wahrscheinlich war das alles einmal wörtlich gemeint, und die Hysterie tut recht daran, wenn sie für ihre stärkeren Innervationen den ursprünglichen Wortsinn wieder herstellt.[30]

Auch der Witz kann, analog der Hysterie, den vergessenen konkreten Sinn eines Ausdrucks wiederbeleben, indem er mit dessen ursprünglicher Bedeutung spielt. Hier das von Freud angeführte Beispiel Lichtenbergs: «*Wie geht's?*», fragte der Blinde den Lahmen. – «Wie Sie *sehen*», antwortete der Lahme dem Blinden.[31] In diesem Witz, so führt Freud aus, erhalten die «abgeblassten» Worte – wie in der hysterischen Inszenierung – wieder ihre volle ursprüngliche Bedeutung. Denn: «Worte sind ein plastisches Material, mit dem sich allerlei anfangen läßt. Es gibt Worte, welche in gewissen Verwendungen die ursprüngliche volle Bedeutung eingebüßt haben, deren sie sich in anderem Zusammenhange noch erfreuen.»[32]

Die rhetorischen und ästhetischen Techniken des Witzes scheinen mehr mit der Poesie verwandt zu sein als der Traum, schon deswegen, weil der Witz von vornherein auf Darstellbarkeit und Mitteilbarkeit zielt. Vor allem durch sprachliche Verfahren ermöglicht der Witz die Aufhebung von Hemmungen und Verboten, das Aussprechen von tabuisierten sexuellen oder aggressiven Inhalten. Die *Ars poetica* des Witzes bedient sich dabei relativ bewusstseinsnaher Entstellungen, die aber trotzdem das Durchbrechen der Zensur ermöglichen und auf diese Weise zur «Aufwandsersparnis» beitragen: Der Witzproduzent erspart sich jenen Hemmungsaufwand, der zur Unterdrückung bestimmter aggressiver oder sexueller Tendenzen nötig wäre – und diese «Ersparnis» vermittelt er auch dem Rezipienten, der die ersparte Energie mit Lustgewinn «ablachen» kann. So gelingt dem Witz eine ähnliche Überlistung der Zensur wie dem Traum, er verwendet jedoch bewusstseinsnähere sprachliche Verfahren der sekundären Bearbeitung – und ist deshalb der *Ars poetica* literarischer Texte verwandter.

Der Witz kann die Hemmung durch Verschiebung, Entstellung, Vieldeutigkeit und Lust am Sprachspiel aufheben – Verfahren, die wir in der Literatur insgesamt antreffen. Diese Verwandtschaft wird noch unterstrichen durch Freuds Feststellung, dass auch die «unsinnigen» Witze und die Wortspiele (mit ihren Klangassoziationen, die sich von der Bedeutung ablösen) Lust hervorrufen und zu einer Entlastung von der «ernsthaften Verwendung der Worte» und ihrer

«Anstrengung» führen –[33] eine implizite Rehabilitation jener Unsinnspoesie und symbolistischen oder surrealistischen Wortspielerei findet hier statt, die für Julia Kristeva die Revolution der poetischen Sprache ausmachen. Freud verteidigt damit die Kraft des «Semiotischen»,[34] jene präverbale Sprachanarchie, die zur Befreiung von der Macht der Diskurse befähigt.

2.6 Das Unheimliche. Freuds Aufsatz über das *Unheimliche* (1919) geht ebenfalls von einer subtilen sprachlichen Analyse aus und beschäftigt sich mit einem von der Literaturwissenschaft bis heute vernachlässigten Gegenstand: Lange wurde die Literatur des Phantastischen und Unheimlichen aus der wissenschaftlichen Beschäftigung ausgeschlossen, da man sie dem Trivialen zuordnete – obwohl doch viele Autoren (von Goethe und Schiller über Heinrich von Kleist, E. T. A. Hoffmann, Theodor Storm bis zu Hugo von Hofmannsthal und Patrick Süskind) keinerlei Berührungsängste mit diesem Bereich hatten. Freud tadelt diese Ausschließung: Die wirkungsästhetische Kategorie des «Schreckhaften, Angst- und Grauenerregenden» werde von den meisten Ästhetiken ignoriert, so schreibt er, weil sie sich «lieber mit schönen, großartigen, anziehenden, also mit den positiven Gefühlsarten, ihren Bedingungen und den Gegenständen, die sie hervorrufen, als mit den gegensätzlichen, abstoßenden, peinlichen beschäftigen».[35] Implizit fordert Freud hier eine Ästhetik des Hässlichen und des Schreckens, deren Existenzrecht er einklagt. An vielen sprachlichen Einzelbeispielen verdeutlicht Freud dann, dass das Wort ‹unheimlich› mit seinem Gegenteil, dem Wort ‹heimlich›, zusammenfallen kann: Genauer gesagt, gibt es unter den vielfachen Bedeutungsnuancen von ‹heimlich› auch eine, in der das Unheimliche des Heimlichen (im Sinn des Versteckten, Verborgenen) hervortritt. Das Unheimliche ist dann «jene Art des Schreckhaften, welche auf das Altbekannte, Längstvertraute zurückgeht».[36] Nach Freuds Auffassung erweckt das Unheimliche gerade deswegen so große Angst, weil es als Wiederkehr *verdrängter* infantiler Inhalte (des ursprünglich Vertrauten) oder im Wiederbeleben überwunden geglaubter animistischer Denkformen (Allmacht der Gedanken, Wiederkehr der Toten, Magie und Zauberei) entsteht. Freud liefert also eine ontogenetische (individuelle) und eine phylogenetische (menschheitsgeschichtliche) Erklärung. Das Unheimliche aus verdrängten Komplexen erweist sich allerdings in der Literatur als wesentlich resistenter als das aus überwundenen Denkformen stammende, es bleibt in der Dichtung «ebenso unheimlich wie im Erleben»[37] und kann auch durch die «Realitätsprüfung» des Rezipienten nicht in seiner unheimlichen Wirkung abgeschwächt werden.

Am Beispiel von E. T. A. Hoffmanns Novelle *Der Sandmann* konkretisiert Freud dann seine Theorie des Unheimlichen: Augenangst, Fragmentierungsphantasien, das Auftreten eines Automatenmenschen und der Wahn Nathanaels erschaffen eine unheimliche Gemengelage, deren angstvolle Atmosphäre Freud mit der Wiederkehr frühkindlicher Ängste erklärt. Im Grunde ist in den Text ein Subtext eingeschrieben, der nur in Analogie zur Traumsymbolik verständlich wird: Der Eindruck des Unheimlichen erklärt sich allererst aus dem Umstand, dass das Augenausreißen als symbolisches Äquivalent der Kastration seine unheimliche Wirkung entfaltet. Freuds Interpretation entdeckt also im manifesten Text eine Tiefenschicht, die die Zuordnung zusammenhanglos scheinender Elemente des Textes (Augenangst, Tod des Vaters, Automate, Sandmann als Störer der Liebe) erlaubt.[38]

Freuds Text über das «Unheimliche» enthält nach wie vor eine der wenigen Theorien – neben denen von Roger Caillois und Tzvetan Todorov –, die ein wirkungsästhetisches Erklärungsmodell des Phantastischen und Unheimlichen liefern.

3. Wirkung

Für die Literaturwissenschaft blieb das freudsche Modell der Traumdeutung bestimmend, wonach die Deutung den Weg der Traumarbeit gewissermaßen zurückgeht und vom manifesten zum latenten Text (Subtext) zu gelangen versucht. Dabei interessiert sich die Deutung vor allem für die sprachlichen Mechanismen wie Polysemie, Verdichtung und Verschiebung, Auslassungen und Leerstellen. Freud vergleicht den manifesten Traum mit einer alten Bilderschrift, deren Sinn sich erst in der Rekonstruktionsarbeit erschließt:

> Wenn wir daran denken, daß die Darstellungsmittel des Traumes hauptsächlich visuelle Bilder, nicht Worte sind, so wird uns der Vergleich des Traumes mit einem Schriftsystem noch passender erscheinen als der mit einer Sprache. In der Tat ist die Deutung eines Traumes durchaus analog der Entzifferung

einer alten Bilderschrift, wie der ägyptischen Hieroglyphen. Es gibt hier wie dort Elemente, die nicht zur Deutung, respektive Lesung bestimmt sind, sondern nur als Determinativa das Verständnis anderer Elemente sichern sollen. Die Vieldeutigkeit verschiedener Traumelemente findet ihr Gegenstück in diesen alten Schriftsystemen ebenso wie die Auslassung verschiedener Relationen, die hier wie dort aus dem Zusammenhang ergänzt werden müssen.[39]

Das Modell der Traumschrift ist also die ‹Bilderschrift›: Die Traumlogik liegt *vor* der Sprache der Vernunft, sie ist den Primärprozessen verhaftet, die sie in Gang setzen.

Es sind zunächst vor allem geisteswissenschaftlich ausgebildete Psychoanalytiker wie Hanns Sachs, die sich dem Grenzgebiet zwischen Literatur und Psychoanalyse zuwenden. Sachs vergleicht in seinem Aufsatz *Gemeinsame Tagträume* (1924) literarische Texte mit gemeinsamen Tagträumen Jugendlicher. Entscheidend ist für ihn der soziale Aspekt, der sowohl das Kunstwerk (als große soziale Leistung, dem Mythos vergleichbar) als auch die *gemeinsamen* Tagträume Jugendlicher auszeichnet, die sich vom ‹asozialen› Individualtraum unterscheiden: Der gemeinsame Tagtraum erscheint dabei als Vorform der komplexen Autor-Leser-Beziehung; er macht aus dem (eigentlich narzisstischen) Traum einen kommunizierbaren Text.

Hanns Sachs führte die Ansätze Freuds in kulturwissenschaftlicher Richtung weiter und gab zusammen mit Otto Rank die *Imago* heraus, eine «Zeitschrift für die Anwendung der Psychoanalyse auf die Geisteswissenschaften». Im Vorwort des ersten Heftes betonen die Herausgeber die große Bedeutung der Kategorie des ‹Unbewussten› für alle Kulturphänomene:

Da das Unbewußte an der Entstehung aller psychischen und Kulturgebilde, an Religion und Sitte, an Sprache und Recht mitgearbeitet hat, ist ihre völlige Durchleuchtung ohne Kenntnis der Arbeit des Unbewußten unmöglich. [...] Eine wirkliche Seelenkunde, die den aus den Tiefen des Unbewußten immer neu hervorsprudelnden Phantasien den ihnen gebührenden weiten Geltungsbereich zuweist und sie durch alle ihre Schichtungen und Bedeutungswandlungen hindurch auf ihre eigentlichen Wurzeln zurückzuführen vermag, muß deshalb *alle* Geisteswissenschaften befruchten und ihnen neue Probleme und neue Lösungen bringen.[40]

Trotz solcher Ansätze verhielt sich die Germanistik lange Zeit eher ablehnend gegenüber der Psychoanalyse; deswegen war es ein epochales Ereignis, als der Schweizer Literaturhistoriker Walter Muschg 1930 in seiner Antrittsvorlesung mit dem Titel *Literaturwissenschaft und Psychoanalyse*[41] forderte, die Literaturwissenschaft müsse sich endlich auf die Psychoanalyse einlassen, nachdem sich die Schriftsteller – wie Thomas Mann, Hermann Hesse, Franz Kafka, Alfred Döblin und besonders die Dichter Frankreichs – schon längst mit ihr auseinandersetzten. Er greift darin vor allem die These Freuds von den Tagträumen als Ersatz des kindlichen Spiels und als Vorstufe dichterischer Arbeit auf und versteht literarische Texte als Manifestationen unbewusster Prozesse, als Projektionen «seelischer Tatsachen und Vorgänge nach außen».[42]

Einen wirklichen Durchbruch erlebte die psychoanalytische Literaturinterpretation – nach ihrem langen Moratorium während des Nationalsozialismus – erst nach 1968, als die Studentenrevolte Bewegung in das Methodenspektrum der Germanistik brachte und alte werkimmanente Methoden zugunsten ‹exopoetischer› Ansätze (Soziologie, Marxismus, Psychoanalyse) relativierte. Mit der gesellschaftstheoretischen Ausrichtung der Geisteswissenschaften, die jetzt als Gesellschaftswissenschaften verstanden wurden, erhielt auch die Psychoanalyse neue Beachtung. Die 1970er Jahre stellen eine Blütezeit der psychoanalytischen Literaturwissenschaft dar: Jean Starobinski untersuchte in seiner Studie *L'Œil vivant* (1961/70) die Affinität von Literatur und Psychoanalyse (am Beispiel von Pierre Corneille, Jean Racine, Jean-Jacques Rousseau, Stendhal u. a.). Peter von Matt entwickelte in seinem Text *Literaturwissenschaft und Psychoanalyse* (1972/2001) ein heuristisches Modell, in dem er von der Traumanalogie des literarischen Textes ausging. Anstatt von ‹latenten Traumgedanken› zu sprechen, verwendet er den Begriff des «psychodramatischen Substrats» – auch um das Missverständnis zu vermeiden, es handle sich um die psychische Struktur des Autors. Mit diesem Begriff bezeichnet er eine überindividuelle Struktur, die als «abstrakte Statik» des Werks fungiert und in der Interpretation als Substruktur des Textes erschlossen werden kann. Von Matt erläutert diesen Grundbegriff am Beispiel des schillerschen Tell-Dramas und der überraschenden Zusammenhanglosigkeit zwischen Tells Mord an Gessler (als Einzeltat) und dem Rütlischwur (als Kollektivaktion) – diese Zusammenhanglosigkeit ist umso auffälliger, als sie von Schiller gegen die historischen Quellen gestaltet wurde. In Rückgriff auf Freuds *Totem und Tabu* (1912/13) stellt von Matt die These auf, dass Schillers Drama das Schuldbewusstsein von der «Brüderhorde» zunächst auf Tell und dann auf die Figur des Parricida umlenke. Die «Brüder» dürfen zunächst von

Tells Mord an Gessler nichts wissen, deshalb distanziere sich Tell so entschieden vom Verbrüderungsritual auf dem Rütli:

> Für das psychodramatische Substrat des Tell-Stücks will das nun besagen, daß dieses am Schluß notwendigerweise freigesetzte oder ausbrechende Schuldbewußtsein auf irgendeine Weise aufgefangen oder im voraus ökonomisch umgeleitet werden muß. Das Stück muß ja nun einmal triumphal schließen und nicht mit einem allgemeinen Katzenjammer. Ein solcher Katzenjammer ist jedoch, dem Modell gemäß, unvermeidlich, wenn der Brüderclan gemeinsam Gessler tötet. Folglich hat es ein einzelner zu tun; stellvertretend für alle andern muß er die Vatergestalt töten, aber jene andern dürfen davon gar nichts wissen. Und so verhält es sich mit Tell; deshalb distanziert er sich so entschieden vom Verbrüderungsritual auf dem Rütli und gilt schließlich trotzdem als Befreier von allen.[43]

Der Dramentext enthalte ein Muster, das die Bewältigung von kollektiven Schuldgefühlen vorführt – wobei es nicht um die Autorpsyche geht, sondern um das dem Text zugrundeliegende ‹psychodramatische Substrat›.

Fast zu gleicher Zeit setzte auch Carl Pietzcker bei der Traumanalogie des literarischen Werks an, genauer bei Freuds Aufsatz *Der Dichter und das Phantasieren*, in dem Freud eine Funktionsbestimmung der literarischen Form vornimmt: Für Freud ist die Form nur Vorlustlieferant, der uns zur Wunschbefriedigung verlockt. In seinem Aufsatz *Zum Verhältnis von Traum und literarischem Kunstwerk* (1974) greift Pietzcker Freuds Kunsttheorie auf und führt sie kritisch weiter. Er akzentuiert den Unterschied zwischen (Tag-)Traum und Kunstwerk, wenn er darauf hinweist, dass das literarische Werk in stärkerem Maß den Forderungen nach Kommunizierbarkeit und Verständlichkeit unterliege. Die Rekonstruktion der Kunstarbeit – Aufgabe der psychoanalytischen Literaturwissenschaft – muss zudem historische und sozialpsychologische Aspekte mit einbeziehen: Wenn Bedürfnisse und Realität nicht geschichtslos verstanden werden, kann auch deren Vermittlungsarbeit (die Kunstarbeit) nur unter Einbeziehung historischer Überlegungen analysiert werden. Während in Freuds Aufsatz das Lustprinzip dominiert, wird dieses bei Pietzcker relativiert, um dem Werk als Kompromissbildung zwischen Lust- und Realitätsprinzip Rechnung zu tragen.

Der Paradigmenwechsel von der Text- zur Leserorientierung, der im Entwurf einer Rezeptionsästhetik (Hans Robert Jauß, Wolfgang Iser) in den 1970er Jahren zum Ausdruck kam, machte sich auch in der psychoanalytischen Literaturwissenschaft bemerkbar; neben älteren Ansätzen – wie der empirischen Rezeptionsforschung Norman N. Hollands, der unterschiedliches Rezeptionsverhalten gegenüber literarischen Texten analysierte – entwickelten sich neue Paradigmen, die den Text in seiner kommunikativen Struktur untersuchten und im Akt des Lesens den Aspekt der «Gegenübertragung» hervorhoben. Jeder Text lässt sich, so die These, als Übertragungsangebot begreifen, auf das der Leser/der Interpret seinerseits mit Gegenübertragungen reagiert (z. B. mit Projektion, Identifikation). Wenn der Interpret seine «Gegenübertragung» als spezifische Reaktion auf das Übertragungsangebot des Textes begreift, kann er zu einer neuen (selbst-)kritischen Lektüre gelangen.[44] Gerade für den wissenschaftlichen Leser kann es wichtig sein, sich seine Gegenübertragungsreaktionen bewusst zu machen, um verfälschende Reaktionen auf den Text zu vermeiden oder zumindest unter Kontrolle zu halten. Gegenübertragungsanalyse bedeutet dann, dass sich die Interpretierenden ihrer Faszination, Verunsicherung oder Abwehr gegenüber dem Text bewusst werden – nicht, um die Gegenübertragung auszuschalten, sondern um sie als Erkenntnisinstrument zu nutzen.[45] Ausgehend vom psychoanalytischen Übertragungs- und Gegenübertragungskonzept wurde so ein Interpretationsmodell geschaffen, das die hermeneutische Theorie Hans-Georg Gadamers von der Vorurteilsstruktur des Verstehens (das ‹Vorurteil› geht nach Gadamer konstitutiv in den Verstehensakt ein) um die *unbewussten* Anteile des Vorverständnisses bzw. des Verstehenden erweitert.

Eine entscheidende Weiterentwicklung der freudschen Psychoanalyse geht auf Jacques Lacan (1901–1981) zurück, dessen Paradigmenwechsel auch zu einer Neubestimmung literaturpsychologischer Forschung führte. Lacans Arbeiten stellen eine Neulektüre Freuds unter den Vorzeichen strukturalistischer und poststrukturalistischer Theorien dar.

Es sind vor allem zwei Grundgedanken Lacans, die für die psychoanalytische Literaturinterpretation wichtig geworden sind. Zunächst die Theorie vom imaginären Charakter der menschlichen Selbstfindung im Spiegelstadium des Kindes: Das Kind bildet, so Lacan, zum ersten Mal ein Ich aus, wenn es seine Gestalt als ganze im Spiegel erblickt. Diese Wahrnehmung einer Ganzheit und Einheit, die von der Mutter zustimmend bestätigt, «gespiegelt» wird, ist jedoch eine nur imaginäre, die zu einer «wahnhaften Identität»[46] führt: Deswegen ist die Subjektgenese nach Lacans Auffassung von Allmachtsphantasien geprägt und ständig vom Zerfall bedroht.

Eine stabilere Subjektkonstitution erfolgt erst mit dem Eintritt in die Sprache – doch auch hier ist die Stabilität trügerisch, da die Sprache aus einem unendlichen Verweisungssystem von Zeichen besteht, das der Struktur des menschlichen Begehrens entspricht. Hieraus folgt das zweite Theorem Lacans, dass nämlich das Unbewusste wie eine Sprache strukturiert, ja sogar ein Produkt der Sprache sei. Diese Auffassung hängt mit Lacans Zeichentheorie zusammen: In Absetzung von Ferdinand de Saussure geht er davon aus, dass es eine feste Verbindung von Signifikant und Signifikat nicht gebe; schon gar nicht richte sich der Signifikant nach einem vorgegebenen Signifikat, im Gegenteil: «Das Signifikat, das ist der Effekt des Signifikanten.»[47] In der Umkehrung der Relation von Signifikant und Signifikat besteht die größte Eigenwilligkeit Lacans und zugleich seine entschiedene Distanzierung von der saussureschen Linguistik.

Hinter diesem Paradigmenwechsel steht das psychoanalytische Modell eines endlosen Verschiebungsvorgangs, der durch das «Gesetz des Vaters» (das ödipale Gesetz) ausgelöst werde: Die primäre Liebe zur Mutter wird verboten (Inzestverbot, ‹symbolische Kastration›), wodurch ein endloser Substitutionsprozess, ein Prozess unstillbaren Begehrens ausgelöst werde. Der Prozess der Verschiebung verweist stets auf andere Signifikanten und damit auf die Unmöglichkeit eines stabilen Sinns. Das Unbewusste gleicht der Sprachstruktur, weil das Begehren die Struktur eines unendlichen Verweisungssystems hat. Dieser Prozess unendlicher Signifikation führt jedoch nicht in die Bedeutungsanarchie, da der ‹Phallus› (die symbolische Repräsentation des Penis) zum ‹privilegierten Signifikanten› wird, zum Signifikanten des Mangels schlechthin, dem keinerlei Signifikat mehr entspricht.[48] So patriarchalistisch dieser Ansatz erscheinen mag, so ersetzt er doch den ‹Geschlechtsbiologismus› Freuds durch eine Sprachsymbolik. Diese Verschiebung auf die Sprach- und Symbolebene hat sich für die psychoanalytische Literaturwissenschaft als ausgesprochen fruchtbar erwiesen. Zahlreiche Interpretationen im Gefolge Lacans haben die Literaturwissenschaft bereichert, angefangen mit der Kleist-Studie von Helga Gallas (1981), die zu einer Art Referenzlektüre für poststrukturalistisch-psychoanalytische Literaturinterpretation wurde. In Gallas' Deutung erscheinen die Pferde als Phallussubstitute, als

Signifikanten der imaginären Ganzheit des Ich. Das eigentliche Objekt des Begehrens ist immer abwesend und wird durch eine unendliche Kette von Substituten ersetzt.

Die Rückführung (auch) des Geschlechts auf eine Sprachfunktion ließ den lacanschen Ansatz im Bereich der literaturwissenschaftlich orientierten Gender Studies produktiv werden – bis hin zu jenen dekonstruktiven Lektüren, die im Anschluss an Judith Butler die kulturelle Konstruiertheit der Kategorie ‹Geschlecht› hervorheben und ihre subversive Destabilisierung vorantreiben.[49] Diese Ansätze stellen sicher eine der wesentlichen Korrekturen des freudschen Modells dar.

Auch in Filmtheorien macht sich eine besondere Affinität zur Psychoanalyse bemerkbar, die u. a. in den frühen Wechselbeziehungen zwischen Film und Psychoanalyse begründet ist. Die Traumlogik der filmischen Bilder, die Nähe von Film und Traum legen psychoanalytische Deutungsversuche nahe.[50]

Das hermeneutische Interpretationsmodell Freuds verträgt sich schlecht mit anti-hermeneutischen Richtungen; deswegen ging seit den 1990er Jahren das Interesse an psychoanalytischer Literaturwissenschaft zurück zugunsten poststrukturalistischer und dekonstruktivistischer Ansätze, die sich freilich mit der lacanschen Theorie eher verknüpfen lassen. Die psychoanalytische Literaturwissenschaft verbindet sich ihrerseits mit neuen Ansätzen und Fragestellungen, gerade auch mit solchen, die ihr sozialkritisches Profil schärfen: Fremdheit, Rassismus, Ethnozentrismus, Postkolonialismus sind Begriffe, die sowohl ihre Reduktion auf individualpsychologische Fragestellungen als auch auf reine Zeichentheorie verhindern. Damit erweitert sie ihr Anwendungsspektrum ganz im Sinne Freuds, der von Anfang an die Verbindung der Psychoanalyse mit verschiedensten Disziplinen gefordert hatte.

Literatur

1. Werkausgaben

Freud, Sigmund: Gesammelte Werke, 18 Bde. und 1 Nachtragsbd., unter Mitwirkung von Marie Bonaparte hg. von Anna Freud u. a., London/Frankfurt/M. 1940 ff. (= GW).

– Studienausgabe, 10 Bde. und 1 Ergänzungsbd., hg. von Alexander Mitscherlich u. a., Frankfurt/M. 1982.

2. Biographien

Lohmann, Hans-Martin: Sigmund Freud, Hamburg [4]2002.

3. Bibliographien

Freud-Bibliographie mit Werkkonkordanz, hg. von Ingeborg Meyer-Palermo u. Gerhard Fichtner, Frankfurt/M. [2]1999.

4. Sonstige Sekundärliteratur

Bossinade, Johanna: Poststrukturalistische Literaturtheorie, Stuttgart 2000.

Fischer, Jens Malte (Hg.): Psychoanalytische Literaturinterpretation. Aufsätze aus *Imago. Zeitschrift für Anwendung der Psychoanalyse auf die Geisteswissenschaften* (1912–1937), Tübingen 1980.

Foucault, Michel: Was ist ein Autor? in: Ders.: Schriften zur Literatur, Frankfurt/M. 1988, S. 7–31.

Gallas, Helga: Das Textbegehren des *Michael Kohlhaas*. Die Sprache des Unbewußten und der Sinn der Literatur, Reinbek 1981.

Gödde, Günter: Philosophischer Kontext, in: Lohmann, Hans-Martin/Pfeiffer, Joachim (Hg.): Freud-Handbuch, Stuttgart/Weimar 2006, S. 10–25.

Goeppert, Herma/Goeppert, Sebastian: Zum Verständnis von Sprache und Übertragung in Becketts *Endspiel*, in: Urban, Bernd/Kudzus, Winfried (Hg.): Psychoanalytische und psychopathologische Literaturinterpretation, Darmstadt 1981, S. 72–86.

Habermas, Jürgen: Erkenntnis und Interesse, Frankfurt/M. 1968.

Kofman, Sarah: Die lachenden Dritten. Freud und der Witz, übers. von Monika Buchgeister und Hans-Walter Schmidt, München u. a. 1990.

– Die Kindheit der Kunst. Eine Interpretation der Freudschen Ästhetik, übers. von Heinz Jatho, München 1993.

Kristeva, Julia: Die Revolution der poetischen Sprache, übers. und mit einer Einleitung von Reinhold Werner, Frankfurt/M. 1978.

Lacan, Jacques: Schriften, 2 Bde., übers. von Chantal Creusot, ausgew. und hg. von Norbert Haas [1973/1985], Weinheim/Berlin [3]1991 [1973/1985].

Leuschner, Wolfgang: Was uns süchtig nach Filmbildern macht, in: Psyche 61 (2007), S. 1189–1210.

Lohmann, Hans-Martin/Pfeiffer, Joachim (Hg.): Freud-Handbuch, Stuttgart/Weimar 2006.

Matt, Peter von: Literaturwissenschaft und Psychoanalyse, Neuaufl., Stuttgart 2001.

Pietzcker, Carl: Zum Verhältnis von Traum und literarischem Kunstwerk, in: Cremerius, Johannes (Hg.): Psychoanalytische Textinterpretation, Hamburg 1974, S. 57–69.

– Lesend interpretieren. Zur psychoanalytischen Deutung literarischer Texte, Würzburg 1992.

Ricœur, Paul: Die Interpretation. Ein Versuch über Freud, übers. von Eva Moldenhauer, Frankfurt/M. 1974.

Robert, Marthe: Die Revolution der Psychoanalyse. Leben und Werk von Sigmund Freud, übers. von Elisabeth Wiemers, Frankfurt/M. 1967.

Schönau, Walter/Pfeiffer, Joachim: Einführung in die psychoanalytische Literaturwissenschaft, Stuttgart/Weimar [2]2003.
Starobinski, Jean: L'Œil vivant, 2 Bde., Paris 1961/1970 [Teilabdruck in: Ders.: Psychoanalyse und Literatur, Frankfurt/M. 1973].
Urban, Bernd (Hg.): Psychoanalyse und Literaturwissenschaft. Texte zur Geschichte ihrer Beziehungen, Tübingen 1973.
Vinken, Barbara (Hg.): Dekonstruktiver Feminismus. Literaturwissenschaft in Amerika, Frankfurt/M. 1992.
Zeul, Mechtild: Film und Kinotheorie, in: Lohmann/Pfeiffer (Hg.): Freud-Handbuch, S. 402–411.

Anmerkungen

1 Robert, Revolution.
2 Freud, GW, Bd. XII: Werke aus den Jahren 1917–1920, S. 11.
3 Freud, GW, Bd. XVI: Werke aus den Jahren 1932–1939, S. 32 f.
4 Foucault, Autor, S. 24.
5 Ebd., S. 27
6 Freud, GW, Bd. XVII: Schriften aus dem Nachlass, S. 126.
7 Habermas, Erkenntnis, S. 300.
8 Freud, GW, Bd. I: Werke aus den Jahren 1892–1899, S. 227.
9 Vgl. Lohmann, Freud, S. 102.
10 Freud, GW, Bd. XIII: Jenseits des Lustprinzips, S. 16.
11 Freud, GW, Bd. XVII: Schriften aus dem Nachlass, S. 92.
12 Vgl. Gödde, Kontext.
13 Freud, GW, Bd. II/III: Die Traumdeutung [u. a.], S. 518.
14 Freud, GW, Bd. X: Werke aus den Jahren 1913–1917, S. 266.
15 Vgl. Ricœur, Interpretation, S. 433.
16 Ebd., S. 434.
17 Freud, GW, Bd. II/III: Die Traumdeutung [u. a.], S. 271 f.
18 Freud, GW, Bd. VIII: Werke aus den Jahren 1909–1913, S. 208 f.
19 Ebd.
20 Freud, GW, Bd. VII: Werke aus den Jahren 1906–1909, S. 214.
21 Ebd., S. 216.
22 Ebd., S. 221.
23 «Die Kunst ist fast immer harmlos und wohltätig, sie will nichts anderes sein als Illusion.» (Über eine Weltanschauung, GW, Bd. XV: Neue Folge der Vorlesungen zur Einführung in die Psychoanalyse, S. 170–197, hier S. 173).
24 Freud, GW, Bd. VII: Werke aus den Jahren 1906–1909, S. 223.
25 Ebd.
26 Kofman, Die lachenden Dritten, S. 5.
27 Freud, GW, Bd. VI: Der Witz und seine Beziehung zum Unbewussten, S. 16.
28 Ebd., S. 50.
29 Freud, GW, Bd. I: Werke aus den Jahren 1892–1899, S. 250.
30 Ebd., S. 251.

31 Freud, GW, Bd. VI: Der Witz und seine Beziehung zum Unbewussten, S. 34.
32 Ebd.
33 Ebd., S. 134.
34 Kristeva, Revolution, S. 32 ff.
35 Freud, GW, Bd. XII: Werke aus den Jahren 1917–1920, S. 229 f.
36 Ebd., S. 231.
37 Ebd., S. 266.
38 Vgl. hierzu auch Kofman, Kindheit, S. 22.
39 Freud, GW, Bd. VIII: Werke aus den Jahren 1909–1913, S. 404 f.
40 Zit. nach Fischer, Literaturinterpretation, S. 9.
41 Publ. in Urban, Psychoanalyse, S. 156–177.
42 Ebd., S. 168.
43 Matt, von, Literaturwissenschaft, S. 71.
44 Vgl. Goeppert, Verständnis, S. 75 f.
45 Pietzcker, Deutung, S. 35.
46 Lacan, Jacques: Das Spiegelstadium als Bildner der Ichfunktion wie sie uns in der psychoanalytischen Erfahrung erscheint [1936/1949], in: Ders., Schriften, Bd. 1, übers. von Rodolphe Gasché, Norbert Haas, Klaus Lehrmann u. Peter Stehlin, unter Mitwirkung von Chantal Creusot, S. 61–70, hier: S. 67.
47 Lacan, Schriften, Bd. 2, übers. von Chantal Creusot, Wolfgang Fietkau, Norbert Haas, Hans-Jörg Rheinberger u. Samuel M. Weber, S. 22.
48 Vgl. Bossinade, Literaturtheorie, S. 32.
49 Vgl. Vinken, Feminismus.
50 Zeul, Film; Leuschner, Filmbilder.

Linda Simonis

Georg Lukács
(1885–1971)

I. Leben

Georg Lukács (Ung.: Lukács György Bernát) wurde am 13. April 1885 als Sohn eines Bankiers jüdischer Herkunft in Budapest geboren. Von Haus aus kam Lukács der Adelstitel von Szegedin (Ung.: Szedegi) zu, den Kaiser Franz Josef seinem Vater verliehen hatte. Diesen Titel hat er jedoch wohl schon früh, während seiner Studienzeit in Deutschland, abgelegt, in den Heidelberger Jahren 1912–1918 führte er ihn, soweit ersichtlich, nicht mehr.

In den Jahren 1902–1906 studierte Lukács zunächst Rechtswissenschaften und Nationalökonomie, später Philosophie und Ästhetik an den Universitäten Budapest und Berlin. Zugleich engagierte er sich in einem Theaterprojekt, das am Budapester Theater Stücke von Henrik Ibsen, August Strindberg, Anton Tschechow und Gerhart Hauptmann aufführte. 1906 promovierte Lukács in Budapest in Nationalökonomie, 1909 folgte seine Promotion an der Philosophischen Fakultät mit einer ersten Fassung der *Entwicklungsgeschichte des modernen Dramas*. In den Jahren 1907 bis 1911 hielt sich Lukács mit Unterbrechungen überwiegend in Berlin auf. Während seines Studiums bei Georg Simmel begegnete er Ernst Bloch, mit dem er sich anfreundete. 1912 zog Lukács nach Heidelberg, um dort seine Studien in Philosophie und Ästhetik fortzusetzen. Er schloss sich dem Kreis um Max und Alfred Weber an, wo er neben Emil Lask auch Stefan George und Friedrich Gundolf kennen lernte. In dieser Zeit arbeitete er zudem an dem von Heinrich Rickert und Max Weber betreuten Projekt einer systematisch fundierten Ästhetik, die er im Mai 1918 an der Philosophischen Fakultät in Heidelberg als Habilitationsschrift einreichte. Die Arbeit wurde jedoch trotz der nachdrücklichen Empfehlung Heinrich Rickerts nicht angenommen. Zwar begründete man die Ablehnung vor allem mit verfahrenstechnischen Bedenken, doch haben bei dieser Entscheidung, so ist anzunehmen, auch Vorurteile gegenüber Lukács' ungarisch-jüdischer Herkunft eine Rolle gespielt.

Seit Herbst 1918 engagierte sich Lukács, der unterdessen der neu gegründeten Kommunistischen Partei Ungarns beitrat, in der ungarischen Räterepublik. Nach deren Scheitern im August 1919 floh Lukács nach Wien, wo er festgenommen wurde und nur dank einer Petition bekannter Schriftsteller und Künstler der Auslieferung an die ungarischen Behörden knapp entging. Die nun folgende Periode des Exils, die bis zum Ende des Zweiten Weltkriegs dauerte, führte den weiterhin politisch und kulturpolitisch engagierten Lukács nach Berlin, Prag und Moskau; nach dem Krieg kehrte er nach Budapest zurück, wo er eine Professur für Ästhetik annahm. Lukács wurde dort zu einem einflussreichen, auch international wahrgenommenen Kunst- und Literaturtheoretiker, der sich zunehmend kritisch vom Stalinismus distanzierte. 1956 nahm Lukács an der ungarischen Oppositionsbewegung teil und wirkte in der Regierung Imre Nagys mit; nach dem Scheitern der Revolution wurde er verhaftet und nach Rumänien deportiert. 1957 konnte er nach Budapest zurückkehren, jedoch entzog man ihm seine Parteimitgliedschaft und seine öffentlichen Funktionen. Aus dem Bereich politischer Tätigkeit ausgeschlossen, widmete sich Lukács von nun an ganz der wissenschaftlichen Arbeit. Seine Aufmerksamkeit galt dabei insbesondere der Ausführung zweier Spätwerke, einer marxistischen Ästhetik (*Die Eigenart des Ästhetischen*, 1963) und einer seinsphilosophisch fundierten Gesellschaftstheorie (*Ontologie des gesellschaftlichen Seins*, postum 1971), an der er bis kurz vor seinem Tod am 4. Juni 1971 in Budapest arbeitete.

2. Werk

Lukács' Werk, das im Schnittpunkt unterschiedlicher ideen- und wissensgeschichtlicher sowie kunst- und literaturtheoretischer Diskussionen des 20. Jahrhunderts steht, lässt sich hinsichtlich seiner Entwicklung und immanenten Systematik in vier Perioden gliedern: Da ist zunächst das vorwiegend aus dem Zusammenhang lebensphilosophisch-hermeneutischer und neukantianischer sowie, später, hegelianischer Denkrichtungen hervorgehende Frühwerk (1907–1918); es folgen eine durch Lukács' marxistische Wende eingeleitete zweite Phase der Theoriebildung (1918–1944), die einerseits der Formulierung eines ‹realistischen› Literaturkonzepts antiavantgardistischer Prägung, andererseits der kulturpolitischen

Stellungnahme im antifaschistischen Widerstand gilt, und sodann, nach dem Zweiten Weltkrieg, eine dritte Periode des Werks (1945–1956), in der Lukács, der nunmehr als Professor für Ästhetik und Kulturphilosophie im akademischen System Ungarns etablierte Theoretiker, seine Konzepte von Literatur und Kunst weiter ausarbeitet und vertieft. Eine letzte Phase des Œuvre wird schließlich durch Lukács' Mitwirkung am Budapester Aufstand von 1956 eingeleitet, die, in politischer wie in konzeptueller Hinsicht, den Bruch mit dem sozialistischen Regime sowjetischer Prägung markiert.

Schon dieser erste, skizzenhafte Abriss der Werkgeschichte zeigt, dass bei Lukács ein gleichbleibender Erkenntnisrahmen, ein konstantes Ensemble von theoretischen Grundannahmen kaum vorausgesetzt werden können. Zwar lassen sich im Zuge der Entwicklung seiner theoretischen Positionen bestimmte wiederkehrende Gesichtspunkte und Problemstellungen beobachten, aber die jeweilige Perspektive, zu der sich diese Aspekte zusammenfügen, fällt je nach ihrem Ort in der Werkgeschichte und ihrem literarisch-politischen Kontext sehr unterschiedlich aus. Die Vorstellung und der Begriff von Literatur, die Lukács' Entwürfen zugrundeliegen, erfahren im Verlauf des Schaffens Modifikationen; dies gilt bis zu einem gewissen Grad auch für die Kriterien, nach denen sich für Lukács das Spezifische von Literatur und Kunst erschließt. Dabei wäre es ebenso verfänglich, Lukács' werkgeschichtliche Entwicklung allein anhand der Unterscheidung von vormarxistischem und marxistischem Denken begreifen zu wollen, wie sie im Sinne einer ungebrochenen, zielgerichteten Entfaltung zu beschreiben.[1]

Lukács' frühe Schriften, die von einer publizistischen Tätigkeit, seiner Mitwirkung an der Budapester literarischen Zeitschrift *Nyugat* (‹Westen›), ihren Anfang nehmen und dort zum Teil in Vorfassungen in ungarischer Sprache erscheinen, sind in ihrem methodischen Zugang vornehmlich von den philosophischen und sozialphilosophischen Neigungen ihres Verfassers bestimmt. Insbesondere aus der lebensphilosophischen Kulturkritik Georg Simmels, bei dem er in den Jahren 1907 und 1908 studiert, bezieht Lukács die entscheidenden Denkansätze und Begriffe für seine eigenen kulturphilosophisch inspirierten Literaturanalysen. Weitere wichtige theoretische Referenzen für den jungen Lukács bilden die soziologischen Moderne- und Gegenwartskonzeptionen Max Webers und Ferdinand Tönnies', denen Lukács in der gesellschaftskritischen Diagnose modernetypischer Distanzierungs- und Entfremdungsprozesse folgt. Der für den frühen Lukács charakteristische Zugang lässt sich so als eine enge Verbindung aus immanenter, textbezogener Literaturbetrachtung und sozialphilosophischer, gesellschaftskritischer Beobachtung beschreiben.

Eine solche Verknüpfung von literaturbezogener und gesellschaftsanalytischer Perspektive zeigt bereits die zunächst in ungarischer Sprache erschienene *Entwicklungsgeschichte des modernen Dramas* (Ung.: 1909/Dt.: 1981), die die Geschichte der literarischen Gattung des Dramas, insbesondere der Tragödie, im Horizont einer pessimistischen, kultur- und modernekritischen Geschichtsauffassung beschreibt. Lukács legt dabei in gattungspoetologischer Hinsicht ein idealtypisches Konzept des Dramas zugrunde, das seine konsequenteste und prägnanteste Ausformung in der Tragödie erfährt, wobei als prototypisches Muster die antike griechische Tragödie im Stil von Aischylos und Sophokles gilt. Die Spezifik jenes Gattungsideals wird dabei zunächst literaturimmanent, aus den formalen Merkmalen und Erfordernissen des Genres erklärt. Wichtigstes Strukturelement des Dramas ist dabei für Lukács zunächst das Prinzip des Konflikts, das das Verhältnis des Dramenhelden zu der ihn umgebenden fiktiven Dramenwelt charakterisiert. Das Drama, so die Annahme, ist seiner Herkunft und seinem Begriff nach der «Kampf eines Menschen mit der äußeren Welt und dem Schicksal um sein zentrales Lebensproblem».[2] Als Kennzeichen der Tragödie betrachtet Lukács überdies deren Neigung zur Formalisierung, symbolischen Verdichtung und typisierenden Abstraktion, die eine maximale Ökonomie der formalästhetischen Mittel impliziert und dem Drama das Profil einer äußersten Intensivierung und Komprimierung verleiht. Damit verbindet sich zugleich der Eindruck der inhärenten Abgeschlossenheit, Selbstbezüglichkeit und inneren Vollendung des dramatischen Werks: «Das Drama ist das typischste Beispiel für die künstlerische Stilisierung, von der Simmel spricht, die alle Fäden aus dem lebendigen Leben herausreißt und sie an ihren Enden zusammenbindet, damit es völlig in sich geschlossen, in sich vollendet ist.»[3] Scheint die zitierte Beschreibung die autonome Selbstgenügsamkeit des klassischen Werks zu evozieren, so bedeutet dies gleichwohl nicht, dass Lukács damit für einen Dramenbegriff plädierte, der sich ausschließlich immanent, über die dem literarischen Werk innewohnenden Strukturen und Verfahrensweisen definiert. Er versucht vielmehr, die innerliterarische Entwicklung des Genres mit dem Gang der äußeren Kultur- und Gesellschaftsgeschichte zu korrelieren.

Den konzeptuellen Rahmen dieser kultur- und literaturgeschichtliche Perspektiven vereinenden Entwicklungsgeschichte entlehnt Lukács Georg Simmels Philosophie: Die fortschreitende Disjunktion von Innen und Außen, von subjektiver und objektiver Kultur, die Simmel als Grundfigur und Dilemma des modernen Kulturprozesses beschreibt,[4] bildet in der *Entwicklungsgeschichte des modernen Dramas* den impliziten Hintergrund und die Voraussetzung eines Vorgangs des «inneren Problematischwerdens»,[5] den die Dramenform in der Moderne erfährt. Das von Simmel diagnostizierte zunehmende Auseinandertreten der Kulturelemente findet Lukács zufolge eine Entsprechung in der formalen Gestaltung moderner Dramen, die Tendenzen der Auflösung und des inneren Verfalls erkennen ließen. Als Motor dieser Auflösung wirke dabei insbesondere eine Differenz von Handlung und Figur, eine Nicht-Identität des Dramenhelden, seines Charakters und seiner inneren Beweggründe, mit seinem äußeren Tun. Diese Diskrepanz erweise sich, so Lukács, als eine «zentrifugale Energie»,[6] die die Geschlossenheit der Dramenform zu sprengen drohe. Die frühe Dramengeschichte konzipiert die Beziehung von literarischer Reihe und soziokulturellem Kontext mithin als ein Verhältnis der strukturellen Parallele und Korrelation: Dem krisenhaften äußeren Geschichtsverlauf korrespondieren in der Struktur der Dramenform bestimmte formalästhetische Elemente.

Betrachtet die *Entwicklungsgeschichte des modernen Dramas* die skizzierte Problematik der literarischen Form und ihrer Relation zur lebensweltlichen Erfahrung und Kommunikation unter dem abstrakteren Blickwinkel einer literarischen Gattung und aus der Vogelperspektive des literaturgeschichtlichen Überblicks, nähert sich der Essayband *Die Seele und die Formen* (Ung.: 1910/Dt.: 1911), der ebenfalls in zweifacher, ungarischer und deutschsprachiger Ausgabe erschien, der Differenz von ‹Form› und ‹Leben› aus der betont selektiven, doch gleichwohl exemplarische Valenz beanspruchenden Perspektive einzelner Fallstudien. Auch hier ist es ein sozialphilosophisches Problem, die Diskrepanz zwischen dem Individuum und den Verhältnissen moderner Kommunikation, die Lukács' Untersuchungen leitet und die für ihn mit der grundlegenden Paradoxie eines literarischen Genres – des Essays – zusammenfällt. Auch der Essay kann indessen die genannte Disjunktion und die damit einhergehende Vereinzelung und ‹Entfremdung› des modernen Subjekts nicht aufheben, sondern vermag nurmehr die Unmöglichkeit eines authentischen Ausdrucks von Erfahrung und einer Kongruenz von Kunst und Leben auf subtile Weise zu reflektieren.

In theoretischer Hinsicht greift Lukács in seinem Essayband vorwiegend auf die lebensphilosophische Hermeneutik Wilhelm Diltheys zurück, dessen literaturbezogenen Beiträgen (*Die Einbildungskraft des Dichters*, 1887; *Das Erlebnis und die Dichtung*, 1906) er die Annahme eines tiefer liegenden, elementaren Zusammenhangs von poetischer Imagination und ‹Erleben› entnimmt. Auf den damit postulierten Zusammenhang verweist auch der Formbegriff, der in Lukács' Ansatz als begriffliches Bindeglied dient. Es soll einen verbindenden konzeptuellen Zugang zu den beiden unterschiedlichen Sphären, der der lebensgeschichtlichen und gesellschaftlichen Erfahrung und der der Literatur ermöglichen. Dabei weist der Formbegriff in seiner Bedeutung eine gewisse Unschärfe bzw. Zweideutigkeit auf: Zwar verwendet Lukács ‹Form› zunächst in einem literarischen bzw. ästhetischen Sinne als Bezeichnung für die spezifischen sprachlichen Verfahrensweisen und Ausdrucksmittel, die den Essay charakterisieren. Darüber hinaus meint ‹Form› für Lukács jedoch auch ein existentielles oder philosophisches Moment,[7] eine Art ideelles Substrat, das in mancher Hinsicht an das platonische Ideenkonzept erinnert. Die Studien des Bandes beschreiben so das gattungsfundierende Prinzip des Essays als Aporie: Dem essayistischen Sprechen bzw. Schreiben ist es gleichsam seinem Begriff nach unmöglich, jene angemessene Darstellung von ‹Leben› bzw. lebensweltlicher Erfahrung, die es anstrebt, zu erreichen. Dieses unabdingbare Scheitern der essayistischen Äußerung bedeutet für Lukács jedoch nicht einfach ein Defizit; es gilt ihm vielmehr als prägnante Gebärde, die im scheiternden «Erleben der Grenze»[8] eine existenzielle Tragik sichtbar werden lässt.

Ein ähnlicher Erklärungsansatz, der den Zusammenhang von literarischer Gattungsgeschichte und allgemeiner Kulturgeschichte im Sinne einer strukturellen und symbolischen Entsprechung zu begreifen sucht, kennzeichnet auch die *Theorie des Romans. Ein geschichtsphilosophischer Versuch über die Formen der großen Epik*, die 1916 in Max Dessoirs *Zeitschrift für Ästhetik und allgemeine*

Kunstwissenschaft erschien. In dieser der Geschichte sowie der gegenwärtigen Situation epischer Literatur gewidmeten Studie, die ursprünglich als Einleitung zu einem größeren, unvollendet gebliebenen Projekt über die Romane Dostoevskijs konzipiert war, verortet Lukács die Karriere der epischen Formen im Horizont eines weit ausgreifenden geschichtsphilosophischen Entwurfs, der die abendländische Geschichte von der Antike bis zur Gegenwart der Moderne umfasst. Dem damit eröffneten Rundumschlag durch die alteuropäische Kulturgeschichte ist es freilich kaum darum zu tun, eine historische Entwicklung in ihren sukzessiven Phasen und ihrem allmählichen, graduellen Verlauf nachzuzeichnen. Die *Theorie des Romans* geht vielmehr, eine geschichtsphilosophische Denkfigur frühromantischer und hegelscher Provenienz aufnehmend, von einem dualistischen Epochenschema aus, das Antike und Moderne als Gegenkonzepte auffasst. Diese geschichtsphilosophische Unterscheidung ist überdies mit einer starken Wertung versehen, der zufolge die Moderne als Epoche des Verlusts von Sinn, Einheit und ganzheitlicher Welterfahrung erscheint. Jene negative Akzentuierung der Moderne tritt dabei vor dem Hintergrund der als unmittelbare, ganzheitliche «Lebenstotalität», als spontane «Gegenwart des Sinns»[9] gedachten antiken Welt umso deutlicher hervor. Doch ungeachtet der mehr philosophischen als literaturgeschichtlichen Grundierung dieser Konstruktion, die eine deutliche Affinität zu Kategorien der hegelschen Ästhetik aufweist, geht es der *Theorie des Romans* vorwiegend um ein literarisches bzw. literaturgeschichtliches Problem: Der philosophischen Opposition von Antike und Moderne korrespondiert auf der Ebene literarischer Formen die Differenz von Epos und Roman. Steht das Epos, vor allem das homerische, ganz im Zeichen jener unmittelbaren Totalität und Lebensimmanenz des Sinns, die die antike Kultur charakterisiert, so erweist sich der Roman als sinnbildhaftes Analogon moderner Differenzerfahrung, als «Ausdruck der transzendentalen Obdachlosigkeit»[10] des modernen Subjekts.

Vor der Folie des damit skizzierten geschichtsphilosophischen Horizonts entwirft Lukács im zweiten Teil der Abhandlung eine Typologie der Romanformen, in der er drei verschiedene grundlegende Ausprägungen des Genres unterscheidet: den Roman des «abstrakten Idealismus», den Typus der «Desillusionsromantik» und den «Erziehungsroman».[11] Als Kriterium der Unterscheidung dient dabei die Art, in der das Subjekt (i. e. der Romanheld) mit der gattungsbestimmenden Diskrepanz von seelisch-mentalem Innen und welthaftem bzw. sozialem Außen umgeht und, damit verbunden, die Weise, in der jene Differenz im Fortgang des Textes modelliert und entfaltet wird. Als paradigmatische Verkörperung und Gründungstext des ersten, auch historisch früheren Typus des abstrakten Idealismus steht dabei Cervantes' *Don Quijote* (1605/1615), dessen tragikomischer Held die Disjunktion von Ideal und Welt im grotesken Modus absurd anmutender Abenteuer ausagiert. Der ‹Ritter von der traurigen Gestalt› führt so «den ersten großen Kampf der Innerlichkeit gegen die prosaische Niedertracht des äußeren Lebens».[12] Wenngleich der *Don Quijote* auch in der späteren Neuzeit und Moderne seine Nachfolger findet, zu denen Lukács insbesondere Lawrence Sternes *Tristram Shandy* (1759-1767) und Balzacs *La Comédie humaine* (1829-1856) zählt, so ist es in der Folge doch ein anderer Romantypus, der romantische Desillusionsroman, der sich als neue und nunmehr führende Variante des Romangenres herausbildet.

Gehörte es zum anachronistischen Habitus des Don Quijote, dass sich sein Einspruch gegen die ‹Prosa der Verhältnisse› in wie auch immer sinnlosen ritterlichen Handlungen äußerte, ist demgegenüber der Desillusionsroman durch einen grundlegenden Rückzug in den Raum des subjektiven Innen und, damit verbunden, durch eine symptomatische Handlungsarmut des Helden charakterisiert. Kennzeichnend für diesen Typus ist überdies, dass hier ein Prozess des Bewusstwerdens der genannten Diskrepanz, ein sich zunehmend vertiefender und differenzierender Vorgang der Reflexion einsetzt, der sich vorwiegend auf der Ebene der Gedanken und Empfindungen der Hauptfigur(en) vollzieht. Die sich hier abzeichnende «Tendenz, alles, was die Seele betrifft, rein in der Seele zu erledigen»,[13] stelle zugleich eine Gefahr dieses Romantyps dar, insofern sie die literarische und narrative Form «in ein nebelhaftes und ungestaltes Nacheinander von Stimmungen und Reflexionen über Stimmungen» aufzulösen und die «sinnlich gestaltete Fabel durch psychologische Analyse»[14] zu ersetzen drohe. Doch auch wenn Lukács so die Schwierigkeiten jenes Romantyps aufdeckt, als dessen Hauptvertreter er Gustave Flauberts *L'Éducation sentimentale* (1896), Ivan Gončarovs *Oblomov* (1859) und Jens Peter Jacobsens *Niels Lyhne* (1880) nennt, ist gleichwohl nicht zu verkennen, dass ihn eben diese Spielart des Romans auch in besonderem Maße fasziniert. So ist es kein Zufall, dass Lukács am Beispiel des Desillusionsromans eine eingehende Beschreibung und Analyse der literarischen Darstellungsmittel und Verfahrensweisen des modernen Romans entwickelt. Dabei sind es vor allem die an frühromantische Konzepte anschließenden Verfahren der Reflexion und Ironie, die Lukács als typische Gestaltungsmittel herausarbeitet. In ihnen findet der Desillusionsroman ein feinsinniges Instrument der Selbstanalyse, das es ihm erlaubt, das Dilemma des Bruchs zwischen Ich und Welt in seinen vielschichtigen Implikationen und subtilen Verästelungen zu erkunden, es bisweilen auch ironisch zu beleuchten. Seine wohl deutlichste Ausprägung, so Lukács, erfährt jener für die Romanform typische Hang zur teils melancholischen, teils ironischen Reflexion in Flauberts *L'Éducation sentimentale*, die in Gestalt von Frédéric Moreau nicht nur einen dem alten epischen Heros diametral entgegengesetzten Typus des schwachen, scheiternden Helden vorstellt, sondern zudem ein Konzept gebrochener Subjektivität umkreist, das sich im Zuge eines schrittweisen Desillusionierungsprozesses entfaltet. Nähere Beachtung verdient in diesem Zusammenhang auch die differenzierte, vorwiegend anhand von Flauberts Roman entwickelte Analyse der Zeitdimension,[15] die Lukács in Anlehnung an Henri Bergson in eine äußere Zeit des historischen Verlaufs und eine innere Zeit des subjektiven Erlebens auffächert. Aus dieser Doppelheit ergibt sich eine eigentümliche Ambivalenz der Zeiterfahrung, insofern die Zeit einerseits als eine äußere, feindliche Macht erscheint, andererseits jedoch auch, in ihrer Gestalt als innere Wahrnehmungsform, zum Medium einer zumindest augenblickshaften Befreiung des introspektiven Subjekts werden kann:

> Es ist die Zeit, die diese Überwindung möglich macht. […] Sie taucht aus einer existenten und erlebten Kontinuität auf, und die Atmosphäre dieses Getragenseins vom einmaligen und einzigen Lebensstrom hebt die Zufälligkeit ihrer Erlebnisse und die Isoliertheit der Geschehnisse, in denen sie figuriert, auf. Das Lebensganze, das alle Menschen trägt, wird dadurch etwas Dynamisches und Lebendiges.[16]

In dem dergestalt im Bewusstsein erfahrenen kontinuierlichen Fließen der Zeit als Dauer scheint mithin punktuell eine Figur des ganzheitlichen Erlebens auf, die auf die Totalität des Epos zurückverweist.

Als dritten Romantyp, der zugleich ein mögliches positives Gegenmodell zum Desillusionsroman darstellt, nennt Lukács das Modell des Erziehungsromans, das er in Goethes Wilhelm-Meister-Romanen in exemplarischer Weise verwirklicht sieht. Der Erziehungsroman bezeichnet dabei insofern eine im Vergleich zum Desillusionsroman entschärfte Form des Konflikts, als in ihm ein wenngleich prekärer Ausgleich von Innen und Außen erkennbar wird.

Lukács' Erörterung kehrt schließlich, in einem letzten Argumentationsschritt, nochmals zum Ausgangspunkt der Überlegungen, dem Grundkonzept der geschichtsphilosophischen Differenz und des damit einhergehenden tiefgreifenden Wandels der epischen Großform, zurück. In diesem Zusammenhang scheint sich nunmehr eine Perspektive zu eröffnen, die die beiden großen geschichtsphilosophischen Ausprägungen des Epischen nicht mehr ausschließlich unter dem Aspekt des Gegensatzes zeigt, sondern in ihnen vielmehr eine unterschwellige Gemeinsamkeit hervortreten lässt. Lukács kann hier auf eine Eigenart zurückgreifen, die er an früherer Stelle der Abhandlung als konstitutives Merkmal des Romans dargelegt hat. Er spricht nämlich dem Roman bei aller Differenz zu seiner epischen Vorform eine heimliche Affinität zum Epos, ein diesem innewohnendes Streben nach epischer Ganzheit zu, das er mit dem Begriff einer «Gesinnung zur Totalität»[17] umschreibt. Dieser utopische Fluchtpunkt der *Theorie des Romans* bekundet sich auf eindrucksvolle Weise in der im letzten Teil der Abhandlung angedeuteten historischen Besonderheit der Romane Fëdor Dostoevskijs: In diesen Romanen äußert sich für Lukács ein Streben nach ‹Totalität›, das an die alten Epen erinnert und so eine mögliche Wiederkehr des Epos auf einer neuen geschichtsphilosophischen Stufe zu antizipieren scheint.

Unter den Arbeiten des Frühwerks verdient überdies ein kunstphilosophisches Projekt Beachtung, das Heidelberger Ästhetikprojekt, in dem Lukács eine systematische Darstellung der spezifischen Verfasstheit von Kunst und des ihr eigenen Zeichencharakters entwickelt. Die Entwürfe zu diesem Vorhaben lassen sich dabei – wie György Márkus, der das Projekt aus dem Nachlass ediert hat, erkannt hat – zwei verschiedenen entstehungsgeschichtlichen Phasen zuordnen, denen zwei unterschiedliche, methodisch und theoretisch divergierende Fassungen entsprechen. Eine frühere Fassung, die Lukács schon 1912 während seines Aufenthalts in Florenz entworfen hat (*Heidelberger Philosophie der Kunst*, postum 1974), zeigt eine vorwiegend lebensphilosophische und hermeneutische Ausrichtung, während die in den Jahren 1916-1918 verfasste, bei Heinrich Rickert in Heidelberg als Habilitationsschrift vorgelegte spätere Fassung (*Heidelberger Ästhetik*, postum 1974) einen stärker systematischen, neokantianisch und wertphilosophisch inspirierten Zugang aufweist. Beiden Ansätzen ist jedoch gemeinsam, dass sie das künstlerische Werk in den Mittelpunkt ihrer Überlegungen rücken und es als autonomes, eigengesetzliches Gebilde zu begreifen suchen. Diese Konzentration auf das abgerundete Werk, die an ein klassizistisches Kunstverständnis erinnert, gerät dabei in ein Spannungsverhältnis zu einer zweiten, mehr an der Wirkung des Kunstwerks interessierten Beobachtung, die Lukács ebenfalls in sein Konzept zu integrieren sucht. Aus diesem rezeptionsästhetischen Gesichtspunkt entwickelt sich im Zuge der Ausführungen ein Impuls, der den Rahmen einer klassischen Werkästhetik transzendiert und letztlich zu einer kommunikationsbasierten Auffassung von Kunst als einer besonderen Form der ‹Mitteilung› führt.

Insgesamt lässt sich der theoretische Ansatz des frühen Lukács als ein kultur- und lebensphilosophisch inspirierter Zugang charakterisieren, der Literatur – sowohl einzelne Texte als auch literarische Gattungen – als sinnbildhafte Korrelate und Reflexionen von kulturgeschichtlichen und gesellschaftlichen Entwicklungen, insbesondere von krisenhaften Prozessen, versteht. Das zugrunde liegende Konzept von Literatur ist dabei ein vorwiegend formorientiertes, das sich auf bestimmte strukturelle und stilistische Eigenheiten der untersuchten Texte und literarischen Genres stützt. Das Spezifische an der Literatur scheint für den jungen Lukács, auch wenn er es nicht ausdrücklich so benennt, in einem Ensemble bestimmter typischer Verfahrensweisen und Darstellungsmittel zu bestehen, durch die sich die literarischen Texte von lebensweltlicher und alltagssprachlicher Kommunikation unterscheiden. Dies schließt jedoch nicht aus, dass mitunter auch inhaltliche Momente in Lukács' Definitionen miteingehen, wie z. B. die Vorstellungen von Kampf und Schicksal in der Dramengeschichte oder die Attribute des Rittertums in der Analyse des *Don Quijote* in der *Theorie des Romans*. Doch im Kern ist Lukács' Ansatz ein formbezogener: Auch da, wo er literarische Beobachtungen auf gesellschaftliche Vorgänge oder kulturphilosophische Theoreme zu beziehen sucht, wird die Annahme einer Grundunterscheidung von Literatur und lebensweltlicher Kommunikation als implizite Voraussetzung mitgeführt. An dieser Grundannahme eines literarischen Differenzmoments wird Lukács im Prinzip – bei allen Veränderungen – auch in der Folge festhalten. Auch die Konzepte der ‹Mimesis› oder ‹Widerspiegelung›, die Lukács von nun an, im Zuge seiner Adaptation eines marxistischen Ansatzes, profiliert, bedeuten nicht, dass Literatur in sozialen Zusammenhängen aufginge. Vielmehr betont Lukács auch in seinen späteren Schriften weiterhin die Bedeutung der literarischen Gestaltung und der kompositorischen Durchdringung des behandelten Gegenstands.

Einen gleichermaßen biographischen wie gedanklichen Umbruch in Lukács' Werk bezeichnet die Aufsatzsammlung *Geschichte und Klassenbewußtsein* (1923), in der der Verfasser zum einen seine eigene ‹Wende› zur marxschen Gesellschaftsauffassung und die Erfahrung der gescheiterten ungarischen Räterepublik (1918/1919) verarbeitet, zum anderen eine umfassende kritische Auseinandersetzung mit der marxschen Geschichtskonzeption unternimmt. In den Aufsätzen des Bandes revidiert Lukács seine bisher aus philosophischer Sicht entworfenen Überlegungen zur ‹Entfremdung› des modernen Subjekts, indem er nun an die von Marx vorgeschlagene Kategorie der ‹Verdinglichung› anknüpft und jene Differenzerfahrung entsprechend nicht mehr als geschichtsphilosophisch oder psychologisch bedingtes Existenzial denn vielmehr als Effekt der Bedingungen der kapitalistischen Warenproduktion zu erfassen sucht. ‹Verdinglichung› entsteht für Lukács nunmehr aus dem Missverhältnis, das sich zwischen den abstrakten, rein quantitativ bestimmten Gesetzmäßigkeiten der Warenproduktion und den subjektiven Bedürfnissen der Individuen auftut. Dabei ist es nicht zuletzt die Undurchsichtigkeit jenes ökonomischen Mechanismus und der sich auf ihn gründenden sozialen Verhältnisse, die das Unheimliche und Prekäre der modernen Wirtschafts- und Sozialordnung ausmacht. Insofern es für den Einzelnen zunehmend schwierig, ja unmöglich wird, jene Zusammenhänge in ihrer Gesamtheit zu durchschauen, wird er mehr und mehr dazu neigen, seine Lage als unabänderliche, schicksalhafte Gegebenheit zu begreifen. Vor diesem Hintergrund problematisiert Lukács auch die Stellung des Proletariats, das, dem marxschen Geschichtsverständnis zufolge, als die von den gesellschaftlichen Schäden am meisten betroffene soziale Klasse, Träger der hervorzubringenden revolutionären Veränderung sein müsste. Angesichts der sich abzeichnenden fehlenden Handlungsdisposition des Proletariats sucht Lukács indessen nach einer anderen Gruppe, die die anzustrebende revolutionäre Bewegung initiieren könnte, wobei er einerseits die literarische Intelligenz, andererseits die Partei als möglichen Träger in Betracht zieht. Während Lukács' damalige Weggefährten und Parteigenossen *Geschichte und Klassenbewußtsein* stark kritisierten, erregte der Band in den nicht-kommunistischen Ländern Europas großes Interesse. Dort wurde er von ‹linken› Theoretikern wie Theodor W. Adorno, Walter Benjamin und Lucien Goldmann intensiv rezipiert und, auf einer Ebene mit Marx' Frühschriften, als eine Art Grundbuch einer gesellschaftskritischen Entfremdungsanalyse angesehen.

Auch die weitere Entwicklung von Lukács' literaturtheoretischem und kunstphilosophischem Denken bewegt sich im Rahmen eines marxistischen Ansatzes. In den 1930er Jahren präzisiert und verschärft Lukács seine Auffassungen, die nun, nicht zuletzt in betonter Opposition zur faschistischen Kulturpolitik, ein polemisches Profil annehmen. Zugleich zeichnet sich dabei eine gewisse normative Ausrichtung des Literaturbegriffs ab. Waren Lukács' ästhetische Leitideen zuvor eher abstrakt und formal gehalten, setzt der ungarische Literaturtheoretiker nun konkrete Vorgaben, um eine im Horizont eines marxistischen Ansatzes angemessene literarische Schreibform zu definieren. Exemplarischen Ausdruck findet diese neue Position vor allem in den großen Kampfschriften der 1930er Jahre, die als publizistische Beiträge in verschiedenen linksgerichteten Organen erschienen: So beteiligte sich Lukács an den Diskussionen und Kontroversen, die in den frühen 1930er Jahren im Bund proletarischer Schriftsteller aufkamen und die in der Zeitschrift *Linkskurve* in publizistischer Form ausgetragen wurden. Als aufschlussreiches Beispiel dieser Art der Debatte sei der 1932 in der *Linkskurve* erschienene Aufsatz *Reportage oder Gestaltung?* erwähnt,[18] in dem Lukács eine programmatische Auseinandersetzung mit dem Schriftsteller Ernst Ottwalt führt. Den Anlass des Konflikts bot Ottwalts Roman *Denn sie wissen, was sie tun* (1931),[19] der in seiner Darstellung systematisch auf Verfahren der dokumentarischen Berichterstattung zurückgriff, die dem publizistischen

Medium der Reportage entlehnt waren. Dieses Vorgehen, eine kunstfremde, dokumentarische Technik zu adaptieren und zum zentralen Gestaltungsprinzip eines Romans zu erheben, stieß bei Lukács auf Ablehnung. Ihm erschien dieser Rekurs als ein Mangel an kompositorischer Durchdringung, der unweigerlich dazu führe, dass dem Roman bzw. seinem Leser eine Erkenntnis der tieferliegenden gesellschaftlichen und politisch-ökonomischen Zusammenhänge verschlossen bleibe.

Einen ähnlichen Vorwurf der unangemessenen Auffassung bzw. Darstellung von ‹Wirklichkeit› erhebt auch, wenngleich in anderer Akzentuierung, der Aufsatz *Größe und Verfall des Expressionismus*, der 1934 in der Zeitschrift *Internationale Literatur* erschien.[20] In diesem Beitrag ist es die literarische und bildkünstlerische Richtung des Expressionismus, die hier, stellvertretend für die ästhetischen Avantgarden, ins Visier von Lukács' Kritik gerät. Zwar konzediert Lukács der expressionistischen Bewegung ihrer Intention nach einen gesellschaftskritischen und -erneuernden Impuls, er kritisiert jedoch, dass es ihr nicht gelinge, den ideologischen Rahmen eines ‹bürgerlichen› Denkens zu verlassen. Auf diese Weise bleibe ihre Opposition ein Schein, eine «Maskerade», die letztlich in eine «Flucht vor der Wirklichkeit» münde.[21] Lukács moniert an den literarischen und ästhetischen Produktionen des Expressionismus indessen nicht nur deren aus seiner Sicht verfälschte Darstellung des Wirklichen; es sind vielmehr auch die technischen und formalästhetischen Verfahren der expressionistischen Kunst, an denen Lukács sich stößt. Die expressionistischen Verfahrensweisen der Fragmentierung und Montage erscheinen ihm als unsinnige Zerstörung von Zusammenhängen, als unzulässige Beschränkung auf das Partikulare, Ausschnitthafte und als Fixierung auf das isolierte Detail.

Doch nicht nur der Expressionismus verfällt dem genannten Verdikt. Lukács äußert auch gegenüber anderen literarischen und ästhetischen Richtungen der europäischen Avantgarde sowie der klassischen Moderne ein tiefes Misstrauen. Dabei sind es insbesondere experimentelle, in formalästhetischer Hinsicht radikale Verfahren des literarischen und ästhetischen Ausdrucks – wie man sie außer in den Avantgarden auch bei Vertretern der literarischen Moderne wie T. S. Eliot, James Joyce, John Dos Passos und Alfred Döblin findet –, die Lukács' Einspruch auf den Plan rufen: Solche

Formexperimente erscheinen ihm als unnütze, frivole Spielereien oder lassen ihn, wie im Falle Kafkas, eine nihilistische Weltanschauung vermuten.

Diese im Kern antimodernistische Stoßrichtung seines Ansatzes hat Lukács in einer Reihe von Schriften der 1930er und 1940er Jahre weiter verfolgt. Als eindringlichstes Manifest dieser Position darf wohl die aus dem Kontext der Expressionismusdebatte hervorgehende Streitschrift *Es geht um den Realismus* gelten, die erstmals 1938 in der Moskauer Literaturzeitschrift *Das Wort* erschien.[22] Seinen avantgardekritischen Standpunkt gegen die Einwände Ernst Blochs verteidigend, führt Lukács dort die theoretischen und weltanschaulichen Voraussetzungen seiner Wertungen explizit aus. Zu diesen Prämissen gehört insbesondere ein mimetischer Literaturbegriff, d. h. die Annahme, dass Literatur stets eine «besondere Form der Spiegelung der objektiven Wirklichkeit»[23] sei bzw. sein solle und dabei eine möglichst weitreichende und umfassende Wiedergabe der dargestellten gesellschaftlichen Welt anstreben solle. Lukács' Literaturkonzept zielt dabei vor allem auf die Darstellung eines Ganzen, eines übergreifenden Zusammenhangs, auf den sämtliche Aspekte der literarischen Komposition zu beziehen und als dessen integrale Bestandteile sie auszuweisen sind. Eine avantgardistische Kunst und Literatur greift hier Lukács zufolge schon deshalb zu kurz, weil sie in der betonten Abstraktheit und Fragmentarität ihres Zugangs die postulierte ‹Totalität› des Wirklichen verfehle.

Die erwähnten programmatischen Schriften von Lukács beschränken sich indessen nicht darauf, eine Reihe von irritierenden modernen literarischen Tendenzen abzuwehren und aus dem Bereich der aus ihrer Sicht angemessenen Literatur auszuschließen. Sie lassen vielmehr, implizit oder ausdrücklich, die Konturen jenes Literaturkonzepts sichtbar werden, das Lukács selbst als idealtypisches Modell gelungenen literarischen Schreibens vorschwebt. Als Leitkonzept kristallisiert sich dabei eine Form des ‹realistischen› Schreibens bzw. Erzählens heraus, das Lukács vor allem aus den Werken der großen Erzählliteratur des späteren 19. Jahrhunderts herleitet. Insbesondere die großen Romane Honoré de Balzacs, Theodor Fontanes, Lev Tolstojs, Fëdor Dostoevskijs und, in Verlängerung dieser Linie, Thomas Manns gelten Lukács als exemplarische Vorlagen, die einer erst noch zu schaffenden neuen Literatur als Maßstab dienen sollen. Diese Entscheidung für einen literarischen ‹Realismus›, der Lukács nunmehr als Kriterium gelungener Literatur gilt, bleibt dabei nicht auf die Zeit des Naziregimes und des Zweiten Weltkriegs beschränkt. Vielmehr hält Lukács auch in den Nachkriegsjahren an jenem Konzept fest.

Mit besonderem Nachdruck und programmatischem Gestus entfaltet Lukács dieses Modell in seinem zunächst als Vortrag (1956) verfassten, sodann in verschiedenen schriftlichen Ausarbeitungen veröffentlichten Beitrag *Die Gegenwartsbedeutung des kritischen Realismus.*[24] Dieser Text zeigt mit besonderer Deutlichkeit, wie bei Lukács die kritisch-polemische Abgrenzung von aus seiner Sicht unerwünschten Literaturrichtungen mit der Formulierung und Konturierung der eigenen Position Hand in Hand gehen. Aus der, wie er es nennt, «Kritik des Avantgardeismus»[25] bezieht Lukács gewissermaßen *ex negativo* die Gesichtspunkte, die seinen eigenen (positiven) Begriff von Literatur bestimmen. Diesem Ansatz gemäß entwickelt Lukács seine Überlegungen in dem genannten Beitrag häufig in Form von kontrastiven Entgegensetzungen, indem er dem negativen Fallbeispiel eines in seinen Augen ‹schlechten› Textes ein positives Komplement gegenüber stellt. So findet etwa James Joyces *Ulysses*, dessen Technik des inneren Monologs und Bewusstseinsstroms Lukács als Inbegriff einer verfänglichen Selbstauflösung des Subjekts gilt, ein positives Gegenstück in Thomas Manns *Lotte in Weimar*. Seine pointierteste Fassung erhält dieses Verfahren der kontrastierenden Oppositionsbildung in der Alternative «Kafka oder Thomas Mann?», unter die Lukács den ausführlichen Schlussteil der Abhandlung fasst.[26] Bei aller Abneigung gegen Kafka bietet der marxistische Literaturkritiker allerdings eine eingängige und anschauliche Beschreibung des kafkaschen Stils, in der er insbesondere die unheimlich-surreale Wirkung der kafkaschen Fiktionen, deren «gespenstische Unwirklichkeit»[27] eindringlich vorführt. Kafka, so die Erläuterung, beschwöre die Vorstellung einer Welt, die «nur als Medium des Angstevozierens im Subjekt eine Realität haben kann».[28] Jene Momente des Traumhaften und des visionären Schreckens begreift Lukács indessen nicht einfach als ästhetische Besonderheiten des kafkaschen Erzählens, sondern sieht darin eine aus sozialethischem Blickpunkt verfängliche Tendenz. Indem diese Texte ihren Leser mit einem unerklärlichen Schrecken konfrontierten, erweckten sie in ihm einen Eindruck des «Ausgeliefertseins», «ein ins Weltanschauliche gesteigertes Ohnmachtsgefühl»,[29] das ihn in eine Haltung der Hilflosigkeit und Passivität versetze. Der Schlussteil der Abhandlung verlängert schließlich jene in Lukács' Sicht prekäre Tendenz bis in die damalige Gegenwartsliteratur: Auch die Romanprojekte Samuel Becketts und Wolfgang Koeppens trügen eine kafkaeske Signatur. An dieser Stelle wird auch deutlich, inwiefern Thomas Mann für Lukács ein positives Gegenstück und zugleich ein Heilmittel gegen die Negativität des kafkaschen Stils bieten kann. Der konventionellere Erzählstil Manns, der den Eindruck einer ästhetischen Souveränität und einer Kontrolle über das Dargestellte erweckt, scheint Lukács in besonderer Weise dazu disponiert, die Auflösungstendenzen und Differenzerfahrungen der Moderne aufzufangen und zu begrenzen.

Allerdings würde es zu kurz greifen, wollte man in Lukács' Bekenntnis zum literarischen ‹Realismus› eine bloße Angleichung an das Programm des ‹sozialistischen Realismus› erblicken, das seit 1934 die offizielle Linie sowjetischer Literaturpolitik vorgab. Lukács' Verhältnis zur politisch vorgegebenen Richtung blieb bei aller vordergründigen Übereinstimmung im Bekenntnis zum sozialistischen Projekt von Distanz und Differenz geprägt. Überdies folgt Lukács, wenn er für einen traditionellen, ‹realistischen› Stil in der Nachfolge der großen Erzählliteratur des 19. Jahrhunderts plädiert, nicht zuletzt eigenen literarischen und ästhetischen Vorlieben, die sich bereits in der *Theorie des Romans* und den Entwürfen zum Dostoevskij-Projekt andeuteten. Die Präferenz für einen traditionellen Stil artikuliert sich auch in der breit angelegten Studie *Der historische Roman* (1965):[30] Darin umreißt Lukács eine positive Entwicklungslinie des Geschichtsromans, die, von Walter Scott als gattungsbegründendem und zugleich prototypischem Vertreter ausgehend, über Conrad Ferdinand Meyer bis zu Heinrich Mann führt und die er von ‹falschen› Tendenzen der historischen Darstellung in der romantischen Literatur und im L'art pour l'art (Théophile Gautier, Gustave Flaubert, Ernest Renan) entschieden abgrenzt. Während dem Romantyp scottscher Prägung eine «Komposition des historischen Gesamtbildes»[31] einer Epoche gelinge, vor der der repräsentative Charakter der historischen Persönlichkeit eindrucksvoll sichtbar werde, verfehle demgegenüber der Geschichtsroman in seiner neoromantischen und ‹dekadenten› Spielart, für die exemplarisch Flauberts *Salammbô* steht, diese Verbindung von Hauptgestalt und Zeitverhältnissen, so dass die Erzählung statt des historischen Zusammenhangs nurmehr eine «Welt der historisch-exakten Kostüme und Dekorationen» vorführe.[32] Der sich hier andeutenden Neigung zur Stigmatisierung romantischer Literatur im Zeichen des Verfalls korrespondiert auf der anderen Seite eine Hochschätzung Goethes (insbesondere des Autors der Wilhelm-Meister-Romane, der *Wahlverwandtschaften* und des *Faust*),[33] den Lukács als Vertreter eines Realismus *avant la lettre* und somit als historischen Vorläufer eines Balzac und Dostoevskij betrachtet.

Einen nochmaligen Neuansatz in Lukács' Werk markiert schließlich die späte Schrift *Die Eigenart des Ästhetischen* (1963), die – wenngleich unter verändertem Blickwinkel und auf einer anderen Ebene der Reflexion – Fragen und Problemstellungen des frühen Heidelberger Ästhetikprojekts wieder aufnimmt. Dieses Projekt, das die in marxistischem Kontext heikle Frage nach dem Stellenwert und der Besonderheit des künstlerischen Werks aufwirft, stellt eine ambivalente Verbindung eines formalästhetischen und eines materialen, gehaltlich orientierten Ansatzes dar, wobei letztere Komponente, in Einklang mit Lukács' neohegelianischer Ausrichtung, das Übergewicht erhält. Dabei lässt sich eine gewisse, im Verlauf der Abhandlung nicht aufgelöste Spannung beobachten: Einerseits hebt Lukács die ‹Eigenart› des Ästhetischen hervor, d. h. er versucht ein distinktives Moment zu umreißen, durch das sich die ästhetische bzw. literarische Äußerung von anderen sozialen Ausdrucksformen unterscheidet. Andererseits bestimmt Lukács jenes Besondere des Ästhetischen jedoch auch inhaltlich, indem er es auf einen mimetischen Begriff von Kunst im Sinne des Widerspiegelungstheorems festlegen will. Darüber hinaus schwankt Lukács' späte Ästhetik zwischen einer stärker werkästhetischen Perspektive, die die Selbstgenügsamkeit des Werks als in sich geschlossener, ganzheitlicher Form betont, und einer rezeptionsästhetischen Blickrichtung, der es, in einer eigentümlichen Umdeutung des antiken Katharsiskonzepts – das hier von seiner ursprünglichen Bedeutung als Wirkungsprinzip der Tragödie auf Literatur und Kunst schlechthin ausgeweitet wird –, vor allem auf die spezifische Wirkung des Ästhetischen ankommt. Die ästhetische Wirkung fasst Lukács dabei als einen Vorgang der Bewusstwerdung auf, der zugleich den Charakter einer Aufforderung annimmt: Das Kunstwerk ruft im Rezipienten eine Entscheidung hervor: «Du mußt dein Leben ändern.»[34] Die zitierte wirkungsästhetische Formel ist von bemerkenswerter Ambiguität. Bietet es sich zunächst an, sie auf der Linie eines operativen Literaturkonzepts, als Aufruf zu gesellschaftlichem Handeln, zu verstehen, kann sie aber auch als Hinweis auf eine Auffassung gelesen werden, die das Spezifische von Kunst darin erblickt, Alternativen aufzuzeigen und die Kontingenz des Faktischen sichtbar zu machen. Folgt man der zuletzt genannten Deutung, rückt die *Eigenart des Ästhetischen* in eine interessante Nähe zu theoretischen Entwürfen, wie man sie in der späteren Ästhetikdiskussion des ausgehenden 20. Jahrhunderts – etwa bei Winfried Menninghaus, Karl Heinz Bohrer und Niklas Luhmann – findet.

3. Wirkung

Lukács' Texte fanden im Bereich der Literaturtheorie ebenso wie der Philosophie und Soziologie zahlreiche Resonanzen, die sich teils in Abgrenzungen und kritischen Auseinandersetzungen, teils in Versuchen des Anschließens und Weiterdenkens der lukácsschen Ansätze niederschlugen. Während die Arbeiten des mittleren bis späten Werks auf ein geteiltes Echo stießen und, vor allem in der westeuropäischen Rezeption, zum Teil kritische, mitunter polemische Stellungnahmen hervorriefen, wurden die Schriften des Frühwerks, soweit sie veröffentlicht waren, fast durchgängig positiv aufgenommen. Die produktive, impulsgebende Wirkung, die von den frühen Schriften ausging, lässt sich beispielsweise bei den Vertretern der Frankfurter Schule, insbesondere Theodor W. Adorno und Walter Benjamin, beobachten.[35] Auf Adorno übten vor allem *Die Seele und die Formen* und die *Theorie des Romans* eine nachhaltige Faszination aus, deren Wirkung auch in Adornos eigenen Arbeiten zu spüren ist, etwa in seinem Aufsatz über den Essay[36] und seinem Beitrag *Über epische Naivität*.[37] In ähnlicher Weise lässt sich ein Nachhall des lukácsschen Frühwerks auch in Walter Benjamins Schriften aus den 1930er Jahren bemerken: So ist Benjamins Erzähler-Aufsatz[38] zu einem Teil von Lukács' Epikkonzept angeregt und die geschichtsphilosophische Konstruktion des Kunstwerkaufsatzes[39] erinnert in ihrer Gegenüberstellung von Urgeschichte und Moderne an die dualistische Geschichtsvorstellung der *Theorie des Romans*. Auch Robert Musil ließ sich von Lukács' Frühwerk inspirieren, wie die essayistischen Reflexionen im 62. Kapitel seines Romans *Der Mann ohne Eigenschaften* (1930-1952) eindrucksvoll bezeugen.[40]

Unter den produktiven Aneignungen von Lukács' frühen Schriften verdient insbesondere deren Rezeption durch den aus Rumänien stammenden französischen Literatursoziologen Lucien Goldmann nähere Beachtung, der aus jenen Texten den Anstoß zu einer völlig eigenständigen, seinen Vorlagen gleichwohl kongenialen Theoriebildung bezieht. Die Grundlage dieser facettenreichen Umschrift lukácsscher Konzepte bilden dabei in erster Linie die beiden großen Abhandlungen des Frühwerks, die *Entwicklungsgeschichte des modernen Dramas* und die *Theorie des Romans*. Schon Goldmanns erste größere Arbeit *Le Dieu caché. Étude sur la vision tragique dans les «Pensées» de Pascal et dans le théâtre de Racine* (1955), die neben den philosophischen Reflexionen Pascals vor allem Dramen der französischen Klassik untersucht, nimmt den kulturkritischen Ansatz jener Schriften auf. Aus der Dramengeschichte übernimmt Goldmann die Idee einer sich auftuenden Kluft zwischen der Innerlichkeit des neuzeitlichen Subjekts und einer ihm fremd gewordenen gesellschaftlichen Welt. Dabei setzt Goldmann die Anlaufphase jenes Vorgangs, den Lukács als modernetypisches Dilemma begreift, historisch etwas früher an als dieser, indem er sie ins 17. Jahrhundert verlegt. Die geschichtliche Situation der französischen Klassik bietet Goldmann konkrete Anschlussstellen für diese Interpretation: Der politische Bedeutungsverlust des Adels nach der Fronde und die resignative Tendenz der jansenistischen Glaubenslehre bedingten eine zeittypische Grundstimmung der Melancholie, die sich in Racines Dramen zu einer ‹tragischen Weltanschauung› (‹vision du monde tragique›) verdichte.

Auch eine zweite Studie Goldmanns, die 1964 erschienene literatursoziologische Programmschrift *Pour une sociologie du roman* (Dt.: *Soziologie des Romans*, 1970) geht von Lukács' Denkansatz aus. Die Idee eines Prekärwerdens der modernen Romanform aus der *Theorie des Romans* aufnehmend, entwickelt Goldmann dort die These einer formalen Korrespondenz zwischen literarischen Erzählformen und der durch die Gesetzmäßigkeiten der kapitalistischen Warenproduktion geprägten Gesellschaftsstruktur, die er mit dem Begriff der Homologie (Strukturgleichheit) beschreibt. Dabei ist es bemerkenswert und nicht ohne Ironie, dass Goldmann die solcherart aus der *Theorie des Romans* hergeleitete Begrifflichkeit auch für die Interpretation von Texten fruchtbar macht, die mit Lukács' ästhetischen Vorlieben und Wertungen kaum vereinbar, ja diesen diametral entgegengesetzt sind: So interessiert sich Goldmann besonders für die gänzlich unklassischen Romanprojekte des Nouveau Roman und wendet sich schließlich sogar den verfemten Texten Kafkas zu, die sich nun als zeitgemäße Ausdrucksformen der Moderne und als positive Fallbeispiele literatursoziologischer Analyse erweisen.

Im Unterschied zu der wenig kontroversen, vorwiegend zustimmenden Aufnahme des Frühwerks lösten die späteren Schriften, vor allem die der 1930er Jahre, im Kontext ihrer primären Rezeption zum Teil heftige Auseinandersetzungen aus, die sich vorwiegend um das Verhältnis des Autors bzw. Textes zur Tradition, um Fragen der marxistischen Gesellschaftstheorie und um den von Lukács lancierten Realismusbegriff gruppierten. Ihren Niederschlag fand diese kritisch-polemische Rezeption in den Repliken und Stellungnahmen Bertolt Brechts und Theodor W. Adornos, die in jenen Debatten als Lukács' Hauptkontrahenten firmierten. Beharrte Brecht gegenüber dem lukácsschen Ganzheitspostulat auf einer Kategorie der ‹Unmittelbarkeit›,[41] war es Adorno vor allem darum zu tun, eine avantgardistische, in formaler Hinsicht experimentelle Literatur bzw. Kunst gegen Lukács' Verwerfungen zu verteidigen und dabei zugleich den Geltungsanspruch des Widerspiegelungstheorems zu unterlaufen.[42]

In der neueren Diskussion lässt sich schließlich eine andere, interessante Reinterpretation und zum Teil auch Reaktualisierung lukácsscher Konzepte beobachten. Diese überwiegend von philosophischer Seite vorgeschlagene Deutungsrichtung[43] versucht, Lukács' Ansätze, unabhängig von politischen Zuordnungen, in einen durch die Gesellschaftsanalysen Max Webers eröffneten problemgeschichtlichen und systematischen Zusammenhang einzubringen und sie als Beiträge zu einer Erkundung des Phänomens neuzeitlicher Rationalität und zu einer sozialphilosophischen Modernetheorie zu verstehen.

Literatur

1. Werkausgaben

Lukács, Georg: Werke, Bd. 2-12, Neuwied u. a. 1963–1971.
– Werke, Bd. 13–17, hg. von Frank Benseler u. György Márkus, Neuwied u. a. 1974–1986.
– Werke, Bd. 18 (= Autobiographische Texte und Gespräche), hg. von Frank Benseler u. Werner Jung unter Mitarbeit von Dieter Redlich, Bielefeld 2005.
– A lélek és a formák. Kísérletek, Budapest 1910 (Dt.: Die Seele und die Formen. Essays, Sonderausgabe der Sammlung Luchterhand, Berlin 1971 [1911]).
– Die Theorie des Romans. Ein geschichtsphilosophischer Versuch über die Formen der großen Epik, München 1994 [1916].

2. Bibliographien

Lapointe, François H.: Georg Lukács and his Critics. An International Bibliography with Annotations (1910–1982), Westport/London 1983.
Lukács, Georg:, Schriften zur Literatursoziologie, hg. von Peter Ludz, Frankfurt/M./Berlin u. a. 1985, S. 503–531.
http://www.lukacs-gesellschaft.de/frame-bibliographie.html

3. Biographien

Fekete, Eva/Karadi, Eva: Georg Lukács. Sein Leben in Bildern, Selbstzeugnissen und Dokumenten, Stuttgart 1981.
Hermann, Istvan: Georg Lukács. Sein Leben und Wirken, Köln/Wien 1986.

4. Sonstige Sekundärliteratur

Benseler, Frank/Jung, Werner (Hg.): Jahrbuch der Internationalen Georg-Lukács-Gesellschaft, Bd. 1–10, Bern/Paderborn 1996–2007.
Bermbach, Udo/Trautmann Günter (Hg.): Georg Lukács. Philosophie – Politik – Kultur, Opladen 1987.
Bertram, Georg W.: Verschriebene Rahmung. Das Werk der Kunst in Lukács Heidelberger Schriften und eine lebensphilosophische Spur, Wien 1993.
Bürger, Peter: Prosa der Moderne, Frankfurt/M. 1988.
Congdon, Lee: The Young Lukács, Chapell Hill/London 1983.
Dannemann, Rüdiger: Georg Lukács zur Einführung, Hamburg 1997.
Hoeschen, Andreas: Das «Dostojewsky»-Projekt. Lukács' neukantianisches Frühwerk in seinem ideengeschichtlichen Kontext, Tübingen 1999.
Jung, Werner: Georg Lukács, Stuttgart 1989.
– Von der Utopie zur Ontologie. Lukács-Studien, Bielefeld 2001.
Kadarkay, Arpad: Georg Lukács. Life, Thought, and Politics, Oxford/Cambridge, MA 1991.
Simonis, Linda: Genetisches Prinzip. Zur Struktur der Kulturgeschichte bei Jacob Burckhardt, Georg Lukács, Ernst Robert Curtius und Walter Benjamin, Tübingen 1998.
Thaler, Jürgen: Dramatische Seelen. Tragödientheorien im frühen zwanzigsten Jahrhundert, Bielefeld 2003.

Vollhardt, Friedrich: Literaturkritik und philosophische Ästhetik an der Wende vom 19. zum 20. Jahrhundert. Konstellationen im Frühwerk von Georg Lukács, in: Barner, Wilfried (Hg.): Literaturkritik – Anspruch und Wirklichkeit, Stuttgart 1990, S. 302–317.
Weisser, Elisabeth: Georg Lukács – Heidelberger Kunstphilosophie, Bonn/Berlin 1992.

Anmerkungen

1 Vgl. Jung, Werner: Von der Utopie zur Ontologie. Das Leben und Werk Georg Lukács', in: Weimarer Beiträge 43 (1997), S. 350–366, hier S. 352 f.
2 Lukács, Georg: Werke, Bd. 15: Entwicklungsgeschichte des modernen Dramas, Neuwied u. a. 1981, S. 25.
3 Ebd., S. 30.
4 Vgl. Simmel, Georg: Der Begriff und die Tragödie der Kultur, in: Ders.: Philosophische Kultur Leipzig ²1919, S. 223–253.
5 Ebd., S. 46.
6 Ebd., S. 121.
7 Vgl. Bürger, Prosa, S. 413.
8 Lukács, Seele, S. 231.
9 Lukács, Theorie, S. 25.
10 Ebd., S. 32.
11 Ebd., S. 83, 98 u. 117.
12 Ebd., S. 90.
13 Ebd., S. 99.
14 Ebd.
15 Vgl. Hoeschen, Andreas: Poetische Zeit als reflexive Dauer. Zum Zeitkonzept der ‹Desillusionsromantik› in der Theorie des Romans, in: Simonis, Annette/Simonis, Linda (Hg.): Zeitwahrnehmung und Zeitbewusstsein der Moderne, Bielefeld 2000, S. 361–384.
16 Lukács, Theorie, S. 111 f.
17 Ebd., S. 31.
18 Lukács, Georg: Werke, Bd. 4: Probleme des Realismus I. Essays über Realismus, Neuwied u. a. 1971, S. 35–68.
19 Ottwalt, Ernst: Denn sie wissen, was sie tun. Ein deutscher Justiz-Roman, Berlin 1931.
20 Vgl. Lukács, Probleme des Realismus I, S. 109–149.
21 Ebd., S. 123.
22 Ebd., S. 313–343.
23 Ebd., S. 318.
24 Ebd., S. 459–603.
25 Ebd., S. 467.
26 Vgl. ebd., S. 500–550.
27 Ebd., S. 476.
28 Ebd.

29 Ebd., S. 489.
30 Lukács, Georg: Werke, Bd. 6: Probleme des Realismus III. Der historische Roman, Neuwied u. a. 1966.
31 Ebd., S. 53.
32 Ebd., S. 229.
33 Vgl. Lukács, Georg: Werke, Bd. 7: Deutsche Literatur in zwei Jahrhunderten, Neuwied u. a. 1964, S. 53–124.
34 Lukács, Georg: Werke, Bd. 11: Ästhetik Teil I. Die Eigenart des Ästhetischen, Neuwied u. a. 1963, S. 818.
35 Vgl. Bürger, Peter: Verschüttete Spuren. Georg Lukács in der Frankfurter Schule, in: Neue Rundschau 114 (2003), H. 3, S. 163–173.
36 Adorno, Theodor W.: Der Essay als Form, in: Ders.: Noten zur Literatur I, Frankfurt/M. 1958, S. 9–49.
37 Ebd., S. 50–60.
38 Benjamin, Walter: Der Erzähler. Betrachtungen zum Werk Nikolai Lesskows, in: Ders.: Gesammelte Schriften, hg. von Rolf Tiedemann u. Hermann Schweppenhäuser unter Mitwirkung von Theodor W. Adorno u. Gershom Sholem, Bd. II, 2: Aufsätze, Essays, Vorträge, Frankfurt/M. 1977, S. 438–465.
39 Benjamin, Walter: Das Kunstwerk im Zeitalter seiner technischen Reproduzierbarkeit, in: Ders.: Gesammelte Schriften, hg. von Rolf Tiedemann u. Hermann Schweppenhäuser unter Mitwirkung von Theodor W. Adorno u. Gershom Sholem, Bd. I, 3: Abhandlungen, Frankfurt/M. 1974, S. 431–507.
40 Vgl. Nübel, Birgit: ‹Totalität› und ‹relative Totale›. Randbemerkungen zu Georg Lukács und Robert Musil, in: Helmes, Günter/Martin, Ariane/Nübel, Birgit/Schulz, Georg-Michael (Hg.): Literatur und Leben. Anthropologische Aspekte in der Kultur der Moderne, Tübingen 2002, S. 213–232.
41 Vgl. Mittenzwei, Werner: Die Brecht-Lukács-Debatte, in: Sinn und Form 19 (1967), H. 1, S. 235–269, hier S. 265.
42 Vgl. Adorno, Theodor W.: Erpreßte Versöhnung [1958], in: Ders.: Noten zur Literatur I, Frankfurt/M. 1958, S. 152–187.
43 Vgl. Honneth, Axel: Eine Welt der Zerrissenheit. Zur untergründigen Aktualität von Lukács' Frühwerk, in: Dannemann, Rüdiger (Hg.): Georg Lukács – Jenseits der Polemiken. Beiträge zur Rekonstruktion seiner Philosophie, Frankfurt/M. 1986, S. 39–52; Bolz, Norbert: Auszug aus der entzauberten Welt, München 1989 sowie MacCormick, Max: Transcending Weber's Categories of Modernity? The Early Lukács and Schmitt on the Rationalization Thesis, in: New German Critique 75 (1998), S. 133–177.

Christoph Veldhues

Jurij Tynjanov
(1894–1943)

I. Leben

Jurij Nikolaevič Tynjanov wurde am 6./18. Oktober 1894 in Režica (heute Rezekne, Lettland) geboren und studierte bis 1919 an der Historisch-Philologischen Fakultät der St. Petersburger (ab 1914 Petrograder) Universität, wo er u. a. Vorlesungen der frühstrukturalistischen Linguisten Jan Ignacy Baudouin de Courtenay und Aleksej Šachmatov hörte und Teilnehmer des von Semën Vengerov geleiteten Puškin-Seminars war, aus dem eine Reihe prominenter russischer Literaturwissenschaftler hervorging. Im Anschluss arbeitete er als Übersetzer der Komintern und lehrte von 1920 bis 1930 am Petrograder (ab 1924 Leningrader) Staatlichen Institut für Kunstgeschichte. Erst relativ spät, im Herbst 1918, trat Tynjanov in Kontakt zum *OPOJaZ* (*Gesellschaft zur Erforschung der poetischen Sprache*), der Petrograder Gruppe des sog. russischen ‹Formalismus› um Viktor Šklovskij und Boris Ėjchenbaum, gehörte aber bald zu dessen bekanntesten Vertretern. Dabei war es Tynjanovs intensive literaturgeschichtliche Beschäftigung v. a. mit russischen Autoren des ersten Drittels des 19. Jahrhunderts (Aleksandr Puškin, Aleksandr Griboedov, Vil'gel'm Kjuchel'beker, Fëdor Tjutčev u. a.) sowie die literaturkritische Auseinandersetzung mit seinem zeitgenössischen symbolistischen, akmeistischen und futuristischen Umfeld (Aleksandr Blok, Osip Mandel'štam, Velimir Chlebnikov u. a.), die ihn zu seinen literaturtheoretischen Überlegungen führte. Seit 1925 betätigte sich Tynjanov selbst als Schriftsteller und verfasste u. a. drei biographische Romane, mehrere Erzählungen und ein Drama. Daneben trat er als Filmtheoretiker und als Drehbuchautor in der Petrograder Künstlergruppe *FĖKS* (*Fabrik des exzentrischen Schauspielers*) hervor, arbeitete als literarischer Übersetzer, u. a. von Heinrich Heine, und betreute – zeitweise als wissenschaftlicher Leiter von Maksim Gor'kijs renommierter *Biblioteka poėta* (*Bibliothek des Dichters*) – mehrere Texteditionen und Sammelbände, darunter die fünfbändige Chlebnikov-Werkausgabe und Veröffentlichungen zur Lyrik des 19. Jahrhunderts. In diese Bereiche zog sich

Tynjanov in den 1930er Jahren aus der unter Stalin inkriminierten formalistischen Literaturtheorie vollständig zurück.[1] Man kann darin, auch angesichts einiger offensichtlicher Kompromisse in seinen späten literaturgeschichtlichen Arbeiten, auf den ersten Blick einen freilich durch die Umstände erzwungenen Konformismus Tynjanovs vermuten, die Kapitulation eines Mannes, der sich im Terrorjahr 1937 umzubringen versuchte und schließlich am 20. Dezember 1943 in Moskau an multipler Sklerose starb. Jedoch gibt es auch die Möglichkeit, seine literarischen Werke – und insbesondere den ab 1935 erschienenen *Puškin*-Roman – als eine sehr feine allegorische Substitution des metaliterarisch nun Unsagbaren im literarisch noch Sagbaren zu lesen.[2]

2. Werk

Das die formalistische Literaturtheorie[3] eigentlich begründende Projekt ist die Bestimmung des spezifisch Literarischen der Literatur in Abgrenzung von aller nichtliterarisch funktionierenden Kommunikation – «Wir sind keine ‹Formalisten›; sondern, wenn Sie so wollen, Spezifizierer»[4] – mit der daraus folgenden programmatischen Forderung nach Konzentration der literaturwissenschaftlichen Praxis auf Untersuchung genau dieser literarischen Differenz:

> Wenn nun eine Untersuchung den Anspruch erhebt, Untersuchung von Kunst zu sein, so ist klar, dass ihr Gegenstand eben jenes Spezifikum sein muss, das die Kunst von anderen Bereichen intellektueller Tätigkeit unterscheidet und diese zu ihrem Material oder Werkzeug macht.[5]

Das Spezifikum eines literarischen Textes aber, «dasjenige, was das vorliegende Werk zum literarischen Werk macht»,[6] bezeichnet Roman Jakobson als seine ‹Literarizität› und stellt damit auch begrifflich um von der traditionellen literaturtheoretischen Suche nach einer – ‹der Literatur› vermeintlich inhärenten – literarischen Substanzialität auf die Problematik der literarischen Funktionalität, also des Funktionierens eines Textes ‹als literarisch›: «Gegenstand der Literaturwissenschaft [ist] nicht die Literatur, sondern die Literarizität.»[7]

So, nämlich funktional verstandene Literarizität macht nun Tynjanov fest an der Spezifik der Bedeutung literarisch funktionierender Texte und der Spezifik der Evolution literarisch funktionierender Systeme: Dies sind die beiden exklusiven Gegenstände seiner metaliterarischen Konzeption.

2.1 Spezifik der Bedeutung literarischer Texte. Sehr vereinfacht besteht die kulturelle Funktion eines nichtliterarischen sprachlichen Textes darin, eine bestimmte Inhaltsbedeutung zu übermitteln; wie er sein linguistisches Material dazu konstruiert, ist im Allgemeinen unerheblich, solange er diese Funktion nur erfüllt. Einen Text nun mit ‹Einstellung› auf Literarizität wahrzunehmen heißt – so die formalistische Basisthese –, ihn von dieser kulturellen Funktionalität grundsätzlich zu entlasten; die Dominanz seiner ästhetischen Funktion macht ihn im kantschen Sinne ‹interesselos›. Seine Inhaltsbedeutung erscheint entsprechend zugunsten der (im futuristischen Zitat) für ‹selbstmächtig› erklärten Ausdrucksebene – emphatisch: ‹des Wortes als solchen› – abgeschwächt, im Extremfall ausgelöscht. Dem stimmt auch Tynjanov grundsätzlich zu («Die Literatur ist eine Sprachkonstruktion, die eben als Konstruktion empfunden wird»)[8] und benennt als einen solchen Extremfall radikaler literarsemantischer Abstraktion den Lyriker Chlebnikov: «An die erste Stelle tritt in seinen Versen die nackte Konstruktion. Er ist ein prinzipieller Dichter.»[9] Tynjanov belässt es jedoch nicht dabei, sondern gibt gerade diesem destruktiven Bedeutungsansatz eine konstruktive Wendung: «Die planmäßig durchgeführte Sprengung [der Inhaltsbedeutung bei Chlebnikov] ist eine Revolution, die gleichzeitig einen Aufbau darstellt.»[10] Konsequent ergänzt er die den literarischen Text *de*semantisierende Vorstellung der Futuristen und frühen Formalisten um eine ihn literaturspezifisch und konstruktionsgebunden *re*semantisierende Komponente: nämlich die ‹Verinhaltlichung› der außerliterarisch buchstäblich ‹unbedeutenden› sprachlichen Ausdrucksmittel zur poetischen Ausdrucksbedeutung, welche im literarischen Text die ansonsten praktisch allein wichtige Inhaltsbedeutung überlagert und in sich aufhebt.

In seiner Studie zur Verssprache führt Tynjanov am lyrischen Text exemplarisch vor, wie solche «sekundäre Semasiologisierung»[11] funktioniert: Zwei oder mehr außerhalb des jeweiligen Textes semantisch unverbundene (= nichtäquivalente) sprachliche Einheiten – jeglicher linguistischen Ebene – werden einander aufgrund einer nur in der bestimmten Textkonstruktion gegebenen «Beziehung durch Anordnung»[12] angenähert (= formale Äquivalenz) und hier als Bedeutungskorrespondenten angesehen (= semantische Äquivalenz). So ergibt sich z. B.

> der besondere semantische Wert des Worts im Vers aufgrund seiner Position. Die Wörter stehen innerhalb der Versreihen und -einheiten in einer stärkeren und engeren Beziehung und Verbindung als in der gewöhnlichen Rede. Diese stärkere Verbindung bleibt nicht ohne Wirkung auf den Charakter der Semantik.[13]

Die formale Äquivalenz ergibt sich aus der Anwendung poetischer ‹Verfahren› – Tynjanov spricht auch von ‹konstruktiven Faktoren› oder ‹semantischen Hebeln› –, die z. B. eine phonetische, intonatorisch-rhythmische, syntaktische Ähnlichkeit (Rekurrenz: ‹Wiederholung›) oder auch einen (kom-)positionellen Zusammenhang (Montage: ‹Nachbarschaft›) profilieren.

> Das Wort entfaltet sich bei [Michail] Lomonosov zu einer Wortgruppe, deren Glieder nicht durch unmittelbare semantische Assoziationen verbunden sind, sondern durch Assoziationen, die aus ihrer rhythmischen (metrischen und lautlichen) Ähnlichkeit hervorgehen. Dies äußert sich in Wiederholungen und in der Nachbarschaft von identischen und wurzelgleichen Wörtern.[14]

Die auf diese Weise bloß suggerierte semantische Äquivalenz lässt nun die betreffenden, primärsemantisch nichtäquivalenten Elemente als Komponenten eines unikalen sekundärsemantischen Komplexes erscheinen. Tynjanovs Musterbeispiel für dieses «Prinzip der Vereinigung semantisch fremder Reihen»[15] sind «jene [semantisch] dichten Verbindungen, in die die [formale] Verseinheit die in ihr vereinigten Wörter einbezieht»[16]:

> So beruht auf der Dichte der Verszeile die Erscheinung der ‹scheinbaren Semantik›: während das Grundmerkmal [= denotatives Sem] beinahe vollkommen verschwindet, treten ‹schwankende Merkmale› [= konnotative Seme] auf, diese ‹schwankenden Merkmale› schaffen einen gewissen einheitlichen [sekundärsemantischen] ‹Sinn› der Gruppe, unabhängig von der [primär-]semantischen Verbindung der Satzglieder. [...] Die Gruppe insgesamt wird als ein sich aufgliederndes Ganzes wahrgenommen, wobei jedes Wort sowohl durch die Färbung, die ihm das Ganze verleiht, wie durch sein eigenes formales Merkmal, wie auch durch seine Rolle im Satz semantisch wirksam ist; das Moment des Unterschieds ist im vorliegenden Fall genauso wichtig wie das Moment der Ähnlichkeit.[17]

Die ursprüngliche Bedeutungsdifferenz der konstruktiv ‹gruppierten› sprachlichen Einheiten bleibt dabei paradoxerweise erhalten *und* wird ausgeglichen: Am Beispiel des Reims hebt Tynjanov das «Moment der Gegenüberstellung, der Gleichsetzung»[18] der Reimpartner als Verfahren hervor. Damit besteht die eigentümliche Leistung «der Anwendung des konstruktiven Faktors auf das Material, [...] der ‹Formung› [...] des Materials»[19] im literarischen Text in einer durchgängigen semantischen ‹Verkomplizierung›: der unauflöslichen Ambivalenz (= simultane Bedeutungsüberschneidung) und unabschließbaren Dynamik (= sukzessive Bedeutungsverschiebung) seiner intratextuellen Ausdrucksbedeutung. In diesem Sinne bezeichnet Tynjanov den literarischen Text als ‹dynamische Sprachkonstruktion›. Diese Konzeption überwindet nicht nur die traditionelle ‹Form/Inhalt-Dichotomie›, indem sie sozusagen ‹Form als Inhalt› versteht; sie weist dem mit Einstellung (auch) auf Ausdrucksbedeutung gelesenen literarischen Text zugleich eine gegenüber einem (nur) auf seine Inhaltsbedeutung beschränkten nichtliterarischen Text eine dramatisch erhöhte semantische Kapazität zu, insofern nun buchstäblich jedes sprachliche Element potenziell bedeutsam ist.

Bleibt anzumerken, dass Tynjanov diese Konzeption zwar vornehmlich am Bedeutungsaufbau in der Lyrik entwickelt, sie als solche aber uneingeschränkt auch auf die sekundäre Semantisierung narrativer literarischer Texte anwendbar ist: So wie dort der Rhythmus, als dominanter lyrischer Faktor, die bloß graphisch begründete Verszeile auch gegen die linguistische Satzsyntax unterstützt (z. B. durch konstruktive Grenzmarkierungen wie Enjambement und Binnenzäsur) und also rein positionelle Beziehungen zwischen einzelnen Wörtern intonatorisch noch markiert, die nun als semantische interpretiert werden – so kommt in der Erzählprosa dem Sujet die Aufgabe der «semantischen Gruppierung»[20] der Fabelelemente zu, indem es z. B. verschiedene Figurenmerkmale oder Handlungsereignisse (kom-)positionell zugleich kontrastiert und koordiniert. Rhythmus und Sujet sind dabei ‹konstruktive Prinzipien›, die in ihren jeweiligen Text*sorten* (Gedicht/Erzählung) die Anwendung der poetischen Verfahren auf das sprachliche Material relativ stabil organisieren und dominieren; bezogen auf den einzelnen Text ist es aber gerade das konstruktive Prinzip, das sich permanent ändert:

> Während [...] der ‹konstruktive Faktor› und das ‹Material› feststehende Begriffe bestimmter Konstruktionen sind, stellt das Konstruktionsprinzip einen sich ständig ändernden, komplexen und evolutionierenden Begriff dar.

> Das Wesen der ‹neuen Form› liegt gerade im neuen Konstruktionsprinzip, in der neuen Verwendung der Beziehungen zwischen dem konstruktiven Faktor und [...] dem Material.[21]

Das heißt aber, dass die poetische Ausdrucksbedeutung zwar einerseits maximal an die jeweilige Textkonstruktion – nämlich ihre bestimmte Material/Faktor-Korrelation – gebunden ist; dass diese aber andererseits im Verlauf der Textrezeption wechselnden konstruktiven Prinzipien unterworfen wird, die sich aus der individuellen und überindividuellen literarischen ‹Einstellung› der jeweiligen Lektüresituation ergeben: Der Leser entscheidet, wie er die Konstruktion aktualisiert – darauf zielen Tynjanovs Bemerkungen, «dass die ganze künstlerische Bedeutung dieser semantischen ‹ex abrupto› [Puškins] gerade in der Arbeit des Lesers an der Konstruktion des Inhalts besteht» und der «gegenständliche Held [...] nicht gegeben, sondern dem Leser aufgegeben»[22] ist. Für Tynjanov *hat* der literarische Text mit anderen Worten keine Bedeutung, er *wird* bedeutet.

> Die Einteilung der Literatur nach Leser und Autor ist überhaupt unmöglich, weil beide sich im Grunde nicht voneinander unterscheiden. Der Autor ist auch Leser, und der Leser vollbringt, indem er das literarische Werk konstruiert, dieselbe Arbeit wie der Autor.[23]

Zugleich variiert die Bedeutungsfunktion eines bestimmten poetischen Verfahrens in Abhängigkeit vom konstruktiven Prinzip seiner – nun schon literarsystematischen – Umgebung, d. h. des Werkkontexts, der Gattung, der Epoche, in denen es verwendet wird:

> Die einzelnen Verfahren können zwar untersucht werden, wir riskieren jedoch, sie außerhalb ihrer eigentlichen Funktion zu untersuchen. Denn das Wesen der neuen Konstruktion kann gerade in der neuen Verwendung alter Verfahren, in ihrer neuen konstruktiven Bedeutung liegen.[24]

Als Beispiele führt Tynjanov u. a. die Funktionsdifferenz der Archaismen bei Lomonosov (erhaben) versus Tjutčev (abstrakt), des Grotesken im Klassizismus (komisch) und in der Romantik (tragisch), von Textrekurrenzen in Stilisierung (Bestätigung) versus Parodie (Widerspruch) an.

Damit aber erweist sich Tynjanovs soweit referierter *text*poetischer Bedeutungsansatz als integraler Bestandteil eines *system*poetischen: Tatsächlich überträgt er das relationalistische Grundprinzip poetischer Bedeutungskonstitution von der intratextuellen Ebene auf die Beziehung zwischen dem literarischen Text und seinem spezifisch literarischen – und damit allein relevanten! – Extratext, d. h. zu anderen literarischen Texten (= Intertextualität) oder supratextuellen literarischen Systemen. ‹Gleich- und Gegenüberstellung› wird dadurch zu *dem* Schlüssel ästhetischen Funktionierens überhaupt: «die Kunst selbst, das Prinzip der Verbindung und Gegenüberstellung von Elementen».[25] Die theoretische Prämisse bzw. «grundlegende Vereinbarung»[26] besteht darin, dass Tynjanov schon den einzelnen literarischen Text nicht mehr nur als intern funktionierende Bedeutungskonstruktion, sondern als doppelt, nämlich intern-extern funktionierendes Bedeutungssystem begreift. Der Text-als-System interessiert Tynjanov zunächst als ‹synfunktionale›, d. h. syntagmatische Korrelation der textuell gegebenen (präsenten) Bedeutungselemente. Deren Analyse ist, wie gezeigt, Gegenstand der formalistischen Textpoetik, ihre fundierende Frage lautet: Wie ist der Text gemacht? Darüber hinaus – und davon nicht zu trennen – ist aber die ‹autofunktionale›, d. h. paradigmatische Korrelation textuell gegebener (präsenter) zu textuell nicht gegebenen (absenten), aber durch den Text ‹aufgerufenen› Elementen zu analysieren, also sein darin indizierter Anschluss an eine Hierarchie von literarisch relevanten Textumwelten, deren umfassendste schließlich Literatur-als-System ist – dies zumindest in der strikt formalistischen Reduktion auf die Problemstellung ‹Literarizität›. Dabei wird die kulturwissenschaftliche Extension gerade von Tynjanov schon früh mitgedacht: «Die Funktion jedes Werkes ist seine Korrelation zu anderen [Werken], so wie die Funktion der ‹Literatur› insgesamt in der Korrelation zu anderen kulturellen Reihen besteht».[27] Insofern also ganz ausdrücklich «das literarische Werk ein System darstellt, und ebenso die Literatur»,[28] stecken diese beiden Pole den Untersuchungsbereich einer formalistischen Systempoetik ab.

> Ebenso gilt, dass in der Literatur ein Werk nicht einzeln existiert, sondern dass das einzelne Werk zum System der Literatur gehört, auf das es sich in Genre und Stil bezieht [...], und dass ihm eine Funktion im literarischen System der betreffenden Epoche zukommt.[29]

Prominente literarische Systeme zwischen Einzeltext und Literatur insgesamt sind somit für Tynjanov in erster Linie das «Genre als System»,[30] des Weiteren die implizit-stilistisch ausgewiesene oder explizit-programmatisch ausgerufene «literarische Strömung» bzw.

«Richtung»[31] sowie pragmatisch-situativ konstituierte Textkookurrenzen in den gemeinsamen Veröffentlichungen einer Autorengruppe, in einer Zeitschrift oder einem Almanach;[32] nicht zuletzt auch das Gesamtwerk eines Autors[33] – und schließlich die ‹literarische Persönlichkeit› eines Autors selbst, d. h. aber gerade nicht seine allemal extraliterarische Person (das «persönliche Leben des Dichters» zählt Tynjanov ausdrücklich zu den «Fakten des Außerliterarischen»),[34] sondern eine aus dem Werk konstruierte und auf seine Bedeutung rückwirkende Autor-Funktion.[35] Sie alle konstituieren, als deren funktional aufeinander bezogene Elemente, eine übergeordnete Systemebene «literarische Epoche, die literarische Gegenwart»,[36] das «synchrone literarische System».[37] Die diachrone Korrelation der literarischen ‹Epochen-Systeme› bildet ihrerseits eine weitere Systemebene von Literatur, nämlich ihre evolutionäre Dimension: «Die Geschichte eines Systems ist ihrerseits ein System.»[38]

All diese supratextuellen Expansionen des tynjanovschen Systembegriffs beziehen sich einerseits auf konkrete Textmengen, ‹existieren› aber andererseits – ganz nach dem Modell der saussureschen Dichotomie von sprachlicher ‹parole/langue› – nur als aus ihren Texten abstrahierte Bedeutungskonstrukte. In dieser Perspektive kann jedes literarische System (re-)konstruiert werden als Menge von konstruktiven Faktoren unter einer Dominante, seinem konstruktiven Prinzip, das die Systembedeutung einer Gattung, einer Epoche usw. zumindest in der je aktuellen Wahrnehmung bestimmt. Als «diejenige Bedingung, die [noch] bei den Extremerscheinungen einer Reihe beobachtet wird und ohne die eine solche Erscheinung in eine andere Reihe übergeht»,[39] sorgt das konstruktive Prinzip für die funktional-semantische Identität eines Systems, es steckt einen Varianzrahmen ab, innerhalb dessen sich ein und dasselbe System wandeln kann.

> Bleibt dieses Konstruktionsprinzip gewahrt, dann bleibt in diesem Fall auch das Empfinden für das Genre erhalten. Die Konstruktion aber kann sich bei Wahrung dieses Prinzips in unbegrenzter Breite verschieben.[40]

Jedoch beruht diese Identität immer schon auf einer Differenz, nämlich der Spannung zwischen dem konstruktiven Prinzip und den ihm untergeordneten Faktoren. Die dadurch garantierte Bedeutungseinheit eines literarischen Systems ist also nie etwas Statisches, sondern ein immer prekärer Balanceakt, der zu jedem Zeitpunkt von der dynamischen Wechselwirkung zwischen dominanten und subdominanten Bedeutungsmomenten abhängt.

Ein konstruktives Prinzip bestimmt das jeweilige System nur bis zu seiner Ablösung durch ein anderes: Dann findet ein radikaler funktional-semantischer Wechsel statt, und man hat es eben nicht mehr mit ein und demselben System zu tun.

> Das Genre als System kann auf diese Weise schwanken. Es entsteht (aus Verstößen und Ansätzen in anderen Systemen) und zerfällt wieder, um sich in Rudimente anderer Systeme zu verwandeln.[41]

2.2 Spezifik der Evolution literarischer Systeme. Es ist nun für Tynjanov gerade die Text/System-Differenz – in erster Linie die Bedeutungsbeziehung zwischen Werk und Gattung –, die das System Literatur dynamisch funktionieren lässt, d. h. den literarischen Prozess zwar nicht gezielt vorantreibt, aber doch in permanenter (Selbst-)Bewegung hält: Jeder literarische Text greift, neben der mehr oder weniger genauen Beachtung sprachlicher und kultureller Konventionen (eine notwendige Voraussetzung dafür, dass er überhaupt zu verstehen ist), auch auf vorhandene literarische Systembestände – z. B. bestimmte Gattungskonventionen – zurück, um in ihrer Vermittlung als literarisch erkennbar und bedeutbar zu sein. Zugleich kann er es sich aber, jedenfalls unter den Bedingungen des modernen Originalitätspostulats, im Interesse seiner ästhetischen Wirksamkeit nicht leisten, die Vorgaben (s-)eines Systems in der textuellen Konstruktion *ganz* zu erfüllen, und muss sie also teilweise überschreiten, muss sich zumindest minimal von ihm unterscheiden: «Übereinstimmung ist eine Art negative Charakteristik des konstruktiven Prinzips.»[42] Das erreicht ein Text mal durch abweichende Funktionszuweisungen an das systematisch vorhandene Material – z. B. Umbedeutung aktueller Verfahren; Wiederbedeutung inaktueller, ‹gesunkener› Verfahren –, mal durch die substanzielle Einfuhr systemfremden Materials zumal aus semantisch inkompatiblen oder marginalen literarischen Gattungen (Systemüberschneidung: «Erscheinungen der gemischten Reihe»)[43] oder auch aus unverbrauchten nichtliterarischen Bedeutungsbeständen. In dieser unvermeidbaren Konventionalität/Originalität-Dialektik, der Notwendigkeit, Systemvorgaben zugleich zu erfüllen *und* zu überschreiten, dem System gleich und doch auch anders zu sein, begründet einmal mehr die semantische Ambivalenz jedes literarischen Textes. Aus der Perspektive des betroffenen literarischen Systems erscheint jede textuelle Bedeutungsabweichung zunächst als bloß zufälliger Verstoß, als unzulässiger Fehler; und erweist sich dann als Beitrag zu seiner Bedeutungserneuerung, als Veränderung des konstruktiven Prinzips:

> Die Kritik spürte, dass hier [in Puškins Text *Ruslan und Ljudmila*] ein Verstoß gegen das System [die Gattung Verspoem] vorlag. In Wirklichkeit war es aber eine Verschiebung des Systems. [...] Im Grunde genommen birgt jede Verunstaltung, jeder ‹Fehler› und jede ‹Unrichtigkeit› der normativen Poetik ein neues Konstruktionsprinzip in sich.[44]

Textoriginalität (= Differenz in der synchronen Text/System-Korrelation) und Systeminnovation (= Differenz in der Korrelation zweier diachroner Systemzustände) korrespondieren einander so als Faktor und Faktum einer beständigen und unabschließbaren literarischen Dynamik. Dass die Formalisten Innovationsästhetiker sind und literarische ‹Neuheit› als einen – seit der Moderne obligatorischen – ästhetischen Eigenwert betrachten, muss dabei kaum betont werden: «Wie alle Zeitgenossen setzen wir ein Gleichheitszeichen zwischen ‹neu› und ‹gut›».[45] Es ist, systembezogen, die Aufgabe des literarischen Textes, das sich sozusagen ‹durch Gebrauch› unausweichlich semantisch abnutzende, ‹automatisierende› konstruktive Prinzip des literarischen Systems immer von Neuem zu ‹*de*automatisieren›. Dessen ästhetische Kapazität – und damit seine evolutionäre Chance, ins Zentrum der literarischen Epoche vorzustoßen und sich dort zu halten – bemisst sich entsprechend nach seiner Fähigkeit, mit den textuellen Bedeutungseingriffen konstruktiv umzugehen und sie für den Umbau der eigenen Bedeutungsbestände nutzbar zu machen. Insofern gilt: «Es gibt keine abgeschlossenen literarischen Genres.»[46]

Ambivalenz und Dynamik sind auch die bestimmenden Momente im Verhältnis zwischen einem literarischen Subsystem – z. B. einer Gattung – und seinem unmittelbaren literarischen Supersystem, nämlich der Epoche, die alle in einem räumlich und zeitlich begrenzten Abschnitt von Literatur wirksamen Bedeutungssysteme umfasst. Eine solche literarische Formation – das «synchrone literarische System»[47] – topologisiert Tynjanov nach einem ‹Zentrum› von etablierten Leitgattungen, deren konstruktive Prinzipien sie funktional-semantisch dominieren, und einer die Formation diversifizierenden ‹Peripherie›, gleichsam ihrem generischen Experimentierlabor. Dorthin gehören subdominante Gattungen, die noch fortbestehen, obwohl sie nicht mehr mit den zentralen Bedeutungsvorgaben der Epoche vereinbar sind (Stichwort: ‹Archaisten›); und solche, die die kommende Entwicklung erst vorbereiten, damit aber noch nicht mit den aktuell zentralen Bedeutungsvorgaben vereinbar sind (Stichwort: ‹Neuerer›) – wobei durchaus gerade die Archaisten als Neuerer fungieren, nämlich das künftige konstruktive Prinzip einer Gattung im mehr oder weniger veränderten vergangenen wieder entdecken können;[48] und umgekehrt arbeitet im «Endergebnis [...] jeder Neuerer für die Trägheit, wird jede Revolution für den Kanon durchgeführt».[49] An diese literarische Peripherie schließt Tynjanov einen nach seinem diskursiven Status ausgesprochen ambivalenten, immer zwischen Literatur und Nichtliteratur changierenden Vermittlungsbereich an, eine nicht ganz glücklich als ‹byt›, d. h. ‹Leben/Alltag› bezeichnete interkulturelle Zwischenzone, in der sich Systeme wie Journalistik, Essayistik, Werbung usw. – strikt «auf der Redelinie»,[50] also unbedingt in textueller Manifestation – treffen und dabei in ihrer jeweiligen *sub*dominant ästhetischen Funktionalität, ihrer epiliterarischen Sprachlichkeit, austauschen. In diese Zone können ganze literarische Systeme abwandern (= *De*literarisierung; Bsp. Ode ins Poesiealbum), aus ihr können nichtliterarische Systeme in die Literatur einwandern (= Literarisierung; Bsp. Brief in den Roman), so dass sie insgesamt als eine funktionalsemantische Reserve der Literatur anzusehen ist:

> In dem Moment aber, da das grundlegende, zentrale Konstruktionsprinzip sich in der Kunst entwickelt, sucht das neue Konstruktionsprinzip nach ‹neuen›, frischen und ‹ihm nicht zugehörigen› Erscheinungen. [...] Und so verfällt das neue Konstruktionsprinzip auf frische, ihm nahestehende Erscheinungen des außerliterarischen Lebens.[51]

Es ist Tynjanov insgesamt ein Anliegen, die Komplexität bereits der synchronen literarischen Formation, ausdrücklich in Abweisung der «naiven Vorstellung von der chronologischen Epoche»,[52] einer unzulässigen Simplifikation der traditionellen Literaturgeschichte, herauszustellen, in der man in jeder Hinsicht mit anachronistischen Überschneidungen – der vielzitierten ‹Ungleichzeitigkeit des Gleichzeitigen› – und diskursiven Ineinanderschiebungen, mit dem höchst labilen Neben- und Gegeneinander aller möglichen literarischen Bedeutungssysteme zu rechnen hat.

Nun führt der permanente Bedeutungsumbau einer jeden Gattung zur unablässigen Neubestimmung ihres Verhältnisses zu den anderen Systemen derselben Formation und damit zu ständigen funktional-semantischen Positionsverschiebungen innerhalb der betreffenden Epoche. Periphere Systeme mit (noch) nicht automatisierten Konstruktionsprinzipien dringen, vorangetrieben von ihren originellen Texten, ins literarische Zentrum vor; zentrale Systeme mit automatisierten Konstruktionsprinzipien, die (vorläufig) keine originellen Texte mehr ertragen können, wandern an die literarische Peripherie ab oder werden – zumindest zeitweilig – gar nicht mehr als literarisch anerkannt, d. h. in den interkulturellen ‹byt› abgeschoben (= [De-]Kanonisierung). Macht also die keineswegs friedliche Koexistenz differenter, unter Umständen funktional-semantisch gegenläufiger literarischer Systeme innerhalb einer Formation deren unauflösbare Ambivalenz aus, so ergibt sich aus der von Tynjanov als «‹Imperialismus› des Konstruktionsprinzips»[53] metaphorisierten Konkurrenz der Gattungen um die epochale Dominante bereits in der synchronen Perspektive eine unabschließbare Dynamik – von ‹Zustand› kann nicht die Rede sein; literarische «Evolution findet jeden Tag statt».[54]

> Eine literarische Epoche, die literarische Gegenwart, ist keineswegs ein unbewegliches System, das im Gegensatz zur beweglichen, evolutionierenden historischen Reihe stünde. In der Gegenwart vollzieht sich derselbe historische Kampf zwischen verschiedenen Schichten und Gebilden wie in der historischen Reihe, die verschiedene Zeiten umfasst.[55]

Solange das Epochenzentrum dabei von Subsystemen gehalten wird, deren konstruktive Prinzipien die funktional-semantische Ausrichtung des Supersystems – innerhalb eines gewissen Varianzrahmens – erfüllen, handelt es sich um eine evolutionäre Bewegung innerhalb ein und derselben literarischen Formation. Wenn die epochale Bedeutungsinvariante dagegen auch im Zentrum radikal überschritten wird, schlägt die synchron-kontinuierliche in diachron-diskontinuierliche Dynamik um und eine Formation wird von der ihr nachfolgenden, qualitativ anderen abgelöst: «die Spürbarkeit des Neuen in der Literatur, des zu allem entschlossenen Neuen: das ist Revolution, alles Übrige sind Reformen.»[56] Dass überhaupt und ab wann genau literarisch nichts mehr funktioniert wie bisher, wird sich dabei praktisch erst der einigermaßen distanzierten metaliterarischen Beobachterperspektive erschließen: Die Geschichte des «mit [revolutionären] Unterbrechungen evolutionierenden»[57] Systems Literatur, der «Ablösung der [literarischen] Systeme»,[58] ist – und das ist eine Konsequenz der formalistischen Systemkonzeption von Geschichte – jedenfalls eine literarhistorische Konstruktion. Immerhin lässt sie sich nun insgesamt als diachrone Serie solcher revolutionärer Brüche bzw. Sprünge zwischen verschiedenen synchronen Systemzuständen darstellen; man mag dabei eher die Kontinuität oder die Diskontinuität dieses Prozesses, den Epochenwandel oder den Epochenwechsel, akzentuieren.

Es sei nur darauf hingewiesen, dass Tynjanov – der ja schon bei der synchronen Epochentopologie mit dem epiliterarischen/interkulturellen ‹byt› eine ambivalente und daher hochproduktive Bedeutungszone vorschlägt – auch in temporaler Hinsicht mitnichten von einem punktuellen Trennereignis zwischen zwei diachron aufeinander folgenden literarischen Formationen ausgeht, sondern von einer diffusen Überschneidungsphase, in der das bereits erschöpfte ‹alte› Zentrum und die noch nicht als ‹neues› Zentrum anerkannte Peripherie eine prekäre Balance halten und das literarische Terrain neu abstecken, so dass ästhetisch alles möglich ist und viel erreicht wird. In einer solchen ‹Zwischenzeit› verschärfter literarischer Konkurrenz fällt gleichsam die literarische Trägheit, das ‹business as usual› konventioneller und epigonaler Literaturproduktion weg; kennzeichnend ist eine hypertrophe Steigerung der poetischen Autoreflexivität – «Der Vers selbst ist zum Lieblingsthema der Dichter geworden»[59] – und die gänzliche Auflösung der etablierten Hierarchien im System Literatur – «Eine Rangordnung braucht man in der Poesie der Zwischenzeit überhaupt nicht zu beachten».[60] Als solche besonders dynamische Perioden konstruiert Tynjanov sowohl sein wichtigstes literarhistorisches Objekt, die Epoche der russischen Literatur zu Beginn des 19. Jahrhunderts, wie auch seine eigene Zeit, den Modernismus (Symbolismus und v. a. avantgardistischen Postsymbolismus) im ersten Drittel des 20. Jahrhunderts.

So ist literarische Evolution für Tynjanov und die anderen Formalisten insgesamt ein innerhalb des Systems Literatur ablaufender und von den literarischen Systemen selbst betriebener, im modernen Zwang zur permanenten Erneuerung der ästhetischen Wirksamkeit (Originalität/Innovativität) begründeter Prozess, bei dem die aus innerliterarischen System/Umwelt-Differenzen (Text/System; Subsystem/Supersystem) gewonnene Spannungsenergie in eine literaturspezifische Eigenbewegung umgewandelt (De-/Automatisierung; De-/Kanonisierung) und so eine unablässige «dialektische Selbsterzeugung neuer Formen»[61] auf allen Ebenen des Systems Literatur bewirkt wird. Die Möglichkeit systemexterner Einwirkungen auf die literarische Evolution wird allerdings gesehen, ihr Ausblenden durchaus als Problem verstanden:

> Die Konstruktion einer abgeschlossenen literarischen Reihe und die isolierte Analyse ihrer Evolution stößt ununterbrochen auf die benachbarten kulturellen […] Reihen und ist folglich zur Unvollständigkeit verurteilt.[64]

Jedoch erreichen nichttextuelle und nichtliterarische historische Ereignisse den literarischen Text – und damit den Ausgangspunkt aller literarischen Dynamik – nur in der mehrfachen Brechung der diversen sprachlichen, kulturellen und literarischen Vermittlungssysteme, deren jeweiligen funktionalen Bedingungen sie dabei unterworfen und in deren ‹fremden› Bedeutungsmodus sie folglich ‹übersetzt› werden: «Das außerliterarische Faktum wird [literarisch] durch seine konstruktive Seite wirksam.»[63] Erst in ihrer solchermaßen ‹verfremdeten› – vertexteten, literarisierten – Form mögen sie dann tatsächlich gleichsam als extraliterarische Impulse, als ‹Zündfunken› des ansonsten intraliterarisch funktionierenden ‹Motors› dienen. Im Ergebnis ist damit die zweifellos bestehende Beziehung zwischen real ablaufender Weltgeschichte, kultureller und literarischer Evolution, d. h. die «Korrelation der literarischen mit den übrigen historischen Reihen»,[64] nie unvermittelt vorzustellen, etwa als direkte kausal-genetische Überdeterminiertheit des literarischen Subsystems durch das kulturelle Supersystem:

> Das System der literarischen Reihe ist vor allem ein System von Funktionen der literarischen Reihe, das in ständiger Korrelation zu anderen Reihen steht. […] Die Evolution der Literatur wie auch anderer kultureller Reihen fällt [aber] weder dem Tempo noch dem Charakter nach […] mit den Reihen zusammen, zu denen sie in Korrelation steht.[65]

Systemexterne Initiativen beeinflussen ehestens noch das allgemeine Entwicklungs*tempo* und die ungefähre Entwicklungs*richtung* der Literatur, die dabei aber auf ein finites Set von systemintern bereitgestellten Evolutions*typen* zurückgreift.[66] Mit anderen Worten werden die vorhandenen literarischen Bestände realisiert, wenn sie (auch) außerliterarisch ‹angesagt› sind. Damit stellen Tynjanov und Jakobson – allerdings nur noch im Entwurf ihres Projekts einer umfassenden «Analyse der Strukturgesetze von [...] Literatur und ihrer Evolution»[67] – dem bisher skizzierten autodynamischen Mechanismus der literarischen Evolution eine komplementäre Theoriekomponente an die Seite, nämlich die Idee einer Typologie möglicher funktional-semantischer Orientierungen, die literarsystematisch immer zur Verfügung stehen und je nach gesamtkultureller Situation literarevolutionär zum Zuge kommen. Das könnten – bei weitester, nämlich binärer Reduktion – zwei einander als Extrempole gegenüberstehende Grundtypen literarischer Formationen sein, zwischen denen sich (moderne) Literatur in einer fortdauernden Pendelschwingung historisch abspielt: Mal dominiert die Einstellung auf kulturelle Funktionalität und Inhaltsbedeutung (Bsp. Realismus, Klassizismus), mal die auf literarische Funktionalität und Ausdrucksbedeutung (Bsp. Ästhetizismus, Romantik).

Eine wichtige Implikation dieser Konzeption von Literaturgeschichte ist die entschiedene Absage an jede Vorstellung ihres stetigen linearen Fortschreitens (Progress) oder gar ihrer teleologischen Geschlossenheit (Perfektion). Da sich die literarischen Basistypen nur immerfort abwechseln, ist keine einzelne nachfolgende Epoche der ihr vorhergehenden absolut überlegen, sondern nur relativ in Bezug auf die jeweilige historische Situation im Vorteil; und dies nur so lange, bis sie ihrerseits von einer Modifikation ihrer Vorgängerin eingeholt und überholt wird. Literatur *bewegt* sich also allemal; ob aber *voran*, das lässt sich nicht entscheiden: «Die Literatur geht viele Wege gleichzeitig – und gleichzeitig knüpfen sich viele Knoten. Sie ist kein Zug, der an einem Bestimmungsort ankommt.»[68] Es fehlt dazu zumal der literarhistorisch bestimmte Zielpunkt, auf den sie sich zubewegte und bei dessen Erreichen sie mithin stillstehen müsste – eine Idee, die z.B. der sowjetischen Literaturtheorie keineswegs fremd war, die wegen ihrer philosophischen Prämisse ausgesprochen teleologisch, ja geradezu ‹eschatologisch› eingestellt war und regelmäßig den historischen, tatsächlich reichlich mythisierten ‹Realismus› des 19.Jahrhunderts zum Höhe- und eigentlichen Endpunkt der literaturgeschichtlichen Entwicklung überhaupt deklarierte. Den Formalisten scheint dagegen in der Literatur der Weg das Ziel zu sein; die literarische Selbstbewegung ist sich ebenso genug wie dem einzelnen Kunstwerk seine selbstbezogene Bedeutung: «Verlauf und Dynamik [in der Literatur] können für sich selbst genommen, außerhalb der Zeit, als reine Bewegung gesehen werden.»[69] Allenfalls wird man feststellen können, dass ihnen nicht der Kreis, der für die Wiederkehr des Gleichen steht, sondern die Spirale als Symbol für die Wiederkehr des Ähnlichen das Bild für die periodische Wiederkehr der literarischen Formationen liefert: Auch der unvermeidliche literarevolutionäre Rekurs einer Epoche auf eine vorvergangene des eigenen Typus geht zweifellos immer mit einer – um im Bild zu bleiben – bei jeder Umdrehung der Spirale erreichten ‹Niveauverschiebung›, d. h. mit funktionalsemantischer Veränderung und Erneuerung einher.

Eine weitere Konsequenz der so konzipierten Literaturgeschichte ist die historische Relativierung der Definition des literarischen Systems selbst, dessen Grenzen zur kulturellen Umwelt nie absolut gelten, sondern immer von Neuem gezogen werden müssen:

> Alle festen statischen Definitionen von Literatur werden durch das Faktum der Evolution hinweggefegt. Jene Definitionen von Literatur, die mit ihren ‹grundsätzlichen› Zügen operieren, stoßen sich am lebendigen *literarischen Faktum*.[70]

Dabei ist – das ergibt sich aus dem formalistischen Insistieren auf der Spezifik des eigenen Gegenstandsbereichs – die Notwendigkeit dieser Grenzziehung unbestritten: Sie kann nur nicht (mehr) an substanziellen Eigenschaften des ‹literarischen Faktums› selbst ein für alle Mal festgemacht werden – das «Aufstellen einer ‹festen›, ‹ontologischen› Definition von Literatur als eines ‹Wesens›»[71] funktioniert einfach nicht. Was bleibt, ist nur die abstrakte Vorstellung von literarischer Differenz; worin sie aber konkret besteht, lässt sich bei einer funktionalistischen Einstellung nur in Bezug auf wechselnde Bedingungen bestimmen, so dass der Begriff der Literatur selbst nicht anders als ambivalent und dynamisch zu denken ist. Gleichwohl vermag aber, ganz pragmatisch, jeder einzelne Leser zu jedem Zeitpunkt für sich zu entscheiden, ob er einem gegebenen Text eine ästhetische Funktionsdominante zuweisen und ihn folglich als literarisch behandeln, d. h. mit Einstellung auf Literarizität lesen möchte:

> Während es immer schwieriger wird, eine feste *Definition von Literatur* zu geben, wird jeder beliebige Zeitgenosse mit dem Finger darauf weisen können, was ein *literarisches Faktum* ist.[72]

Für Tynjanov entscheidet der Leser also nicht nur, *wie* er einen Text literarisch liest, also (s-)eine intratextuelle Ausdrucksbedeutung konstruiert, ihn auf extratextuelle Bedeutungssysteme projiziert usw. (=

literarsemantische Kompetenz), sondern zunächst und vor allem, *ob* er ihn überhaupt als literarisch liest (= literarfunktionale Kompetenz). Er vertritt also einen eminent rezeptionsästhetischen Ansatz.

2.3 Tynjanovs Position im russischen Formalismus. Vornehmlich Tynjanovs so vorgestellter Beitrag kann als grundlegende konzeptionelle Umstellung innerhalb des russischen Formalismus verstanden werden.[73] Zwar teilt er wichtige Positionen dieses Ansatzes – etwa den Fokus auf das spezifisch Literarische, die Innovationsästhetik, den Antiakademismus, die *de*personale Einstellung, den historischen Relativismus usw. – und greift auch auf die Begrifflichkeit v. a. Viktor Šklovskijs zurück – z. B. ‹Verfremdung›, ‹Verfahren›, ‹(De-)Kanonisierung› usw. –, jedoch verändert Tynjanov oft die damit verbundenen Konzepte. Die grundlegende Tendenz kann dabei als Verschiebung von einer allein auf die Destruktion konventioneller Weltreferenz gerichteten Bestimmung von Literarizität zur Vorstellung einer eigenständigen, komplexen Bedeutungskonstruktion in der Literatur beschrieben werden. Der literarische Text ist für Tynjanov keine statische ‹Summe von [poetischen] Verfahren› (Šklovskij) mehr, deren wesentliche Aufgabe eben in der Deformation des primärsemantischen Materials besteht, also der bloßen Demonstration einer letztlich ‹leeren› ästhetischen Differenz – so noch der futuristische Avantgardeimpuls des frühen Formalismus.

> Der Terminus ‹Deformation› ist unglücklich gewählt; es müsste ‹Transformation› heißen, dann wäre alles an seinem Platz.[74]

Vielmehr zielt sein Konzept einer sekundärsemantisch aufgeladenen, d. h. ‹transformierten› Textkonstruktion auf die radikale Potenzierung der poetischen Bedeutungsmöglichkeiten. Die ästhetische Funktionalität der Literatur wird damit bereits in synchroner Perspektive nicht mehr auf das einfache Anders-Sein reduziert, sondern ermöglicht letztlich ein komplexes ‹Anders-Sehen› der literarisch ‹umgruppierten› Welt:

> Jedes Kunstwerk stellt gleiche Gegenstände in eine hierarchische Reihe und schließt verschiedene Gegenstände in die gleiche Reihe ein; jede Konstruktion gruppiert die Welt um.[75]

Entsprechend verschiebt Tynjanovs diachrone Konzeption den Akzent vom frühformalistischen Postulat einer völligen Irrelevanz der gesellschaftlich-kulturellen Entwicklung für die der Literatur hin zu einer Vermittlung beider historischen Prozesse, die allerdings immer in der dominanten ästhetischen Funktionalität gebrochen wird.

3. Wirkung

Tynjanovs gemeinsam mit Roman Jakobson verfasste Thesen *Probleme der Literatur- und Sprachforschung* von 1928, Schlusspunkt seiner genuin literaturtheoretischen Produktion, entwerfen sehr konzise ein eigentlich strukturalistisches Programm, ohne es aber in dieser literaturpolitischen Situation noch umsetzen zu können. Dies bleibt den nachfolgenden Strukturalismen in der Literaturwissenschaft vorbehalten – zunächst, ab den 1930er Jahren, der ‹Prager Schule›, zu der u. a. Jan Mukařovský und Felix Vodička gehören. Diese greifen zumal die in den Thesen angesprochenen Konzepte der Text/System-Dialektik, der Synchronie/Diachronie-Komplexität und der Literatur/Nichtliteratur-Vermittlung (das Verhältnis von ästhetischer Spezifik und kultureller Integration der Literatur) auf. Bis zu genau dieser Grenze – der Positionierung von Literatur im über die sprachliche Funktion vermittelten «System der Systeme»,[76] d. h. Kultur – ist Tynjanov vorgestoßen.

Überschritten wurde sie, im ausdrücklichen Anschluss an diesen Vorläufer, in Jurij Lotmans kultursemiotischer Konzeption seit den 1960er Jahren. Darin wird die Kunst – einschließlich der Literatur – als eines von mehreren ‹sekundären modellierenden Systemen› behandelt, welche zwar alle nach dem Vorbild des kulturellen Leitsystems Sprache strukturiert sind und wie dieses auf ‹Weltmodellierung› (= Kulturalisierung von Welt qua Vertextung) abzielen, dies aber auf ihre im jeweiligen Zeichenmodus ‹bedingte Weise› tun. Dieser semiotisch begründete Kulturbegriff scheint mir wiederum in vielerlei Hinsicht anschließbar an Niklas Luhmanns Theorie der sozialen Systeme aus den späten 1960er Jahren, in der das hier figurierende Supersystem ‹Gesellschaft› ja ebenfalls – unter Behandlung vergleichbarer, im Kern um das Konzept der System/Umwelt-Differenz gruppierter Problematiken – als Verarbeitung von systemspezifisch funktionierenden Kommunikationen vorgestellt wird.

Auch zur intertextuellen Bedeutungsdimension, deren Erforschung im Zuge des poststrukturalistischen Bachtin-Hype ab den 1970er Jahren (Julia Kristeva) zu einseitig auf diesen Ursprung fixiert war, finden sich – v.a. in Tynjanovs Parodie-Studien – grundlegende Anregungen, die im Unterschied zu Bachtins zuweilen vage philosophisierenden Überlegungen, sehr konkret sind.

Tynjanovs oben referierte *text*poetische Theorie der intratextuellen Bedeutungskonstruktion greifen die beiden wohl prominentesten literarsemantischen Konzepte des Strukturalismus unmittelbar auf: Nämlich Jakobsons ‹Äquivalenzprojektion› (= bedeutungsstiftende Paradigmatisierung von syntagmatischen, außerhalb des Textes nichtbedeutsamen sprachlichen Beziehungen; vgl. Jakobsons *Linguistik und Poetik* von 1960) und Lotmans ‹Gleich- und Gegenüberstellung› (= Verschmelzung semantisch unvereinbarer sprachlicher Einheiten zu einer poetischen ‹Überbedeutung›, auch als ‹Archisemantisierung› bezeichnet; vgl. Lotmans *Struktur des künstlerischen Textes* von 1970). Beide betonen dabei, ganz in Übereinstimmung mit Tynjanovs Ausgangskonzeption, die enorme semantische Komplexität, die qua Mehrdeutigkeit potenziell unerschöpfliche semantische Kapazität der poetischen Ausdrucksbedeutung, so wie Mehrdeutigkeit auch im New Criticism – vgl. William Empsons *Seven Types of Ambiguity* von 1930 – als eigentliche Leistung des literarischen Textes angesehen wird.

All diese – freilich nicht immer (an-)erkannten – konzeptionellen Spuren, die v. a. den (post-)strukturalistisch geprägten metaliterarischen Diskurs der 1960-1990er Jahre kennzeichnen, bezeugen die enorme Kreativität und über den Tag hinaus bleibende Gültigkeit von Tynjanovs literaturtheoretischer Grundlagenforschung (um von den literarhistorischen Anwendungen gar nicht zu sprechen) und verschaffen seinen Arbeiten aktuelle Geltung: Sie machen ihn zu einem Klassiker der Literaturtheorie.

Literatur

1. Werkausgaben

Tynjanov, Jurij N.: Dostoevskij i Gogol'. K teorii parodii, Petrograd 1921 (Dt.: Dostoevskij und Gogol' [Zur Theorie der Parodie], in: Striedter, Jurij (Hg.): Texte der russischen Formalisten, Bd. 1: Texte zur allgemeinen Literaturtheorie und zur Theorie der Prosa, München 1969, S. 301–371).

– Problema stichotvornogo jazyka. Leningrad 1924 (Dt.: Das Problem der Verssprache. Zur Semantik des poetischen Textes, übers. u. eingel. von Inge Paulmann, München 1977).

– O literaturnom fakte, in: Lef. Žurnal levogo fronta iskusstv (1924), Nr. 2, S. 100–116 (Dt.: Das literarische Faktum, in: Striedter, Jurij [Hg.]: Texte der russischen Formalisten, Bd. 1: Texte zur allgemeinen Literaturtheorie und zur Theorie der Prosa, München 1969, S. 393–431).
– Die Zwischenzeit [1924], übers. von Brigitta Schröder, in: Ders.: Der Affe und die Glocke. Erzählungen, Drama, Essays, übers. von Renate Landa u. a., hg. von Fritz Mierau, Berlin 1975, S. 450–497.
– Literaturnoe segodnja, in: Russkij sovremennik 1 (1924), (Dt.: Literarisches Heute, in: Ders.: Poetik. Ausgewählte Essays, übers. von Brigitta Schröder, Waltraud Schroeder u. Wolfram Schroeder, hg. von Ralf Schröder, Leipzig/Weimar 1982, S. 65–92).
– O literaturnoj ėvoljucii, in: Na literaturnom postu (1927), H. 4, S. 19–36 (Dt.: Über die literarische Evolution, in: Striedter, Jurij [Hg.]: Texte der russischen Formalisten, Bd. 1: Texte zur allgemeinen Literaturtheorie und zur Theorie der Prosa, München 1969, S. 433–461).
– Oda kak oratorskij žanr, in: Sborniki po teorii poėtičeskogo jazyka 3 (1927), S. 102–128 (Dt.: Die Ode als oratorisches Genre, in: Stempel, Wolf-Dieter (Hg.): Texte der russischen Formalisten, Bd. 2: Texte zur Theorie des Verses und der poetischen Sprache, München 1972, S. 273–337).
– /Jakobson, Roman O.: Voprosy izučenija literatury i jazyka, in: Novyj lef (1928), Nr. 12, S. 36–37 (Dt.: Probleme der Literatur- und Sprachforschung, in: Stempel, Wolf-Dieter (Hg.): Texte der russischen Formalisten, Bd. 2: Texte zur Theorie des Verses und der poetischen Sprache, München 1972, S. 387–391).
– O parodii [Über die Parodie, 1929], in: Ders.: Poėtika. Istorija literatury. Kino, hg. von Evgenij A. Toddes u. a., Moskau 1977, S. 284–310.
– Archaisty i novatory, Leningrad 1929, Reprint München 1967 (Dt. Teilausgabe in: Die literarischen Kunstmittel und die Evolution in der Literatur, übers. u. hg. von Alexander Kaempfe, Frankfurt/M. 1967).
– Die literarischen Kunstmittel und die Evolution in der Literatur [Russ. Original: 1929], übers. u. hg. von Alexander Kaempfe, Frankfurt/M. 1967.
– Der Affe und die Glocke. Erzählungen, Drama, Essays, übers. von Renate Landa u. a., hg. von Fritz Mierau, Berlin 1975.
– Poėtika. Istorija literatury. Kino, hg. von Evgenij A. Toddes u. a., Moskau 1977.
– Poetik. Ausgewählte Essays, übers. von Brigitta Schröder, Waltraud Schroeder u. Wolfram Schroeder, hg. von Ralf Schröder, Leipzig/Weimar 1982.
– Literaturnyj fakt, hg. von Vladimir I. Novikov, Moskau 1993.

2. Bibliographien/Biographien

Akimov, N. N.: Tynjanov Jurij N. (1894–1943), in: Russkie sovetskie pisateli-prozaiki, Bd. 5, Moskau 1968, S. 199–220 [Bibliographie].
Belinkov, Arkadij V.: Jurij Tynjanov, Moskau [2]1965.
Kaverin, Veniamin A. (Hg.): Jurij Tynjanov – pisatel' i učënyj, Moskau 1966.
– (Hg.): Vospominanija o Ju. Tynjanove. Portrety i vstreči, Moskau 1983.
– /Novikov, Vladimir I.: Novoe zrenie. Kniga o Jurii Tynjanove, Moskau 1988.
Šubin, Vladimir F./Suchich, Igor' N.: Jurij Tynjanov. Biobibliografičeskaja chronika (1894–1943), St. Petersburg 1994.

Toddes, Evgenij A.: K tekstologii i biografii Tynjanova, in: Sed'mye tynjanovskie čtenija, Moskau/Riga 1995–1996, S. 338–368.
Tynjanov, Jurij N.: Avtobiografija (Dt.: Autobiographie [1939], übers. von Brigitta Schröder, in: Ders.: Der Affe und die Glocke. Erzählungen, Drama, Essays, übers. von Renate Landa u. a., hg. von Fritz Mierau, Berlin 1975, S. 92–107).

3. Sonstige Sekundärliteratur

Bundy, Barbara K.: Juri Tynjanov and Cleanth Brooks. A Comparative Study in Russian Formalism and Anglo-American New Criticism, Bloomington 1970.
Depretto-Genty, Catherine: L'itinéraire scientifique de Jurij N. Tynjanov 1919–1943, Paris 1992.
Ehlers, Klaas-Hinrich: Das dynamische System. Zur Entwicklung von Begriff und Metaphorik des Systems bei Jurij N. Tynjanov, Frankfurt/M. u. a. 1992.
Joseph, Larry Philip: From Literary Theory to Fiction. An Interpretive Biography of Yury Tynyanov in the 1920s, Stanford 1994.
Revue des études slaves 55 (1983), H. 3 [Sonderheft Tynjanov].
Rosengrant, Sandra G.: The Theoretical Criticism of Ju. N. Tynjanov, Stanford 1976.
Sosa, Michael R.: Jurij Tynjanov: Method and Theory, Madison 1987.
Thun, Nyota: Jurij Tynjanov. Literaturhistoriker, Theoretiker, Kritiker, Schriftsteller, in: Hiersche, Anton/Kowalski, Edward (Hg.): Literaturtheorie und Literaturkritik in der frühsowjetischen Diskussion, Berlin/Weimar 1990, S. 228–247.
Tynjanovskie sborniki/Tynjanovskie čtenija, 7 Bde., Moskau/Riga 1984–1994.
Veldhues, Christoph: Formalistischer Autor-Funktionalismus. Wie Tynjanovs ‹Puškin› gemacht ist, Wiesbaden 2003.
Weinstein, Marc: Tynjanov, ou la Poétique de la relativité, Saint-Denis 1996.

Anmerkungen

1 Dostoevskij und Gogol' (Zur Theorie der Parodie) [1921] ist Tynjanovs erster publizierter Theoriebeitrag, Über die Parodie [1929] seine letzte genuin literaturtheoretische Arbeit.
2 Vgl. Veldhues, Autor-Funktionalismus, S. 428 ff.
3 Zur Literaturtheorie des russischen Formalismus vgl. die Gesamtdarstellungen von Erlich, Victor: Russischer Formalismus, Frankfurt/M. 1973; Hansen-Löve, Aage A.: Der russische Formalismus, Wien 1978; Steiner, Peter: Russian Formalism, Ithaca/London 1984; Aucouturier, Michel: Le formalisme russe, Paris 1994 sowie Veldhues, Autor-Funktionalismus, S. 175 ff.
4 Ėjchenbaum, Boris M.: Zur Frage der ‹Formalisten› [1924], in: Günther, Hans (Hg.): Marxismus und Formalismus, München 1973, S. 72.

5 Tynjanov, Verssprache, S. 43.
6 Jakobson, Roman O., Die neueste russische Poesie. Ein Entwurf [1921], in: Stempel, Wolf-Dieter (Hg.): Texte der Russischen Formalisten, Bd. 2, S. 18–135, hier: S. 31.
7 Ebd.
8 Tynjanov, Faktum, S. 407 f.
9 Tynjanov, Zwischenzeit, S. 473.
10 Ebd., S. 472.
11 Tynjanov, Verssprache, S. 85.
12 Ebd., S. 72.
13 Ebd., S. 103.
14 Tynjanov, Ode, S. 301.
15 Tynjanov, Verssprache, S. 105.
16 Ebd., S. 66.
17 Ebd., S. 107 u. S. 125.
18 Ebd., S. 135.
19 Tynjanov, Faktum, S. 409.
20 Ebd.
21 Ebd., S. 411.
22 Tynjanov, Jurij N.: Puškin [1929], in: Ders.: Puškin i ego sovremenniki, hg. von Viktor V. Vinogradov, Moskau [2]1969, S. 130 u. S. 133.
23 Tynjanov, Parodie, S. 294 f.
24 Tynjanov, Faktum, S. 403.
25 Tynjanov, Poėtika, S. 18.
26 Tynjanov, Evolution, S. 437.
27 Ėjchenbaum, Boris M./Tynjanov, Jurij N.: Predislovie, in: Dies. (Hg.): Russkaja proza. Sbornik statej, Leningrad 1926, S. 9.
28 Tynjanov, Evolution, S. 437.
29 Tynjanov, Ode, S. 273.
30 Tynjanov, Faktum, S. 397.
31 Ebd., S. 401.
32 Ebd., S. 413.
33 Tynjanov, Evolution, S. 441.
34 Tynjanov, Faktum, S. 399.
35 Vgl. Veldhues, Autor-Funktionalismus, S. 324 ff.
36 Tynjanov, Faktum, S. 403.
37 Tynjanov, Evolution, S. 449.
38 Tynjanov/Jakobson, Probleme, 4. These.
39 Tynjanov, Verssprache, S. 46.
40 Tynjanov, Faktum, S. 397.
41 Ebd.
42 Tynjanov, Verssprache, S. 40.
43 Ebd., S. 44.
44 Tynjanov, Faktum, S. 395 u. S. 415.
45 Ebd., S. 403.
46 Tynjanov, Evolution, S. 453.
47 Ebd., S. 449.

48 Tynjanovs 1929 unter dem Titel ‹Archaisten und Neuerer› [‹Archaisty i novatory›] erschienener Sammelband sollte eigentlich – und richtiger – ‹Archaisten als Neuerer› [‹Archaisty – novatory›] heißen.
49 Tynjanov, Zwischenzeit, S. 452.
50 Tynjanov, Evolution, S. 453.
51 Tynjanov, Faktum, S. 417.
52 Tynjanov/Jakobson, Probleme, 5. These.
53 Tynjanov, Faktum, S. 423.
54 Tynjanov, Poėtika, S. 523.
55 Tynjanov, Faktum, S. 403.
56 Tynjanov, Heute, S. 66.
57 Tynjanov, Faktum, S. 431.
58 Tynjanov, Evolution, S. 437.
59 Tynjanov, Zwischenzeit, S. 452.
60 Ebd., S. 453.
61 Ėjchenbaum, Boris M.: Die Theorie der formalen Methode [1926], in: Ders.: Aufsätze zur Theorie und Geschichte der Literatur, ausgew. u. übers. von Alexander Kaempfe, Frankfurt/M. 1965, S. 7–52, hier S. 47.
62 Tynjanov, Evolution, S. 433.
63 Tynjanov, Faktum, S. 427.
64 Tynjanov/Jakobson, Probleme, 8. These.
65 Tynjanov, Evolution, S. 449 f.
66 Tynjanov/Jakobson, Probleme, 7. u. 8. These.
67 Ebd., 7. These.
68 Tynjanov, Heute, S. 92.
69 Tynjanov, Verssprache, S. 40.
70 Tynjanov, Faktum, S. 399.
71 Ebd., S. 401.
72 Ebd., S. 399.
73 Zur Theorieevolution des russischen Formalismus vgl. Veldhues, Autor-Funktionalismus, S. 216 ff.
74 Tynjanov, Poėtika, S. 517.
75 Tynjanov, Zwischenzeit, S. 483.
76 Tynjanov/Jakobson, Probleme, 8. These.

Christiane Hauschild

Vladimir Propp
(1895–1970)

I. Leben

Der russische Folklorist, Philologe und Kulturanthropologe Vladimir Jakovlevič Propp wurde am 17./29. April 1895 als Sohn von Johann Jakob Propp in der deutschen Kolonie im südrussischen Gouvernement Saratov geboren. Er wuchs zweisprachig auf und studierte von 1913 bis 1918 Deutsche und Slawische Philologie an der Petersburger (ab 1914 Petrograder) Universität. Anschließend unterrichtete er Deutsch an verschiedenen Petersburger Lehranstalten. Nach intensiven Studien zur Folklore veröffentlichte er 1927 im Jahresbericht der Märchenkommission der Russischen Geographischen Gesellschaft eine Notiz über die Arbeit an der Monographie *Morphologie des russischen Zaubermärchens,*[1] die ein Jahr später gleichzeitig mit dem Aufsatz *Transformationen von Zaubermärchen*[2] erschien. Ab 1932 arbeitete Propp als Dozent am Institut für Romano-germanische Sprachen der Leningrader Staatlichen Universität, ab 1938 war er dort Professor für Folkloristik und Russische Philologie.

Etwa von 1936 bis 1938 entstand seine Habilitation *Die historischen Wurzeln des Zaubermärchens,*[3] deren Erscheinen 1946 einen Skandal hervorrief. Am 1. April 1948 musste Propp sich öffentlich wegen ‹Kosmopolitismus› – der in der Sowjetunion ein schweres ideologisches Vergehen bedeutete – verantworten. Danach konnte er seine wissenschaftliche Arbeit fortsetzen, doch blieb die innenpolitische Situation auch nach Stalins Tod 1953 angespannt. Aufgrund des großen Echos der englischen Erstübersetzung der *Morphologie* im Jahr 1958[4] erschien 1969 eine zweite russische Auflage, in der jedoch nahezu alle Hinweise auf den vorrevolutionären Forschungsstand und den Russischen Formalismus getilgt waren. Zudem konnte Propp sich an der internationalen kritischen Diskussion um sein Werk nicht angemessen beteiligen. In der westeuropäischen Welt lösten wiederum die *Historischen Wurzeln des Zaubermärchens* Irritationen aus, denn eine historisch-genetische Untersuchung schien mit der *Morphologie* unvereinbar. Diese

Situation führte zur Mythenbildung über Propps Person und zu widersprüchlichen Einschätzungen seiner Einstellung zum Kommunismus.

Bis zu seinem Tod am 22. August 1970 hat Propp kontinuierlich und systematisch weiter zur russischen Folklore gearbeitet, entsprechend der national orientierten Folkloristik seiner Zeit. Er veröffentlichte zur Poetik des Märchens,[5] zum russischen Heldenepos[6] und trat auch als Herausgeber wichtiger Märchensammlungen hervor, so auch der Aleksandr Afanas'evs.[7] Eine von ihm geplante *Poetik der Folklore* erschien teilweise postum. Kulturanthropologisch ausgerichtet sind die Arbeiten *Probleme der Komik und des Lachens* (postum 1976)[8] und die Studie *Russische ländliche Feste* (1963),[9] in der er die morphologische Methode auf Brauchtumshandlungen anwendet. Das zum Teil noch unveröffentlichte Gesamtwerk von Propp – der ideengeschichtlich an der klassischen russischen Komparatistik Aleksandr Veselovskijs und an der Anthropologie Wilhelm Wundts sowie Franz Boas' geschult war – schließt kulturtheoretische Ansätze ein, die in Russland erst in den siebziger Jahren des 20. Jahrhunderts von der sowjetischen Kultursemiotik – in erster Linie von Jurij Lotman – wieder aufgegriffen werden konnten und mit der seit 1998 in Moskau erscheinenden russischen Gesamtausgabe erstmals vollständig dokumentiert sind.[10]

2. Werk

Propp ist der Literaturwissenschaft als Autor der *Morphologie des Märchens* von 1928[11] bekannt geworden, die als eines der weltweit meistrezipierten Werke der Folkloristik des 20. Jahrhunderts gelten kann. Propp hat sich nie als Literaturtheoretiker verstanden, doch formuliert er in der *Morphologie* Konzepte, die das Wesen des Literarischen betreffen, wie z. B. das der ‹Funktion› und der ‹Rolle› von Figuren im Erzähltext. Entgegen einer immer noch weit verbreiteten Ansicht ist die *Morphologie* nicht zu trennen von den *Transformationen von Zaubermärchen* und den *Historischen Wurzeln des Zaubermärchens.*[12] Diese drei Arbeiten stellen ein Erkenntnisprojekt dar. Erst aus ihrem Zusammenhang erschließt sich Propps Theorie des Erzählens als Ganzes. Die folgenden Ausführungen gliedern sich daher in drei Abschnitte: Der erste ist dem wissenschaftshistorischen Kontext der *Morphologie* gewidmet, der zweite führt in ihre Begrifflichkeit ein, der dritte behandelt den historischen Aspekt der Märchentheorie und die Entstehung des künstlerischen Erzählens aus dem Mythos.

2.1 Die Morphologie *in ihrem zeithistorischen Kontext.* Die *Morphologie* entstand aus der wechselseitigen Erhellung zweier Fachtraditionen, der (kulturanthropologischen) Erzählforschung und der sich erst im frühen 20. Jahrhundert herausbildenden formalistischen Literaturtheorie: Zum einen erwächst sie aus der sogenannten finnischen Schule der Märcheninterpretation und der Schematisierung von *hero-patterns*, zum anderen korrespondiert sie mit der Prosatheorie Viktor Šklovskijs und anderen ‹morphologischen› Ansätzen im Umkreis des russischen Formalismus.

Mit der Arbeitsweise der finnischen Schule, so benannt nach ihrem Begründer Antti Aarne, war Propp zur Zeit der Abfassung der *Morphologie* bestens vertraut, denn er war seit 1924 als aktives Mitglied der Märchenkommission (*Skazočnaja komissija*) der Russischen Geographischen Gesellschaft (*Russkoe Geografičeskoe Obščestvo*) an der Erstellung eines ersten russischen Typenkatalogs der Märchen beteiligt. Dieser war nach dem von Antti Aarne 1910 geschaffenen System[13] angelegt und erschien 1929.[14] Die Theoretiker der finnischen Schule – Antti Aarne, Kaarle Krohn, Walter Anderson – versuchten, mittels der geographisch-historischen Methode ein enormes internationales Repertoire in vergleichenden Analysen zu erschließen und nach Märchentypen zu klassifizieren. Maßgebliche theoretische Voraussetzung war die Annahme der Identität eines Märchentyps über die Zeit hinweg und in unterschiedlichen Kulturen, die durch die Beziehung aller seiner Varianten zu einer hypothetischen ‹Urform› – auch als Normalform oder Grundform bezeichnet – gewährleistet werden sollte. Allerdings konnte die finnische Schule ihre Vorstellungen von der Transmission der Erzählstoffe in der internationalen Forschungsdiskussion nicht verteidigen. Die Märchentypen erwiesen sich als nicht scharf genug voneinander abgrenzbar. Zudem führte die logische Heterogenität von Aarnes Katalog der Erzähltypen zu Doppelungen und zu Uneindeutigkeiten der Klassifizierung.

In der Einleitung der *Morphologie* verwirft Propp deshalb das Konzept des Erzähltyps als essentialistische Fiktion.[15] Den Begriffen des Motivs bzw. des Märchentyps (Sujet) setzt er die ‹Funktion› entgegen und formuliert ein Sujetschema von 31 Funktionen, das den hypothetischen universalen Typus des Zaubermärchens überhaupt kennzeichne. Diese Hypothese hebt die Theorie der finnischen Schule aus den Angeln, radikalisiert paradoxerweise aber zugleich einige ihrer Voraussetzungen, so z. B. die Auffassung von der gleichsam mechanistischen Gesetzlichkeit der Transmission von Erzählstoffen und die Hypothese eines archaischen Ursprungs des Märchens.[16]

Eine weitere wichtige genealogische Linie innerhalb der kulturanthropologischen Erzählforschung, die zur *Morphologie* hinführt, ist die der vergleichenden Analyse von Märchen mittels der Tabularisierung von Sujets. Es handelt sich um erste formelhafte Schematisierungen von Erzählinhalten, die man durchaus als eine Vorstufe der computergestützten Generierung erzählender Texte, des Storygenerating, ansehen kann, wie sie ab den siebziger Jahren des 20. Jahrhunderts in der Narratologie, der Informatik und der Forschung zur künstlichen Intelligenz – jeweils in expliziter Anknüpfung an Propps *Morphologie* – versucht worden ist. Als Erster hatte Johann Georg von Hahn 1864 anhand der wichtigsten Märchensammlungen seiner Zeit einen Katalog von ‹Märchenformeln› erstellt.[17] Diese Patterns, auf deren Prinzip auch Sabine Baring-Goulds spätere ‹story-radicals› beruhen, waren im Grunde nicht mehr als nach logisch heterogenen Kriterien generalisierte Paraphrasen von Ereignisfolgen. Mit Propp verbindet von Hahn jedoch die Grundüberzeugung, ‹Erzählen› beruhe auf der regelhaften Kombinatorik einer endlichen Menge solcher Formeln, sowie ein radikal ursprungsgeschichtlicher Gedanke: Er war der Ansicht, allen arischen Heldenmythen liege eine Formel zugrunde. Es führt eine direkte genealogische Linie von Hahn zu Propps Lehrer, dem Mediävisten, Komparatisten und Volkskundler Aleksandr Veselovskij, der dieses Verfahren in seiner *Historischen Poetik* bespricht,[18] und ins Umfeld Propps, nämlich zu den von ihm in der methodologischen Einleitung kritisch besprochenen Arbeiten Joseph Bédiers (1893) und Roman Volkovs (1924),[19] die in ähnlicher Form versuchten, formale Notationen zu entwickeln und die Invarianten des Märchens zu bestimmen.

Propps Aussage nach ist die *Morphologie* aus vergleichenden Tabularisierungen von Märchen- und Mythenmaterial hervorgegangen: Ihre nicht erhaltene Erstfassung schloss umfangreiche Ausführungen zur Geschichte des Märchens ein, von denen «nur die Überschriften der Tabellen im Anhang geblieben sind».[20] Diese «Materialien zur tabellenmäßigen Erfassung des Märchens»[21] stellen im Grunde genommen eine Tabulatur dar, die 150 Elemente beinhaltet. Die 31 Funktionen sind in besonderer Art ausgezeichnete Positionen der Tabulatur. Propps Innovation gegenüber seinen Vorgängern besteht zum einen in der konsequenten Ausrichtung der Tabulatur auf die Begriffe der ‹Funktion› und der ‹narrativen Rolle› und einer entsprechend logisch konsequenten horizontal/vertikalen Durchstrukturierung, zum anderen darin, dass seine Tabulatur eine im Märchen mögliche, in sich geschlossene Geschichte (*histoire*) abbildet.

Die Bedeutung der Schematisierung von Sujets für die *Morphologie* kann gar nicht überschätzt werden. Propps Tabulatur bildet die Schnittstelle der *Morphologie* mit den *Transformationen* und den *Historischen Wurzeln*. Die erstgenannte Arbeit verfolgt diachronisch die Transformationen eines ihrer Elemente (Nr. 72), die zweite behandelt Entsprechungen zwischen Märchenmotiven, Initiationshandlungen und Glaubenvorstellungen, wobei die Tabulatur den roten Faden der Darstellung bildet. Von ihrer Wichtigkeit zeugt auch die Tatsache, dass Propp sich in den *Transformationen* auf die 150 Elemente der Tabulatur und nicht auf die 31 Funktionen als das eigentliche Definiens des Zaubermärchens beruft.[22] Das lässt darauf schließen, dass Propp zur Zeit der Abfassung der *Morphologie* bereits eine konkrete Vorstellung von der Urform aller Zaubermärchen vor Augen hatte, die er dann später in den *Historischen Wurzeln* beweisen wollte.

Mit dem Titel seiner Arbeit und durch die Motti, die sechs der neun Kapitel der *Morphologie* vorangestellt sind, bezieht er sich in programmatischer Weise auf Goethes naturwissenschaftliche Schriften.[23] Die Motti, auf deren Wichtigkeit Propp Claude Lévi-Strauss gegenüber ausdrücklich hingewiesen hat,[24] sind so gesetzt, dass sie jeweils einen Begriff Propps mit einem Konzept Goethes parallelisieren. Folgt man dieser Leseanweisung, dann beschreibt die Morphologie den «allgemeinen, durch Metamorphose sich erhebenden Typus»[25] des Zaubermärchens. Die Strukturformel des Märchens und die Regeln seiner Transformation (synchronische und diachronische Dimension) ergeben die «Urpflanze und den Schlüssel dazu», mit der man dann «Pflanzen ins Unendliche erfinden könne».[26] Die Motti explizieren Propps szientistisches Credo, das in der Annahme einer strengen Naturgesetzlichkeit für den Bereich der Erzählforschung analog zur Zoologie und Botanik besteht, an deren Paradigma er sich bis in die Metaphorik hinein orientiert: «Entwickelt sich irgendeine Zelle des Märchenorganismus zu einem kleinen Märchen innerhalb eines anderen, dann gestaltete es sich, wie wir feststellen werden, nach denselben Gesetzen wie jedes andere Märchen.»[27] Propps tatsächliches Vorgehen ist jedoch fortschrittlicher als sein Credo: Es kann als proto-narratologisch gelten, insofern er sich implizit am Modell eines Kalküls narrativer Sätze, also am Modell einer formalisierbaren Sprache orientiert.[28]

Die Konzeption der «Morphologie» als Wissenschaft verbindet Propp mit einer Reihe von Ansätzen des russischen Formalismus, wenngleich der Begriff jeweils unterschiedlich aufgefasst wurde. So bezeichnete der Formalist Boris Ėjchenbaum sich als ‹Morphologen›, ebenso wie der heute kaum bekannte Kompositionstheoretiker Michail Petrovskij, der 1927 eine *Morphologie der Novelle* verfasst hatte. Dieser verstand unter «Morphologie» die Untersuchung universaler Kompositionsgesetze des Erzählens, die er anhand der Novelle als exemplarischer Gattung erforschen wollte. Wie Propp verwendete er eine formale Notation, um Elemente des Erzählens zu repräsentieren. Seine Untersuchung antizipiert wichtige begriffliche Unterscheidungen, z. B. die zwischen Narration und Deskription oder erzählter Zeit und Erzählzeit, die später von Eberhard Lämmert in den *Bauformen des Erzählens* (1955) und in den siebziger Jahren in der Narratologie von Gérard Genette systematisch ausgearbeitet wurden.[29] Petrovskijs Morphologie bezeugt die fruchtbare Verbundenheit von literaturtheoretischer und folkloristischer Theoriebildung in den ersten Jahrzenten des 20. Jahrhunderts. So ist es kein Zufall, dass Viktor Šklovskij seine klassische Studie zur Sujetfügung von 1919 wesentlich am Beispiel von Folkloretexten entwickelt und mit Propp in der Polemik gegen Veselovskij übereinstimmt. Propp seinerseits hat seine *Morphologie* als direkte Antwort auf die von Šklovskij reformulierte Frage nach den ‹unbekannten Gesetzen der Sujetfügung› des Märchens verstanden.[30]

Innerhalb der kulturanthropologischen Erzählforschung wurde Propps Arbeit in den sechziger Jahren zum Ausgangspunkt der sogenannten morphologischen Märchenforschung. Dennoch ist seine vielzitierte Aussage, an eine Morphologie des Märchens habe vor ihm noch niemand gedacht, nicht berechtigt. Bereits Aleksandr Veselovskij hatte in seiner 1884-1885 erstmals veröffentlichten Vorlesung *Zur Geschichte des Epos* (*Iz istorii ėposa*) das Programm einer «Morphologie des Märchens»[31] angesprochen. Er meinte, das internationale Märchenrepertoire lasse sich analytisch in eine endliche Menge von Motiven zerlegen und es sei möglich, einen völkerpsychologisch fundierten universalen Thesaurus motivischer Formeln zu erstellen.

Seine Gedanken wurden von mehreren, heute kaum bekannten russischen Folkloristen in der Umgebung Propps aufgegriffen, die seit 1912 in dieser Richtung arbeiteten.[32] Unter ihnen ist Aleksandr Nikiforov hervorzuheben, der seit etwa 1924 an einer unvollendet gebliebenen Monographie mit dem Titel *Morphologie des russischen Zaubermärchens*[33] schrieb, von der nur der programmatische Artikel *Zur Frage der morphologischen Erforschung des Volksmärchens*[34] erschien. Wie Propp verwirft Nikiforov das Konzept des stabilen Erzähltyps und definiert als Invariante des Märchens die ‹Funktion›. Wie Propp geht er davon aus, ihre Zahl sei für das russische Zaubermärchen begrenzt. Im Unterschied zu Propp war die *Morphologie* Nikiforovs jedoch explizit am Modell der Grammatik orientiert, insbesondere an der Wortbildung. Eine Handlungssequenz hat bei ihm eine Wurzelhandlung, suffixale und präfixale Handlungen etc. Nikiforov unterscheidet narrative Rollen (Held – Gegenspieler usw.), Haupt- und Nebenfiguren und nimmt zum Teil wörtlich entsprechende Formulierungen in Algirdas Greimas' *Strukturaler Semantik* vorweg.[35] Der Bekanntheitsgrad Nikiforovs war so groß, dass Roman Jakobson ihn noch 1945 in einem Atemzug mit Propp nennt und die Innovation des Funktionsbegriffs nicht eindeutig dem Letzteren zuschreibt.[36] In den achtziger Jahren gewann die Arbeit Nikiforovs innerhalb der kulturanthropologischen Erzählforschung eine gewisse Bekanntheit, und aufgrund seiner expliziten Orientierung am Modell einer Grammatik wird Nikiforov inzwischen in einigen Teilen als moderner eingeschätzt als Propp. Vladimir Propp gebührt jedoch der Vorrang, wirkungsgeschichtlich bedeutsam geworden zu sein.

2.2 Die Theorie der Morphologie des Märchens. Was die Begrifflichkeit der Theorie Propps betrifft, so hat die breite Rezeption der *Morphologie* außerhalb ihrer eigenen Disziplin zu einem sehr reduzierten Darbietungsmodus geführt, der sie meist auf den deskriptiven Aspekt der Märchenformel beschränkt. Die Theorie Propps hat aber einen synchronischen und einen diachronischen Aspekt. Beide sollen im Folgenden nacheinander behandelt werden.

Der synchronische Aspekt der Morphologie umfasst erstens die Definition der Begriffe ‹Funktion› (Kap. II.) und ‹narrative Rolle› (Kap. VI.) sowie die Definition eines Sets von 31 Funktionen (Kap. III.) und zweitens die morphologische Redefinition des Zaubermärchens als Genre (Kap. IX), die zur Konstruktion der Sujetformel hinführt und mit Überlegungen zu deren generativem Potential abschließt.

Ausgehend von der Beobachtung, dass im Märchen identische Handlungen von unterschiedlichen Figuren ausgeführt werden, definiert Propp die Funktion als «Aktion einer handelnden Person [...], die unter dem Aspekt ihrer Bedeutung für den Gang der Handlung definiert wird»,[37] und formuliert vier grundlegende Thesen:

1. Die Funktionen sind die invarianten Elemente des Märchens. Der Funktionsbegriff muss als elementarer Grundbegriff der Analyse an die Stelle des Motivbegriffs treten.
2. Die Zahl der Funktionen ist für das russische Zaubermärchen begrenzt. Sie beträgt 31.
3. Die Reihenfolge der Funktionen im Märchen ist immer dieselbe.
4. Alle Zaubermärchen bilden hinsichtlich ihres Aufbaus einen einzigen Typ.[38]

Der Funktionsbegriff verläuft quer zu allen in der Erzählforschung vorher gebräuchlichen Begriffen des Motivs und des Erzähltyps. Zur Veranschaulichung vergleiche man die folgenden Sätze zweier Märchenparaphrasen:

> Der Zar gibt dem Burschen einen Adler. Dieser bringt den Burschen in ein anderes Reich.
> Die Zarentochter leiht Ivan einen Ring. Das Drehen des Rings versetzt Ivan in den Glaspalast.

Paradigmatisch austauschbar sind die Namen der Figuren und ihre Attribute. Invariant ist die als Funktion interpretierte Handlung. In diesem Fall repräsentiert die Übergabe des Adlers bzw. des Rings den Erhalt eines magischen Zaubermittels (Funktion XIV) durch den Helden, auf die im weiteren Verlauf der Handlung seine Raumvermittlung folgt (Funktion XV).

Die Funktionen sind nicht durch semantische Klassenbildung über isoliert betrachtete Handlungen im Märchen zu gewinnen. So kann ein Mord im Märchen sowohl die Bestrafung des Gegenspielers (Funktion XXX), der Sieg des Helden über den Gegenspieler (Funktion XVIII) oder auch gar keine Funktion sein, wenn er z. B. lediglich die Bosheit als Eigenschaft einer Märchenfigur illustriert. Weiterhin ist zu berücksichtigen, dass sich der Ausdruck «Gang der Handlung» in Propps oben zitierter Definition der Funktion auf das Sujetschema, nicht auf den konkreten Märchentext bezieht, denn in Letzterem kann es sehr wohl zu Inversionen gegenüber der festgelegten Reihenfolge der Funktionen kommen. Propps Sujetschema macht eine Aussage über die mögliche *story* eines Märchens, determiniert aber nicht seinen konkreten, in der Variante gegebenen *plot*, wenn es auch für bestimmte Kombinationen von Funktionen mehr oder weniger wahrscheinliche Lösungen vorgibt.

Tabelle 1: Die 31 Funktionen des Zaubermärchens

I.	Zeitweilige Entfernung; Symbol a – Ein Familienmitglied des Helden verlässt das Haus für eine Zeit.
II.	Verbot; Symbol b – Dem Helden wird ein Verbot erteilt.
III.	Verletzung des Verbots; Symbol c – Das Verbot wird verletzt.
IV.	Erkundigung; Symbol d – Der Gegenspieler versucht, Erkundigungen einzuziehen.
V.	Verrat; Symbol e – Der Gegenspieler erhält Informationen über sein Opfer.
VI.	Betrugsmanöver; Symbol f – Der Gegenspieler versucht, sein Opfer zu überlisten, um sich seiner selbst oder seines Besitzes zu bemächtigen.
VII.	Mithilfe; Symbol g – Das Opfer fällt auf den Betrug herein und hilft damit dem Gegenspieler.
VIII.	Schädigung; Symbol A – Der Gegenspieler fügt der Familie einen Schaden oder Verlust zu.
VIII a.	Mangelsituation; Symbol α – Einem Familienmitglied fehlt irgendetwas.
IX.	Vermittlung, verbindendes Moment; Symbol B – Ein Unglück oder der Wunsch, etwas zu besitzen, werden verkündet; dem Helden wird eine Bitte bzw. ein Befehl übermittelt; man schickt ihn aus oder lässt ihn gehen.

X. Einsetzende Gegenhandlung; Symbol C – Der Held (Sucher) ist bereit bzw. entschließt sich zur Gegenhandlung.

XI. Abreise; Symbol ↑ – Der Held verlässt das Haus.

XII. Erste Funktion des Schenkers; Symbol: Sch – Der Held wird vom Schenker auf die Probe gestellt, ausgefragt, überfallen usw., wodurch der Erwerb des Zaubermittels oder des übernatürlichen Helfers eingeleitet wird.

XIII. Reaktion des Helden; Symbol H – Der Held reagiert auf die Handlungen des künftigen Schenkers.

XIV. Empfang eines Zaubermittels; Symbol Z – Der Held gelangt an das Zaubermittel oder gewinnt den übernatürlichen Helfer für sich.

XV. Raumvermittlung, Wegweisung; Symbol W – Der Held wird zum Aufenthaltsort des gesuchten Gegenstandes bzw. der gesuchten Person gebracht, geführt oder getragen.

XVI. Kampf; Symbol K – Der Held und sein Gegner treten in einen direkten Zweikampf.

XVII. Kennzeichnung, Markierung; Symbol M – Der Held wird gekennzeichnet.

XVIII. Sieg; Symbol S – Der Gegenspieler wird besiegt.

XIX. Liquidierung, Aufhebung des Unglücks oder Mangels; Symbol L – Das anfängliche Unglück wird gutgemacht bzw. der Mangel behoben.

XX. Rückkehr; Symbol ↓ – Der Held kehrt zurück.

XXI. Verfolgung; Symbol V – Der Held wird verfolgt.

XXII. Rettung; Symbol R – Der Held wird vor den Verfolgern gerettet.

VIIIbis Die Brüder (falsche Helden/ein neuer Gegenspieler) rauben Ivan (dem Helden) seine Beute (stoßen ihn selbst in einen Abgrund).

X–XIbis Der Held begibt sich erneut auf die Suche (Symbol C↑; vgl. die Funktionen X–XI).

XIIbis Der Held wird wieder Handlungen unterworfen, die zum Erwerb eines Zaubermittels führen (Symbol Sch; vgl. Funktion XII).

XIIIbis Der Held reagiert erneut auf die Handlungen des künftigen Schenkers (Symbol H; vgl. Funktion XIII).

XIVbis Der Held bekommt ein neues Zaubermittel zur Verfügung (Symbol Z; vgl. Funktion XIV).

XVbis Der Held wird an den Aufenthaltsort des gesuchten Objekts gebracht (Symbol W; vgl. Funktion XV): In diesem Falle gelangt er nach Hause.

XXIII. Unerkannte Ankunft; Symbol X – Der Held gelangt unerkannt nach Hause zurück oder in ein anderes Land.

XXIV. Unrechtmäßige Ansprüche; Symbol U – Der falsche Held macht seine unrechtmäßigen Ansprüche geltend.

XXV. Prüfung, schwere Aufgabe; Symbol P – Dem Helden wird eine schwere Aufgabe gestellt.

XXVI. Lösung; Symbol Lö – Die Aufgabe wird gelöst.

XXVII. Erkennung; Symbol E – Der Held wird erkannt.

XXVIII. Überführung, Entlarvung; Symbol Ü – Der falsche Held/der Gegenspieler wird entlarvt.

XXIX. Transfiguration; Symbol T – Der Held erhält ein anderes Aussehen.

XXX. Strafe, Bestrafung; Symbol St – Der Feind wird bestraft.

XXXI. Hochzeit und Thronbesteigung; Symbol H** – Der Held vermählt sich und besteigt den Thron.[39]

Propp unterscheidet gemäß der Beziehung zum Helden sechs narrative Rollen – Gegenspieler, falscher Held, gesuchtes Objekt bzw. Person, Helfer, Sender und Schenker –, auf die sich tendenziell bestimmte Funktionen verteilen. Die Funktionen sind nicht von den narrativen Rollen unabhängig, wie der Leser anhand der ersten drei Kapitel der *Morphologie* glauben könnte, sondern erst durch ihre Relation zu den narrativen Rollen hinreichend bestimmt. Propp definiert das Märchen später sogar als eine Gattung, die «dem 7-Personen-Schema unterworfen ist».[40] Die narrative Rolle des Helden ist die Achse der gesamten Konstruktion. Bereits die Benennung einer Funktion impliziert eine Bewertung der betreffenden Aktion zu seinen Gunsten oder zu seinem Schaden.[41] Die Missachtung dieser impliziten Perspektive hat eine Destruktion des gesamten Sujetschemas zur Folge.

Die Begriffe der narrativen Rolle und der Funktion sind so intensiv diskutiert worden wie wohl keine anderen erzähltheoretischen Begriffe vor ihnen. Ihre vollständige Bedeutung wird allerdings erst im Zusammenhang mit der diachronischen Dimension der *Mor-*

phologie deutlich (s. u.). Bezeichnenderweise führt Propp den Begriff der Funktion in der *Morphologie* unter Berufung auf die vergleichende Religionswissenschaft ein. In der Erstausgabe verweist er auf die Völkerpsychologie Wilhelm Wundts sowie auf die germanische Mythologie Julius von Negeleins, der den Vorgang der Substitution von Gottheiten bei konstanter Funktion in gültiger Form beschrieben habe:[42]

> Die Wiederkehr bestimmter Funktionen bei unterschiedlich handelnden Personen ist schon längst von Religionshistorikern in Mythen und volkstümlichen Glaubensvorstellungen nachgewiesen worden, die historische Märchenforschung ist bisher an dieser Tatsache vorbeigegangen. Ebenso wie Eigenschaften und Funktionen der einzelnen Götter wechseln […], so werden auch die Funktionen der einen Märchenhelden auf die anderen übertragen.[43]

Die zweite Komponente der synchronischen Dimension der Märchentheorie Propps besteht in der morphologischen Redefinition des Zaubermärchens mittels des Begriffs der Sequenz und der Konstruktion der Märchenformel, die ihre Rückbindung an das Auswahlcorpus der russischen Sammlung Aleksandr Afanas'evs einschließt. Erst im neunten und letzten Kapitel redefiniert Propp das Zaubermärchen – als eine Erzählung, die auf einer regelmäßigen Aufeinanderfolge der angeführten Funktionen in verschiedenen Formen beruht. Morphologisch gesehen kann jede Erzählung als Zaubermärchen bezeichnet werden, die sich aus einer Schädigung (A) oder einem Fehlelement (α) über entsprechende Zwischenfunktionen zur Hochzeit (H*) oder einer anderen konfliktlösenden Funktion entwickelt. Propp lässt als Konfliktlösung auch die Funktionen der Belohnung (Z), der Erbeutung des gesuchten Objekts oder Liquidierung des Unglücks allgemein (L) gelten. Eine Folge von Funktionen von der Schürzung des Knotens bis zur Konfliktlösung bildet eine Sequenz, quasi eine märchentypische Minimalgeschichte. Jede neue Schädigung oder jedes neue Fehlelement (Mangel) führt zu einer neuen Sequenz. Ein Märchen kann mehrere Sequenzen aufweisen. Propps Sujetschema repräsentiert ein Märchen, in dem eine zweite Sequenz in die erste eingebettet ist. Dies sei die «vollkommenste Form des Märchens».[44]

Hinsichtlich seines Auswahlmaterials konstatiert Propp zunächst, dass die Funktionen «Kampf – Sieg» und «Prüfung – Lösung» sich in einer Sequenz ausschließen, und ordnet die Märchen zu vier morphologischen Gruppen: 41 Märchen mit dem Funktionspaar «Kampf – Sieg», 33 Märchen mit dem Funktionspaar «Probe – Lösung», 3 Märchen mit beiden Funktionspaaren in einer Sequenz und eine zahlenmäßig nicht näher bestimmte Gruppe mit Sequenzen, die keines von beiden aufweisen. Propp kommt zu folgender, für alle Typen gemeinsamer Formulierung:

$$A\ B\ C \uparrow Sch\ H\ Z\ W \begin{pmatrix} K & & S \\ P & M & Lö \end{pmatrix} \mathrm{L} \downarrow \mathrm{V} - R\ X\ U\ E\ Ü\ T\ St\ H^*$$

Propp kann allerdings seine vierte These von der Einheit des Typs an seinem Material nicht überzeugend belegen: Er gerät in Widerspruch zu seiner einleitenden Behauptung, keine der Funktionen schließe die andere aus, wenn er die Funktionspaare K-S, und P-Lö als unvereinbar ansetzt, und nimmt an dieser Stelle sogar seine These vom gemeinsamen Ursprung teilweise zurück, indem er vermutet, es könne ursprünglich zwei Typen gegeben haben, die später zu einem verschmolzen seien.[45] Der Meinung aufmerksamer Leser wie Claude Lévi-Strauss (1960) und Archer Taylor (1964) zufolge ist dies die Achillesferse der gesamten Argumentation.[46] Diese argumentative Schwäche spricht – zusammen mit weiteren, zum Teil gravierenden Ungenauigkeiten in den Zahlenangaben und Beispielanalysen – für die Tatsache, dass Propp teilweise grobe Abschätzungen am Material vorgenommen hat, um die Konstruktion seines Märchentyps zu stützen.[47]

Wenn auch die quasi naturgesetzliche Gültigkeit der Sujetformel mit guten Gründen in Zweifel gezogen werden kann, so sind Propps die *Morphologie* beschließenden Ausführungen zum generativen Aspekt seines Sujetschemas immer noch wegweisend, weil sie grundlegende Probleme der Erzähltheorie ansprechen, die bis heute in der Narratologie, dem Storygenerating und der Forschung zur künstlichen Intelligenz relevant sind. Bereits im Vergleich der Märchenformel mit der Urpflanze Goethes klingt der Aspekt der ‹energeia› der Märchensprache im Sinne Humboldts an:

> Die Urpflanze wird das wunderreichste Geschöpf der Welt. [...] Mit diesem Modell und dem Schlüssel dazu kann man alsdann noch Pflanzen ins Unendliche erfinden, die konsequent sein müssen, das heißt, die, wenn sie nicht bereits existieren, doch existieren könnten, [...] die eine innerliche Wahrheit und Notwendigkeit haben.[48]

Die Generierung von Sujets, wie Propp sie entwirft, beschränkt sich allerdings auf die Ebene der abstrakten Sujetkonfiguration:

Aus dem Sujetschema lässt sich eine abzählbar unendliche Menge möglicher Kompositionen bilden, die dann «mit Leben erfüllt werden müssen», denn das Schema regelt nur die abstrakten Funktionen (Prädikate) und Rollen (Subjekte). Die übrigen der 150 Märchenelemente bleiben noch zu wählen, ebenfalls deren konkrete Realisation.[49] Auch ist die Menge der potentiell generierbaren Kunstmärchen nicht identisch mit der in den Erzähltraditionen tatsächlich realisierten. Einerseits hat die Tradition nicht alle mathematisch möglichen Kompositionen verwirklicht, andererseits sind viele tatsächlich aufgezeichneten Märchen aufgrund der historischen Entwicklung nur noch indirekt durch eine morphologische Interpretation (Berücksichtigung der Transformationen, der Normverletzungen durch Erzähler, der Mischformen mit anderen Genres etc.) auf das Schema rückführbar. Dennoch bleibt der Erzähler im Verlauf der Tradierung an das Sujetschema gebunden. Propps Konzeption von Erzählkompetenz antizipiert im Grunde bereits die grammatische Kompetenz im Sinne Noam Chomskys.

2.3 Die Genese des Märchens. Die diachronische Dimension der *Morphologie* umfasst – im Zusammenhang mit den *Transformationen* und den *Historischen Wurzeln* – erstens die These von der Korrespondenz des Märchens zum Mythos und zweitens die Vorstellung von der gesetzmäßig verlaufenden Evolution des Märchens in all seinen Elementen (Transformationen) und der Genese des Märchens aus dem Mythos.

Bereits im Vorwort der ersten Auflage der *Morphologie* bestimmt Propp den Mythos als seinen eigentlichen Gegenstand, ohne diesen Begriff allerdings genauer zu fassen: So beabsichtigte er, «nicht nur die morphologische Struktur des Märchens, sondern auch seine ganz spezifische logische Struktur als Vorstufe einer Untersuchung des Märchens *als Mythos*» darzustellen.[50] Ab dem fünften Kapitel der *Morphologie* wird erkennbar, dass Propp seine Metastruktur auch als Urtyp im genetischen Sinne auffasst:

> Durch spezielle Untersuchungen ließe sich die Urform des Zaubermärchens nicht nur schematisch, wie es hier gemacht wird, sondern auch konkret-historisch rekonstruieren, wie das bei Einzelsujets längst praktiziert worden ist. Durch Eliminierung aller lokalen und sekundären Elemente und Isolierung der Grundformen würden wir zu jenem Märchen gelangen, zu dem sich sämtliche Zaubermärchen wie Varianten verhalten. Unsere Untersuchungen in dieser Richtung deuten auf jene Märchen – als Grundform der Zaubermär-

chen überhaupt –, in denen der Drache die Zarentochter raubt, Ivan der Hexe begegnet, ein Roß erhält und auf diesem davonfliegt, mit Hilfe des Rosses den Drachen besiegt, den Rückweg antritt, von den Drachenfrauen verfolgt wird, seinen Brüdern begegnet usw. Der Beweis dafür läßt sich allerdings nur mit Hilfe exakter Untersuchungen zur Metamorphose und Transformation des Märchens erbringen.[51]

Propp ist der Ansicht, das Märchen sei polygenetisch aus einer Verbindung bestimmter primärer Elemente zur Urform oder primären Form des Zaubermärchens entstanden. Jeder einzelnen Funktion des Urmärchens komme eine Grundbedeutung zu, die sich aus ihrer Relation auf ein mythisches Substrat ergebe. Der Funktionsbegriff ist nicht bedeutungsleer wie etwa das ‹Phonem›:

Die Grundformen der Funktionen haben eine Bedeutung. Reiht man die Grundformen aneinander, so ergeben sie ein künstlerisches Ganzes. [...] Die Erforschung der Attribute ermöglicht eine wissenschaftliche Deutung des Märchens. Das bedeutet, dass das Märchen in seinen morphologischen Grundelementen einen Mythos darstellt.[52]

Deshalb ist Propps Märchentheorie im Kern eine interpretative Theorie, keine deskriptive. Jede Funktion geht zurück auf einen – später in den Transformationen modifizierten – ‹Bericht› über ein Ereignis. Die Kette von Ereignissen, die der Abfolge der Funktionen in ihrer primären Form entspricht, hat ein rekonstruierbares Denotat, das auf das reale Handlungssubtrat eines Ritus und dessen Deutung innerhalb eines mythischen Systems verweist.

Eine solche Deutung des Märchens ist jedoch nur dann realisierbar, wenn es möglich ist, die jeweils archaischere Form einer Funktion von der neueren zu unterscheiden. Der 1928 erschienene Aufsatz *Transformationen von Zaubermärchen*, ursprünglich auch ein Kapitel der *Morphologie*, stellt den Versuch dar, am Beispiel eines einzelnen variablen Märchenelements der Tabulatur (in der *Morphologie* Nr. 72), nämlich des Wohnortes des Schenkers – im russischen nationalen Märchenkanon das Hüttchen der Baba Jaga auf Hühnerbeinen im Wald –, eine historische Achse durch das Material zu legen und die Transformationen nachzuzeichnen, denen es im Verlauf der Tradierung unterworfen ist. Propp unterscheidet 20 Transformationen, etwa Substitutionen, Modifikationen, Erweiterungen etc., die er mit Etappen der Geschichte des Märchens korreliert. Aus seiner Skizze wird deutlich, wie streng sich Propp die Gesetzlichkeit der Transmission des Märchens dachte, die nicht nur die invarianten Funktionen, sondern auch alle variablen Elemente, wie die Attribute der Figuren, erfassen sollte.

In den *Historischen Wurzeln* korreliert Propp mit seinem Sujetschema paradigmatisch Vergleichsmaterial aus ethnographischen Berichten über Initiationshandlungen, Jenseitsvorstellungen und Bräuche, wobei er sich ritualistischer und evolutionistischer Argumentsweisen bedient.[53] Das Material entstammt überwiegend Aufzeichnungen aus Nord- und Südamerika, der Karibik sowie aus Sibirien. Propp begründet diese Schwerpunktsetzung mit der größeren Ursprünglichkeit ‹primitiver› Erzählungen: Das indoeuropäische Material sei durch den Kontakt mit der Schriftkultur vielfach gebrochen. Was Propp eigentlich als ‹Mythos› bezeichnet, sind Erzählungen von Trickstern und Totemtieren, Schöpfungsmythen, Berichte über Jenseitserfahrungen von Schamanen etc. Während jedoch die Rückbindung von Märchenmotiven an rituelles Material schon im 19. Jahrhundert nichts Neues mehr war, ging es Propp um den Nachweis, dass der von ihm formulierte Märchentypus in der Reihenfolge der 31 Funktionen den Zusammenhang bewahrt habe, der eine Erklärung in der Verbindung erzählter Initiationshandlungen, Jenseitsvorstellungen und primitivem Denken findet, wobei er sich, was das rituelle Handlungssubstrat angeht, weitgehend am Modell einer Initiation in den Männerbund orientiert.

Die Entstehung des Zaubermärchens stellt sich ihm als Prozess der «Profanisierung» sakraler Rede dar, als «Verwandlung einer heiligen Erzählung in eine nicht geistliche, nicht esoterische, sondern künstlerische Erzählung».[54] Das Märchen entstand gleichzeitig mit der Erosion des totemistischen Glaubenssystems aus Erzählungen über einen Ritus, die ursprünglich tabugebunden waren, aber im Verlauf des Verfalls der ursprünglichen Religion nicht mehr so aufgefasst wurden. Für Propp war der Übergang aus der Sphäre des Ritus in die der künstlerischen Freiheit mit dem Prozess einer Umdeutung und mit der Entstehung einer radikal anderen Funktion des Erzählens in der Gemeinschaft verbunden. Märchen und ‹Mythos› sind allein aufgrund der textuell fixierten Gestalt nicht voneinander zu unterscheiden. So erscheinen viele der bei den indigenen Ethnien Nordamerikas aufgezeichneten Mythen dem europäischen Leser als Tierfabeln oder Märchen. Die Texte funktionieren aber im pragmatischen Kontext ihrer Erzählgemeinschaft als Mythen. Mythos und Märchen verbindet eine «Einheit von Material, Verfahren und Sujetschema, die nur anders angewendet wurden». Auch kann man keinen historisch konkreten Zeitpunkt des Übergangs vom mythischen Sprechen zum Erzählen bestimmen: «Eine Abgrenzung aber, wo die heilige Erzählung endet und das Märchen anfängt, ist nicht möglich.»[55]

Insgesamt betrachtet, stellt Propps Märchentheorie einen der ersten systematisch durchdachten Entwürfe der Geschichte eines Genres der Folklore dar. Die von ihm konzipierte Transformationslogik schließt das Phänomen der Diversifikation von Erzählstoffen, ihrer Ausfaltung zu immer größerer Komplexität ein (die Neubildung von Märchensujets) und legt die Frage nahe, ob sie auf anderen Gebieten der Literatur Anwendung finden kann. Propp selbst hat im Nachwort zu den *Historischen Wurzeln* bereits die Frage nach der Verallgemeinbarkeit seines Ansatzes gestellt, indem er die Möglichkeit einer solchen Evolution auch für andere Genres außer dem Märchen postulierte. Eine universale Übertragung der Märchenformel auf andere Gattungen oder die ahistorische Abstraktion allgemeiner Gesetzmäßigkeiten des Erzählens, wie sie später die Narratologie unternommen hat, lag nicht in seinem Sinn.

Berücksichtigt man den aktuellen Forschungsstand innerhalb der kulturanthropologischen Erzählforschung, so erscheint die These, alle Zaubermärchen repräsentierten einen Typus, als zeitgebundene Vorstellung. Der Status des Märchens als Survival und sein Alter sind umstritten. Auch schätzt man die Rolle des Erzählers, der bei Propp einer abstrakten Gesetzmäßigkeit unterworfen bleibt, heute anders ein. Ein weiteres Problem besteht in Bezug auf das Material. Propp arbeitete mit dem Repertoire der Sammlung Aleksandr Afanas'evs. Diese tendiert zu kurzen Texten mit einer oder zwei Sequenzen, welche zudem vom Herausgeber auf inhaltliche Kohärenz bearbeitet wurden. Es ist dieser Typus von Märchen, dem Propps Formel am besten gerecht wird. Aufgrund der Umorientierung der Aufzeichnungspraxis um die Mitte des 20. Jahrhunderts, die mehr Gewicht auf die Performanz des Erzählers und sein personales Repertoire legt, hat sich aber das international verfügbare Material radikal vervielfacht und diversifiziert. So kamen schon in den siebziger Jahren eine Forschergruppe um Heda Jason und später unabhängig davon Satu Apo und Jutta Pentikäinen zu dem Ergebnis, dass der proppsche Typus nur auf eine Untergruppe der Zaubermärchen angewendet werden kann, auf das ‹heroische Märchen›, *heroic tale* (Holbek), bzw. *epic tale* (Jason), als dessen Prototyp das Märchen vom Drachentöter anzusehen ist (AaTh 300).[56] Das ‹Wissen›, was Propp innerhalb der Erzählforschung seiner Zeit formuliert hat, ist folglich selbst Geschichte geworden. Dennoch hat Propp in der *Morphologie* das klassische Paradigma einer Theorie geschaffen, die in immer noch aktueller Weise grundlegende Probleme der Erzähltheorie anspricht.

3. Wirkung

Von einer internationalen Wirkung Propps kann man erst seit den sechziger Jahren sprechen, wobei die Rezeption sich weitgehend auf die *Morphologie* beschränkt hat. Die *Historischen Wurzeln* wurden demgegenüber in viel geringerem Ausmaß rezipiert. Initiatorfunktion kam der von Roman Jakobson angeregten englischen Erstübersetzung der *Morphologie* 1958 zu, auf die weitere folgten, 1966 eine italienische, 1968 eine ungarische, 1972 eine deutsche usw. Im französischen Sprachraum erschienen zuerst die *Transformationen* in der für die Herausbildung der Narratologie wichtigen, von Tzvetan Todorov 1965 herausgegebenen Anthologie *Théorie de la littérature. Textes des formalistes russes*. Die *Morphologie* war jedoch im Kreise der Strukturalisten und Narratologen bereits einschlägig bekannt, als 1970 zwei französische Übersetzungen in Buchform erschienen.

Propp begründete mit der *Morphologie* nicht nur eine eigenständige Richtung innerhalb der kulturanthropologischen Erzählforschung, die morphologische Märchenforschung, es entstand auch eine Fülle von Untersuchungen zur Morphologie anderer Genres der Folklore sowie literarischer Texte. Parallel dazu wurde die morphologische Methode in die Bibelwissenschaften, die Mythenforschung, strukturale Anthropologie, Semiotik, Filmwissenschaft, Narratologie und die Informationstheorie übertragen. Kennzeichnend für die Rezeption Propps ist eine starke Polarisierung zwischen der kulturanthropologischen Erzählforschung einerseits, welche die Thesen Propps weitgehend relativiert hat, und einer breiten Rezeption in nahezu allen geisteswissenschaftlichen Disziplinen andererseits. In ihrem Rahmen wurde Propp vielfach uminterpetiert und seine Märchenformel als Analyseschema für ganz unterschiedliche Texte verwendet. Es kam zu Exzessen, die man mit David Bordwell zutreffend als «tagging any texts with wondertale labels» bezeichnen kann.[57]

Auf die anfänglich formalistische Lesart der *Morphologie* im Frankreich der frühen siebziger Jahre folgte eine Reinterpretion im Sinne des universalistischen Strukturalismus, die bis heute das Bild von Propp prägt: So schreibt Jacobs Melville in seiner Rezension «Propp [...] did what phonemics did for modern linguistics: he identified one type of minimal units and exhibited its patterning.»[58] Ann Shukman meint noch 1976:

> What did Propp do in the *Morphology*? He took one hundred folktales and looked at them with a view to classification by type of action (which Propp called function), and by type of character role or functionary [...] Propp had discovered the grammar of folktale, its abstract stratum [...].[59]

Auf diese Weise wurde die *Morphologie*, die de facto eine hochspezialisierte Untersuchung über lediglich ein Genre der oralen Erzähltradtion darstellt, in ihrem Anspruch auf Universalität weit überschätzt.

Eine ganz besondere Rolle spielt Propp für die Narratologie, die sich seit den sechziger Jahren in Frankreich herausbildete. In dieser unterdessen ‹klassisch› gewordenen Form von Narratologie erscheint die *Morphologie* neben der *Poetik* des Aristoteles bis heute als zweiter wichtiger genealogischer Bezugspunkt. Bezeichnend ist die Aussage Gérard Genettes in *Die Erzählung*, mit Propp beginne die ‹moderne› Erforschung narrativer Texte.[60] Todorov bespricht Propps Methode in seiner Abhandlung *Das Erbe des Formalismus*[61] und veröffentlicht die erste Übersetzung der *Transformationen* in eine westeuropäische Sprache.[62] Propps *Morphologie* bestimmt als Paradigma die frühen Arbeiten von Bremond und Todorov, nämlich Bremonds Erzähllogik in *Die Erzählnachricht*,[63] Todorovs *Kategorien der erzählenden Texte*[64] und Todorovs programmatische Erzählgrammatik *La Grammaire du Décaméron*, 1969. Die *Morphologie* ist innerhalb der Narratologie als universale Erzähllogik (Bremond 1966) und als Paradigma einer Grammatik erzählender Texte interpretiert worden und seit der *Story Grammar* (1973) von Gerald Prince ein feststehender Bezugspunkt narratologischer Theoriebildung. Der an Prince anschließenden neostrukturalistischen Richtung innerhalb der Narratologie und der Computerphilologie gab Propps Vorstellung, mittels seiner formelhaften

Strukturbeschreibung des Märchens eine Menge abzählbar unendlicher, korrekter (i. e. seiner Formel entsprechender) Märchentexte generieren zu können, seit den achtziger Jahren Anlass zu Versuchen der computertechnischen Modellierung und Simulation von Erzählkompetenz. Propp ist damit einer der Väter des heutigen narratologischen Storygenerating, das auch im Design von Computerspielen und Fantasywelten Anwendung findet. Der von ihm beschriebene Typ des Erzählens, das performanzorientierte, auf einem Repertoire an Handlungsformeln beruhende Erzählen, ist in der virtuellen Welt von heute präsenter denn je. Der Spieler nimmt im Computerspiel teilweise die Position des Erzählers ein und absolviert Level für Level eine dynamische, interaktive Struktur, die in ihren determinierten Anteilen in etwa der Märchenformel und ihren implizierten Möglichkeiten entspricht. Der in der *Morphologie* angesprochene generative Aspekt der Sujetformel kann daher als einer ihrer produktivsten Anknüpfungspunkte gelten.

Die *Morphologie* hat gerade durch die Leerstellen in ihrer Argumentation zu einer Klärung der Frage angeregt, was narrative Textkohärenz ist und welche Bedingungen, außer der temporalen Aufeinanderfolge von Ereignissen, eine Erzählung noch ausmachen. Darüber hinaus hat die Narratologie das Erzählen bisher ahistorisch-typologisch zu erfassen versucht, so in der Dichotomie Erzählen versus Beschreiben, oder durch eine bestimmte Form von Handlungslogik. Die Märchentheorie Propps ist, wenn man sie aus heutiger Sicht kulturanthropologisch liest, dazu geeignet, den diachronen Aspekt in die Diskussion um das Erzählen – und die Spezifik literarischen Erzählens – einzubringen und die kulturelle Bedingtheit des Begriffs des Erzählens zutage zu fördern.

Propp hat ein Gesamtwerk hinterlassen, das aufgrund der politisch ungünstigen Konstellation zu seinen Lebzeiten unzureichend vermittelt worden ist. Die Rezeption hat einseitig die *Morphologie* privilegiert, jedoch das Potenzial der Theorie Propps damit nur zum Teil ausgeschöpft. Es steht zu erwarten und zu hoffen, dass im Zuge der Veröffentlichung der Gesamtausgabe, die seit 1998 erscheint, auch die kulturanthropologische Seite seines Werkes Aufmerksamkeit findet und weitere Facetten der internationalen Diskussion zugänglich gemacht werden.

Literatur

1. Werkausgaben

Propp, Vladimir Ja.: Morfologija skazki, Leningrad 1928 [Repr. Leningrad 1992], 2. modif. Aufl. Moskau 1969 (Dt.: Morphologie des Märchens, übers. von Christel Wendt, hg. von Karl Eimermacher, München 1972; vermehrte Ausg. Frankfurt/M. 1975) (um Lévi-Strauss, 1960 und Propps Antwort ‹Bedeutung von Struktur und Geschichte bei der Untersuchung des Märchens›, S. 215–239).

– Transformacii volšebnych skazok, in: Poėtika. Vremennik otdela slovesnych iskusstv gos. in-ta istorii iskusstv, Leningrad 1928, S. 70–89 (Dt.: Transformationen von Zaubermärchen, übers. von Marie-Gabriele Wosien, in: Ders.: Morphologie [1972], S. 155–177).

– Istoričeskie korni volšebnoj skazki, Leningrad 1946 (Dt.: Die historischen Wurzeln des Zaubermärchens, übers. von Pfeiffer, Martin, München/Wien 1987).

– Theory and History of Folklore, übers. von Ariadna Y. Martin/Richard P. Martin, hg. von Anatoly Liberman, Manchester 1984.

2. Bibliographien

Holbek, Bengt: Formal and Structural Studies of Oral Narrative. A Bibliography, in: Unifol, Kopenhagen 1978, S. 149-194.

Voigt, Vilmos: Art. «Propp, Vladimir», in: Enzyklopädie des Märchens. Handwörterbuch zur historischen und vergleichenden Erzählforschung, Bd. 10, Berlin/New York u. a. 2002, Sp. 1435–1442.

3. Biographien

Breymeyer, Reinhard: Vladimir Jakovlevič Propp (1895–1970). Leben, Wirken und Bedeutsamkeit, in: Linguistica Biblica 15/16 (1972), S. 36–65.

4. Sonstige Sekundärliteratur

Aarne, Antti/Thompson, Stith: The Types of the Folktale. A Classification and Bibliography, transl. and enlarged by Stith Thompson, Helsinki 1961 (im Text: AaTh).

Afanas'ev, Aleksandr N.: Narodnye russkie skazki v trech tomach [Russische Volksmärchen in drei Bänden], hg. von Vladimir Propp, Moskau 1957.

Bendix, Regina: Amerikanische Folkloristik. Eine Einführung, Berlin 1995.

Dundes, Alan: The Morphology of North American Folktales, Helsinki 1964.

Grazzini, Serena: Der strukturalistische Zirkel. Theorien über Mythos und Märchen bei Propp, Lévi-Strauss und Meletinskij, Wiesbaden 1999.

Holbek, Bengt: The Interpretation of Fairy-Tales. Danish Folklore in a European Perspective, Helsinki 1987.

Lévi-Strauss, Claude: La Structure et la forme. Réflexions sur un ouvrage de Vladimir Propp, in: Cahiers de l'Institut de Science économique appliquée 9 (1960), Serie M, Nr. 7, S. 1–36 (Dt.: Die Struktur und die Form. Reflexionen über ein Werk von Valdimir Propp, in: Propp, Vladimir Ja.: Morphologie des Märchens, Frankfurt/M. 1975, S. 181–213).

Meletinskij, Eleazar M.: Zur strukturell-typologischen Erforschung des Volksmärchens, in: Jahrbuch für Volkskunde 5 (1959), S. 1–30 (Nachdruck in: Propp, Vladimir Ja.: Morphologie des Märchens, München 1972, S. 179–214).
Prince, Gerald: A Grammar of Stories. An Introduction, The Hague/Paris 1973.
Voigt, Vilmos: «Morphologie des Erzählguts», in: Enzyklopädie des Märchens. Handwörterbuch zur historischen und vergleichenden Erzählforschung, Bd. 9, Berlin u. a. 1999, Sp. 921–932.

Anmerkungen

1 Propp, Vladimir Ja.: Morfologija russkoj volšebnoj skazki, in: Skazočnaja komissija v 1926 god, hg. von Sergej F. Ol'denburg, Leningrad 1927, S. 48 ff.
2 Propp, Transformacii.
3 Propp, Korni.
4 Propp, Vladimir Ja.: The Morphology of the Folktale, übers. von Laurence Scott, Bloomington 1958.
5 Propp, Vladimir Ja.: Russkaja skazka [Das russische Märchen], Moskau 1983.
6 Propp, Vladimir Ja.: Russkij geroičeskij ėpos [Das russische Heldenepos], Moskau 1955.
7 Afanas'ev, Aleksandr N.: Russkie narodnye skazki v trech tomach, Hg. von Vladimir Ja. Propp, Moskau 1957.
8 Propp, Vladimir Ja.: Problemy komizma i smecha [Probleme der Komik und des Lachens], Leningrad 1976.
9 Propp, Vladimir Ja.: Russkie agrarnye prazdniki. Opyt istoriko-ėtnograficeskogo issledovanija [Russische ländliche Feste. Eine historisch-ethnographische Untersuchung], Leningrad 1963.
10 Propp, Vladimir Ja.: Sobranie trudov, Moskau 1998f. [Gesamtwerk] (bisher 7 Bde. erschienen).
11 Propp, Morfologija. Als Dilogie mit den Historischen Wurzeln unter dem Titel: Morfologija ‹russkoj volšebnoj› skazki. Istoričeskie korni Russkoj volšebnoj skazki, hg. von Eleazar Meletinsij u. a., Moskau 1998 (Dt.: Die Morphologie des Märchens, übers. von Christel Wendt, hg. von Karl Eimermacher, München 1972).
12 Die Transformationen wurden erst im Verlag von dem Manuskript getrennt, ebenso wie umfangreiches Material, das später in die Historischen Wurzeln eingegangen ist, vgl. Eimermacher in Propp, Morphologie (1972), S. 289.
13 Aarne, Antti A.: Verzeichnis der Märchentypen, Helsinki 1910.
14 Andreev, Nikolaj P.: Ukazatel' skazočnych sjužetov po sisteme Aarne [Verzeichnis der Märchentypen nach dem System Aarne], Leningrad 1929.
15 Propp, Morphologie (1972), S. 18 f.
16 Hier liegt auch einer der systematischen Gründe, warum sich der Vorschlag eines alternativen, auf Strukturmerkmalen begründeten Typenkatalogs nicht durchgesetzt hat. Vgl. Propp, Morphologie (1972), S. 28 u. S. 100 f., zu Versuchen der Erstellung eines solchen Typenkatalogs vgl. Meletinskij, Eleazar:

Zur strukturell-typologischen Erforschung des Volksmärchens, übers. von Christel Wendt, in: Propp, Morphologie (1972), S. 181–214, hier S. 212 ff.

17 Hahn, Johann Gottfried von: Arische Aussetzungs- und Rückkehrformeln. Sagwissenschaftliche Studien, Jena 1876, S. 340; Ders.: Griechische und albanesische Märchen, 2 Bde., Leipzig 1864.

18 Propp, Morphologie (1972), S. 96; Veselovskij, Alexandr N.: Istoričeskaja poėtika, hg. und mit einem Vorwort versehen von Žirmunskij, Viktor, Leningrad 1940, S. 454–459 (Nachdr. Den Haag 1970).

19 Bédier, Joseph: Les Fabliaux, Paris 1893; Volkov, Roman: Skazka. Rozyskanija po sjužetosloženiju narodnoj skazki [Das Märchen. Untersuchung zum Sujetaufbau des Volksmärchens], Kiew 1924.

20 Propp, Morphologie (1972), S. 10.

21 Ebd., S. 119–125.

22 Propp, Transformationen, S. 156 f.

23 In Russland vor allem in folgender Ausgabe bekanntgeworden, die Propp nachweislich vorlag: Goethe, Johann Wolfgang von: Morphologische Schriften, hg. von Wilhelm Troll, Jena 1926.

24 Vgl. Propp, Morphologie (1975), S. 218 f., die Motti fehlen in der englischen Übersetzung (Propp 1958), sind aber in den französischen und den deutschen Übersetzungen vorhanden.

25 Propp, Morphologie (1972), S. 25.

26 Ebd., S. 91.

27 Ebd., S. 78.

28 Als ‹narratologisch› gelten in diesem Aufsatz Theorien, die einen Begriff von ‹narrativ› definieren und von der Analogie von Grammatik und Erzählen ausgehen. Proto-narratologisch ist eine Theorie, wenn die Analogie zwischen Grammatik und Erzählen implizit vorausgesetzt und als Methode realisiert, aber nicht explizit reflektiert wird.

29 Vgl. dazu Aumüller, Matthias: Die russische Kompositionstheorie, in: Schmid, Wolf (Hg.): Slawische Erzähltheorie. Russische und tschechische Ansätze, Berlin/New York 2010, S. 91–161.

30 Šklovskij, Viktor: Svjaz' priemov sjužetosloženija s obščimi priemami stilja, in: Poėtika (1919), S. 115–150 (Dt.: Der Zusammenhang zwischen den Verfahren der Sujetfügung und den allgemeinen Stilverfahren, übers. von Rolf Fieguth, in: Jurij Striedter (Hg.): Texte der russischen Formalisten, Bd. 1, München 1969, S. 36–121, vgl. dazu den Kommentar von Propp, Morphologie (1972), S. 227, Anm. 30.

31 Veselovskij, Poėtika (wie Anm. 18).

32 Vgl. dazu Jason, Heda: Precursors of Propp. Formalist Theories of Narrative in Early Russian Ethnopoetry, in: PTL: A Journal for Describing Poetics and Theory of Literature 3 (1975), S. 471–516.

33 Vgl. Zu Nikiforov allgemein: Kostjuchin, Evgenij A.: Art. «Nikiforov, Alexandr Isaakovič», in: Enzyklopädie des Märchens. Handwörterbuch zur historischen und vergleichenden Erzählforschung, Bd. 10, Berlin u. a. 2002, Sp. 34–37.

34 Nikiforov, Aleksandr I.: Zur Frage der morphologischen Erforschung des Volksmärchens, übers. und komm. von Christiane Hauschild, in: Schmid,

Wolf (Hg.): Russische Proto-Narratologie. Texte in kommentierten Übersetzungen, Berlin/New/York 2009, S. 163–173.

35 Greimas, Algirdas J.: Sémantique structurale, Paris 1966.

36 Jakobson, Roman: On Russian Fairy-Tales, in: Afanas'ev, Aleksandr N.: Russian Fairy-Tales, übers. von Norbert Guterman, New York 1945, S. 631–651, hier S. 640 f.

37 Propp, Morphologie (1972), S. 27.

38 Vgl. ebd., S. 27 ff.

39 Mit leichten Modifikationen ebd., S. 31–66.

40 Vgl. ebd., S. 98.

41 Vgl. dazu zusammenfassend Holbek, Interpretation, S. 371 f.

42 Vgl. Propp, Morfologija, S. 30; Wundt, Wilhelm: Völkerpsychologie. Eine Untersuchung von Sprache, Mythos, Sitte, Bd. 2: Mythos und Religion, Abt. 1, Leipzig 1906; Negelein, Julius von: Germanische Mythologie, Berlin/Leipzig 1906. Diese Angaben fehlen in der zweiten russischen Auflage von 1969.

43 Propp, Morphologie (1972), S. 26.

44 Ebd., S. 93 f.

45 Taylor, Archer: The Biographical Pattern in Traditional Narrative, in: Journal of the Folklore Institute 1 (1964), S. 114–129, hier S. 126 f. Archer Taylor kommt bei seiner Überprüfung auf ungefähr drei gleich große Gruppen mit 41, 33, 30 Märchen und auf mehr als 15 Texte in der vierten Gruppe.

46 Vgl. Propp, Morphologie (1972), S. 102.

47 Vgl. dazu Verrier, Claude/Bremond, Jean: Afanassiev et Propp, in: Littérature 45 (1982), S. 61–78: Claude Bremond und Jean Verrier konnten anhand der vollständigen Überprüfung der Tabellen im Anhang viele Ungenauigkeiten nachweisen und gingen so weit zu behaupten, Propp habe sein Material bewusst manipuliert und es seinem Schema angepasst.

48 Goethe, Johann Wolfgang von: Italienische Reise, in: Ders.: Werke, hg. im Auftr. der Großherzogin Sophie von Sachsen, Bd. 31, Weimar 1904, S. 240, Motto zu Kap. IX, Z. 7–17.

49 Propp, Morphologie (1972), S. 110 ff.

50 Propp, Morfologija, S. 7.

51 Propp, Morphologie (1972), S. 89.

52 Ebd., S. 100.

53 So hatte Pierre Saintyves bereits in Les Contes de Perrault et les récits parallèles (Paris 1923) anhand der klassischen Sammlung Perraults die *contes d'origine initiatique* als eine Gruppe angesetzt, vgl. ebd., S. vii–xxiii.

54 Propp, Wurzeln, S. 455.

55 Ebd., S. 454–464, S. 461.

56 Jason, Heda/Segal, Dimitri (Hg.): Patterns in Oral Literature, Den Haag/Paris 1977, S. 1–10; Apo, Satu/Pentikäinen, Juha: The Structural Schemes of a Fairy-Tale Repertoire: A Structural Analysis of Marina Takalo's Fairy Tales, in: Dundes, Alan (Hg.): Varia Folklorica, The Hague/Paris 1978, S. 23–55.

57 Bordwell, David: ApProppriations and ImPropprieties: Problems in the Morphology of Film Narrative, in: Cinema Journal 27 (1988), H. 3, S. 5–20.

58 Jacobs, Melville: The Morphology of the Folktale. Book Review, in: Journal of American Folklore 72 (1959), S. 195 f.

59 Shukman, Ann: The Legacy of Propp, in: Essays in Poetics. Journal of the British Neo-Formalist Circle 1 (1976), H. 2, S. 82–94, hier S. 83.

60 Genette, Gérard: Die Erzählung. [Figures III, Paris 1972], München 1983, S. 12.

61 Todorov, Tzvetan: The Methodological Heritage of Formalism [L'Héritage méthodologique du formalisme], in: Ders.: The Poetics of Prose, übers. von Richard Howard, Ithaca 1977, S. 247–267.

62 Propp, Vladimir Ja.: Les Transformations des contes fantastiques, in: Théorie de la littérature. Textes des formalistes russes, hg. und übers. von Todorov, Tzvetan, Paris 1965, S. 234–262.

63 Bremond, Claude: Le Message narrative, in: Communications 4 (1964), S. 4–32. (Dt.: Die Erzählnachricht, übers. von Ernst Höhnisch, in: Ihwe, Jens [Hg.]: Literaturwissenschaft und Linguistik, Bd. 3, Frankfurt/M. 1972, S. 177–217).

64 Todorov, Tzvetan: Les Catégories du récit littéraire, in: Communications 8 (1966), S. 102–115.

Matthias Aumüller

Michail Bachtin
(1895–1975)

I. Leben

Michail Michajlovič Bachtin wurde am 4./16. November 1895 in Orël, einer mittelgroßen Stadt 300 Kilometer südlich von Moskau, geboren. Sein Vater war Mitarbeiter einer Bank. Von Kindheit an war Bachtin durch seine Gouvernante mit der deutschen Sprache vertraut. Wichtigste Bezugsperson aber war sein um anderthalb Jahre älterer Bruder Nikolaj, mit dem er das Interesse für Philosophie und Literatur teilte. Von 1913 an besuchte Bachtin Vorlesungen an den Universitäten von Odessa und St. Petersburg (ab 1914 Petrograd, ab 1924 Leningrad). Dass er ordnungsgemäß immatrikuliert war und überhaupt einen Schulabschluss hatte, wird seit einiger Zeit in Zweifel gezogen.[1] Mysteriös ist auch, dass der junge Bachtin in den zwanziger Jahren zeitweise die biographischen Daten seines Bruders übernahm, der die Universität als Altphilologe erfolgreich abgeschlossen hatte und inzwischen emigriert war. Die Jahre von 1918 bis 1924 verbrachte Bachtin in Nevel' und Vitebsk, wo im später sogenannten Bachtin-Kreis Freunde und Bekannte zu philosophischen Gesprächsrunden zusammenfanden. In der ersten Zeit nach der Oktoberrevolution von 1917 herrschte vielerorts Not und Aufbruchstimmung zugleich, und Künstler und Intellektuelle beteiligten sich an Bildungsmaßnahmen für die Bevölkerung. Auch Bachtin hielt öffentliche Vorlesungen und gab Privatstunden. Zurück in Leningrad, arbeitete er weiterhin eng mit seinen Freunden zusammen, nahm selbst aber kaum am öffentlichen literarisch-wissenschaftlichen Leben teil. Eine chronische Knochenmarkentzündung schränkte seine Mobilität stark ein. Als Schwerbehinderter erhielt er nun eine schmale Pension und nutzte die Zeit zum Lesen, Exzerpieren und Schreiben. Daneben hatte Bachtin Kontakte zu einigen religionsphilosophischen Gesellschaften. Im Zuge einer politischen Kampagne gegen diese Vereinigungen im Jahr 1929 wurde er verhaftet und verbrachte das Jahr überwiegend im Gefängnis und im Krankenhaus. Ursprünglich zu Lagerhaft verurteilt, wurde er aufgrund seines schlechten Gesundheitszustandes und der Fürsprache einflussreicher Personen nach Kustanaj in Kasachstan verbannt. Dort lebte er bis 1936 und half mit seinen, wohl vom Vater vermittelten, buchhalterischen Kenntnissen den örtlichen Behörden bei der Umsetzung des ersten Fünfjahresplans. Durch die Hilfe von Freunden bekam er anschließend eine Anstellung an der Pädagogischen Hochschule von Saransk, doch schon ein Jahr darauf gab er unter dem Druck der einsetzenden «Säuberungen» seine Stelle wieder auf. Zum Glück für ihn fielen seine Ankläger selbst dem stalinschen Terror zum Opfer. Bis 1945 hielt er sich in zwei kleinen Orten an der oberen Wolga auf. Nachdem ihm 1938 sein rechtes Bein amputiert worden war, hatte er bis zum deutschen Überfall auf die Sowjetunion 1941 wieder viel Zeit zum Schreiben, und es entstanden mehrere Manuskripte. Während des Krieges arbeitete Bachtin als Deutsch- und Russischlehrer, bis er danach wieder als Dozent nach Saransk kam, wo er eine rege Vorlesungstätigkeit auch außerhalb der Hochschule entwickelte. Seine in den Jahren vor dem Krieg begonnene Dissertation über *Rabelais in der Geschichte des Realismus* konnte er erst 1946 einreichen. Doch das Verfahren zog sich, bedingt durch erneute kulturpolitische Repressionen, mehrere Jahre hin. Erst 1952 wurde ihm der Grad eines Kandidaten der Philologie verliehen (entspricht in Deutschland einer Promotion). In den sechziger Jahren, nach seiner Pensionierung, begann sein später Ruhm mit der Herausgabe überarbeiteter Versionen seiner beiden Bücher über Dostoevskij und Rabelais. Die letzten fünf Jahre seines Lebens bis 1975 verbrachte Bachtin bei und in Moskau.

2. Werk

2.1 Werkgeschichte. Bachtin konnte zeitlebens nur wenig veröffentlichen. Sein Frühwerk steht im Zeichen der philosophischen Ästhetik und ist erst posthum erschienen, darunter das fragmentarisch überlieferte Manuskript *Autor und Held in der ästhetischen Tätigkeit* (ca. 1923) und einige kürzere Abhandlungen. In diesen Schriften lässt sich eine Vielzahl von Einflüssen der zeitgenössischen Philosophie erkennen.[2] An erster Stelle stehen philosophische Positionen aus dem Umkreis von Phänomenologie und Neukantianismus, den damals in Deutschland dominierenden Richtungen der Universitätsphilosophie. Bachtin hatte sich mit Hilfe der Zeitschrift *Logos*, eines bis zum Ausbruch des Ersten Weltkriegs existierenden russisch-deutschen Gemeinschaftsprojekts, einen Überblick über Texte von Autoren aus diesem Umkreis verschaffen können.[3] Wichtig für den Literaturtheoretiker Bachtin ist aber auch seine Auseinandersetzung mit der formalen Methode (s. u. 2.2.).

In der zweiten Hälfte der zwanziger Jahre ist ein enormer Zuwachs an Publikationen aus dem Bachtin-Kreis zu verzeichnen. Vor allem Bachtins Freunde Pavel Medvedev (1892–1938) und Valentin Vološinov (1895–1936) veröffentlichten mehrere Monographien und Aufsätze.[4] Jahrzehnte später, noch zu Lebzeiten Bachtins, kam die Vermutung auf, er sei der wahre Autor dieser Schriften.[5] Noch heute ist die Zuordnung strittig. Fest steht nur, dass über vage Indizien hinaus kein Beweis für Bachtins Urheberschaft der fraglichen Schriften erbracht werden konnte.[6] Bachtin selbst, der als einziger das in den sechziger Jahren erwachende Interesse an den Ideen des Bachtin-Kreises noch erlebte, hat die Vermutung nie dementiert, sich aber auch geweigert, seine Urheberschaft juristisch anzuerkennen.

Im Jahr seiner Verhaftung erschien Bachtins Monographie *Probleme von Dostoevskijs Werk* (1929). Nachdem er in den dreißiger Jahren eine Reihe von teils umfangreichen Texten verfasst hatte, die wiederum erst nach seinem Tod vollständig veröffentlicht wurden, brachte Bachtin eine zweite, umgearbeitete und erweiterte Auflage seiner Monographie unter dem Titel *Probleme der Poetik Dostoevskijs* (1963) heraus. Wenig später folgte das aus seiner Dissertation hervorgegangene Buch mit dem Originaltitel *Das Werk von François Rabelais und die Volkskultur des Mittelalters und der Renaissance* (1965). Danach erschienen noch einige Auszüge aus seinen Manuskripten in russischen Periodika. Die maßgeblichen Ausgaben seiner sonstigen Schriften erlebte Bachtin nicht mehr.

2.2 Kunstauffassung und philosophische Ästhetik. Noch im nachhegelianischen 19. Jahrhundert waren ästhetische Überlegungen fast ausschließlich Sache der Philosophen, deren Ziel es hauptsächlich war, das allen Künsten Gemeinsame zu bestimmen. Philologen und Kunsthistoriker hingegen waren vor allem daran interessiert, ihre jeweiligen Korpora historisch zu erschließen. Am Ende des Jahrhunderts setzte ein Prozess ein, dem zufolge diese Korpora – literarische Werke, Bildwerke – in ihrer jeweiligen ästhetischen (stilistischen) Eigenart untersucht werden sollten.

Einzelwissenschaftliche Stiluntersuchungen über Einzelwerke und Epochenstile ergänzten, nunmehr institutionalisiert in Philologie und Kunstgeschichte, auf diese Weise die allgemeine philosophische Ästhetik. In Deutschland fand diese Entwicklung Ausdruck in Arbeiten des Kunsthistorikers Heinrich Wölfflin und des Literaturwissenschaftlers Oskar Walzel.

Nach Russland kam diese Konzeption in Form des Instituts für die Geschichte der Künste, das von Valentin Graf Zubov, einem Schüler Wölfflins und Adolph Goldschmidts, 1912 in Sankt Petersburg gegründet wurde und bald eine Abteilung für Wortkunst erhielt, die von den russischen Formalisten um Viktor Šklovskij und Boris Ėjchenbaum und ihnen nahestehenden Wissenschaftlern wie Viktor Žirmunskij aufgebaut wurde. Inspiriert von den künstlerischen Innovationen der russischen Avantgarde, setzte die formale Schule das kunstwissenschaftliche Prinzip radikaler als die deutschen Kollegen um und verfocht den Grundsatz, Literatur ausschließlich als Kunst – und nicht als psychologisches Zeugnis eines Autors oder Ausdruck eines Kulturgeistes – zu untersuchen, in zahlreichen programmatisch-provokativen Aufsätzen und Aufsehen erregenden Vortragsveranstaltungen mit großer Vehemenz.

Bachtin zeigt sich zunächst als Gegner dieser von ihm «Material-Ästhetik» genannten Position der formalen Schule, deren Forschungsgegenstand allein spezifisch literarische Verfahren sind, und sympathisiert mit den gemäßigten deutschen Theoretikern. Zwar erkennt er die Errungenschaften der russischen Formalisten an, die er in ihren Einsichten in den technischen Aufbau von literarischen Werken erblickt; doch kann die Material-Ästhetik Bachtin zufolge ihrem Anspruch zum Trotz gerade nicht den Kunstcharakter literarischer Werke erklären, da die literarische Technik nur eine Voraussetzung der literarischen Kunst darstellt, nicht aber mit ihrem Wesen gleichzusetzen ist. Wie er in dem Aufsatz über *Das Problem von Inhalt, Material und Form im Wortkunstschaffen* (1924) ausführlich erörtert, ist der formalistische Anspruch, Literatur als Kunst zu untersuchen und zugleich auf einen allgemeinen Kunstbegriff zu verzichten, unhaltbar. Den spezifischen Kunstbegriff der Formalisten, den er zugleich als unausgesprochene allgemein-ästhetische Position entlarvt, hält Bachtin für unangemessen, weil er sich zu Unrecht auf die Form des Materials, also auf die bloße Anordnung des sprachlichen Substrats der Literatur beschränkt. Die kunstwissenschaftliche Position des Formalismus verkürze, so Bachtin, das künstlerische Moment der Literatur um die Bedeutung, die das Kunstwerk für Autor und Rezipienten habe:

> Die Form, verstanden als Form des Materials nur in seiner naturwissenschaftlichen – mathematischen oder linguistischen – Bestimmtheit, wird zu etwas rein Äußerlichem, das keinerlei Wertmoment hat, wird zur Anordnung dieses Materials. Völlig unverstanden bleibt die emotional-volitionale Anspannung der Form, der ihr eigene Charakter, Ausdruck einer Wertungs-Beziehung des Autors und Rezipienten zu etwas außerhalb des Materials zu sein [...].[7]

Kunst und damit auch literarische Kunst ist für Bachtin eben nicht auf einen spezifisch künstlerischen «Wert», also nicht auf diejenige Funktion reduzierbar, die ein gegebenes Werk im System der Kunst einnimmt. Das Wesen der Kunst besteht für Bachtin gerade darin, dass in ihr alle Werte – moralische, kognitive, emotionale, weltanschauliche –, die die menschliche Existenz ausmachen, zusammen eine Einheit bilden und wechselseitig aufeinander bezogen sind. Sobald man einen dieser Werte aus der ästhetischen Verortung eines gegebenen Werks ausklammere, könne man, so Bachtin, seinem ästhetischen Wert schon nicht mehr vollauf gerecht werden. Demzufolge ist für Bachtin ein Kunstwerk, dessen Bedeutung allein in seiner Bezogenheit auf den Wert ‹Kunst› liegt, leer. Bachtin hat dabei die extremen Sprachexperimente einiger russischer Futuristen im Auge, deren Sinn gerade in ihrer alltagssprachlichen Sinnlosigkeit besteht. Der Verzicht auf Sinn ist für Bachtin eine ästhetische Bankrotterklärung:

> Da, wo der Künstler es von Anfang an mit ästhetischen Größen zu tun hat, ergibt sich ein gemachtes, nichtssagendes Werk, das nichts überwindet und eigentlich nichts hervorbringt, was werthaft von Gewicht wäre.[8]

Demgegenüber besteht Bachtins Kunstauffassung darin, künstlerische Werke als Prozesse zu sehen, die im sozialen Miteinander ihren Ausgang nehmen. Dies erläutert er in *Autor und Held* anhand von phänomenologisch inspirierten Meditationen, die das dialektische Verhältnis von Selbst- und Fremderfahrung zum Inhalt haben. Ihr Kern besteht in der Beobachtung, dass das Verhältnis von Ich und Anderem durch einen kognitiven Überschuss bei der Betrachtung des Anderen gekennzeichnet ist: Ich sehe den Anderen aus einer bestimmten Perspektive, aus der er sich selbst nicht sieht. Diese Beziehung bezeichnet Bachtin auch mit dem Schlüsselausdruck

«Außerhalbbefindlichkeit». Diese ist Voraussetzung ästhetischer Tätigkeit insofern, als sie eine Ergänzung zu machen erlaubt, die ein Phänomen als Ganzes wahrnehmen lässt und nicht nur einen Teil von ihm. Das Ästhetische offenbart sich Bachtin zufolge im produktiven oder rezeptiven Vollzug der Erfahrung anderer Menschen und deren Komplettierung durch die eigene Erfahrung.

Bachtin versteht das Ästhetische darüber hinaus als eine Tätigkeit, die die Mängel der naturwissenschaftlich-mathematischen Dingerkenntnis kompensiert. Während diese nämlich mit ihrem Objektivitätsideal danach trachtet, die Dinge aus ihrer Umgebung herauszulösen und unabhängig von ihren kontingenten Bestimmungen und auch unabhängig von der Einstellung des Forschers zu betrachten, ermöglicht die ästhetische Tätigkeit, ein Ding – ein Kunstwerk, einen Menschen – in seiner Individualität und immerwährenden Bezogenheit auf seine jeweilige zeitliche und räumliche Umgebung zu erfassen. Diese These der Bezogenheit, des Eingebettetseins in eine Umgebung ist für Bachtins Auffassung wesentlich. Ein Kunstwerk ist für ihn kein selbständiges, isoliert und objektiv existierendes Ding, sondern als solches nur erfassbar, wenn es als Erzeugnis eines Autors und in der Reaktion eines Rezipienten samt deren jeweiligen Erfahrungen anerkannt wird. Ohne Berücksichtigung dieser Erfahrungen hätte das Kunstwerk keine Bedeutung und wäre darum auch gar nicht künstlerisch.

Diese Sichtweise bleibt für Bachtin charakteristisch. Analytische Methoden im Sinne der kunstwissenschaftlichen Position hält er zwar für hilfreich, doch darf man sich in seinen Augen nicht auf sie beschränken. Denn das Wesen des Künstlerischen liege im Ganzen des Kunstwerks inklusive seiner Bedeutungen, in der Gesamtheit von «Text und Kontext», wie er später in *Zur Methodologie der Literaturwissenschaft* (1974) auch formuliert.[9]

2.3 Theorie der Prosa. Bachtins Ruhm verdankt sich zuallererst seiner Theorie der Dialogizität, die er in seinem Buch über Dostoevskij entwickelt. Er verzichtet nun auf die Polemik mit den Formalisten. Im Gegenteil, er knüpft an einige ihrer Ergebnisse an und sieht von allgemein-ästhetischen Überlegungen weitgehend ab. Zugleich entwickelt er eine originelle Theorie der Literatur, die sich gerade nicht auf formale und kompositorische Elemente und Verfahren beschränkt, sondern auch den inhaltlich-ideologischen Aspekt als integralen Bestandteil des literarisch-künstlerischen Werks berücksichtigt, den die Formalisten als literaturtheoretisch irrelevant betrachten (nicht aber als irrelevant überhaupt). Wie Bachtin im später ersetzten Vorwort zur ersten Auflage schreibt, möchte er einen Mittelweg beschreiten zwischen dem «ideologischen», nur am Inhalt interessierten Ansatz und dem formalistischen Ansatz.[10]

Wer Dostoevskijs Romane und Erzählungen kennt, der weiß, was gemeint ist, wenn von dem Chaos der Meinungen darin die Rede ist. Dies wurde Dostoevskij lange Zeit als ästhetischer Mangel angekreidet und mit Dostoevskijs Charakter, seinen turbulenten Lebensumständen und den Entstehungsbedingungen der Romane erklärt, deren Anfänge z. T. bereits in Zeitschriften gedruckt worden waren, noch ehe Dostoevskij das Ende fertiggestellt hatte.[11] Bachtin dreht diesen Befund um und bewertet die spezifische Machart der Werke Dostoevskijs gerade als ihren besonderen künstlerischen Vorzug.

Bachtins Ziel ist zunächst, die Eigenart der Romankunst Dostoevskijs zu bestimmen. Zu diesem Zweck stellt er ihre besondere Eigenschaft, die er mit der aus der Musiktheorie entlehnten Bezeichnung «Polyphonie» benennt, der traditionellen – von ihm analog so bezeichneten – «homophonen» Romankunst gegenüber. Alternativ spricht er auch von «dialogischen» versus «monologischen» Romanen. Bachtins ursprüngliches Anliegen war demnach eine Autorenpoetik. Doch ist an dieser Stelle gleich vorauszuschicken, dass der Begriff des Dialogischen bei Bachtin stark changiert. Schon in der ersten Auflage des Dostoevskij-Buches, mehr noch aber in den späteren Schriften und in den neu hinzugekommenen Passagen der zweiten Auflage dehnt er den Begriff aus und wendet ihn auf ganz unterschiedliche Phänomene an. Der Begriff der Dialogizität schwankt zwischen einer Kategorie, die exklusiv der Romankunst Dostoevskijs zukommt, und einer Kategorie zur Bezeichnung einer Eigenschaft der menschlichen Rede überhaupt. Schließlich ist Dialogizität für Bachtin nicht nur eine Eigenschaft von Texten bzw. Äußerungen, sondern, vor allem für den Bachtin der zweiten Auflage, auch eine Eigenschaft der Rezeptionshaltung.[12] In der zweiten Auflage vermischt Bachtin außerdem neue Überlegungen, die er zwischenzeitlich in der Beschäftigung mit Rabelais entwickelt hat, mit seinen in den zwanziger Jahren entstandenen Ideen. Es ist daher nützlich, Bachtins Dostoevskij-Buch in der ursprünglichen Version zu studieren. Denn Bachtins spätere Überlegungen zur Rabelais-Tradition sind «aufs dürftigste mit dem argumentativen Aufbau [der ersten Auflage] der Monographie verbunden».[13] Auf diese späteren Überlegungen, die unter dem Schlagwort «Karnevalisierung» bekannt geworden sind, geht Abschnitt (2.4.) ein.

2.3.1 Autorenpoetik. Die zentrale These des Dostoevskij-Buches lautet: «Die Vielfalt selbständiger und unvermischter Stimmen und Bewußtseine, die echte Polyphonie vollwertiger Stimmen ist tatsächlich die Haupteigenart der Romane Dostoevskijs».[14] ‹Polyphonie› ist einer von Bachtins Schlüsselbegriffen, deren Klärung den Zugang zu seiner Literaturtheorie öffnen. Polyphon ist dem Zitat zufolge ein Roman, wenn er eine Vielfalt selbständiger, vollwertiger Stimmen enthält. Was ist damit gemeint? ‹Stimme› und ‹Bewusstsein›, wie auch ‹Akzent› und ‹Intention›, sind Bachtins Bezeichnungen, mit denen er all das zusammenfasst, was eine literarische Figur denkt, fühlt, will und äußert, kurz, was ihre Identität ausmacht. Das Besondere an dem Konzept ist, dass sich Stimmen überlagern können. Es entsteht das Phänomen der ‹Zweistimmigkeit›, dann nämlich, wenn in einer Figurenrede auf eine fremde Stimme angespielt wird (s. u. 2.3.2.). Doch zunächst zu der Frage, was Bachtin damit meint, wenn er Stimmen, die in einem Roman zum Ausdruck kommen, als «selbstständig», «vollwertig» oder auch «gleichberechtigt» charakterisiert. Bachtin fährt fort:

> Das Wort des Helden über sich selbst und die Welt hat genauso viel Gewicht wie das gewöhnliche Autorenwort; es wird weder der objektivierenden Gestalt des Helden als ein ihn charakterisierendes Moment untergeordnet noch dient es als Sprachrohr der Autorenstimme.[15]

Die Erzählerrede fungiert demzufolge nicht mehr als Korrektiv der Figurenrede. Nach Bachtin gibt es im polyphonen Roman keinen einheitlichen Standpunkt mehr, auf den sich alle Aussagen beziehen lassen. Stattdessen gibt es eine Vielzahl von Standpunkten, die, verteilt auf Figuren und Erzähler, gleichermaßen Geltung haben. In Dostoevskijs letztem Roman *Die Brüder Karamazov* (1880) findet sich diese Stimmenvielfalt sogar auf der Ebene der Kapitelüberschriften, die bald Figurenrede zitieren, bald den Standpunkt der Erzählinstanz wiedergeben.[16] Die Heterogenität der Kapitelüberschriften profiliert die Heterogenität der im Roman vertretenen Standpunkte. Im polyphonen Roman lassen sich also nicht einmal mehr mit Hilfe der Paratexte Hinweise auf einen dominierenden Standpunkt finden. Was aber ist es, das für diese Gleichrangigkeit der Standpunkte sorgt?

Für eine genauere Erläuterung dessen, was Bachtin im Auge hat, ist es nützlich, diese Frage mit Hilfe der gegenwärtigen Erzähltheorie zu beantworten. Bachtins These lässt sich dann folgendermaßen umformulieren: Im monologischen Roman, für Bachtin zugleich der traditionelle Roman, ist die Erzählinstanz privilegiert.[17] In einer in der zweiten Auflage neu hinzugekommenen Passage spricht Bachtin auch von einem «Mehr an Wissen», das die Erzählinstanz eines monologischen Romans gegenüber den Figuren auszeichnet.[18] Worauf richtet sich dieses kognitive Privileg des «Mehr an Wissen»? Das Privileg ist gleichsam das letzte Wort über die Welt, von der die Geschichte eines Romans handelt. Wenn man wissen möchte, was in der Romanwelt der Fall ist und wie man es bewerten soll, hält man sich an die Autorität der Erzählinstanz, deren privilegierte Aussagen die Richtschnur für die Interpretation abgeben. Im polyphonen Roman soll genau dies nicht möglich sein. Die Erzählinstanz verzichtet auf ihr Privileg und tritt es an die Gesamtheit der Figuren ab. Die Erzählinstanz besitzt nicht mehr Autorität als die Figuren hinsichtlich der Bewertung der erzählten Ereignisse.

Worauf es Bachtin ankommt, ist die Unentscheidbarkeit, ob ein Standpunkt richtig ist oder nicht. Die verschiedenen Stimmen oder Standpunkte heben einander nicht auf, sondern ergänzen sich wechselseitig. Bachtin spricht in diesem Zusammenhang auch von der ‹Unabgeschlossenheit› des polyphonen Romans. Diese Eigenschaft, keine Welt darzubieten, in der jedes Element seinen fest zugewiesenen Platz hat, sondern eine Welt, die nur durch verschiedene, gleichermaßen gültige Perspektiven und Deutungen der Figuren gegeben ist, stellt ein Kennzeichen moderner Literatur überhaupt dar, als einer deren Wegbereiter Dostoevskij gilt. Bachtin formuliert somit bereits 1929 eine Theorie, wie sie Jahrzehnte später von Umberto Eco in breiterem Rahmen entwickelt wurde.[19]

2.3.2 Theorie der Prosa-Rede: «Soziologische Stilistik». Den tieferen Grund für die Polyphonie der Romane Dostoevskijs erblickt Bachtin in ihrer besonderen sprachlichen Beschaffenheit, in ihrer ‹Dialogizität›. Dieser Terminus ersetzt zunehmend den der Polyphonie.

Das Merkmal «einstimmiger» Äußerungen ist, dass sie «direkt auf einen Gegenstand gerichtet» sind.[20] Damit ist so viel gemeint wie, dass sie eindeutig referentiell sind. Ihr Sinn besteht in der eindeutigen Bezugnahme, im unmissverständlichen, anspielungsfreien Herausgreifen eines Gegenstandes. Demgegenüber sind Bachtin zufolge mehrstimmige Äußerungen mehrfach referentiell, weil sie nicht nur auf einen Gegenstand gerichtet sind, sondern auch auf eine «fremde Rede», d. h. auf eine in der betreffenden Äußerung implizierte andere Rede. Damit ist nicht lexikalische Mehrdeutigkeit gemeint. Bachtin geht es nicht um mehrdeutige Äußerungen, die sich auf mehr als nur einen Gegenstand beziehen – wie «eine große Bank» auf eine Sitzgelegenheit oder auf ein Gebäude oder auf ein Unternehmen. In zweistimmige Äußerungen geht neben dem Gegenstandsbezug immer der Bezug auf ein anderes sprachliches Ereignis ein, eine *Anspielung* auf einen zweiten Text, wie man auch sagen kann.

Zweistimmigkeit unterteilt Bachtin in drei Subtypen. Die zwei ersten Subtypen sieht er in Parodien und Stilisierungen realisiert, deren Unterschied darin besteht, dass im Fall der Stilisierung die fremde Rede inhaltlich akzeptiert und im Fall der Parodie konterkariert wird.[21] Beim dritten, im eigentlichen Sinne dialogischen Subtyp – Bachtin spricht auch von innerer Dialogizität, um das Phänomen vom Dialog, in dem zwei Figuren miteinander sprechen, zu unterscheiden – wird diese Beziehung (Akzeptanz oder Konterkarierung) durch eine dem Leser bereits bekannte Eigenschaft ersetzt: Die Inkongruenz der Redevorkommnisse ist nun nicht mehr dadurch begründet, dass das eine dem anderen untergeordnet ist, sondern dadurch, dass sie *gleichberechtigt* sind, aber Verschiedenes aussagen. Während in Stilisierung und Parodie das Stilisierte und das Parodierte rein passiv sind und nur den Anlass für Stilisierung bzw. Parodie geben, behält die fremde Rede im dialogischen Kontext ihr aktives Bedeutungspotential. Dahinter verbirgt sich die Vorstellung, dass die fremde Rede, auf die eine gegebene Rede anspielt, diese in ihrer Bedeutung beeinflusst. Eine primäre Rede spielt auf eine andere Rede an, die als sekundäre in Ersterer aktualisiert, neu kontextualisiert, und damit umgeformt und verändert wird. Zugleich aber richtet sich, umgekehrt, die primäre nach der sekundären Rede aus. Zentrales Merkmal ist also die wechselseitige Abhängigkeit der beiden Äußerungen voneinander. So werden

Antworten (= fremde, sekundäre Rede) antizipiert und als Anspielungen auf diese fremde Rede in die eigene, primäre Rede eingebaut. Hierfür gibt Bachtin im letzten Kapitel des Dostoevskij-Buches eine Fülle von Beispielen. In seinen Interpretationen versucht er jeweils die Anspielungen, die die Reden von Dostoevskijs Helden enthalten, freizulegen. Er kann unter anderem zeigen, dass und wie die Ausführungen Makar Devuškins im Briefroman *Arme Leute* (1846) an den von ihm antizipierten Kommentaren seiner Briefpartnerin Varen'ka Dobrosëlova orientiert sind, etwa wenn jener umständlich von seiner Wohnstatt neben der Küche erzählt, dabei eine abschätzige Reaktion der Adressatin fürchtend und dagegen anschreibend. Makar wählt seine Worte «wie aus zwei Perspektiven gleichzeitig: so, wie er selbst sie versteht und von anderen verstanden wissen will, und so, wie sie ein anderer verstehen kann».[22]

Dialogizität ist keine sehr trennscharfe Kategorie. Denn Parodie und Parodiertes können ebenso dialogische Beziehungen eingehen, wie Bachtin selbst einräumt. Daher weicht er seine Typologie auf und lässt eine Gradation zwischen Stilisierung und Dialogizität zu.[23] Dies wiederum hat zur Folge, dass die Auszeichnung von Textpassagen sich nicht mehr nach präzisen Kriterien richtet, sondern zur Ermessenssache des Interpreten wird.

Schon im Dostoevskij-Buch lässt Bachtin anklingen, dass es sich bei Dialogizität nicht um ein Phänomen handelt, das exklusiv den Romanen Dostoevskijs eignet, sondern in vielen literarischen Texten und darüber hinaus in der Alltagssprache zu beobachten ist.[24] Die grundlegende Erkenntnis, auf die Bachtin seine Dostoevskij-Interpretation stützt und die insbesondere Valentin Vološinov in *Marxismus und Sprachphilosophie* entwickelt, besteht in der sprachwissenschaftlichen These, dass die vollständige Bedeutung eines Satzes sich nicht ohne Rekurs auf ihren sprachlichen Kontext bestimmen lässt. Daher rührt auch die Entscheidung für den Terminus ‹Äußerung›, der im Unterschied zum Terminus ‹Satz› deutlich machen soll, dass Sprache als Handlung, als «Einheit der sprachlichen Kommunikation» aufgefasst wird.[25] Theoriegeschichtlich gesehen, opponiert der Bachtin-Kreis gegen die strukturalistische Linguistik wie auch gegen die idealistische Neuphilologie der Vossler-Schule und nimmt Ideen vorweg, die seit den fünfziger Jahren im Rahmen der Sprechakttheorie von John L. Austin und anderen entwickelt wurden. Bachtin selbst hat in seinen später entstandenen

Entwürfen *Das Problem der sprachlichen Gattungen* (ca. 1953) und *Das Problem des Textes* (ca. 1960) versucht, seine sprachtheoretischen Überzeugungen zusammenzufassen.

2.3.3 Gattungstheorie. In der Abhandlung über *Das Wort im Roman*, die Mitte der dreißiger Jahre entsteht, differenziert Bachtin den Begriff der Dialogizität weiter aus und macht ihn zugleich zum entscheidenden Charakteristikum der Romankunst überhaupt, das diese von anderen literarischen Gattungen unterscheidet. Die Weiterentwicklung der Theorie spiegelt sich wider in neuen Termini, die jedoch in das alte Wortfeld gehören. In *Das Wort im Roman* ist der neue Leitbegriff die Redevielfalt (i. F. ‹Heteroglossie›) des Romans, die sich auf verschiedenen Ebenen zeigt. Romane enthalten nicht nur Erzähler- und Figurenreden, die sich – wie beschrieben – dialogisch verschränken können, sondern bestehen oft aus heterogenen Textsorten, darunter Binnenerzählungen, Briefe, Tagebucheintragungen u. v. m. Außerdem sind die Erzähler- und Figurenreden noch einmal nach gruppenspezifischen Merkmalen zu differenzieren, nach «Berufsjargon, Gattungssprachen, Sprachen von Generationen und Altersstufen, Sprachen von Interessengruppen» usw.[26] Was Bachtin besonders daran interessiert, sind die vielen Überlagerungen der romanspezifischen Heteroglossie. Dieses allgemeine Phänomen der Überlagerung bezeichnet er wiederum als Dialogizität. In jeder Rede können sich Merkmale aus allen Ebenen – Soziolekt, Idiolekt, Dialekt, Dialogizität im engeren Sinne – zugleich manifestieren.

Andere literarische Gattungen wie die Lyrik reduzieren laut Bachtin die Dialogizität zugunsten der monologischen Rede, in der jegliche fremde ‹Akzente› und ‹Intentionen› ausgeschaltet werden.[27] Dass er dieses Phänomen in der Lyrik weniger ausgeprägt findet, liegt u. a. am Versrhythmus, der für ihn eine vereinheitlichende Wirkung hat. Dies bedeutet aber nicht, dass er Lyrik für nicht künstlerisch hält. Sie folgt nur anderen Gesetzen. Und es bedeutet auch nicht, dass gebundene Rede für Bachtin immer monologisch ist. Puškins Versroman *Evgenij Onegin* ist Bachtin zufolge aufgrund seiner komplexen Redestruktur von einem hohen Maß an Dialogizität geprägt, wie er in seiner kurzen Schrift *Aus der Vorgeschichte des Romanwortes* (1940) zeigt.[28]

Mit Bachtin wird noch ein weiterer Begriff in Verbindung gebracht, unter dem jedoch letztlich wiederum das Phänomen der

Zweistimmigkeit zu verstehen ist: ‹Hybridisierung›. «Sie ist die Vermischung zweier sozialer Sprachen innerhalb einer einzigen Äußerung [...].»[29] Das heißt, eine Phrase ist formal einem Sprecher zuzuordnen, drückt aber mehr als nur seinen Standpunkt aus, wie z. B. auch bei ironischen Äußerungen, mit denen man etwas anderes meint, als man wörtlich sagt. Wie so oft greift Bachtin auch in diesem Fall den Ausdruck aus der zeitgenössischen Diskussion auf und integriert ihn in seine Theorie, die er damit möglicherweise auch an den sowjetischen Diskurs anschlussfähig machen will. Hybridisierung ist ein Schlüsselbegriff der japhetitischen Sprachtheorie Nikolaj Marrs (1865–1934), die unter der schlichten Bezeichnung «Neue Lehre von der Sprache» bis 1950 die offiziell gültige Theorie der sowjetischen Sprachwissenschaft ist. Sie richtet sich gegen die Stammbaumtheorie der Indogermanistik und erklärt die Ähnlichkeit verwandter Sprachen ausschließlich durch Sprachmischung (Hybridisierung).[30]

Bachtins Sympathien gelten natürlich den hybriden, dialogisierten Konstruktionen und nicht der monologischen Rede. Doch wenn er Tolstojs Werke in seinem Dostoevskij-Buch als Beispiele für monologische Romane anführt, so möchte er sicherlich nicht damit sagen, dass sie unkünstlerisch seien. Ihre künstlerische Dignität verdankt sich – wie im Falle der Lyrik – anderen Eigenschaften. Erst in *Das Wort im Roman* wird Dialogizität zum Charakteristikum aller künstlerisch originellen Romane, also auch derjenigen Tolstojs.[31] Und erst vor diesem Hintergrund wird das monologische, «autoritäre Wort [= Rede]», worunter Bachtin Passagen versteht, in denen Autoren ungebrochen ihre persönlichen Glaubensbekenntnisse äußern, zu einem Fremdkörper, der «aus dem künstlerischen Kontext herausfällt».[32] Monologische Rede ist nach Bachtin abgeschlossen und unproduktiv, sie weist nicht über sich selbst hinaus, besitzt keinerlei Deutungsspielraum. Demgegenüber seien wahrhaft künstlerische Werke prinzipiell offen und unabgeschlossen.

Der Begriff der Unabgeschlossenheit erhält in einem weiteren Zusammenhang noch eine Nuance mehr. In *Epos und Roman. Zur Methodologie der Romanforschung* (1941) charakterisiert Bachtin den Roman im Unterschied zum Epos als eine werdende, also «unabgeschlossene» Gattung, die immer wieder als nicht-künstlerisch angesehene Textsorten und Stile in sich aufnimmt. Zudem zeichne den Roman im Gegensatz zum Epos «die Zone des maximalen Kontakts mit der Gegenwart [...] in ihrer Unabgeschlossenheit» aus.[33] Unabgeschlossenheit bezieht sich hier also zum einen auf den Zustand der Gattung des Romans im Unterschied zu anderen, «fertigen» Gattungen; zum anderen ist sie typisches Merkmal des Romans, dessen Eigentümlichkeit gerade darin besteht, immer wieder neue Textphänomene zu integrieren und sich durch ihren Gegenwartsbezug ständig zu erneuern.

Die besonderen Merkmale der Romangattung lassen sich Bachtin zufolge nicht mit den Mitteln der traditionellen Poetik erfassen. Denn diese gründet auf einem vereinheitlichenden Kunst- und Sprachbegriff, der dem Phänomen der Heteroglossie hilflos gegenübersteht. Die divergierenden Auffassungen von Sprache und Literatur versucht Bachtin in dem Gegensatzpaar ‹zentripetaler› und ‹zentrifugaler› Kräfte auf den Begriff zu bringen.[34] Die zentripetalen Kräfte führen zur Vereinheitlichung der sprachlichen Mannigfaltigkeit (zur Hoch- und Literatursprache und zur traditionellen Grammatik und Poetik), die zentrifugalen Kräfte tragen zur Evolution und Diversifizierung der Sprache bei (zur Differenzierung in Dialekte und zu den subversiven Schreibstilen niederer und neuer Gattungen). In dieser Unterscheidung zwischen Zentralisierung/Vereinheitlichung und Dezentralisierung/Differenzierung ist Bachtins alte Auffassung zu erkennen, wonach die ästhetische Tätigkeit der am naturwissenschaftlich-mathematischen Weltbild orientierten Erkenntnistheorie gegenübergestellt wird. Wie die ästhetische Tätigkeit die Mängel der von allem Individuellen abstrahierenden Erkenntnistheorie kompensiert, so soll die Berücksichtigung der dezentralisierenden/zentrifugalen Faktoren der Rede- und Sprachenvielfalt ein vollständigeres Bild von sprachlichen Phänomenen wie der Literatur, aber auch von der Sprache überhaupt geben als der jegliche Vielfalt reduzierende und Diversifikation vereinheitlichende zentripetale Ansatz der traditionellen Poetik und anderer an der Idee einer Grammatik festhaltenden Sprach- und Literaturtheorien.

2.4 Theorie der Literaturgeschichte (Geschichte des Romans). Im letzten Kapitel von *Das Wort im Roman* wendet sich Bachtin der Literaturgeschichte zu. Fortan dominiert die historische Betrachtung in seinen Werken, unter denen neben dem Rabelais-Buch das Manuskript *Formen der Zeit und des Chronotopos im Roman. Un-*

tersuchungen zur historischen Poetik aus den Jahren 1937/1938 hervorzuheben ist. Bachtins Ansatz besteht im Wesentlichen darin, seine polar aufgebaute Literaturtheorie auf die Entwicklung der Romanliteratur zu projizieren. So macht er zwei stilistische Linien aus, die seit der Antike die Geschichte des Romans kennzeichnen: die Linie des monologischen Romans, der Bachtin zufolge bereits in der griechischen Antike in stilistisch einheitlicher Form vorliegt, zum Ritterroman und zum neuzeitlichen Schäferroman führt und dann von den Romanen der zweiten Linie, der des zweistimmigen Romans, in den Hintergrund gedrängt wird, die in der Antike bei verschiedenen kleineren Gattungen wie der Satire ihren Ausgang nimmt, aber lange nur ein verstecktes Dasein führt, bis sie mit Cervantes' *Don Quijote* (1605/1615) einen ersten Höhepunkt erreicht und sich seit Ende des 18. Jahrhunderts in der Literatur als künstlerisch anerkannte Gattung durchsetzt. Kennzeichnend für Bachtin ist, auch hier wieder Überschneidungen zuzulassen. Denn die stilistischen Linien sind eigentlich Idealtypen. Daher können Romane, die dem einheitlichen Typ zugehören, Elemente des zweiten Typs enthalten und umgekehrt.

Mit dem Begriff des ‹Chronotopos› führt Bachtin kurz darauf eine Kategorie ein, die eine wechselseitige Abhängigkeit von Zeit- und Raumdarstellung im Roman erfassen soll.[35] Bachtin untersucht die literarische Entwicklung seit der Antike im Hinblick auf die Frage, wie räumliche und zeitliche Strukturen die Literatur durchdringen und welche Veränderungen in der Entwicklung zu beobachten sind. Chronotopoi sind z. B. die ‹Abenteuerzeit› des griechischen Romans, die Bachtin dadurch kennzeichnet, dass sich der Zustand des Helden vor den Abenteuern nicht von dem danach unterscheidet, und die ‹Alltagszeit›, deren Merkmal, wie in Apuleius' *Goldenem Esel*, eine Veränderung des Helden nach den durchlaufenen Abenteuern ist.

Bachtin kehrt in der Neuauflage seines Dostoevskij-Buches dahin zurück, zwei literaturgeschichtliche Tendenzen miteinander zu konfrontieren: einerseits die höheren, «ernsten» Gattungen wie Tragödie, Historie, Epopöe in der Antike, andererseits die niederen und kleinen, «ernsthaft-komischen» Gattungen wie die für ihn zentrale menippeische Satire und andere an Mündlichkeit orientierte Spielarten. Ihn interessiert vor allem diese zweite Linie, bei der er drei Besonderheiten erkennt: Gegenwartsbezug im Unterschied zu episch-mythischer Distanz, Erfindung im Unterschied zu Überlieferung und schließlich Heteroglossie im Unterschied zum einheitlichen Stil.

Die besondere Sichtweise, die sich Bachtin in seiner Beschäftigung mit Rabelais erarbeitet, liegt darin, die Einheit der Gattung in einem «spezifisch karnevalistischen Weltempfinden» zu sehen.[36] Dieses Weltempfinden hat für ihn überzeitlichen Charakter. Das Neue an Bachtins literaturgeschichtlichen Überlegungen ist, die literarischen Phänomene Heteroglossie und Dialogizität an eine Art kulturellen Archetypus zurückzubinden. Ein Großteil seiner Untersuchungen gilt nun der Aufgabe, das karnevalistische Weltempfinden und sein Einwirken auf die Literatur zu beschreiben. Vor allem in seinem Buch über Rabelais geht er dieser Aufgabe nach. Darin nennt er das karnevalistische Weltempfinden auch «Lachkultur». Bei seinen Studien zu Rabelais greift Bachtin auf eine Vielzahl von Untersuchungen zurück. Wie unlängst gezeigt wurde, gründet seine Beschreibung der Renaissance-Kultur zu einem nicht unbeträchtlichen Teil in den philosophiegeschichtlichen Untersuchungen Ernst Cassirers, aus dessen *Individuum und Kosmos in der Philosophie der Renaissance* (1927) er ganze Passagen ohne Quellenangabe direkt übernimmt.[37]

Bachtins leitende These ist, dass in Rabelais' *Gargantua und Pantagruel* (1532–1552) die im Mittelalter verdrängte, aber in den vielfältigen Formen des Narrentums und des Karnevals überlebende Lachkultur offen zum Ausdruck komme und danach wieder verschwinde. Überdies behauptet er, dass die Motive des Romans nicht, wie vielfach angenommen, als Reaktion auf die asketische Einstellung des Mittelalters zu betrachten seien, sondern «in der jahrtausendealten Volkskultur» wurzelten.[38] In einer Zeit, als im Westen die *werkimmanente Interpretation* und der *New Criticism* dominieren, vertritt Bachtin die Ansicht, dass Rabelais' Roman ohne seinen kulturellen Kontext nicht angemessen zu verstehen sei. Dies zeigt er, indem er die vielen Motive, die dem modernen Leser bizarr oder ordinär erscheinen, auf zeittypische Gebräuche und literarische Topoi zurückführt.

Die ästhetische Konzeption hinter Rabelais' Motivik nennt er «grotesken Realismus».[39] Eines seiner wichtigsten Merkmale erblickt Bachtin in der Ambivalenz der Motive, die er mit vielen Beispielen zu belegen versucht. Sein Ambivalenz-Begriff ist sehr weit gefasst, wie man leicht sehen kann. In seiner Erörterung des Motivs der Urinschwemme, das er gemäß seiner Hauptthese in der kulturellen Praxis des Narrentags verortet, erblickt er Degradierung der offiziellen Kultur (negativ) und Appell an Fruchtbarkeit (positiv) zugleich.[40] Auch hierin lässt sich wieder Bachtins alte Vorstellung von der Unabgeschlossenheit künstlerischer Werke erkennen. Ambivalenz ist aber nicht nur den Motiven eigen, sondern der volkstümlichen Lachkultur überhaupt, die Bachtin dem rein negierenden Lachen des Satirikers gegenüberstellt. In seiner Deutung des literaturgeschichtlichen Prozesses vom Mittelalter zur Renaissance spricht Bachtin Rabelais' Roman ein subversives Potential zu, denn seine «karnevalesk-groteske Form [...] verhilft zur Loslösung vom herrschenden Weltbild, von Konventionen und Binsenwahrheiten, überhaupt von allem Alltäglichen, Gewohnten, als wahr Unterstellten».[41] Der Gegensatz von Hoch- und Volkskultur, auf den Bachtin seine Darstellung stützt, wird markiert durch die Pole des Absoluten hier und des Relativen, Ambivalenten dort. Unschwer ist darin seine alte Unterscheidung zwischen Monologizität und Dialogizität zu erkennen, auch die noch ältere zwischen Epistemologie und Ästhetik.

Während das Lachen in *Gargantua und Pantagruel* ungehindert zum Ausdruck kommt, reduziert es sich laut Bachtin in den nachfolgenden Jahrhunderten wieder. Dies gelte gerade auch für die späten Romane Dostoevskijs. Ihre Zugehörigkeit zur Karnevalsliteratur rechtfertigt Bachtin indes mit ihrer Unabgeschlossenheit und der Darstellung von Krisen – kurz, mit ihrer grundlegenden Ambivalenz.[42]

Man sieht, wie breit das Konzept der Karnevalisierung angelegt ist. Ambivalenz ist fast überall in der Literatur zu beobachten, erst recht wenn man wie Bachtin davon ausgeht, dass in jedem Motiv auch sein Gegenteil impliziert ist. Man kann Bachtins Auswahl karnevalisierter Literatur daher nicht von einer gewissen Willkür freisprechen.

3. Wirkung

Charakteristisch für die Rezeption von Bachtins Ideen ist die breit gefächerte Aufnahme in unterschiedlichsten Zusammenhängen. Sie reicht vom Poststrukturalismus und den *Cultural Studies* bis zur Narratologie. Obgleich Bachtins Dostoevskij-Buch schon 1929 auf wohlwollende Rezensenten stieß, entfaltete sich seine Wirkung erst seit Mitte der sechziger Jahre, als man im Westen im Zuge des Strukturalismus auf dessen russische Vorläufer aufmerksam wurde. Von besonderer Bedeutung war Julia Kristevas Aufsatz *Bachtin, das Wort, der Dialog und der Roman* (1967), in dem sie Bachtins Theorie in der Tradition des russischen Formalismus verortet und sie als «Dynamisierung des Strukturalismus» charakterisiert.[43] Folgenreicher als diese verkürzende Klassifizierung ist jedoch ihre Interpretation der Dialogizitätstheorie, der zufolge «jeder Text [...] als Mosaik von Zitaten» aufzufassen ist.[44] Ihr in diesem Zusammenhang geprägter Begriff der Intertextualität wird zu einem Grundpfeiler poststrukturalistischer Literaturtheorie und Bachtin damit zu einem ihrer immer wieder angerufenen Gewährsleute. Der Poststrukturalismus bringt Bachtins Ansätze mit verschiedenen anderen Theorien wie der Ideologiekritik und Derridas Grammatologie in Verbindung. Texte werden danach ausschließlich als Konglomerat anderer Texte verstanden, wobei der zugrunde liegende Textbegriff sehr weit gefasst wird. Es wird weder nach der Herkunft (dem Autor) noch nach der tatsächlichen Faktur des Textes gefragt, sondern nach seiner Verbindung mit anderen Texten bloß kraft einer beliebigen Ähnlichkeitsrelation. Im deutschen Sprachraum verfolgt Renate Lachmann diesen Ansatz weiter. Sie versteht Intertextualität als Gedächtniskonzept. Zu diesem Zweck postuliert sie die Kategorie des «impliziten Textes», der «der Ort der Überschneidung von präsentem und absentem Text» ist, an dem «kulturelle Erfahrungen als kommunikative vermittelt und kodiert» werden.[45] Der implizite Text ist das literarische Gedächtnis und zugleich das Interpretationsziel, das es auf dem Wege intertextueller Fährtensuche zu erreichen gilt. Doch wird dieses Ziel nicht als eindeutig lokalisierbarer Ort gedacht, sondern als sich jeweils neu und anders konstituierender Sinn.

Bachtins (und Vološinovs) Auffassung zur fremden Rede führt aber auch in eine ganz andere Richtung. Sie wird von der strukturalistisch geprägten Narratologie, in den Modellen der Perspektive und Textinterferenz von Boris Uspenskij und Wolf Schmid, adaptiert. Ihre Affinität ist auch dadurch begründet, dass beide Ansätze, der narratologische wie jener des Bachtin-Kreises, in den Stiluntersuchungen zur erlebten Rede der Vossler-Schule (Eugen Lerch, Leo Spitzer) ihren Ausgang nehmen.[46] Erzähltexte werden in zwei Sphären (Erzähler- und Figurentext) eingeteilt, die sich in verschiedenen Hinsichten überlagern können. So kann eine Figurenrede sich phraseologisch vom Erzählertext kaum unterscheiden, aber inhaltlich-ideologisch eine ganz andere Position einnehmen.

Besonders populär ist Bachtin in der angelsächsischen Welt. Sein Konzept der Karnevalisierung als gegen die monologische Hochkultur gerichtetes Weltempfinden weckt schon seit Langem das Interesse der *Cultural Studies*. Ihre Untersuchungen von Subkulturen und der sozialen Dimension von Bedeutung finden sich in vielen von Bachtins Beobachtungen wieder. Vertreter der *Cultural Studies* betrachten die Schriften des Bachtin-Kreises als sehr einflussreich hinsichtlich der Theoriebildung ihrer Richtung.[47] Ähnliches gilt auch für die *Postcolonial Studies*, einen Zweig der *Cultural Studies*, deren Vertreter in Bachtin einen progressiven Fürsprecher ihrer Imperialismuskritik sehen. Sie parallelisieren Bachtins Romantheorie mit dem Prozess der Nationenbildung und der Entwicklung des Kapitalismus.[48]

Man kann nach alldem sagen, dass Bachtins Bedeutung darin liegt, für eine Vielzahl von Ansätzen noch immer aktuell zu sein. Dies verdankt sich wenigstens zwei Umständen. Zum einen sind seine Ideen Aspekten der Sprache und Literatur gewidmet, die im 20. Jahrhundert in der Tat lange vernachlässigt wurden und einen sensiblen Umgang mit semantischen Phänomenen anmahnen. Zum anderen haben sie Implikationen, die besonders wissenschaftskritische Denker anziehen. Und nicht zuletzt tragen wohl auch Vagheit und Vorläufigkeit – die ‹Unabgeschlossenheit› seiner Formulierungen – zu der fast universalen Adaptierbarkeit seiner Überlegungen bei.

Literatur

1. Werkausgaben

(Aufgeführt sind nur selbstständige Publikationen, die Bachtins Texte vollständig wiedergeben, und unselbstständige, die in keinem der Sammelbände enthalten sind.)

Michail, Bachtin M.: Sobranie sočinenij, Moskau 1997 ff. (Werkausgabe, geplant sind 7 Bde., bislang erschienen: Bd. 1, 2, 4 [1. Hb.], 5, 6).

– Probleme der Poetik Dostoevskijs, übers. von Adelheid Schramm, München 1971 (zit. nach Frankfurt/M. 1985).

– Die Ästhetik des Wortes, übers. von Rainer Grübel u. Sabine Reese, hg. u. eingel. von Rainer Grübel, Frankfurt/M. 1979.

– Untersuchungen zur Poetik und Theorie des Romans, übers. von Michael Dewey unter Zugrundelegung einer dt. Fassung von Harro Lucht u. Rolf Göbner, hg. von Edward Kowalski u. Michael Wegner, Berlin/Weimar 1986.
– Rabelais und seine Welt. Volkskultur als Gegenkultur, übers. von Gabriele Leupold, hg. u. mit einem Vorwort von Renate Lachmann, Frankfurt/M. 1987.
– Formen der Zeit im Roman, Frankfurt/M. 1989 (= Wiederabdruck von Untersuchungen, S. 262–464).
– Das Problem des Textes in der Linguistik, Philologie und in anderen Humanwissenschaften. Versuch einer philosophischen Analyse, übers. u. hg. von Johanna Döring-Smirnov, Aage Hansen-Löve, Walter Koschmal u. Herta Schmid, in: Poetica 22, (1990), H. 3–4, S. 436–487.
– Besedy s V. D. Duvakinym, Moskau 2002 (Gesprächsnachschriften von 1973).
– Das Problem der sprachlichen Gattungen, übers. von Jeanette Dittmar u. Katharina Meng, in: Ehlich, Konrad/Meng, Katharina (Hg.): Die Aktualität des Verdrängten. Studien zur Geschichte der Sprachwissenschaft im 20. Jahrhundert, Heidelberg 2004, S. 447–484.
– Autor und Held in der ästhetischen Tätigkeit, übers. von Hans-Günter Hilbert, Rainer Grübel, Alexander Haardt u. Ulrich Schmid, hg. von Rainer Grübel, Edward Kowalski u. Ulrich Schmid, Frankfurt/M. 2008.
– Chronotopos, mit einem Nachwort von Michael C. Frank u. Kirsten Mahlke, Frankfurt/M. 2008 (= Wiederabdruck von Untersuchungen, S. 262–464).
– Zur Philosophie der Handlung, übers. von Dorothea Trottenberg, hg. u. mit einem Vorwort von Sylvia Sasse, Berlin 2010 [im Druck].

2. Bibliographien

Adlam, Carol/Shepherd, David: The Annotated Bakhtin Bibliography, Leeds 2000.
Bachtin, Michail: Die Ästhetik des Wortes, übers. von Rainer Grübel u. Sabine Reese, hg. u. eingel. von Grübel, Rainer, Frankfurt/M. 1979, S. 79–88.
Elektronische Ressource mit Suchfunktion: http://www.shef.ac.uk/bakhtin/projects/dbase

3. Biographien und Gesamtdarstellungen

Clark, Katerina/Holquist, Michael: Mikhail Bakhtin, Cambridge, MA 1984.
Grübel, Rainer: Biographische Skizze, in: Bachtin, Michail: Die Ästhetik des Wortes, Frankfurt/M. 1979, S. 7–20.
Konkin, Semen/Konkina, Larisa: Michail Bachtin (Stranicy žizni i tvorčestva), Saransk 1993.
Sasse, Sylvia: Michail Bachtin. Zur Einführung, Hamburg 2010 [im Druck].

4. Sonstige Sekundärliteratur

Alpatov, Vladimir M.: Vološinov, Bachtin i lingvistika, Moskau 2005.
Brandist, Craig/Shepherd, David/Tihanov, Galin (Hg.): The Bakhtin Circle. In the Master's Absence, Manchester 2004.
Freise, Matthias: Michail Bachtins philosophische Ästhetik der Literatur, Frankfurt/M. 1993.

Grübel, Rainer: Literaturaxiologie, Wiesbaden 2001.
Holquist, Michael: Dialogism. Bakhtin and His World, London [2]2002.
Lachmann, Renate (Hg.): Dialogizität, München 1982.
– Gedächtnis und Literatur. Intertextualität in der russischen Moderne, Frankfurt/M. 1990.
Medvedev, Pavel: Die formale Methode in der Literaturwissenschaft, Stuttgart 1976 (Russ. Original 1928).
Schmid, Wolf: Elemente der Narratologie, Berlin [2]2008.
Tihanov, Galin: The Master and the Slave. Bakhtin, Lukács, and the Ideas of Their Time, Oxford 2000.
Uspenskij, Boris: Poetik der Komposition, Frankfurt/M. 1975 (Russ. Original 1970).
Vološinov, Valentin: Marxismus und Sprachphilosophie, Frankfurt/M. 1975.

Anmerkungen

1 Grundlage der biographischen Angaben ist Clark/Holquist, Bakhtin, deren Angaben jedoch in Teilen zu korrigieren sind. Vgl. Pan'kov, N. A.: Zagadki rannego perioda (Ešče neskol'ko štrichov k «Biografii M. M. Bachtina»), in: Dialog. Karnaval. Chronotop 2 (1993), S. 74–89; Lisov, A. G./Trusova, E. G.: Replika po povodu avtobiografičeskogo mifotvorčestva Bachtina, in: Dialog. Karnaval. Chronotop 16 (1996), S. 161–166; Hirschkop, Ken: Bakhtin Myths, or, Why We All Need Alibis, in: South Atlantic Quarterly 97 (1998), S. 579–598.
2 Vgl. die zahlreichen Kommentare und Anmerkungen in den Gesammelten Werken: Bachtin, Sobranie, Bd. 1.
3 Vgl. Freise, Ästhetik, S. 58, Anm. 31. Zur Zeitschrift Logos vgl. Bezrodnyj, Michail V.: Zur Geschichte des russischen Neukantianismus. Die Zeitschrift Logos und ihre Redakteure, in: Zeitschrift für Slawistik 37 (1992), S. 489–511.
4 Vgl. Medvedev, Methode; Vološinov, Marxismus.
5 Vgl. Ivanov, Vjačeslav V.: Značenie idej M. M. Bachtina o znake, vyskazyvanii i dialoge dlja sovremennoj semiotiki, in: Trudy po znakovym sistemam VI (1973), S. 5–44. Engl. Übersetzung: The Significance of M. M. Bakhtin's Ideas on Sign, Utterance, and Dialogue for Modern Semiotics, übers. von William Mandel, in: Baran, Henryk (Hg.): Semiotics and Structuralism. Readings from the Soviet Union. White Plains, NY 1976, S. 310–367.
6 Eine präzise Erörterung dieser Frage liefert Alpatov, Vološinov, S. 94–118.
7 Bachtin, Ästhetik, S. 101.
8 Bachtin, Autor und Held, S. 259.
9 Bachtin, Ästhetik, S. 352.
10 Bachtin, Sobranie, Bd. 2, S. 7 f.
11 Vgl. Kjetsaa, Geir: Dostojewskij, München o. J. [1989], S. 284.
12 Vgl. Bachtin, Probleme, S. 77. Die S. 65–86 der zitierten dt. Ausgabe fehlen im Text der ersten Version (mit Ausnahme einiger Absätze S. 72–74).
13 Freise, Ästhetik, S. 27.

14 Bachtin, Probleme, S. 10. Hier wie sonst werden Bachtins Kursive nicht übernommen.
15 Ebd., S. 11.
16 Vgl. ebd., S. 283.
17 Zum Privileg von Erzählinstanzen vgl. Martínez, Matías/Scheffel, Michael: Einführung in die Erzähltheorie, München [7]2007, S. 96 ff.
18 Bachtin, Probleme, S. 80.
19 Eco, Umberto: Das offene Kunstwerk. Frankfurt/M. [9]2002 [Ital. Original: 1962].
20 Bachtin, Probleme, S. 222.
21 Diese Unterscheidung übernimmt Bachtin von Tynjanov.
22 Ebd., S. 233.
23 Vgl. ebd., S. 221.
24 Vgl. ebd., S. 219.
25 Bachtin, Gattungen, S. 459. Vgl. auch Vološinov, Marxismus, S. 158 ff.
26 Bachtin, Ästhetik, S. 157.
27 Ebd., S. 189.
28 Bachtin, Ästhetik, S. 302–309, vgl. auch ebd. [Das Wort im Roman], S. 217.
29 Ebd., S. 244.
30 Vgl. Deržavin, Nikolaj S.: Novoe napravlenie v istorii kul'tury i jazyka, in: Zvezda (1926), Nr. 4, S. 226–255.
31 Vgl. Bachtin, Ästhetik, S. 175.
32 Ebd., S. 231.
33 Bachtin, Untersuchungen, S. 473.
34 Bachtin, Ästhetik, S. 165.
35 Vgl. Bachtin, Chronotopos.
36 Bachtin, Probleme, S. 119.
37 Vgl. Poole, Brian: Bakhtin and Cassirer: The Philosophical Origins of Carnival Messianism,, in: Hamlin, Cyrus/Krois, John Michael (Hg.): Symbolic Forms and Cultural Studies. Ernst Cassirer's Theory of Culture, New Haven 2004, S. 99–116.
38 Bachtin, Rabelais, S. 51.
39 Ebd., S. 69.
40 Vgl. ebd., S. 190.
41 Ebd., S. 85.
42 Vgl. Bachtin, Probleme, S. 187 u. 192.
43 Kristeva, Julia: Bachtin, das Wort, der Dialog und der Roman, in: Ihwe, Jens (Hg.): Literaturwissenschaft und Linguistik, Bd. 3, Frankfurt/M. 1972, S. 345–375, hier S. 346.
44 Ebd., S. 348.
45 Lachmann, Gedächtnis, S. 63.
46 Vgl. Schmid, Elemente, S. 182 f.
47 Vgl. Fiske, John: British Cultural Studies and Television, in: Storey, John (Hg.): What is Cultural Studies? A Reader, London 1996, S. 115–146, hier S. 126 f.
48 Vgl. Brennan, Timothy: The National Longing for Form, in: Bhabha, Homi K.: (Hg.): Nation and Narration, London 1990, S. 44–70.

Hendrik Birus

Roman Jakobson
(1896–1982)

I. Leben

Roman Osipovič Jakobson wurde als Sohn einer jüdischen Familie am 23. Oktober 1896 in Moskau geboren. Er studierte hier Slawistik und gehörte 1915 zu den Mitbegründern des *Moskauer Linguistikkreises* (u. a. mit Pëtr Bogatyrev und später Grigorij Vinokur). Bald darauf assoziierte er sich auch mit der anderen Gruppierung des sich formierenden russischen Formalismus, der St. Petersburger *Gesellschaft zum Studium der poetischen Sprache* (*OPOJaZ*) (Lev Jakubinskij, Evgenij Polivanov, Viktor Šklovskij, Osip Brik, Boris Ėjchenbaum u. a.). Ja, über dieses theoretische Engagement hinaus schloss er sich unter dem Pseudonym Aljagrov auch dichterisch der Avantgarde-Bewegung des Futurismus an, über dessen bedeutendsten Vertreter (neben Aleksej Kručënych und dem jungen Vladimir Majakovskij) er 1918 im Moskauer Linguistikkreis seinen bahnbrechenden Vortrag hielt: *Die neueste russische Poesie: Erster Entwurf. Annäherungen an Chlebnikov.*[1]

Seit 1920 lebte Jakobson im Exil. Zunächst in Prag, wo er anfangs als Mitarbeiter an der sowjetischen Botschaft angestellt war, sich aber alsbald wieder der Wissenschaft zuwandte und 1926 zu den Gründungsmitgliedern des *Cercle linguistique de Prague* (mit Nikolaj Trubetzkoy, Bohuslav Havránek und René Wellek) als Kristallisationskern des Prager Strukturalismus gehörte. Seit 1933 als Professor an der Universität Brünn tätig, floh er 1939 vor dem Einmarsch der Deutschen nach Dänemark und weiter nach Norwegen. Als auch diese besetzt wurden, ging er 1940 nach Schweden und schließlich 1941 in die USA.

Nach einer Lehrtätigkeit an der *École Libre des Hautes Études* – an der auch Claude Lévi-Strauss, Jacques Maritain, Jean Wahl u. a. lehrten – in New York, erhielt er hier 1943 eine Professur an der *Columbia University,* bis er schließlich 1949 an die *Harvard University* berufen wurde. Seit 1957 parallel dazu auch als Professor am benachbarten *Massachusetts Institute of Technology* (M.I.T.) (neben seinen früheren Schülern Noam Chomsky und Morris Halle) lehrend, wurde er 1967 emeritiert, was für ihn – vorbereitet und begleitet von einer weltweiten Vortrags- und Publikationstätigkeit – nur der Auftakt für eine Reihe von Gastprofessuren in Amerika und Europa war. Kurz nach der Verleihung des Hegel-Preises der Stadt Stuttgart starb er am 18. Juli 1982 in Boston.

2. Werk

Roman Jakobson – ein *Klassiker* der modernen Literaturtheorie? Zweifellos hat er heutzutage (wie Bertolt Brecht bald nach seinem Tode nachgesagt wurde) die «durchschlagende Wirkungslosigkeit eines Klassikers».[2] Doch im Ernst: Wenn man unter einem ‹Klassiker› eine originäre Gründerfigur versteht, so wird man Jakobson diesen Titel schwerlich zubilligen können. Denn wie er als Linguist auf den Schultern von Ferdinand de Saussure und Nikolaj Trubetzkoy stand, so trat er als Literaturtheoretiker in die Fußstapfen von Viktor Šklovskij als wichtigstem Ideengeber des russischen Formalismus, und es war dann Jurij Tynjanov, der den Übergang zum Prager Strukturalismus wesentlich vorbereitet hatte. Aber auch wenn man das Prädikat des ‹Klassischen› stattdessen mit der mustergültigen Ausformung einer Theorie, eines Diskurstyps, einer Gattung oder eines Stils verbindet, dürfte dies kaum auf Jakobson zutreffen. Denn welches seiner Werke könnte man in diesem Sinne ‹klassisch› nennen? Am ehesten seine Broschüre *Kindersprache, Aphasie und allgemeine Lautgesetze* (1941)[3] und seine *Fundamentals of Language* (mit Morris Halle, 1956),[4] er selbst hätte wohl seine kritische Edition – samt Kommentar, Übersetzung und polemischer Rechtfertigung – des altrussischen *Igorlieds* (1948)[5] hierzu gezählt. Doch die Überzahl seiner Arbeiten, ja selbst die genannten Werke, sind ‹Gelegenheitsschriften› im besten Sinne des Wortes: Antworten auf aktuelle Fragen und zugleich Anregungen für ihre künftige Diskussion.

Gerade hierin liegt wohl die Klassizität von Jakobsons Aufsätzen, Artikeln und Miszellen – nämlich im Sinne von Friedrich Schleiermachers Explikation: «Das Klassische […] muß nicht vorübergehend sein, sondern die folgenden Produktionen bestimmen.»[6] Das aber leistete Jakobson ganz fraglos mit zahlreichen seiner Arbeiten. Und zwar sowohl als systematischer Neuerer wie dank seines programmatischen Traditionsbezugs. Denn nicht von ungefähr steht auf seinem Grabstein außer seinem Namen und Lebensdaten einzig die stolz-bescheidene Selbstcharakteristik: *Russkij filolog*. Und was ist das für eine Philologie, in deren Tradition sich Jakobson hier einschreibt? Ganz gewiss nicht eine enge ‹Wort-Philologie› wie die Gottfried Hermanns und Karl Lachmanns oder derer, die gegenwärtig einer Rephilologisierung der Germanistik das Wort reden. Dagegen sprechen allein schon Jakobsons interdisziplinäre Rundumschläge wie *Die Linguistik und ihr Verhältnis zu anderen Wissenschaften* (1972),[7] *Ein Blick auf die Entwicklung der Semiotik* (1975)[8] oder *Brain and Language. Cerebral Hemispheres and Linguistic Structure in Mutual Light* (1980),[9] aber auch biographisch-kulturhistorische Beiträge wie *The Statue in Puškin's Poetic Mythology* (1937)[10] oder der anlässlich von Vladimir Majakovskijs Selbstmord verfasste Gedenkartikel *Von einer Generation, die ihre Dichter vergeudet hat* (1930).[11]

Ungeachtet dieses weiten Horizonts beharrt Jakobson aber auf einer disziplinären Verankerung der Literaturinterpretation in der Linguistik: «die Poetik, die das Werk eines Dichters durch das Prisma der Sprache interpretiert und die dominierende Funktion in der Poesie untersucht, [ist] *per definitionem* der Ausgangspunkt bei der Auslegung von Gedichten» – wobei «deren dokumentarischer Wert, sei er psychologischer, psychoanalytischer oder soziologischer Art, für die Erforschung offen bleibt».[12] So hatte schon der Verfechter der umfassendsten Philologie-Konzeption im 19. Jahrhundert, August Böckh, deren vom Staats- und Privatleben bis zu Kunst und Wissenschaft reichendem materialen Teil einen der ‹Theorie des Verstehens› gewidmeten formalen Teil («Hermeneutik und Kritik») vorausgeschickt, der seinerseits von der ‹Grammatischen Interpretation› seinen Ausgang nimmt.[13] Der profilierteste Erbe dieser von Schleiermacher über Böckh bis Heymann Steinthal reichenden Tradition einer sprachwissenschaftlichen Fundierung der Philologie ist zweifellos Roman Jakobson.[14]

Doch weit entfernt, einer *Philologia perennis* anzuhängen, gilt Jakobson zu Recht wie kaum ein anderer als Wortführer der *modernen* Sprach- und Literaturtheorie. Denn sein Engagement in beiden, für ihn untrennbaren Feldern ist von Anfang an inspiriert durch die Avantgarde-Bewegungen des 20. Jahrhunderts, vor allem den Futurismus und später den Konstruktivismus, aber auch durch gleichzeitige theoretische Strömungen, wie die Phänomenologie, die Semiotik und die Kybernetik, wie er andererseits den Strukturalismus in den verschiedensten Humanwissenschaften entscheidend mitgeprägt hat. Damit nicht genug, hat er sich schließlich durch die von dessen Schülern lange verheimlichten Anagramm-Studien Saussures[15] dazu inspirieren lassen, parallel zu Roland Barthes, Jacques Derrida und der *Tel Quel*-Gruppe wie auch zum ‹Postserialismus› der gleichzeitigen Neuen Musik eine Lektürepraxis zu entwickeln, die man in diesem Sinne ‹poststrukturalistisch› nennen darf. Sind doch seine späten Gedichtanalysen noch immer vom formalistischen Impuls seiner ersten Arbeiten getragen, beherrschen vollkommen das rekonstruktive Instrumentarium des wesentlich von ihm selbst etablierten Strukturalismus und nehmen sich doch die Freiheit, über ein rationalistisch verengtes Verständnis des Kunstwerks hinauszugehen und die Alternative von Autorintention und Zufall[16] nonchalant zu unterlaufen.

Von einer *Literaturtheorie* Jakobsons zu sprechen, dazu berechtigen allein schon seine fundamentalpoetischen Beiträge, wie *Was ist Poesie?* (1934), *Linguistik und Poetik* (1960), *Poesie der Grammatik und Grammatik der Poesie* (1961) und *Unterschwellige sprachliche Gestaltung in der Dichtung* (1970), sowie ihre praktische Umsetzung in zahlreichen Einzelanalysen. Obwohl diese aber in ihrer Spannweite – Texte aus zwölf Jahrhunderten in 19 Sprachen – nicht ihresgleichen finden dürften, lassen sie zugleich prinzipielle literaturtheoretische Begrenzungen von Jakobsons Ansatz erkennen. Denn weder interessieren ihn Dramen noch Romane; und obwohl er sich gelegentlich mit Märchen, Chroniken und Erzählungen, ja selbst mit Filmen und Werbesprüchen beschäftigt, so sind doch Versepen und Gedichte seine eigentliche Domäne. Ja, das monumentale Corpus seiner späten Gedichtanalysen beschränkt sich – in der Tradition Edgar Allan Poes und Charles Baudelaires – programmatisch auf kurze Gedichte, denn:

> Die gleichzeitige Synthese, die durch die unmittelbare Erinnerung bei einem kurzen Gedicht zustande kommt, bestimmt klar seine Strukturierungsgesetze und unterscheidet diese von denen, die dem Aufbau von langen Gedichten zugrunde liegen. Solche Gedichte, die bezüglich mancher ihrer Aufbauprinzipien den großen musikalischen Kompositionen mit ihren Leitmotiven, die sich durch das Werk ziehen, vergleichbar sind, stellen ein anderes Thema dar [...].[17]

Genau genommen geht es Jakobson von Anbeginn gar nicht um eine Theorie der Literatur, womöglich gar in ihrer gattungs-, epochen- und kulturenspezifischen Auffächerung, sondern vielmehr um eine Theorie der *Literarizität* – d.h. dessen, «was das vorliegende Werk zum literarischen Werk macht» – als «Gegenstand der Literaturwissenschaft». Und er hat noch heute die Lacher auf seiner Seite, wenn er hinzufügt:

> Doch glichen die Literaturhistoriker bislang meist einer Polizei, die eine bestimmte Person verhaften will und zu diesem Zweck für alle Fälle alles und jeden, was sich nur in der Wohnung anfindet, samt den unbeteiligten Passanten auf der Straße mitnimmt. So kam denn auch den Literaturhistorikern alles zupaß – Soziales, Psychologie, Politik, Philosophie. Statt einer Literaturwissenschaft kam ein Konglomerat von hausbackenen Disziplinen zustande. Man vergaß gewissermaßen, daß diese Gebiete jeweils zu entsprechenden Wissenschaften gehören – zur Philosophiegeschichte, Kulturgeschichte, Psychologie usw., und daß diese natürlicherweise auch literarische Denkmäler als defekte und zweitrangige Dokumente verwenden können.

Daraus zog Jakobson die provokante Konsequenz: «Wenn aber die Literaturwissenschaft eine Wissenschaft werden will, ist sie genötigt, das ‹Verfahren› [russ. *priëm*] als ihren einzigen ‹Helden› zu akzeptieren.»[18]

Der von Šklovskij geprägte und von den übrigen russischen Formalisten sogleich aufgegriffene Begriff *priëm* vereinigt allerdings zwei unterschiedliche Bedeutungskomponenten: zum einen ganz allgemein ‹Verfahren›, wie in Šklovskijs Programmschrift *Kunst als Verfahren* (1916) – mit dem Schlüsselsatz:

> Das Verfahren der Kunst ist das Verfahren der ‹Verfremdung› der Dinge und das Verfahren der erschwerten Form, ein Verfahren, das die Schwierigkeit und Länge der Wahrnehmung steigert, denn der Wahrnehmungsprozeß ist in der Kunst Selbstzweck und muß verlängert werden [...].[19]

Zum anderen spezifischer: ‹Kunstgriff›, sodass Šklovskij das literarische Werk als «Summe aller darin angewandten stilistischen Kunstgriffe»[20] begreifen konnte und seine literaturtheoretischen Arbeiten dementsprechend weitgehend als katalogartige Beispielsammlungen angelegt sind. Ebendies gilt auch für Jakobsons literaturwissenschaftlichen Erstling *Die neueste russische Poesie: Erster Entwurf. Annäherungen an Chlebnikov*, der freilich – in bemerkenswerter Übereinstimmung mit der «Auslegung des bedeutsameren Gesprächs»[21] als Ausgangspunkt der Schleiermacherschen Hermeneutik – von der zukunftsweisenden These ausgeht, dass nur das Studium der Prozesse lebendiger Rede ein Eindringen in die

Geheimnisse der poetischen Sprachstruktur ermögliche,[22] und deshalb eine «besondere poetische Dialektologie» fordert.[23]

Jakobsons Übergang vom Formalismus zum Strukturalismus erfolgte in seiner Prager und Brünner Zeit, indem er in dem Aufsatz *Was ist Poesie?* (1934) statt des «Separatismus der Kunst» nunmehr die «Autonomie der ästhetischen Funktion»[24] proklamierte und sich über die formalistische ‹Bloßlegung des Verfahrens› hinaus zunehmend auch für die kommunikativ-semantischen Aspekte des literarischen Werks interessierte. Mit Tynjanov begriff er dieses nicht mehr (wie Šklovskij) als bloße Summe, sondern als «System»[25] seiner Komponenten, wobei «das System keine gleichberechtigte Wechselwirkung aller Elemente bedeutet, sondern die exponierte Stellung einer Gruppe von Elementen (die ‹Dominante›) und die Deformation der übrigen Elemente voraussetzt».[26] Auf diese Weise konvergiert die strukturalistische Literaturtheorie mit der Forderung der Schleiermacherschen Hermeneutik, einen Text nicht bloß als «Aggregat»[27] von Einzelmomenten zu betrachten, sondern zuallererst nach seinem «Zusammenhang», seiner «Gliederung» und ihrer ‹Dominante› zu fragen.[28] *Verstehen* heißt für Schleiermacher generell «Nachconstruiren».[29] Ein solches Nachkonstruieren ist aber bei poetischen Texten umso mehr am Platz, wenn man mit Šklovskij die poetische Sprache als «Konstruktions-Sprache»[30] begreift und mit Tynjanov das einzelne literarische Werk als System, bei dem nach der «konstruktiven Funktion» jeder seiner Komponenten zu fragen sei.[31]

Ebendies war die Ausgangsüberlegung von Jakobsons erstem, noch rudimentärem Ansatz zu seinem monumentalen Alterswerk *Poesie der Grammatik – Grammatik der Poesie*: «anstatt ein paar Merkmale zu isolieren, die gesamte Selektion und Anordnung der grammatischen Kategorien in Marvells Gedicht einer stichhaltigen Analyse zu unterziehen»,[32] um so durch eine «unvoreingenommene, aufmerksame, detaillierte und ganzheitliche Beschreibung die grammatische Struktur eines einzelnen Gedichts aufzudecken».[33] Schon in dieser skizzenhaften Analyse von Andrew Marvells Gedicht *To His Coy Mistress* (1959) kann man bereits die wesentlichen Operationen seiner bald darauf einsetzenden Gedichtanalysen erkennen: die Aufzählung der radikalen Beschränkungen im Repertoire der im ganzen Gedicht verwendeten grammatischen Kategorien vor dem Hintergrund des sonst in dieser Sprache Üblichen; die Beschreibung der durch solche Restriktionen ermöglichten poetischen ‹Aktualisierung› anderer grammatischer Kategorien; das Durchspielen möglicher Gliederungen des Gedichts unter metrischen, syntaktischen und sonstigen formalen Gesichtspunkten und der damit verbundenen Aussparung oder aber Akzentuierung grammatischer Kategorien in seinen so umschriebenen Teilen; Beobachtungen zur Klangtextur; schließlich die (hier unbeantwortet bleibende) Frage, inwiefern die «ausgewogene Wechselwirkung aller dieser grammatischen Merkmale [...] bedeutsame Aufgaben im semantischen Textgewebe von Marvells Gedicht» erfülle.[34]

Überhaupt ist bei all seinen Wandlungen die Kontinuität von Jakobsons literaturtheoretischem Ansatz bemerkenswert. Denn wie er in seinem Erstlingswerk betont, dass die Poesie «nichts anderes als eine *Äußerung mit Ausrichtung auf den Ausdruck* ist»,[35] so heißt es vier Jahrzehnte später in seinem wohl bedeutendsten Beitrag zur Literaturtheorie, *Linguistik und Poetik*: «Die *Einstellung* auf die BOTSCHAFT als solche, die auf die Botschaft um ihrer selbst willen zentriert ist, ist die POETISCHE Funktion der Sprache.»[36] Wobei er hinzufügt: «Die poetische Funktion ist nicht die einzige Funktion der Wortkunst, sondern nur ihre dominante, bestimmende Funktion, während sie in allen anderen sprachlichen Handlungen als nachgeordnete, zusätzliche Konstituente auftritt.»[37] Die Ausarbeitung dieser Konzeption ruht nun allerdings auf einem doppelt abgesicherten Fundament: zum einen der Ersetzung der formalistischen Antithese von ‹poetischer› und ‹praktischer Sprache› durch ein differenziertes Funktionenmodell der Sprache, das Jakobson seit seiner Prager Zeit im Anschluss an Karl Bühlers Trias von Ausdrucks-, Appell- und Darstellungsfunktion[38] entwickelt hatte und die er nun um die phatische, die metasprachliche und die poetische Funktion erweiterte;[39] zum anderen seiner (in Anknüpfung an Mikołaj Kruszewski, Ferdinand de Saussure und Louis Hjelmslev ausgearbeiteten) Zweiachsen-Theorie der Sprache mit ihrer Gegenüberstellung folgender miteinander koordinierten Oppositionspaare:

Paradigmatische Achse	*Syntagmatische Achse*
Selektion	Kombination
Substitution	Kontextur
Ähnlichkeit	Kontiguität
Metapher	Metonymie[40]

Und Jakobson unternimmt in *Linguistik und Poetik* eine Engführung von Funktionenmodell und Zweiachsen-Theorie der Sprache, indem er auf die selbstgestellte Frage: «Was ist das empirische linguistische Kriterium für die poetische Funktion?» die Antwort gibt: «*Die poetische Funktion bildet das Prinzip der Äquivalenz von der Achse der Selektion auf die Achse der Kommunikation ab.* Die Äquivalenz wird dabei zum konstitutiven Verfahren für die Sequenz erhoben.»[41] Woraus er die weitreichende Konsequenz zieht:

> In der Dichtung wird jede auffällige lautliche Similarität mit Bezug auf Similarität und/oder Dissimilarität in der Bedeutung bewertet. [...] Die Relevanz des Laut-Bedeutungs-Nexus ist ein simples Korrelat zur Überlagerung der Kontiguität durch die Similarität.[42]

Das wirklich Neue – und zugleich Schleiermachers kühne Ideen einer ‹grammatischen Interpretation› Fortführende – an Jakobsons späten Gedichtanalysen liegt in seiner systematischen Einbeziehung formaler, grammatischer Bedeutungen in die Gesamtinterpretation. Begnügte er sich doch hier nicht mit einer Klassifikation der verschiedenen grammatischen Formen und der Deskription ihrer Häufigkeit, Verteilung etc. – der Erstellung ihres Pattern also –, sondern es ging ihm wesentlich auch um ihre semantische Interpretierbarkeit. Denn: «Strukturalist sein heißt, als erstes der Organisierung des Sinns [...] Aufmerksamkeit zu schenken.»[43] Die Suche nach einer semantischen Charakterisierung der Verbalkategorien,[44] nach ‹Gesamtbedeutungen› der verschiedenen Kasus,[45] nach der Funktion der Code und Sprechsituation verknüpfenden *shifters*,[46] also nach der ‹Semantik der Form›: dies gehörte ja zu Jakobsons umstrittensten und zugleich wichtigsten Beiträgen zur Sprachwissenschaft des 20. Jahrhunderts. Und er hat diese grammatische Invariantenforschung gerade für die Analyse ganz individueller Verwendungsweisen solcher grammatischen Kategorien in einzelnen Gedichten nutzbar gemacht – etwa im Hinblick auf die dominierende und dabei ganz unterschiedliche Rolle der Pronomina der 1. und 2. Person in Gedichten Dantes,[47] Aleksandr Puškins[48] und Bertolt Brechts[49] oder aber ihrer Tilgung in Gedichten Friedrich Hölderlins[50] und Aleksandr Bloks.[51]

Beispielsweise stützt sich Jakobsons Analyse von Brechts Gedicht *Wir sind sie* (1965) vor allem auf die Beobachtung des eigentümlichen quantitativen Verhältnisses zwischen den Wortklassen: besonders des Zurücktretens der normalerweise dominierenden Nomina mit selbständiger lexikalischer Bedeutung hinter den Personal- und Possessivpronomina, die in diesem Gedicht mehr als die Hälfte aller deklinierbaren Wörter ausmachen und deren formale Bedeutung darin besteht, eine Verbindung des bezeichneten Sachverhalts mit dem Redeakt und seinem Kontext herzustellen. So vermag er schließlich die ‹pronominale Manier› dieses Gedichts mit Brechts Einstellung auf Sprechbarkeit und auf den Gestus zu verknüpfen, ja selbst noch mit der Umfunktionierung der Spieler in dem Lehrstück *Die Maßnahme*, in dessen Kontext dieses Gedicht ursprünglich gehört; um Jakobsons Terminologie aufzunehmen: die *shifters* als Kunstgriff. – Ebenso behandelt er Hölderlins gegenläufige Rücknahme der Pronomina der 1. und 2. Person nicht als isoliertes Faktum, sondern im Zusammenhang mit dem Ausfall auch anderer grammatischer Klassen: dem alleinigen Erhalt der ‹merkmallosen›[52] 3. Person, des Präsens und des Indikativs, verbunden mit dem Wegfall nicht nur der ‹merkmalhaften› 1. und 2. Person, sondern auch der Fragen, Bejahungen, Anrufe, Ausrufe sowie der *verba dictionis* in Hölderlins letzten Gedichten, schließlich deren Signierung mit einem fiktiven Sprechernamen («Mit Unterthänigkeit Scardanelli») und fiktiven Zeitangaben (z.B. «d. 24 Mai 1748» oder «d. 9ten Merz 1940»). Jakobson interpretiert dies als prinzipielle Verweigerung des Gesprächs und seiner deiktischen Bezugnahmen auf eine aktuelle Sprechsituation und ihre Substituierung im Gedicht durch ein ‹hinweisfreies Nennen› mittels verallgemeinernder *wenn*-Aussagen und Ketten abstrakter Nomina: Am Ende sei nur noch die monologische Kompetenz erhalten.

Ja, selbst wo der interpretatorische Ertrag solcher grammatischen Analysen für das einzelne Gedicht begrenzt ist, können sie doch aufschlussreiche Entsprechungen und Kontraste zu Gedichten anderer Sprachen, Epochen und ästhetischer Richtungen zutage bringen. So zeigt sich in Jakobsons Analysen des Hussitenchorals *Ktož jsú boží bojovníci …* (*Die die Gottes-Kämpfer sind …*, 1963)[53] und des Puškinschen Liebesgedichts *Čto v imeni tebe moëm?* (*Was liegt an meinem Namen Dir?*, 1961),[54] dass beide Gedichte mit einem doppelten Imperativ enden, der der 2. Person eine zweifache Replik suggeriert, die eine synthetische Antwort auf das anfängliche *Ktož* («Wer immer») bzw. *Čto* («Was») darstellt.[55] Gerade vor dem Hintergrund dieser Gemeinsamkeit aber treten die Unterschiede, die der poetischen Grammatik beider Gedichte zugrunde liegen, besonders deutlich hervor. Denn wo in dem militanten Choral des ausgehenden Mittelalters eine strenge Architektonik der grammatischen Similaritäten und Oppositionen ins Auge falle, da zeige das Liebesgedicht des frühen 19. Jahrhunderts – ähnlich wie dann in extremem Maße Baudelaires Sonett *Les Chats* (1847) – ein ständiges Gleiten zwischen benachbarten grammatischen Kategorien und damit einen ununterbrochenen Wechsel der perspektivischen Verkürzungen. Ähnliches gilt für die Dominanz der unaufgelösten Antithesen bei Joachim Du Bellay und ihrer raffinierten Modulationen bei Baudelaire oder für den ganz unterschiedlichen Gebrauch des Oxymorons bei Philip Sidney und bei Fernando Pessoa, wodurch das für den späten Jakobson zentrale Problem des grammatischen Parallelismus als basalen poetischen Verfahrens[56] grundlegend dynamisiert erscheint. Können daher selbst Kurzanalysen im Corpus seiner Gedichtinterpretationen aufschlussreich für historische Realisationsformen des poetischen Parallelismus sein, so gilt dies erst recht für seine zentralen Sonett-Analysen von Dante bis Baudelaire, in denen so etwas wie die Geschichte einer Gedichtform durch das Prisma des grammatischen Baus einzelner Gedichte exemplarisch dargestellt wird.

Hatte schon der Formalist Šklovskij vorgeschlagen, von einem einzigen Kunstgriff (z. B. dem Oxymoron) her ein Werk im ganzen zu begreifen,[57] und rühmte Gérard Genette den Strukturalismus generell als die literaturwissenschaftliche Methode, «die Einheit eines Werkes wiederherzustellen, sein Kohärenzprinzip, das, was Spitzer sein geistiges *Etymon* nannte»,[58] so erweisen sich Jakobsons Analysen vor allem dann als interpretatorisch ertragreich, wenn es ihm gelingt, das Ensemble der grammatischen Strukturen eines Gedichts aus einem formalen Einheitsgesichtspunkt heraus zu rekonstruieren: z. B. aus der Dominanz des antithetischen Cento (‹Flickgedicht›) als Gestaltungsform fremder Rede bei Du Bellay,[59] des monologischen Nennens beim späten Hölderlin[60] oder der pronominalen Manier als Brecht'schen Kunstgriff.[61]

So wichtig aber dieser strukturalistische Funktionalismus für Jakobsons Gedichtanalysen ist, so bestimmt er doch nicht ihr Gesamtbild. Denn oft wird dieses dermaßen von Einzelmomenten überbordet, dass man sich eher an die Detailbesessenheit von Jakobsons *Neuester russischer Poesie* erinnert fühlt denn an die asketischen Rekonstruktionen der Bauform mittelalterlicher und frühneuzeitlicher Liebesgedichte von Martin Codax, Džore Držić und

Philip Sidney, des letzten Gedichts Gavriil Deržavins, eines Puškin-Vierzeilers oder einer Gedichtminiatur Oton Župančičs. Vor allem in seinen zu kleinen Monographien tendierenden Analysen von Gedichten Du Bellays, William Shakespeares, Hölderlins oder William Butler Yeats' hat Jakobson jene ans Chaotische grenzende Fülle durch eine rigide, geradezu didaktische Gliederung zu bändigen versucht. Freilich haben diese Musteranalysen inzwischen vielleicht am meisten Rost angesetzt, und der Überdruss der Zunft gerade an diesen Analysen ist unübersehbar.

Es gibt aber noch einen anderen Jakobson zu entdecken: den passionierten Leser. Und dies im Gegenzug zu Hans-Georg Gadamer, der in seiner Laudatio anlässlich der Verleihung des Hegel-Preises 1982 an Jakobson behauptet hatte, dieser nehme den poetischen Text «nicht um seiner selbst willen», sondern «um des großen Rätsels der Sprache willen» zum Ausgangspunkt seiner Analysen.[62] Wenn Gadamer nämlich dessen Hölderlin-Analyse entgegenhält: «Die Sprache selbst wird wahrnehmbar, und doch bewegt es uns, weil es etwas sagt»,[63] so rennt er damit bei Jakobson offene Türen ein, der in seiner *Les chats*-Analyse unmissverständlich die «semantische Fundierung» der «Phänomene der formalen Distribution» postuliert hatte. «Des Sprachforschers legitimes Interesse» am Vermögen der Sprache als solcher und «des Lesers Interesse [...], teilzunehmen an dem, was das Gedicht sagt»:[64] Sie stehen in diesen Gedichtanalysen, anders als Gadamer unterstellt, keineswegs in einem Gegensatz. Hatte doch Jakobson ihre ein Jahr zuvor in den *Selected Writings* erschienene Sammlung bezeichnenderweise stolzbescheiden mit der Überschrift *Readings* versehen.

Diese Überschrift ist ganz ernst zu nehmen. Denn über das strukturalistische Analyseprogramm hinaus zeugen viele dieser ‹Lektüren› – darin Peter Szondis *Lecture de Strette*[65] vergleichbar – von einem intensiven Interesse an der Verknüpfung von Inhalt und Faktur des Gedichts, darüber hinaus aber auch an seinem Kontext und seiner Gattungszugehörigkeit, an seinem Verhältnis zum Œuvre des Autors wie seinem literarhistorischen Ort und nicht zuletzt an seiner Rezeptions- und Forschungsgeschichte. Sie beginnen werkchronologisch mit einem Abschiedsgedicht von Takapasi Musimarö, bei dem Jakobson nicht nur der für die altjapanische Wortkunst charakteristischen «Verschmelzung von wirkungsvoller Vielförmigkeit und monumentaler Einfachheit in ihren Kompositionsprinzipien»[66] nachgeht, sondern in dem er besonders die Parallelen zwischen dem der vertikalen Gesellschaftsstruktur entsprechenden System der sprachlichen Höflichkeitsformen unter den Protagonisten und den sich ebenso in der Landschaftsdarstellung des Gedichts zeigenden Spannungen von Nähe und Ferne wie von Horizontalität und «Auf und Nieder des vertikalen Stils»[67] herausarbeitet – mit dem Ergebnis einer «verblüffenden Virtuosität, die auf einem echten Gleichgewicht zwischen den mannigfaltigen Konstituenten des Ganzen und auf einer packenden Kombination von kanonischer Regelmäßigkeit und kreativem Freiraum beruht».[68] Und sie enden mit dem Nachtrag *Einige Schlußfolgerungen aus einem Gedicht von Cummings* aus Jakobsons postum erschienenem Buch *Die Lautgestalt der Sprache* (mit Linda Waugh), der das fast nonsense-artige Liebesgedicht *love is more thicker than forget...* keineswegs nur unter phonologischen Gesichtspunkten analysiert und dabei besonders auf Sprachspiele achtet, «die die individuelle Erfindungsgabe von Kindern und Erwachsenen mit der Folklore teilt»,[69] sondern das «hervorstechende Thema» des Gedichts auf Edward Sapirs gleichzeitige sprachtheoretische Untersuchung *Grading* (‹Steigerung›) bezieht.[70]

Dabei berühren sich die Lektüren einiger der älteren Texte aufs Engste mit Jakobsons Studien zur slawischen Epik und generell zum slawischen Mittelalter. So analysiert er den *Lobpreis Konstantins des Philosophen auf Gregor den Theologen* (zwischen 869 und 882) als «herausragendes Beispiel für die hohe literarische Meisterschaft, die das neu entstandene slawische Schrifttum von Byzanz übernommen hat»,[71] und Ilarions *Rede über das Gesetz und die Gnade* (kurz vor 1051), samt dem eingefügten ‹Lobgesang›, als

> bemerkenswertes Beispiel der ältesten russischen Homiletik nicht nur im Hinblick auf die Tiefe der theologischen und geschichtsphilosophischen Symbolik, sondern auch und vielleicht sogar in erster Linie wegen der künstlerischen Meisterschaft, mit der sie die Einheitlichkeit im Aufbau geschickt mit der individuellen, fein differenzierenden Behandlung der Einzelteile und mit der minuziösen Aufmerksamkeit auf die kleinsten Details verbindet.[72]

Doch ebenso ist Jakobsons Lektüre von *Komposition und Kosmologie des Klageliedes der Jaroslavna* (aus dem altrussischen *Igorlied*, nach 1185) geprägt sowohl vom «Interesse des Sprachforschers» an den Details der poetischen Sprachverwendung wie von «des Lesers Interesse [...], teilzunehmen an dem, was das Gedicht sagt» (Gadamer), wenn er das die *Klage* bis ins Kleinste prägende «Prinzip der

Dreiheit» zu den «drei Rängen des Weltgebäudes» (Himmel, Erde und Zwischenwelt) in Beziehung setzt, «die sich in die kosmologische Tradition der indoeuropäischen Völker eingeprägt haben».[73] Gemeinsam mit den Analysen der kirchenslawischen Eulogien *Siluans Lobpreis auf den Hl. Sava* und *Siluans Lobpreis auf Simeon* (14. Jh.) wie auch des Hussitenchorals *Die die Gotteskämpfer sind ...* (um 1620) sind sie

> Teil eines allgemeineren Projekts, nämlich die künstlerischen Valeurs des Mittelalters und zumal der byzantinischen Kunst (auch der Ikonen und Fresken) für die Wahrnehmung seiner Zeitgenossen zu erschließen. Es gelte nicht nur die unerwarteten Versstrukturen aufzudecken, sondern die Geschichte einer großen Poesie zu entdecken.[74]

Und, so darf man hinzufügen, sie gleichberechtigt mit der gleichzeitigen poetischen Tradition des Westens, von den Troubadours und Dante bis zu den Petrarkisten und den ‹Metaphysical Poets›, zu behandeln.

Als Höhepunkt all dieser Lektüren erweisen sich die – durch zwei ganz außergewöhnliche Gedichte Radiščevs (1791) und Deržavins (1816) vorbereiteten – Analysen von nicht weniger als neun Gedichten Puškins, die gerade in ihrer Verschiedenheit dessen weltliterarischen Rang als Lyriker ins Licht rücken. Zugleich aber zeigen sich Jakobsons Gedichtinterpretationen wohl nirgends inspirierter und konzentrierter als hier, wo ihn vor allem der Wunsch leitet, bis ins Detail zu demonstrieren, worin eigentlich die Klassizität des unstrittigen Klassikers der russischen Literatur besteht. Eingeleitet von zwei Baudelaire-Analysen, findet dies seine Fortsetzung in der Präsentation von exemplarischen Texten der slowakischen, polnischen, bulgarischen, slowenischen und russischen, aber auch der rumänischen und neugriechischen Lyrik des 19. und beginnenden 20. Jahrhunderts, die schlagend vor Augen führt, an welchen lyrischen Schätzen ein westlicher Tunnelblick achtlos vorbeigeht.

3. Wirkung

Die Programmschrift *Linguistics and Poetics*, die englische Kurzfassung von *Poesie der Grammatik und Grammatik der Poesie* (1961, rev. 1968) und seine – gemeinsam mit Lévi-Strauss verfasste – Analyse von Baudelaires *Les Chats* (1961): damit hat Jakobson in der Literaturwissenschaft der sechziger und siebziger Jahre Schule gemacht – und allenfalls noch mit ein, zwei weiteren Gedichtanalysen: Shakespeares im englischen Sprachraum, eines weiteren Baudelaire-Gedichts im französischen, Brechts im deutschen. Dagegen nie mit dem polyglotten Spektrum und der komparatistischen Perspektivenvielfalt der Gesamtheit seiner Lektüren. Kein Wunder, dass es nach der Blütezeit des Strukturalismus recht still um den Literaturtheoretiker Jakobson geworden ist, zumal seine strukturalen Gedichtanalysen, abgesehen von Derrida[75] oder Szondi,[76] kaum je originell fortgeführt worden sind.

Fruchtbarer war vielmehr deren Übertragung, vor allem durch Lévi-Strauss,[77] Roland Barthes[78] und Christian Metz,[79] auf das – allerdings viel stärker von Vladimir Propp beeinflusste – Feld der strukturalen Erzähl- und Filmanalyse. Dabei erwies sich die Entgegensetzung von metaphorischem und metonymischem Verfahren als besonders wirkungsreich, die Jakobson vor allem in seinen *Randbemerkungen zur Prosa des Dichters Pasternak* (1935)[80] vorgenommen hatte. Im zweiten Teil der *Fundamentals of Language* (1956) integrierte Jakobson dann die «Polarität zwischen Metaphorik und Metonymik» in sein Zweiachsen-Modell der Sprache und skizzierte abschließend ihre jeweilige Dominanz in verschiedenen literarischen Gattungen (russische lyrische Lieder versus Heldenepik, allgemein: Poesie vs. Prosa), Epochen (Romantik und Symbolismus vs. Realismus), künstlerischen Richtungen (Surrealismus vs. Kubismus), Filmtechniken (Gesamtbildmontage mit Überblendungen vs. Großaufnahmen und Kamerafahrten), wie überhaupt in allen symbolischen Prozessen, etwa in Folklore (‹imitative› vs. ‹ansteckende› Magie) und Traumarbeit (‹Identifizierung› und ‹Symbolismus› vs. ‹Verdichtung› und ‹Verdrängung›).[81] Nicht zuletzt durch Jacques Lacans Engführung von Strukturalismus und Psychoanalyse vermittelt,[82] schloss sich daran eine Vielzahl von Erzählanalysen an.[83]

Eine weit weniger spektakuläre, dafür aber umso nachhaltigere Wirkung hatten schließlich Jakobsons grundlegende Beiträge zu einer komparatistischen Metrik: beginnend mit seinen detaillierten Untersuchungen *Über den tschechischen Vers – unter besonderer Berücksichtigung des russischen Verses* (1923) und *Toward a Description of Mácha's Verse* (1938),[84] streng strukturalistisch fortgeführt in den *Axioms of a Versification System. Exemplified by the Mordvinian Folksong* (gemeinsam mit John Lotz, 1941/1952),[85] der nicht von ungefähr Lévi-Strauss gewidmeten Analyse *The Modular Design of Chinese Regulated Verse* (1979)[86] und einer Anzahl von Metrikuntersuchungen zu verschiedenen slawischen und germanischen Literaturen,[87] schließlich im zweiten Drittel von *Linguistik und Poetik*[88] in einen weiten literaturtheoretischen Horizont gestellt.

Eine Literaturwissenschaft, die aus Bequemlichkeit oder Übermut dieses reiche theoretische Erbe ausschlüge, wäre auf Treibsand gebaut.

Literatur

1. Werkausgaben

Jakobson, Roman: O češskom stiche. Berlin 1923 (Dt.: Über den tschechischen Vers – unter besonderer Berücksichtigung des russischen Verses, übers. von Frank Boldt u. a., Bremen 1974).
- Selected Writings, 's-Gravenhage (ab 1966: Den Haag/Paris; ab 1979: Den Haag/Paris/New York; ab 1985: Berlin/New York/Amsterdam) 1962 ff. (bislang 8 Bde. erschienen).
- Form und Sinn. Sprachwissenschaftliche Betrachtungen, in Teilen übers. von Gabriele Stein, hg. von Eugenio Coseriu, München 1974.
- Hölderlin – Klee – Brecht. Zur Wortkunst dreier Gedichte, in Teilen übers. von Grethe Lübbe-Grothues, eingel. u. hg. von Elmar Holenstein, Frankfurt/M. 1976.
- Aufsätze zur Linguistik und Poetik, übers. von Regine Kuhn, hg. von Wolfgang Raible, Frankfurt/M. u. a. 1979.
- Poetik. Ausgewählte Aufsätze 1921–1971, hg. von Elmar Holenstein u. Tarcisius Schelbert, Frankfurt/M. ²1990.
- Semiotik. Ausgewählte Texte 1919–1982, hg. von Elmar Holenstein, Frankfurt/M. 1992.
- Poesie der Grammatik und Grammatik der Poesie. Sämtliche Gedichtanalysen. Kommentierte deutsche Ausgabe, eingel. u. hg. von Hendrik Birus u. Sebastian Donat, 2 Bde., Berlin/New York 2007.
- /Pomorska, Krystyna: Dialogues. Paris 1980 (Dt.: Poesie und Grammatik. Dialoge. Mit einem Verzeichnis der Veröffentlichungen Roman Jakobsons in deutscher Sprache 1921–1982, übers. von Horst Brühmann, Frankfurt/M. 1982).

2. Bibliographien

Jakobson, Roman: A Complete Bibliography of His Writings 1912–1982, hg. von Stephen Rudy, Berlin [im Druck].

3. Sonstige Sekundärliteratur

Barthes, Roland: Ein sehr schönes Geschenk [1971], in: Ders.: Das Rauschen der Sprache. Kritische Essays IV, übers. von Dieter Hornig, Frankfurt/M. 2006, S. 185–187.

Birus, Hendrik/Donat, Sebastian/Meyer-Sickendiek, Burkhard (Hg.): Roman Jakobsons Gedichtanalysen. Eine Herausforderung an die Philologien, Göttingen 2003.

– Der Leser Roman Jakobson – im Spannungsfeld von Formalismus, Hermeneutik und Poststrukturalismus, in: Jakobson, Roman: Poesie der Grammatik und Grammatik der Poesie. Sämtliche Gedichtanalysen. Kommentierte deutsche Ausgabe, eingel. u. hg. von Hendrik Birus u. Sebastian Donat, 2 Bde., Berlin/New York 2007, Bd. 1: Poetologische Schriften und Analysen zur Lyrik vom Mittelalter bis zur Aufklärung, S. XIII–XLVIII.

Culler, Jonathan: Jakobson's Poetic Analyses [1973], in: Ders.: Structuralist Poetics. Structuralism, Linguistics, and the Study of Literature, London 1975, S. 55–74 u. S. 268 f.

Friedrich, Hugo: Strukturalismus und Struktur in literaturwissenschaftlicher Hinsicht. Eine Skizze [1967], in: Schiwy, Günther (Hg.): Der französische Strukturalismus. Mode – Methode – Ideologie, Reinbek b. Hamburg 1969, S. 219–227.

Gadamer, Hans-Georg: Hegel und der Sprachforscher Roman Jakobson [1982], in: Jakobson, Roman/Gadamer, Hans-Georg/Holenstein, Elmar: Das Erbe Hegels II, Frankfurt/M. 1984, S. 13–20.

Genette, Gérard: Strukturalismus und Literaturwissenschaft [1966], übers. von Erika Höhnisch, in: Blumensath, Heinz (Hg.): Strukturalismus in der Literaturwissenschaft, Köln 1972, S. 71–88.

Holenstein, Elmar: Roman Jakobsons phänomenologischer Strukturalismus, Frankfurt/M. 1975.

– Einführung: Von der Poesie und der Plurifunktionalität der Sprache, in: Jakobson, Roman: Poetik. Ausgewählte Aufsätze 1921–1971, hg. von Elmar Holenstein u. Tarcisius Schelbert, Frankfurt/M. [2]1990, S. 7–60.

Lévi-Strauss, Claude: Strukturalismus und Literaturkritik [1965], übers. von Eva Moldenhauer, in: Ders.: Strukturale Anthropologie II, Frankfurt/M. 1992, S. 308–311.

– Die Lehren der Linguistik, in: Ders.: Der Blick aus der Ferne, übers. von Hans-Horst Henschen u. Joseph Vogl, Frankfurt/M. 1993, S. 213–224.

Piaget, Jean: Der Strukturalismus, übers. von Lorenz Häfliger, Olten/Freiburg i. B. 1973.

Posner, Roland: Strukturalismus in der Gedichtinterpretation. Textdeskription und Rezeptionsanalyse am Beispiel von Baudelaires ‹Les Chats› [1969], in: Blumensath, Heinz (Hg.): Strukturalismus in der Literaturwissenschaft, Köln 1972, S. 202–242.

Richards, I[vor] A[rmstrong]: Jakobson's Shakespeare: The Subliminal Structures of a Sonnet, in: Times Literary Supplement (28.5.1970), S. 589 f.

Ricœur, Paul: Hermeneutik und Strukturalismus. Der Konflikt der Interpretationen I, übers. von Johannes Rütsche, München 1974 [1969].

Riffaterre, Michael: Describing Poetic Structures: Two Approaches to Baudelaire's ‹Les Chats›, in: Yale French Studies 36/37 (1966), S. 200–242.

Todorov, Tzvetan: La poétique de Jakobson, in: Ders.: Théories du symbole, Paris 1977, S. 339–352.

Wolff, Reinhold: Strukturalismus und Assoziationspsychologie – Empirisch-pragmatische Literaturwissenschaft im Experiment: Baudelaires ‹Les Chats›, Tübingen 1977.

Anmerkungen

1 Jakobson, Poesie, Bd. 1: Poetologische Schriften und Analysen zur Lyrik vom Mittelalter bis zur Aufklärung, S. 1–123 [Erstdruck: Prag 1921]. Vgl. auch Jakobson, Roman: Futurismus [1919], in: Ders.: Aufsätze, S. 41–49.
2 Frisch, Max: Der Autor und das Theater [1964], in: Ders.: Gesammelte Werke in zeitlicher Folge, hg. von Hans Mayer unter Mitwirkung von Walter Schmitz, Bd. 5: 1964–1967. Mein Name sei Gantenbein. Kleine Prosaschriften, Frankfurt/M. 1976, S. 339–354, hier S. 342.
3 Jakobson, Roman: Kindersprache, Aphasie und allgemeine Lautgesetze, Frankfurt/M. 1969.
4 Jakobson, Roman/Halle, Morris: Grundlagen der Sprache, übers. von Georg Friedrich Meier, Berlin 1960.
5 Jakobson, Selected Writings, Bd. 4: Slavic Epic Studies, S. 106–300.
6 Schleiermacher, Friedrich Daniel Ernst: Hermeneutik und Kritik. Mit einem Anhang sprachphilosophischer Texte Schleiermachers, hg. u. eingel. von Frank, Manfred, Frankfurt/M. 1977, S. 83.
7 Jakobson, Aufsätze, S. 150–224.
8 Jakobson, Semiotik, S. 108–135.
9 Jakobson, Selected Writings, Bd. 7: Contributions to Comparative Mythology: Studies in Linguistics and Philology, S. 163–180.
10 Jakobson, Selected Writings, Bd. 5: On Verse: Its Masters and Explorers, S. 237–280.
11 Jakobson, Poetik, S. 158–191.
12 Jakobson, Poesie, Bd. 2: Analysen zur Lyrik von der Romantik bis zur Moderne, S. 740 f.
13 Vgl. Birus, Hendrik: Philologie als Kulturwissenschaft: Das Paradigma August Böckh, in: Akten des XI. Internationalen Germanistenkongresses Paris 2005, hg. von Jean-Marie Valentin unter Mitarbeit von Laure Gauthier, Bd. 5, Bern u. a. 2008, S. 21–25.
14 Vgl. Birus, Hendrik: Hermeneutik und Strukturalismus. Eine kritische Rekonstruktion ihres Verhältnisses am Beispiel Schleiermachers und Jakobsons, in: Birus/Donat/Meyer-Sickendiek, Gedichtanalysen, S. 11–37 u. S. 309–317.
15 Gesammelt in Starobinski, Jean: Wörter unter Wörtern. Die Anagramme von Ferdinand de Saussure, übers. von Henriette Beese, Frankfurt/M. u. a. 1980.
16 Vgl. allerdings schon Jakobsons früheres Lob des Zufalls in: Was ist Poesie?, in: Jakobson, Poetik, S. 67–82, hier S. 68.
17 Jakobson, Poesie, Bd. 2: Analysen zur Lyrik von der Romantik bis zur Moderne, S. 747 f.

18 Ebd., Bd. 1: Poetologische Schriften und Analysen zur Lyrik vom Mittelalter bis zur Aufklärung, S. 16.

19 Šklovskij, Viktor: Die Kunst als Verfahren, in: Striedter, Jurij (Hg.): Texte der russischen Formalisten, Bd. 1, München 1969, S. 2–35, hier S. 15.

20 Šklovskij, Viktor: Literatur ohne ‹Sujet›, in: Ders., Theorie der Prosa, hg. u. übers. von Gisela Drohla, Frankfurt/M. 1966, S. 163–185, hier S. 165.

21 Schleiermacher, Friedrich Daniel Ernst: Über den Begriff der Hermeneutik. Erste Abhandlung, in: Ders.: Akademievorträge, hg. von Martin Rössler unter Mitwirkung von Lars Emersleben, Berlin/New York 2002, S. 599–621, hier S. 610.

22 Vgl. Jakobson, Poesie, Bd. 1: Poetologische Schriften und Analysen zur Lyrik vom Mittelalter bis zur Aufklärung, S. 4.

23 Ebd., S. 8.

24 Vgl. Jakobson, Was ist Poesie? (wie Anm. 16), S. 78.

25 Tynjanov, Jurij: Über die literarische Evolution [1927], in: Striedter, Jurij (Hg.): Texte der russischen Formalisten, München 1969, Bd. 1, S. 432–461, hier S. 437. Vgl. Jakobsons Vorlesung: Die Dominante [1935], in: Jakobson, Poetik, S. 212–219, bes. S. 216.

26 Tynjanov, Literarische Evolution (wie Anm. 25), S. 451.

27 Schleiermacher, Friedrich Daniel Ernst: Allgemeine Hermeneutik von 1809/10, hg. von Wolfgang Virmond, in: Internationaler Schleiermacher-Kongreß 1984, hg. von Kurt-Victor Selge, Berlin/New York 1985, S. 1269–1310, hier S. 1296.

28 Vgl. Schleiermacher, Friedrich Daniel Ernst: Über den Begriff der Hermeneutik. Zweite Abhandlung, in: Ders.: Akademievorträge, hg. von Martin Rössler unter Mitwirkung von Lars Emersleben, Berlin/New York 2002, S. 623–641, hier S. 626 f.

29 Schleiermacher, Friedrich Daniel Ernst: Hermeneutik, hg. u. eingel. von Heinz Kimmerle, Heidelberg [2]1974, S. 83 u. ö.

30 Šklovskij, Kunst als Verfahren (wie Anm. 19), S. 33.

31 Tynjanov, Literarische Evolution (wie Anm. 25), S. 437 u. 439.

32 Jakobson, Roman: Andrew Marvells Gedicht «An seine spröde Herrin» [1959], in: Ders.: Poesie, Bd. 1: Poetologische Schriften und Analysen zur Lyrik vom Mittelalter bis zur Aufklärung, S. 673–687, hier S. 678.

33 Ebd., S. 272.

34 Ebd., S. 686.

35 Jakobson, Poesie, Bd. 1: Poetologische Schriften und Analysen zur Lyrik vom Mittelalter bis zur Aufklärung, S. 15. Vgl. hierzu Hansen-Löve, Aage A.: Der russische Formalismus. Methodologische Rekonstruktion seiner Entwicklung aus dem Prinzip der Verfremdung, Wien 1978, bes. S. 212–215.

36 Jakobson, Poesie, Bd. 1: Poetologische Schriften und Analysen zur Lyrik vom Mittelalter bis zur Aufklärung, S. 168.

37 Ebd.

38 Vgl. Bühler, Karl: Sprachtheorie. Die Darstellungsfunktion der Sprache, ungekürzter Neudruck d. Ausg. von 1934, Stuttgart/New York 1982, S. 24–33.

39 Vgl. Jakobson, Poesie, Bd. 1: Poetologische Schriften und Analysen zur Lyrik vom Mittelalter bis zur Aufklärung, S. 162–173.

40 Zit. nach Holenstein, Strukturalismus, S. 142–157, hier S. 143.
41 Jakobson, Poesie, Bd. 1: Poetologische Schriften und Analysen zur Lyrik vom Mittelalter bis zur Aufklärung, S. 170.
42 Ebd., S. 195.
43 Derrida, Jacques: Kraft und Bedeutung, in: Ders.: Die Schrift und die Differenz, übers. von Rodolphe Gasché, Frankfurt/M. 1976, S. 9–52, hier S. 46.
44 Vgl. Roman Jakobson: Zur Struktur des russischen Verbums [1932], in: Ders.: Selected Writings, Bd. 2: Word and Language, S. 3–15.
45 Roman Jakobson: Beitrag zur allgemeinen Kasuslehre. Gesamtbedeutungen der russischen Kasus [1936], in: Ders.: Selected Writings, Bd. 2: Word and Language, S. 23–71.
46 Jakobson, Roman: Shifters, Verbal Categories, and the Russian Verb [1957], in: Ders.: Selected Writings, Bd. 2: Word and Language, S. 130–147.
47 Jakobson, Poesie, Bd. 1: Poetologische Schriften und Analysen zur Lyrik vom Mittelalter bis zur Aufklärung, S. 465.
48 Ebd., S. 276 f. u. S. 295.
49 Ebd., Bd. 2: Analysen zur Lyrik von der Romantik bis zur Moderne, S. 699–708.
50 Ebd., S. 216 f.
51 Ebd., S. 469.
52 Zur Opposition ‹merkmalhaft› vs. ‹merkmallos› vgl. Jakobson, Roman: Zur Notwendigkeit einer sachlichen und terminologischen Unterscheidung [1974], in: Ders.: Aufsätze, S. 279 f.
53 Jakobson, Poesie, Bd. 1: Poetologische Schriften und Analysen zur Lyrik vom Mittelalter bis zur Aufklärung, S. 509–535.
54 Ebd., S. 285–295.
55 Ebd., S. 295.
56 Vgl. Jakobson, Roman: Der grammatische Parallelismus und seine russische Spielart [1966], in: Ders.: Poesie, Bd. 1: Poetologische Schriften und Analysen zur Lyrik vom Mittelalter bis zur Aufklärung, S. 303–364.
57 Šklovskij, Literatur (wie Anm. 20), S. 174 f.
58 Genette, Strukturalismus, S. 78.
59 Vgl. Jakobson, Poesie, Bd. 1: Poetologische Schriften und Analysen zur Lyrik vom Mittelalter bis zur Aufklärung, S. 561–567.
60 Vgl. ebd., Bd. 2: Analysen zur Lyrik von der Romantik bis zur Moderne, S. 211–216.
61 Vgl. ebd., S. 698–701.
62 Gadamer, Hegel, S. 18.
63 Ebd., S. 20.
64 Ebd.
65 Szondi, Peter: Lecture de ‹Strette›. Essai sur la poésie de Paul Celan, in: Critique 288 (1971), S. 387–420 (Dt.: Durch die Enge geführt. Versuch über die Verständlichkeit des modernen Gedichts, in: Peter Szondi: Schriften II: Essays: Satz und Gegensatz. Lektüren und Lektionen. Celan-Studien, hg. von Jean Bollack u. a., Frankfurt/M. 1978, S. 345–389).
66 Jakobson, Poesie, Bd. 1: Poetologische Schriften und Analysen zur Lyrik vom Mittelalter bis zur Aufklärung, S. 367.

67 Ebd., S. 377.
68 Ebd., S. 386.
69 Ebd., Bd. 2: Analysen zur Lyrik von der Romantik bis zur Moderne, S. 726.
80 Vgl. ebd., S. 721–724.
71 Jakobson, Selected Writings, Bd. 6/1: Comparative Slavic Studies: The Cyrillo-Methodian Tradition, S. 207.
72 Jakobson, Poesie, Bd. 1: Poetologische Schriften und Analysen zur Lyrik vom Mittelalter bis zur Aufklärung, S. 392 f.
73 Ebd., S. 421 f.
74 So Erika Grebers Kommentar in: Jakobson, Poesie, Bd. 1: Poetologische Schriften und Analysen zur Lyrik vom Mittelalter bis zur Aufklärung, S. 472.
75 Vgl. etwa Derrida, Jacques: Die zweifache Séance [1970], in: Ders.: Dissemination, hg. von Peter Engelmann, übers. von Hans-Dieter Gondek, Wien 1995, S. 193–322.
76 Vgl. Szondi, Peter: Poetry of Constancy – Poetik der Beständigkeit: Celans Übertragung von Shakespeares Sonett 105 [1971], in: Szondi, Schriften II (wie Anm. 65), S. 321–344.
77 Vgl. Lévi-Strauss, Claude: Die Struktur der Mythen [1955], in: Ders.: Strukturale Anthropologie [1], übers. von Hans Naumann, Frankfurt/M. 1971, S. 226–254.
78 Vgl. Barthes, Roland: S/Z, übers. von Jürgen Hoch, Frankfurt/M. 1976, ferner Ders.: Die strukturale Erzählanalyse. Zur Apostelgeschichte 10–11 [1969], in: Ders.: Das semiologische Abenteuer, übers. von Dieter Hornig, Frankfurt/M. 1988, S. 223–250; Ders.: Der Kampf mit dem Engel. Textanalyse der Genesis 32,23–33, in: Ebd., S. 251–265; Ders.: Textanalyse einer Erzählung von Edgar Allan Poe, in: Ebd., S. 266–298.
79 Vgl. Metz, Christian: Metapher/Metonymie oder Der imaginäre Referent, in: Ders.: Der imaginäre Signifikant. Psychoanalyse und Kino, übers. von Dominique Blüher u. a., Münster 2000, S. 112–229.
80 Jakobson, Poetik, S. 192–211.
81 Jakobson, Roman: Die zwei Seiten der Sprache und zwei Typen aphatischer Störungen [1956], in: Jakobson, Aufsätze, S. 117–141, bes. S. 133–139.
82 Vgl. Lacan, Jacques: Das Drängen des Buchstabens im Unbewußten oder Die Vernunft seit Freud, übers. von Norbert Haas, in: Ders.: Schriften II, hg. von Norbert Haas, Olten 1975, S. 15–55 und Ders.: Die Metapher des Subjekts, übers. von Chantal Creusot u. Norbert Haas, in: Ebd., S. 56–59.
83 Vgl. etwa Genette, Gérard:, Métonymie chez Proust, in: Ders.: Figures III, Paris 1972, S. 41–63; Lodge, David: The Modes of Modern Writing. Metaphor, Metonymy, and the Typology of Modern Literature, Ithaca, NY 1977; Rüegg, Maria: Metaphor and Metonymy: The Logic of Structuralist Rhetoric, in: Glyph 6 (1979), S. 141–157; Bredin, Hugh: Roman Jakobson on Metaphor and Metonymy, in: Philosophy and Literature 8 (1984), S. 89–103 u. Surette, Leon: Metaphor and Metonymy: Jakobson Reconsidered, in: University of Toronto Quarterly 56 (1987), S. 557–574.
84 Jakobson, Selected Writings, Bd. 5: On Verse: Its Masters and Explorers, S. 433–485.

85 Jakobson, Roman: Axiome eines Verssystems, am mordwinischen Volkslied dargelegt, übers. von Wolfgang Klein, in: Ihwe, Jens (Hg.): Literaturwissenschaft und Linguistik. Ergebnisse und Perspektiven, Bd. 3, Frankfurt/M. 1972, S. 78–85.

86 Jakobson, Selected Writings, Bd. 5: On Verse: Its Masters and Explorers, S. 215–223.

87 Gesammelt in: Jakobson, Selected Writings, Bd. 5: On Verse: Its Masters and Explorers, S. 131–214 u. S. 486–537.

88 Jakobson, Poesie, Bd. 1: Poetologische Schriften und Analysen zur Lyrik vom Mittelalter bis zur Aufklärung, S. 170–188. Im deutschen Sprachraum hieran vor allem anknüpfend vgl. Schädlich, Hans-Joachim: Über Phonologie und Poetik [1969], in: Ihwe, Jens (Hg.): Literaturwissenschaft und Linguistik. Ergebnisse und Perspektiven, Bd. 3, Frankfurt/M. 1972, S. 42–60 (wie Anm. 85); Wagenknecht, Christian: Weckherlin und Opitz. Zur Metrik der deutschen Renaissancepoetik, München 1971 u. Ders.: Deutsche Metrik. Eine historische Einführung, München ^{5}2007. Komparatistisch unübertroffen Gasparov, Michail L.: A History of European Versification, übers. von Gerald S. Smith u. Marina Tarlinskaja, hg. von Gerald S. Smith u. Leofranc Holford-Strevens, Oxford 1996.

Michael Scheffel

Käte Hamburger
(1896–1992)

I. Leben

Käte Hamburger wurde am 21. September 1896 in Hamburg als Kind des jüdischen Bankiers John Hamburger und seiner Ehefrau Herta geboren. Als Tochter aus gutbürgerlichem Hause besuchte sie ebendort von 1912 bis 1917 das Wendtsche Realgymnasium für Mädchen des Vereins für Frauenbildung und Frauenstudium und legte am traditionsreichen *Johanneum* ihr Abitur ab. Noch während des Ersten Weltkriegs, ab dem Sommersemester 1917, begann Hamburger das Studium der Fächer Kunstgeschichte, Geschichte und Literaturgeschichte in Berlin, das sie im Wintersemester 1918/19 mit dem neuen Hauptfach Philosophie in München fortsetzte. Im Fach Philosophie wurde sie hier 1922 mit der bei Clemens Baeumker verfertigten Dissertation *Schillers Analyse des Menschen als Grundlegung seiner Geschichts- und Kulturphilosophie. Ein Beitrag zum Problem des Individualismus, dargestellt auf Grund seiner philosophischen Schriften* promoviert. Die Zeit von 1922 bis 1928 verbrachte sie als Buchhändlerin und Privatgelehrte in Hamburg, wo sie an der Universität u. a. Vorlesungen von Ernst Cassirer hörte. Ab 1928 war sie in Berlin als ‹Privatassistentin› (d. h. ohne offizielle Anstellung an der Berliner Universität) des Philosophen Paul Hofmann tätig. In diesen Jahren publizierte sie neben ersten Aufsätzen zu Jean Paul und Novalis eine Monographie zu Thomas Mann (*Thomas Mann und die Romantik*, 1932), die der Verlag Junker und Dünnhaupt infolge der so genannten ‹Machtergreifung› der Nationalsozialisten schon wenige Monate nach ihrem Erscheinen wieder einstampfen ließ, wobei die Schrift selbst immerhin zum Anlass für Hamburgers persönliche Bekanntschaft und einen lebenslangen Briefwechsel mit Thomas Mann wurde.

Im Herbst 1933 ging Hamburger für einen einjährigen Studienaufenthalt nach Dijon, wo sie eine Schwedin kennen lernte, die es ihr ermöglichte, 1934 nach Göteborg zu emigrieren, wohin sie 1939 auch ihre Mutter retten konnte. In ihrem Asylland Schweden, dessen Sprache sie lernte und dessen Staatsbürgerschaft sie annahm und bis zu ihrem Tode behielt, lebte Hamburger gut 20 Jahre lang unter schwierigen Umständen. Um den Lebensunterhalt für sich und ihre Mutter im Exil zu verdienen, gab sie Deutschunterricht und arbeitete für verschiedene schwedische Tageszeitungen und Zeitschriften als freie Kulturjournalistin. In schwedischer Sprache veröffentlichte sie außerdem Monographien u. a. zu Tolstoj und Rilke.

In der Nachkriegszeit versuchte Hamburger zunächst vergeblich, eine akademische Tätigkeit an einer bundesdeutschen Universität aufzunehmen. Erst auf die Initiative von Fritz Martini hin wurde sie 1957 an der Universität Stuttgart – als erste Frau in der Bundesrepublik Deutschland – für Neuere deutsche Literaturwissenschaft habilitiert, mit der *Logik der Dichtung* als Habilitationsschrift und der Venia Legendi für Allgemeine und Vergleichende Literaturwissenschaft, und 1959 zur außerplanmäßigen Professorin ernannt. An der Universität Stuttgart war Hamburger – mit wenigen Unterbrechungen durch Gastprofessuren in den USA – bis 1976 tätig. In den Jahren davor und danach wurde sie vielfach und hoch geehrt: so z. B. 1966 mit dem Großen Bundesverdienstkreuz und 1989 mit dem Schiller-Gedächtnispreis des Landes Baden-Württemberg. Zu ihren späten, noch in hohem Alter verfassten Schriften zählen – neben Aufsätzen u. a. zu Lawrence Sternes *Tristram Shandy* (1759–1767), zu Heinrich Heine, Rainer Maria Rilke, Friedrich Schiller und Thomas Mann – auch mehrere Monographien, darunter zwei grundlegende Studien zum Problem der Wahrheit (*Wahrheit und ästhetische Wahrheit*, 1979) und dem des Mitleids (*Das Mitleid*, 1985). Am 8. April 1992 starb Hamburger in Stuttgart.

2. Werk

Käte Hamburger hat im Verlauf ihres langen Lebens eine große Zahl von literaturwissenschaftlichen Studien vorgelegt, die einem breiten Spektrum von Themen gelten. Betrachtet man ihr Gesamtwerk, so hat sie in ihren Aufsätzen und Monographien zahlreiche Autoren und Werke der nicht nur deutschsprachigen Literatur von der Antike bis zum 20. Jahrhundert behandelt und sich neben thematologischen, poetologischen und ‹problemgeschichtlichen› Untersuchungen vor allem der differenzierten Analyse einzelner literarischer Werke gewidmet. Dabei hat sie sich wiederholt für den

Zusammenhang von Philosophie und Literatur sowie für Literatur als «Ideendichtung»[1] interessiert. Als Literaturtheoretikerin im engeren Sinne ist Hamburger – sieht man von wenigen Aufsätzen und ihrer nicht allein auf das Wahrheitsproblem in der Dichtung bezogenen Studie zum Verhältnis von Wahrheit und Ästhetik ab (*Wahrheit und ästhetische Wahrheit*) – dagegen nur mit ihrer Monographie *Die Logik der Dichtung* hervorgetreten. Dieses ab den sechziger Jahren auch im internationalen Kontext ungewöhnlich viel beachtete und, wie z. B. Eberhard Lämmert bemerkte, «fulminante»[2] *opus magnum* hat ausgereicht, um Hamburger wohl unbestritten zu einer «Klassikerin der Literaturtheorie»[3] werden zu lassen.

Die noch im schwedischen Exil verfasste *Logik der Dichtung* ist in einer ersten Ausgabe 1957 und in einer erheblich überarbeiteten und erweiterten zweiten Auflage 1968 erschienen. Der geistesgeschichtliche Kontext, in dem das Werk wurzelt, reicht in die Zeit von Hamburgers Studium in Deutschland zurück, d. h. in die Philosophie der zwanziger Jahre und hier insbesondere die Phänomenologie, die Existenzphilosophie sowie die Philosophie der symbolischen Formen von Ernst Cassirer. Einen Anschluss an diesen, für kurze Zeit ebenfalls im Exil in Göteborg lebenden Philosophen deutet nicht zuletzt der Titel des Werkes an, der auf Cassirers *Zur Logik der Kulturwissenschaften* (1942) anspielt und gewissermaßen ein Komplement zu dessen Studien verheißt, in denen die Dichtung selbst weitgehend ausgeklammert blieb. Ungeachtet einer Reihe von solchen mehr oder minder unmittelbaren Bezügen allerdings gilt: Kaum ein Theorieentwurf schert so entschieden aus den Traditionslinien der philosophischen Ästhetik aus, kaum einer hat die überlieferten Kategorien des poetischen Gattungssystems so grundlegend in Frage gestellt.[4]

Im Ansatz hat Hamburger ihre *Logik der Dichtung* als eine besondere Form von ‹Sprachtheorie› angelegt, die sich der Frage nach der *differentia specifica* der dichterischen Sprache widmet: «Die Logik der Dichtung als Sprachtheorie der Dichtung hat zum Gegenstand das Verhältnis der Dichtung zum allgemeinen Sprachsystem.»[5] Aus methodologischer Sicht außergewöhnlich und aus heutiger Sicht nicht immer leicht nachzuvollziehen ist Hamburgers Entwurf einer «Logik der Dichtung» insofern, als er de facto eben nicht konsequent sprachtheoretisch angelegt ist, sondern ganz unterschiedlichen Denktraditionen entstammende Überlegungen aus der Sprach-, der Erkenntnis-, der Fiktionalitäts-, der Dichtungs- und der Gattungstheorie aufgreift und durchaus eigenwillig weiterdenkt und verknüpft.

Eine eigentümliche Form von Eklektizismus prägt schon den erkenntnistheoretischen Ansatz von Hamburgers Studie, der die Konzepte von ‹Phänomenologie› und ‹Logik› in origineller Weise nutzt. Im Unterschied zur sehr viel weiteren Extension des Begriffs im Kontext seiner Verwendung durch Georg Wilhelm Friedrich Hegel oder Edmund Husserl meint ‹Phänomenologie› bei Hamburger zunächst einmal nur ‹am Phänomen orientiert› in dem Sinne, dass ein Phänomen in seiner Gegebenheit als solches beschreibend erfasst werden soll. Gleichwohl strebt Hamburger keine rein «deskriptive», sondern eine «symptomatische Beschreibungsmethode»[6] an. Diese Spezifikation wiederum leitet Hamburger aus einer im Kontext seiner Überlegungen zur Morphologie entstandenen erkenntnistheoretischen Überlegung des alten Goethe ab: «Das Höchste wäre: zu begreifen, daß alles Faktische schon Theorie ist. Die Bläue des Himmels offenbart uns das Grundgesetz der Chromatik. Man suche nur nichts hinter den Phänomenen: sie selbst sind die Lehre.»[7] Im Geiste dieser Sätze aus Goethes *Maximen und Reflexionen* versucht Hamburger zu verbinden, was nach modernem Wissenschaftsverständnis kaum zu verbinden ist. So möchte sie die Phänomene einerseits möglichst unmittelbar, d. h. frei von aller Interpretation erfassen, und andererseits – im Unterschied etwa zu den primär taxonomischen Ansätzen von Formalismus oder Strukturalismus – doch nicht bloß in ihrer Verfasstheit als solche beschreiben, sondern zugleich als «Lehre» begreifen. Als eine solche «Lehre» im Goethe'schen Sinn lassen sich die Phänomene für Hamburger deshalb verstehen, weil sie immer auch Ausdruck von über sie selbst hinausweisenden Gesetzmäßigkeiten sind.

Welche Phänomene hat Hamburger im Blick, wenn sie von Symptomen für eine noch genauer zu bestimmende «verborgene logische Struktur» im Fall der Sprache der «als Kunst der Sprache oder aus Sprache»[8] verstandenen Dichtung[9] spricht? Um das induktive Prinzip ihres Ansatzes zu verstehen, ist es hilfreich, zunächst nicht dem Aufbau der in *Die Logik der Dichtung* entfalteten Argumentation, sondern der Genese von Hamburgers Studie zu folgen. Tatsächlich sind der durch ihre Tätigkeit als Fremdsprachenlehrerin für grammatische Eigenheiten sensibilisierten Hamburger wohl zuallererst Sätze in literarischen Texten aufgefallen, die den Regeln der alltäglichen Sprachverwendung offensichtlich widersprechen. Berühmt geworden sind zwei kurze Sätze, die Hamburger einem Roman der seinerzeit auch als ‹kleiner Fontane› gefeierten deutsch-jüdischen Erfolgsautorin Alice Berend (*Die Bräutigame der Babette Bomberling*, 1915) entnommen hat: «Aber am Vormittag hatte sie den Baum zu putzen. Morgen war Weihnachten.»[10] Diese und eine Reihe von strukturell vergleichbaren Beispielen wertet Hamburger als Hinweise darauf, dass im Fall der Dichtung die der gewöhnlichen «Wirklichkeitsaussage sozusagen eingeborenen logisch-grammatischen Gesetze ihr Gültigkeit verloren haben».[11] Denn wider die Regeln der alltäglichen Sprache wird etwa in dem hier zitierten Beispiel ein in die Zukunft verweisendes, deiktisches Zeitadverb («morgen») mit dem in die Vergangenheit verweisenden Verbtempus Imperfekt («war») verbunden. Auf der Basis von welcher «Logik» ist solch ein ‹Regelverstoß› möglich, ja, wieso kann er in der dichterischen Sprache seinerseits geradezu zur Regel werden?

Um die in dem skizzierten sprachlichen Phänomen enthaltene «Lehre» zu ergründen, stellt Hamburger im Rahmen der in ihrer *Logik der Dichtung* entfalteten Argumentationslinie zunächst allgemeine theoretische Überlegungen zur besonderen Seinsweise der literarischen Fiktion und zum «Aussagesystem der Sprache»[12] an. Zu Hamburgers Prämissen gehört hier, dass die Fiktionalität für die Mehrzahl der Dichtungsgattungen grundlegend ist, d. h. dass jedenfalls erzählende und dramatische Dichtungen ihren Rezipienten grundsätzlich «das Erlebnis der Fiktion oder der Nicht-Wirklichkeit» vermitteln.[13] Was genau aber bedeutet «Fiktion»? Hamburger beantwortet diese Frage, indem sie in scharfer Abgrenzung zu Hans Vaihingers *Philosophie des Als Ob* (1911) und Roman Ingardens Begriff des «Quasi-Urteils» – den dieser in *Das literarische Kunstwerk*, 1931/60, ausgearbeitet hat – eine eigene Position entwickelt. Der vor allem in den zwanziger und dreißiger Jahren sehr populäre und in Preußen sogar in ‹Volksausgaben› verbreitete Vaihinger hatte wissenschaftliche, d.h. mathematische, physikalische, juristische etc. Fiktionen und «ästhetische Fiktionen» theoretisch grundsätzlich gleichgestellt und als – aus lebenspraktischer Sicht – nützliche, aber im Gegensatz zur «Wirklichkeit» stehende Formen des «Als ob» bestimmt.

Im Unterschied zu Vaihinger und seinen Nachfolgern hält Hamburger es dagegen für falsch, das Phänomen der literarischen Fiktion wie das der wissenschaftlichen Fiktion zu behandeln und mit der «Struktur des Fingiertseins» und der Form des «Als Ob» zu erklären. Und zwar deshalb, weil diese Form sowohl einen unmittelbaren Bezug auf die historische Wirklichkeit als auch die Idee der Täuschung impliziere. «Schiller», so veranschaulicht sie an einem berühmten Beispiel, «hat Maria Stuart nicht gestaltet, als ob sie die wirkliche wäre. Wenn wir sie, wenn wir eine jede Roman- und Dramenwelt dennoch als fiktive apperzipieren, so beruht das nicht auf einer Als Ob-Struktur, sondern, wie wir sagen können, auf einer *Als-Struktur.*»[14] Die hier vorgenommene Bestimmung der Fiktion im Sinne einer «Als-Struktur» ist für Hamburgers Ansatz zentral. «Unwillkürlich», so erläutert Hamburger, «hat einmal Theodor Fontane diese Definition der literarischen Fiktion gegeben: Ein Roman «soll uns [...] eine Geschichte erzählen, an die wir *glauben*», und meint damit, «er soll uns eine Welt der Fiktion auf Augenblicke als eine Welt der Wirklichkeit erscheinen [...] lassen».[15] In dem, was Fontane hier anlässlich einer Rezension von Gustav Freytags *Ahnen* gewissermaßen en passant und im Blick auf den Roman des Realismus formuliert, sieht Hamburger das Wesen aller literarischen Fiktion erfasst.

Der Ausdruck «als Wirklichkeit erscheinen» bestimmt für Hamburger präzise die besondere Seinsweise der literarischen Fiktion. In ihrem Sinne bedeuten die drei Worte dieser Formulierung, dass hier ein «Schein von Wirklichkeit»[16] erzeugt wird, wobei Hamburger diesen «Schein von Wirklichkeit» allerdings in einem sehr viel weiteren und letztlich doch verschiedenen Sinn als der programmatische Realist Fontane versteht. Anders als dieser beruft sich die Neoaristotelikerin Hamburger ausdrücklich nicht auf das Prinzip einer als Imitatio verstandenen Mimesis, sondern auf das der Darstellung von Wirklichkeit.[17] Für Hamburger – und diesen grundlegenden Aspekt hat man zuweilen übersehen – gilt die Rede vom «Schein von Wirklichkeit» vollkommen unabhängig vom Inhalt des Erzählten, d. h. vom Wahrscheinlichkeitsgrad dessen, was die literarische Fiktion jeweils zur Anschauung bringt. Gerade im Blick auf die erkennbar nichtrealistischen Formen von Dichtung, wie z. B. das Märchen, die Science Fiction oder die Phantastik, gibt sich die spezifische Qualität der literarischen

Fiktion nach Hamburger besonders deutlich zu erkennen. «Auch das Märchen», so sagt sie,

> erscheint als Wirklichkeit, solange wir lesend oder zuschauend in ihm verweilen, doch nicht so, als ob es eine Wirklichkeit wäre. Denn das Als Ob enthält das Bedeutungsmoment der Täuschung, damit den Bezug auf eine Wirklichkeit, der eben deshalb im Konjunktiv irrealis formuliert ist, weil die Als Ob-Wirklichkeit nicht die Wirklichkeit *ist*, die sie vorgibt zu sein. Die Als-Wirklichkeit aber ist Schein, Illusion von Wirklichkeit, und das heißt Nicht-Wirklichkeit oder Fiktion.[18]

Auf der Grundlage eines Konzepts von Dichtung als ‹Darstellung› (und nicht ‹Nachahmung›) erklärt Hamburger die literarische Fiktion also im Sinne einer – um eine von ihr selbst nicht benutzte Wendung zu gebrauchen – imaginären Objektivität, die sich nach spezifischen Regeln konstituiert. Als solche hat die literarische Fiktion einen anderen Status als die Täuschung, weil sie autonom, d. h. von der historischen Wirklichkeit unabhängig ist. Dementsprechend unterscheidet Hamburger grundsätzlich zwischen ‹fingiert› («Als ob-Struktur», «Täuschung») und ‹fiktiv› («Als-Struktur» in Hamburgers Terminologie; zu verstehen als eine imaginäre Objektivität, die nichts anderes scheinen möchte als sie ist, nämlich «Schein von Wirklichkeit»).[19]

Um nun die besonderen Regeln des mit Hilfe der Sprache erzeugten «Scheins von Wirklichkeit» in der Dichtung zu ermitteln, stellt Hamburger zunächst allgemeine Überlegungen zum «Aussagesystem der Sprache» an. In diesem Zusammenhang greift sie auf Karl Bühlers *Sprachtheorie* (1934) und das hier entwickelte «Organonmodell» zurück. Bühlers berühmtem, einen bereits in Platons *Kratylos* zu findenden Gedanken aufgreifenden Modell zufolge ist die Sprache ein Werkzeug, das es einer Person ermöglicht, einer anderen Person etwas mitzuteilen.[20] Da sich Hamburger nicht für eine im Blick auf pragmatische Sprechhandlungen konzipierte Mitteilungs-, sondern eine logisch fundierte Aussagetheorie interessiert, reformuliert und verkürzt sie die in dem Bühler'schen Modell vorgesehene Dreiecksbeziehung von ‹Sender›, ‹Empfänger› und ‹Gegenstand› einer Mitteilung in einem entscheidenden Sinn. Im Unterschied zu Bühler spricht sie nicht vom Sender-Ich der Mitteilung, sondern vom Aussage-Subjekt der Sprache und versteht als dessen Gegenbegriff nicht ein Aussage-Du, sondern das, was sie das Aussage-Objekt nennt, womit sie wiederum nicht den Empfänger, sondern den Gegenstand einer Aussage meint. Eine Aussage ist für Hamburger demzufolge nicht mehr und nicht weniger als «die Aussage eines Subjekts über ein Objekt».[21] Im Sinne dieser einfachen Begriffsbestimmung der Aussage, die sie als allgemeine «Strukturformel» der Sprache wertet,[22] betrachtet Hamburger das Aussagesubjekt als das entscheidende «Strukturelement» der Sprache. Daraus wiederum folgt, dass für Hamburger «alle Aussage Wirklichkeitsaussage»[23] ist, weil sie sich durch ein – wenn auch im Einzelnen unterschiedlich geartetes – reales Aussagesubjekt in Gestalt einer an ein jeweils historisches raumzeitliches Koordinatensystem gebundenen «Ich-Origo» konstituiert.

Die skizzierten theoretischen Voraussetzungen bilden den Hintergrund, vor dem Hamburger das Profil und die Voraussetzungen der Eigenheiten der Sprache in der Dichtung nunmehr präziser zu erfassen und zu erläutern versucht. Infolge des genauen Blicks auf eine Reihe von Textbeispielen ermittelt sie als Eigenheiten der dichterischen Sprache eine Modifikation des Tempussystems der Sprache – d. h. das Präteritum signalisiert in der Form des ‹epischen Präteritums› eine ‹fiktive Gegenwart› und verliert damit seine grammatische Funktion, das Vergangene des Erzählten zu bezeichnen;[24] den Verlust der «deiktische[n], existentielle[n] Funktion»[25] von deiktischen Zeit- und Raumadverbien wie ‹heute›, ‹gestern›, ‹morgen›, ‹hier› und ‹dort› – d. h. diese Adverbien beziehen sich nicht auf einen in der historischen Wirklichkeit von Autor und Leser irgendwann und irgendwo zu lokalisierenden Ort, sondern auf das fiktive Hier und Jetzt der Figuren und damit auf eine Niemalszeit und einen Nirgendort; schließlich die Anwendung von Verben innerer Vorgänge – verstanden als Verben des Wahrnehmens, Denkens, Empfindens – auf dritte Personen.[26] An dem oben zitierten Beispiel von Alice Berend verdeutlicht: In den Sätzen «Aber am Vormittag hatte sie den Baum zu putzen. Morgen war Weihnachten.» bezeichnet das Präteritum keine Vergangenheit, sondern die Gegenwart und sogar Zukunft der erlebenden Figur; das Zeitadverb ‹morgen› hat als Bezugspunkt ebenfalls das Erleben der Figur, und beide, in Gestalt der erlebten Rede verfassten Sätze öffnen dem Leser das Bewusstsein der Figur in der grammatischen Form der dritten Person, so dass man am ‹Denken› der Figur teilhaben kann, ohne dass diese als Aussagesubjekt agiert.

Die genannten Merkmale wertet Hamburger als Beleg dafür, dass jedenfalls im Fall der epischen Fiktion ein signifikanter Unterschied zum «allgemeinen Sprachsystem» besteht. Tatsächlich unterliegen die Sätze der fiktionalen Erzählung für Hamburger eben deshalb besonderen Regeln, weil ihnen das Aussagesubjekt fehlt, das am Ursprung aller nichtfiktionalen Sätze steht. Anders gewendet: Aus ihrer Beobachtung einer Modifikation des Tempussystems der Sprache, des Verlusts der deiktischen Funktion der Zeit- und Raumadverbien sowie der Anwendung von Verben innerer Vorgänge auf dritte Personen schließt Hamburger, dass kein reales oder fiktives Subjekt existiert, das diese Sätze zu einer bestimmten Zeit und an einem bestimmten Ort äußert und das auf diese Weise ein an eine konkrete Person gebundenes «Erfahrungs- oder Erlebnisfeld» artikuliert. Konsequenterweise gibt es im Fall der fiktionalen Erzählung für Hamburger auch keinen «Erzähler» (im Sinne einer bestimmten, an Zeit und Raum gebundenen fiktiven Person),[27] sondern nur «den erzählenden Dichter und sein Erzählen».[28] Dabei ist «Erzählen» in einem spezifischen Sinn zu verstehen. Denn der historische Autor macht keine Aussagen, d. h. er erzählt nicht von den Figuren, sondern bringt sie erzählend hervor. Mit anderen Worten, so Hamburgers viel zitierte Formulierung: «Zwischen dem Erzählten und dem Erzählen besteht kein Relations- und das heißt Aussageverhältnis, sondern ein Funktionszusammenhang.»[29] Das Erzählen erscheint in diesem besonderen Fall also als eine «Funktion», die das Erzählte erzeugt, «die *Erzählfunktion*, die der Dichter handhabt wie etwa der Maler Farbe und Pinsel».[30]

Der mit dem Prinzip des sprachlich erzeugten «Scheins von Wirklichkeit» logisch verbundenen Abwesenheit eines bestimmten Aussagesubjekts entspricht für Hamburger weiterhin die Anwesenheit fiktiver «Ich-Origines» in der literarischen Fiktion, verstanden als «Bezugssysteme, die mit einem die Fiktion in irgendeiner Weise erlebenden realen Ich, dem Verfasser oder dem Leser, erkenntnistheoretisch und damit temporal nichts zu tun haben».[31] Die Möglichkeit solcher fiktiver «Ich-Origines» begründet zugleich die eigentliche Leistung des fiktionalen Erzählens: «Die epische Fiktion», so Hamburger, «ist der einzige sowohl sprach- wie erkenntnistheoretische Ort, wo von dritten Personen nicht oder nicht nur als Objekten, sondern auch als Subjekten gesprochen, d. h. die Subjektivität einer dritten Person *als* einer dritten dargestellt werden kann».[32]

Auf diese Weise, so ließe sich Hamburger ergänzen, ermöglicht die epische Fiktion, was im alltäglichen Leben unmöglich ist: dass wir scheinbar unmittelbar Zutritt zur Innenwelt, d. h. zum Träumen, Denken und Fühlen Dritter erhalten – und das auch in solchen Fällen, in denen diese sich ihres eigenen Denkens nicht bewusst, d. h. im Verhältnis zu sich selbst sprachlos sind – wie das etwa bei vielen Protagonisten von Erzähltexten der Moderne von Georg Büchner bis Arthur Schnitzler, James Joyce und Franz Kafka zu beobachten ist.

Von hier aus, d. h. von einem Verständnis der epischen Fiktion als Idealtyp der literarischen Fiktion in Gestalt des «logisch und sprachlich reinste[n] Fiktionsgebilde[s]», leitet Hamburger schließlich eine ungewöhnliche und letztlich aus dem selbst geschaffenen Systemzwang geborene Neuordnung der herkömmlichen Gattungstrias ab. Im Bereich der Fiktion und ihrer ‹Als-Struktur› stellt das von Hamburger zuallererst nicht sprachtheoretisch, sondern in der aristotelischen Tradition von seinem Gegenstand her als «Mimesis handelnder Menschen» bestimmte Drama den unmittelbaren Gegenpol zum fiktionalen Erzählen dar. Den Grund für diese Gegenüberstellung sieht Hamburger darin, dass in seinem Fall die das Geschehen vermittelnde Erzählfunktion fehlt, so dass im Fall des Dramas Bühne und Schauspieler an die Stelle der Fiktionalität generierenden Erzählfunktion treten.[33] «Der sprachlogische Ort des Dramas im System der Dichtung», so führt Hamburger aus, «ergibt sich allein aus dem Fehlen der Erzählfunktion, der strukturellen Tatsache, dass die Gestalten dialogisch gebildet sind.»[34] Die «filmische Fiktion», deren Darstellungsform des «bewegten Bildes» Hamburger interessanterweise schon in der ersten Ausgabe der *Logik der Dichtung* in ihre Überlegungen einbezieht, betrachtet sie als eine Art Mischform aus Epik und Dramatik, d. h. als «sowohl episierte Dramatik wie aber auch dramatisierte Epik».[35] Die Lyrik und die Ich-Erzählung schließt Hamburger dagegen aus dem Bereich der literarischen Fiktion aus. Der Grund dafür wird deutlich, wenn man berücksichtigt, dass sie von einer binären Opposition von Aussage- bzw. Nichtaussagestruktur von Sätzen ausgeht. Anders als die Sätze der Er-Erzählung haben die Sätze von Lyrik – d. h. solche mit einem Lyrischen Ich – und Ich-Erzählung aus Hamburgers Sicht qua Aussagesubjekt eine Aussagestruktur und sind damit auch an das «Erfahrungs- oder Erlebnisfeld» eines Subjekts gebunden. Ihre «Nicht-Wirklichkeit»[36] ist für Hamburger insofern kein sprachlogisches Merkmal, sondern allein dadurch gegeben, dass hier ein Aussagesubjekt eine Wirklichkeitsaussage fingiert, was wiederum bedeutet, dass in diesem Fall keine ‹Als-›, sondern eine ‹Als-ob-Struktur› vorliegt.

Ihre in der *Logik der Dichtung* entwickelte Position zur Fiktionalität von Dichtung und einer entsprechenden Ordnung der Gattungen greift Hamburger dann noch einmal unverändert in ihrer späten Schrift *Wahrheit und ästhetische Wahrheit* (1979) auf. Hamburger geht hier im Anschluss an die folgenden zwei Passagen aus der *Metaphysik* des Aristoteles von einem Wahrheitsbegriff im Sinne der Korrespondenz- oder Übereinstimmungstheorie aus:

(1) «Sagt man, das Seiende sei nicht oder das Nichtseiende sei, so ist dies falsch; sagt man aber, daß das Seiende sei, und daß das Nichtseiende nicht sei, so ist dies wahr».

(2) «Nicht durch das bloße Fürwahrhalten, daß du weiß seiest, bist du weiß, sondern weil du weiß bist, reden wir wahr, wenn wir das behaupten».[37]

Wahrheit ist in diesem Sinne untrennbar an das, was der Fall ist, d. h. an die Wirklichkeit der Welt und des Lebens gebunden. Vor dem Hintergrund eines solchen, scharf von der Kohärenztheorie etwa des Wiener Kreises um Rudolf Carnap, Carl Hempel u. a. abgegrenzten Wahrheitsbegriffs unterwirft Hamburger das erstmals ausführlich von Hegel begründete Konzept einer besonderen, ‹ästhetischen Wahrheit› einer kritischen Revision. Berücksichtigt man, dass Hamburger eine kategoriale Grenze zwischen der Kunst und der Wirklichkeit des Lebens sieht und das Wesen der Dichtung – und letztlich auch der Kunst im Allgemeinen – als ‹Nicht-Wirklichkeit› im Sinne eines prinzipiell autonomen «Scheins von Wirklichkeit» bestimmt, so vermag das Ergebnis ihrer Revision kaum zu überraschen. «Im Bereich der Deutung, der derjenige der Kunst ist», so Hamburger, «hat der Begriff der Wahrheit keinen Ort.» Anders gewendet: Der Begriff der Wahrheit ist und bleibt für Hamburger eine «Kategorie der Realität», und der Begriff der «ästhetischen Wahrheit» ist, so arbeitet sie in ausführlicher Auseinandersetzung mit den entsprechenden Positionen von Hegel, Martin Heidegger, Theodor W. Adorno u. a. heraus, «ein in sich selbst widerspruchsvoller Begriff und insofern als Aporie zu bezeichnen».[38]

3. Wirkung

Hamburgers *Logik der Dichtung* hat in der wissenschaftlichen Diskussion vor allem der sechziger und siebziger Jahre ein breites Echo ausgelöst, und es gibt wohl kaum eine germanistische Studie, die in so viele Sprachen übersetzt worden ist. Aus forschungsgeschichtlicher Sicht bewertet man das Erscheinen ihres Buchs heute gemeinhin als einen Wendepunkt. «Den Einsatzpunkt der neueren Fiktionalitätsdebatte im deutschsprachigen Raum», so hat man rückblickend festgestellt, «bildet zweifellos Käte Hamburgers erstmals 1957 erschienene *Logik der Dichtung*.»[39] Der Erzählforscher Dietrich Weber zählt Käte Hamburger neben Wolfgang Kayser und Franz Stanzel zu den «Hauptvertretern der deutschsprachigen literaturwissenschaftlichen Erzähltheorie in der Nachkriegszeit»,[40] und Jochen Vogt konstatiert in seinem narratologischen Standardwerk *Aspekte erzählender Prosa*, dass *Die Logik der Dichtung* «wie kein anderes Werk der fünfziger Jahre» auch

> forschungsgeschichtlich bemerkenswert [ist] in einer Zeit, da zumindest im deutschen Sprachraum unter dem Etikett ‹Stilkritik› oder ‹Werkimmanente Interpretation› eine theoretisch unbedarfte, weithin vom persönlichen Geschmacksurteil, ja Vorurteil bestimmte Literaturbetrachtung dominierte.[41]

Für Vogt kann Hamburgers Arbeit überdies noch «nach Jahrzehnten als ein ‹Grundbuch› der Erzählforschung gelten – gerade weil seine Resultate und Thesen nicht fraglos übernommen wurden, sondern neben Zustimmung auch unterschiedliche (und unterschiedlich triftige) Einwände provoziert haben».[42] Tatsächlich dienen insbesondere Hamburgers Ausführungen zur Form und zum besonderen Status der narrativen Fiktion bis heute als ein wichtiger, immer wieder zustimmend oder ablehnend angesprochener Bezugspunkt im weiten Feld der internationalen Erzähl- und Fiktionalitätstheorie.

Ein prominentes Echo hat Hamburger etwa bei der in den USA lehrenden Dorrit Cohn gefunden. So knüpft Cohns vor allem im englischsprachigen Raum verbreitetes narratologisches Standardwerk *Transparent Minds. Narrative Modes for Presenting Consciousness in Fiction* (1978) ausdrücklich an Käte Hamburger an und führt ihren Ansatz insofern fort, als es einen systematisch geordneten und ebenfalls an der grundsätzlichen Unterscheidung von Er-

und Ich-Erzählung – d.h. von «Consciousness in Third-Person Context» und «Consciousness in First-Person Texts» – ausgerichteten Überblick über die konkreten Formen der für Hamburger so wichtigen Bewusstseinsdarstellung im Rahmen des modernen literarischen Erzählens gibt. Dabei berücksichtigt Cohns materialreiche Studie ein ungewöhnlich umfangreiches Korpus von Werken unterschiedlicher Nationalliteraturen, dessen Autoren von Jane Austen und Edgar Allan Poe über William Faulkner, Gustave Flaubert, James Joyce, Franz Kafka, Marcel Proust und Virginia Woolf bis hin zu Samuel Beckett, Claude Simon, Nathalie Sarraute und vielen anderen reichen. Wie Hamburger versucht im Übrigen auch Cohn, «Fiktionalität mit poetologisch-diskursiven Kriterien zu fixieren»[43] – und ganz in deren Sinne hat sie gegen den im Zuge des Poststrukturalismus zu beobachtenden Trend zur vollkommenen Relativierung des Fiktionsbegriffs wiederholt betont, dass die Frage, «ob eine Erzählung für fiktional oder nicht-fiktional gehalten werden soll, sehr wohl auf Grund objektiver Kriterien» zu beantworten ist.[44]

Die von Jochen Vogt angesprochene, z. T. heftige Kritik an Hamburgers *Logik der Dichtung* betrifft neben ihren gattungstheoretischen Überlegungen[45] und ihren Ausführungen zum lyrischen Ich[46] in erster Linie ebendiese von Cohn – und ansatzweise z. B. auch von Gérard Genette[47] – aufgegriffene, für Hamburgers Ansatz zentrale These einer durch bestimmte Symptome «sprachlogisch» markierten kategorialen Differenz zwischen fiktionalem und nichtfiktionalem Erzählen. So haben im deutschsprachigen Raum z. B. Johannes Anderegg,[48] Christian Bode,[49] Gottfried Gabriel[50] und Harald Weinrich[51] festgestellt, dass sich die von Hamburger ermittelten sprachlichen Phänomene – wie z. B. die Verbindung eines deiktischen Zeitadverbs der Zukunft mit dem Präteritum – nicht nur in fiktionalen, sondern auch in nichtfiktionalen Erzählungen, wie z. B. in Zeitungsartikeln, Gerichtsprotokollen oder Alltagserzählungen beobachten lassen. Aus dieser – allerdings zumeist nur durch einzelne Beispielsätze belegten – empirischen Tatsache leiten sie ab, dass diese Merkmale weder ein notwendiges noch ein hinreichendes Kriterium für die Fiktionalität einer Erzählung darstellen. Mit z. T. unterschiedlich ausgeführten, aber im Ansatz pragmatischen Argumenten bestreiten sie überdies, dass sich die Fiktionalität einer Rede überhaupt durch irgendwelche sprachlichen,

d. h. auf die Darstellung des Erzählten bezogenen Indizien bestimmen lässt.

Mit Hamburgers Grundthese werden auch ihre verschiedenen Implikationen in aller Regel dezidiert zurückgewiesen. So wird ihre Vorstellung von einer Modifikation des Tempussystems und dem Verlust der Funktion, vergangenes Geschehen zu bezeichnen, im Fall des sogenannten epischen Präteritums ebenso abgelehnt wie ihre Position, grundsätzlich nur die Er-Erzählung als «fiktional» anzusehen und in diesem Fall von der Abwesenheit eines (fiktiven) Erzählers und einer vom historischen Autor gehandhabten «Erzählfunktion» zu sprechen.[52] Dabei begründen Hamburgers Kritiker ihre Gegenthese, dass das Präteritum auch im Fall der fiktionalen Erzählung ein vergangenes Geschehen bezeichne, durchgehend, indem sie auf das traditionelle Konzept von einem Erzähler als Aussagesubjekt des Erzählten zurückgreifen. In diesem Sinne nimmt z. B. Dietrich Weber Hamburgers wohl berühmtestes Beispiel in den Blick und erläutert:

> Der Satz ‹Morgen war Weihnachten› erklärt sich […] leicht als ein Musterbeispiel für die so genannte erlebte Rede. Die erlebte Rede ist […] durchweg durch eine doppelte Perspektive gekennzeichnet: die des Erzählers (oder allgemeiner: des Geschehensvermittlers) und die der Person, von der erzählt wird (oder allgemeiner: des Geschehensteilnehmers). In Bezug auf Käte Hamburgers Beispiel ist beides deutlich zu erkennen: Der Gebrauch des Präteritums folgt hier der Perspektive des Geschehensvermittlers: Es zeigt an, dass das Erzählte für ihn in der Vergangenheit liegt. Der Gebrauch des Zukunftsadverbs dagegen folgt hier der Perspektive des Geschehensteilnehmers: Es zeigt an, dass das, wovon erzählt wird, für ihn in der Zukunft liegt.[53]

Aus den zitierten Ausführungen folgert Weber, dass sich das von Hamburger so genannte ‹epische Präteritum› in keiner Weise von dem des nichtfiktionalen Erzählens unterscheidet und insofern auch keines eigenen Namens bedarf. Denn, so Weber,

> es ist kein anderes Präteritum als das, das wir alle im Erzählen verwenden. Wo immer es im Erzählen verwendet wird, in Fiktion oder Nichtfiktion, im Erzählen von sich selbst oder von dritten Personen, bezeichnet es die Vergangenheit des Erzählten. Es ist, anders als Käte Hamburger gewollt hat, geradezu eine Bestätigung der allgemeinen Auffassung, Erzählen sei Darstellung von Vergangenem.[54]

Die Kritik, die Weber formuliert, ist nachvollziehbar, führt jedoch – wie auch im Fall der meisten anderen Kritiker Hamburgers – zu einer Gleichstellung von fiktionalem und nicht-fiktionalem Erzählen aus theoretischer Sicht. Grundsätzlich scheint es dagegen wenig überzeugend, das fiktive Aussagesubjekt einer fiktionalen Erzählung wie das historische Subjekt einer nichtfiktionalen Alltagserzählung zu behandeln und frei erfundenes und historisches Geschehen insofern gleichzusetzen, als man das fiktionale und das nichtfiktionale Erzählen unterschiedslos als «Darstellung von Vergangenem» begreift.

Mit welchen Argumenten also lässt sich Hamburgers offensichtlich kontraintuitive These von der Abwesenheit eines Aussagesubjekts im Fall der fiktionalen Erzählung revidieren, ohne zugleich die Unterschiede zwischen fiktionalem und nichtfiktionalem Erzählen zu nivellieren?

Vergleicht man die von Hamburger für den Fall der fiktionalen Erzählung ermittelten sprachlichen Besonderheiten mit der theoretischen Prämisse ihres Entwurfs einer «Logik der Dichtung», so zeigt sich, dass Hamburger die Möglichkeiten ihres sprachtheoretischen Ansatzes nicht ausschöpft. De facto unterschlägt sie die erzähllogische Konsequenz ihrer Bestimmung der literarischen Fiktion als «Schein von Wirklichkeit» im Sinne einer nach eigenen Regeln konstituierten imaginären Objektivität. Sowohl ihre Bestimmung des Verhältnisses von Erzählen und Erzähltem im Sinne eines Funktionszusammenhangs als auch die Beobachtung der Modifikation des Tempussystems der Sprache treffen nur dann zu, wenn man die Sätze der fiktionalen Rede gewissermaßen von außen, d. h. von ihrem realen Kontext her betrachtet und an ihrem Bezug auf eine historische Wirklichkeit misst.[55] So gesehen erzählt der Autor einer fiktionalen Erzählung tatsächlich nicht von den Figuren, sondern bringt sie erzählend hervor, und so gesehen verweist auch das Präteritum im Fall der fiktionalen Rede nicht auf eine historische Vergangenheit. Nimmt man den Gedanken einer imaginären Objektivität im Fall der fiktionalen Rede jedoch ebenso ernst wie die Anknüpfung an Karl Bühlers Organonmodell der Sprache, dann gilt, dass auch diese Rede qua Rede einen eigenen Kommunikationskontext entfaltet.

Aus heutiger Sicht erscheint es insofern überzeugender, fiktionale Rede etwa mit Dieter Janik als einen besonderen Fall von «kommunizierter Kommunikation»[56] zu bestimmen – wobei wir in ihrem Fall, wie der Literaturtheoretiker Félix Martínez-Bonati[57] herausgearbeitet hat, zwischen einem realen und einem imaginären Kommunikationskontext zu unterscheiden haben. Im Sinne des von Martínez-Bonati entwickelten und von Theoretikern wie Dorrit Cohn, Gérard Genette, Wolf Schmid und Frank Zipfel zumindest im Ansatz aufgegriffenen Fiktionsmodells produziert der Autor einer fiktionalen Erzählung Sätze, die zwar ‹real›, aber ‹inauthentisch› sind – denn sie sind nicht als Behauptungen (oder ‹Aussagen› im Sinne Hamburgers) des Autors zu verstehen. Im Rahmen eines realen Kommunikationskontextes von historischem Autor und Leser wird in einer fiktionalen Erzählung also nicht erzählt, sondern es wird ein Erzählakt dargestellt. Im Rahmen einer imaginären Kommunikationssituation sind die Sätze desselben Textes dagegen als ‹authentische› Sätze, d. h. ‹Aussagen› eines fiktiven Erzählers zu verstehen. Anders gewendet: Durch das reale Schreiben eines realen Autors entsteht ein Text, dessen imaginär authentische Sätze eine imaginäre Objektivität schaffen, die eine imaginäre Kommunikationssituation und eine fiktive erzählte Geschichte umfasst. Berücksichtigt man, dass der Ausdruck ‹Erzähler› – ähnlich wie der ebenfalls nur auf ein «être de papier» verweisende Begriff der ‹Figur›[58] – nicht mehr ist als ein simplifizierender Hilfsbegriff, der eine bestimmte Rolle im Rahmen der jeweils entworfenen Fiktion, nicht aber notwendig eine männliche oder weibliche Person bezeichnet – denn im Rahmen von fiktionalen Erzählungen können z. B. auch Gegenstände, Tiere, Kollektive oder körperlose, scheinbar nicht an Zeit und Raum gebundene ‹Stimmen› erzählen –, so gilt im Blick auf die Aussageinstanz des fiktionalen Erzählens also Jean-Paul Sartres prägnante Formulierung: «Der Autor *erfindet*, der Erzähler erzählt, was *geschehen ist* […]. Der Autor erfindet den Erzähler und den Stil der Erzählung, welcher der des Erzählers ist.»[59]

Folgt man dem hier skizzierten, in der neueren Erzähl- und Fiktionalitätstheorie klassischer Provenienz verbreiteten «disjunktiven Modell»,[60] so zeigt sich schließlich: Ganz im Sinne Hamburgers gebührt jedenfalls der narrativen Fiktion tatsächlich ein besonderer Ort im Feld der menschlichen Kommunikation; dabei ist ihre genuine Leistung allerdings umfassender, als Hamburger herausgearbeitet hat. Neben der im Ansatz schon von ihr selbst dargelegten Möglichkeit einer sowohl vom historischen Autor als auch einer fiktiven Aussageinstanz zu unterscheidenden Perspektivierung und Personalisierung des Erzählten bietet das fiktionale Erzählen die einmalige Möglichkeit, im Rahmen einer imaginären Kommunikationssituation sowohl die Position des Sprechers als auch die des Hörers der Erzählrede frei und ohne Rücksicht auf einen historischen Raum und eine historische Zeit zu gestalten. Diese besondere Qualität kommt allerdings nur dann in den Blick, wenn man zumindest theoretisch präzise zwischen den logischen Voraussetzungen von fiktionalem und nichtfiktionalem Erzählen unterscheidet. Mit ihrer *Logik der Dichtung* hat Käte Hamburger eben dafür die Fundamente gelegt.

Literatur

1. Werkausgaben

Hamburger, Käte: Erzählformen des modernen Romans, in: Der Deutschunterricht 11 (1959), S. 5–23.
– Der Begriff der literarischen Fiktion, in: Akten des IV. Internationalen Kongresses für Ästhetik, Athen 1960, S. 360–363.
– Noch einmal: Vom Erzählen. Versuch einer Antwort und Klärung, in: Euphorion 59 (1965), H. 1/2, S. 46–71.
– Philosophie der Dichter. Novalis, Schiller, Rilke, Stuttgart u. a. 1966.
– Kleine Schriften, hg. von Ulrich Müller, Franz Hundsnurscher u. Cornelius Sommer, Stuttgart 1976.
– Die Logik der Dichtung, ungek. Ausg. nach der 3. Aufl. von 1977, Frankfurt/M. 1980 [Originalausgabe: 1957].
– Wahrheit und ästhetische Wahrheit, Stuttgart 1979.

2. Bibliographien

Bibliographie zu Käte Hamburger, in: Bossinade, Johann/Schaser, Angelika (Hg.): Käte Hamburger. Zur Aktualität einer Klassikerin, Göttingen 2003, S. 209–215.
Dane, Gesa: «Käte Hamburger», in: Internationales Germanistenlexikon 1800–1950, Bd. 2, Berlin/New York 2003, S. 657–660.

3. Sonstige Sekundärliteratur

Bossinade, Johanna/Schaser, Angelika (Hg.): Käte Hamburger. Zur Aktualität einer Klassikerin, Göttingen 2003.
Dane, Gesa: Käte Hamburger (1896–1992), in: König, Christoph/Müller, Hans-Harald/Röcke, Werner (Hg.): Wissenschaftsgeschichte der Germanistik in Porträts, Berlin/New York 2000, S. 189–198.
– Eine Klassikerin der Literaturtheorie: Käte Hamburger (1896–1992), in: Dowden, Steve/Werner, Meike G. (Hg.): German Literature, Jewish Critics. The Brandeis Symposion 1997, Rochester 2002, S. 121–134.
Mayer, Hans: Käte Hamburger, in: Ders.: Der Widerruf. Über Deutsche und Juden, Frankfurt/M. 1994, S. 244–269.

Turk, Horst: Käte Hamburger, in: Monatshefte 100 (2008), H. 1, S. 17–24.
Vasić Daki, Zulja Marija: Käte Hamburgers Theorie der Dichtungsgattungen. Die theoretischen Grundlagen der ‹Logik der Dichtung›, Stuttgart 2005.

Anmerkungen

1 Vgl. Hamburgers Vorwort zu dies.: Philosophie, S. 9 f.
2 Vgl. Lämmert, Eberhart: Ein Weg ins Freie, in: Barner, Wilfried/König, Christoph (Hg.): Zeitenwechsel. Germanistische Literaturwissenschaft vor und nach 1945, Frankfurt/M. 1996, S. 411–417, hier S. 415.
3 Dane, Klassikerin, S. 121–134.
4 Vgl. dazu Turk, Käte Hamburger, S. 17–24, bes. S. 17.
5 Hamburger, Logik, S. 10.
6 Ebd., S. 13.
7 Vgl. Goethe, Johann Wolfgang von: Maximen und Reflexionen, in: Ders.: Werke, Bd. 12: Schriften zur Kunst, Schriften zur Literatur, Maximen und Reflexionen hg. von Erich Trunz, Hamburg [6]1967, S. 432. Zit. bei Hamburger, Logik, S. 13.
8 Hamburger, Logik, S. 13.
9 Zu Hamburgers neutralem, nicht emphatisch gemeinten Verständnis von «Dichtung» (in Abgrenzung zum Begriff «Literatur») vgl. ihren Aufsatz: Das Wort Dichtung, in: Dies., Kleine Schriften, S. 3–19.
10 Zit. bei Hamburger, Logik, S. 70.
11 Ebd., S. 70.
12 Ebd., S. 30.
13 Ebd., S. 12.
14 Ebd., S. 59.
15 Fontane, Theodor: Aufsätze zur Literatur. Gustav Freytag: Die Ahnen, in: Ders.: Werke, Schriften und Briefe, Abt. 3: Aufsätze, Kritiken, Erinnerungen, Bd. 1: Aufsätze und Aufzeichnungen, hg. von Jürgen Kolbe, München 1969, S. 308–325, hier S. 316 f.
16 Hamburger, Logik, S. 55.
17 In diesem Sinne verweist Hamburger einleitend auf die synonyme Verwendung der Begriffe «poiesis» und «mimesis» bei Aristoteles und interpretiert den «Grundsinn» des Mimesisbegriffs als «darstellen», «machen». Vgl. Hamburger, Logik, bes. S. 17.
18 Ebd., S. 59 f.
19 Ebd., S. 57 f.
20 Vgl. Bühler, Karl: Sprachtheorie. Die Darstellungsfunktion der Sprache, Stuttgart [2]1965, S. 24 ff.
21 Hamburger, Logik, S. 37.
22 Ebd., S. 37.
23 Ebd., S. 46.
24 Vgl. ebd., S. 65.
25 Vgl. ebd., S. 120.

26 Vgl. dazu ebd., S. 78 ff., sowie Hamburgers Ausführungen zum Phänomen der erlebten Rede, ebd., S. 80 ff.

27 Vgl. dazu im Einzelnen ebd., S. 126 ff.

28 Ebd., S. 126.

29 Ebd., S. 123.

30 Ebd.

31 Ebd., S. 72.

32 Ebd., S. 126. Dementsprechend bedarf der «Epiker», so Hamburger an anderer Stelle, «der Verben der inneren Vorgänge wie denken, sinnen, glauben, meinen, fühlen, hoffen u. a. m.» Vgl. ebd., S. 79.

33 Zur Problematik dieser Gegenüberstellung gehört, dass Hamburger in diesem Fall unterschiedliche Kriterien vermischt: auf der einen Seite die sich in der Struktur der Sprache manifestierende Erzählfunktion, auf der anderen die nicht zur Sprache des Textes, sondern zu seinem pragmatischen Kontext gehörenden Bedingungen der möglichen Aufführung eines Dramentextes im Theater. Vgl. dazu Zipfel, Frank: Fiktion, Fiktivität, Fiktionalität. Analysen zur Fiktion in der Literatur und zum Fiktionsbegriff in der Literaturwissenschaft, Berlin 2001, S. 306 f.

34 Vgl. Hamburger, Logik, S. 173 f.

35 Ebd., S. 203. Vgl. in diesem Zusammenhang auch Hamburgers etwa zeitgleich zur Logik der Dichtung entstandene Skizze einer Phänomenologie des Films: Hamburger, Käte: Zur Phänomenologie des Films, in: Merkur. Deutsche Zeitschrift für europäisches Denken X (1956), H. 10, S. 873–880, hier S. 874.

36 Hamburger, Logik, S. 272.

37 Zit. nach: Hamburger, Wahrheit, S. 16.

38 Ebd., S. 144.

39 Vgl. Nickel-Bacon, Irmgard/Groeben, Norbert/Schreier, Margit: Fiktionssignale pragmatisch. Ein medienübergreifendes Modell zu Unterscheidung von Fiktion(en) und Realität(en), in: Poetica. Zeitschrift für Sprach- und Literaturwissenschaft 32 (2000), S. 267–299, hier S. 271.

40 Vgl. Weber, Dietrich: Erzählliteratur. Schriftwerk, Kunstwerk, Erzählwerk, Göttingen 1998, S. 9.

41 Vogt, Jochen: Aspekte erzählender Prosa. Eine Einführung in Erzähltechnik und Romantheorie, Opladen [8]1998, S. 32.

42 Vgl. ebd., S. 32.

43 Vgl. die aktualisierte deutschsprachige Fassung von Dorrit Cohns viel zitiertem Aufsatz Signposts of Fictionality. A Narratological Perspective, in: Poetics Today 11 (1990), S. 773–804. (Dt.: Narratologische Kennzeichen der Fiktionalität, in: Sprachkunst 26 (1995), S. 105–112, hier S. 106.) Ähnlich in: Dies.: The Distinction of Fiction. Baltimore/London 1999.

44 Vgl. Cohn, Kennzeichen (wie Anm. 43), S. 107.

45 Vgl. z. B. Hempfer, Klaus W.: Gattungstheorie, München 1973, S. 170 ff.

46 Vgl. zuletzt Burdorf, Dieter: Einführung in die Gedichtanalyse, Stuttgart/Weimar [2]1997, S. 185 ff.

47 Genette hat die Unterscheidung zwischen fiktionalem und faktualem Erzählen in Fiction et diction (1991) ausführlicher reflektiert und in diesem Zusammenhang eine Art Kompromiss zwischen dem «sprachlogischen» An-

satz Hamburgers und dem ausschließlich pragmatischen Ansatz von John R. Searle entwickelt. Vgl. dazu seine beiden, auch gesondert veröffentlichten Aufsätzen Le statut pragmatique de la fiction narrative und Fictional Narrative, Factual Narrative. (Dt.: Die Fiktionsakte und Fiktionale Erzählung, faktuale Erzählung, in: Ders.: Fiktion und Diktion, übers. von Heinz Jatho, München 1992, S. 41–94.)

48 Vgl. Anderegg, Johannes: Fiktion und Kommunikation: Ein Beitrag zur Theorie der Prosa, Göttingen 1973, S. 100 ff.

49 Vgl. Bode, Christoph: Ästhetik der Ambiguität. Zu Funktion und Bedeutung von Mehrdeutigkeit in der Literatur der Moderne, Tübingen 1988, S. 342 f.

50 Vgl. Gabriel, Gottfried: Fiktion und Wahrheit. Eine semantische Theorie der Literatur, Stuttgart 1975, S. 59 ff.

51 Vgl. Weinrich, Harald: Tempus. Besprochene und erzählte Welt, Stuttgart 1964, bes. S. 21 ff.

52 Dabei vertritt Harald Weinrich insofern eine besondere Position, als er Hamburger vorwirft, dass sie «nicht etwa, wie die anderen Kritiker meinten, zu weit gegangen ist, sondern daß sie im Gegenteil nicht weit genug gegangen ist». Vgl. ebd., S. 27. Weinrich selbst hat Hamburgers These grundlegend modifiziert. So behauptet er, dass die Tempora allgemein, d. h. unabhängig von ihrer Verwendung in fiktionalen oder nichtfiktionalen Erzählungen, bestimmte «Sprechhaltungen» anzeigen (nämlich die kommunikative Handlung des «Besprechens» bzw. die des «Erzählens») und dementsprechend «Signalfunktionen» haben, «die sich als Informationen über Zeit nicht adäquat beschreiben lassen». Vgl. ebd. Zu Hamburgers Antwort auf Weinrich vgl. dies., Noch einmal, S. 46–71, hier S. 46–51.

53 Vgl. Weber, Erzählliteratur (wie Anm. 40), S. 26.

54 Ebd., S. 27 f.

55 Im Ansatz hat auch schon Franz K. Stanzel versucht, seinen Streit mit Hamburger um die Existenz eines fiktiven Erzählers in diesem Sinne zu schlichten. Vgl. Ders.: Theorie des Erzählens, Göttingen [4]1989, bes. S. 32.

56 Vgl. Janik, Dieter: Die Kommunikationsstruktur des Erzählwerks. Ein semiologisches Modell, Bebenhausen 1973, S. 12.

57 Vgl. Martínez-Bonati, Félix: Fictive Discourse and the Structures of Literature. A Phenomenological Approach, transl. by Philip W. Silver with the author's collaboration, Ithaca/London 1981. Vgl. zuletzt auch Ders.: On Fictional Discourse, in: Mihailescu, Calin-Andrei/Hamarneh, Walid (Hg.): Fiction Updated. Theories of Fictionality, Narratology and Poetics, Toronto 1996, S. 65–76.

58 Zu Erzähler und Figuren als «êtres de papier» vgl. schon: Barthes, Roland: Introduction à l'analyse structurale du récit, in: Communications 8 (1966), S. 1–27, hier S. 19. Für eine Erzähltheorie der Figur grundlegend u. a. Jannidis, Fotis: Figur und Person: Beitrag zu einer historischen Narratologie, Berlin/New York 2004.

59 Vgl. Sartre, Jean-Paul: Notes sur Madame Bovary, in: Ders.: Nouvelle édition revue et complétée, Bd. 3: L'idiot de la famille. Gustave Flaubert de 1821 à 1857, Paris 1988, S. 661–811, hier S. 774.

60 Vgl. Cohn, Kennzeichen (wie Anm. 43), S. 112.

Friederike Rese

Hans-Georg Gadamer
(1900–2002)

I. Leben

Hans-Georg Gadamer war ein Zeitgenosse des 20. Jahrhunderts im wahrsten Sinne des Wortes. Er wurde am 11. Februar 1900 in Marburg geboren, und er starb am 13. März 2002 in Heidelberg. Auch wenn Martin Heidegger einmal von einem Philosophen behauptet hat, es genüge, von ihm zu sagen, er wurde geboren, er arbeitete und er starb, so ist Gadamers Leben auf vielfältige Weise mit der Geschichte des 20. Jahrhunderts verknüpft und durch sie geprägt worden. Gleichzeitig hat Gadamer als Begründer der philosophischen Hermeneutik das Selbstverständnis der Geisteswissenschaften – und unter diesen vor allem auch der Literaturwissenschaften und der Theologie – sowie zum Teil auch der Philosophie maßgeblich beeinflusst. In Zeiten politischer und historischer Widrigkeiten ist es Gadamer trotz allem gelungen, ein philosophisches Leben zu führen. Vor allem aber seine Verbundenheit mit seinen Kollegen, seinen Schülern und seinen Hörern im weiteren Sinne hat Gadamers philosophischen Ansätzen eine breite Wirkung beschert. Nicht zuletzt im internationalen Rahmen ist Gadamers Hermeneutik besonders gewürdigt worden und findet bis heute eine ungebrochene Beachtung. So bildet Gadamers Hermeneutik im Rahmen der kontinentalen Philosophie in den USA (hier auch im Vergleich mit Jacques Derridas dekonstruktivistischem Ansatz) und auch innerhalb der analytischen Philosophie (dann vor allem im Hinblick auf den Begriff des Verstehens und im Vergleich mit Philosophen wie Donald Davidson) einen Gegenstand wissenschaftlicher Forschung. Auch in Italien wurde und wird Gadamers hermeneutisches Denken auf vielfache Weise aufgenommen und diskutiert. Außerdem wird es in den lateinamerikanischen Ländern, vor allem in Brasilien, rezipiert.

Aber warum war Gadamers Hermeneutik zunächst vor allem für Literaturwissenschaftler attraktiv? Warum hat die Wirkungsgeschichte seines Hauptwerks *Wahrheit und Methode* in den Literaturwissenschaften ihren Anfang genommen? Und wie ist Gadamer überhaupt zu der Entwicklung seiner Hermeneutik, wie er sie in *Wahrheit und Methode* ausformuliert hat, gelangt? Ohne hiermit einer biographischen Deutung des Werkes das Wort reden zu wollen, lässt sich die Entwicklung von Gadamers Denken auch durch einen Blick auf sein Leben und seinen akademischen Bildungsweg erklären.

Schon am Anfang seines Studiums zeigte sich Gadamers umfassenderes geisteswissenschaftliches Interesse. Denn bevor er im zweiten Semester sein Philosophiestudium aufnahm, studierte Gadamer in seinem ersten Semester im Frühjahr 1918 in Breslau die Fächer Germanistik, Kunstgeschichte, Psychologie, Geschichte und Orientalistik. Ab dem zweiten Semester waren es vor allem die Vorlesungen der Neukantianer Richard Hönigswald, Eugen Kühnemann und Julius Guttmann, die Gadamer zur Aufnahme des Philosophiestudiums bewegten. Mit seinem Umzug nach Marburg im Oktober 1919 behielt Gadamer die Orientierung am Neukantianismus bei. Wie seine Doktorarbeit zu Platon zeigt, die er 1922 bei den Neukantianern Paul Natorp und Richard Hartmann einreichte, begann Gadamer jedoch schon in dieser Zeit, sich intensiv mit der Philosophie der Antike und vor allem mit den platonischen Dialogen befassen. Diese Auseinandersetzung mit der platonischen Philosophie wird bleiben und ihm schließlich auch die Eigenständigkeit gegenüber seinem wichtigsten philosophischen Lehrer, Martin Heidegger, ermöglichen. Zum Sommersemester 1923 siedelte Gadamer nach Freiburg über, um dort die Vorlesungen Martin Heideggers und Edmund Husserls zu hören und sich auf Einladung Heideggers im Fach Philosophie zu habilitieren. Im Wintersemester 1923/1924 ging Gadamer gemeinsam mit Heidegger zurück nach Marburg, wo er als dessen Assistent tätig war und sich im Februar 1929 mit einer Studie zu Platons *Philebos*, die den Titel *Platos dialektische Ethik* trägt, habilitierte. Zweitgutachter seiner Habilitationsschrift war der Altphilologe Paul Friedländer, der auch für Gadamers weitere akademische Entwicklung wichtig war. Während der dreißiger Jahre war Gadamer als Privatdozent in Marburg tätig, wurde 1937 außerordentlicher Professor in Marburg und 1939 Ordinarius an der Universität Leipzig. 1947 folgte Gadamer einem Ruf auf eine Professur in Frankfurt am Main, welches er wiederum zwei Jahre später verließ, gerade als Theodor W. Adorno und Max Horkheimer aus dem Exil nach Frankfurt zurückkamen. 1949 wurde er als Nachfolger von Karl Jaspers an die Universität Heidelberg, seine wichtigste akademische Wirkungsstätte, berufen. Hier erscheint im Alter von 60 Jahren *Wahrheit und Methode* sowie eine Vielzahl von Aufsätzen zur antiken griechischen Philosophie, zu Fragen der Ästhetik und der Poetik sowie zur Hermeneutik.[1] Nach seiner Emeritierung hat Gadamer viele Reisen in verschiedenste Länder der Welt unternommen. Er war bis ins hohe Alter philosophisch tätig und hat bis zu seinem Tod im Jahr 2002 in seinem Büro am Philosophischen Seminar der Universität Heidelberg Gäste aus aller Welt empfangen.[2]

Betrachtet man Gadamers Bildungsweg, so ist es vor allem die intensive Beschäftigung mit den platonischen Dialogen, die ihn zu einer Auseinandersetzung mit Fragen des Verstehens und der Rezeption von Texten nötigt. So wie im platonischen Dialog eine Sachfrage von den Gesprächspartnern gemeinsam erörtert wird, so entsteht der Sinn eines Textes in Gadamers Hermeneutik gerade in der und durch die Auseinandersetzung eines Interpreten mit einem Text. Während der Text durch seine Struktur, den Verlauf seiner Handlung, seine Bezugnahme auf die Regeln des Genres Vorgaben macht, beruht die Sinnerfahrung, die dem Leser in der Auseinandersetzung mit einem Text der Literatur, einem philosophischen Text oder einer anders gearteten verstehbaren Äußerung zuteil werden kann, schließlich doch auf der aktiven Auseinandersetzung des Lesers bzw. des Interpreten mit dem Text. Nur wenn der Leser seine Vorurteile bezüglich der Sache oder Erwartungen bezüglich des Handlungsverlaufs oder der literarischen Gattung in die Lektüre eines Werkes miteinbringt und in ihr aufs Spiel setzt, kann er mit diesem Werk bzw. aufgrund dieser verstehbaren Äußerung eine Erfahrung machen. Dazu aber muss sich der Leser ganz von dem Werk bzw. der verstehbaren Äußerung einnehmen lassen. Eben diese Passivität des Lesers bei gleichzeitiger Aktivität versucht Gadamer durch den Begriff des Spiels zu verdeutlichen. Deshalb kann Gadamer den Begriff des Spiels zum ontologischen Grundbegriff seiner Hermeneutik erklären.

2. Werk

In der Betrachtung von Gadamers Œuvre werde ich mich auf sein Hauptwerk *Wahrheit und Methode* konzentrieren. Denn in diesem Werk entwickelt Gadamer die Grundgedanken seiner Hermeneutik. Außerdem hat Gadamer eine Reihe von Aufsätzen verfasst, in denen er Interpretationen zu literarischen Texten, beispielsweise zu denjenigen Paul Celans, vorstellt, welche im Geist seiner philosophischen Hermeneutik entworfen wurden.[3] Diese Einzelinterpretationen literarischer Texte erschließen sich jedoch gerade vor dem Hintergrund von Gadamers philosophischer Hermeneutik. Deshalb soll diese hier ins Zentrum gestellt werden.

Vorab lässt sich grundsätzlich festhalten, dass Gadamer seine Hermeneutik nicht als eine Methodenlehre begreift, mit deren Hilfe Texte interpretiert werden können. In diesem Sinne hatte sie Friedrich Schleiermacher verstanden. Auch Schleiermacher hat in seiner Hermeneutik gegenüber der theologischen Hermeneutik seiner Zeit bereits eine Universalisierung der Hermeneutik angestrebt. Denn auch Schleiermacher begreift sie als eine allgemeine «Kunst des Verstehens»[4] bzw. als eine «Kunst der Auslegung».[5] Doch erst Gadamer hat die Hermeneutik in einem noch umfassenderen Sinne universalisiert. Denn für ihn bildet sie eine Analyse der Bedingungen des Verstehens jeglicher verstehbarer Äußerung. Damit ist die Hermeneutik zum einen nicht auf bestimmte Textsorten wie biblische Texte, die zum Gegenstand theologischer Auslegung werden, oder Gesetzestexte, die zum Gegenstand juristischer Auslegung werden, eingeschränkt. Zum anderen ist sie aber auch viel mehr als bloß eine Methodenlehre der Interpretation. Gadamers Hermeneutik zielt vielmehr darauf ab, die Bedingungen des Verstehens sprachlicher Äußerungen grundsätzlich zu erhellen und dadurch die Tätigkeit des Verstehens über sich selbst aufzuklären.

Während Schleiermacher zwischen der «grammatischen Auslegung» und der «psychologischen Auslegung»[6] unterscheidet und auf diese Weise dem strukturellen Aspekt der Rezeption eines Textes sowie dem psychologischen Aspekt der Einfühlung in den Autor des Textes gerecht zu werden versucht, stehen für Gadamer das vom Dichter hervorgebrachte Werk sowie die Interaktion zwischen Leser und Werk im Vordergrund. Beim Verstehen eines literarischen Textes geht es für Gadamer nicht darum, sich in den Autor eines Textes hineinzuversetzen,[7] sondern darum, sich in den vom Werk eröffneten Spielraum hineinzubegeben und von diesem her die Welt und sich selbst neu zu begreifen. Die Metapher des Spiels bildet deshalb in Gadamers Hermeneutik den Ausgangspunkt für die Erläuterung des Verhältnisses von Leser und Werk und soll auch hier den Ausgangspunkt für die Erläuterung dieses Verhältnisses bilden.

2.1 Der Spielbegriff. Gadamer bezeichnet den Begriff des Spiels als den «Leitfaden der ontologischen Explikation»[8] des Kunstwerks. Denn mit seiner Hilfe soll sich ein ontologisches Verständnis des Kunstwerks sowie des Verhältnisses von Kunstwerk und Rezipient gewinnen lassen. Der Spielbegriff meint dabei keineswegs die Verfassung des Rezipienten, der sich dem Kunstwerk etwa auf spielerische Weise näherte. Mit dem Begriff des Spiels soll vielmehr die dem Werk eigene Struktur beschrieben werden, welche den Rezipienten dazu nötigt, sich auf sie einzulassen und sie nachzuvollziehen, um vermittelt durch sie einen anderen Blick auf die Welt und auf sich selbst zu erhalten. Während dem Werk als einem Spielraum drei Dimensionen zueigen sind, bildet der Rezipient für Gadamer gleichsam eine «vierte Wand»[9] gegenüber dem Kunstwerk. Für Gadamer ist es «diese vierte Wand des Zuschauers, welche die Spielwelt des *Kunstwerks* schließt».[10] Denn erst der Rezipient vervollständigt das sich im Werk ereignende Geschehen des Sinns und lässt es ganz werden. Dennoch ist der Rezipient für die Entstehung des Sinns auf das Werk angewiesen und muss sich vollkommen auf das Werk einlassen, um vermittelt durch es die Welt und sich selbst neu sehen zu können.

Um diese Objektivität des Spielbegriffs in seinem Ansatz hervorzuheben und von einer Subjektivität des Spielbegriffs abzugrenzen, die das Spiel allein zwischen dem Werk und dem Rezipienten oder im Bewusstsein des Rezipienten ansiedeln würde, spricht Gadamer angesichts des Werks auch von einer «Verwandlung ins Gebilde».[11] Im Werk ist das Spiel, das es ausmacht, in eine bestimmte Gestalt gefasst. Eben diese Gestalt gilt es in der Aufführung des Werkes – und auch das Lesen des Romans kann eine solche Aufführung sein – wiederzubeleben. Als eine solche bestimmte Gestalt unterscheidet sich die Welt, beispielsweise eines Romans, signifikant von der Wirklichkeit, in der wir alltäglich leben. Denn die Welt des Romans ist eine dargestellte; sie beruht auf der Darstellung durch den Dichter.[12] Als eine solche ist ihr gegenüber der alltäglichen Wirklichkeit ein Seinsüberschuss zueigen, den es in der Interpretation zu heben gilt.[13]

Hinter dieser Sicht des Verhältnisses von Kunstwerk und Rezipient steht unausgesprochen ein Modell, das Martin Heidegger in seiner Abhandlung *Der Ursprung des Kunstwerks* (1935/1936) entwickelt hat.[14] Denn in dieser Abhandlung deutet Heidegger das Kunstwerk als ein «Geschehen der Wahrheit».[15] Präziser gefasst, ist für Heidegger im Werk «das Geschehnis der Wahrheit und zwar nach der Weise eines Werkes am Werk».[16] Diese Beschreibung ist äußerst aufschlussreich, wenn man sie als Hintergrund zu Gadamers Vorstellung des Verhältnisses von Kunstwerk und Rezipient liest. Denn bei Heidegger wird deutlicher als bei Gadamer formuliert, dass der sich für den Rezipienten im Werk erschließende Sinn im Kunstwerk in einer bestimmten Gestalt festgestellt ist, die es dann in der Rezeption des Werkes wieder aus ihm herauszulösen gilt. Jedoch ist dieses Festgestelltsein im Werk nicht starr, sondern ihm ist bereits eine eigentümliche Bewegtheit zueigen. Eben auf diese Bewegtheit im Kunstwerk macht Heidegger aufmerksam, indem er den griechischen Begriff der *energeia* zu Hilfe nimmt und vom Sein des Kunstwerks behauptet: «Dies alles gilt vom Werk im griechischen Sinne des *ergon*; dessen ‹Sein› ist die *energeia*, die unendlich mehr Bewegung in sich versammelt als die modernen ‹Energien›».[17] Diese Bewegung, welche im Kunstwerk festgehalten ist, wird von Gadamer aber durch den Begriff des Spiels erfasst. Und in dieses Spiel gilt es, sich als Leser oder als Rezipient eines Werkes einbeziehen zu lassen.

Damit der Leser vom Werk in den Bann gezogen werden kann, bedarf es sowohl der Passivität als auch der Aktivität des Lesers. Für den Leser ereignet sich etwas in der Lektüre des Werkes. Um diesen medialen Charakter der Auseinandersetzung des Lesers mit dem Werk zu erfassen, verwendet Gadamer den Spielbegriff. Denn für das Spiel ist es charakteristisch, dass es «nicht im Bewußtsein oder im Verhalten des Spielenden sein Sein hat, sondern diesen im Gegenteil in seinen Bereich zieht und mit seinem Geiste erfüllt. Der Spielende erfährt das Spiel als eine ihn übertreffende Wirklichkeit».[18] Oder, mit einem weiteren Zitat von Gadamer gesagt: «Alles Spielen ist auch ein Gespieltwerden.»[19] Dieser mediale Charakter des Spielbegriffs ist von großer Tragweite für Gadamers gesamte Konzeption des Verhältnisses von Leser und Text und des sich in diesem Verhältnis ereignenden Verstehens.[20]

Der Leser oder die Leserin muss nicht nur von sich absehen können, damit das Werk zu ihm oder zu ihr sprechen kann. Auch wenn das an das Werk hingegebene Versunkensein in das Werk eine notwendige Bedingung des Verstehens darstellt, ist es auf der anderen Seite genauso wichtig, dass sich der Rezipient seiner Vorurteile bezüglich der Sache, die im Werk zur Darstellung kommt, bewusst wird. Ebendies ist mit dem «hermeneutischen Problem der Anwendung»[21] gemeint.

2.2 Das hermeneutische Problem der Anwendung. Im Verstehen eines Textes findet eine Anwendung des Verstehenshorizontes des Textes auf den Verstehenshorizont des Lesers statt. Während der Verstehenshorizont des Textes, an sich betrachtet, immer derselbe bleibt, ebenso wie der Text für alle möglichen Leser objektiv zunächst immer derselbe ist, ist der Verstehenshorizont jedes Lesers individuell verschieden. Er ist durch den historischen Zeitpunkt, an dem jemand einen Text liest, genauso wie durch dessen persönliche Lebensgeschichte geprägt. Auch wenn in diese Lebensgeschichte und in das Verstehen jedes einzelnen Lesers zum Teil ähnliche Voraussetzungen eingehen – und deshalb kann Gadamer behaupten, das sich im Leser ereignende Verstehen gleiche einem «Flackern im Stromkreis des geschichtlichen Lebens» –,[22] bringt jeder Leser dennoch individuelle Voraussetzungen des Verstehens mit. Eben diese ermöglichen es ihm, einen Text in einer bestimmten historischen Situation jeweils neu zu lesen und ihn auf diese Situation zu beziehen.[23]

Der hier beschriebenen Vermittlung des Verstehenshorizontes des Textes mit dem Verstehenshorizont des Lesers liegt das Modell der aristotelischen «phronesis» zugrunde.[24] Die «phronesis» ist in Aristoteles' *Nikomachischer Ethik* die Tugend der praktischen Vernünftigkeit, welche es dem Handelnden ermöglicht, in einer konkreten Handlungssituation beurteilen zu können, wie er seine allgemeinen Handlungsziele, welche für Aristoteles im Fall der Tugend der «phronesis» notwendig gut sind, in ihr umsetzen kann.[25] Ebenso wie der Handelnde für die Bestimmung des Richtigen in der Situation zwischen den einzelnen Umständen der Situation und seinem allgemeinen Handlungsziel vermitteln muss, muss auch der Interpret zwischen dem Text, der ihm als ein allgemeiner entgegentritt, sowie den Vorurteilen, welche durch seine individuelle Lebensgeschichte ebenso wie durch die konkrete historische Rezeptionssituation bedingt sind, vermitteln. Auch im Verstehen eines Textes findet also eine Vermittlung zwischen einem Allgemeinen und einem Einzelnen statt, nämlich zwischen der allgemeinen Gestalt des Textes und der Einzelheit oder Besonderheit der jeweiligen Situation, in der der Text zur Kenntnis genommen wird. Diese Situation ist sowohl historisch durch die Wirkungsgeschichte und den jeweiligen Zeitpunkt der Rezeption eines Textes als auch durch den individuellen Verstehenshorizont eines Lesers bedingt, welcher sich wiederum im Rekurs auf die Wirkungsgeschichte und den historischen Zeitpunkt der Rezeption eines Textes erläutern lässt. Anstatt nun aber diese Analogie zur aristotelischen «phronesis» weiterzuverfolgen,[26] möchte ich hier den Blick auf die Zirkelstruktur des Verstehens richten, welche ebenfalls für die Vermittlung der beiden Verstehenshorizonte des Lesers und des Textes vorauszusetzen ist.

2.3 Die Zirkelstruktur des Verstehens. Die Zirkelstruktur des Verstehens bzw. der berühmte ‹hermeneutische Zirkel› wird von Gadamer am Anfang des zweiten Teils von *Wahrheit und Methode* beschrieben.[27] Es handelt sich um einen Zirkel, weil es von den Vorurteilen des Verstehenden abhängt, was der Verstehende in einem Text, welcher ihm als ein von ihm unterschiedener begegnet, überhaupt verstehen kann. Damit besteht die Gefahr, dass der Verstehende im Verstehen eines Textes wiederum nur zu den Vorurteilen gelangt, die er vor der Lektüre des Textes ohnehin schon gehabt hat. Ein so gearteter Durchgang durch den Zirkel des Verstehens gliche aber tatsächlich einem *circulus vitiosus*, denn in einem solchen Durchgang durch den Zirkel des Verstehens würde der Verstehende nichts Neues erfahren.

Um diese Gefahr zu vermeiden, beruft sich Gadamer auf Heidegger[28] und behauptet, es gelte im Verstehen die Voraussetzungen des Verstehens, also die es leitenden Vorurteile, eigens zu thematisieren und in Abhebung zur im Text vorgestellten Sicht der Sache deutlich werden zu lassen.[29] Als solche, nämlich als erkannte, können sie sich nicht mehr unreflektiert auswirken, sondern bilden geradezu Einstiegsmöglichkeiten in das Verständnis eines Textes. Diese Beobachtung führt Gadamer zu einer «Rehabilitierung von Autorität und Tradition».[30] Getreu dem Motto: Was man nicht loswerden kann, das muss man positiv wenden und dessen positive Bedeutung muss man erkennen, versucht Gadamer gegen die durch die Aufklärung bedingte negative Sicht der Vorurteile deren formale Funktion für das Verstehen zu erkennen und sie positiv zu bewerten. Eine solche positive Funktion bekommen die Vorurteile des Verstehenden in Gadamers Ansatz allerdings nur, weil der Verstehende sich in der Lektüre des Textes mit seinen Vorurteilen auseinandersetzt und sie von dem im Text Gesagten oder im Text Vorgeführten in Frage stellen lässt. Der Verstehende beharrt also nicht auf seinen Vorurteilen, sondern bringt sie in der Auseinandersetzung mit einem (literarischen) Text in Bewegung. Die Auseinandersetzung mit dem Text kann so zu einer Transformation der Vorurteile des Verstehenden führen. Genau dann hat der Verstehende in der Auseinandersetzung mit dem Text eine Erfahrung gemacht. Die hermeneutische Erfahrung ist also das Resultat einer Einstellung zu den eigenen Vorurteilen, die dem Beharren auf den eigenen Vorurteilen diametral entgegengesetzt ist und vielmehr die Bereitschaft meint, seine Urteile hinsichtlich einer Sache in der Begegnung mit einem Text oder einen anderen verstehbaren Äußerung aufs Spiel zu setzen und zu revidieren.[31]

Zum Vergleich von Gadamers und Heideggers Sicht des Zirkels des Verstehens lässt sich festhalten: Während Heidegger sich in seinen Untersuchungen zur hermeneutischen Situation mehr damit beschäftigt, wie man auf die rechte Weise in den Zirkel des Verstehens hineingelangt, fragt Gadamer eher danach, was im Verstehen tatsächlich passiert und wie im Verstehen die Vorurteile des Lesers eines Textes modifiziert werden. Für die «hermeneutische Situation» sind Heidegger zufolge «Vorhabe», «Vorsicht» und «Vorgriff» charakteristisch.[32] Mit allen drei Begriffen ist für Heidegger die Vor-Struktur des Verstehens erfasst. Während mit der «Vorhabe» der gesamte Zusammenhang der verstehenden Unternehmung gemeint ist, ist mit der «Vorsicht» die das Verstehen leitende Hinsicht bezeichnet, während der «Vorgriff» die Begrifflichkeit meint, die im Verstehen einer Sache oder eines Textes zur Anwendung kommt. Heidegger hat diese drei Aspekte der Vorstruktur des Verstehens in seiner Analyse der hermeneutischen Situation genauer analysiert.

Gadamer betrachtet demgegenüber nur die «Vorurteile», die das Verstehen leiten. Anders als Heidegger schenkt Gadamer aber der Transformation der Vorurteile im Verstehen eine größere Aufmerksamkeit. Von Gadamer wird das Verstehen als eine Bewegung beschrieben, die nicht nur von dem bestimmt ist, was jemand im Vorhinein als Verständnis der Sache für das Verständnis eines Textes schon mitbringt, sondern die gerade aus der Begegnung mit dem Text lebt und durch die Erfahrung von dessen Andersheit geprägt ist. Denn auch wenn für das Verstehen eine Zirkelstruktur charakteristisch ist, ist die Aufgabe des Verstehenden nicht nur, auf die rechte Weise in diesen Zirkel hineinzugelangen, sondern auch als ein veränderter aus dem Zirkel hervorzugehen. Im besten Fall bildet der Text einen Anstoß und wird als etwas Fremdes erfahren, das sich den bereits gehabten Vorurteilen nicht bloß einfügt, sondern zu deren Revision nötigt. In diesem Fall hat der Leser eine Erfahrung gemacht, die weder seine Sicht auf die Welt noch auf sich selbst unverändert lässt. Gadamer bezeichnet diese Erfahrung als eine hermeneutische Erfahrung. Sie liegt für ihn in der allgemeinen Struktur von Erfahrung begründet.[33]

2.4 Hermeneutische Erfahrung. Grundsätzlich kann man zwischen zwei Typen von Erfahrung unterscheiden. Zum einen können Ereignisse und Beobachtungen zuvor stattgefundene Ereignisse und Beobachtungen bestätigen. In diesem Fall handelt es sich um eine Affirmation des Erfahrungswissens durch weitere Begebenheiten. Zum anderen können Ereignisse oder Beobachtungen aber auch den zuvor stattgefundenen Ereignissen oder Beobachtungen zuwiderlaufen. Dann liegt eine Negation des bislang vorhandenen Wissens vor, und in diesem Fall handelt es sich um Erfahrung im eigentlichen Sinne.[34] Diesen Fall überträgt Gadamer nun auf die hermeneutische Erfahrung.

Um das auch für die hermeneutische Erfahrung charakteristische Moment der Negation zu verdeutlichen, beruft sich Gadamer auf Hegel.[35] Denn in seiner Einleitung zur *Phänomenologie des Geistes* hatte Hegel Erfahrung als eine «dialektische Bewegung»[36] gedeutet. In dieser dialektischen Bewegung der Erfahrung ändert sich die Sicht, welche das Bewusstsein von einem Gegenstand hat, auf grundlegende Weise. Die bisherige Sicht, die das Bewusstsein vom Gegenstand hat, wird negiert und durch eine neue Sicht des Gegenstandes ersetzt. Aus der Perspektive eines Betrachters, welcher dem Bewusstsein von außen her zusieht, könnte man diese Veränderung auch als eine «Umkehrung des Bewußtseins»[37] beschreiben. Ähnlich verhält es sich nun auch mit dem Verstehenshorizont des Lesers in der hermeneutischen Erfahrung. Lässt der Leser sich in seiner Lektüre des Textes ganz auf den Text und die in ihm dargestellte Handlung ein, so werden einige seiner Erwartungen an die Sache bzw. an den Handlungsverlauf im Text erfüllt, andere werden negiert. Die Negation bestimmter Erwartungen führt zur Transformation seines Verstehenshorizontes.[38] Deshalb kann ein literarischer Text ebenso einen Gegenstand von Erfahrung darstellen wie anderes, das in der Welt begegnet. In diesem Fall kann man die Erfahrung als hermeneutische Erfahrung bezeichnen.

Erfahrung besteht für Gadamer also nicht in einem sedimentierten Erfahrungswissen, sondern in einem lebendigen Prozess, der durch die Begegnung mit einem Gegenstand der Erfahrung in Gang gesetzt wird wird. Bei diesem Gegenstand der Erfahrung kann es sich auch um einen literarischen Text handeln. Begibt sich der Leser mit seiner Vorstellungskraft in den vom Text eröffneten Spielraum, so sieht er anschließend nicht nur den Text, den er gelesen hat, mit anderen Augen, sondern vermittelt durch diesen auch die Welt bzw. etwas in der Welt und sich selbst. Deshalb behauptet Gadamer von der hermeneutischen Erfahrung wie auch von der Erfahrung grundsätzlich, dass sie den Erfahrenen offener macht für das, was ihm zukünftig begegnet: «Die Dialektik der Erfahrung hat ihre eigene Vollendung nicht in einem abschließenden Wissen, sondern in jener Offenheit für Erfahrung, die durch die Erfahrung selbst freigespielt wird.»[39] Dasselbe gilt nun auch für die hermeneutische Erfahrung: «Das hermeneutische Bewußtsein hat seine Vollendung nicht in seiner methodischen Selbstgewissheit, sondern in der gleichen Erfahrungsbereitschaft, die den Erfahrenen gegenüber dem dogmatisch Befangenen auszeichnet.»[40]

Eine solche Erfahrung in der Auseinandersetzung mit einem literarischen Text kann ein Leser jedoch nur machen, wenn er sich in einem dialogischen Verhältnis mit dem Text befindet.[41] Denn dann nimmt der Leser den Text ebenso ernst wie einen Gesprächspartner, dem er unvoreingenommen zuhört und dessen Äußerungen er nachzuvollziehen versucht. Eine solche Haltung gegenüber dem Text erlaubt es, den Text nicht zu vergegenständlichen, sondern ihn als etwas zu erfahren, das im Leser eine lebendige Bewegung der Sinnbildung evoziert. Eben eine solche Haltung gegenüber dem Text ist für Gadamer für das «wirkungsgeschichtliche Bewußtsein»[42] charakteristisch, welches für ihn irreduzibel mit der Bereitschaft zur Erfahrung der Andersheit des Textes verknüpft ist und welches er von einem bloß «historischen Bewußtsein» abhebt.[43] Während das historische Bewusstsein einen Text, zum Beispiel der Literaturgeschichte, in einen bestimmten historischen Horizont einzuordnen versucht, lässt sich das «wirkungsgeschichtliche Bewußtsein» in der Gegenwart von dem Text betreffen und ansprechen.

2.5 Wirkungsgeschichtliches Bewusstsein und Wirkungsgeschichte. Der Begriff des «wirkungsgeschichtlichen Bewußtseins» steht für Gadamer in einem direkten Zusammenhang mit der Wirkung, die die Auseinandersetzung mit einem Text oder einer anderen verstehbaren Äußerung auf das Bewusstsein hat. Allerdings ist der Verstehende nicht nur unmittelbar den Wirkungen des Textes ausgesetzt, welchen er gerade rezipiert, sondern er ist ihnen auch vermittelt durch die «Wirkungsgeschichte» dieses Textes ausgesetzt.[44] Das heißt: Der rezipierte Text hat schon vor dem Zeitpunkt seiner Rezeption auf andere Leser gewirkt und sie zu einem bestimmten Verständnis der Sache gebracht. Über die Tradition und die mündliche Vermittlung von Wissen hat auch der heutige Leser Anteil an der «Wirkungsgeschichte», die der Text vor seiner Lektüre durch diesen heutigen Leser schon gehabt hat. Deshalb tritt auch der heutige Leser dem Text nicht mehr unvoreingenommen entgegen, sondern seine Vorurteile sind bereits durch die Wirkungsgeschichte des Textes geprägt. Für die Tätigkeit des Verstehens bedeutet dies, dass wir in ihr «immer bereits den Wirkungen der Wirkungsgeschichte [unterliegen]. Sie [die Wirkungsgeschichte] bestimmt im voraus, was sich uns als fragwürdig und als Gegenstand der Erforschung zeigt.»[45]

Will ein Interpret von diesen Wirkungen der Wirkungsgeschichte absehen, dann reflektiert er sich aus dem historischen Geschehen, das auch seine Rezeption des Textes prägt, heraus, oder anders gesagt: dann ist er sich der Bedingungen seiner Rezeption des Textes nicht bewusst. Demgegenüber hält Gadamer eine Reflexion der «hermeneutischen Situation»[46] für erforderlich. Es ist kein Zufall, dass Gadamer hier denselben Begriff verwendet, den zuvor schon

Heidegger verwandt hatte. Allerdings stellt sich die hermeneutische Situation für Gadamer anders dar als für Heidegger. Während Heidegger darauf aufmerksam macht, es käme darauf an, die Vorbegriffe, mit denen man sich der Interpretation eines Textes nähert, auszuarbeiten und dabei auch neue Vorbegriffe und neue Hinsichten für möglich hält, betont Gadamer die Eingebundenheit des Rezipienten in die Wirkungsgeschichte des Textes. Deshalb fällt in Gadamers Ansatz die Ausarbeitung eines eigenen Verständnisansatzes im Hinblick auf einen Text, welcher eine gewisse Unabhängigkeit von der Wirkungsgeschichte beansprucht, schwer.

Dennoch weist Gadamer einen Weg, wie auch der Text, dessen Wirkung die Vorurteile des Lesers immer schon mitbestimmt, wieder als ein fremder Text erfahren werden kann. Für Gadamer gilt es, sich der Historizität des Textes und seiner Zugehörigkeit zu einer anderen historischen Epoche bzw. zu anderen historischen Umständen bewusst zu werden. Dies erlaubt es, die Differenz zwischen den Urteilen des Textes und den Vorurteilen des Lesers zu erkennen, welche eher durch die Gegenwart des Lesers bestimmt sind. So ist es gerade der Zeitenabstand, der dem Leser eine Erfahrung des Textes als eines fremden Textes erlaubt und ihn dazu nötigt, seine eigenen Vorurteile in der Lektüre eines Textes durch diesen in Frage stellen zu lassen.

Die Differenz zwischen dem Verstehenshorizont des Textes und dem Verstehenshorizont des Lesers fasst Gadamer als eine historische.[47] Wesentlich ist aber, dass auch der historische Horizont des Textes immer dem Entwurf durch den Leser entspringt und damit auf die Aktivität des Lesers zurückgeht. Da der Leser anschließend seinen eigenen Verstehenshorizont mit demjenigen des Textes zu vermitteln versucht, kann Gadamer von dem Entwurf des historischen Horizontes behaupten, es handle sich bei ihm nur um ein «Phasenmoment im Vollzug des Verstehens».[48] In der für das Verstehen bezeichnenden «Horizontverschmelzung»[49] wird die Differenz zwischen den beiden Horizonten wieder aufgehoben. Voraussetzung einer solchen Vermittlung der beiden Horizonte ist jedoch die Erfahrung von deren Differenz, welche gerade in der hermeneutischen Erfahrung zuteil wird.

Für das Verhältnis von «wirkungsgeschichtlichem Bewußtsein» und «Wirkungsgeschichte» lässt sich aus dem Dargestellten folgern, dass das wirkungsgeschichtliche Bewusstsein in Gadamers Ansatz die Instanz bildet, in der sich der Effekt der Wirkungsgeschichte auf den Leser sowie die Wirkung des Lesers auf einen zu verstehenden Text überkreuzen.[50] Auf diese Weise wird die Passivität des Lesers, welche neben seiner Aktivität für die Rezeption eines Textes charakteristisch ist, in einen weiteren Horizont eingeordnet. Der Leser ist nicht nur gegenüber dem jeweiligen Text passiv und erfährt dessen Wirkungen auf seinen Verstehensprozess, sondern er unterliegt auch den Folgen der Wirkungsgeschichte und ist auch in dieser Hinsicht passiv. Ein Gegengewicht zu dieser starken Betonung der Passivität des Lesers stellt jedoch Gadamers Beschreibung der Auseinandersetzung des Lesers mit einem Text als einen Dialog von Frage und Antwort dar.[51] Wenigstens in der Entwicklung der Fragen an den Text kann der Leser, wenn auch nicht vollkommen unabhängig von der Wirkungsgeschichte, so doch schöpferisch tätig sein.

2.6 Zeitlichkeit des Ästhetischen. Für die Zeitlichkeit der Rezeption eines Kunstwerks gelten zwei einander zuwiderlaufende Prinzipien: Einerseits erfährt sich der Rezipient in der Rezeption des Kunstwerks in einer Art «Gleichzeitigkeit» mit dem Kunstwerk;[52] andererseits ist er aufgrund seiner Zugehörigkeit zur Gegenwart durch einen «Zeitenabstand»[53] vom Kunstwerk getrennt, welcher ihm eine Reflexion seiner historisch bedingten Vorurteile erlaubt. Während die Erfahrung der Gleichzeitigkeit mit dem Kunstwerk an die ontologische Natur des Kunstwerks gebunden ist, der zufolge das Kunstwerk einem Spiel gleicht, das den Rezipienten in seinen Bann zieht und ihn auf diese Weise gleichzeitig mit dem sich im Kunstwerk ereignenden Geschehen sein lässt,[54] liegt die Wahrnehmung des Zeitenabstandes in einer Reflexion auf die Bedingungen des Verstehens begründet. Sobald der Verstehende erkennt, dass sich das Kunstwerk sowie das im Kunstwerk begegnende Geschehen seinen Erwartungen nicht bruchlos einfügen, und sobald er der Historizität des Kunstwerks gewahr zu werden beginnt, tritt die Differenz zwischen seiner Zeit und der Zeit des Kunstwerks hervor.[55] In diesem Moment tritt die Fremdheit des Kunstwerks zutage, welche zum Teil auch in der Entferntheit von dessen historischer Entstehungszeit begründet liegt.

Gadamer veranschaulicht die Gleichzeitigkeit des Rezipienten mit dem Geschehen, das im Kunstwerk zur Darstellung kommt, am Beispiel des Festes. Ebenso wie das Fest etwas ist, das begangen wird und von der Anwesenheit der Gäste des Festes lebt, so ist auch das Sein des Kunstwerks auf die Aufführung des Kunstwerks bzw. auf seine Rezeption angewiesen. «Das Fest ist nur, indem es gefeiert wird.»[56] Und unter Anspielung auf den griechischen Festgesandten, den *theoros*, heißt es anschließend: Das «Sein des Zuschauers [ist] durch sein ‹Dabeisein› bestimmt. Dabeisein ist mehr als bloße Mitanwesenheit mit etwas anderem, das zugleich da ist. Dabeisein heißt Teilhabe.»[57] Ebenso wie der Festgesandte am Fest teilhat, so hat auch der Zuschauer am Schauspiel teil. Er geht in der Rezeption des Schauspiels so sehr auf, dass er darüber die (alltägliche) Zeit vergessen kann. Diese Erfahrung der Zeitlosigkeit oder eines Der-Zeit-Enthobenseins ist charakteristisch für eine Rezeption des Kunstwerks, in welcher der Rezipient ganz vom Geschehen im Kunstwerk eingenommen ist.

Auf der anderen Seite erfährt der Rezipient in der Rezeption des Kunstwerks die Differenz zwischen seiner Gegenwart und der Vergangenheit des Kunstwerks. Denn in der verstehenden Auseinandersetzung mit dem Kunstwerk tritt die Verschiedenheit seines Verstehenshorizontes von demjenigen des Kunstwerks hervor. Auch wenn das Ziel im Verstehen die Vermittlung dieser beiden Horizonte ist, kann sich das Kunstwerk in seiner Andersheit und in seinem eigentümlichen Anspruch an die Verstehensleistung des Interpreten nur dann zur Geltung bringen, wenn es im Prozess des Verstehens eine Phase der Abhebung der beiden Horizonte gibt. Eben diese Differenzierung zwischen den beiden Verstehenshorizonten habe ich oben im Abschnitt über die Wirkungsgeschichte beschrieben. Jetzt wird erkennbar, dass dieser Differenzierung der Zeitenabstand zugrunde liegt. In der Betrachtung des Zeitenabstands betont Gadamer dessen positive Funktion.[58] Aufgrund der zeitlichen Differenz tritt in der Rezeption des Kunstwerks dasjenige hervor, was über die Zeit hinweg gültig ist. Dieser Gedanke ist aber auch für Gadamers Begriff des Klassischen entscheidend. Denn das Klassische ist für Gadamer dasjenige, was über die Zeiten hinweg anzusprechen vermag.

2.7 Das Klassische. Gadamer hat dem Begriff des Klassischen einen eigenen Abschnitt von *Wahrheit und Methode* gewidmet.[59] Darin versucht er zu zeigen, dass das Klassische erst das Resultat einer verstehenden Rezeption von Kunstwerken durch eine Vielzahl von Lesern ist. Klassisch kann ein Text genannt werden, der sich in der Rezeption durch eine Vielzahl von Lesern bewährt hat. Für Gadamer ist der Begriff des Klassischen nicht bloß ein Epochen- oder ein Stilbegriff. Er steht auch nicht für einen «überzeitlichen Wertgedanken». «Es bezeichnet nicht eine Qualität, die bestimmten geschichtlichen Erscheinungen zuzusprechen ist, sondern eine ausgezeichnete Weise des Geschichtlichseins selbst, den geschichtlichen Vorzug der Bewahrung, die – in immer erneuerter Bewährung – ein Wahres sein lässt.»[60] In diesem Satz wird deutlich, dass die Kontinuität der Tradition nicht auf einer dogmatischen Setzung beruht, sondern auf eine Vielzahl von urteilenden Lesern angewiesen ist, welche einen Text immer wieder als klassisch bezeichnen, weil er sie über die Zeiten hinweg anzusprechen vermag. Wenn man diesen Gedanken ernst nimmt, wird man auch im Hinblick auf die Debatte über Autorität und Tradition, welche zwischen Jürgen Habermas und Hans-Georg Gadamer Ende der sechziger und Anfang der siebziger Jahre stattgefunden hat, zu einem vermittelnden Schluss kommen.

2.8 Debatten mit Jürgen Habermas und Jacques Derrida. Von Jürgen Habermas wurde vor allem Gadamers Rehabilitierung der Begriffe der Autorität und der Tradition kritisch hinterfragt.[61] Gadamer antwortete Habermas auch schriftlich in zwei Beiträgen.[62] Habermas vermisst bei Gadamer die Möglichkeit der kritischen Infragestellung der Tradition, und er verbindet den Begriff der Autorität mit dem Gedanken der Herrschaft und des Zwangs. Dagegen wendet Gadamer ein, dass für ihn die freiwillige Anerkennung von Autorität und Tradition entscheidend sei.[63] Jacques Derrida und Gadamer haben vor allem die Frage des Ansatzes des Verstehens bei der Einheit des Sinns bzw. bei der Beobachtung der Differenz, welche eine einheitliche Konstruktion eines Sinnes eines Textes nicht zulässt, diskutiert.[64] Geradezu performativ haben sie in ihrem Dialog den Wunsch nach einem wechselseitigen Verstehen (Gadamer) bzw. die Leugnung der Möglichkeit eines solchen wechselseitigen Verstehens (Derrida) in Szene gesetzt.

3. Wirkung

In den Literaturwissenschaften wurde Gadamers Hermeneutik vor allem durch die in der ‹Konstanzer Schule› entwickelte Rezeptionsästhetik von Hans Robert Jauß und Wolfgang Iser aufgenommen. In seinem bekannten Essay *Literaturgeschichte als Provokation der Literaturwissenschaft* hat Jauß dazu aufgerufen, die Literaturgeschichtsschreibung unter der Perspektive der Rezeption von Literatur durch den Leser zu reformulieren.[65] Der Literaturwissenschaftler müsse erst selbst wieder zum Leser werden und sich in einer historischen Reihe von Lesern desselben Werkes begreifen.[66] Im Anschluss an Gadamers Hermeneutik fordert Jauß eine Rekonstruktion des «Erwartungshorizontes, vor dem ein Werk in der Vergangenheit geschaffen und aufgenommen wurde».[67] Eine solche Rekonstruktion des vergangenen Erwartungshorizontes erlaube es dann, diesen vom heutigen Erwartungshorizont abzugrenzen. Außerdem gelte es, die einzelnen Werke der Literaturgeschichte nicht als bloße Fakten, sondern als historische Ereignisse zu sehen.[68] Nur so ließe sich eine «literarische Reihe»[69] konstruieren, in der ein Werk der Literaturgeschichte auf ein anderes antwortet. Insgesamt fordert Jauß eine Erneuerung der Literaturgeschichte, die «die traditionelle Produktions- und Darstellungsästhetik in einer Rezeptions- und Wirkungsästhetik»[70] verankert.

Wolfgang Iser ist mit seiner Analyse des Lesevorgangs in eine ähnliche Richtung gegangen.[71] Anders als Jauß orientiert er sich aber nicht nur an Gadamers Hermeneutik, sondern auch an Edmund Husserls Phänomenologie, vor allem an dessen phänomenologischer Analyse des Zeitbewusstseins. So begreift er den Text als einen Gegenstand der Konstitution, welche sich im Bewusstsein des Lesers vollzieht.[72] Unter Aufnahme der husserlschen Begriffe der Protention und der Retention weist Iser darauf hin, dass sich im Lesevorgang Erinnerung und Erwartung überlagern und dass Erinnerungen an bereits Gelesenes Erwartungen an noch zu Lesendes hervorbringen.[73] Iser zeigt sehr genau, wie einzelne Sätze eines Textes Erwartungen generieren, die dann vom Fortgang des Textes erfüllt oder negiert werden. Je nachdem, wie der Text weiter fortfährt, werden aber nicht nur die Erwartungen des Lesers an das zukünftige Geschehen im Text, sondern auch die Erinnerung des Lesers an den vorangegangenen Text modifiziert.

Eine neuere Aufnahme, vor allem aber auch Überwindung von Gadamers Hermeneutik, ist in Günter Figals Werk *Gegenständlichkeit* zu sehen.[74] Gegenüber Gadamers Orientierung an der praktischen Philosophie und der Eingebundenheit des Rezipienten in ein ihn übergreifendes Geschehen des Verstehens, das im Kunstwerk seinen Ausgangspunkt hat, hebt Günter Figal den theoretischen Abstand des Interpreten zum zu verstehenden Werk hervor. Erst eine solche vorgängige Distanz zum Gegenstand der Interpretation ermögliche das Entgegenstehen des zu interpretierenden Werkes und erlaube es dem Interpreten, eine Interpretation zu entwerfen, die nicht bloß den Vorgaben der Wirkungsgeschichte folgt.

Zur abschließenden Einordnung von Gadamers Hermeneutik in das wissenschaftliche Feld der Literaturtheorie sei gesagt: Gadamers Hermeneutik kann man am ehesten als einen pragmatischen Ansatz bezeichnen.[75] Für diesen pragmatischen Ansatz ist die Betrachtung des Umgangs des Lesers mit dem Text, des Prozesses des Verstehens, seiner Voraussetzungen im Leser sowie in der Wirkungsgeschichte bezeichnend. Als eine Theorie der hermeneutischen Erfahrung erhebt Gadamers Betrachtung des Verstehensprozesses einen universalen Anspruch. Sie will für jede Auseinandersetzung eines Lesers mit einem Text oder einer andersgearteten, verstehbaren Äußerung gelten. Auch wenn Gadamers Hermeneutik kein Instrumentarium für die Analyse literarischer Texte bereitstellt, überzeugt sie durch die sich in ihr bekundende grundsätzliche Einstellung zum Umgang mit literarischen und anderen Texten. So sehr in der detaillierten Analyse literarischer Texte auch andere theoretische Zugänge hilfreich und notwendig sind, so setzt eine gute Interpretation eines Textes immer die Vermittlung des Verstehenshorizontes des Lesers mit demjenigen des Textes voraus. Nur ein Leser, der sich mit seiner ganzen Vorstellungskraft, seinem literaturwissenschaftlichen Wissen und seinen Urteilen in den vom Text eröffneten Spielraum hineinbegibt und von dem Text in seinen Bann ziehen lässt, wird eine vom Text inspirierte und überzeugende Interpretation entwickeln können. Deshalb stellt Gadamers Hermeneutik bis heute eine ausgezeichnete Vorlage für die Selbstreflexion literaturwissenschaftlicher Tätigkeit dar. Und deshalb kann sie bis heute zu Interpretationen ermutigen, die neben aller methodischen Raffinesse vom Geist der hermeneutischen Erfahrung geprägt sind.

Literatur

1. Werkausgaben

Gadamer, Hans-Georg: Gesammelte Werke, Bd. 1: Hermeneutik. Wahrheit und Methode. Grundzüge einer philosophischen Hermeneutik, Tübingen [6]1990.

– Gesammelte Werke, Bd. 2: Hermeneutik. Wahrheit und Methode. Ergänzungen, Register, Tübingen [2]1993.

– Gesammelte Werke, 10 Bde., Tübingen 1999.

2. Bibliographien

Makita, Etsuro: Gadamer-Bibliographie (1922–1994), Frankfurt/M. 1995.

3. Biographien

Figal, Günter (Hg.): Begegnungen mit Hans-Georg Gadamer, Stuttgart 2000.

Grondin, Jean: Hans-Georg Gadamer. Eine Biographie, Tübingen 1999.

4. Sonstige Sekundärliteratur

Angehrn, Emil: Interpretation und Dekonstruktion. Untersuchungen zur Hermeneutik, Weilerswist 2004.

Clark, Timothy: The Poetics of Singularity. The Counter-Culturalist Turn in Heidegger, Derrida, Blanchot and the Later Gadamer, Edinburgh 2005.

Davey, Nicholas: Unquiet Understanding. Gadamer's Philosophical Hermeneutics, Albany, NY 2006.

Deniau, Guy: Cognitio imaginativa. La phénoménologie herméneutique de Gadamer, Bruxelles 2003.

Di Cesare, Donatella: Gadamer. Ein philosophisches Porträt, Tübingen 2009.

– Utopia del comprendere, Genua 2003.

– Ermeneutica della finitezza, Milano 2004.

Dostal, Robert (Hg.): The Cambridge Companion to Gadamer, Cambridge, NY 2002.

Figal, Günter (Hg.): Hans-Georg Gadamer. Wahrheit und Methode, Berlin 2007.

– /Gander, Hans-Helmuth (Hg.): Dimensionen des Hermeneutischen. Heidegger und Gadamer, Frankfurt/M. 2005.

– /Grondin, Jean/Schmidt, Dennis J. (Hg.): Hermeneutische Wege. Hans-Georg Gadamer zum Hundertsten, Tübingen 2000.

Gessmann, Martin (Hg.): Der ununterbrochene Dialog. Jacques Derrida – Hans-Georg Gadamer, Frankfurt/M. 2004.

Grondin, Jean: Einführung zu Gadamer, Tübingen 2000.

Hammermeister, Kai: Hans-Georg Gadamer, München 1999.

Hofer, Michael/Wischke, Mirko (Hg.): Gadamer verstehen. Understanding Gadamer, Darmstadt 2003.

Hyland, Drew A. (Hg.): Die Frage des Platonismus: Heidegger, Derrida, Irigaray, Cavarero, Gadamer, Wien 2004.

Iser, Wolfgang: Der Lesevorgang, in: Warning, Rainer (Hg.): Rezeptionsästhetik, München [4]1994, S. 253–276.

– Der Akt des Lesens. Theorie ästhetischer Wirkung, München [3]1990.
Jauss, Robert: Literaturgeschichte als Provokation der Literaturwissenschaft, in: Warning, Rainer (Hg.): Rezeptionsästhetik, München [4]1994, S. 126–162.
– Ästhetische Erfahrung und literarische Hermeneutik, Frankfurt/M. 1982.
Malpas, Jeff/Arnswald, Ulrich/Kertscher, Jens (Hg.): Gadamer's Century. Essays in Honor of Hans-Georg Gadamer, Cambridge, MA 2002.
Rese, Friederike: Hermeneutik und Dialektik. Platons und Gadamers Theorien des Verstehens im Vergleich, in: Internationales Jahrbuch für Hermeneutik (2005), Bd. 4, S. 141–176.
– Phronesis als Modell der Hermeneutik. Die hermeneutische Aktualität des Aristoteles, in: Figal, Günter (Hg.): Hans Georg Gadamer, Wahrheit und Methode, Berlin 2007, S. 127–149.
Risser, James: Hermeneutics and the Voice of the Other: Re-reading Gadamer's Philosophical Hermeneutics, Albany, NY 1997.
Vasilache, Andreas: Interkulturelles Verstehen nach Gadamer und Foucault, Frankfurt M./New York 2003.
Vetter, Helmuth: Philosophische Hermeneutik. Unterwegs zu Heidegger und Gadamer, Frankfurt/M. 2007.

Anmerkungen

1 Vgl. Gadamer, Hans Georg: Wahrheit und Methode. Grundzüge einer philosophischen Hermeneutik [1960]. Dieses Hauptwerk Gadamers sowie der zweite, es mit einer Reihe von Aufsätzen flankierende Band sind gemeinsam mit 8 Bänden weiterer Aufsätze als Gesammelte Werke im Verlag Mohr Siebeck erschienen. Die Ausgabe der gesammelten Werke Hans-Georg Gadamers ist auch als Studienausgabe erhältlich, vgl. Gadamer, Gesammelte Werke.

2 Für eine aktuelle, gründlich recherchierte Betrachtung von Gadamers Leben vgl. Di Cesare, Gadamer, Kap. 1: Ein Leben durch ein Jahrhundert, S. 5–43. Für verschiedene Textzeugnisse, die Gadamers Persönlichkeit als Mensch und Lehrer erkennbar werden lassen, vgl. Figal, Begegnungen.

3 Vgl. dazu Gadamer, Hans-Georg: Gesammelte Werke, Bd. 8–9: Ästhetik und Poetik I–II, Tübingen 1999.

4 Vgl. Schleiermacher, Friedrich: Hermeneutik und Kritik, hg. und eingel. von Manfred Frank, Frankfurt/M. [7]1999, S. 75.

5 Vgl. ebd., S. 91.

6 Vgl. ebd., S. 101 und S. 167.

7 Vgl. Gadamer, Wahrheit, S. 297.

8 Ebd., S. 107, für eine Auseinandersetzung mit dem Verhältnis von Leser und Werk in Gadamers Hermeneutik wäre es deshalb sinnvoll, sich zunächst mit diesem Kapitel von Wahrheit und Methode zu befassen (vgl. ebd., S. 107–139), bevor der zweite Teil von Wahrheit und Methode dann für die Erläuterung des Zirkels des Verstehens (S. 270–312), des hermeneutischen Problems der Anwendung (S. 312–352), der hermeneutischen Er-

fahrung sowie des Beriffs der Wirkungsgeschichte (S. 352–384) herangezogen werden kann.

9 Vgl. ebd., S. 114.

10 Vgl. ebd., Kursivierung im Original.

11 Ebd., S. 116.

12 Vgl. dazu ebd., S. 118–126.

13 Gadamer macht auf diesen Seinsüberschuss im Kunstwerk vor allem im Abschnitt über die Seinsvalenz des Bildes aufmerksam, vgl. ebd., S. 139–149, bes. S. 145–149. In dieser Sicht des Kunstwerks folgt Gadamer Aristoteles' Verständnis von «mimesis» (Darstellung) in dessen Poetik.

14 Vgl. Heidegger, Martin: Der Ursprung des Kunstwerks, in: Ders.: Gesamtausgabe, Bd. 5: Holzwege, hg. von Friedrich-Wilhelm von Herrmann, Frankfurt/M. [7]1994, S. 1–74. Zum Vergleich von Heideggers Kunstwerkaufsatz und Gadamers «Wahrheit und Methode» vgl. Sallis, John: The Hermeneutics of the Artwork, in: Figal (Hg.), Hans-Georg Gadamer, S. 45–57.

15 Heidegger, Ursprung (wie Anm. 14), S. 59.

16 Ebd., S. 59.

17 Ebd., S. 71.

18 Gadamer, Wahrheit, S. 115.

19 Ebd., S. 112, im Original kursiv.

20 Zum medialen Charakter von Gadamers Konzeption vgl. Eberhard, Philippe: The Middle Voice in Gadamer's Hermeneutics. A Basic Interpretation with Some Theological Implications, Tübingen 2004.

21 Gadamer, Wahrheit, S. 312.

22 Vgl. ebd., S. 281.

23 Vgl. ebd., S. 329: «Der Interpret will vielmehr gar nichts anderes, als dies Allgemeine – den Text – verstehen, d. h. verstehen, was die Überlieferung sagt, was Sinn und Bedeutung des Textes ausmacht. Um das zu verstehen, darf er aber nicht von sich selbst und der konkreten hermeneutischen Situation, in der er sich befindet, absehen wollen. Er muss den Text auf die Situation beziehen, wenn er überhaupt verstehen will.»

24 Vgl. ebd., S. 317–329, und Aristoteles, Nikomachische Ethik, VI 4–10, 13.

25 Diese Definition der «phronesis» beruht auf der Kombination einer Reihe von Textpassagen aus dem VI. Buch der Nikomachischen Ethik, vgl. Rese, Friederike: Praxis und Logos bei Aristoteles. Handlung, Vernunft und Rede in Aristoteles' «Nikomachischer Ethik», «Rhetorik» und «Politik», Tübingen 2003, S. 103–130.

26 Vgl. hierzu Rese, Friederike: Phronesis als Modell der Hermeneutik. Die hermeneutische Aktualität des Aristoteles, in: Figal (Hg.), Hans Georg Gadamer, S. 127–149.

27 Gadamer, Wahrheit, S. 270.

28 Vgl. ebd., S. 270 f.

29 Vgl. ebd., S. 273 f.

30 Ebd., S. 281.

31 Zu der für die hermeneutische Erfahrung vorauszusetzenden «Offenheit» und damit der Bereitschaft der Revision der eigenen Vorurteile vgl. ebd., S. 273 sowie S. 361.

32 Vgl. Heidegger, Martin: Gesamtausgabe, Bd. 58: Grundprobleme der Phänomenologie (1919/1920), hg. von Hans-Helmuth Gander, Frankfurt/M. 1992, S. 65–128; Heidegger, Martin: Anzeige der hermeneutischen Situation, in: Ders.: Gesamtausgabe, Bd. 62: Phänomenologische Interpretation ausgewählter Abhandlungen des Aristoteles zu Ontologie und Logik, hg. von Günther Neumann, Frankfurt/M. 2005, S. 345–375; Heidegger, Martin: Sein und Zeit, Tübingen [17]1993, S. 150.

33 Vgl. Gadamer, Wahrheit, S. 352–368.

34 Vgl. ebd., S. 362: «Jede Erfahrung, die diesen Namen verdient, durchkreuzt eine Erwartung. So enthält das geschichtliche Sein des Menschen als ein Wesensmoment eine grundsätzliche Negation, die in dem wesenhaften Bezug von Erfahrung und Einsicht zutage tritt.»

35 Vgl. ebd., S. 359.

36 Hegel, Georg Wilhelm Friedrich: Einleitung, in: Ders.: Werke, Bd. 3: Phänomenologie des Geistes, hg. von Eva Moldenhauer, Frankfurt/M. 1986, S. 68–81, hier S. 78.

37 Ebd., S. 79, im Original kursiv.

38 Vgl. Gadamer, Wahrheit, S. 372.

39 Vgl. ebd., S. 361.

40 Ebd., S. 367 f.

41 Zum dialogischen Verhältnis zwischen Leser und Text vgl. ebd., S. 363–384.

42 Ebd., S. 367.

43 Ebd., S. 305 und S. 351 f.

44 Vgl. ebd., S. 305.

45 Ebd., S. 305 f.

46 Ebd., S. 307.

47 Vgl. ebd., S. 311.

48 Ebd., S. 312.

49 Ebd.

50 Zur chiastischen Struktur der Wirkungsgeschichte vgl. Elm, Ralf: Schenkung, Entzug und die Kunst schöpferischen Fragens. Zum Phänomen der Geschichtlichkeit des Verstehens in Gadamers Analyse des wirkungsgeschichtlichen Bewusstseins, in: Figal (Hg.), Hans-Georg Gadamer, S. 151–176, bes. S. 152–155.

51 Vgl. Gadamer, Wahrheit, S. 375–384.

52 Vgl. ebd., S. 126–139.

53 Vgl. ebd., S. 296–305.

54 Vgl. ebd., S. 127.

55 Vgl. ebd., S. 301.

56 Ebd., S. 129.

57 Ebd.

58 Vgl. ebd., S. 303.

59 Vgl. ebd., S. 290–295.

60 Ebd., S. 292.

61 Vgl. dazu Habermas, Jürgen: Zur Logik der Sozialwissenschaften, in: Philosophische Rundschau 14 (1967), Beiheft 5, S. 172–180, wiederabgedruckt in: Habermas, Jürgen u. a. (Hg.): Hermeneutik und Ideologiekritik, Frankfurt/

M. 1971, S. 45–56 sowie Ders.: Der Universalitätsanspruch der Hermeneutik, in: Apel, Karl-Otto u. a. (Hg.): Hermeneutik und Ideologiekritik, Frankfurt/M. 1971, S. 120–159.

62 Vgl. Gadamer, Hans-Georg: Rhetorik, Hermeneutik und Ideologiekritik. Metakritische Erörterungen zu «Wahrheit und Methode» [1967], in: Apel (Hg.), Hermeneutik (wie Anm. 61), S. 57–82, wiederabgedruckt in: Gadamer, Werke, Bd. 2, S. 232–250 sowie Hans-Georg Gadamer: Replik zu «Hermeneutik und Ideologiekritik», in: Habermas (Hg.), Hermeneutik (wie Anm. 61), S. 283–317, wiederabgedruckt in: Gadamer, Gesammelte Werke, Bd. 2, S. 251–275. Zu dieser Debatte und weiteren Literaturangaben vgl. Di Cesare, Gadamer, S. 249–255.

63 Vgl. Gadamer, Rhetorik, S. 244.

64 Zur Debatte zwischen Gadamer und Derrida sowie für weitere Literaturangaben vgl. Di Cesare, Gadamer, S. 258–265.

65 Vgl. Jauß, Literaturgeschichte.

66 Vgl. ebd., S. 128.

67 Ebd., S. 136.

68 Vgl. ebd., S. 141.

69 Ebd.

70 Ebd., S. 128.

71 Vgl. Iser, Lesevorgang, S. 253–276, sowie Iser, Akt.

72 Vgl. Iser, Lesevorgang, S. 253.

73 Vgl. ebd., S. 255–260.

74 Vgl. Figal, Günter: Gegenständlichkeit. Das Hermeneutische und die Philosophie, Tübingen 2006.

75 Zu einer solchen Einordnung von Gadamers Hermeneutik vgl. Warning, Rainer: Rezeptionsästhetik als literaturwissenschaftliche Pragmatik, in: Ders. (Hg.): Rezeptionsästhetik, München [4]1994, S. 9–41, bes. S. 23 u. S. 31.

Filippo Smerilli

Theodor W. Adorno
(1903-1969)

I. Leben

Theodor Ludwig Wiesengrund-Adorno wurde am 11. September 1903 in Frankfurt am Main als Sohn des Weinhändlers Oscar Alexander Wiesengrund und der Sängerin Maria Barbara Calvelli-Adorno della Piana geboren. Ab 1921 studierte er an der Universität seiner Geburtsstadt Philosophie, Psychologie und Soziologie. Hier lernte er 1922 Max Horkheimer kennen, den späteren langjährigen Kollegen und Freund, und traf 1923 erstmals Walter Benjamin, der großen Einfluss auf sein Denken hatte. 1924 promovierte er bei dem Philosophen Hans Cornelius mit einer Arbeit über Edmund Husserl (*Die Transzendenz des Dinglichen und Noematischen in Husserls Phänomenologie*). Von März bis August 1925 studierte Adorno kurzzeitig Komposition bei Alban Berg in Wien, wo er auch die persönliche Bekanntschaft des von ihm verehrten Arnold Schönberg machte. 1931 habilitierte sich Adorno in Frankfurt bei dem Philosophen Paul Tillich mit einer Arbeit über Kierkegaard (*Die Konstruktion des Ästhetischen bei Kierkegaard*) und wurde Privatdozent für Philosophie.

1933 wurde ihm von den Nationalsozialisten die Lehrbefugnis entzogen. Gemeinsam mit seiner Frau Gretel emigrierte er 1938 in die USA. Dort wurde Adorno offizieller Mitarbeiter des *Institute of Social Research*, d. h. des ursprünglich 1924 in Frankfurt eröffneten Instituts für Sozialforschung, das seit 1930 von Max Horkheimer geleitet und angesichts des erstarkenden Nationalsozialismus in Deutschland schon frühzeitig von ihm und Friedrich Pollock nach Amerika verlagert wurde. 1941 siedelte das Ehepaar Adorno von New York nach Los Angeles über, wo in Pacific Palisades bereits Horkheimer und andere deutsche Emigranten lebten. Kontakt hatte Adorno hier unter anderem zu Thomas Mann, den er bei der Arbeit an den musiktheoretischen Teilen in dessen *Doktor Faustus* (1947) unterstützte. Eingebürgert wurde Adorno 1943, seit diesem Zeitpunkt nannte er sich Theodor W. Adorno. Hier im Exil entstand die von ihm und Horkheimer gemeinsam verfasste *Dialektik der Aufklärung* (1944/1947).

1949 kehrte Adorno erstmals nach Deutschland zurück und vertrat Max Horkheimer in Lehrveranstaltungen an der Frankfurter Universität. Im gleichen Jahr erschien eines seiner wichtigsten musiktheoretischen Bücher: *Die Philosophie der neuen Musik*. Die für sein Denken zentrale Aphorismensammlung *Minima Moralia* wurde 1951 veröffentlicht. 1957 wurde Adorno Ordinarius für Philosophie und Soziologie an der Frankfurter Universität. Als Nachfolger Horkheimers übernahm er 1958 die Leitung des nach dem Zweiten Weltkrieg neu aufgebauten Instituts für Sozialforschung. In den sechziger Jahren publizierte Adorno eine Vielzahl von Büchern, darunter 1966 sein erkenntnistheoretisches Hauptwerk *Negative Dialektik*. 1963 wurde er zum Vorsitzenden der *Deutschen Gesellschaft für Soziologie* gewählt. Gegen Ende der sechziger Jahre kam es zu Konfrontationen von Adorno mit Teilen der Studentenbewegung. Adorno starb am 6. August 1969 während eines Urlaubs in der Schweiz an einem Herzinfarkt. Postum erschien 1970 sein wichtigster Text zur Ästhetik, die *Ästhetische Theorie*.

2. Werk

Adorno war nicht an erster Stelle Literaturtheoretiker. Vielmehr hat er zeit seines Lebens vor allem in drei anderen Bereichen gearbeitet: in der Soziologie, in der Philosophie und in der Musiktheorie. Hier wie dort ist er kein Systematiker, und so hat er auch seine Literaturtheorie nicht systematisch ausgearbeitet. Ihre Grundgedanken aber lassen sich aus seinen wichtigsten Aufsätzen und Vorträgen zur Literatur rekonstruieren, die fast alle in den vier Bänden der *Noten zur Literatur* (NL)[1] veröffentlicht wurden. Darin zeigt sich, dass Adornos Literaturtheorie eng an seine von Sigmund Freud, Karl Marx, Immanuel Kant und Georg Wilhelm Friedrich Hegel beeinflusste Philosophie sowie an seine allgemeine, nicht auf die Literatur beschränkte Ästhetik gebunden ist. In ihr Zentrum führt die von ihm angenommene Korrespondenz von Literatur und Gesellschaft.

2.1 Literatur und Gesellschaft. Adorno wird neben Erich Fromm, Max Horkheimer, Leo Löwenthal, Herbert Marcuse und Friedrich Pollock[2] der ersten Generation der sogenannten Frankfurter Schule, d. h. der am Institut für Sozialforschung vertretenen neomarxistischen Gesellschaftstheorie zugerechnet. Ungeachtet großer Unterschiede werden die verschiedenen Ansätze dieser Protagonisten der Frankfurter Schule auch unter dem Oberbegriff Kritische Theorie subsumiert.[3] In einem programmatischen Text von 1937 mit dem Titel *Traditionelle und kritische Theorie* bestimmt Max Horkheimer als einen zentralen Punkt einer ‹kritischen Theorie› die Berücksichtigung des geschichtlichen Verhältnisses von Individuum und Gesellschaft, und zwar insbesondere die «Verflechtung» des «Subjekts», auch des «Subjekts» der «Theorie», mit dem «gesellschaftlichen Ganzen».[4] Horkheimers Begründung ist: «Niemand kann sich zu einem anderen Subjekt machen als zu dem des geschichtlichen Augenblicks.»[5]

Adornos gesamte Philosophie, aber auch seine gesamte Kunst- und Literaturtheorie baut ebenfalls auf diesem Gedanken einer gesellschaftlichen und geschichtlichen Bedingtheit auf, die typisch ist für alle im weitesten Sinne marxistischen Literaturtheorien. Ihm zufolge «impliziert Kunst, als eine Gestalt von Erkenntnis, Erkenntnis der Realität, und es ist keine Realität, die nicht gesellschaftlich wäre».[6] Diese gesellschaftliche Realität soll nicht nur von der Kunst erkannt, sondern auch bei der Deutung von Kunstwerken als ihr «Gehalt»[7] herausgearbeitet werden. Den Anspruch der gesellschaftlichen Deutung von Literatur versucht Adorno einmal besonders nachdrücklich am Beispiel der vermeintlich gesellschaftsfernen Lyrik zu rechtfertigen. Seine Auffassung ist, dass die «gesellschaftliche Deutung […] dem geschichtlichen Erfahrungsstand» gelten sollte, der auch in einem «Gedicht sich anzeigt».[8]

Motiviert ist diese Haltung nicht nur durch den kritischen Anschluss an die marxistische Gesellschafts- und Geschichtsphilosophie.[9] Mehr noch resultiert sie aus einer radikal negativen Einschätzung des Zustands der zeitgenössischen Gesellschaft. In der Literatur- wie in der Gesellschaftstheorie ist Adornos Ausgangspunkt stets die Diagnose einer «falsche[n] Gesellschaft» und eines «falsche[n] Bewußtsein[s]».[10] Seine philosophische Methode der «Dialektik» bestimmt er daher sogar als eine «Ontologie des falschen Zustandes».[11] Einen wesentlichen Faktor, der zu dieser

‹Falschheit› beiträgt, bildet die scheiternde, weil unzureichend über sich selbst aufgeklärte «Aufklärung». Sie ist in dieser Perspektive eine Form der «Naturbeherrschung», die bei mangelnder Selbstreflexion in Gewalt gegenüber der inneren und äußeren «Natur» der Menschen ausartet. Dabei stellt diese Gewaltsamkeit zugleich eine Art der unreflektierten Bindung an die ‹Natur› dar. Daher wird der Zwang zur «Naturbeherrschung» von Adorno mit «Naturverfallenheit» gleichgesetzt.[12] Das ist der paradoxe Grundgedanke in der Dialektik der Aufklärung, der verflochten ist mit dem Verhältnis von Aufklärung und Mythos. Gegenüber einem unaufgeklärten ‹Naturzustand› bedeute bereits der (antike) Mythos ein Moment der Aufklärung und der rationalen ‹Naturbeherrschung›; die fortgeschrittene, unzureichend selbstreflektierte (moderne) Aufklärung sei wiederum ihrerseits stets vom Rückfall in irrationale Mythologie bedroht.[13] Das einzige Mittel gegen das Scheitern der Aufklärung durch diesen Umschlag in Mythologie und Gewalt gegenüber der Natur sei ihre Selbstreflexion und -kritik: «Aufklärung muß sich auf sich selbst besinnen [...].»[14] Fehlt diese Selbstbesinnung, so ist das ein Grund dafür, dass die Menschen noch immer keinen menschlichen Zustand der Gesellschaft verwirklicht haben, sondern stattdessen in einem ‹barbarischen› verbleiben.[15] «[D]ie vollends aufgeklärte Erde strahlt im Zeichen triumphalen Unheils.»[16] So lautet Adornos und Horkheimers unversöhnliche Diagnose nach den Erfahrungen der Vertreibung durch den Nationalsozialismus, des Zweiten Weltkriegs und vor allem angesichts des Holocausts.

Auschwitz ist in Adornos Denken das Synonym für das vollständige Scheitern der Aufklärung, der aufgeklärten Gesellschaft und ihrer Kultur. Durch «Auschwitz» sei alle bisherige «Kultur» zu «Müll» degradiert.[17] Diese Sicht auf die Kultur ist natürlich von Bedeutung auch für die Bewertung des Status und der Funktion von kulturellen Produkten wie der Kunst. Angesicht eines Weltzustands, den er auch nach dem Ende des Zweiten Weltkriegs weiterhin als «permanente Drohung der Katastrophe» betrachtet,[18] wird ihm sogar das «Existenzrecht» der Kunst fragwürdig.[19] Das bereits von Hegel reflektierte ‹Ende der Kunst› ist für Adorno jederzeit möglich. Berühmt geworden ist in diesem Zusammenhang sein Urteil zur Unmöglichkeit, nach Auschwitz noch ein Gedicht zu schreiben: «Kulturkritik findet sich der letzten Stufe der Dialektik von Kultur und Barbarei gegenüber: nach Auschwitz ein Gedicht zu schreiben, ist barbarisch, und das frißt auch die Erkenntnis an, die ausspricht, warum es unmöglich ward, heute Gedichte zu schreiben.»[20] Adorno hat die Radikalität dieser Position im Laufe der Zeit abgemildert. So stimmt er einige Jahre später einem Gegenargument Hans Magnus Enzensbergers, dass die Dichtung diesen Widerspruch und das dadurch über sie gefällte Urteil aushalten müsse, ausdrücklich zu. In diesem Zusammenhang vertritt er dann sogar die Position, dass gerade das unaufhörliche Leiden und die unbewältigte Not der Menschen das Fortbestehen der Kunst dringend notwendig machen.[21] Und schließlich verwandelt er sein damaliges Urteil ins Gegenteil. Er fordert nun, dass die Werke von Gegenwartskünstlern auf das «Grauen» der Katastrophen der menschlichen Geschichte und vor allem des 20. Jahrhunderts reagieren müssen.[22] Er erwartet nun von der Kunst und Literatur, dass sie die ungeschönte Darstellung der «permanenten Katastrophe» leisten und aushalten.[23] Denn letztlich kommt Adorno zu der Auffassung, dass es nur der Kunst möglich ist, dem Leiden und der Not der Menschen einen angemessenen Ausdruck zu verleihen.[24] In der *Negativen Dialektik* schreibt er dann, seine eigene Entwicklung zusammenfassend und seine ursprüngliche Position relativierend: «Das perennierende Leiden hat soviel Recht auf Ausdruck wie der Gemarterte zu brüllen; darum mag falsch gewesen sein, nach Auschwitz ließe kein Gedicht mehr sich schreiben.»[25]

Ein von Adorno hoch geschätztes Beispiel für das Gelingen von Lyrik nach Auschwitz ist Paul Celan. In dessen Gedichten sei es vor allem das Schweigen und Verschweigen, durch welches das Entsetzen über den Holocaust, das Grauen von Auschwitz ‹versprachlicht› werde.[26] Die notwendig an die sprachliche Kommunikation gebundene Literatur aber befindet sich, wenn sie ‹verschweigend› etwas ‹sagen› soll, am Rand der Selbstauflösung.[27] Die Existenz der Kunst ist somit nach Adornos Auffassung bedroht sowohl durch die geschichtlichen Katastrophen, die das Existenzrecht der gesamten Kultur und aller kulturellen Produkte fragwürdig werden lassen, als auch durch die Schwierigkeit einer angemessenen Reaktion auf diese Katastrophen, die Kunstwerke an die Grenzen ihrer eigenen Bedingungsmöglichkeiten stoßen lässt. Entgegen diesen Schwierigkeiten und im Bewusstsein ihres seiner Ansicht nach jederzeit möglichen Endes ringt er zeit seines Lebens um die Bedeutung, die Berechtigung und die Begründung einer Fortführung der Kunst.

Vor diesem Hintergrund gilt Adornos Hauptinteresse bei der theoretischen Auseinandersetzung mit der Literatur ihrer geschichtlichen und gesellschaftlichen Bedeutung und Funktion. Das aber ist nicht gleichzusetzen mit der Suche oder der Forderung nach unmittelbar auf die Gesellschaft bezogenen inhaltlichen Aussagen in den Texten. Wenn Adorno von der Kunst Reaktionen auf den seines Erachtens absolut negativen Zustand der Welt fordert, dann nie in Form unmittelbaren inhaltlichen Engagements. Er bekämpft vielmehr diese für ihn vor allem mit Jean-Paul Sartre und dem französischen Existentialismus verknüpfte Forderung unentwegt und vehement: «Jedes Engagement für die Welt muß gekündigt sein, damit der Idee eines engagierten Kunstwerks genügt werde [...].»[28]

Umgekehrt bedeutet das nun jedoch nicht, dass Adornos Literaturtheorie dem unmittelbaren Engagement das *l'art pour l'art* als Lösung gegenüberstellt. Darin besteht eine ihrer Besonderheiten. Adorno kritisiert vielmehr immer wieder den vermeintlichen Gegensatz von engagierter und reiner, im Sinne von nicht engagierter, Kunst.[29] Er bezweifelt, dass es für die Kunst einzig die Möglichkeit der Entscheidung zwischen diesen zwei Alternativen gibt.[30] Sein Lösungsansatz besteht im Entwurf des paradoxen Konzeptes einer ‹gesellschaftlich vermittelten Autonomie der Form›. Denn «Kunst» kennzeichnet, so schreibt er in der *Ästhetischen Theorie*, ein «Doppelcharakter», sie ist gleichzeitig «autonom» und ein «fait social», und die «ungelösten Antagonismen der Realität kehren wieder in den Kunstwerken als die immanenten Probleme ihrer Form».[31] In diesem Sinne ist Form Inhalt, und zwar gesellschaftlicher Inhalt.[32] Auf diesen Gedanken baut Adorno eine Semantik der gesellschaftlich vermittelten Form auf. Ihm zufolge ist «Form» immer «Setzung von Sinn», und zwar selbst noch dort, «wo Sinn inhaltlich verworfen wird».[33] Er versucht hiermit zugleich die Schwäche der Kunstwerke und ihrer Form, dass sie, seiner eigenen Gesellschaftstheorie zufolge, unausweichlich gesellschaftlich vermittelt sind, in ihre Stärke zu verwandeln. Kunst stellt, weil sie unausweichlich gesellschaftlich determiniert und vermittelt ist, immer gleichzeitig ein Abbild und eine Stellungnahme gegenüber der Gesellschaft dar. Kunst ist notwendig gegebene Form – selbst noch in Gestalt der Formzertrümmerung oder der gestalteten

Formlosigkeit – und jede Form und Formgebung ist durch die Gesellschaft bestimmt.

> Kein Sachgehalt, keine Formkategorie einer Dichtung, die nicht, wie immer auch unkenntlich abgewandelt und sich selbst verborgen, aus der empirischen Realität stammte, der es [das geistige Gebilde, das (literarische) Kunstwerk – F. S.] sich entringt. Dadurch, wie durch die Umgruppierung der Momente kraft ihres Formgesetzes, verhält sich die Dichtung zur Realität.[34]

Aus dem Zusammenspiel dieser semantisierten Form mit dem tatsächlichen Inhalt entsteht dann für Adorno der eigentliche gesellschaftsgeschichtliche «Gehalt»[35] literarischer Texte. Adornos bewusste Konzentration auf die formalen Aspekte der Literatur unterscheidet ihn von einfacheren marxistischen Widerspiegelungstheorien, welche auf die Orientierung an der Form mit dem Vorwurf des Formalismus reagieren.[36]

Es ist die Kunst der Moderne, der er eine Durchdringung der Form mit gesellschaftlichem Inhalt am ehesten zutraut.[37] Und ein Künstler, der dieses Programm einer engagierten Kunst ohne unmittelbar inhaltliches Engagement für ihn geradezu idealtypisch praktiziert, ist Samuel Beckett.[38] In Becketts Drama *Endspiel* (Frz.: *Fin de partie*, 1957) sieht er verwirklicht, was auch die Lyrik, was die Literatur generell leisten soll, nämlich den Stand der geschichtlichen Entwicklung[39] festzuhalten:

> Im Endspiel entfaltet sich ein historischer Augenblick, die Erfahrung, die im Titel des kulturindustriellen Schundbuchs ›Kaputt‹ notiert war. Nach dem Zweiten Krieg [sic!] ist alles, auch die auferstandene Kultur zerstört, ohne es zu wissen [...].[40]

Ohne unmittelbar auf die tatsächliche Geschichte Bezug zu nehmen, stelle Becketts Drama doch deren Zustand und die daraus resultierenden Konsequenzen für die Menschen dar. Die Deformationen der Menschen in Becketts Stück seien ein Ergebnis der Form der Gesellschaft.[41] Es ist stets das Mittel der Analogisierung, durch das Adorno Verfahrensweisen der Kunst mit dem Zustand der Gesellschaft kurzschließt. So ähnele die «organisierte Sinnlosigkeit» und die «Konstruktion des Sinnlosen», welche die «Handlung» von Becketts Endspiel kennzeichne, der «Irrationalität der bürgerlichen Gesellschaft in ihrer Spätphase», die in Analogie zur Widerständigkeit des Stücks gegenüber der Suche nach Sinn «widerspenstig dagegen» sei, «sich begreifen zu lassen».[42] Der ‹Sinn des Stücks ohne

Sinn› ähnelt folglich der ‹Irrationalität der vermeintlich rational organisierten Gesellschaft› und ihrer Sinnlosigkeit. Der «Irrationalität im Vernunftprinzip» korrespondiere die «rationale Irrationalität der Kunst».[43] Dieser Gedanke aus der *Ästhetischen Theorie* trifft auf Becketts Endspiel in besonderem Maße zu und ist der Grund, weshalb Adorno es mit einem prägnanten Ausdruck eine «geschichtsphilosophische Sonnenuhr» nennt.[44] Für ihn zeigt dieses Stück ebenso wie die vermeintlich gesellschaftsferne Lyrik – und die in seinen Augen gelungene Literatur generell – den Entwicklungsstand der Geschichte an, und zwar der Menschen wie ihrer Vernunft. Dieses Verfahren der gesellschaftlichen Deutung, das er grundsätzlich in seinen Arbeiten zur Literatur anzuwenden versucht, nennt Adorno «immanent»: «Gesellschaftliche Begriffe sollen nicht von außen an die Gebilde herangetragen, sondern geschöpft werden aus der genauen Anschauung von diesen selbst.»[45]

Damit ist vorausgesetzt, dass die Kunst eine Form der Erkenntnis darstellt, die ein besonderes Vermögen kennzeichnet. Denn seiner eigenen Gesellschafts- und Erkenntnistheorie folgend, ist die unmittelbare Erkenntnis der Gesellschaft nicht möglich. Der Grund dafür ist, dass für Adorno die Gesellschaft als eine Form ‹falschen Bewusstseins› einen ‹gesellschaftlichen Verblendungszusammenhang› darstellt, den er als universal vorherrschend einschätzt[46] und von dem er weiter annimmt, dass er vor jeder annäherungsweise wahrheitsgemäßen Erkenntnis erst einmal überwunden werden muss. Genau das kann ihm zufolge ein gelungenes Kunstwerk wie Becketts Drama leisten, es «durchschlägt» den «Verblendungszusammenhang der Geschichte selbst».[47] An diesem Punkt mündet seine auf die Gesellschaft bezogene Literaturtheorie in erkenntnistheoretische Fragestellungen.

2.2 Literatur und Erkenntnis. Den komplementären Gegenpart zu Adornos hartnäckigem Beharren auf der absoluten Negativität der bisherigen Menschheitsgeschichte bildet sein utopischer Messianismus, der mit säkularisierten, ursprünglich theologischen Motiven der Offenbarung, Transzendenz, Versöhnung und Erlösung operiert.[48] Der Katastrophe der Geschichte setzt Adorno die Utopie eines gelingenden Lebens entgegen. Diese Utopie hat eine soziale, eine individuelle und eine erkenntnistheoretische Komponente. Die soziale Utopie bezieht sich auf die Beseitigung von Unterdrückung, materieller Not und dadurch verursachtem «Leiden».[49] Die individuelle Utopie bezeichnet die Auflösung der bei der Ichbildung angewandten Gewalt gegenüber der inneren «Natur».[50] Die erkenntnistheoretische Utopie zielt auf die Verwirklichung einer gelungenen «Kommunikation» zwischen «Subjekt» und «Objekt»,[51] d.h. auf eine Erkenntnis ohne «Identitätszwang».[52] In keinem der drei Bereiche, zwischen denen es eine Vielzahl von Querverbindungen gibt, ist der utopische Zustand unmittelbar und positiv abbildbar. Das verhindern der oben bereits angesprochene ‹Verblendungszusammenhang›, das ‹falsche Leben› und das damit einhergehende ‹falsche Bewusstsein›. Bei Adorno herrscht aus diesem Grund hinsichtlich der Utopie ein «Bilderverbot».[53] «Es gibt kein richtiges Leben im falschen» hat Adorno in den *Minima Moralia* geschrieben[54] – nicht einmal in Form eines Bildes vom ‹richtigen Leben›, muss man hinzufügen. Doch in Kunstwerken gibt es seiner Ästhetik zufolge immerhin die Möglichkeit der Annäherung an ein ‹richtiges Leben›, denn sie sind «Utopie» allein schon durch ihre «Form» und allein schon durch ihre «Gestalt» die «Herstellung richtigen Lebens».[55]

Erklären lässt sich dieser Gedanke durch die genauere Betrachtung der Funktionsweise der Kunstwerke, die zugleich ihre besondere erkenntnistheoretische Leistung darstellt. Zunächst einmal umgehen die im Sinne Adornos gelungenen Kunstwerke das ‹Bilderverbot›, indem sie bei der ‹Abbildung richtigen Lebens› eine Form der ‹bestimmten Negation› verwirklichen.[56] Sein diesbezügliches *ceterum censeo*, das seine moralische Grundhaltung, sein gesamtes Denken und theoretisches Handeln bestimmt, lautet:

> Es gibt nichts Harmloses mehr. [...] es ist keine Schönheit und kein Trost mehr außer in dem Blick, der aufs Grauen geht, ihm standhält und im ungemilderten Bewußtsein der Negativität die Möglichkeit des Besseren festhält.[57]

Nur auf diese Weise einer nachdrücklichen Bestimmung ausschließlich des Negativen könnten Kunstwerke den ‹Verblendungszusammenhang› transzendieren, ohne gegen das ‹Bilderverbot› zu verstoßen. Das gelinge ihnen, weil sie nicht unmittelbar sagten oder zeigten, wie es anders sein soll bzw. wie es anders wäre: «Die Kunstwerke sagen, was mehr ist als das Seiende, einzig, indem sie zur Konstellation bringen, wie es ist, ‹Comment c'est›».[58]

Mit dem Begriff der «Konstellation» nennt Adorno hier zugleich einen zentralen Begriff seiner Erkenntnistheorie.[59] Dessen Hintergrund bildet Adornos Sprachkritik, die er prononciert in der *Negativen Dialektik* formuliert.[60] Sie zielt auf das Verhältnis von Begriff und Gegenstand. Seines Erachtens geht jeder Versuch sprachlichen Denkens und Begreifens zwangsläufig mit der falschen Identifizierung von Begriff und Gegenstand einher.

> Der Schein von Identität wohnt [...] dem Denken selber seiner puren Form nach inne. Denken heißt identifizieren. Befriedigt schiebt begriffliche Ordnung sich vor das, was Denken begreifen will.[61]

Der Begriff suggeriere bereits durch seine sprachliche «Form» eine analoge Form des Gegenstands und dadurch seine «Identität». Adornos Philosophie will genau diesen die Worte begleitenden «Anspruch» kritisieren, nämlich die «Ideologie positiver, seiender Identität von Wort und Sache».[62] Vermittelt durch die an das begriffliche Denken gekoppelte «Ideologie», gehe dem Denken verloren, was am Gegenstand nicht dem Begriff entspreche. Diese Differenz nennt Adorno das «Nichtidentische»: «Was ist, ist mehr, als es ist. [...] Insofern wäre das Nichtidentische die eigene Identität der Sache gegen ihre Identifikationen.»[63] Das «Nichtidentische» stellt das Zentrum von Adornos erkenntnistheoretischer Utopie dar.

Eine ihrer Besonderheiten besteht nun darin, dass sie trotz der Kritik an der Sprache an ihr als Erkenntnismittel festhalten will. «Die Utopie der Erkenntnis wäre, das Begriffslose mit Begriffen aufzutun, ohne es ihnen gleichzumachen.»[64] Mit Hilfe der Sprache soll korrigiert werden, was die Sprache verursacht, die subjektive Präformation und Deformation des Phänomens durch die Form der Begriffe, die sich vor das Nichtidentische, vor das *individuum ineffabile* schieben.[65] Genau an diesem Punkt der paradoxen Ambivalenz der Sprache hat die «Konstellation» als Erkenntnisfunktion ihre Einsatzstelle:

> Nur Begriffe können vollbringen, was der Begriff verhindert. [...] Der bestimmbare Fehler aller Begriffe nötigt, andere herbeizuzitieren; darin entspringen jene Konstellationen, an die allein von der Hoffnung des Namens etwas überging.[66]

Das gleiche Verfahren der sprachlichen Korrektur der Begriffe durch Begriffe bezeichnet Adorno gelegentlich auch mit dem Wort «Konfiguration». Idealtypisch verwirklicht sieht er die «Konfiguration» als Methode im gelungenen Essay, dessen Elemente, die

Wörter, Begriffe, Gedanken, wenn sie solche Konfigurationen bildeten, ungeachtet ihrer schriftlichen und gedanklichen Fixierung wieder in «Bewegung» gerieten. Die Statik definitorischer Begriffssysteme wird hierbei von Adorno ersetzt durch die Dynamik miteinander «Konfigurationen» bildender Begriffe.[67] Der Gefahr begrifflicher und gedanklicher Willkür, die durch den Wegfall eindeutiger Begriffsdefinitionen entstehen könnte, soll dadurch entgegengewirkt werden, dass als Kriterium für das Gelingen der Konfigurationen die größtmögliche «Dichte» der «Verflechtung» ihrer Elemente gilt. Die «Konstellation des Essays» sei dann keinesfalls «beliebig».[68] Durch das Verfahren der Konfiguration, das Adorno gleichsetzt mit der «Befreiung vom Identitätszwang», wird die literarische Gattung des Essays für das Denken zu einer Form, die zwischen der mit systematischer Begrifflichkeit operierenden wissenschaftlichen «Theorie» und der «begriffslosen Kunst» steht.[69] Das macht die Attraktivität des Essays für Adorno aus, deshalb bedeutet er ihm die «kritische Form par excellence», die er als Verfahren in seinen eigenen Texten zu verwirklichen versucht.[70]

Den Essay verbindet mit der Kunst, dass auch sie sich des Verfahrens der Konfiguration bedient und dadurch ebenfalls dem Fehler der identifizierenden diskursiven Sprache entgegensteht. Anders gewendet, besteht das oben angesprochene ‹Wie es ist›, das ‹Comment c'est› der Kunst wesentlich darin, dass es Adorno zufolge per definitionem durch das Darstellen von solchen Konfigurationen realisiert wird. So wie der Essay sprachliche Elemente in Konfiguration zueinander rückt, macht es ein Kunstwerk mit seinen jeweiligen «Elemente[n]» (visuellen, akustischen, sprachlichen). Die «immanente Stimmigkeit» und «Logizität» ihrer Anordnung vermeidet hier wie im Essay Willkür und macht sie zu einem dynamischen Gefüge. Dadurch werde ein solches Kunstwerk, gleichgültig ob es sprachlich ist oder nicht, zu einer Aussage, mit der es «Stellung» bezieht, ohne aber den Fehler der diskursiven, definierenden und identifizierenden Sprache zu begehen.[71] In der *Ästhetischen Theorie* heißt es dazu:

> Die Dynamik, die jedes Kunstwerk in sich verschließt, ist sein Sprechendes. […] Sprachähnlich wird das Kunstwerk im Werden der Verbindung seiner Elemente, eine Syntax ohne Worte noch in sprachlichen Gebilden. Was diese sagen, ist nicht, was ihre Worte sagen.[72]

Sind Kunstwerke also Konfigurationen dieser Art, charakterisiert durch die ‹stimmige› «Verbindung» ihrer «Elemente», durch die «immanente Logizität» ihrer Anordnung gemäß einer «Logik der Kunst», dann stellen sie durch diese besondere Gestalt die Verwirklichung einer «nicht-diskursiven Sprache» dar.[73] Vor diesem Hintergrund schreibt Adorno: «Kunst berichtigt die begriffliche Erkenntnis [...].»[74] Die Lösung für das sprachliche Problem des mit der Diskursivität einhergehenden Zwangs zur Identität glaubt er also in einem Verfahren zu entdecken, das typisch ist für die Kunst: das Bilden von Konfigurationen bzw. Konstellationen. Dadurch erhalten die Kunstwerke ihre erkenntnistheoretische Bedeutung. Die Möglichkeit ‹richtigen Lebens› deutet dieses eigentlich erkenntnistheoretische Verfahren deshalb an, weil es aus dem Kreislauf ‹falscher› Identifizierungen, die ansonsten das Selbst- und Weltverhältnis des Subjekts ‹deformieren›, heraus- und damit zugleich in die Nähe des ‹Nichtidentischen› führt.

Das trifft nun bemerkenswerterweise auch auf sprachliche Gebilde im engeren Sinne und somit auch auf die Literatur zu. Idealtypisch sieht Adorno seine erkenntnistheoretische Utopie verwirklicht in der Dichtung Hölderlins. Hier glaubt er, sowohl die Überwindung des «Identitätszwang[s] des Logos» als auch das «Bewußtsein von Nichtidentität» wie das «Bewußtsein des nichtidentischen Objekts» zu entdecken. Hölderlins Texten gelinge das wie der Kunst und dem Essay durch die «Konfiguration der Momente», durch die «Konstellation der Worte».[75] Einer normativen Aussage in der *Ästhetischen Theorie* zufolge ist die «wahre Sprache der Kunst» «sprachlos».[76] Genau diese ‹sprachlose Sprache› realisieren, so Adorno, die Texte Hölderlins, wobei ihr Vorbild die Musik sei:

> Große Musik ist begriffslose Synthesis; diese das Urbild von Hölderlins später Dichtung [...]. Aber die Sprache ist, vermöge ihres signifikativen Elements, des Gegenpols zum mimetisch-ausdruckhaften, an die Form von Urteil und Satz und damit an die synthetische Funktion des Begriffs gekettet. Anders als in Musik, kehrt in der Dichtung die begriffslose Synthesis sich wider das Medium: sie wird zur konstitutiven Dissoziation.[77]

Das Prinzip einer solchen sprachlich verwirklichten «Dissoziation» der Sprache, durch das die «Form von Urteil und Satz» verändert wird, erkennt Adorno bei Hölderlin im titelgebenden Verfahren parataktischer Reihung sprachlicher Elemente.[78] Obwohl Adorno grundsätzlich nicht streng zwischen Kunst und Literatur unterscheidet, berücksichtigt er hier doch die spezifische Medialität der Literatur, d. h. ihre notwendige Gebundenheit an die Sprache, die sie von anderen Kunstformen, wie z. B. der Musik, unterscheidet.[79] Das sichert der Literatur ihren im Vergleich mit der Philosophie hohen Stellenwert, denn «Philosophie ließe, wenn irgend, sich definieren als Anstrengung, zu sagen, wovon man nicht sprechen kann; dem Nichtidentischen zum Ausdruck zu helfen, während der Ausdruck es immer doch identifiziert».[80] Paradoxerweise ist es für den Philosophen Adorno aber letztlich nicht die Philosophie, sondern die Kunst und die Literatur, denen genau das gelingt. Deshalb stellen beide für Adorno eine herausragende Form der Erkenntnis dar. Adornos Literaturtheorie ist Erkenntnistheorie in diesem Sinne.

Ungeachtet seiner sonstigen weitgehenden Missachtung ihrer Besonderheiten im Vergleich mit anderen Künsten erkennt Adorno also grundsätzlich einen Vorrang der Sprache in der Literatur an. Das liefert ihm einen wichtigen Ansatzpunkt für die gesellschaftliche Deutung literarischer Texte. Denn allein schon vermittelt über die Sprache, unabhängig von jedem konkreten Inhalt, ist für Adorno der literarische Text an die Gesellschaft gebunden. Die Sprache stellt in der Literatur zwar einerseits das Medium individuellen und subjektiven Ausdrucks dar, andererseits aber ist sie niemals vollkommen individuell, sondern immer gesellschaftlich präformiert und konstituiert. Sprache vermittelt demnach zwischen Subjekt und Objekt, zwischen Individuellem und Allgemeinem, zwischen Text und Gesellschaft. Die hiermit vorausgesetzte unvermeidbare gesellschaftliche Präformiertheit der Sprache hat Konsequenzen auch für den Status des Autors.[81] Im Rahmen seiner eigenen Gesellschafts- und Erkenntnistheorie kann Adorno dem Autor ebenso wenig wie dem Kunstwerk die unmittelbare Möglichkeit zur Transzendenz des ‹Verblendungszusammenhangs› zusprechen. Gelingt diese Transzendenz dem Kunstwerk nur durch ‹bestimmte Negation› und durch die erfolgreiche Gestaltung einer ‹dichten› Konstellation, so gelingt sie dem Autor nur dadurch, dass er sich dem «Kunstwerk», seinen dynamischen Prozessen und ihrer «Notwendigkeit» überlässt[82] und nicht etwa durch die erfolgreiche Umsetzung einer «Intention».[83] Der Autor ist also ein weder über sich selbst noch ein über den Text und seine Sprache souverän verfügendes Subjekt. Ein zentraler Begriff zur Beschreibung dieses besonderen Zusammenspiels von Künstler und Werk ist der des ‹Materials›, das wiederum nicht nur in der Literatur, sondern allgemein in der Kunst von Bedeutung ist,[84] so auch in der Musik. Das «Material» ist Adorno zufolge etwas «gesellschaftlich» «Präformiertes» mit «eigenen Bewegungsgesetzen», und die «Auseinandersetzung des Komponisten [in der Literatur: des Autors – F. S.] mit dem Material [ist] die mit der Gesellschaft, gerade soweit diese ins Werk eingewandert ist».[85] Wenn sich der Künstler dieserart dem gesellschaftlich präformierten Material und der mithin gegebenen «Notwendigkeit des Kunstwerks» überlässt, dann wird er, nolens volens, zum Statthalter der Gesellschaft.[86]

Mit dieser Annahme der gesellschaftlichen Determiniertheit der Kunst und des Künstlers versucht Adorno gleich mehrere Probleme zu lösen. Durch die vorausgesetzte gesellschaftliche Determinierung schon des bloßen ‹Materials› der Kunst reagieren selbst noch solche Werke auf die Gesellschaft, die inhaltlich keinen unmittelbaren Bezug auf sie nehmen. Das soll einerseits Adornos Widerspruch gegenüber der Forderung nach einem unmittelbarem Engagement der Kunst Nachdruck und Glaubwürdigkeit verleihen. Das soll andererseits seine dem Anspruch nach immanent verfahrende Interpretationsmethode rechtfertigen, die sowohl die gesellschaftliche Deutbarkeit aller Kunst voraussetzt als auch den Anspruch hat, gesellschaftliche Begriffe nicht von außen an sie heranzutragen, sondern diese Begriffe nur aus der exakten Betrachtung des einzelnen Kunstwerks zu gewinnen.[87] Durch die Reduzierung der Individualität des kreativ handelnden Künstlers auf ein Minimum, das sich nur in Interaktion mit dem ‹Material› herausbildet, umgeht Adorno zudem den ansonsten naheliegenden Schluss, das Subjekt sei relativ souverän, sobald es nur künstlerisch produktiv tätig ist. Das würde jedoch die Fähigkeit zur unmittelbaren Transzendenz des gesellschaftlichen ‹Verblendungszusammenhangs› voraussetzen, womit der Künstler die Unausweichlichkeit des Letzteren sowie Adornos allgemeine Bestimmung des Subjekts als gesellschaftlich determiniert widerlegen würde.

Es liegt nahe, Adorno an diesem Punkt seiner Ästhetik und Literaturtheorie einen argumentativen Zirkel zu unterstellen: Weil er seine Methode der gesellschaftlichen Deutung von Kunst rechtfertigen will, versucht er mit allen Mitteln darzulegen, dass die Kunst immer schon eine gesellschaftlich vermittelte Reaktion auf die Gesellschaft darstellt. Seine dem Anspruch nach ‹immanente› Deutungsmethode braucht aufbauend auf dieser Voraussetzung dann nur noch den ohnehin vorhandenen gesellschaftlichen Gehalt herauszudestillieren. Tatsächlich wirken Adornos eigene Literaturinterpretationen oft gewaltsam, und zwar gerade durch ihre immer gleichen gesellschaftlichen und geschichtsphilosophischen Ergebnisse, die stets auf den Nachweis einer noch nicht überwundenen ‹Dialektik der Aufklärung› hinauslaufen. Man kann sich des Eindrucks nicht erwehren, als trage gerade er gesellschafts- und kulturkritische Begriffe von einem externen Standpunkt aus an die Kunst heran.[88]

Für Adorno ist Gesellschaftskritik gleichbedeutend mit Erkenntniskritik und umgekehrt.[89] Innerhalb seiner Ästhetik stellen die Kunst und innerhalb seiner Literaturtheorie die Literatur ihrem Potential nach ebenfalls beides dar: Gesellschaftskritik und Erkenntniskritik.[90] In Adornos Perspektive realisiert die Literatur, sobald sie solche doppelte Kritik erfolgreich verkörpert, eine Form der Selbstreflexion des Geistes, die sogar in der Lage ist, die Defizite der ‹Dialektik der Aufklärung› zu korrigieren.[91] Denn als ‹geschichtsphilosophische Sonnenuhr› stellt die Literatur wie die Kunst nicht nur eine Form der «bewußtlose[n] Geschichtsschreibung» dar, sondern auch die «Anamnesis der unterdrückten Natur», die «Anamnesis des Unterlegenen, Verdrängten, vielleicht Möglichen».[92] Damit wird die Literatur für Adorno zum Statthalter der Utopie. In ihr kommt die unaufgeklärte Aufklärung zu sich selbst und entgeht ihrer regressiven Mythologisierung. Den hohen Stellenwert innerhalb seiner Philosophie erhält die Literatur durch dieses Vermögen der Selbstbesinnung, der Erinnerung, der Kritik und der Erkenntnis.

3. Wirkung

Adornos Wirkung setzte nach dem Zweiten Weltkrieg und nach seiner Rückkehr nach Deutschland erst allmählich ein. Sie begann in den 1950er Jahren, erreichte ihren Höhepunkt in den 1960er Jahren[93] und ließ nach seinem Tod bereits in den 1970er Jahren rasch wieder nach.[94] In diesen drei Jahrzehnten erlebte die Nachkriegsgermanistik eine grundlegende Umbruchs- und Reformphase. Vereinfacht gesagt, vollzog sich in diesem Zeitraum der Übergang von werkimmanenten zu gesellschaftstheoretischen Methoden der Literaturwissenschaft. In den 1970er Jahren mündete diese Entwicklung dann «auf breiter Front» in eine «Wende zur Sozialgeschichte».[95] Innerhalb der in den sechziger und siebziger Jahren in Westdeutschland entstehenden primär gesellschaftlich ausgerichteten Methoden der Literaturwissenschaft bildete die marxistisch-materialistische Richtung noch einmal einen Sonderfall. Neben Adorno war Georg Lukács der bedeutendste Vertreter dieser Form der Literaturtheorie.[96] Bot Letzterer im Westen Anknüpfungspunkte für die ‹Neue Linke› und für deren orthodox marxistische Ausprägung der Literaturtheorie,[97] so stand Adorno in Opposition sowohl zu dieser als auch zu zeitgenössischen empirisch-positivistischen Ansätzen in der Literatursoziologie wie in der Soziologie im engeren Sinne. Letzteres führte 1961 zum sogenannten Positivismusstreit zwischen Adorno und Karl R. Popper als Hauptkontrahenten.[98]

Hochaktuell machte sein Denken in diesen Jahren neben dem gesellschaftstheoretischen Ansatz auch der unermüdliche Hinweis auf das Nachwirken des Faschismus und auf die kulturelle Zäsur des Holocausts.[99] Schließlich war der Germanistik bis 1966 die Aufarbeitung ihrer eigenen Rolle im Nationalsozialismus nicht gelungen,[100] während Adorno zu den nachdrücklichsten Verfechtern einer Einbeziehung dieser jüngeren Geschichte in die Theoriebildung der Geistes- und Gesellschaftswissenschaften zählte. Zur größer werdenden Popularität seines Denkens bis hin zu einer «philosophische[n] Modeströmung»[101] trug zu guter Letzt auch die vor diesem Hintergrund anwachsende Aufbruchs- und Revolutionsstimmung der nachfolgenden Generation bei, die in den Studentenprotesten von 1968 gipfelte. Gegen Ende der 1960er Jahre erreichte Adorno dann den «Höhepunkt und die Krisis seiner Wirkung».[102] Als ein Zeichen für Letztere gilt, dass ein Teil der Studentenbewegung sich von Adorno abwendete bzw. die offene Konfrontation mit ihm suchte.[103] Literaturtheoretisch weitergewirkt hat Adorno in den 1970er Jahren über kritisch an ihn anknüpfende Wissenschaftler wie Peter Bürger und Peter V. Zima.[104]

Um seine Bedeutung in der jüngeren Vergangenheit und Gegenwart einzuschätzen, muss man die vielfältigen Aktivitäten zum hundertsten Geburtstag Adornos im Jahr 2003 berücksichtigen. Dabei fällt auf, dass die Inhalte der Philosophie Adornos nur eine untergeordnete Rolle gespielt haben, während im Vordergrund seine Biographie stand.[105] Zu den geschichtsphilosphischen und gesellschaftstheoretischen Denkkategorien gibt es dagegen gegenwärtig ganz offensichtlich eine große Distanz.[106] Nichtsdestoweniger hat Adorno vor allem durch seine Omnipräsenz in den 1960er Jahren das intellektuelle Leben der Bundesrepublik maßgeblich und nachhaltig geprägt. Seine Wirkung erstreckte sich auf verschiedene Disziplinen, insbesondere auf die Philosophie, die Pädagogik, die Soziologie, die Musiktheorie und die Ästhetik.[107]

Für die Kritische Theorie ist der Mensch ein «Subjekt» des «geschichtlichen Augenblicks»,[108] d.h. ihm ebenso unterworfen wie ihn realisierend. Einer marxistischen Maxime zufolge muss auch die eigene Theorie in den Kontext der Geschichte eingeordnet werden.[109] Betrachtet man Adorno unter diesen beiden Gesichtspunkten, dann wird deutlich, dass er als Autor in besonderem Ausmaß durch die geschichtlichen Ereignisse seiner Zeit geprägt ist. Die Erfahrung des Faschismus und die Zäsur von Auschwitz prägen jeden Satz seiner Philosophie wie seiner Literaturtheorie. Diese «Historizität» von Adornos eigenem «Denken», diese in ihm «sedimentierte Geschichte»[110] erklärt seine einstige Wirkung, seine heutige weitgehende Wirkungslosigkeit und seine Bedeutung innerhalb der Geschichte der Literaturtheorie.

Angesichts der aktuellen literaturwissenschaftlichen Diskussionen ließe sich gerade heute aber auch in mehrfacher Hinsicht an Adorno anknüpfen. Seine Literaturtheorie verweist auf die Möglichkeit, dass die bis heute andauernde Formalismusdiskussion, z.B. in der Erzähltheorie,[111] hinfällig wäre, wenn es gelingen würde, Adornos Idee einer Semantik der Form systematisch auszuarbeiten. Ebenso besitzt Adornos Beharren auf der geschichtlichen Bedingtheit selbst vermeintlich geschichtsferner Literatur Relevanz bis in die Gegenwart, denkt man an die nach wie vor von der Literaturwissenschaft nur in Ansätzen herstellbare Verbindung von Texten und Kontexten.[112] Hier könnte man unter anderem an seinen Begriff des Materials anknüpfen und diesen präziser zu fassen versuchen. Besonders aber vermag Adornos Konstellationsgedanke ein wesentliches und immer wieder faszinierendes Moment von Literatur zu benennen, wenn auch noch nicht auf eine für den literaturwissenschaftlichen Umgang mit Literatur handhabbare Weise zu erklären: ihre durch einfache Begriffe nicht erfassbare Komplexität. Um es angelehnt an Adorno zu formulieren: Was literarische Texte sagen, ist mehr, als ihre Worte sagen.

Literatur

1. Werkausgaben

Adorno, Theodor W.: Gesammelte Schriften, 20 Bde., hg. von Rolf Tiedemann unter Mitwirkung von Gretel Adorno, Susan Buck-Morss u. Klaus Schultz, Frankfurt/M. 1970–1986 [auf CD-ROM: Gesammelte Schriften, hg. von Rolf Tiedemann unter Mitwirkung von Gretel Adorno, Susan Buck-Morss u. Klaus Schultz, Berlin 2004].
– Nachgelassene Schriften, hg. vom Theodor W. Adorno Archiv, Frankfurt/M. 1993 ff. (bisher 13 Bde. erschienen).
– Briefe und Briefwechsel, hg. vom Theodor W. Adorno Archiv, Frankfurt/M. 1994 ff. (bisher 7 Bde. erschienen).

2. Bibliographien

Görtzen, René: Theodor W. Adorno. Vorläufige Bibliographie seiner Schriften und der Sekundärliteratur, in: Friedburg, Ludwig von/Habermas, Jürgen (Hg.): Adorno-Konferenz 1983, Frankfurt/M. 1983, S. 402–471.
Lang, Peter Christian: Kommentierte Auswahlbibliographie 1969–1979, in: Lindner, Burkhardt/Lüdke, Martin W. (Hg.): Materialien zur ästhetischen Theorie Theodor W. Adornos. Konstruktion der Moderne, Frankfurt/M. 1980, S. 509–556.
Petazzi, Carlo: Kommentierte Bibliographie zu Theodor W. Adorno, in: Theodor W. Adorno. Text und Kritik. Sonderband, hg. von Heinz Ludwig Arnold, München 1977, S. 176–191.

3. Biographien

Müller-Doohm, Stefan: Adorno. Eine Biographie, Frankfurt/M. 2003.
Pabst, Reinhard: Kindheit in Amorbach. Bilder und Erinnerungen, Frankfurt/M./Leipzig 2003.

4. Sonstige Sekundärliteratur

Bergh, Gerhard van den: Adornos philosophisches Deuten von Dichtung. Ästhetische Theorie und Praxis der Interpretation: Der Hölderlin-Essay als Modell, Bonn 1989.
Bolz, Norbert W.: Geschichtsphilosophie des Ästhetischen. Hermeneutische Rekonstruktion der «Noten zur Literatur» Theodor W. Adornos, 2 Bde. [Teil I und II]. Phil. Diss. Masch., Berlin 1976.
Grenz, Friedemann: Adornos Philosophie in Grundbegriffen. Auflösung einiger Deutungsprobleme. Mit einem Anhang: Theodor W. Adorno und Arnold Gehlen: Ist die Soziologie eine Wissenschaft vom Menschen? Ein Streitgespräch, Frankfurt/M. 1974.
Jablinski, Manfred: «Kritische Theorie» als Literatur- und Kunstkritik, Bonn 1976.
Jay, Martin: The Dialectical Imagination. A History of the Frankfurt School and the Institute of Social Research 1923–1950, London 1973.
Kaiser, Gerhard: Benjamin. Adorno. Zwei Studien, Frankfurt/M. 1974.

Müller-Doohm, Stefan: Die Soziologie Theodor W. Adornos. Eine Einführung, Frankfurt/M./New York 1996.

Schweppenhäuser, Gerhard: Theodor W. Adorno zur Einführung, Hamburg ^{4}2005.

Wiggershaus, Rolf: Die Frankfurter Schule. Geschichte, theoretische Entwicklung, politische Bedeutung, München 1988.

– Theodor W. Adorno, München ^{3}2006.

Anmerkungen

1 Bd. I: 1958, Bd. II: 1961, Bd. III: 1965, Bd. IV: postum 1974. Die einzelnen Bände innerhalb der Gesammelten Schriften (GS) werden im Folgenden zitiert als NL I–IV.

2 Vgl. zu den einzelnen Personen und ihren Biographien Wiggershaus, Frankfurter Schule, S. 55–123.

3 Jürgen Habermas, selbst ein Vertreter der zweiten Generation der Frankfurter Schule, weist darauf hin, dass die durch solche Begriffe suggerierte «Einheit eines Schulzusammenhangs [...], mit Ausnahme weniger Jahre in New York, nie bestanden hat». Habermas, Jürgen: Drei Thesen zur Wirkungsgeschichte der Frankfurter Schule, in: Honneth, Axel/Wellmer, Albrecht (Hg.): Die Frankfurter Schule und die Folgen, Berlin/New York 1986, S. 7–12, hier S. 8.

4 Horkheimer, Max: Traditionelle und kritische Theorie [1937], in: Ders.: Gesammelte Schriften, 19 Bde., Bd. 4: Schriften 1936–1941, hg. von Alfred Schmidt, Frankfurt/M. 1988, S. 162–216, hier S. 184.

5 Ebd., S. 213.

6 GS, Bd. 7: Ästhetische Theorie, S. 383.

7 Adorno definiert «Gehalt» als die «Einheit» oder «Koinzidenz» von «Form» und «Inhalt» (vgl. NL III, Parataxis [1964], GS, Bd. 11: Noten zur Literatur, S. 481 f.).

8 NL I, Rede über Lyrik und Gesellschaft [1957], GS, Bd. 11: Noten zur Literatur, S. 62.

9 Vgl. Fetscher, Iring: Zur aktuellen politischen Bedeutung der Frankfurter Schule, in: Honneth/Wellmer (Hg.): Frankfurter Schule (wie Anm. 3), S. 3–7.

10 NL I, Der Essay als Form [1958], GS, Bd. 11: Noten zur Literatur, S. 28 und NL I, Rede über Lyrik und Gesellschaft [1957], GS, Bd. 11: Noten zur Literatur, S. 51.

11 Einleitung, GS, Bd. 6: Negative Dialektik, S. 22.

12 Vgl. GS, Bd. 3: Dialektik der Aufklärung, S. 57 und Fortschritt [1962], GS Bd. 10.2: Kulturkritik und Gesellschaft, S. 628.

13 Vgl. Vorrede, GS, Bd. 3: Dialektik der Aufklärung, S. 16.

14 Ebd., S. 13.

15 Vgl. ebd., S. 11.

16 GS, Bd. 3: Dialektik der Aufklärung, S. 19.

17 GS, Bd. 6: Negative Dialektik, S. 359.

18 NL I, Standort des Erzählers im zeitgenössischen Roman [1954], GS, Bd. 11: Noten zur Literatur, S. 46.
19 Vgl. GS, Bd. 7: Ästhetische Theorie, S. 9.
20 GS, Bd. 10.1: Kulturkritik und Gesellschaft [1951], S. 30. Kiedaisch versammelt Reaktionen auf diesen Text. (Kiedaisch, Petra (Hg.): Lyrik nach Auschwitz? Adorno und die Dichter, Stuttgart 1995.) Vgl. auch die Beiträge in dem Sammelband: Köppen, Manuel (Hg.): Kunst und Literatur nach Auschwitz, Berlin 1993.
21 NL III, Engagement [1962], GS, Bd. 11: Noten zur Literatur, S. 423.
22 Jene zwanziger Jahre [1962], GS, Bd. 10.2: Kulturkritik und Gesellschaft, S. 506.
23 NL II, Versuch, das Endspiel zu verstehen [1961], GS, Bd. 11: Noten zur Literatur, S. 292.
24 NL III, Engagement [1962], GS, Bd. 11: Noten zur Literatur, S. 423.
25 GS, Bd. 6: Negative Dialektik, S. 355.
26 Paralipomena, GS, Bd. 7: Ästhetische Theorie, S. 477. Kurz und präzise stellt diese Entwicklung Adornos Lamping dar: Lamping, Dieter: Sind Gedichte über Auschwitz barbarisch? Über die Humanität der Holocaust-Lyrik, in: Ders. (Hg.): Literatur und Theorie. Über poetologische Probleme der Moderne, Göttingen 1996, S. 100–118, hier S. 104 f.
27 Vgl. zu dieser Aporie: Reemtsma, Jan Philipp: Der Traum von der Ich-Ferne. Adornos literarische Aufsätze, in: Honneth, Axel (Hg.): Dialektik der Freiheit. Frankfurter Adorno-Konferenz 2003, Frankfurt/M. 2005, S. 318–362, hier S. 353.
28 NL III, Engagement [1962], GS, Bd. 11: Noten zur Literatur, S. 425 f.
29 NL I, Der Artist als Statthalter [1953], GS, Bd. 11: Noten zur Literatur, S. 114–126.
30 NL III, Engagement [1962], GS, Bd. 11: Noten zur Literatur, S. 410.
31 GS, Bd. 7: Ästhetische Theorie, S. 16.
32 Vgl. NL III, Parataxis [1964], GS, Bd. 11: Noten zur Literatur, S. 469.
33 GS, Bd. 7: Ästhetische Theorie, S. 403.
34 NL III, Engagement [1962], GS, Bd. 11: Noten zur Literatur, S. 425.
35 Vgl. zu diesem Begriff NL I, Rede über Lyrik und Gesellschaft [1957], GS, Bd. 11: Noten zur Literatur, S. 50; NL III, Parataxis [1964], GS, Bd. 11: Noten zur Literatur, S. 469; GS, Bd. 7: Ästhetische Theorie, S. 15.
36 Zur Bewertung der Form in marxistischen Literaturtheorien vgl. Eagleton, Terry: Marxism and Literary Criticism, London 1976, S. 20–31 und zur Widerspiegelungstheorie ebd. S. 48–54. In dem Text Erpreßte Versöhnung. Zu Georg Lukács: «Wider den mißverstandenen Realismus» [1958] (in: NL II, GS, Bd. 11: Noten zur Literatur, S. 251–280) diskutiert Adorno anhand von Positionen des späten Lukács ausführlich dessen Formalismusvorwurf an die Kunst der Moderne sowie die Postulate von dessen Widerspiegelungstheorie. Er kritisiert hier mithin den Kernbestand orthodox marxistischer Positionen in der Ästhetik.
37 Zum Moderne-Begriff Adornos vgl. GS, Bd. 7: Ästhetische Theorie, S. 56–58. Gerhard Kaiser merkt schon 1974 an, dass Adorno einerseits zur Aus-

weitung der Moderne und dabei zur Ignorierung feinerer Epochendifferenzierungen neigt, so «daß im Grunde alle Epochenunterschiede, ja jede lineare Chronologie überhaupt in der großen Gegenüberstellung Moderne – ältere Kunst untergeht», und dass er sich andererseits einer «schmal[en]» «Beispiel- und Materialbasis» bedient, die zudem «in der Literatur etwa zentriert [ist] auf den Zeitraum von Baudelaire bis zu Beckett» (Kaiser, Benjamin, S. 134).

38 Adorno plante die Ästhetische Theorie Beckett zu widmen (vgl. das Editorische Nachwort der Herausgeber, GS, Bd. 7: Ästhetische Theorie, S. 544), den er gelegentlich auch persönlich getroffen hat. Beckett, Celan und Schönberg waren die einzigen zu seiner Zeit lebenden Künstler, die Adorno «vorbehaltlos anerkannte» (Wiggershaus, Theodor W. Adorno, S. 123). Neben Texten Becketts nennt Adorno immer wieder Texte Kafkas als positives Beispiel (vgl. vor allem Aufzeichnungen zu Kafka [1953], GS, Bd. 10.1: Kulturkritik und Gesellschaft, S. 254–287).

39 Adorno nennt diesen Stand gelegentlich den «geschichtlichen Stundenschlag» (NL I, Rede über Lyrik und Gesellschaft [1957], GS, Bd. 11: Noten zur Literatur, S. 60 und vgl. NL II, Erpreßte Versöhnung [1958], GS, Bd. 11: Noten zur Literatur, S. 268).

40 NL II, Versuch, das Endspiel zu verstehen [1961], GS, Bd. 11: Noten zur Literatur, S. 284 f.

41 Vgl. ebd., S. 299.

42 Ebd., S. 283 f.

43 GS 7: Ästhetische Theorie, S. 71.

44 NL II, Versuch, das Endspiel zu verstehen [1961], GS, Bd. 11: Noten zur Literatur, S. 314.

45 NL I, Rede über Lyrik und Gesellschaft [1957], GS, Bd. 11: Noten zur Literatur, S. 51.

46 Vgl. GS, Bd. 3: Dialektik der Aufklärung, S. 59; GS, Bd. 6: Negative Dialektik, S. 397 und GS, Bd. 7: Ästhetische Theorie, S. 252.

47 NL II, Versuch, das Endspiel zu verstehen [1961], GS, Bd. 11: Noten zur Literatur, S. 319.

48 Vgl. den Aphorismus Zum Ende, GS, Bd. 4: Minima moralia. Reflexionen aus dem beschädigten Leben, S. 283. Bei diesen Denkmotiven Adornos ist Walter Benjamins Einfluss besonders deutlich. Berühmt ist dessen durch ein Bild von Paul Klee (Angelus Novus) angeregte Beschreibung eines «Engel[s] der Geschichte», dem diese im Rückblick als eine «einzige Katastrophe» erscheint (vgl. Benjamin, Walter: Über den Begriff der Geschichte [1942], in: Ders.: Gesammelte Schriften. 7 Bde., hg. von Rolf Tiedemann u. Hermann Schweppenhäuser unter Mitwirkung von Theodor W. Adorno u. Gershom Sholem, Bd. 1, 2: Abhandlungen, Frankfurt/M. 1974, S. 691–704, hier S. 697 f.). In diesem erst postum veröffentlichten Text Über den Begriff der Geschichte spricht Benjamin auch die Idee des Messianismus an (vgl. ebd. S. 693–695 und S. 702–704).

49 GS, Bd. 6: Negative Dialektik, S. 203 f.

50 Vgl. den Exkurs I: Odysseus oder Mythos und Aufklärung in der Dialektik der Aufklärung, GS, Bd. 3: Dialektik der Aufklärung, S. 61–99.

51 Dialektische Epilegomena. Zu Subjekt und Objekt [1969], GS, Bd. 10.2: Kulturkritik und Gesellschaft, S. 743.

52 Zu diesem Begriff vgl. NL III, Parataxis [1964], GS, Bd. 11: Noten zur Literatur, S. 482 und Einleitung, GS, Bd. 6: Negative Dialektik, S. 23 f. und S. 66.

53 GS, Bd. 6: Negative Dialektik, S. 207 und S. 394, GS, Bd. 7: Ästhetische Theorie, S. 159 u. ö.

54 GS, Bd. 4: Minima moralia. Reflexionen aus dem beschädigten Leben, S. 43.

55 GS, Bd. 7: Ästhetische Theorie, S. 203 und NL III, Engagement [1962], GS, Bd. 11: Noten zur Literatur, S. 429.

56 Vgl. GS, Bd. 7: Ästhetische Theorie, S. 136 und S. 195. Adorno übernimmt diese Denkfigur aus der Philosophie Hegels. Vgl. zur Funktion der bestimmten Negation in Adornos Philosophie Birus, Hendrik: Adornos ‹Negative Ästhetik›, in: Deutsche Vierteljahrsschrift für Literaturwissenschaft und Geistesgeschichte 62 (1988), H. 1, S. 1–23, hier S. 3 ff.

57 GS, Bd. 4: Minima moralia. Reflexionen aus dem beschädigten Leben, S. 26.

58 GS, Bd. 7: Ästhetische Theorie, S. 200 f.

59 Die Idee der «Konstellation» als Erkenntnisfunktion taucht schon in Adornos Antrittsvorlesung von 1931 auf (vgl. Die Aktualität der Philosophie, GS, Bd. 1: Philosophische Frühschriften, S. 341), und zwar im Zusammenhang mit der dort zentralen Bestimmung der Philosophie als einer besonderen Methode der «Deutung», d. h. einer Hermeneutik der geschichtlichen Wirklichkeit als «Text» (vgl. ebd. S. 334–344). Diese Idee ist nach eigenem Bekunden wiederum von Walter Benjamin inspiriert (vgl. ebd. S. 335).

60 Vgl. insbesondere die Einleitung, GS, Bd. 6: Negative Dialektik, S. 13–66.

61 Ebd., S. 17.

62 Ebd., S. 62 f.

63 GS, Bd. 6: Negative Dialektik, S. 164.

64 Einleitung, GS, Bd. 6: Negative Dialektik, S. 21.

65 Vgl. GS, Bd. 6: Negative Dialektik, S. 148.

66 Einleitung, GS, Bd. 6: Negative Dialektik, S. 62.

67 NL I, Der Essay als Form [1958], GS, Bd. 11: Noten zur Literatur, S. 21 f. und vgl. zu Statik und Dynamik ebd. S. 31 f. Eine ganz ähnliche Idee zur Funktionsweise des Essays als «Konstellation» entwickelt der Erzähler in Robert Musils Roman Der Mann ohne Eigenschaften (1930/1933) (vgl. Musil, Robert: Der Mann ohne Eigenschaften, 2 Bde., Bd. 1: Der Mann ohne Eigenschaften. Roman. Erstes und zweites Buch, Bd. 2: Der Mann ohne Eigenschaften. Aus dem Nachlaß, hg. von Adolf Frisé, neu durchges. u. verbess. Aufl., Reinbek 1987, S. 250 f.).

68 NL I, Der Essay als Form [1958], GS, Bd. 11: Noten zur Literatur, S. 20 f. und S. 26 f.

69 Ebd., S. 26 und 31.

70 Ebd., S. 27 und vgl. Wiggershaus, Theodor W. Adorno, S. 33.

71 NL II, Erpreßte Versöhnung [1958], GS, Bd. 11: Noten zur Literatur, S. 270.

72 GS, Bd. 7: Ästhetische Theorie, S. 274.

73 Ebd., S. 205 und S. 251. Vom Rezipienten verlangt Adorno im Zusammenhang mit der «Logik» einer dem Werk «immanenten Bewegung» das «Nachfahren», den «Mitvollzug der im Kunstwerk sedimentierten Spannungen, der in ihm zur Objektivität geronnenen Prozesse» (vgl. NL III, Voraussetzungen [1961], GS, Bd. 11: Noten zur Literatur, S. 433).

74 Ebd. S. 173.

75 NL III, Parataxis [1964], GS, Bd. 11: Noten zur Literatur, S. 482, S. 488, S. 451 und S. 473.

76 GS 7: Ästhetische Theorie, S. 171.

77 NL III, Parataxis [1964], GS, Bd. 11: Noten zur Literatur S. 471.

78 Ebd. und vgl. zur näheren Bestimmung der Parataxe bei Hölderlin ebd. S. 473–479.

79 Vgl. zur Ähnlichkeit und Differenz von Musik und Sprache den Text Fragment über Musik und Sprache [1956], GS, Bd. 16: Musikalische Schriften I–III, S. 251–256.

80 Drei Studien zu Hegel [1963/1969], GS, Bd. 5: Zur Metakritik der Erkenntnistheorie, S. 336.

81 Den Gedanken einer Vorrangstellung und einer unausweichlichen Doppelheit der Sprache sowie die Konsequenzen für den Autor reflektiert Adorno in NL I, Rede über Lyrik und Gesellschaft [1957], GS, Bd. 11: Noten zur Literatur, S. 56.

82 NL I, Der Artist als Statthalter [1953], GS, Bd. 11: Noten zur Literatur, S. 125 f.

83 Vgl. zur Kritik an dieser Vorstellung NL III, Engagement [1962], GS, Bd. 11: Noten zur Literatur, S. 413 und NL III, Parataxis [1964], GS, Bd. 11: Noten zur Literatur, S. 448.

84 Vgl. GS, Bd. 7: Ästhetische Theorie, S. 249.

85 GS, Bd. 12: Philosophie der neuen Musik, S. 39 f. Wiggershaus, Theodor W. Adorno, S. 109 weist anlässlich dieser Stelle auf Parallelen zur «Leibnizschen Monadologie» hin. Zum Begriff der Monade und seiner Funktion in der Ästhetik Adornos vgl. Pradler, Andreas: Das monadische Kunstwerk. Adornos Monadenkonzeption und ihr ideengeschichtlicher Hintergrund, Würzburg 2003. Vgl. zum Materialbegriff auch Vers une musique informelle [1961], GS, Bd. 16: Musikalische Schriften I–III, S. 537.

86 NL I, Der Artist als Statthalter [1953], GS, Bd. 11: Noten zur Literatur, S. 126.

87 Zu diesem methodischen Anspruch vgl. NL I, Rede über Lyrik und Gesellschaft [1957], GS, Bd. 11: Noten zur Literatur, S. 51.

88 Vgl. Jan Philipp Reemtsmas Kritik an «Deutungsredundanzen» in den Literaturinterpretationen Adornos, «die die Werke und Interpretationen tendenziell austauschbar machen». (Reemtsma, Traum [wie Anm. 27], S. 361).

89 Dialektische Epilegomena. Zu Subjekt und Objekt [1969], GS, Bd. 10.2: Kulturkritik und Gesellschaft, S. 748.

90 Britta Scholze schreibt zu Recht, «daß es für und bei Adorno wohl nur einen einzigen Weg gibt, Philosophie als Kritik zu restituieren: die Reflexion auf Kunst und die Durcharbeitung vorliegender Kunstphilosophien

bzw. Ästhetiken. […] die Kunst [ist] für Adorno das Reflexionsmedium kritischen Philosophierens.» (Scholze, Britta: Kunst als Kritik. Adornos Weg aus der Dialektik, Würzburg 2000, S. 9.)

91 Vgl. NL III, Parataxis [1964], GS, Bd. 11: Noten zur Literatur, S. 488.

92 GS 7: Ästhetische Theorie, S. 384 und NL III, Parataxis [1964], GS, Bd. 11: Noten zur Literatur, S. 482.

93 Darauf lassen nicht zuletzt die nun steigenden Publikationszahlen seiner Bücher schließen, über die Adorno frohlockte, nun «halte er alles für möglich» (vgl. Wiggershaus, Frankfurter Schule, S. 648).

94 Vgl. Wiggershaus, Frankfurter Schule, S. 727.

95 Vietta, Silvio: Kanon und Theorieverwerfungen in der Germanistik der 70er Jahre, in: Kemper, Dirk/Vietta, Silvio (Hg.): Germanistik der siebziger Jahre. Zwischen Innovation und Ideologie, München 2000, S. 9–57, hier S. 23.

96 Für Gerhard Kaiser war Lukács «Adornos marxistischer Antipode» (Kaiser, Gerhard: Philosophie als Literaturkritik. Zum 100. Geburtstag von Theodor W. Adorno, in: Das Plateau 14 (2003), H. 79, S. 40–47, hier S. 46).

97 Vgl. Vietta, Kanon (wie Anm. 95), S. 20.

98 Vgl. Adorno, Theodor W./Albert, Hans/Dahrendorf, Ralf/Habermas, Jürgen/Pilot, Harald/Popper, Karl R.: Der Positivismusstreit in der deutschen Soziologie, Neuwied 1969.

99 So lautet der erste Satz aus Adornos Vortrag Erziehung nach Auschwitz (gehalten 1966, gedruckt 1967): «Die Forderung, daß Auschwitz nicht noch einmal sei, ist die allererste an Erziehung.» (GS, Bd. 10.2: Kulturkritik und Gesellschaft, S. 674.)

100 In diesem Jahr fand in München der Germanistentag unter dem Titel Nationalsozialismus in Germanistik und Dichtung statt. (vgl. Wiese, Benno von/Henß, Rudolf (Hg.): Nationalsozialismus in Germanistik und Dichtung. Dokumentation des Germanistentages in München vom 17.–22. Oktober 1966, Berlin 1967.)

101 Habermas, Thesen (wie Anm. 3), S. 7–12, hier S. 9.

102 Rath, Norbert: ‹Deutschland sucht den Superstar›. Das Adorno-Jahr in den Medien, in: Information Philosophie 32 (2004), H. 1, S. 82–89, hier S. 82.

103 Einen Grund dafür nennt Gerhard Schweppenhäuser: «[Z]wischen Adorno und der Protestbewegung [gab es – F.S.] Übereinstimmung in der Kritik der bestehenden Gesellschaft […], aber Differenzen über die Mittel, mit denen ihre Veränderung zu bewerkstelligen sei.» (Schweppenhäuser, Theodor W. Adorno, S. 15.) Vgl. grundsätzlich auch Kraushaar, Wolfgang (Hg.): Frankfurter Schule und Studentenbewegung. Von der Flaschenpost zum Molotowcocktail 1946–1995, 3 Bde., Hamburg 1998.

104 Vgl. Bürger, Peter: Theorie der Avantgarde, Frankfurt/M. 1974 und Zima, Peter V.: Textsoziologie, Stuttgart 1980. Für Adornos Wirkung in den 1960er Jahren ist außerdem Peter Szondi zu nennen.

105 Vgl. Berthold, Jürgen: Im Zeichen des Biographischen. Skizze der gescheiterten Adornorenaissancen 2003, in: Philosophischer Literaturanzeiger Bd. 57 (2004), S. 297–310.

106 «Kritische Theorie wird als ‹überholt›, ‹widerlegt› oder ‹utopisch› abgetan […].» (Winter, Rainer/Zima, Peter V.: Vorwort: Die Aktualität der kritischen Theorie, in: Dies. (Hg.): Kritische Theorie heute, Bielefeld 2007, S. 9–22, hier S. 14.)

107 Vgl. die Einschätzung der Herausgeber eines Sammelbandes zur Frankfurter Schule: «Unter allen intellektuellen Gruppierungen hat keine das politisch-kulturelle Selbstverständnis der Bundesrepublik […] mehr beeinflußt als die Frankfurter Schule.» (Albrecht, Clemens/Behrmann, Günter C./Bock, Michael/Homann, Harald/Tenbruck, Friedrich H.: Einleitung, in: Dies.: Die intellektuelle Gründung der Bundesrepublik. Eine Wirkungsgeschichte der Frankfurter Schule. Frankfurt/M./New York 1999, S. 11–20, hier S. 20.)

108 Horkheimer, Theorie (wie Anm. 3), S. 184 und S. 213.

109 Vgl. Eagleton, Marxism (wie Anm. 36), S. VI f.

110 Vgl. Einleitung, GS, Bd. 6: Negative Dialektik, S. 64 und ebd. S. 165.

111 Die ‹klassische› strukturalistische Narratologie ist dieser Auffassung folgend form-, die neuere ‹postklassische› Narratologie inhaltsorientiert. Vgl. Nünning, Ansgar/Nünning, Vera: Von der strukturalistischen Narratologie zur ‹postklassischen Erzähltheorie›. Ein Überblick über neue Ansätze und Entwicklungstendenzen, in: Dies. (Hg.): Neue Ansätze in der Erzähltheorie, Trier 2002, S. 1–33 und in neuerer Zeit Prince, Gerald: Classical and/or Postclassical Narratology, in: L'Esprit créateur 48 (2008), H. 2, S. 115–123.

112 Vgl. z. B. Baßler, Moritz: Die kulturpoetische Funktion und das Archiv. Eine literaturwissenschaftliche Text-Kontext-Theorie, Tübingen 2005.

Frauke Schmidt

Roland Barthes
(1915–1980)

I. Leben

Roland Barthes wurde 1915 in Cherbourg in der Normandie geboren und verstarb 1980 nach einem Unfall in Paris. Eine Tuberkuloseerkrankung verhinderte 1934 den Studienbeginn an der renommierten *École Normale Supérieure* (ENS) und zwang Barthes zu zahlreichen Aufenthalten in Sanatorien, so über mehrere Jahre nach seinem Studium der klassischen Literatur an der Sorbonne 1943 – eine Zeit, in die erste Vorträge über Musik und Literatur sowie erste literaturkritische Veröffentlichungen fallen.[1] Nach dem Zweiten Weltkrieg unterrichtete Barthes zunächst als Lehrer in Bukarest und anschließend als Lektor in Alexandria, wo Algirdas Greimas sein Interesse für die strukturale Linguistik und im Besonderen für Ferdinand de Saussure weckte.[2] Nach seiner Rückkehr nach Frankreich 1950 arbeitete er in der Kulturabteilung des Außenministeriums, bis er 1952 ein Stipendium des *Centre National de la Recherche Scientifique* (CNRS) erhielt. Er beschäftigte sich zunächst mit Lexikologie, um dann im Bereich der Soziologie bis 1959 weiter am CNRS zu forschen. 1960 wurde er *Chef de travaux* der Wirtschafts- und Sozialwissenschaften an der *École Pratique des Hautes Études*,[3] 1962 *Directeur d'Études* für «Soziologie der Zeichen, Symbole und Darstellungen» – nachdem er 1957 mit *Mythologies* (Dt.: *Mythen des Alltags*, 1964) als Begründer der französischen Semiologie hervorgetreten war.[4] Als Professor der *École Pratique* arbeitete Barthes am *Centre d'Études de Communications de Masse* (CECMAS) und an der Zeitschrift *Communications* mit, in welcher er 1966 seinen berühmten Aufsatz über die Analyse narrativer Texte veröffentlichte.

Als Intellektueller und «Wortführer der *nouvelle critique*»[5] wurde er in den sechziger Jahren prominent. Dazu verhalf Barthes, der nicht den traditionellen akademischen Weg über die ENS gegangen war und als Angehöriger einer «modernen, aber marginalen Institution»[6] sprach, nicht zuletzt sein Schlagabtausch mit der «ancienne critique» der Sorbonne. Seit 1966 besuchte Julia Kristeva, die Barthes nachhaltig beeinflussen sollte, sein Seminar und machte ihn mit Michail Bachtins Dialogizitätstheorie bekannt.[7] In diesen Jahren stand Barthes über Kristeva, Jacques Derrida und Philippe Sollers in enger Verbindung zur Zeitschrift *Tel Quel*, die als der Kristallisationspunkt verschiedener strukturalistischer und poststrukturalistischer Strömungen gilt.[8] Obwohl er keine entsprechenden akademischen Titel vorzuweisen hatte – sein *Système de la mode* von 1967 (Dt.: *Die Sprache der Mode*, 1985), an dem er mehrere Jahre gearbeitet hatte, war von Claude Lévi-Strauss als Habilitationsschrift abgelehnt worden –,[9] wurde 1977 am *Collège de France* eigens für ihn der Lehrstuhl für literarische Semiologie eingerichtet.[10]

Barthes beschäftigte sich jedoch nicht nur als Forscher und Kritiker mit Literatur, Kunst und Musik, sondern wurde auch selbst künstlerisch tätig. Zeitlebens vom klassischen (antiken) wie modernen Theater (Brecht) fasziniert, spielte er selbst während der Schule und des Studiums Theater, nahm Gesangsstunden und widmete sich in den siebziger Jahren auch der Malerei. In seiner autobiographischen Schrift *Roland Barthes par Roland Barthes* (1975; Dt.: *Über mich selbst*, 1978) sind neben Photographien und handschriftlichen Notizen auch einige seiner Bilder abgedruckt. Hier präsentiert sich Barthes als performatives «sujet incertain»,[11] als Künstler und Literat. Für seine Bedeutung jenseits des akademischen Diskurses spricht zudem, dass sein alle herkömmlichen Genregrenzen überschreitendes Buch *Fragments d'un discours amoureux* (1977; Dt.: *Fragmente einer Sprache der Liebe*, 1984) die wohl breitenwirksamste Rezeption, Aufführungen als Theaterstück und Veröffentlichungen als Hörbuch inbegriffen, erfahren hat.

2. Werk

Barthes Literaturtheorie entfaltet sich als eine unablässige Auseinandersetzung mit der Literatur als Zeichensystem. Von den anderen Strukturalisten unterscheidet ihn dabei sein besonderes Interesse für Rezeption und Produktion des literarischen Zeichens. Spricht er in *Le Degré zéro de l'écriture* (1953; Dt.: *Am Nullpunkt der Literatur*, 1959) noch vom Schriftsteller als ganzheitlichem, mit Intention ausgestattetem Individuum, so scheint sich diese Sichtweise in der sprichwörtlich gewordenen Schrift zum *Tod des Autors* (*La Mort de l'auteur*, 1968; Dt. 2000) ins Gegenteil verkehrt zu haben.

Schließlich veröffentlichte Barthes jedoch auch autobiographisch geprägte Publikationen wie *Fragments d'un discours amoureux*, *Roland Barthes par Roland Barthes* und *La Chambre claire* (1980; Dt.: *Die helle Kammer*, 1985). In einem Vortrag, den Barthes 1974 in Italien hielt, teilt er sein «semiologisches Abenteuer» in drei chronologische Phasen ein:[12] Die erste steht im Zeichen der Faszination (der er die semiologische Ideologiekritik zuordnet), die zweite in dem der Wissenschaft (vor allem der Erprobung von Systemen) und die dritte in der des Textes (als ein in seiner Bedeutung nicht abschließend erfassbares «Gewebe der Signifikanten»[13]). In allen diesen Phasen verknüpft er die Frage nach der Literatur mit der Frage nach der Kultur: Zu deren Theorie kommt im späten Werk eine immer stärkere Tendenz zur Praxis produktiven Schreibens. Mehr als eine lineare Entwicklung oder «Struktur», welche in *Roland Barthes par Roland Barthes* durch die Gegenüberstellung einer Tabelle der Phasen seiner Arbeit mit einer Strukturalismuskarikatur ironisch kommentiert wird,[14] lassen sich seine Überlegungen als eine Folge von Antworten auf die Frage «Was ist Literatur?» darstellen, die von der theoretischen Darstellung bis zur praktischen Vorführung reichen.

2.1 Am Nullpunkt des Schreibens: Von der strukturalen Ideologiekritik zur Semiologie. In seiner ersten Buchveröffentlichung, *Am Nullpunkt der Literatur*, setzt sich Barthes mit Jean-Paul Sartres *Qu'est-ce que la littérature?* auseinander, das in Frankreich seit seinem Erscheinen 1947 zu einer kanonischen Lektüre geworden war. Auch wenn nicht explizit auf Sartre verwiesen wird, so spielt doch gleich der Titel des ersten Kapitels, «Qu'est-ce que l'écriture», auf dessen programmatische Fragestellung «Was ist Literatur?» an. Drei Begriffe definieren bei Barthes das Schreiben: die Sprache (im Sinne der Saussure'schen *langue*), der Stil (*style*) und die Schreibweise (*écriture*). Die Sprache bildet für Barthes den normierten Horizont und konventionalisierten Aktionsraum des Schreibens. Der Stil hingegen ist eine quasibiologische, körperliche und dem individuellen Autor inhärente Eigenschaft, die er nicht beeinflussen kann: «Bilder, Vortragsweise, Wortschatz werden aus der Vergangenheit des Schriftstellers geboren [...].»[15] Beide Aspekte konditionieren somit das Schreiben geradezu. Im Gegensatz dazu ist es dem Schriftsteller möglich, sich für eine Schreibweise zu entscheiden und sich durch gewählte sprachliche Mittel zu engagieren. Barthes entwickelt nun eine diachrone Linie historischer Schreibweisen, die jede für sich die gesellschaftliche und literaturhistorische Positionierung des Schreibenden herausstellt: «[Die Schreibweise] entblößt meine Vergangenheit und meine Wahl, sie gibt mir eine Geschichte, sie stellt meine Situation zur Schau, sie engagiert mich, ohne dass ich es zu sagen brauche.»[16] Die Wahl der Schreibweise stehe zwar jedem Schriftsteller frei, zugleich sei sie jedoch stets soziohistorisch vorgeprägt.[17] Eine gänzlich neutrale «écriture degré zéro» erweist sich für Barthes als Utopie: Am Beispiel von Albert Camus' *L'Étranger* (1942) versucht er, eine solche Schreibweise im Nullzustand herzuleiten, deren Ausdrucksweise weder sozial noch mythisch geprägt ist; denn erst in der Vermeidung jeglicher Färbung sei der Schriftsteller wieder ein «ehrlicher Mensch».[18] Eine «écriture blanche», die in der Literatur die gesellschaftliche Homogenität vorbilde, müsse aber Projekt und «Sozialutopie»[19] bleiben, da jede noch so sehr um Neutralität bemühte Schreibweise historisch immer wieder zur Manier werde und sich der gesellschaftlichen Vereinnahmung nicht entziehen könne. Zu Recht wurde darauf hingewiesen, dass die deutsche Übersetzung des Titels als «Am Nullpunkt der Literatur» der Idee des «degré zéro de l'écriture» nicht gerecht werden kann, da die *écriture* einen dynamischen Begriff des Schreibens umfasst, nicht aber die «Literatur» als gesellschaftliche Institution.[20] Hier wird deutlich, dass Barthes zwar Sartres Plädoyer für eine engagierte Literatur zustimmt, jedoch nicht in dem Sinne, dass *die* Literatur sich zu engagieren habe. Vielmehr trägt jegliches Schreiben unweigerlich Zeichen gesellschaftlicher Zuordnung. Im Unterschied zu Sartre entwickelt Barthes somit einen Begriff des Engagements, der sich mit der Schreibweise auf die Form und nicht auf den Inhalt des Schreibens bezieht: «Eine Schreibweise ist kein Kommunikationsinstrument, sie ist kein offener Weg, der von einer Redeintention genutzt wird.»[21]

In späteren Schriften kommt Barthes auf einige Begriffe dieses Buches zurück, die den Eindruck einer durch sein literaturtheoretisches Werk laufenden kohärenten Argumentation erzeugen. Die Suche nach einer Revolution der Literaturkritik, welche die traditionellen Kategorien von Autor und Werk umstürzt, beginnt mit dem Konzept der *écriture*, das bereits neue Problematiken anstößt: So führt Barthes die in *Der Tod des Autors* so zentrale Differenzierung des «Schreibers» vom Schriftsteller ein: «Man wagt nicht mehr, der ‹Schriftsteller› zu sagen.»[22] Außerdem verankert er die unausweichliche gesellschaftliche Verortung der Schreibweise in einer Beschreibung, die auf sein späteres weites Text- und Intertextualitätsverständnis im Zusammenhang mit Kristevas Bachtin-Übersetzung hindeutet: «Ein hartnäckiger Nachklang, der von allen früheren Schreibweisen und aus der Vergangenheit meiner eigenen Schreibweise stammt, übertönt meine gegenwärtigen Wörter.»[23] Freilich muss die *écriture* durch ein intentionales Subjekt gewählt werden und steht noch näher an Sartres Fragestellung als an Kristevas Konzept des Zitatmosaiks.[24]

In den *Mythologies* versucht Barthes erneut, die Ansätze Sartres und Saussures zu verbinden, ausgehend von den bürgerlichen Alltagsmythen Frankreichs. In kurzen Einzelbeobachtungen, die von 1954 bis 1956 als monatliche Artikel in Maurice Nadeaus Zeitschrift *Les Lettres nouvelles* erschienen,[25] widmet er sich kulturellen Phänomenen unterschiedlichster Art: Greta Garbo, dem Citroën D. S., Beefsteak und Pommes frites – aber auch literarischen oder literaturkritischen Stereotypen. In einem zweiten Teil, «Der Mythos heute», folgt eine systematisierende semiologische Lesart des Mythos als Form der Bedeutungszuweisung: Potentiell auf jegliches Objekt übertragbar stellt der Mythos nicht einen Inhalt, sondern eine Form der gesellschaftlichen Aneignung dar. Nachdem Barthes in den Artikeln das Täuschungspotential einzelner Mythen kritisch aufgedeckt hat, stützt er sich nun auf Saussure'sche Begrifflichkeiten, insbesondere die Aufteilung des sprachlichen Zeichens in Signifikant und Signifikat, um den Mythos als Kommunikationssystem zu beschreiben.[26] Als Sprache betrachtet Barthes dabei jede Form der Darstellung «verbaler oder visueller Art» sowie «die Objekte selbst [...], wenn sie etwas bedeuten».[27] Er nimmt also die semantische Ausweitung ernst, die der Linguist Saussure selbst nur angedeutet hat, und konzipiert unter dem von Saussure übernommenen Begriff ‹Semiologie› eine allgemeine «Wissenschaft von den Zeichen», die kulturelle Phänomene generell als Texte liest. Das Saussure'sche Zeichen wird in diesem Rahmen seinerseits zum Signifikanten, um in Verbindung mit einem Signifikat ein übergeordnetes kulturelles Zeichen, eine Metasprache zu bilden. Damit ist der Mythos ein «sekundäres Schema»:[28] Ein soziales oder historisches Konzept liegt als doppelte Struktur hinter dem primären Sinn eines Zeichens, dem somit eine zweite Bedeutung zugeschrieben wird. Diese Idee stellt Barthes nun zum einen in den Dienst einer entideologisierenden Lektüre vor allem bürgerlicher Mythen. Im Rückblick ordnet er auch *Am Nullpunkt der Literatur* als eine Vorarbeit zu den *Mythen des Alltags* ein: Die Literatur sage nicht nur das, was sie bedeutet, sondern sei zugleich durch ihren Signifikanten, die Schreibweise, ideologisch vereinnahmt. Zum anderen ist die in den *Mythologies* beschriebene doppelte Artikulation des mythischen Zeichens charakteristisch für das strukturalistische Verständnis von Literatur: Bei Jurij Lotman findet sich die Unterscheidung zwischen natürlichen Sprachen als primären modellbildenden Systemen und kulturellen Zeichensystemen als sekundären modellbildenden Systemen, welche mit Hilfe der primären Systeme konstruiert werden.[29] Der Mythos-Begriff verweist zudem auf das später von Barthes' Schützling Gérard Genette entwickelte Konzept des «sekundären Kratylismus», der Motivierung des arbiträren Sprachzeichens voraus.[30] In einem Essay zu Ehren Roman Jakobsons formuliert Barthes 1967, dass die Verwendung der Eigennamen in Marcels Prousts *À la recherche du temps perdu* einem kratylischen Zeichenverständnis geschuldet sei, welches aber möglicherweise das Spezifikum der poetischen Funktion ausmache: Der Mythos des Literarischen wäre dann, das sprachliche Zeichen als motiviert zu verstehen, und jeder literarische Text wäre im Sinne der ihm eigenen mythischen Zeichenkonstruktion zu lesen.[31]

Der Mythos funktioniert also über die Analogie zwischen Bedeutendem und Bedeutetem, er entsteht, wenn Ähnlichkeit als faktische Kausalbeziehung angenommen wird. Barthes analysiert den Mythos ganz in Anlehnung an die strukturale Linguistik und weist doch über sie hinaus: Das repetitiv konstruierte mythische Zeichensystem wird ideologiekritisch gelesen, der Strukturalismus wird damit zu einer Methode, gesellschaftliche Phänomene in ihrer Mythen bildenden Funktion zu entschlüsseln. Indem jegliche kulturelle Manifestation auf verschiedenen Ebenen als Zeichen lesbar wird, weist Barthes' Semiologie schon den Weg der Kulturwissenschaften voraus. Die Mythologie besteht für ihn somit im Aufdecken einer sekundären Rhetorik, einer Rhetorik der Kultur. Neben anderen rhetorischen Figuren des bürgerlichen Mythos nennt er die Tautologie als Praxis, «dasselbe durch dasselbe zu definieren»,[32] um mangels Erklärungen die Wahrheit einfach zu behaupten: Der Satz

«Athalie ist ein Stück von Racine» gaukele vor, den wahren Racine zu kennen, der sich nicht anders beschreiben lässt als eben mit «Racine ist Racine».[33] Dieser kurze Artikel in den *Mythologies*, der nebenbei auch die traditionelle Identifizierung von Autor und Werk anprangert, umreißt ein Arbeitsgebiet Barthes, das ihn wenige Jahre später als Kritiker bekannt machen sollte.

2.2 Die Auseinandersetzung mit den Institutionen von Literatur und Literaturkritik. 1963 veröffentlichte Barthes *Sur Racine*, ein Buch mit drei bereits einzeln erschienenen Artikeln über den französischen Dramatiker des 17. Jahrhunderts, «den Klassiker der Klassiker».[34] Diese wurden nun zum Ausgangspunkt einer Debatte, die das Selbstverständnis der Literaturkritik betraf: Die etablierte Literaturgeschichtsschreibung, die maßgeblich an der Sorbonne tradiert wurde, stand einer «neuen Kritik» gegenüber. Diese im 20. Jahrhundert neu aufgelegte *Querelle des anciens et des modernes*, die bald als *Querelle de la nouvelle critique* bekannt wurde, fand ihre Hauptstreiter in Barthes und Raymond Picard. Letzterer, Professor an der Sorbonne, hatte seine Doktorarbeit über Jean Racine verfasst, die – ganz im Sinne einer traditionellen Philologie – auf die Person des Autors zentriert war.[35] Barthes zitiert ihn nun als Vertreter einer Hermeneutik, die um den Autor als zentrales Moment der Werkinterpretation kreist. Picard reagierte zunächst mit einem Artikel in *Le Monde* und veröffentlichte 1965 eine Streitschrift, *Nouvelle critique ou nouvelle imposture* (*Neue Kritik oder neuer Betrug*), auf die Barthes wiederum mit dem Buch *Critique et vérité* (1966; Dt.: *Kritik und Wahrheit*, 1967) antwortete. Diese pressewirksame Polemik bringt den Strukturalismus als die «neue Kritik» in das Bewusstsein einer breiten Öffentlichkeit.

Das Racine-Buch provoziert die etablierte Gelehrsamkeit nicht nur durch seine Kürze: Deutlich wird, dass nicht das philologisch edierte Werk, sondern die Texte, so wie sie zur dramatischen Interpretation vorliegen, den Gegenstand der Untersuchung bilden. *Sur Racine* zerfällt zudem in drei nur lose miteinander verknüpfte Aufsätze: Der erste und längste Beitrag, *L'Homme racinien* von 1960, widmet sich einer Psychoanalyse der Figuren Racines, die in einem Porträt der höfischen Gesellschaft als barbarischer «Urhorde» mündet. Es folgt eine kurze theaterkritische Auseinandersetzung mit dem Sprechen der Verse, also der Aufführungspraxis (*Dire*

Racine von 1958). Im dritten, literaturtheoretischen Artikel, *Histoire ou Littérature*, ebenfalls von 1960 (Dt.: *Literatur oder Geschichte*, 1969), plädiert Barthes für eine Literaturgeschichtsschreibung, die nicht den Autor zentral setzt, sondern auf soziologische Weise nach den gesellschaftlichen und historischen Bedingungen der Werke fragt. Im Vergleich zu den vorherigen Publikationen hat sich zwar nicht die Tendenz geändert, doch ist der Ton radikaler geworden. Schließlich fordert Barthes prägnant: «Der Literatur das Individuum amputieren!»[36] Selbst wenn der Begriff des Werkes immer weniger als Produkt denn als Zeichen verstanden werde, müsse die Literaturkritik sich ihrer Kondition als Semiologie bewusst werden und die Grundlagen ihrer Interpretation offenlegen, da sich der Kritiker in seiner Lektüre als historisch erweise: Er ist Teil der gesellschaftlichen Institution Literatur und folglich eines, wenn auch individuell und willkürlich gewählten, potentiell ideologischen «Lektüresystems.»[37] Die Forderung nach einer «immanente[n] Analyse»[38] zielt also zugleich auf eine Neutralisierung der institutionellen Tradition, wie sie die Lehre der Sorbonne repräsentiert, und eine Bloßlegung der eigenen sozialgeschichtlichen Bedingungen des Werks. So ist *Sur Racine* nicht nur eine Analyse der Dramenstruktur; in dieser Ordnung spiegelt sich vielmehr die ideologische Dynamik, die das Königssystem unter Ludwig XIV. und die theologischen Krisen dieser Zeit durchzieht. Der Strukturalismus erscheint hier also keineswegs als unhistorische Zugangsweise.

In *Critique et vérité* nutzt Barthes die Polemik und die dadurch gewonnene Popularität zu einer systematischen Stellungnahme für die Offenheit des Werkes, wobei er sich auf *Das offene Kunstwerk* von Umberto Eco bezieht, das 1962 erschienen und 1965 ins Französische übersetzt wurde.[39] Die potentielle Mehrdeutigkeit der Wörter, die über die Denotation des Lexikons hinausgeht, begründet aus Barthes' Sicht erst die Möglichkeit von Literatur.[40] Zudem entwirft er das Programm einer noch zu begründenden Literaturwissenschaft – welche die traditionelle Philologie abzulösen habe –, deren Gegenstand nicht Inhalt und Bedeutung, sondern nur «die Bedeutung des Inhalts, das heißt der Formen»,[41] sein kann. Diese neue Wissenschaft kann dann nicht mehr über die Bedeutung eines Werkes urteilen, sondern nur noch die Fülle der Bedeutungen demonstrieren. Dadurch, dass sie auf das Konstrukt des «Autors» verzichtet, stellt sie die Sprache selbst und deren Polyvalenzen in ihren Mittelpunkt. Das Einheit stiftende und Wahrheit ermöglichende Subjekt des Autors erweist sich damit als Absenz.[42] Der Kritik als «Zwischenstellung zwischen Wissenschaft und Lektüre»,[43] mithin der *nouvelle critique*, kommt die Aufgabe zu, Lesen und Schreiben zu verbinden: Indem der Kritiker das Werk schreibend kommentiert, nimmt er selbst die Rolle eines Schriftstellers ein. Dieses Interesse am produktiven Schreiben sollte Barthes später weiterverfolgen; zunächst arbeitet er jedoch an einer Systematisierung der strukturalen Methode, die sich in der Erzähltheorie als eigener literaturtheoretischer Disziplin konkretisiert.

2.3 Semiologie und strukturale Erzähltheorie. Barthes' Bedeutung im Kontext des französischen Strukturalismus liegt insbesondere darin, dass er diesem eine kulturwissenschaftliche Ausrichtung gibt und die auf den Abbau der Grenzen zwischen hoher und populärer Kultur gegründete Auseinandersetzung mit allen Formen der Gegenwartskultur anregt. Während sich der wegweisende Aufsatz von Roman Jakobson und Lévi-Strauss über *Les Chats* mit einem Sonett von Charles Baudelaire beschäftigt, widmet Barthes in *Mythologies* einem kanonischen Autor wie Racine nicht mehr Seiten als dem neuesten Modell von Citroën. Auch die Bezeichnung als «sémiologues», welche die fachlich heterogene Gruppe von Pariser Wissenschaftlern verbindet, entspringt diesem Impuls, mit Hilfe einer allgemeinen Zeichentheorie nicht nur die Methoden, sondern auch das Korpus der traditionellen Literaturkritik zu überwinden. Bereits 1964 hatte Barthes *Éléments de la sémiologie* (Dt.: *Elemente der Semiologie*, 1979) veröffentlicht, zunächst in der Zeitschrift *Communications*, im Folgejahr in einer gemeinsamen Ausgabe mit *Am Nullpunkt der Literatur*. Wie schon das Nachwort zu den kurzen Artikeln der *Mythen des Alltags* stellen auch die *Elemente der Semiologie* eine nachträgliche theoretische Fundierung der vorangegangenen semiologischen Analysen dar – und Barthes' intensivste Bemühung um eine strukturalistische «Wissenschaft aller Zeichensysteme».[44] Er überträgt dazu die Saussure'sche Dichotomie von *langue* und *parole* auf alle Bedeutungssysteme und legt beispielhaft die potentiellen Untersuchungsfelder der Semiologie an: Kleidung (der er sich parallel schon in dem als Habilitationsschrift geplanten *Système de la mode* widmete), Nahrung, Automobile und Mobiliar erscheinen nun als Manifestationen einer grundlegenden Struktur, die wie eine Matrix die Produktion von Systemen gestattet und ihnen erst ihre jeweilige Bedeutung verleiht.[45]

Zwei Jahre später erscheint, ebenfalls in *Communications*, Barthes' *Einführung in die strukturale Analyse von Erzählungen* und ergänzt seine gleichzeitig publizierte wissenschaftstheoretische Replik auf Picard, *Critique et vérité*, um eine konkrete Anwendung der neuen Methode auf dem Gebiet der Erzählforschung. Diese achte Ausgabe der *Communications* mit dem Titel *L'Analyse structurale du récit* gilt als Manifest des französischen Strukturalismus[46] und begründet eine strukturalistische Erzähltheorie: Die darin veröffentlichten Texte, u. a. von Tzvetan Todorov und Gérard Genette, bemühen sich um eine universelle «Grammatik»[47] des Erzählens, die von einzelnen Manifestationen in Form konkreter Erzählungen absieht und nach übergreifenden Mustern sucht. Als Koordinator und Herausgeber der *L'Analyse structurale du récit* sowie Autor der *Einführung in die strukturale Analyse von Erzählungen* bestätigt Barthes zugleich seine in der Polemik mit Picard errungene Stellung als Wortführer der *nouvelle critique*.

Die *Einführung* stellt den Versuch dar, eine deduktiv auf alle Erzählungen übertragbare Struktur zu erarbeiten. Unter Bezug auf Vladimir Propp, Algirdas Greimas und Tzvetan Todorov führt Barthes drei hierarchisch-funktionale Ebenen der Erzählung ein: Funktion, Handlung und Narration, wobei die jeweils niedrigere Ebene von der höheren «umcodiert» werde.[48] Er erweitert damit das zweigliedrige Schema Todorovs – das die Erzählung in die Ebenen Geschichte und Erzählen, *histoire* und *discours*, untergliedert – um den Begriff der *fonctions*, der auf der Geschichtsebene anzusiedeln ist: Die Funktionen sind Elemente, welche für die Entwicklung der Erzählung entscheidend sind. Hier findet sich bereits die Grundlage für einen weiteren Begriff, den Barthes 1968 in einem kurzen, aber einflussreichen Aufsatz in *Communications* prägt: *L'Effet de réel* erörtert scheinbar funktionslose Elemente von Erzählungen. Die Funktion etwa von Beschreibungen, die keine direkte Bedeutung für das Fortlaufen der Erzählung hätten, liege, so Barthes, gerade in der Darstellung des ‹Realen›, das nicht einfach verstehbar sei.[49] Am Beispiel von James Bond (*Goldfinger*) skizziert er einen strukturalen Analyseansatz, in dem Kriterien aufscheinen, welche Genette in *Discours du récit* mit der Unterscheidung der Kategorien Zeit, Modus und Stimme der *énonciation*, also des

Erzählaktes, formalisieren sollte. Barthes führt unter anderem eine für die französische Hermeneutik und die autorbezogene «explication de texte» wesentliche Differenzierung ein: Erzähler und Protagonisten einer Erzählung seien lediglich Wesen aus Papier («êtres de papier») und keinesfalls identisch mit dem Autor: «*Der* (in der Erzählung) *Sprechende* ist nicht *der* (im Leben) *Schreibende,* und *der Schreibende* ist nicht *der Seiende.*»[50]

Der im Sinne Sartres revolutionäre Impuls der Barthes'schen Kritik macht jedoch vor den eigenen Errungenschaften nicht halt: Barthes zögert nicht, das einmal entworfene Analysemodell einige Jahre später zugunsten einer anderen Anwendung der strukturalen Methode umzustoßen. In *S/Z* exerziert er 1970 eine Einzeltextanalyse, die einer Absage an die Inhalte der *Einführung in die strukturale Analyse von Erzählungen* gleichkommt: Eine Grammatik des Erzähltextes sei nicht möglich, da sie die Einmaligkeit der Texte missachte.[51] Statt deduktiv vorzugehen, erarbeitet Barthes in der Lektüre von Honoré de Balzacs *Sarrasine* nun eine induktive Methode, unter der Prämisse, dass Texte keine inhärente Struktur haben, sondern erst vom Leser strukturiert werden: «Schritt für Schritt», in kleinen und kleinsten Leseeinheiten, den «Lexien».[52] Der Wert eines Textes wird nach seiner «Schreibbarkeit» bestimmt: Ein «schreibbarer» Text fordere seinen Leser als produktiven Agenten heraus, der den Text nicht nur konsumiert. Vor einem «lesbaren» Text – von Barthes als ein klassischer Text verstanden, in dem alles unter dem Prinzip des «Nicht-Widerspruchs» zusammenhängt[53] – könne der Leser hingegen nur eine passive, maximal zustimmende oder ablehnende Haltung einnehmen. Dagegen verlange ein «schreibbarer» Text einen produktiven Leser, der den Text neu schreibt.[54] Interpretieren hieße dann nicht, eine feste Bedeutung, sondern die Offenheit des Textes, seine «Multivalenz»[55] zu erkennen: «Dieser Text ist eine Galaxie von Signifikanten, nicht Struktur von Signifikaten.»[56] Folglich geht es Barthes in seinen strukturalistischen und semiologischen Analysen zunehmend weniger darum, sekundäre Sinnsysteme wie in den *Mythen des Alltags* auf ihre parasitäre Semantik zu untersuchen. Sein Augenmerk gilt immer mehr ihrem Funktionieren.

Aus seinem kleinschrittigen und detaillierten Lesen und Schreiben von *Sarrasine* arbeitet Barthes fünf bedeutungsbildende Codes heraus. Sie sind derart abstrakt formuliert, dass der strukturalistische Aspekt – trotz der Absage an die «strukturale Analyse von Erzählungen» – dennoch aufscheint; hier kann es sich sehr wohl um Elemente der verworfenen Erzähltextgrammatik handeln: der hermeneutische Code (alle Einheiten, die eine Frage oder ein Rätsel der Erzählung vorbereiten und lösen), der semiotische Code (das semantische Feld), der symbolische Code, der proairetische Code (Handlungen und Verhaltensweisen) und der kulturelle Code (kulturelles Wissen). Barthes ist sich des genannten Problems bewusst und betont, dass es sich bei den verschiedenen Codes keinesfalls um eine gegebene Struktur handle, sondern um eine Strukturierung durch den Leser, die eine Multiplizierung des Sinns produziere – hier geht nun offensichtlich schon das Konzept der Intertextualität seiner Schülerin Kristeva mit ein (die ihre Aufsatzsammlung *Sēmeiōtikē* 1969 veröffentlichte). Die Idee der Struktur wird somit aus poststrukturalistischer Perspektive in Frage gestellt.

2.4 Vom Tod des Autors zur Praxis der eigenen Autorschaft. Die Mikroanalyse *S/Z* wird häufig als eine Wende in Barthes' Theoriegebäude interpretiert, mit der er beginnt, seine eigenen Begriffe zu dekonstruieren.[57] Tatsächlich arbeitet er kontinuierlich an seinen Projekten weiter, verwendet bereits geprägte Begriffe in veränderten Zusammenhängen und sucht nicht nur die Literatur, sondern auch das eigene Schreiben aus drohender Erstarrung zu befreien. Er vollzieht eine Bewegung, die sein Denken in den späten sechziger und in den siebziger Jahren von einem hohen Grad der Formalisierung hin zu einer immer stärkeren Betonung körperlicher Konzepte führt, während die Bedeutung des kulturellen Textes zugunsten einer ganz sinnlichen Erfahrung von Sprache und Stimme in den Hintergrund tritt. Dennoch lässt sich ein roter Faden ausmachen, der die im engeren Sinne strukturalen und semiotischen bis hin zu den weniger formalisierten Arbeiten durchzieht: Die Auseinandersetzung mit einer Wirklichkeit, deren vermeintliche Positivität letztlich nur auf Zeichen und Zeichensystemen beruht – und innerhalb dieser die Betonung des Signifikanten. So wurde schon in *Am Nullpunkt der Literatur* das unumgängliche Bekenntnis eines Autors zu seiner gesellschaftlichen Zuordnung nicht über den Inhalt, sondern über die Schreibweise bestimmt. Die semiologische Mythenanalyse ging vom Aufdecken sekundärer Bedeutungsbildung über zu einer Formalisierung des Funktionierens mythischer

Systeme. In den späten Veröffentlichungen spielt nun immer mehr die materielle Seite des Zeichens eine Rolle: In *L'Empire des signes* (1970; Dt.: *Das Reich der Zeichen*, 1981) stellt Barthes das «leere Zeichen», die dem Reisenden unverständliche japanische Schrift, den sinnlich wahrgenommenen Signifikanten Körper, Gesicht und Schrift gegenüber.[58]

Neben der Entwicklung hin zu einer Auseinandersetzung mit dem hedonistischen Genuss von Schrift, Literatur und Kunst, die in dem Essay *Le Grain de la voix* (1972; Dt.: *Die Rauheit der Stimme*, 1979)[59] besonders deutlich zum Ausdruck kommt, steht eine Abwendung vom wissenschaftlich-essayistischen zugunsten eines assoziativ-produktiven Schreibens. Als Verbindungsglied zwischen beiden Ausprägungen mag *Le plaisir du texte* dienen (1973; Dt.: *Die Lust am Text*, 1974), in dem der Rezeptionsaspekt von Texten mit dem Produktionsaspekt des Schreibens und einer Beziehung des Begehrens zum Text in explikativer und performativer Weise ‹ausgeschrieben› wird.

Am Beispiel der Begriffe von Autor und Text lässt sich diese Entwicklung verdeutlichen: 1967 veröffentlicht Barthes zunächst in englischer Übersetzung einen Artikel, der 1968 in der französischen Zeitschrift *Manteia* erscheint: *La Mort de l'auteur*. Mit der prägnanten Formel vom «Tod des Autors» verlegt er den Kern des Schreibens vollends weg von einer genialischen Autorkonzeption hin zu einer Vorherrschaft der Schrift. Galt es als hermeneutisch-philologisches Prinzip, die Absicht eines Autors zu ermitteln, so leugnet Barthes die Autorität dieser Instanz. Unter Bezug auf die Sprechakttheorie trennt er die Aussage eines Textes von dessen Autor, da sie immer pragmatisch von der Lebenswelt gelöst sei. Es gebe nun keinen Autor mehr, nur noch einen «Schreiber» (*scripteur*), und der Text sei ein «Gewebe von Zitaten» ohne abgeschlossenen Sinn.[60] Barthes macht die Position des Lesers stark: Dieser sei der Ort, an dem erst die Einheit eines Textes gebildet werde (vgl. die zwei Jahre später veröffentlichte Lektüre von *Sarrasine*): «Die Geburt des Lesers ist zu bezahlen mit dem Tod des Autors.»[61]

Barthes steht mit seinen Bemühungen nicht allein da: Michel Foucault unterstreicht in einem 1969 gehaltenen Vortrag *Qu'est-ce qu'un auteur?* die gesellschaftliche Funktion des Autors und kritisiert dabei indirekt Barthes' Verwendung der Begriffe Werk und Schreiben, die einer Abwendung vom Autorbegriff nicht förderlich seien.[62] 1971 skizziert Barthes in der *Revue d'esthétique* die begriffliche Entwicklung *Vom Werk zum Text*. Dabei verabschiedet er sich jedoch nicht vom Werkbegriff, sondern unterscheidet Werk und Text entsprechend den in *S/Z* etablierten Kategorien der lesbaren und der schreibbaren Texte. Anhand von sieben Punkten nähert er sich einer Beschreibung des Textes, welche den Horizont seiner Arbeit mit Literatur und Kunst aufzeigt:[63] Texte seien, im Gegensatz zum Werk, paradox und gattungstheoretisch nicht einzuordnen, da sie Träger einer dynamischen, nicht fixierbaren Streuung von Bedeutung seien und kein eindeutiges Signifikat ausbildeten. Als solche seien sie losgelöst von ihrem «Vater» zu betrachten: Schließlich werde im produktiven und hedonistischen Nachschreiben des Textes Schreiben und Lesen eins. Es wird deutlich, dass Barthes Literatur produktiv definiert – als die Produktivität des Lesers. Die Figur des Autors bleibt allerdings insofern relevant, als sie in einem, im Vergleich zum Werk umgekehrten Verhältnis zum Text steht: Das Leben des Autors wird zu einer von seinen Texten her lesbaren «Bio-graphie»:[64] «[D]as Unternehmen der Kritik [...] wird darin bestehen, die dokumentarische Figur des Autors in eine romanhafte, nicht auszumachende, verantwortungslose Figur *umzukehren*, die in dem Pluralen ihres eigenen Textes steht [...].»[65]

1975 veröffentlicht Barthes einen Text, der sich genau gegen das Postulat vom Tod des Autors zu richten scheint – oder gerade einen «schreibbaren» Text darstellt, der nicht konsumiert, sondern produktiv neugeschrieben werden muss: *Roland Barthes par Roland Barthes* kommt im Pariser Verlag Seuil in der biographischen Reihe *Écrivains d'aujourd'hui* heraus, in der Barthes 1954 bereits eine Arbeit über den Historiker Michelet veröffentlicht hatte. Wenn *Michelet par lui-même* (Dt.: *Michelet*, 1980) schon nicht traditionell biographisch angelegt war, die historiographischen Schriften vielmehr als literarische Texte gelesen wurden,[66] so ist auch *Über mich selbst* ein hybrider Text, der aus autobiographischen und theoretischen Fragmenten in der ersten und dritten Person, Photographien, Malereien und nicht zuletzt einem handschriftlichen Rahmen besteht: Zwischen dem Epigraph («Tout ceci doit être considéré comme dit par un personnage de roman») und dem Postskriptum («Et après? – quoi écrire, maintenant? Pourrez-vous encore écrire quelque chose? – On écrit avec son désir, et je n'en finis pas de désirer.»)[67] wird ein Textleben entworfen: (Fast) alphabethisch gesammelte aphoristische Textpassagen widerlegen eine eindeutige Ordnung und setzen ein kaleidoskopisches Subjekt in Szene.[68] Der autobiographische Pakt zwischen Autor und Leser wird aufgebaut und zugleich gebrochen,[69] weshalb *Über mich selbst* einerseits als autobiographische Fiktion[70] oder Autofiktion gelesen worden ist, andererseits als Beitrag zu einer Theorie der Autobiographie, welcher die traditionellen Kriterien autobiographischer Texte zwar negiert, gleichzeitig aber die zentrale Frage des Genres nach Faktizität und Fiktionalität inszeniert.[71]

2.5 Nach dem Strukturalismus: Die Lust am paradoxen Text. Dem Weg der Formalisierung scheint nun die «Literatur» zu folgen, während gleichzeitig der Subjektbegriff brüchiger wird.[72] In den Aphorismen von *Le Plaisir du texte* hatte Barthes 1973 bereits ein neues Lesen angekündigt: Die Frage nach der Erfahrung von Literatur als Wissen wird durch die Frage nach der in der Lektüre des Textes erfahrenen Lust abgelöst.[73] Er etabliert eine Erotik des Textes, eine hedonistische Ästhetik, die auf der aus *S/Z* herrührenden idealtypischen Unterscheidung zwischen dem lesbaren und dem schreibbaren Text aufbaut: Ein «Text der Lust» (*plaisir*) ist mit einer «behaglichen» Lektüre verbunden, während ein «Text der Wollust» (*jouissance*) Unbehagen bereitet.[74] Dabei unterscheidet Barthes Lust und Wollust bewusst nicht stringent, um den Schluss zu vermeiden, Texte der Wollust seien die avantgardistischen Weiterentwicklungen der klassischen Texte. Vielmehr können beide Textsorten synchron bestehen, was einen Text der Wollust zum Skandalon macht.[75] Barthes greift mehrere Aspekte auf, die ein im Grunde schon poststrukturalistisches Textverständnis charakterisieren und das Grundthema des autorlosen Schreibens wieder aufnehmen: Im Text als Gewebe löst sich das Subjekt in sich selbst auf. An seiner Stelle regiert die Intertextualität, ein zirkulärer unendlicher Text, der es möglich macht, Stendhal von Proust her zu lesen.[76] Zudem ist ein wesentlicher Aspekt der *Lust am Text*, mit dem das Buch beendet wird, die Loslösung der Sprache vom Signifikat.[77] Was bleibt, ist die körperliche, phonetische Dimension des Zeichens, das «laute Schreiben»,[78] so wie schon in dem Aufsatz *Le Grain de la voix* die Signifikanz der singenden Stimme ihrer Expressivität übergeordnet wurde. Somit soll die «Rauheit der Stimme»[79] nicht eine bestimmte

Bedeutung ausdrücken, sondern Körper und Sprache, nicht Sinn und Sprache, miteinander verknüpfen.[80]

Ganz im Sinne der Derrida'schen Kritik am strukturalistischen Logozentrismus und dessen Fixierung auf das sprachliche Zeichen geht es Barthes somit immer weniger darum, eine (wenn auch polyvalente) Bedeutung zu bestimmen. In *Le Bruissement de la langue* (1975) formuliert er die Utopie eines «Rauschens der Sprache», welche die Semantik ausschalten würde: Der Signifikant verlöre dann seinen Verweischarakter, ein Zeichen würde überhaupt nicht mehr ausgebildet. Dennoch verabschiedet sich Barthes nicht komplett vom Sinn, vielmehr vollzieht er eine Verschiebung des Schwerpunktes: Die dem Signifikanten überantwortete Sprache wird zu einer lustvollen Erfahrung, während ein vager, von einer Zeichenbedeutung gänzlich losgelöster «Sinnhorizont» nunmehr als Ahnung verbleibt.[81]

In seiner Antrittsvorlesung am *Collège de France* beschreibt Barthes die Semiologie als mobile Forschung, die mit den Zeichen spielt und dabei keine fixierte universitäre Disziplin darstellt, sondern ein assoziatives Forschungsfeld.[82] Auf diese Weise lassen sich auch seine vielfältigen Schriften ‹einordnen› – nämlich als ein Textgefüge, das jenseits jeder Einordnung steht. Sein ‹Werk› verbleibt nicht innerhalb der Gattungsgrenzen und ist so im genuin Barthes'schen Sinne paradox: Es befindet sich jenseits jeder *doxa*, wie er in *Vom Werk zum Text* schreibt,[83] und entzieht sich damit der Systematisierung. Somit erfüllen Barthes' Texte performativ seine definitorischen Annäherungen an die «schreibbaren» «Texte der Wollust». Seine Schriften agieren die produktive «Lust am Text» immer mehr aus und vermeiden zugleich eine Einheit im Schreiben, was schon der Fragmentcharakter von *Le Plaisir du texte*, *Roland Barthes par Roland Barthes* und *Fragments d'un discours amoureux* aufzeigt: «*Texte der Wollust*: Die Lust in Stücken; die Sprache in Stücken; die Kultur in Stücken.»[84] Während Barthes also zum einen eine klare Trennung zwischen wissenschaftlichem und literarischem Schreiben aufhebt,[85] lässt sich seine theoretische Position in Bezug auf Literatur als begriffliche *trajectoire* vom Schreiben über den Text zum Körper umreißen, in der die Form, der Signifikant, die zentrale Funktion einnehmen mag: Vom *Nullpunkt der Literatur* an erscheint das Schreiben als dynamische Praxis, deren Autor als wesentliche Figur zugunsten einer produktiven Leserposition abgesetzt wird. Dadurch erlangt der Text eine Autonomie, die in einer Wendung von den semantischen Inhalten hin zum Genießen des signifikanten Textkörpers gipfelt.

3. Wirkung

Roland Barthes wird in den sechziger Jahren zur emblematischen Figur des französischen Strukturalismus und steht auch bis in die Gegenwart für Möglichkeiten und Grenzen der Literaturtheorie. In Frankreich begründet er überhaupt erst die Theorie der Literatur und Kultur als wissenschaftliche Disziplin, die sich über etablierte Fachgrenzen hinwegsetzt und sich eher durch ihre struktural-semiotische Methode als durch ihren Gegenstand definiert. Nach einer Generation professioneller Segmentierung, in der sich Philosophen wie Sartre, Anthropologen wie Lévi-Strauss und Linguisten wie Greimas unterscheiden lassen, öffnet Barthes die Möglichkeit eines Diskurses, der sich allen diesen Fachgebieten mit der gleichen Geschmeidigkeit anpasst wie einer Fülle von Erscheinungen, die noch nie in den Blick der *Sciences Humaines* als Geisteswissenschaften geraten waren – etwa das Beefsteak mit Pommes frites. Sein Beitrag zur Literaturgeschichte und Literaturkritik im traditionellen Sinne beschränkt sich auf die Aufsätze über Racine und einige Schriften zu kanonischen Erzählern Frankreichs (Balzac, Proust), der schmale Umfang steht jedoch in keinem Verhältnis zu der breiten Wirkung, nicht zuletzt Dank einer starken Präsenz in den französischen Medien. Barthes' kühne Interpretationen werden zwar zum leichten Angriffsziel für die universitären Spezialisten, deren Exponent Picard ist, gewinnen jedoch das Interesse und die Sympathie einer intellektuellen Öffentlichkeit. Auf diese Weise trägt er einerseits zur Mythisierung des Strukturalismus und seiner eigenen Person bei, was beides dem kritischen Programm der *Mythologies* widerspricht.[86] Andererseits jedoch nutzt er die Theorie bewusst, um die allzu vertrauten Klassiker, die «grands auteurs», in einem neuen und überraschenden Licht zu zeigen. Von ihm geprägte Ausdrücke wie die «écriture blanche» oder der «effet de réel» werden zu allgemein gebräuchlichen Redewendungen.

Während in Frankreich schon in den siebziger Jahren – also zu seinen Leb- und Wirkungszeiten – zahlreiche Monographien über

Barthes erscheinen, bis hin zu dem parodistischen Lehrbuch *Le Roland Barthes sans peine* (1979), setzt die Rezeption in Deutschland in Form von Monographien relativ spät ein. Im Vergleich zur frühen und intensiven Aufnahme des russischen Formalismus und des Prager Strukturalismus im Kontext der Rezeptionsästhetik wirkt die Auseinandersetzung mit Barthes hier zum Teil reduziert: So wird einerseits die im Grunde positiv aufgenommene hedonistische Modellierung der Rezeption herausgegriffen und als theoretisch unzulänglich und einseitig auf die Sprache bezogen verworfen.[87] Andererseits wird Barthes schon bald differenziert als Erneuerer der Literaturtheorie wahrgenommen.[88] Besonders nach seinem Tod gilt ein markantes Interesse seiner Theorie der Autorschaft, eben dem «Tod des Autors»,[89] aber auch seiner Praxis theoretischen und autofiktionalen Schreibens[90] – dies alles auch mit Blick darauf, dass «gerade ihm, der den Subjektbegriff subversiv zu untergraben suchte und nach einem biographischen Verfahren gerufen hatte, das [...] nur einige wenige Biographeme [...] dem Vergessen entreißen will, biographische und editorische Unternehmungen klassischen Typs zuteil geworden sind».[91]

In den englischsprachigen Ländern wird Barthes ab den siebziger Jahren mit großem Interesse aufgenommen, und zwar vor allem aufgrund seiner Beiträge zur Analyse der Kultur. Zusammen mit anderen Erzeugnissen der sogenannten *French Theory* bringen die aufstrebenden *Cultural Studies*, denen Barthes' Semiologie der Kultur entgegenkommt, auch sein Literaturverständnis wieder in die Diskussion.[92] Nach seinem Tod setzt sofort eine gründliche Auseinandersetzung mit seinem Lebenswerk ein, welche sich in den beiden einschlägigen Einführungen von Anne Lavers (1982) und Jonathan Culler (1983) äußert. Gerade sein letztes Buch, *La Chambre claire*, wird zu einer Standardlektüre verschiedener, aus den neueren theoretischen *turns* entstehender Studiengänge. Barthes' Literatur- und Kultursemiotik scheint insgesamt das erweiterte Verständnis von Literaturwissenschaft als Kulturwissenschaft anzukündigen; sein Diskurs, der professionelle Grenzen bewusst verwischt, kommt nicht nur dem *visual turn* und der Medientheorie entgegen,[93] sondern auch dem *spatial turn*, auf den er durch Schriften zur Architektur und Urbanistik vorzugreifen scheint. Dies gilt in geringerem Maße für seine Beiträge zur Erzähltheorie, welche weniger Bestand hatten als die Konzepte anderer Strukturalisten, etwa Genette oder Todorov. In dem Maße, in dem Literaturtheorie immer mehr zu einer Kulturtheorie wird, wirkt Barthes' Verständnis von Literatur umgekehrt jedoch aktueller als alle strukturale Erzähltheorie. Das Werk des Theoretikers, der sich über Mode habilitieren wollte, begann als Provokation gegen etablierte Strukturen und stellt inzwischen selbst eine unumgängliche Referenz für die Literatur- und Kulturwissenschaft dar.

Literatur

1. Werkausgaben

Barthes, Roland: Œuvres complètes. Livres, textes, entretiens (Bd. 1: 1942–1961; Bd. 2: 1962–1967; Bd. 3: 1968–1971; Bd. 4: 1972–1976; Bd. 5: 1977–1980), hg. von Éric Marty, Paris 2002.

– Le Degré zéro de l'écriture, Paris 1953 (Dt.: Am Nullpunkt der Literatur. Literatur und Geschichte. Kritik und Wahrheit, übers. von Helmut Scheffel, Frankfurt/M. 2006).

– Mythologies, Paris 1957 (Dt.: Mythen des Alltags, übers. von Helmut Scheffel, Frankfurt/M. [31]2009).

– Éléments de la sémiologie, in: Communications 4 (1964), S. 91–135 (Dt.: Elemente der Semiologie, übers. von Eva Moldenhauer, Frankfurt/M. [2]1981).

– La Mort de l'auteur, in: Manteia 5 (1968), S. 12–17 (Dt.: Der Tod des Autors, übers. von Matías Martínez, in: Jannidis, Fotis u. a. [Hg.]: Texte zur Theorie der Autorschaft, Stuttgart 2000, S. 185–193).

– S/Z, Paris 1970 (Dt.: S/Z, übers. von Jürgen Hoch, Frankfurt/M. [5]2007).

– L'Empire des signes, Genève u. a. 1970 (Dt.: Das Reich der Zeichen, übers. von Michael Bischoff, Frankfurt/M. [16]2009).

– Le Plaisir du texte, Paris 1973 (Dt.: Die Lust am Text, übers. von Traugott König, Frankfurt/M. [12]2009).

– Roland Barthes par Roland Barthes, Paris 1975 (Dt.: Über mich selbst, übers. von Jürgen Hoch, Berlin 2010).

– Leçon/Lektion. Französisch und Deutsch. Antrittsvorlesung am Collège de France. Gehalten am 7. Januar 1977, übers. von Helmut Scheffel, Frankfurt/M. 1980.

– Was singt mir, der ich höre in meinem Körper das Lied, übers. von Peter Geble, Berlin 1979.

– Le Bruissement de la langue. Essais critiques 4, Paris 1984 (Dt.: Das Rauschen der Sprache. Kritische Essays IV, übers. von Dieter Hornig, Frankfurt/M. 2006).

– L'Aventure sémiologique, Paris 1985 (Dt.: Das semiologische Abenteuer, übers. von Dieter Hornig, Frankfurt/M. 1988).

2. Bibliographien

Philippe, Gilles: Roland Barthes, Paris 1996.

3. Biographien

Calvet, Louis-Jean: Roland Barthes 1915–1980, Paris 1990 (Dt.: Roland Barthes. Eine Biographie, übers. von Wolfram Bayer, Frankfurt/M. 1993).

4. Sonstige Sekundärliteratur

Allen, Graham: Roland Barthes, New York 2003.

Brune, Carlo: Roland Barthes. Literatursemiologie und literarisches Schreiben, Würzburg 2003.

Culler, Jonathan: Roland Barthes. A Very Short Introduction, Oxford 2002.

Detering, Heinrich: Vorbemerkung, in: Ders. (Hg.): Autorschaft. Positionen und Revisionen, Stuttgart/Weimar 2002, S. IX–XVI.

Dosse, François: Geschichte des Strukturalismus. Bd. 1: Das Feld des Zeichens, 1945–1966, Hamburg 1996; Bd. 2: Die Zeichen der Zeit, 1967–1991, Hamburg 1997.

Ette, Ottmar: Roland Barthes. Eine intellektuelle Biographie, Frankfurt/M. 1998.

– Art. «Roland Barthes», in: Kritisches Lexikon zur fremdsprachigen Gegenwartsliteratur, 33. Nachlieferung, April 1994, 36 S.

Kolesch, Doris: Das Schreiben des Subjekts. Zur Inszenierung ästhetischer Subjektivität bei Baudelaire, Barthes und Adorno, Wien 1996.

– Roland Barthes, Frankfurt/M. 1997.

Langer, Daniela: Wie man wird, was man schreibt. Sprache, Subjekt und Autobiographie bei Nietzsche und Barthes, München 2005.

Lavers, Anne: Roland Barthes. Structuralism and after, London 1982.

Onega, Susana: Structuralism and narrative poetics, in: Waugh, Patricia (Hg.): Literary Theory and Criticism: An Oxford Guide, Oxford 2006, S. 259–279.

Rabaté, Jean-Michel: Barthes, Roland, in: The Johns Hopkins Guide to Literary Theory and Criticism, hg. von Michael Groden, Baltimore [2]1994.

Schabacher, Gabriele: Topik der Referenz. Theorie der Autobiographie, die Funktion ‹Gattung› und Roland Barthes' *Über mich selbst*, Würzburg 2007.

Anmerkungen

1 Vgl. Ette, Barthes, S. 1.
2 Vgl. Calvet, Barthes, S. 141 und Onega, Structuralism, S. 267.
3 Vgl. Calvet, Barthes, S. 194.
4 Vgl. Rabaté, Barthes, S. 70.
5 Ette, Barthes, Biographie, S. 17.
6 Dosse, Geschichte Bd. 1, S. 327.
7 Vgl. Dosse, Geschichte Bd. 2, S. 74.
8 Dosse, Geschichte Bd. 1, S. 404–406.
9 Vgl. Ebd., S. 316f.
10 Vgl. Calvet, Barthes, S. 293.
11 Barthes, Leçon, S. 8.
12 Vgl. Barthes, Abenteuer, S. 8–12.
13 Barthes, Leçon, S. 25.

14 Vgl. Barthes, Über mich selbst, S. 171 f. und Ette: Barthes, Biographie, S. 385 f.; Schabacher: Topik, S. 198.
15 Barthes, Nullpunkt, S. 16.
16 Ebd., S. 27.
17 Rabaté, Barthes, S. 69.
18 Barthes, Nullpunkt, S. 62.
19 Brune, Barthes, S. 70.
20 Vgl. Schriftsteller und Schreiber, in: Barthes, Nullpunkt, S. 101–109, hier S. 101. Vgl. auch Ette, Barthes, Biographie, S. 77, und Rabaté, Barthes, S. 69.
21 Barthes, Nullpunkt, S. 22.
22 Ebd., S. 28.
23 Ebd., S. 20.
24 Vgl. Julia Kristeva: Le Mot, le dialogue et le roman, in: Dies.: Sēmeiōtikē. Recherches pour une sémanalyse, Tours 1969, S. 82–112, hier S. 85.
25 Vgl. Dosse, Geschichte 1, S. 122. Laut Ette (Barthes, S. 8) wurden die Artikel bereits ab 1952 veröffentlicht.
26 Vgl. Culler, Barthes, S. 25.
27 Barthes, Mythen, S. 87.
28 Ebd., S. 116.
29 Vgl. Jurij M. Lotman: Die Struktur literarischer Texte, München [4]1972, S. 39.
30 Gérard Genette, Mimologiken. Reise nach Kratylien, übers. von Michael von Killisch-Horn, München 1996, S. 44.
31 Vgl. Proust et les noms, in: To Honor Roman Jakobson, Bd. 1, Den Haag, Paris 1967, S. 150–158.
32 Barthes, Mythen, S. 143.
33 Vgl. Racine ist Racine, in: Ebd., S. 27–29.
34 Dosse, Geschichte 1, S. 327.
35 Raymond Picard: La Carrière de Jean Racine, Paris 1956. Vgl. Onega, Structuralism, S. 269.
36 Literatur oder Geschichte, in: Barthes, Nullpunkt, S. 73–170, hier S. 82.
37 Ebd., S. 92.
38 Die beiden Kritiken, in: Barthes, Nullpunkt, S. 110–116, hier S. 115, Hervorhebung im Original.
39 Vgl. Kritik und Wahrheit, in: Barthes, Nullpunkt, S. 186–231, hier S. 212.
40 Vgl. ebd., S. 213.
41 Ebd., S. 216.
42 Vgl. Dosse, Geschichte Bd. 1, S. 334.
43 Kritik und Wahrheit, in: Barthes, Nullpunkt, S. 221.
44 Barthes, Elemente, S. 11. Vgl. Ette, Barthes, S. 9 und Onega, Structuralism, S. 269.
45 Vgl. Barthes, Elemente, S. 23–26.
46 Onega, Structuralism, S. 266.
47 Einführung in die strukturale Analyse von Erzählungen, in: Barthes, Abenteuer, S. 102–143, hier S. 116.
48 Gerhard Neumann: Barthes (* 1915), in: Horst Turk (Hg.): Klassiker der Literaturtheorie. Von Boileau bis Barthes, München 1979, S. 298–310, hier S. 306.

49 Vgl. Matías Martínez/Michael Scheffel (Hg.): Einführung in die Erzähltheorie, München [6]2005, S. 117.
50 Barthes, Abenteuer, S. 126 f., Hervorhebungen im Original. Vgl. auch Fotis Jannidis u. a. (Hg.): Texte zur Theorie der Autorschaft, Stuttgart 2000, S. 181.
51 Vgl. Barthes, S/Z, S. 7.
52 Vgl. ebd., S. 16–18.
53 Ebd., S. 9 und S. 156.
54 Vgl. ebd., S. 8.
55 Ebd., S. 25.
56 Ebd., S. 10.
57 Vgl. Dosse, Geschichte Bd. 2, S. 77.
58 Vgl. Barthes, Reich, Epigraph und S. 65, 148.
59 In: Barthes, Körper, S. 19–36.
60 Barthes, Tod, S. 189–191.
61 Ebd., S. 193.
62 Vgl. Michel Foucault: Was ist ein Autor?, in: Jannidis, Texte (wie Anm. 50), S. 198–229, hier S. 205–207.
63 Vgl. hier und im Folgenden: Vom Werk zum Text, in: Barthes, Rauschen, S. 64–72.
64 Ebd., S. 70.
65 Barthes, S/Z, S. 209, Hervorhebung im Original.
66 Vgl. Ette, Barthes, S. 7.
67 «All dies muss als etwas betrachtet werden, was von einer Romanfigur gesagt wird.» «Und nun? – Was jetzt schreiben? Könnten Sie noch etwas schreiben? – Man schreibt mit dem Begehren, und endlos ist mein Begehr.»
68 Vgl. Kolesch, Schreiben, S. 119–122.
69 Vgl. Ette, Barthes, S. 24.
70 Vgl. ebd. und Brune, Barthes, S. 15; kritisch dazu Schabacher, Topik, S. 195, 199–201.
71 Vgl. Schabacher, Topik, S. 347–353.
72 Vgl. Ette, Barthes, S. 17.
73 Vgl. Rabaté, Barthes, S. 71.
74 Vgl. Barthes, Lust, S. 22.
75 Vgl. ebd., S. 30 f.
76 Vgl. ebd., S. 53 f.
77 Ebd., S. 50.
78 Ebd., S. 97.
79 Ebd., Hervorhebung im Original.
80 Vgl. ebd., S. 98.
81 Vgl. Das Rauschen der Stimme, in: Barthes, Rauschen, S. 88–91, hier S. 89 f., und Allen, Barthes, S. 69 f.
82 Vgl. Barthes, Leçon, S. 59, 61, 65.
83 Barthes, Rauschen, S. 66.
84 Barthes, Lust, S. 77, Hervorhebung im Original.
85 Vgl. Barthes, Rauschen, S. 72 und Kolesch, Barthes, S. 13, 139.
86 Dosse, Geschichte Bd. 1, S. 117.

87 Vgl. Hans Robert Jauß: Ästhetische Erfahrung und literarische Hermeneutik 1, München 1977, S. 55 f.
88 Vgl. die Aufnahme in die von Horst Turk herausgegebenen Klassiker der Literaturtheorie, München 1979.
89 Vgl. Detering, Vorbemerkung, S. IX f.
90 Vgl. Kolesch, Schreiben und Langer, Sprache.
91 Ette, Barthes, Biographie, S. 16 f.
92 Ein Beispiel ist Terence Hawkes: Structuralism and Semiotics, Berkeley 1976, S. 106–145.
93 Zum Beispiel Jean-Michel Rabaté (Hg.): Writing the Image After Roland Barthes, Philadelphia 1997.

Andreas Mahler

Jurij Lotman
(1922–1993)

I. Leben

Jurij Michajlovič Lotman wird am 28. 2. 1922 in Petrograd, dem heutigen St. Petersburg, in eine jüdische Intellektuellenfamilie geboren: Die Mutter ist eine an der Sorbonne ausgebildete Ärztin für Mundheilkunde, der Vater Rechtsanwalt und Gerichtsreporter bei der 1918 gegründeten kommunistischen Zeitung *Petrogradskaja Pravda*, die ältere Schwester wird Komponistin und Musikwissenschaftlerin, die jüngere Kardiologin, die jüngste Literaturwissenschaftlerin und Mitarbeiterin im Puškin-Haus.[1] 1939 absolviert Lotman mit Auszeichnung die renommierte ehemalige St.-Petri-Schule und beginnt ohne Aufnahmeprüfung ein Philologiestudium an der Leningrader Staatsuniversität (u. a. bei Vladimir Propp, Grigorij Gukovskij, Boris Ėjchenbaum). Im Herbst 1940 wird er eingezogen; er dient als Funker im 427. Artillerieregiment und kommt als Oberfeldwebel im Wachbataillon bis nach Berlin. 1946 erfolgt die Wiederaufnahme des Studiums. Eine erste Veröffentlichung 1949 bleibt aufgrund von Kosmopolitismus-Vorwürfen gegen den Bandherausgeber, seinen zwischenzeitlich internierten Lehrer Gukovskij, unter Verschluss. 1950 beendet Lotman sein Studium und erwirbt mit Auszeichnung den Grad des Lizentiaten; aufgrund der Verbindungen zu Gukovskij und im Zuge antisemitischer Tendenzen im stalinistischen Nachkriegsrussland wird ihm jedoch der Status eines Doktoratskandidaten verwehrt. Im selben Jahr ergeben sich erste Kontakte ins estnische Tartu (Dorpat): Er wird Lehrbeauftragter und veröffentlicht ein Jahr später eine Zusammenfassung seiner Doktorarbeit, einer am Verhältnis von Aleksandr Radiščev und Nikolaj Karamzin ausgerichteten Untersuchung zu Gesellschaftspolitik und Adelsästhetik im ausgehenden 18. Jahrhundert, durch deren brillante Verteidigung Anfang 1952 in Leningrad er schließlich doch noch seinen Doktorgrad erwirkt. 1952–1956 ist er Dozent für Russische Literatur an der Tartuer Pädagogischen Hochschule, zugleich ab 1953 temporär, ab 1954 festangestellter Dozent an der dortigen Universität. Um diese Zeit beginnt eine intensive Zusammenarbeit mit der ab 1956 wieder regulär tagenden *Gruppe zur Erforschung der Literatur des 18. Jahrhunderts* an der Moskauer Akademie der Wissenschaften. 1958 veröffentlicht er mit einem Buch über den weitgehend vergessenen Dichter Andrej Kajsarov, 1811–1812 seinerseits Professor in Tartu, seine erste Monographie in der von ihm mitbegründeten Reihe *Arbeiten zur russischen und slawischen Philologie (Trudy po russkoj i slavjanskoj filologii).* Im gleichen Jahr beginnt er mit Vorlesungen zu einer semiotisch-strukturalen Poetik des literarischen Texts. 1960 wird Lotman Direktor der Abteilung für Russische Literatur an der Universität Tartu (bis 1977). Anfang 1962 verteidigt er in Leningrad seine Habilitationsschrift über die Entwicklung der vordekabristischen Literatur (18. und frühes 19. Jahrhundert) und übernimmt 1963 den Tartuer Lehrstuhl für Russische Literatur. In diese Zeit fallen erste Kontakte nach Moskau zu Boris Uspenskij, Vjačeslav Ivanov, Aleksandr Pjatigorskij, Vladimir Toporov, Isaak Revzin u. a. zur Gründung eines offenen Gesprächskreises gleichgesinnter Sprachwissenschaftler, Mathematiker, Biologen, Psychologen, Ethnologen, Orientalisten und Philosophen, der späterhin als Tartu-Moskauer Schule bezeichnet werden wird.[2] Einer 1961 in Gor'kij und einer weiteren 1962, noch ohne Lotman, in Moskau abgehaltenen Tagung folgen ab 1964 in zweijährigem Abstand von Lotman maßgeblich beeinflusste Sommerschulen – 1966 u. a. mit Roman Jakobson – zu semiotischen Themen in Kääriku, dem Sport- und Tagungszentrum der Universität, schließlich in Tartu selbst.[3] 1964 wird er leitender Herausgeber der einflussreichen semiotischen Zeitschrift *Arbeiten über Zeichensysteme* (*Sēmeiōtikē. Trudy po znakovym sistemam*), die er bis 1992 in über 25 Nummern betreut und in deren erstem Band seine *Vorlesungen zu einer strukturalen Poetik* erscheinen. 1968 wird er – aufgrund Ausreiseverbots in Abwesenheit – auf dem Warschauer Gründungskongress der *International Semiotics Association* zum Vizepräsidenten gewählt. Repressionen folgen.[4] 1976 wird er Mitglied der *Semiotic Society of America* und korrespondierendes Mitglied der *British Academy*, späterhin u. a. auch Ehrenmitglied der *Modern Language Association of America* (1986), Mitglied der Norwegischen (1987), Schwedischen (1989) und Estnischen (1990) Akademie der Wissenschaften sowie Ehrendoktor der Universitäten Brüssel (1990) und Prag (1991). 1980 wird sein Lehrstuhl komparatistisch erweitert, 1983 wird Lotman Leiter des neu gegründeten Zentrums für Geschichte und Semiotik, 1987 wird er emeritiert. In diese späte Zeit fällt die erste westliche Auslandsreise. Seine Monographien zu Aleksandr Puškin erreichen in den achtziger Jahren eine Auflage von über einer halben Million; die mit ihm vom estnischen Fernsehen produzierte fünfunddreißigteilige Fernsehserie *Gespräche zur russischen Kultur* wird auch in Russland von einem Millionenpublikum gesehen. Am 27. 10. 1993 stirbt Jurij Lotman in Tartu. Er war seit 1951 mit der Literaturwissenschaftlerin und Symbolismusspezialistin Zara Minc (1927–1990) verheiratet; sein älterer Sohn ist Semiotikprofessor in Tallinn (Reval), der jüngere Biologe, beide waren zeitweilig Abgeordnete im estnischen Parlament.

2. Werk

Lotmans Schaffen zerfällt grob in drei Phasen: eine vornehmlich ideengeschichtlich bestimmte literarhistorische erste, in der es ihm vor allem um den Wandel der russischen Literatur um 1800 von einer klassizistisch geprägten Regelpoetik zu Ansätzen subjektivromantischer Genieästhetik geht;[5] gegen Ende der fünfziger Jahre folgt eine dominant struktural-semiotisch interessierte systematische zweite Phase, welche generell die kontrollierte und intersubjektiv überprüfbare Beschreibbarkeit von Literatur und Kunst erkundet, bevor in den siebziger und achtziger Jahren eine dritte Phase das historische und das systematische Interesse integrativ in einer am Begriff der Semiosphäre sinnfällig gemachten dynamischen Kulturtheorie zusammenführt.[6] Die erste Phase ist entsprechend gekennzeichnet durch Schriften zu Einzelautoren des ausgehenden 18. und frühen 19. Jahrhunderts und findet ihren vorläufigen Abschluss in der Habilitationsschrift von 1961.[7] Die zweite Phase ist bestimmt von Aufsätzen und Untersuchungen zu Literaturtheorie, Methodologie und Analysepraxis, umfasst die Bücher zur strukturalen Poetik, zur Analyse des poetischen Texts und zur Ästhetik des Kinos und gipfelt im 1970 erschienenen literaturtheoretischen Klassiker *Die Struktur literarischer Texte.*[8] Die dritte Phase ist geprägt von Überlegungen und Vorschlägen zu einer theorie- wie praxisbewussten Kultursemiotik und mündet im 1990 – in der Form vorerst nur auf Englisch – erschienenen Band *Universe of the Mind (Dt.: Die Innenwelt des Denkens).*[9] Wissenschaftsgeschichtlich fügt sich dies in eine in der Sowjetunion ab dem Ende der zwanziger bis in die Mitte der fünfziger Jahre reichende formalismusfeindliche Periode, welche Literatur dominant inhaltsorientiert, vulgärmarxistisch ‹realistisch› als bloße Widerspiegelung von Klassengegensätzen – mit der Epoche des Sozialismus als teleologisch endzeitlicher statischer Lösung – betrachtet, und deren von etlichen Rückschritten gekennzeichnete allmähliche Ablösung, die sich über Stalins Tod und die u. a. auch wissenschaftsrehabilitierenden Beschlüsse des XX. Parteitags von 1956 hinweg bis hin zur Perestroika und dem Zusammenbruch des Kommunismus 1989 erstreckt.[10] Lotmans Interesse an formalistischen Fragestellungen ist früh geweckt: Seine erste studentische Arbeit ist eine Auseinandersetzung mit den von Propp entworfenen Handlungsfunktionen im russischen Zaubermärchen, seine ersten Schriften kreisen um das Problem der Beschreibbarkeit von Wandel in der Entstehungszeit russischsprachiger schöner Literatur, sein übergreifendes Interesse gilt der literarischen wie der kulturellen Evolution.[11] Dies wird ab den späten fünfziger Jahren, wenn auch zunächst weitgehend peripher, wieder zunehmend öffentlich systematisch artikulierbar: Im Zuge der Erforschung und Beschreibung der nicht indogermanischen Sprachen der Sowjetunion, der verstärkten Bemühungen um maschinelle Übersetzbarkeit und der historisch-vergleichenden Rekonstruktion vergangener, v. a. alt- bzw. kirchenslawischer Sprachdenkmäler kommt es in kleinen ausgesuchten Zirkeln immer wieder zu abstrahierenden, typologisch-evolutionstheoretischen Fragestellungen, welche Abbildhaftigkeit und Repräsentationsfunktion von Sprache und Literatur weit hinter sich lassen und in interdisziplinärer Offenheit Grundprobleme der Mathematik, Logik, Kybernetik, Kommunikations-, Informations- und Wissenschaftstheorie in die Diskussion mit einbeziehen.[12] In diese Zeit der Öffnung fällt zudem mit der Wiederveröffentlichung des *Dostoevskij-* (1963) und des *Rabelais*-Buches (1965) die erneute Entdeckung der Schriften Michail Bachtins, insbesondere seines Konzepts der Dialogizität.[13]

Lotmans Vorgehen ist szientistisch.[14] Im Kontext aktueller wissenschaftstheoretischer Überlegungen, insbesondere der modernen Physik (Albert Einstein, Werner Heisenberg, Niels Bohr) und Sprachphilosophie (Ludwig Wittgenstein), geht es ihm einerseits um möglichst exakte Objektadäquatheit der jeweils vorgeschlagenen Gegenstandsbeschreibung, andererseits zugleich auch um stete relativierende Subjektbewusstheit des beschreibenden Beobachters. Lotmans Argumentation folgt entsprechend den wissenstheoretischen Grundsätzen der Widerspruchsfreiheit, Überprüfbarkeit und Intersubjektivität;[15] sie ist gekennzeichnet durch «mutige Thesen»[16] und geerdet von «breiten literarhistorischen Kenntnissen», welche dem «Irrglauben, die bloße Maximierung des Know-how, auf einen Text angewandt, könne die Kenntnis des Materials und die bisher geleistete Vorarbeit ersetzen»,[17] durch Wissen kompetent entgegensteuern. Sein Vorgehen lässt sich in drei Schritten charakterisieren als: 1. Markierung eines (kulturellen) Raums (z. B. die Adelskultur der Kiewer Periode); 2. begriffsgesteuerte Strukturierung dieses Raums zum semiotischen Modell (die Begriffe ‹Ruhm› und ‹Ehre› als Opposition); 3. Ausdeutung der so gewonnenen Elemente und ihrer Relationen (‹Ruhm› als übergeordnetes immaterielles Zeichen der Macht des Lehnsherrn, ‹Ehre› als untergeordnetes versichtbares Zeichen der Vasallentreue, die Einhaltung ihrer Hierarchie als Zeichen für die Ordnung der beschriebenen Feudalgesellschaft).[18] Erkenntnistheoretisch fußt dies auf den Grundsätzen der Relativität von Bedeutung und der Standpunktgebundenheit von Beobachtung. Von Niels Bohr bezieht Lotman die Einsicht, dass «bedeutsam nur das ist, was eine Antithese besitzt».[19] Dies ist in bestem Sinne struktural.[20] Mathematisch-logisch ist eine Struktur die Menge aller Relationen zwischen den Elementen eines Systems,[21] bedeutsam wird entsprechend ein Element nur durch Relationierung. In diesem Sinn ist Bedeutung nicht von Haus aus in der Welt, sondern Effekt einer Bezugsetzung. Dies ist das Prinzip sprachlicher Differentialität: Etwas ist etwas, weil es etwas anderes nicht ist, Identität wird erst über Differenz funktional bestimmt.[22] Ohne mögliches Rot bedeutet Grün nicht ‹Gehen›: Erst beides zusammen und deren Relation eröffnet Signifikation, erst die Relation verleiht dem Farbmaterial sich wechselseitig implizierende Bedeutungsidentität. Insofern teilt strukturales Denken ‹Welt› nicht in binäre Oppositionen, sondern es zeigt, wie Oppositionsbildung Bedeutung, bedeutsame ‹Welt›, allererst medial ermöglicht, generiert. Dies ist das Phänomen gleichursprünglicher Emergenz: Durch Unterscheidung entsteht aus reiner Kontingenz mit einem Schlag ein bipolares Begriffspaar zur deutenden Erfassung von ‹Welt›. Als solches ist es aber nie im Sinn einer Gegebenheit objektiv, sondern stets an ein Subjekt gebunden. Dementsprechend schließt sich nicht aus, dass etwas, welches in Opposition zu anderem als etwas beobachtbar ist, nicht zugleich auch als etwas ganz anderes beobachtbar sein könnte. Von Heisenberg übernimmt Lotman den epistemologischen Zweifel, dass menschliches Wissen nur Aussagen über die Kenntnis von Dingen, nie über die Dinge selbst zu treffen vermag. Dies ist die von Relativitäts- und Quantentheorie in Gang gesetzte Absage an den Newtonschen Glauben extern geleiteter taxonomischer Klassifizier- und objektiver Beschreibbarkeit von ‹Welt›:

> Die ganze objektive Beschreibung der Natur im Newtonschen Sinne, bei der man den Bestimmungsstücken des Systems, wie Ort, Geschwindigkeit, Energie, bestimmte Werte zuschreibt, musste aufgegeben werden zugunsten einer Beschreibung von Beobachtungssituationen, in denen nur die Wahrscheinlichkeiten für gewisse Ergebnisse angegeben werden können. Die Worte, mit denen man über atomare Phänomene redet, wurden also problematisch. Man konnte von Wellen oder von Teilchen sprechen und musste gleichzeitig einsehen, dass es sich dabei [...] um [...] eine durchaus einheitliche Beschreibung der Phänomene handelt; der Sinn der alten Wörter wurde in einem gewissen Umfang verwaschen.[23]

Menschliches Erkennen ist also sprach- und situationsgebunden; es beruht – unbewusst oder bewusst – auf einem semiotischen Raster als ‹welt›semantisierender Brille, welches, da es nie neutral von außen entworfen sein kann, immer nur – unbewusst oder bewusst – neben anderen Rastern steht. Dies ist die Einheit des offenen Systems; als solches ist das Ganze nicht die Summe seiner Teile, sondern die Einheit, aus der sich je nach Standpunkt und Blick solche oder ganz andere Teile isolieren: Ein Kalb, wie Lotman formuliert, sind viele Schnitzel, doch viele Schnitzel nie ein Kalb.[24]

Lotmans Denken ist funktionalistisch.[25] Erst die Funktion macht die vermeintlichen Dinge zu dem, was sie sind, und erst die auf sie gerichtete Perspektive lässt sie als dies oder als anderes erscheinen. Wahr ist entsprechend beides. Licht ist sowohl Welle als auch Teilchen, und keines von beidem ist wahrer als das andere. Dies ist der Grundgedanke eines als Einheit verstandenen Dualismus: Wo nichts bedeutsam ist, was keine Antithese hat, hat zugleich nichts eine Antithese ohne grundlegende Äquivalenz. Lotmans Begriff hierfür ist der der Gleich- und Gegenüberstellung *(protivosopostavlenie):* «Der Unterschied ist dialektisch mit der Ähnlichkeit verbunden und ohne sie nicht möglich.»[26] Im Gegensatz zum exklusiven Binarismus des Entweder-oder steht duales Denken im Zeichen eines inklusiven Sowohl-als-auch. Weder ist etwas ganz das eine noch vollkommen das andere: Licht ist als Welle immer auch Korpuskel und als Korpuskel stets auch Welle; ohne Ruhm gibt es keine Ehre, ohne Ehre keinen Ruhm; Räumlichkeit eignet immer auch Zeit und Zeitlichkeit immer auch Raum; kein Inhalt ohne Form, aber auch keine Form ohne Inhalt. Menschliches Selbst- und Welterkennen erfolgt also in einem Innenraum; dort schafft es über Abgrenzung Bedeutung, deren perspektivische Arbitrarität – und damit grundsätzliche Veränderbarkeit – es sich verdecken muss, um sich die Illusion seiner Objektivität zu wahren.[27] Epistemologisch weiß sich Lotman hierin mit Wittgenstein überein; wo dem Denken, d. h. dem «Ausdruck der Gedanken», eine Grenze gezogen, deren andere Seite prinzipiell undenkbar, unerreichbar ist, ist die Grenzziehung notwendig sprachlich: «Die Grenze wird [...] nur in der Sprache gezogen werden können und was jenseits der Grenze liegt, wird einfach Unsinn sein.»[28] Solche Innenraumverhaftetheit avisiert etwa auch Jacques Derridas scheinbar apodiktische Wendung des *«Il n'y a pas de hors-texte.»*[29] Dies meint eine aporetische Schleife: Das Denken, so Lotman, ist in uns, aber wir sind zugleich auch immer schon im Denken.[30] Hierüber definiert sich die dem Menschen ab dem Spiegelstadium eigene paradoxale kognitive Matrix wechselseitiger Implikation:[31] Erst das Erkennen von Bedeutung macht den Menschen zum Produzenten von Bedeutung; erst das Gewahrwerden seiner Sprachlichkeit eröffnet die Möglichkeit ihres selbständigen kreativen Gebrauchs. Der Mensch ist also zugleich Teilchen und Impuls in einem übergreifenden und dauerhaften geistigen Mechanismus: Er ist *in* einem Universum *und* zugleich *selbst* ein Universum, dessen Bestandteil und zugleich auch sein Modell. Hierin gründet der Begriff der Semiosphäre. Vom prärevolutionären russischen Biologen Vladimir Vernadskij bezieht Lotman die funktionale Vorstellung von der Biosphäre – der Natur – als dem Raum endloser unabschließbarer Produktion von Leben und wendet sie analog in die funktionale Vorstellung von einer Semiosphäre – der Kultur – als dem Raum endloser unabschließbarer Herstellung von Information.[32] Kultur begreift sich mithin als eine Spur von Texten. Lotman definiert sie als die «Gesamtheit aller nicht vererbten Information zusammen mit den Verfahren ihrer

Organisation und Speicherung».[33] Als solche ist sie beständig in Bewegung: nie ein für allemal gegeben, sondern in steter neuer, performativer (Re-)Produktion, sei es, wie in *parole*-basierten, rituellen Textkulturen, über die exakte syntaktische Reartikulation desselben (von Gesetzes-, Gebotstext etc.), sei es, wie in kode-basierten, funktionalen Regelkulturen, über die sinngemäße semantische Reartikulation des Gleichen (als Auslegung von Gesetz, Gebot etc.).[34] Kulturen bestimmen sich also durch Texte und deren stete syntaktische oder semantische Wiederholung: einer Transposition des materiell Gegebenen in eine andere Situation, einer Übersetzung des gedanklich Vorgestellten in einen anderen Text; d.h. Kulturen ‹gibt› es nicht, sondern sie werden in jedem Moment erneut über Individuen kollektiv, performativ hergestellt.

Lotmans Weltsicht ist mithin prozessual-organisch. Er begreift den Menschen als ein kulturelles Wesen, welches durch den ständigen (Um-)Bau (*perestrojka*) von Texten Bedeutung generiert, um damit für sich Welt zu fassen.[35] In den Grenzen der Semiosphäre produziert der Mensch also unablässig über Bedeutung Kultur. Zentrales Medium hierfür ist Sprache. Sie basiert ihrerseits bereits auf einer Doppelung. Menschliche Intelligenz, so Lotman mit Blick auf die zwei Hemisphären des Gehirns, funktioniert nur im Dialog; erst in Absetzung von anderer Möglichkeit kristallisiert sich eigenes Verstehen: Die kleinste Einheit jeder Semiose ist das duale Nebeneinander zweier Kodes.[36] Solches leistet für identitäre Subjektbildung analoge Selbstvergegenwärtigung über den Spiegel im Verein mit digitaler durch das Pronomen ‹ich›; solches leistet allgemein schon Sprache selbst: In ihrer Zuordnung von Signifikant und Signifikat ist sie arbiträr, im wirklichkeitsvorstellenden Text ist sie ikonisch. Hierauf zielt Lotmans Begriff des ‹modellbildenden Systems›: Als System der Kommunikation ist Sprache digital, als Medium der Modellierung analog.[37] In dieser Dualität liegt ihre kreative, generierende Kraft. Diese ist Kern für den kulturbestimmenden Prozess der Übersetzung. Wo Kultur als Spur von Texten gilt, generiert sich ihre Bedeutung von Text zu Text stets neu. Dies betrifft gleichermaßen die Kommunikation von Individuen wie die ganzer Gesellschaften, d.h. Dekodierung ist immer schon (Re-)Enkodierung, Rezeption immer schon erneute Produktion, der Text entsprechend nie bloße mitgeteilte weltabbildende «Kopie», sondern stets an- und umgeeignetes weltschaffendes, weltdeutendes, weltspeicherndes «Modell».[38] In dieser Form erscheint das Übersetzen als unhintergehbarer remodellierender Akt des Denkens, als tentativ in eigene Sprache gewendetes Verstehen.[39] Lotmans relationaler Strukturalismus ist mithin ein Strukturalismus ohne doppelten Boden, d. h. der Kode ist kein System abstrakter Regeln, sondern eine Spur steter (Re-)Aktualisierung, es ‹gibt› ihn nicht in mysteriöser Tiefe, sondern immer nur im individuellen Akt. Dies heißt zugleich: Jeder vermeintlichen Synchronie eignet immer auch ein diachroner Aspekt, jedes scheinbar raumbestimmende System ist immer auch Funktion von Zeit. Entsprechend ist die Semiosphäre Ort unstillstellbarer Dynamis: in scheinbar statisch einheitlicher Ruhe und zugleich ständig in Bewegung; nach außen abgegrenzt, im Inneren heterogen; binär strukturiert, doch über die Asymmetrie von Kern und Peripherie stets in Umbau – ein Mechanismus beständigen Austauschs, eine von perpetuell bedeutungsgenerierenden, kulturproduzierenden, weltschaffenden wie weltzerstörenden Texten durchzogene funktionale ‹Raumzeit›.[40] Dies gilt für Kultur allgemein, es gilt auch für Kultur im Einzelnen. Kulturen emergieren über Abgrenzung; in Absetzung von einem als barbarische Nicht- oder bedrohliche Antikultur begriffenen Außen konstituieren sie sich im so erst hergestellten Innenraum Identität, auf der Basis einer einzäunenden Grenzziehung imaginieren sie sich ihre vermeintlich unverwechselbare Einheit, einen identitären Raum des ‹Wir›: «Every culture begins by dividing the world into ‹its own› internal space and ‹their› external space.»[41] Die Agenturen dieser Imagination sind Texte; sie sind Kulturgeneratoren: Als bedeutungsgenerierende Instanzen der Modellbildung instituieren sie eine über immer neue Texte kollektiv zu ratifizierende – oder zu modifizierende – Vorstellung der Kultur, sie sorgen für die Illusion kultureller Kontinuität oder den unerhörten Ausbruch (*vzryv*).[42] Die Semiosphäre verarbeitet also über Texte geistige Energie in geistige Energie. Deren Bedeutungsproduktion dient gegenwärtig verhandelter Information, prospektiver Projektion, retrospektiver Speicherung; sie dient dem scheinbar Gegebenen, dem Neuen, dem Gedächtnis. Texte kreieren mithin menschliche Vorstellungswirklichkeit, deren Alternativen wie Geschichte. Als solche verbreiten sie zudem ein je anderes Maß an Information. Texte des Zentrums wirken eher affirmativ-klassifikatorisch, Texte der Peripherie erkunden und erproben das Auch-

Mögliche, das Neue. Hier liegt Lotman zufolge ein wesentlicher Ort der Kunst und Literatur.

Lotmans Interesse am Wandel gilt dem Neuen. Eine seiner Leitfragen erkundet, warum in Kulturen «eine so große Anzahl von Texten existiert, die von Ereignissen berichten, die bekanntermaßen nicht stattgefunden haben».[43] Dies ist die Frage nach dem Sujet (*sjužet*).[44] Als modellbildendes System produziert Sprache in Texten über Bedeutung unablässig Vorstellungen von Kultur; auf diese Weise fasst jeder Text erneut modellhaft Wirklichkeit und bestimmt so das kulturelle Selbstbild. Primäre Modellierung dient mithin der Weltherstellung; zugleich ist sie auch mögliche Basis weiterer Modellierung. «*Die Kunst*», so Lotman, «*ist ein sekundäres modellbildendes System*»: Auf der Basis der natürlichen Sprache errichtet der künstlerische Text sowohl sein «eigenes System von Zeichen und Verknüpfungsregeln» als auch sein eigenes Modell von Welt.[45] Er ist syntaktisch-semantisches Doppel. In zyklisch geschlossenen Kulturen dient dies der wiederholenden Bestätigung; dies ist die Funktion des Mythos. In der sich linearisierend öffnenden Kultur des Abendlands dient es erkundender Exploration; dies ist die Geburtsstunde des Sujet. Neben den zentralen zyklischen Textbildungsmechanismus stellt sich mithin allmählich zudem ein linearer: Fixiert der eine das «Prinzip», so fokussiert der andere «den Einzelfall».[46] Aus beider Überlagerung ergibt sich der moderne Sujettext. Ihn kennzeichnet erneut Dualität: Er ist Modell der Welt *und* Bericht einer Begebenheit, allgemein *und* besonders, begrenzt *und* unbegrenzt, er ist ‹Raumzeit›. Sein Fundament ist der sujetlose Text: «Der sujethaltige Text», so Lotman, «wird auf der Basis des sujetlosen errichtet als dessen Negation. […] Das sujetlose System ist also primär […]. Das Sujet-System dagegen ist sekundär […].»[47] Der sujetlose Text klassifiziert, ordnet, affirmiert ‹Welt›; der Sujettext hingegen befragt, erprobt, stürzt um: Er ist «ein ‹revolutionäres Element› im Verhältnis zum ‹Weltbild›»,[48] er zeigt den «Kampf zwischen einer bestimmten Ordnung, einer Klassifizierung, einem Weltmodell und deren Destruktion».[49] Dies macht ihn allererst erzählenswert. Dienen sujetlose Texte mithin der Weltherstellung und -versicherung, also der Frage nach dem ‹Was?› («Was ist das?»), erkunden Sujettexte deren Beschaffenheit, die Frage des ‹Warum?› («Wie ist das geschehen?»).[50] Sie sind entsprechend reflexiv: weniger allein welt(re-)produzierende, weltbestätigende Kulturgeneratoren denn vornehmlich distanznehmende, weltdeutende Kulturkatalysatoren. «Indem der Mensch Sujettexte schuf,» so Lotmans Schluss, «lernte er es, Sujets im Leben zu erkennen und sich auf diese Weise das Leben zu deuten.»[51] Dies ist der Schritt von kulturproduzierender genetischer Bestimmung zu kulturreflektivem Bewusstsein. Strukturell besteht das Sujet demnach aus zwei Schichten: einer zyklisch-räumlich bestimmten sujetlosen und einer sie narrativ-linear befragenden sujethaften. Es ist entsprechend eine Figur der Großepoche der Moderne; erst wo Linearität sinnvoll denkbar wird, ist das Sujet hermeneutisch konfigurier- und nutzbar, und es beginnt zu schwinden, wo moderner Realisierungsglaube allmählich kippt in Vorstellungen ungreifbarer Kontingenz.[52] Literarisch präsupponiert Sujethaltigkeit mithin illusionsbedachte Mimesis: die der abendländischen Antike bzw. die ihrer Wiederaufnahme im künstlerischen Text von der Renaissance zum moderaten Modernismus, von früher zu ‹später› Neuzeit. Sujettexte sind also Weltdeutungsagenturen:[53] Ihre sujetlose Schicht stellt eine ‹Welt›, ihre sujethafte Schicht ein ‹Ereignis› dar, d. h. ihre handlungslogische Analyse folgt zunächst dem Raum und dann der Zeit. Im Dualitätsbewusstsein der Räumlichkeit von Zeit *und* Zeitlichkeit von Raum liegt entsprechend ein entscheidender epistemologischer Vorteil gegenüber rein linear konzipierten Handlungsmodellen.[54] Jede Sujetanalyse beginnt also mit anthropologischer Verortung: 1. mit der Festlegung der maßgeblich die Weltvorstellung bestimmenden topologischen Achse (‹oben› versus ‹unten›; ‹innen› versus ‹außen› etc.), 2. mit deren semantischer Besetzung (‹gut› versus ‹böse›; ‹eigen› versus ‹fremd› etc.) und schließlich – handlungslogisch oft lediglich fakultativ – 3. mit deren topographischer Spezifizierung (‹Himmel› versus ‹Hölle›; ‹Raum der Griechen› versus ‹Raum der Barbaren›, ‹England› versus ‹Italien›).[55] Dies ist der erste Schritt der Analyse; er folgt der Einsicht in eine grundlegend die Menschheit – durch Schwerkraft oder ‹Wir›-Gefühl – orientierende «Sprache räumlicher Relationen», er setzt die «Struktur des Topos».[56] Hierauf operiert der zweite Schritt der Analyse möglichen Wandels als einer zeitlichen Veränderung des Topos. Entsprechend charakterisiert die Struktur des Sujets 1. die sujetlose Relation zweier komplementär disjunkter Teilräume mit einer im Prinzip unüberschreitbaren Grenze (A versus B) und 2. die sujethafte Befragung dieser Relation über eine unerwartet ordnungsstörende Verletzung der Grenze durch eine handelnde Figur (die Versetzung einer in den Raum A gehörigen F_1-Figur nach B oder einer in den Raum B gehörigen F_2-Figur nach A).[57] Ein Sujettext ist demnach entweder ereignislos oder er ist im Ansatz ereignishaft, aber restitutiv (im Resultat ereignislos), oder er ist ereignishaft und revolutionär, d. h. er modelliert einen Grenzüberschreitungsversuch und dessen Scheitern, eine Grenzüberschreitung und ihre ordnungswiederherstellende Annullierung oder eine gelingende Grenzüberschreitung und deren weltverändernden Bestand. Dies tut er zum einen binnenfiktional textintern, zum anderen aber auch funktional textextern in Konvergenz oder Divergenz zum jeweils Geltung beanspruchenden ‹Weltbild›, dem dominanten gesellschaftlichen Imaginären. In diesem Weltbezug liegt ein weiterer Vorzug des Lotmanschen Modells gegenüber rein immanent angelegten Handlungsanalysen.

> Ein Text kann seine Ereignisse konstituieren über Normen, die auch textextern gelten. Er kann aber ebensogut auch textexterne Ereignisse zu Nichtereignissen machen, und er kann schließlich gesellschaftlichen Nichtereignissen die Dimension des Ereignishaften neu verleihen oder auch wieder zurückgeben.[58]

Epochen dominanter Gleichschaltung von Sujet und Welt wie etwa die der europäischen Klassik folgen entsprechend vornehmlich einer die Welt ereignistilgend bestätigenden «Ästhetik der Identität», Epochen antagonistischen Auseinanderfalls wie etwa die des Realismus eher einer zudem die Welt ereignishaft befragenden «Ästhetik der Gegenüberstellung».[59] Dies geht einher mit einer Evolution des Sujets von ‹objektiver› Modellierung (Klassik, Aufklärung) über am einzelnen Individuum orientierte subjektive Modellierung (Romantik) zu standpunktgebunden pluraler Modellierung (Realismus) bis hin zu seiner epistemologisch standpunkt- wie ontologisch weltbefragenden Auflösung in Moderne und Postmoderne.[60] Dabei impliziert diese Reihe keine Teleologie; vielmehr stellt sie sich erneut dar als beständig durch umbauende Übersetzung in Gang gehaltene prozessuale Abfolge von bedeutungsvollem überkommenem bzw. erwartungsdurchbrechendem neuem Verfahren (*priëm*), welches sich auch und gerade äußern kann in erwartungsenttäuschender Verfahrensverweigerung: einem «bedeutungsvolle[n] Fehlen» (*minus-priëm*).[61] In der zweiten Hälfte des 19. Jahrhunderts gerät also in einem zweiten Reflexivierungsschub die weltdeutende Funktion des Sujets selbst in den Blick. Dies ist der zeittypische Ausbruch aus der Mimesis; durch Verweigerung von *plot* und Narration kommt es vornehmlich in den Erzähltexten des Höhenkamms zunehmend zu literarischen Modellierungen einer die potentielle Bedeutungshaftigkeit des gestalteten Sujets bewusst negierenden «Kollision außerhalb des Sujets» bis hin zu dessen illusionsstörend selbstauflösender «Annullierung».[62] Das Sujet im Roman verliert allmählich seine weltdeutende Kraft und erneuert sich an anderem Ort: etwa im Film.[63]

3. Wirkung

Die Wirkung von Lotmans Werk entfaltet sich in mehreren Schüben.[64] Ein erster, vorwiegend struktural-semiotisch orientierter Schub avisiert die Überlegungen zu Literatur als sekundärem System; ein zweiter, vornehmlich handlungslogisch ausgerichteter verfolgt die Frage weltdeutender Modellbildung; ein dritter, dominant kontextuell orientierter erkundet den kulturtypologischen wie kultursemiotischen Aspekt menschlicher Zeichennutzung. Die fachübergreifende internationale Rezeption setzt in der krisenbewussten literaturwissenschaftlichen Theoriedebatte der späten sechziger Jahre ein. In ihr geht es zunächst um eine vor allem auf formalistisch-strukturalistisches Gedankengut rekurrierende Verwissenschaftlichung der Literaturbetrachtung in der Hoffnung substantieller Bestimmbarkeit der Literarizität bzw. Poetizität des Literarischen als einer Überdeterminiertheit oder Überstrukturiertheit der Form. Über Semiotiker wie Julia Kristeva, Umberto Eco u. a. geraten Lotmans Thesen zu Literatur als sekundärem modellbildendem System in westliche Argumentationen und finden zeitgleich durch die Vermittlung deutschsprachiger Slawisten wie Karl Eimermacher, Rainer Grübel u. a. vor allem in der Bundesrepublik Deutschland der siebziger Jahre verstärkt Eingang in methodenkritische systematische Einführungen.[65] Dabei rückt zunehmend der inhaltsgebundene modellbildende Charakter des literarischen Kunstwerks mit in den Vordergrund. Im Umkreis von Rainer Warning, Klaus Kanzog, Michael Titzmann u. a. kommt es seit den achtziger Jahren vermehrt zu Sujetanalysen, die so disparate Korpora wie realistisch-modernes Erzählen, das Theater der französischen Klassik, Heinrich von Kleist und den jungen deutschen Film oder frühneuzeitliche Dramen in den Blick nehmen und Lotmans Sujettheorie zudem systematisch-mengenlogisch oder auch diachron-evolutionsbezogen zu präzisieren suchen.[66] Dies führt zu Versuchen der Beschreibung eines an Prozessen der Assimilation bzw. Akkommodation orientierten Sujetwandels, zu typologischen Einteilungen wie der an den Kategorien *class*, *race*, *gender* ausgerichteten Trias von Aufsteiger-, Expansions- und Domestikationssujet und zu Ergänzungen wie etwa dem Gedanken eines ins Eigene schmuggelnden ‹Beuteholerschemas› oder die (post)moderne Überführung mimetisch-weltdeutender Sujetbildung in ein dominant performatives serielles ‹paradigmatisches Erzählen›.[67] Darüber hinaus eröffnet sich aus der modellorientierten Gegenüberstellung von Sujet und Welt auch die Möglichkeit einer verstärkt funktionsgeschichtlichen Sicht von Literatur als einer lebensweltliche Defizite entweder gegenüberstellend ‹aufdeckenden› oder identitätswahrend ‹abdichtenden› imaginären Bilanzierungsagentur realer Geltungsansprüche.[68] Hieraus resultiert schließlich der erweiterte Einbezug kultureller Prozesse als textgesteuert bedeutungsgenerierender Phänomene. Dies geschieht mit Beginn der neunziger Jahre zunächst in der Gedächtnisdebatte über Beschreibungen kulturell identitätsstiftender Konstruktionen von Vergangenheit, d. h. textueller (Re-)Produktionen von Geschichte.[69] Es schlägt sich seit dem Ende der neunziger Jahre im Rahmen der Kolonialismus- bzw. *Cultural-Studies*-Debatte nieder in zentrums- und peripheriebezogenen Analysen von Kulturkontakt sowie in vergleichenden Untersuchungen zu theoretischen Fragen der Kulturbeschreibung.[70] Eine angemessen intensive Würdigung des kulturwissenschaftlichen wie vor allem auch des kognitiven Potentials von Lotmans Schaffen steht indes noch aus.[71] Die Diskussion um Lotmans Thesen ist noch längst nicht abgeschlossen.

Literatur

1. Werkausgaben

Lotman, Jurij M.: Lekcii po struktural'noj poėtike. Vvedenie, teorija sticha, Tartu 1964 (Dt.: Vorlesungen zu einer strukturalen Poetik. Einführung, Theorie des Verses, übers. von Waltraud Jachnow, hg. von Karl Eimermacher, München 1972).

– Struktura chudožestvennogo teksta, Moskau 1970 (Dt.: Die Struktur literarischer Texte, übers. von Rolf-Dietrich Keil, München 1972, auch: Die Struktur

des künstlerischen Textes, übers. von Rainer Grübel, Walter Kroll u. Hans-Eberhard Seidel, hg. von Rainer Grübel, Frankfurt/M. 1973).
– Analiz poėtičeskogo teksta, Leningrad 1972 (Dt.: Die Analyse des poetischen Textes, übers. u. hg. von Rainer Grübel, Kronberg/Ts. 1975).
– Semiotika kino i problemy kinoėstetiki, Tallinn 1973 (Dt.: Probleme der Kinoästhetik. Einführung in die Semiotik des Films, übers. von Christiane Böhler-Auras, Frankfurt/M. 1977).
– Aleksandr Sergeevič Puškin, Leningrad 1981 (Dt.: Alexander Puschkin. Leben als Kunstwerk, übers. von Beate Petras, Leipzig 1989).
– V škole poėtičeskogo slova. Puškin – Lermontov – Gogol', Moskau 1988.
– Universe of the Mind. A Semiotic Theory of Culture, übers. von Ann Shukman, Bloomington/Indianapolis 1990 (Dt.: Die Innenwelt des Denkens. Eine semiotische Theorie der Kultur, übers. von Gabriele Leupold u. Olga Radetzkaja, hg. von Susi K. Frank/Cornelia Ruhe/Alexander Schmitz, Berlin 2010).
– Kul'tura i vzryv, Moskau 1992 (Dt.: Kultur und Explosion, übers. von Dorothea Trottenberg, hg. von Susi K. Frank/Cornelia Ruhe/Alexander Schmitz, Berlin 2010).
– /Civ'jan, J.: Dialog s ėkranom, Tallinn 1994.
– Besedy o russkoj kul'ture. Byt i tradicii russkogo dvorjanstva (XVII – nacalo XIX veka), St. Petersburg 1994 (Dt.: Russlands Adel. Eine Kulturgeschichte von Peter I. bis Nikolaus I., übers. von Gennadi Kagan, Köln/Weimar/Wien 1997).
– /u. a. (Hg.): Sēmeiōtikē. Trudy po znakovym sistemam, Bd. 1–25, Tartu 1963–1992.
– Aufsätze zur Theorie und Methodologie der Literatur und Kultur, übers. u. hg. von Karl Eimermacher, Kronberg/Ts. 1974.
– Kunst als Sprache. Untersuchungen zum Zeichencharakter von Literatur und Kunst, übers. von Michael Dewey, hg. von Klaus Städtke, Leipzig 1981.
Semiotica Sovietica. Sowjetische Arbeiten der Moskauer und Tartuer Schule zu sekundären modellbildenden Zeichensystemen (1962–1973). 2 Bde., übers. von Adelheid Schramm-Meindl u. a., hg. von Karl Eimermacher, Aachen 1986.

2. *Bibliographien*

Spisok trudov Ju. M. Lotmana, in: Lotman-70. Sbornik statej k 70-letiju prof. Ju. M. Lotmana, Tartu 1992, S. 514–565.
Lotman, Jurij M.: Izbrannye stat'i. 3 Bde., Tartu 1992–93, Bd. 3, S. 441–482.
Bibliographie der Arbeiten von Jurij M. Lotman (1949–1992), in: Znakolog. An International Yearbook of Slavic Semiotics 5 (1993), S. 201–275.
Eimermacher, Karl (Hg.): Arbeiten sowjetischer Semiotiker der Moskauer und Tartuer Schule (Auswahlbibliographie), Kronberg/Ts. 1974.
–/Shishkoff, Serge (Hg.): Subject Bibliography of Soviet Semiotics of the Moscow-Tartu School, Michigan, IL 1977.

3. *Biographien*

Cáceres Sánchez, Manuel: Cronobiografía. Iuri Mijáilovich Lotman (1922–1993), http://www.ugr.es/~mcaceres/lotman/cronobiografia.html (18. 2. 2010).

4. *Sekundärliteratur*

Andrews, Edna: Conversations with Lotman. Cultural Semiotics in Language, Literature and Cognition, Toronto 2003.

Fleischer, Michael: Die sowjetische Semiotik. Theoretische Grundlagen der Moskauer und Tartuer Schule, Tübingen 1989.

Grzybek, Peter: Studien zum Zeichenbegriff der sowjetischen Semiotik (Moskauer und Tartuer Schule), Bochum 1989.

Reid, Allan: Literature as Communication and Cognition in Bakhtin and Lotman, New York 1990.

Schönle, Andreas (Hg.): Lotman and Cultural Studies. Encounters and Extensions, Madison, WI 2006.

Shukman, Ann: Literature and Semiotics. A Study of the Writings of Yu. M. Lotman, Amsterdam 1977.

Speck, Stefan: Von Šklovskij zu de Man. Zur Aktualität formalistischer Literaturtheorie, München 1997.

Anmerkungen

1 Vgl. Cáceres Sánchez, Cronobiografía, Göbler, Frank: Art. «Lotman, Jurij Michajlovič», in: Metzler Lexikon Literatur- und Kulturtheorie, hg. von Ansgar Nünning, Stuttgart/Weimar [2]2001, S. 391 f.; Eimermacher, Karl: Nachwort, in: Lotman, Vorlesungen, S. 209–225; Eismann, Wolfgang/Grzybek, Peter: In memoriam Jurij Michajlovič Lotman (1922–1993), in: Zeitschrift für Semiotik 16 (1994), S. 105–116; Andrews, Conversations, S. 5–10.

2 Vgl. Shukman, Literature, S. 8–37; Eimermacher, Karl: Zur Entstehungsgeschichte einer deskriptiven Semiotik in der Sowjetunion, in: Semiotica Sovietica, Bd. 1, S. 11–67; Fleischer, Michael: Art. «Die Schule von Moskau und Tartu», in: Posner, Roland u. a. (Hg.): Semiotik. Ein Handbuch zu den zeichentheoretischen Grundlagen von Natur und Kultur, Bd. 2, Berlin/New York 1998, S. 2289–2300; Nöth, Winfried: Handbuch der Semiotik, Stuttgart/Weimar 2001, S. 95–99; Goldt, Rainer: Art. «Tartu-Moskauer Schule (TMS)», in: Metzler Lexikon Literatur- und Kulturtheorie, Stuttgart/Weimar 2001, S. 624 f.

3 Zu den Tagungsprogrammen vgl. Shukman, Literature, S. 186–199, Fleischer, Semiotik, S. 86–121 u. S. 173–186.

4 Vgl. Kristeva, Julia: On Yuri Lotman, in: Publications of the Modern Language Association 109 (1994), S. 375 f.

5 Vgl. im Überblick die entsprechenden Kapitel von Joachim Klein und Klaus Städtke in: Städtke, Klaus (Hg.): Russische Literaturgeschichte, Stuttgart/Weimar 2002, S. 76–164.

6 Zu Lotman als Theoretiker vgl. Städtke, Klaus: Kunst als Sprache. Juri Lotmans Beitrag zu einer Semiotik der Kultur, in: Lotman, Kunst, S. 403–432.

7 Lotman, Jurij M.: Puti razvitija russkoj literatury preddekabristskogo perioda [Entwicklungswege der russischen Literatur in der Periode vor den Dekabristen]. Avtoreferat doktorskoj dissertacii, Leningrad 1961, S. 31.

8 Zitierte Ausgabe in der Übersetzung von R.-D. Keil, vgl. Göbler, Frank: Art. «Jurij Michajlovič Lotman: Struktura chudožestvennogo teksta», in: Kindlers Neues Literatur Lexikon, hg. von Walter Jens, 20 Bde., München 1988–1992, Bd. 10, S. 615 f.; Haardt, Alexander: «Struktura chudožestvennogo teksta», in: Lexikon literaturtheoretischer Werke, Stuttgart 1995, S. 362 f.; Übersetzung in alle großen Weltsprachen.

9 Zum Status vgl. Schönle, Andreas/Shine, Jeremy: Introduction, in: Schönle, Lotman, S. 3–35, hier S. 32, Anm. 13. Eine russische Teilausgabe hiervon ist Lotman, Jurij M.: Semiosfera, St. Petersburg 2000, eine auf den Originalschriften basierende deutsche Übersetzung liegt nunmehr vor als Lotman, Jurij M.: Die Innenwelt des Denkens. Eine semiotische Theorie der Kultur, übers. von Gabriele Leupold u. Olga Radetzkaja, hg. von Susi K. Frank, Cornelia Ruhe u. Alexander Schmitz, Berlin 2010. Zur historischen Bilanz vgl. das Buch zu Russlands Adel.

10 Zur Wiederbelebung formalistischen Denkens in den späten fünfziger Jahren, nach Beendigung der nochmaligen Verschlechterung wissenschaftlicher Arbeitsbedingungen in der Nachkriegszeit der Ždanov-Ära, vgl. Eimermacher, Entstehungsgeschichte, S. 19–20, zur allgemeinen Entwicklung vgl. die Kapitel von Andreas Guski und Christine Engel in: Städtke, Russische Literaturgeschichte, S. 290–406.

11 Zum Formalismus allgemein vgl. Hansen-Löve, Aage: Der russische Formalismus. Methodologische Rekonstruktion seiner Entwicklung aus dem Prinzip der Verfremdung, Wien [2]1996; zur Wiederaufnahme Speck, Šklovskij; vgl. auch Grübel, Rainer: Der Russische Formalismus, in: Posner, Roland u. a. (Hg.): Semiotik. Ein Handbuch zu den zeichentheoretischen Grundlagen von Natur und Kultur, Bd. 2, Berlin/New York 1998, S. 2233–2248; Ders.: Formalismus und Strukturalismus, in: Arnold, Heinz Ludwig/Detering, Heinrich (Hg.): Gründzüge der Literaturwissenschaft, München 1996, S. 386–408. Zur späten Entstehung einer schönen Literatur in Russland im 18. Jahrhundert vgl. Städtke, Russische Literaturgeschichte, S. VIII.

12 Vgl. Eimermacher, Entstehungsgeschichte, S. 20–37; Fleischer, Semiotik, S. 53–170.

13 Vgl. Eimermacher, Entstehungsgeschichte, S. 53, Anm. 3; Reid, Literature, S. 131–177 zu Bachtin Holquist, Michael: Dialogism. Bakhtin and his World, London 1990.

14 Vgl. Lang, Ewald: Exkurs über den Lotmanschen Denkstil, in: Lotman, Kunst, S. 433–448.

15 Vgl. Titzmann, Michael: Strukturale Textanalyse. Theorie und Praxis der Interpretation, München 1977, S. 20–24.

16 Eimermacher, Entstehungsgeschichte, S. 26.

17 Günther, Hans: ‹Exakte› Literaturwissenschaft und Kultursemiotik – zwei Tendenzen im sowjetischen Strukturalismus, in: Peter V. Zima (Hg.): Textsemiotik als Ideologiekritik, Frankfurt/ a. M. 1977, S. 117–139, hier S. 123.

18 Lang, Exkurs, S. 446 f.; vgl. Lotman, Jurij M.: Die Opposition ‹Ehre› – ‹Ruhm› in weltlichen Texten der Kiewer Periode, in: Ders., Kunst, S. 243–258.

19 Lotman, Struktur, S. 374; dort auch der Verweis auf Bohr.

20 Vgl. Piaget, Jean: Le structuralisme, Paris 1968.
21 Vgl. Titzmann, Textanalyse, S. 40.
22 Vgl. Saussure, Ferdinand de: Cours de linguistique générale, hg. von Tullio de Mauro, Paris 1985, S. 166; zum Verhältnis Saussure – Lotman vgl. Grzybek, Studien, S. 19–92.
23 Heisenberg, Werner: Änderungen der Denkstruktur im Fortschritt der Wissenschaft, in: Ders.: Schritte über Grenzen. Gesammelte Reden und Aufsätze, München 1971, S. 275–287, hier S. 278; vgl. Lotman, Universe, S. 270.
24 So Umberto Eco in: Lotman, Universe, S. XII f., vgl. Lotman, Jurij M.: Über die Semiosphäre, in: Zeitschrift für Semiotik 12 (1990), S. 287–305, hier S. 290 (die dortige Übersetzung spricht von Kühen und Beefsteaks).
25 Zu funktional-strukturellem im Gegensatz zu strukturell-funktionalem Denken vgl. Luhmann, Niklas: Soziologische Aufklärung. Aufsätze zur Theorie sozialer Systeme, Bd. 1, Opladen [4]1974, S. 31–53 u. S. 113–136.
26 Lotman, Vorlesungen, S. 24; Lotman, Analyse, S. 48–55; vgl. Greber, Erika: Oppositionen, in: Bosse, Heinrich/Renner, Ursula (Hg.): Literaturwissenschaft. Einführung in ein Sprachspiel, Freiburg i. Br. 1999, S. 193–210, hier S. 202.
27 Zur Notwendigkeit von Latenz vgl. Luhmann, Aufklärung, S. 66–91.
28 Wittgenstein, Ludwig: Tractatus logico-philosophicus. Logisch-philosophische Abhandlung, Frankfurt/M. 1983, S. 7.
29 Derrida, Jacques: De la grammatologie, Paris 1967, S. 227, Hervorhebung im Original (Dt.: Grammatologie, Frankfurt/M. [2]1988, S. 274).
30 Lotman, Universe, S. 273.
31 Vgl. Mahler, Andreas: Semiosphäre und kognitive Matrix. Anthropologische Thesen, in: Dünne, Jörg/Doetsch, Hermann/Lüdeke, Roger (Hg.): Von Pilgerwegen, Schriftspuren und Blickpunkten. Raumpraktiken in medienhistorischer Perspektive, Würzburg 2004, S. 57–69.
32 Vgl. Lotman, Universe, S. 3 u. S. 123–214 (Kap. 8–13); Lotman, Semiosphäre; Mandelker, Amy: Semiotizing the Sphere. Organicist Theory in Lotman, Bakhtin, and Vernadsky, in: Publications of the Modern Language Association 109 (1994), S. 385–396; zur Kritik Aleksandrov, Vladimir E.: Biology, Semiosis, and Cultural Difference in Lotman's Semiosphere, in: Comparative Literature 52 (2000), S. 339–362.
33 Lotman, Juri M.: Kultur – Information – Sprache, in: Ders., Kunst, S. 23–33, hier S. 26.
34 Vgl. Lotman, Jurij M./Uspenskij, Boris A.: Zum semiotischen Mechanismus der Kultur, in: Semiotica Sovietica, Bd. 2, S. 853–880, v. a. S. 860–866.
35 Zur textuellen ‹*perestrojka*› vgl. Lotman, Yuri M.: The Text within the Text, in: Publications of the Modern Language Association 109 (1994), S. 377–384, hier S. 378.
36 Lotman, Universe, S. 2.
37 Vgl. Lotman, Struktur, S. 29; zur Überlagerung des Digitalen und des Analogen vgl. auch Watzlawick, Paul/Beavin, Janet H./Jackson, Don D.: Menschliche Kommunikation. Formen, Störungen, Paradoxien, Bern/Stuttgart/Wien 1982, S. 61–68.
38 Lotman, Struktur, S. 77.

39 Vgl. Lotman, Universe, S. 143 u. S. 127.
40 Lotman, Semiosphäre, S. 290–299, vgl. Vernadskij, Vladimir I.: Razmyšlenija naturalista, Moskau 1977, S. 32: «Die Biosphäre verarbeitet die Sonnenenergie in physikalische und chemische Energie. [...] Der Mensch, wie er in der Natur auftritt, und auch alle lebenden Organismen sind Funktionen der Biosphäre in der von ihr bestimmten Raumzeit» (zit. n. Fleischer, Semiotik, S. 147 f.).
41 Lotman, Universe, S. 131; vgl. Lotman, Jurij M.: Zur Metasprache typologischer Kulturbeschreibungen, in: Lotman, Aufsätze, S. 338–377; zum Imaginären von Kulturbildung vgl. Castoriadis, Cornelius: Gesellschaft als imaginäre Institution. Entwurf einer politischen Philosophie, Frankfurt/M. 1990.
42 Vgl. Lotman, Kul'tura.
43 Lotman, Juri M.: Die Entstehung des Sujets – typologisch gesehen, in: Lotman, Kunst, S. 175–204, hier S. 175.
44 Vgl. Schulz, Armin: Art. «Sujet», in: Reallexikon der deutschen Literaturwissenschaft, 3 Bde., Bd. 3, hg. von Jan-Dirk Müller u. a., Berlin/New York 2003, S. 544–546.
45 Lotman, Struktur, S. 22, Hervorhebung im Original, u. S. 39.
46 Lotman, Entstehung, S. 178.
47 Lotman, Struktur, S. 338 f.
48 Ebd., S. 339.
49 Lotman, Juri M.: Das Sujet im Film, in: Lotman, Kunst, S. 205–218, hier S. 205.
50 Ebd.
51 Lotman, Entstehung, S. 204.
52 Zu den das Abendland prägenden Wirklichkeitsbegriffen momentaner Evidenz (Antike), göttlicher Garantie (Mittelalter), individueller Realisierung (Neuzeit) und grundsätzlicher Entzogenheit (nach der Moderne) vgl. Blumenberg, Hans: Wirklichkeitsbegriff und Möglichkeit des Romans, in: Jauß, Hans Robert (Hg.): Nachahmung und Illusion, München 1964, S. 9–27.
53 Vgl. Mahler, Andreas: Welt Modell Theater. Sujetbildung und Sujetwandel im englischen Drama der frühen Neuzeit, in: Poetica 30 (1998), S. 1–45, hier S. 6–12.
54 Vgl. Barthes, Roland: Introduction à l'analyse structurale du récit, u. Bremond, Claude: La logique des possibles narratifs, beide in: Communications 8 (1966), S. 1–27 bzw. S. 60–76; Chatman, Seymour: Story and Discourse. Narrative Structure in Fiction and Film, Ithaca, NY 1978, S. 53–56.
55 Zur Vorordnung des Topologischen, wonach gerade «die topologischen Eigenschaften des Raums [...] die Möglichkeit zu seiner Verwandlung in ein Modell nichträumlicher Beziehungen» einräumen, vgl. Lotman, Jurij M.: Das Problem des künstlerischen Raums in Gogol's Prosa, in: Lotman, Aufsätze, S. 200–271, hier S. 267, Anm. 10.
56 Lotman, Struktur, S. 313 u. 330; vgl. Lotman, Universe, S. 131–134.
57 Vgl. Lotman, Struktur, S. 341, die dort gegebenen drei Kriterien scheinen logisch lediglich zwei, vgl. Mahler, Welt, S. 6 f., zur Notation S. 16 f.
58 Warning, Rainer: Chaos und Kosmos. Kontingenzbewältigung in der ‹*Comédie humaine*›, in: Gumbrecht, Hans Ulrich/Stierle, Karlheinz/Warning, Rainer (Hg.): Honoré de Balzac, München 1980, S. 9–55, hier S. 12.

59 Lotman, Struktur, S. 404–419, die Begriffe S. 410 u. S. 412.

60 Vgl. ebd., S. 374–393; zum Standpunkt Uspenskij, Boris A.: Poetik der Komposition. Struktur des künstlerischen Textes und Typologie der Kompositionsform, Frankfurt/M. 1975; zu den Graden der Skepsis McHale, Brian: Postmodernist Fiction, London 1987.

61 Lotman, Struktur, S. 82.

62 Lotman, Metasprache, S. 359 u. Lotman, Struktur, S. 311.

63 Vgl. Lotman, Probleme, S. 101–117.

64 Zur vornehmlich englischsprachigen und russischen Rezeption vgl. die Bibliographie in Schönle, Lotman, S. 355–357.

65 Vgl. Kristeva, Julia: Sēmeiōtikē. Recherches pour une sémanalyse, Paris 1969; Eco, Umberto: Einführung in die Semiotik, München 1972; Titzmann, Textanalyse, S. 65–85.

66 Vgl. Warning, Chaos; Lukas, Wolfgang: Das Selbst und das Fremde. Epochale Lebenskrisen und ihre Lösung im Werk Arthur Schnitzlers, München 1996; Matzat, Wolfgang: Dramenstruktur und Zuschauerrolle. Theater in der französischen Klassik, München 1982; Renner, Karl Nikolaus: Der Findling. Eine Erzählung von Heinrich von Kleist und ein Film von George Moorse, München 1983; Mahler, Welt; Küpper, Joachim: Ästhetik der Wirklichkeitsdarstellung und Evolution des französischen Romans von der französischen Spätaufklärung bis zu Robbe-Grillet, Stuttgart 1987.

67 Vgl. Mahler, Welt, S. 12–45; Krah, Hans: Einführung in die Literaturwissenschaft/Textanalyse, Kiel 2006, S. 292–349, v. a. S. 319 f.; Warning, Rainer: Erzählen im Paradigma. Kontingenzbewältigung und Kontingenzexposition, in: Romanistisches Jahrbuch 52 (2001), S. 176–209.

68 Vgl. Iser, Wolfgang: Der Akt des Lesens. Theorie ästhetischer Wirkung, München 1976, S. 87–143.

69 Vgl. Renate Lachmann: Gedächtnis und Literatur. Intertextualität in der russischen Moderne, Frankfurt/M. 1990; Haverkamp, Anselm/Lachmann, Renate (Hg.): Gedächtniskunst. Raum – Bild – Schrift. Studien zur Mnemotechnik, Frankfurt/M. 1991.

70 Vgl. Schönle, Lotman; zum Theorievergleich v. a. Schönle, Andreas: The Self, Its Bubbles, and Its Illusions. Cultivating Autonomy in Greenblatt and Lotman, in: Ders., Lotman, S. 183–207; Ruhe, Cornelia: Invasion aus dem Osten. Die Aneignung russischer Literatur in Frankreich und Spanien (1880–1910), Ms. Konstanz 2008 sowie die Beiträge zur Konstanzer Konferenz «Integration und Explosion. Perspektiven auf die Kultursemiotik Jurij Lotmans» (23.-25. 10. 2008), hg. von Susi K. Frank/Cornelia Ruhe/Alexander Schmitz (i.V.).

71 Vgl. in Ansätzen Reid, Literature und Andrews, Conversations, S. 133–160.

Achim Geisenhanslüke

Michel Foucault
(1926–1984)

I. Leben

Michel Foucault wurde am 15. Oktober 1926 in Poitiers geboren. Nach der Schulzeit in Poitiers ging er nach Paris, um dort das Studium der Philosophie an der *École Normale Supérieure* aufzunehmen. Nach dem Abschluss des Studiums verbrachte er mehrere Jahre im Ausland, u. a. in Uppsala, Warschau, Hamburg und Tunis. Im Jahre 1968 kehrte Foucault endgültig nach Frankreich zurück, zunächst an die neu gegründete Universität *Paris VIII* in Vincennes, eine Hochburg der von den Studentenaufständen geprägten Linken. 1970 trat er als Nachfolger eines seiner akademischen Lehrer, des Hegelspezialisten Jean Hippolyte, einen Lehrstuhl am *Collège de France* für Geschichte der Denksysteme an. Bis zu seinem Tode im Jahre 1984 durch eine Aids-Erkrankung lehrte er am *Collège de France*.

Mit Gilles Deleuze und dem etwas jüngeren Jacques Derrida zählt Michel Foucault zu den französischen Philosophen, die eine ganze Generation von Intellektuellen prägen konnten. Obwohl der Marxist Louis Althusser und der Psychoanalytiker Jacques Lacan zu ihren wichtigsten Lehrern zählten, zeichnet sich die Generation Foucault durch eine kritische Distanz zum Marxismus wie zum Strukturalismus und der Psychoanalyse aus. An ihre Stelle treten die philosophischen Vorbilder Friedrich Nietzsche und Martin Heidegger sowie die surrealistische Literatur. In Foucaults Schriften verknüpfen sich von Beginn an politische und ästhetische Elemente zu einem ebenso widerspruchsreichen wie faszinierenden Theorieangebot. Bereits in seiner Dissertationsschrift aus dem Jahre 1961 *Histoire de la folie à l'âge classique. Folie et déraison* (Dt.: *Wahnsinn und Gesellschaft. Eine Geschichte des Wahns im Zeitalter der Vernunft*, 1969) interessiert sich Foucault für das Phänomen des Wahnsinns als einer möglichen Gegengeschichte zur modernen Vernunft. 1966 veröffentlicht er mit *Les Mots et les Choses* (Dt.: *Die Ordnung der Dinge*, 1971) einen der letzten großen philosophischen Bestseller des 20. Jahrhunderts. *L'Archéologie du savoir* (Dt.: *Archäologie des Wissens*, 1973) aus dem Jahre 1969 versucht den Arbeiten rückblickend ein methodisches Fundament zu geben, indem sie den Diskurs als den zentralen Begriff der foucaultschen Analysen zur Geltung bringt. Die späteren Studien *Surveiller et punir* (1975) (Dt.: *Überwachen und Strafen*, 1976) und die dreibändige *Histoire de la sexualité* (1976–1984; Dt.: *Sexualität und Wahrheit*, 1977–1986) erweitern die Diskursanalyse Foucaults um den Aspekt der Macht. Als zentrales Motiv seiner philosophischen und historischen Untersuchungen erweist sich die Konstituierung der modernen Vernunft durch Ausschlussmechanismen und Machtstrategien, die Foucault exemplarisch anhand von Phänomenen wie Wahnsinn, Kriminalität und Sexualität thematisiert.

2. Werk

In literaturtheoretischer Hinsicht gilt Foucault als Begründer der Diskursanalyse, einer Methode, die sich sowohl gegen die Hermeneutik als auch gegen den Strukturalismus richtet. Ihr Gegenstand ist weder die Bedeutungsdimension der Sprache noch die strukturelle Verfasstheit des sprachlichen Zeichens, sondern die Materialität des Diskurses. Was sich hinter dem zentralen Begriff des Diskurses bei Foucault eigentlich verbirgt, ist allerdings bis heute ein Rätsel geblieben. Im Blick auf die Literatur lassen sich zwei unterschiedliche Phasen innerhalb Foucaults Werk unterscheiden. In den Schriften der sechziger Jahre erarbeitet Foucault in Anknüpfung an die Philosophie Martin Heideggers und die Literatur Maurice Blanchots eine Ontologie der Literatur, die er zugleich als Subversion der modernen Hermeneutik versteht. Mit der Ausarbeitung einer eigenständigen Methode namens Diskursanalyse verschwindet die Ontologie der Literatur aus seinem Werk zugunsten einer beschreibenden Analyse sprachlicher Ordnungen unabhängig von allen ästhetischen Bestimmungen. Vor diesem Hintergrund wird es im Folgenden daher zunächst darum gehen, Foucaults Ontologie der Literatur aus den sechziger Jahren zu skizzieren. In einem zweiten Schritt gilt das Interesse der Ausarbeitung der Diskursanalyse und der Frage nach ihrer Anwendungsmöglichkeit auf literarische Texte. Dabei geht es weniger darum, eine spezifisch foucaultsche Literaturtheorie zu entwickeln, als vielmehr darum, die wechselseitige Verflechtung von Theoriebildung und Literaturanalyse in seinem Werk sichtbar zu machen.

2.1 Foucaults Ontologie der Literatur: Literatur als Gegendiskurs. In den frühen Schriften bis zum Ende der sechziger Jahre räumt Foucault der Literatur einen bedeutenden Platz ein, dessen begriffliche Fixierung gleichwohl schwerfällt. Über verstreute Hinweise auf die Autonomie der poetischen Sprache seit Stéphane Mallarmé hinaus verrät Foucaults Interesse an der Literatur kaum einen systematischen Charakter, der es erlaubte, in ihr mehr als eine Randfigur in seinem Denken zu erblicken. Foucaults Interesse an der Literatur reicht bis zu den ersten Publikationen zurück. Die 1954 erschienene Einleitung zu Ludwig Binswangers Abhandlung *Traum und Existenz* formuliert die Aufgabe einer phänomenologischen Theorie des Ausdrucks, die Foucault in eine Anthropologie der Kunst zu überführen sucht, welche sich gattungspoetisch nach den Momenten des Epischen, Lyrischen und Tragischen auszudifferenzieren hätte. Sein Augenmerk gilt insbesondere dem Tragischen, das er in Anlehnung an Heidegger als den möglichen «Übergang von der Anthropologie zur Ontologie»[1] begreift. Das Leitmotiv des Tragischen als Ansatzpunkt für eine Ontologie der Literatur bestimmt die Dissertationsschrift *Wahnsinn und Gesellschaft* ebenso wie die frühe Untersuchung *Maladie mentale et psychologie* (1966; Dt.: *Psychologie und Geisteskrankheit*, 1968), in der er sich an verschiedenen Stellen auf die tragische Zerrissenheit bei Autoren wie Friedrich Hölderlin, Gérard de Nerval, Raymond Roussel und Antonin Artaud beruft. Im Zeitraum zwischen 1962 und 1967 veröffentlicht Foucault zudem eine Monographie über Raymond Roussel sowie verschiedene Aufsätze zur surrealistischen Literatur der Moderne.

Die Gestalt, in der die Literatur in Foucaults frühe Schriften eingeht, lässt sich in einem Wort zusammenfassen, das sich immer wieder im Kontext der literarischen Analysen Foucaults finden lässt. Als Ausdruck des Seins der Sprache nimmt die Literatur für Foucault die Funktion eines Gegendiskurses ein. Mit dem Begriff des Gegendiskurses schreibt er der Literatur die Rolle einer Subversion des Wissens zu, die die frühen wissenschaftshistorischen Schriften untergründig begleitet.

Die Bestimmung der Literatur als Sein der Sprache verhandelt Foucault vor allem in seinen zwischen 1963 und 1966 verfassten Aufsätzen zur französischen Literatur der Moderne. Gemeinsames Thema aller Aufsätze ist die Erarbeitung einer Ontologie der Literatur, die zugleich eine Kritik hermeneutischer Subjektivitätskonzepte bedeutet. Schon 1963 fordert Foucault in programmatischer Weise eine «Ontologie der Literatur».[2] Die frühe Auseinandersetzung mit der Literatur der Moderne findet ihren Höhepunkt in dem 1966 erschienenen Aufsatz *La pensée du dehors* (Dt.: *Das Denken des Außen*), der dem Werk Maurice Blanchots gewidmet ist. Die Bedeutung Blanchots für Foucaults Arbeiten liegt vor allem in dem Zusammenhang zwischen dem literarischen Sein der Sprache und dem Verschwinden des philosophischen Subjekts begründet. Foucault deutet Blanchots Werk als «Durchbruch zu einer Sprache, aus der das Subjekt ausgeschlossen ist».[3] Innerhalb der Literatur der Moderne gelten Foucault Blanchots Schriften als Versuch, die philosophische Subjektivität aus ihrer privilegierten Position zu verdrängen, insofern dieser das Verschwinden des Subjekts zur Bedingung der Möglichkeit des Seins der Sprache erklärt. Im Blick auf Blanchot spricht Foucault die Literatur als den Ort an, an dem die moderne Subjektivität durch das Sein der Sprache ersetzt wird. Die Literatur definiert Foucault als eine Form der Sprache, die sich entgegen der dialektischen Bewegung der Wiederkehr in zunehmender Weise von sich selbst entfernt.

> Die Literatur ist nicht die Sprache, die so sehr zu sich selbst findet, dass sie in hellem Licht erstrahlt, sondern die Sprache, die sich am weitesten von sich selbst entfernt; und wenn sie ihr Wesen enthüllt, indem sie aus sich heraustritt, so zeigt sich in dieser plötzlichen Klarheit eher ein Abstand als eine Rückwendung, eher eine Zerstreuung als eine Rückkehr der Zeichen zu sich selbst. Das ‹Sujet› der Literatur (das darin sprechende Subjekt und das, wovon es spricht) ist nicht eigentlich die Sprache in ihrer Positivität, sondern die Leere, in der es seinen Raum findet, wenn es sich in der Nacktheit des ‹Ich spreche› äußert.[4]

Das Sein der Sprache, das der geforderten Ontologie der Literatur als Leitfaden dienen soll, versteht Foucault als Ausdruck einer Bewegung der Zerstreuung, die den ontologischen Status der Literatur zugleich als Verschwinden des Subjekts in der Leere des Seins bestimmt. Die philosophische Subjektivität zerstört Blanchot, indem er das Sein der Sprache als ein Außen begreift, in dem sich der moderne Begriff des Menschen auflöst. Als Gegendiskurs bezeichnet Foucault die Literatur der Moderne in diesem Zusammenhang zunächst, da sie sich von wissenschaftlichen Auffassungen der Sprache unterscheidet. Während die historische Philologie Sprache allein als empirischen Gegenstand des Wissens gelten lässt, vollzieht das Erscheinen der Literatur als unmittelbarer Ausdruck des Seins der Sprache eine Subversion des Wissens, die die Literatur in einen Gegensatz zu den modernen Humanwissenschaften setzt. Als Infragestellung der modernen Sprachwissenschaft deutet Foucault die Literatur, insofern diese die Sprache nicht als empirischen Gegenstand des Wissens thematisiere, sondern als reinen Ausdruck des Seins. Der Literatur der Moderne spricht Foucault die Fähigkeit zu, eine Souveränität der Sprache zu eröffnen, die seit der Renaissance verloren gegangen sei.

> Während des ganzen neunzehnten Jahrhunderts und bis in unsere Zeit – von Hölderlin zu Mallarmé, zu Antonin Artaud – hat die Literatur nun aber nur in ihrer Autonomie existiert, von jeder andern Sprache durch einen tiefen Einschnitt nur sich losgelöst, indem sie eine Art ‹Gegendiskurs› bildete und indem sie so von der repräsentativen oder bedeutenden Funktion der Sprache zu jenem rohen Sein zurückging, das seit dem sechzehnten Jahrhundert vergessen war.[5]

Foucault begreift die Literatur der Moderne als einen Gegendiskurs, der sowohl der strukturalen Ordnung der Repräsentation als auch der modernen hermeneutischen Analyse der Bedeutung zuwiderläuft. Die wesentliche Funktion der Literatur liegt Foucault zufolge in ihrer intransitiven Selbstbezüglichkeit. Die Intransitivität, die Foucault der Literatur zuschreibt, begründet das Sein der Sprache in der Moderne als ein autonomes Selbstverhältnis der Sprache. «Schließlich taucht Sprache für sich selbst in einem Schreibakt auf, der nichts anderes als sich selbst bezeichnet.»[6] Die Selbstreferentialität der Sprache, die Foucault der modernen Literatur zuspricht, ist von Friedrich A. Kittler und Horst Turk zugleich als Möglichkeit einer Neubegründung der Literaturwissenschaft als Diskursanalyse verstanden worden.

> Mit solchen Beschreibungen verabschiedet die Diskursanalyse, was die Literaturwissenschaft die Erkenntnisfunktion von Literatur genannt hat. Wenn sie Referenzbezüge statuiert, dann nicht auf Sachverhalte, sondern immer nur von Diskursen auf Diskurse.[7]

Der nichtige und zugleich fundamentale Raum der Literatur erscheint als Ausdruck einer transzendentalen Leere, von der die Kritik der hermeneutischen Analyse der Bedeutung ebenso wie die Verabschiedung der strukturalistischen Zeichentheorie ihren Ausgang nehmen kann.

Foucaults Interpretation der Literatur als Wiederauftauchen des Seins der Sprache stellt seine Archäologie der Moderne jedoch zugleich vor eine grundlegende Ambivalenz. Die Literatur, die Foucault einerseits als Gegendiskurs zur Moderne versteht, erscheint andererseits selbst der spezifisch modernen Konfiguration des Wissens verpflichtet. Die Begründung der Diskursanalyse als einer subversiven Form der Literaturwissenschaft, die die Erkenntnisfunktion der Literatur durch die Analyse ihrer selbstreferentiellen Bezüge ersetzt, lässt die Funktion der Literatur in Foucaults Schriften einseitig als Ausdruck eines Seins der Sprache erscheinen, das sich der modernen Analyse der Bedeutung widersetzt, ohne andere Formen der Literatur anzuerkennen. Vor diesem Hintergrund stellt sich die Frage, wie sich die Ontologie der Literatur zu der später entwickelten Theorie der Diskursanalyse verhält.

2.2 Literatur und Diskursanalyse. Nimmt die Literatur in der *Ordnung der Dinge* als Vorbild der Archäologie eine zentrale Stellung ein, so ändert sich mit dem Erscheinen der *Archäologie des Wissens* im Jahre 1969 Foucaults Einschätzung der Literatur auf ebenso überraschende wie grundlegende Weise. In einem Interview von 1975 ist Foucault nicht mehr dazu bereit, der Literatur eine entscheidende Rolle in seinem Denken einzuräumen. Auf die Frage, welchen Platz literarische Texte in seinen Untersuchungen einnehmen, antwortet er ganz im Gegensatz zu den früheren Äußerungen ausweichend.

> In *Wahnsinn und Gesellschaft*, in *Die Ordnung der Dinge*, habe ich nur auf sie verwiesen, habe sie flüchtig angezeigt, ich war wie der Spaziergänger, der sagt: ‹Und nun sehen sie hier, hier kann man gar nicht nicht von *Le Neveu de Rameau* sprechen.› Sie spielten für mich jedoch innerhalb der Ordnung des Prozesses keine Rolle.[8]

Schien bis zur *Ordnung der Dinge* die Literatur der Moderne einen entscheidenden Einfluss auf Foucaults Theorie auszuüben, so wird ihr nun eine mehr als beiläufige Bedeutung verweigert. Die widersprüchlichen Aussagen zum Status der Literatur in seinem Werk deuten auf einen Bruch in Foucaults Denken hin, der sich zwischen der *Ordnung der Dinge* und der *Archäologie des Wissens* ereignet hat. Der entscheidende Grund für die Zäsur des Denkens ist der Anspruch der *Archäologie des Wissens*, einen allgemeinen Begriff des Diskurses zu entwickeln, unter dem sich auch die Literatur subsumieren ließe.

Allerdings stellt gerade die Ausarbeitung des Diskursbegriffes in der *Archäologie des Wissens* Foucault vor einige Probleme. Wer von Foucault eine kohärente Theorie namens Diskursanalyse erwartet, die sich auch auf literarische Texte anwenden lässt, wird enttäuscht. Kaum ein Theoretiker, der sich mit Fragen der Diskursanalyse auseinandersetzt, versäumt es daher, darauf hinzuweisen, dass gerade der zentrale Begriff der foucaultschen Theorie, der Diskurs, derart schillernd sei, dass sich eine einheitliche Bedeutung kaum ausmachen lässt. Vor diesem Hintergrund gerät jeder Zugang zu Foucault in Begründungsschwierigkeiten, der in der Diskursanalyse eine einheitliche Theorie erkennen will, die sich auf unterschiedliche Gegenstandsbereiche und eben auch auf die Literatur applizieren lasse. Das zeigt sich besonders deutlich in der Auseinandersetzung um den Status der *Archäologie des Wissens.* Auf der einen Seite scheint die Systematisierung des Diskursbegriffs in der *Archäologie des Wissens* einen Bruch mit früheren Überlegungen Foucaults zu bedeuten, der sich besonders deutlich an der veränderten Position der Literatur zeigen lässt. Spielte die Literatur der Moderne von *Wahnsinn und Gesellschaft* bis zur *Ordnung der Dinge* die emphatische Rolle eines Gegendiskurses, der für Foucaults Intention einer Subversion des Wissens eine Vorbildfunktion übernahm, so verliert die systematische Begründung des Diskursbegriffs die Literatur zunehmend aus dem Blick. Die Versuche, eine spezifisch diskursanalytische Literaturwissenschaft aus Foucaults eigener Theorie abzuleiten, sehen sich daher mit der Schwierigkeit konfrontiert, werkgeschichtlich zwischen der frühen Bedeutung der Literatur für Foucault und der späteren Theorie des Diskurses unterscheiden zu müssen. Gerade die Betonung der Differenz zwischen Methode und Gegenstand hat es den meisten Interpreten Foucaults unmöglich gemacht, direkt an die Diskursanalyse anzuschließen. Die methodische Entscheidung für die Diskursanalyse bedeutet eine Distanzierung von der Literatur und der poetischen Funktion der Sprache, die Entscheidung für eine Poetik der Literatur einen Rückfall hinter das von Foucault entworfene Programm der Diskursanalyse.

Vor diesem Hintergrund stellt sich die Frage nach dem Zusammenhang von Diskursanalyse und Literatur seit der *Archäologie des Wissens* neu. Wenn Clemens Kammler in Foucaults Theorie eine Herausforderung für die Literaturwissenschaft und zugleich «ein uneingelöstes Forschungsprogramm»[9] erkennt, dann weist er mit einigem Recht auf die Dringlichkeit einer grundsätzlichen Klärung der Bedeutung der Diskursanalyse für die Literaturwissenschaft hin, die noch immer nicht erfolgt sei. Liegt der Grund für die nach wie vor ausstehende Begründung einer diskursanalytischen Literaturwissenschaft nicht zuletzt in der Schwierigkeit, Foucaults eigenen Begriff der Literatur als Gegendiskurs in den frühen Schriften bis zur *Ordnung der Dinge* mit den späteren Systematisierungsversuchen der Theorie in Übereinstimmung zu bringen, so kommt der *Archäologie des Wissens* eine entscheidende Bedeutung zu. Dass Foucault sich auf der Suche nach einer eigenen Systematik des Diskurses nicht länger an der Literatur orientiert, ist noch lange kein Argument gegen eine grundsätzlich mögliche literaturwissenschaftliche Ausrichtung der Diskursanalyse. Im Gegenteil: Foucault hat immer wieder unterstrichen, dass auch andere Wissensformen als die von ihm in den Mittelpunkt gerückten Humanwissenschaften zum Gegenstand der Diskursanalyse werden können. Ausgehend von den theoretischen Bestimmungen des Diskurses in der *Archäologie des Wissens* muss sich daher auch eine Position erarbeiten lassen, die auch für den Umgang mit literarischen Texten von Relevanz sein kann.

Die Neuartigkeit der *Archäologie des Wissens* liegt zu wesentlichen Teilen in der Abstraktion von den Gegenstandsbereichen begründet, die die frühen Schriften auszeichnete. In der *Ordnung der Dinge* hatte Foucault zum einen die modernen Wissenschaften der Ökonomie, Biologie und Philologie in den Blick genommen, zum anderen die von ihm als «Gegenwissenschaften» bezeichneten modernen Disziplinen Psychoanalyse, Ethnologie und Linguistik. Darüber hinaus spielte in der *Ordnung der Dinge* die Literatur die suggestive Rolle einer Gegenwissenschaft, die sich insbesondere gegen den hegemonialen Status der Philosophie in den Geisteswissenschaften richtete. Für Foucaults frühe Schriften bedeutete die Hinwendung zur Literatur daher zugleich eine Abwendung von den Begründungsansprüchen der Philosophie. In der *Archäologie des Wissens* gibt Foucault die romantisierende Gegenüberstellung von Philosophie und Literatur auf, um sich Fragen der Geschichtsschreibung zuzuwenden, ohne sich vorbehaltlos in einen Historiker zu verwandeln. Was Foucault sucht, ist eine neue Form der Geschichtsschreibung, die sich dem Zugriff der Philosophie und der Geschichtswissenschaft gleichermaßen entzieht.

Den Ausgangspunkt von Foucaults Überlegungen in der *Archäologie des Wissens* bildet die «Infragestellung des *Dokuments*».[10] Foucault unterscheidet die Archäologie von traditionellen Formen der Geschichtsschreibung, indem er dem Dokument das Monument gegenüberstellt.

> Es gab eine Zeit, in der die Archäologie als Disziplin der stummen Monumente, der bewegungslosen Spuren, der kontextlosen Gegenstände und der von der Vergangenheit hinterlassenen Dinge nur durch die Wiederherstellung eines historischen Diskurses zur Geschichte tendierte und Sinn erhielt; man könnte, wenn man etwas mit den Worten spielt, sagen, dass die Geschichte heutzutage zur Archäologie tendiert – zur immanenten Beschreibung des Monuments.[11]

Foucaults Kritik richtet sich vor allem gegen eine Form der Geschichtsschreibung, die sich auf die reine Bewahrung des Vergangenen konzentriert. Als Kritik der Geschichtsschreibung gibt sich die Archäologie zu erkennen, indem sie die Macht der geschichtlichen Dokumente auf die der stummen Monumente zu übertragen sucht. Die Infragestellung des Dokuments durch das Monument führt jedoch zugleich zur Problematik des Gegenstands, das die Archäologie eigentlich in seiner Positivität zu beschreiben versucht. Der Begriff des Diskurses in der *Archäologie des Wissens* lässt Foucault allerdings zunächst auf ähnliche Schwierigkeiten wie bereits in den früheren Schriften treffen. Zum einen erscheint ihm der Ort des eigenen Sprechens als Zeichen für einen «weißen Raum»,[12] der sich jeder Bestimmung entzieht. Zum anderen übt er Kritik an traditionellen Begriffen der Geistesgeschichte wie Tradition, Einfluss, Entwicklung und Evolution, Mentalität und Geist, vor allem aber Buch und Werk, ohne dass zugleich klar würde, welche Begrifflichkeiten an ihre Stelle zu treten hätten. Die Frage nach dem Grund des Diskurses, die Foucault der Geistesgeschichte gegenüberstellt, ist wenig mehr als ein Statthalter für die ungelösten Probleme der Archäologie.

In seiner Kritik der Geistesgeschichte nimmt Foucault Momente auf, die bereits die frühen Überlegungen zur Archäologie bestimmt hatten. Seine Argumentation richtet sich gegen die Teleologie der Historie und die Sinngebungsmuster der Hermeneutik. Foucault kritisiert zum einen, «dass es nie möglich ist, in der Ordnung des Diskurses den Einbruch eines wirklichen Ereignisses zu bestimmen»,[13] und zum anderen das hermeneutische Postulat, «gemäß dem jeder manifeste Diskurs insgeheim auf einem bereits Gesagten beruhte».[14] Wie in der *Ordnung der Dinge* richtet sich Foucaults Argumentation gegen die Praxis der hermeneutischen Interpretation. Erst wenn man dazu bereit ist, die Prämisse einer sinnvoll geordneten Geschichte aufzugeben, so macht Foucault in einer zentralen Passage seines Buches deutlich, gerät man ins Fahrwasser der Archäologie, die nach einer Form der diskursiven Einheit sucht, die sich dem Zugriff der Geistesgeschichte entzieht.

> Hat man diese unmittelbaren Formen der Kontinuität einmal suspendiert, findet sich in der Tat ein ganzes Gebiet befreit. Ein immenses Gebiet, das man aber definieren kann: Es wird durch die Gesamtheit aller effektiven Aussagen (énoncés) (ob sie gesprochen oder geschrieben worden sind, spielt dabei keine Rolle) in ihrer Dispersion von Ereignissen und in der Eindringlichkeit, die jedem eignet, konstituiert. Bevor man in aller Gewissheit mit einer Wissenschaft oder mit Romanen, mit politischen Reden oder dem Werk eines Autors oder gar einem Buch zu tun hat, ist das Material, das man in seiner ursprünglichen Neutralität zu behandeln hat, eine Fülle von Ereignissen im Raum des Diskurses im Allgemeinen. So erscheint das Vorhaben einer *reinen Beschreibung der diskursiven Ereignisse* als Horizont für die Untersuchung der sich darin bildenden Einheiten.[15]

Mit dem Begriff des diskursiven Ereignisses führt Foucault den Kernpunkt seiner Theorie in die *Archäologie des Wissens* ein, der der Schrift zugleich das methodische Fundament geben soll: «[E]ine Fülle von Ereignissen im Raum des Diskurses im allgemeinen» nennt Foucault als gegenständliches Korrelat der Archäologie. Wenn Foucault von Ereignissen spricht, dann unterstreicht er zunächst den deskriptiven Charakter der Archäologie: Den Begriff der «Neutralität», in dem Blanchots Kategorie des «neutre» mitschwingt, stellt er der «Gewissheit» gegenüber, die die Wissenschaften seit René Descartes kennzeichnet. Der Diskurs erscheint in dieser Darstellung als eine räumliche Ordnung, die die «Gesamtheit aller effektiven Aussagen» umfasst, ohne in irgendeiner Weise in diese Gesamtheit interpretatorisch einzugreifen. Von Dispersion und Ereignishaftigkeit spricht Foucault, da der Raum des Diskurses sich vor allen Ordnungsleistungen des Subjekts nur durch Kontingenz auszeichnen kann. In der *Archäologie des Wissens* transformiert Foucault die Ontologie der Literatur als Grundlage der subversiven Funktion der Literatur in einen fiktionalen Raum, für den er den Begriff des Diskurses wählt und als dessen gegenständliches Korrelat er die sprachliche Aussage bestimmt.

Vor diesem Hintergrund besteht die grundlegende Intention Foucaults darin, die sprachliche Aussage unabhängig von allen ästhetischen Fragestellungen als Gegenstand seiner Analyse von anderen Formen der Gegenständlichkeit zu unterscheiden. Für Foucault ist die Aussage ein «Ereignis, das weder die Sprache noch der Sinn völlig erschöpfen können».[16] Damit grenzt er sich wiederum sowohl von hermeneutischen als auch von strukturalistischen Prämissen ab. An die Stelle der Analyse des Signifikanten oder des Sinn konstituierenden Subjekts tritt die archäologische Beschreibung eines Raums, der sich durch die Relationen auszeichnet, die die einzelnen Elemente zueinander einnehmen:

> Den Raum in seiner Reinheit erscheinen zu lassen, in dem sich die diskursiven Ereignisse entfalten, heißt nicht, zu versuchen, ihn in einer Isolierung wiederherzustellen, die nichts zu überwinden vermöchte; heißt nicht, ihn in sich selbst zu verschließen; es heißt, sich frei zu machen, um in ihm, und außerhalb seiner, Spiele von Beziehungen zu beschreiben.[17]

Was die Archäologie in den Blick zu nehmen versucht, sind Relationsbeziehungen, Spiele, die einzelne Elemente in einem historischen Segment miteinander verbinden. Dabei geht Foucault dem Postulat einer der Archäologie zugrundeliegenden Ordnungsform folgend davon aus, dass die Spiele, die die Elemente ordnen, bestimmten Regeln unterstehen, die sich rekonstruieren lassen. Die Beschreibung der Regeln, die den Raum des Diskurses durchkreuzen, wird daher zur Hauptaufgabe der Archäologie, die sich nicht mehr mit dem Hinweis auf die Literatur zufriedengeben möchte. In der *Archäologie des Wissens* geht es Foucault nicht mehr darum, im Einklang mit der Literatur des Surrealismus alle sprachlichen Ordnungen zu unterlaufen. Zur Wissenschaft wird die Archäologie, weil sie sich an der Beschreibung der Regeln versucht, die den Diskurs in seiner Praxis bestimmen.

Die Frage, ob die allgemeine Theorie des Diskurses, die Foucault in der *Archäologie des Wissens* entwirft, sich noch mit der Literatur produktiv auseinanderzusetzen vermag, lässt sich allerdings nicht leicht beantworten. Schon die grundsätzliche Frage nach dem Verhältnis des Diskurses zur Aussage bereitet Foucault Schwierigkeiten. Die Aussage, so versichert Foucault, sei weder ein Satz noch eine Proposition oder ein Sprechakt, sondern eine eigene Existenzfunktion des Zeichens. Damit sucht er sich sowohl von der Linguistik als auch von der analytischen Philosophie und der Sprechakttheorie zu lösen. Entscheidend scheint zu sein, dass Foucault den Diskurs als «Menge von sprachlichen Performanzen»[18] beschreibt, also eine rein quantitative Aussage zu treffen versucht: Alles, was sprachlich geäußert worden ist, gehört zum Diskurs, kann also analysiert werden, ohne dass damit bereits irgendeine methodische Vorabsicht getroffen wäre. Die Frage nach einer spezifisch ästhetischen oder poetologischen Dimension des Diskursbegriffes, die an die frühe Rede vom Gegendiskurs anschließen könnte, ist der *Archäologie des Wissens* fremd. Wiederum ist es der beschreibende Charakter, der Foucaults Vorgehen bestimmt: «Ich möchte eine deskriptive Möglichkeit erscheinen lassen, das Gebiet umreißen, für das sie geeignet ist, ihre Grenzen und ihre Autonomie definieren.»[19]

Damit wird auch deutlich, dass die Form der Analyse, die Foucault in der *Archäologie des Wissens* wie schon in den früheren Schriften im Auge hat, von den Prämissen der Hermeneutik und der Ideengeschichte deutlich zu unterscheiden ist. Nicht die Interpretation des Gesagten verfolgt die Diskursanalyse, sondern die Ergründung der Bedingungen, die die Existenz eines Diskurses ausmachen:

> Die Aussageanalyse ist also eine historische Analyse, die sich aber außerhalb jeder Interpretation hält; sie fragt die gesagten Dinge nicht nach dem, was sie verbergen, was in ihnen und trotz ihnen gesagt wurde, nach dem Nicht-Gesagten, das sie verbergen, dem Gewimmel von Gedanken, Bildern und Phantasien, die sie bewohnen. Sondern umgekehrt, auf welche Weise sie existieren.[20]

Für Foucaults Begriff der Archäologie gilt, dass sie Sprache im Unterschied zum Strukturalismus nicht als in sich geschlossenes Zeichensystem definieren möchte, sondern als eine bestimmte historische Erscheinung, die in ihrer Ereignishaftigkeit zu beschreiben ist. Foucault unternimmt einen Rückgang hinter die Funktion des Zeichens, um auf eine grundsätzlichere Art als der Strukturalismus nach der Existenz der Sprache zu fragen. In dem Maße, in dem er an der Öffnung eines Raumes für eine beschreibende Form der Analyse interessiert ist, hebt Foucault selbst hervor, dass er keine Theorie im eigentlichen Sinne des Wortes begründe: «Man sieht ebenfalls, dass ich hier keine Theorie im strengen und starken Sinne des Wortes entwickele.»[21] Zwar ist auch Foucault an Definitionen interessiert. Der definitorische Charakter seiner Analysen versucht jedoch stets, auf der Ebene der Beschreibung zu bleiben. Gegenstand der Analyse ist daher weder das sprachliche Zeichen noch die Bedeutungsfunktion der Sprache, sondern allein die diskursive Praxis, die ein historisches Apriori bildet, das alle Formen des Wissens betrifft:

> Sie ist eine Gesamtheit von anonymen, historischen, stets im Raum und in der Zeit determinierten Regeln, die in einer gegebenen Epoche und für eine gegebene soziale, ökonomische, geographische oder sprachliche Umgebung die Wirkungsbedingungen der Aussagefunktion definiert haben.[22]

Wenn Foucault in kritischer Weiterführung der Analysen Louis Althussers soziale, ökonomische, geographische und sprachliche Umgebungen als Gegenstandsbereich seiner Arbeiten nennt, dann stellt sich zugleich die Frage, wie es mit der Literatur bestellt ist. Im Unterschied zu den frühen Schriften taucht die Literatur nicht mehr explizit auf, und so fragt sich Foucault in der *Archäologie des Wissens* selbst: «Warum wurden systematisch ‹literarische›, ‹philosophische› oder ‹politische› Texte ausgeklammert?»[23] Eine nahe liegende Antwort ist zunächst darin begründet, dass literarische Texte sich nur schwer mit dem Prinzip des Wissens vereinbaren lassen, dem sich die Archäologie in der Tradition der Epistemologie zuwendet. Zwar betont Foucault, dass die Archäologie nicht Wissenschaft, sondern Wissen zum Gegenstand nehme. Gerade der besondere Status des Wissens für die Archäologie drängt die Literatur aber aus dem Blickfeld Foucaults. Der Verweis auf die Besonderheit der Literatur, die sich als fiktionale Ordnung insbesondere den Formen des Wissens verschließt, die von sich aus auf der Wahrheitsfähigkeit ihrer Aussagen bestehen, macht eine Archäologie der Literatur dennoch nicht unmöglich. Für Foucault gilt vielmehr: «Die archäologischen Gebiete können ebenso durch ‹literarische› oder ‹philosophische› Texte gehen wie durch wissenschaftliche Texte.»[24] Dass Foucault selbst sich von der Literatur gelöst hat, ist demnach noch kein Einwand gegen die prinzipielle Möglichkeit einer diskursanalytischen Betrachtung der Literatur.

Dennoch sind mit Foucaults Versuch, in der *Archäologie des Wissens* einen tragfähigen Begriff des Diskurses zu erarbeiten, einige Vorentscheidungen getroffen. Die Diskursanalyse, die nach Foucault durchaus auch als Möglichkeit einer Archäologie der Literatur zu verstehen wäre, ist eine beschreibende Wissenschaft, die weder die Zeichenfunktion des literarischen Textes noch die Bedeutungsfunktion der poetischen Sprache zum Ausgang nimmt. Sie betrachtet die Literatur vielmehr von außen als ein Feld, dessen Existenz sich Regeln verdankt, die der Literatur selbst nicht inhärent sind. Die Diskursanalyse bricht also mit der Idee der Autonomie der Literatur, um stattdessen die historischen und sozialen Kräftefelder sichtbar zu machen, in die sich der literarische Diskurs einschreibt. Die Frage, die sich der Archäologie stellt, ist nicht die, was Autor und/oder Text dem Leser mitteilen möchten oder können, sondern die, wie die Institution Literatur geschichtlich möglich wurde und welche diskursiven Formationen sich in ihrer Geschichte gebildet haben. Die Diskursanalyse trifft damit Aussagen zum Status der Literatur, die die Aspekte der Theorie und der Geschichte zu verbinden sucht. Zum einen geht es ihr darum, die Existenz von Literatur zu klären, ohne sie aus dem Wesen der Literatur selbst abzuleiten. Darüber hinaus erlaubt die Diskursanalyse einen historischen Zugriff zur Literatur im Zusammenhang mit anderen diskursiven Formationen. Und schließlich lässt sich mit der Diskursanalyse die Frage nach dem institutionellen Charakter der Literatur wie auch nach der Institution der Literaturwissenschaft selbst stellen. Die Diskursanalyse versucht demnach, Theorie und Geschichte der Literatur miteinander zu verbinden und zugleich eine Öffnung der Literaturwissenschaft für Fragen der Wissenschafts- und Fachgeschichtsschreibung zu betreiben. Dass Foucault selbst diese Möglichkeiten nicht ergriffen hat, spricht nicht prinzipiell gegen sie. Im Gegenteil: Gerade in der Weiterführung von Foucaults Begriff der Archäologie in Richtung einer historischen Diskursanalyse der Literatur liegt eine Chance, die noch zu ergreifen ist.

3. Wirkung

Dass die Literaturwissenschaft der letzten Jahrzehnte dem Werk Michel Foucaults trotz der Schwierigkeit einer systematischen Begründung des Diskursbegriffes wichtige Impulse verdankt, ist unumstritten. Weniger unumstritten ist allerdings die Frage, wie die Bedeutung Foucaults für die Literaturwissenschaft genau zu fassen ist. Einigkeit herrscht allein darüber, dass Foucault kein einheitliches Theorieangebot vorgelegt hat, das sich unter dem Namen der Diskursanalyse zusammenfassen und auf Literatur applizieren ließe. Wie deutlich geworden ist, muss gerade das Buch, von dem die theoretische und methodische Begründung des Diskurses erwartet wird, die *Archäologie des Wissens*, den Leser in dieser Hinsicht enttäuschen. «Nein. Die *Archéologie du savoir* ist kein methodologisches Buch. Ich habe keine Methode, die ich unterschiedslos auf verschiedene Bereiche anwendete.»[25] Der Erwartung einer kohärenten methodologischen Begründung seiner Arbeit erteilt Foucault eine klare Absage. Die Tatsache, dass sich Foucault insbesondere in seinen frühen Schriften seit *Wahnsinn und Gesellschaft* bis zur *Ordnung der Dinge* immer wieder zu der Funktion moderner Literatur als einer Form des «Gegendiskurses» geäußert hat, konnte von der Forschung jedoch zugleich auf unterschiedliche Weise zum Ansatzpunkt der Auseinandersetzung mit der Diskursanalyse genommen werden. Vor diesem Hintergrund lassen sich ganz unterschiedliche Anschlussmöglichkeiten an Foucault in den Literaturwissenschaften feststellen. Sie reichen von den Versuchen, unmittelbar an Foucaults Ontologie der Literatur anzuknüpfen, über die Interdiskursanalyse und die Historische Diskursanalyse der Literatur bis hin zu der Aneignung der Diskurstheorie durch die Medien- und Kulturwissenschaften.

Die Unvereinbarkeit von Foucaults programmatischen Äußerungen zur Literatur und dem theoretischen Anspruch der Diskursanalyse hat der Autor dieses Beitrags bereits in seiner Dissertationsschrift darzustellen versucht.[26] In ähnlicher Weise argumentiert Stefan Wunderlich in seiner Studie *Michel Foucault und die Frage der Literatur*,[27] die mit der Einsicht schließt, dass sich aus Foucaults verstreuten Aussagen zur Literatur keine einheitliche Theorie ableiten lasse. Der Versuch, aus Foucaults Äußerungen zur Literatur dennoch eine eigenständige Theorie zu entwickeln, ist von Arne Klawitter in seiner Dissertation *Die ‹fiebernde Bibliothek›* unternommen worden. In kritischer Auseinandersetzung mit Wunderlich und dem Autor dieses Beitrags setzt Klawitter bei der frühen Bestimmung der Literatur als Sein der Sprache in Foucaults Werk an, um aus dessen Ontologie der Literatur insbesondere am Beispiel Raymond Roussels heraus eine diskursanalytische Konzeption moderner Literatur zu entwickeln. Klawitter handelt sich damit letztlich jedoch all die Probleme ein, die Foucault dazu gedrängt haben, seinen frühen Ansatz zu korrigieren: auf der systematischen Ebene die Mystifizierung der selbstreferentiellen Funktion der Sprache in der

Literatur, auf der historischen Ebene die Beschränkung auf eine ganz bestimmte Form der Literatur im Zeichen des Surrealismus.

Einen ganz eigenen Ansatz innerhalb der Literaturwissenschaft bildet dagegen die von Jürgen Link und Ursula Link-Heer begründete Interdiskursanalyse, die Jürgen Link als eine besondere Spielart der Diskursanalyse gekennzeichnet hat. Ausgangspunkt der Überlegungen von Link und Link-Heer ist die Differenzierung des Wissens in der Moderne in unterschiedliche Spezialdiskurse. Unter dem Interdiskurs sind vor diesem Hintergrund «alle Strukturen zu verstehen, die in hoch spezialistischen, ausdifferenzierten Kulturen wie insbesondere den sog. modernen Kulturen Interferenzen zwischen den Spezialdiskursen bzw. Querschnittsformen über ihren Grenzen hinaus bilden».[28] Die Interdiskursanalyse nimmt demnach die Schnittmenge zum Gegenstand, die einzelne Spezialdiskurse aufweisen:

> Wir schlagen vor, jede historisch-spezifische ‹diskursive Formation› im Sinne Foucaults als ‹Spezialdiskurs› zu bezeichnen und dann alle interferierenden, koppelnden, integrierenden usw. Quer-Beziehungen zwischen mehreren Spezialdiskursen ‹interdiskursiv› zu nennen.[29]

Die Interdiskursanalyse kann damit auf wichtige Anregungen Foucaults zurückgreifen. Dennoch ist sie eine eigenständige Leistung, die über das von Foucault selbst zu Literatur und Diskurs Gesagte bewusst hinausgeht, indem sie die Funktion moderner Literatur zugleich als eine Subjektivierung des Wissens begreift, das die einzelnen Spezialdiskurse bereithalten. Literatur ist demnach eine bestimmte Form der Verknüpfung von Wissen aus anderen Diskursen, ihre besondere Funktion, die sie zugleich von anderen Spezialdiskursen signifikant unterscheidet, besteht in der Transformation des Wissens in «subjektiv applizierbare Vorgaben».[30] Literatur erscheint damit, ganz allgemein gesprochen, zugleich als eine Form der Macht, die Diskurse auf den Menschen ausüben. In der Nähe zur Kultursoziologie etabliert sich die Interdiskursanalyse als eine kritische Analyse literarischer Texte, die sich ihrem Gegenstand gegenüber bewusst äußerlich verhält und die Literatur von jener Unschuld befreit, die sie beim frühen Foucault als Ausdruck des reinen Seins der Sprache noch zu verkörpern schien.

Die Aufgabe einer kritischen Analyse der Funktion der Literatur und ihres diskursiven Umfeldes verbindet die Interdiskursanalyse und die Historische Diskursanalyse der Literatur. Allerdings unterscheiden sie sich zugleich in wesentlichen Punkten. Im Unterschied zur Interdiskursanalyse wie zu Foucault selbst ist die Historische Diskursanalyse an einer Vermittlung mit der Praxis der hermeneutischen Interpretation interessiert. So betont Klaus-Michael Bogdal das philologische Moment der Textnähe, das die Historische Diskursanalyse der Literatur auszeichne:

> Im Spektrum neuerer literaturwissenschaftlicher Ansätze hat sich die Historische Diskursanalyse in den letzten Jahren als eine Forschungsrichtung etabliert, die programmatisch die textnahe Untersuchung literarischer Werke mit historischer Darstellung zu verbinden sucht.[31]

Bogdal zieht aus den Prämissen, die das Werk Michel Foucaults vorgegeben hat, eine andere Konsequenz als die Interdiskursanalyse. Hatte Foucault selbst auf dem theoretischen und methodischen Zuschnitt der Diskursanalyse als einer Wissenschaft bestanden, die nicht einzelne Texte zum Gegenstand nimmt, sondern übergreifende diskursive Formationen, so versucht Bogdal, philologische Erkenntnis und Diskursanalyse miteinander zu verbinden. Die Historische Diskursanalyse orientiert sich demnach literaturtheoretisch vor allem an der Begrifflichkeit, die Foucault in der *Archäologie des Wissens* entwickelt hat, um auch literarische Phänomene als eine Form des diskursiven Ereignisses zu begreifen. Trotz ihres Grundinteresses an philologischen Fragestellungen, das mit Foucaults theoretischen und methodischen Vorgaben kollidiert, kann die Historische Diskursanalyse an Foucault anknüpfen, indem sie diskursive Regelmäßigkeiten, die sich historisch herausarbeiten lassen, auf Kontingenzerfahrungen bezieht, wie sie zum Beispiel in Foucaults Untersuchungen zum Wahnsinn, zur Strafe und zur Sexualität zur Sprache gekommen sind. Der Begriff des diskursiven Ereignisses als Ausdruck historischer Heterogenität und Kontingenz unterscheidet die Historische Diskursanalyse damit nicht nur von intertextuell-semiotischen Ansätzen, sondern auch von soziologischen Theorien wie etwa der bourdieuschen Feldtheorie oder der luhmannschen Systemtheorie.

Die Interdiskursanalyse und die Historische Diskursanalyse interessieren sich auf unterschiedlicher theoretischer Grundlage für die Historizität von Literatur. Auf eine ganz andere Weise operiert die Medientheorie, die sich ebenfalls auf die Arbeiten Foucaults berufen hat, um sich ein theoretisches Fundament zu geben. So schreibt der Medientheoretiker Friedrich A. Kittler über das Verhältnis von Medien- und Diskursanalyse:

> Sein Begriff vom Archiv – in Foucaults Forschungspraxis, wenn auch nicht in seiner Theorie deckungsgleich mit einer Bibliothek – bezeichnete jeweils ein historisches Apriori von Schriftsätzen. Weshalb diskursanalytische Arbeiten Nöte immer erst mit Zeiten hatten, deren Datenverarbeitung das alphabetische Speicher- und Übertragungsmonopol, diese Machtbasis Alteuropas, sprengte. Um 1850 endeten die historischen Untersuchungen Foucaults.[32]

In einigen wesentlichen Punkten kann die Medientheorie, wie sie Kittler entwickelt hat, an Foucault anknüpfen: Literatur erscheint im Rahmen der Diskursanalyse wie der Medienwissenschaft als ein Regelsystem, das nur von außen adäquat beschrieben werden kann. Selbstzuschreibungsverfahren der Literatur erscheinen dagegen als Mystifikationen, die einer kritischen Analyse unterzogen werden müssen. Eine weitere Übereinstimmung zwischen Foucault und Kittler betrifft das Interesse an den Epocheneinschnitten, die das Feld des Wissens teilen. In anderen Punkten geht die kittlersche Medientheorie jedoch dezidiert über Foucault hinaus. Die Diskursanalyse, so der Einwand Kittlers, begreift das historische Archiv, das sie erstellt, noch immer in traditioneller Weise als Ausdruck von Schrift. Die entscheidende Transformation, die die Diskursanalyse von Seiten der Medientheorie erfährt, besteht darin, an die Stelle der Schrift mediale Prozesse der Datenspeicherung zu setzen. Kittlers methodische Folgerung aus der foucaultschen Diskursanalyse lautet daher: «Archäologien der Gegenwart müssen auch Datenspeicherung, -übertragung und -berechnung in technischen Medien zu Kenntnis nehmen.»[33] Die Medientheorie steht zur Diskursanalyse also in einem zwiespältigen Grundverhältnis. Einerseits knüpft sie explizit an Foucault an, andererseits aber geht sie bewusst über ihn hinaus, um den historischen Gegenstand Foucaults, den Diskurs, durch das Medium zu ersetzen. Sie stellt damit eine Erweiterung der foucaultschen Grundbegriffe dar, die nicht mehr vorbehaltlos mit der Diskursanalyse zu vereinbaren ist. Das verbindet die Medientheorie zugleich mit neueren kulturwissenschaftlichen Ansätzen.

In ähnlicher Weise wie für die Medientheorie ist das Interesse der Kulturwissenschaften an Foucault vor allem von strategischer Bedeutung. Kulturwissenschaftlichen Ansätzen in der Literaturwissenschaft geht es meist um einen theoretisch entschlackten Foucault. Die Rezeption Foucaults von Seiten der Kulturwissenschaften lässt sich exemplarisch am Beispiel des *New Historicism* veranschaulichen. Im Vorwort zu dem Sammelband *New Historicism* schreibt Moritz Baßler: «Der wichtigste methodische Einfluss ist wohl die foucaultsche Diskursanalyse.»[34] Das Problem, das sich den Kulturwissenschaften stellt, ist jedoch nicht mehr das von Literatur und Diskurs, sondern das von Text und Kontext. Eine Poetik der Kultur kann sich der *New Historicism* nennen, da er eine Erweiterung des Kontextbegriffes vornimmt, der zufolge auch solche Texte in den Blick rücken, die nicht mehr selbst literarisch sein müssen. Was damit jedoch verloren geht, ist der subversive Gehalt, den Foucaults Theorie bereitzuhalten schien, als sie Literatur als Gegendiskurs begriff. Gegenstand der Diskursanalyse ist nicht das kulturelle Feld und die soziale Energie von Texten, sondern, in Übereinstimmung mit bestimmten theoretischen Prämissen der Dekonstruktion, eine transzendentale Leere, die mit dem Begriff der Kultur in keine Form der Übereinstimmung zu bringen ist: «[M]an kommt auf den Text selbst zurück, auf den Text in seiner Nacktheit und zugleich auf das, was im Text als Leerstelle, als Abwesenheit, als Lücke gekennzeichnet ist»,[35] hält Foucault fest, ohne sich doch als Literaturhistoriker zu verstehen: «Ich bin überhaupt kein Literaturkritiker, ich bin kein Literaturhistoriker»,[36] schreibt er rückblickend über seine Auseinandersetzung mit Raymond Roussel, um sich von dem Vorwurf literarischer Schöngeisterei ein für allemal zu befreien. Nicht in der Vorbereitung der Kulturwissenschaften, gerade in den Widerständen gegen die kulturellen Ordnungen, die die Literatur traditionell zu begleiten schienen, erweist sich die Aktualität Foucaults in den Literaturwissenschaften bis heute.

Literatur

1. Werkausgaben

Foucault, Michel: Histoire de la folie à l'âge classique. Folie et déraison, Paris 1961 (Dt.: Wahnsinn und Gesellschaft. Eine Geschichte des Wahns im Zeitalter der Vernunft, übers. von Ulrich Köppen, im Einverständnis mit dem Autor geringfügig gekürzt, Frankfurt/M. 1969).

– Les Mots et les Choses. Une archéologie des sciences humaines, Paris 1966 (Dt.: Die Ordnung der Dinge. Eine Archäologie der Humanwissenschaften, übers. von Ulrich Köppen, Frankfurt/M. 1973 [1971]).

- L'Archéologie du savoir, Paris 1969 (Dt.: Archäologie des Wissens, übers. von Ulrich Köppen, Frankfurt/M. 1976).
- Surveiller et punir. La naissance de la prison, Paris 1975 (Dt.: Überwachen und Strafen. Die Geburt des Gefängnisses, übers. von Walter Seitter, Frankfurt/M. 1976).
- Histoire de la sexualité, 3 Bde., Bd. 1: La volonté de savoir, Paris 1976 (Dt.: Sexualität und Wahrheit, 3 Bde., Bd. 1: Der Wille zum Wissen, übers. von Ulrich Raulff u. Walter Seitter, Frankfurt/M. 1977).
- Schriften zur Literatur, übers. von Michael Bischoff, Hans-Dieter Gondek u. Hermann Kocyba, hg. von Daniel Defert u. François Ewald unter Mitarbeit von Jacques Lagrange, Frankfurt/M. 2003.
- Dits et Ecrits, 4 Bde., Paris 1994 (Dt.: Schriften in vier Bänden, übers. von Michael Bischoff u. a., hg. von Daniel Defert u. François Ewald unter Mitarbeit von Jacques Lagrange, Frankfurt/M. 2001–2005).

2. Biographien

Eribon, Didier: Michel Foucault. Eine Biographie, übers. von Hans-Horst Henschen, Frankfurt/M. 1991.

3. Sonstige Sekundärliteratur

Bogdal, Klaus-Michael: Historische Diskursanalyse der Literatur. Theorie, Arbeitsfelder, Analysen, Vermittlung, Opladen/Wiesbaden 1999.
Frank, Manfred: Zum Diskursbegriff bei Foucault, in: Fohrmann, Jürgen/Müller, Harro (Hg.): Diskurstheorien und Literaturwissenschaft, Frankfurt/M. 1988, S. 25–44.
Geisenhanslüke, Achim: Foucault und die Literatur. Eine diskurskritische Untersuchung, Opladen 1997.
- Gegendiskurse. Literatur und Diskursanalyse bei Michel Foucault, Heidelberg 2008.
Kammler, Clemens: Historische Diskursanalyse. Michel Foucault, in: Bogdal, Klaus-Michael (Hg.): Neue Literaturtheorien, Opladen 1990, S. 32–56.
Kittler, Friedrich A.: Aufschreibesysteme 1800, 1900, München 1987.
- /Turk, Horst (Hg.): Urszenen. Literaturwissenschaft als Diskursanalyse und Diskurskritik, Frankfurt/M.1977.
Klawitter, Arne: Die ‹fiebernde Bibliothek›. Foucaults Sprachontologie und seine diskursanalytische Konzeption moderner Literatur, Heidelberg 2003.
Link, Jürgen/Link-Heer, Ursula: Diskurs/Interdiskurs und Literaturanalyse, in: Zeitschrift für Literaturwissenschaft und Linguistik 77 (1990), S. 88–99.
Wunderlich, Stefan: Michel Foucault und die Frage nach der Literatur, Frankfurt/M. 2000.

Anmerkungen

1 Foucault, Schriften in 4 Bdn., Bd. 1: 1954–1969, S. 77.
2 Foucault, Schriften zur Literatur, S. 89.
3 Ebd., S. 211.
4 Ebd., S. 210.

5 Foucault, Ordnung, S. 76.
6 Ebd., S. 365.
7 Kittler, Friedrich A./Turk, Horst: Einleitung, in: Dies., Urszenen, S. 9–43, hier S. 40.
8 Foucault, Michel: Funktionen der Literatur, in: Erdmann, Eva/Forst, Rainer/Honneth, Axel (Hg.): Ethos der Moderne. Foucaults Kritik der Aufklärung, Frankfurt/M. 1990, S. 229–234, hier S. 229.
9 Kammler, Diskursanalyse, S. 233.
10 Foucault, Archäologie, S. 14.
11 Ebd., S. 15.
12 Ebd., S. 30.
13 Ebd., S. 38.
14 Ebd., S. 39.
15 Ebd., S. 41.
16 Ebd., S. 44.
17 Ebd., S. 45.
18 Ebd., S. 156.
19 Ebd., S. 157.
20 Ebd., S. 159.
21 Ebd., S. 166.
22 Ebd., S. 171.
23 Ebd., S. 253.
24 Ebd., S. 261.
25 Foucault, Schriften in 4 Bdn., Bd. 3: 1976–1979, S. 521.
26 Geisenhanslüke, Foucault.
27 Wunderlich, Foucault.
28 Link, Jürgen: Zum Anteil der Diskursanalyse an der Öffnung der Werke: Das Beispiel der Kollektivsymbolik, in: Haß, Ulrike/König, Christoph (Hg.): Literaturwissenschaft und Linguistik von 1960 bis heute, Göttingen 2003, S. 189–198, hier S. 197.
29 Link/Link-Heer, Diskurs, S. 92.
30 Link-Heer, Ursula: Foucault und die Literatur, in: Jurt, Josef (Hg.): Zeitgenössische französische Denker: eine Bilanz, Freiburg 1998, S. 119–142, hier S. 133.
31 Bogdal, Historische Diskursanalyse, S. 7.
32 Kittler, Aufschreibesysteme, S. 429.
33 Ebd.
34 Baßler, Moritz (Hg.): New Historicism. Literaturgeschichte als Poetik der Kultur, Frankfurt/M. 1995, S. 14.
35 Foucault, Schriften zur Literatur, S. 256.
36 Foucault, Schriften in 4 Bdn., Bd. 4: 1980–1988, S. 744.

Oliver Jahraus

Niklas Luhmann
(1927–1998)

I. Leben

Niklas Luhmann wurde am 8. Dezember 1927 in Lüneburg geboren. Sein Vater war ein Brauereibesitzer, seine Mutter war die Tochter eines Hoteliers und stammte aus der Schweiz. Als Jugendlicher war er mit dem Unrechtssystem der nationalsozialistischen Herrschaft konfrontiert, was in ihm wohl das Interesse an Rechtsfragen, aber vor allem auch an Fragen der juristisch fundierten Organisation und Verwaltung geweckt haben dürfte. 1944 war er noch Luftwaffenhelfer. Nach dem Krieg und amerikanischer Kriegsgefangenschaft konnte Niklas Luhmann beginnen, Jura zu studieren. Dieses Studium hat er mit dem 1. und 2. Staatsexamen beendet, bevor er 1954 Beamter in der öffentlichen Verwaltung, konkret: Verwaltungsjurist beim Oberverwaltungsgericht in Lüneburg und im Kultusministerium des Landes Niedersachsen wurde. Im Jahre 1960 bot sich ihm die Gelegenheit, mit einem Stipendium nach Harvard zu gehen, um sich als Verwaltungsjurist weiter zu qualifizieren und zu profilieren. Es war sicher kein Zufall, dass er dort auf Talcott Parsons und seine Form einer systematisch ausgerichteten Gesellschaftstheorie stieß. Das gab ihm die Möglichkeit, vorhandenes organisationstheoretisches Interesse durch stärker soziologisch und insbesondere gesellschaftstheoretisch orientierte Fragen, mit denen er sich schon seit seinem Studium auseinandersetzte, zu ergänzen und auszubauen. Ab 1962 war er auch als Referent an der Hochschule für Verwaltungswissenschaft tätig, bevor er 1965 Abteilungsleiter an der Sozialforschungsstelle in Dortmund wurde.

In seiner Biographie gibt es ein entscheidendes Datum, nämlich das Jahr 1968. In diesem Jahr wurde er zum Professor für Soziologie an die Reformuniversität Bielefeld berufen. Dass hier ein Lehrstuhl für Soziologie für Niklas Luhmann eingerichtet wurde, war auch fachlich nicht selbstverständlich und nicht unbedingt zu erwarten, sondern hing mit bestimmten Faktoren seiner bisherigen Laufbahn zusammen. In Dortmund war Niklas Luhmann mit Helmut Schelsky zusammengetroffen, der von ihm sehr beeindruckt war. Es war Schelsky, der Luhmann in diesem Jahr promovierte und anschließend habilitierte, um so die akademischen Voraussetzungen für dessen wissenschaftliche Karriere zu schaffen.

Die Wahl der Soziologie als disziplinäres Betätigungsfeld zeigt zugleich, dass es Luhmann neben den organisationssoziologischen Interessen immer stärker auch um gesellschaftstheoretische Fragen ging. Es lassen sich zahlreiche Übergänge zwischen diesen beiden Bereichen ausmachen, insbesondere dort, wo organisationelle Funktionen zugleich in einen sozialen Rahmen eingebettet werden. Dennoch handelt es sich hier um zwei distinkte Interessenfelder, die Luhmann selbst grundsätzlich getrennt hat. Die entsprechenden Arbeiten wurden in unterschiedlichen Verlagen publiziert, und Luhmann hat zwischen den eher spezifischen Fragen der Organisationssoziologie und den grundsätzlichen Fragen einer systemtheoretisch aufgebauten Gesellschaftstheorie strikt unterschieden. So kann man erkennen, wie seine Entwicklung einer Systemtheorie zwar aus den Interessen, die ihn zum Verwaltungsjuristen gemacht haben, erwächst, aber auch, wie sich diese Entwicklung von diesen Anfangsgründen absetzt. Die Entwicklung der Systemtheorie musste gerade diese frühen, eher technischen Arbeiten und Interessen hinter sich lassen, um zu einer Systemtheorie der Gesellschaft und mithin zu einer allgemeinen Theorie schlechthin zu werden.

Dabei kam es ihm nicht auf eine strenge Definition der Disziplin Soziologie an. Diese Wahl begründete Luhmann nicht zuletzt damit, dass die Soziologie ihm das freieste, am wenigsten von disziplinären Zwängen strukturierte Arbeitsfeld bot. Vor diesem Hintergrund konnte er sein Forschungsprogramm auch mit jenen inzwischen sehr berühmten Worten umreißen: «Theorie der Gesellschaft. Laufzeit: 30 Jahre. Kosten: keine.» Fast genau 30 Jahre nach diesem Ausspruch und nach der Berufung nach Bielefeld erschien Luhmanns Opus magnum *Die Gesellschaft der Gesellschaft* (1997), das als Schlusspunkt seiner systemtheoretischen Gesellschaftstheorie gelesen werden kann. Die Laufzeit wurde eingehalten und ebenso die Kostenprognose. Bemerkenswert ist, dass dieses theoretische Œuvre, das so sehr den Menschen als Individuum aus den gesellschaftstheoretischen Überlegungen exilierte, eine eigentümliche existenzielle Note bekommt, wenn man bedenkt, dass Luhmann fast genau nach Ablauf dieser Zeit nicht nur den letzten Baustein seines theoretischen Gebäudes geliefert hat, sondern nach dessen

Fertigstellung auch verstorben ist. Bis dahin hatte er nicht nur einen *Grundriß einer allgemeinen Theorie* – so der Untertitel des 1984 erschienenen wegweisenden Buches *Soziale Systeme* – vorgelegt, sondern insbesondere auch die anderen großen Bausteine in jeweils eigenen Monographien abgehandelt: *Die Wirtschaft der Gesellschaft* (1988), *Die Wissenschaft der Gesellschaft* (1990), *Das Recht der Gesellschaft* (1993), *Die Kunst der Gesellschaft* (1995). Postum erschienen noch *Die Religion der Gesellschaft* (2000), *Die Politik der Gesellschaft* (2000) und *Das Erziehungssystem der Gesellschaft* (2002).

2. Werk

Vielleicht war Niklas Luhmann kein Soziologe im engeren Sinn, obschon man ihn heute zu den Klassikern der Soziologie rechnen kann, aber ein Literaturtheoretiker war er jedenfalls nicht. Ob man ihn als Systemtheoretiker bezeichnen will, wie man Karl Marx einen Marxisten nennt, mag ebenfalls dahingestellt bleiben. Gleichwohl hat er ein Theoriegebäude entwickelt, das gerade in den 1990er Jahren die Literaturtheorie stark irritiert und auch maßgeblich beeinflusst hat. In dieser Zeit wurde die Systemtheorie in der Literaturwissenschaft als attraktives Angebot aufgenommen, um literaturtheoretische Fragen auch in historischer Hinsicht neu zu formulieren und auch eine systemtheoretische Antwort auf die Frage: «Was ist Literatur?» zu geben. Doch bevor man sich die literaturtheoretische Entwicklung der Systemtheorie vor Augen führt, muss zunächst die eher ungünstige Ausgangslage berücksichtigt werden. Denn es gibt mindestens zwei Probleme, die es schwierig machen, Luhmann als einen Klassiker der Literaturtheorie vorzustellen.

(1) Die Frage, was Literatur sei, hat er niemals explizit oder gar mit (literatur-)theoretischem Anspruch beantwortet. Weder unter den großen Monographien zur Gesellschaftstheorie und den gesellschaftlichen Funktionssystemen noch sonst in diesem umfangreichen Werk findet sich – abgesehen von dem 1996 entstandenen, zu Lebzeiten unveröffentlichten 16 Buchseiten starken Manuskript *Literatur als Kommunikation* – eine explizite Auseinandersetzung mit Literatur als Literatur oder gar mit literaturtheoretischen Fragestellungen. Im Kunstbuch wird gelegentlich auf die Lyrik als sprachliche Form eines künstlerischen Werkes verwiesen, und in

dem Buch *Liebe als Passion* rekurriert Luhmann durchgängig auf literarische Texte, aber nicht als Literatur, sondern eher als Dokumente einer bestimmten kulturhistorisch fixierbaren und soziologisch relevanten Semantik von Liebe.

Darüber hinaus hat Luhmann immer wieder über Kunst im Allgemeinen gesprochen und damit immerhin einen Impuls gegeben, das, was er über Kunst generell sagt, spezifisch auf Literatur zu übertragen. Und er hat durchaus immer wieder Themen im Zusammenhang mit Literatur angesprochen. Mittlerweile liegen diese Aufsätze gesammelt in einer Publikation vor (*Schriften zu Kunst und Literatur*). Sie ergeben insgesamt kein literaturwissenschaftliches Profil, sondern beleuchten spezifische Aspekte der Systemtheorie im Zusammenhang mit Kunst und Literatur.

(2) Moderne Literaturtheorien wie z. B. der Strukturalismus, der Poststrukturalismus oder die Dekonstruktion haben auf eine Qualität der Literatur abgehoben, die nicht allein ihre sprachliche Form, sondern vor allem ihre Zeichenstruktur und Zeichenhaftigkeit meint. Aber genau ein solcher Zeichenbegriff fehlt der Systemtheorie. Zwar hat Niklas Luhmann einen Vorschlag gemacht, wie man die Zeichendefinition von Ferdinand de Saussure, der das Zeichen als Einheit von Bezeichnendem und Bezeichnetem (Signifikant und Signifikat) definiert, systemtheoretisch reformulieren kann, indem man insbesondere auf die Differenz zwischen beiden abhebt, doch lässt sich daraus kein Zeichenbegriff ableiten, der als Grundbegriff der Systemtheorie fungieren könnte. Weder ein Begriff von Sprache noch ein Begriff von Zeichen gehören zu den grundlegenden theoretischen Bausteinen der Systemtheorie.

Die Frage lautet also: Was macht Niklas Luhmann dennoch zum Klassiker der Literaturtheorie? Und die Antwort darauf lautet grundsätzlich: seine Systemtheorie. Das aber bedeutet, dass man die luhmannsche Systemtheorie nicht aus sich selbst heraus als Literaturtheorie verstehen kann, sondern aus dem, was die Literaturwissenschaft daraus gemacht hat. Niklas Luhmann ist also ein Klassiker der Literaturtheorie weit weniger aus eigenem Antrieb als vielmehr aus den Rezeptionen der Systemtheorie in der Literaturwissenschaft. Das bedeutet aber wiederum, dass man, wenn man von der Systemtheorie als Literaturtheorie spricht, wie es die Rede von Luhmann als deren Klassiker nahelegt, immer dieses Zusammenspiel zwischen systemtheoretischer Vorgabe und literaturwissenschaftlicher Adaptation meint. Daher soll im Folgenden kein Abriss der luhmannschen Systemtheorie gegeben werden, vielmehr stehen jene Theorieelemente im Mittelpunkt, die dafür bestimmend sind.

2.1 Theorie sozialer Systeme. Das Buch *Soziale Systeme* lässt sich durchaus als zentrales methodisches Werk für die Systemtheorie lesen. Dieses Buch beantwortet die Frage, inwiefern eine Theorie sozialer Systeme zugleich als Gesellschaftstheorie neuen Zuschnitts betrachtet werden kann. Dabei ist es von Bedeutung, die beiden Komponenten, die Theorie sozialer Systeme und die Gesellschaftstheorie, die zusammen die methodische Blickrichtung vorgeben, gleichgewichtig zu berücksichtigen.

Eine Theorie sozialer Systeme setzt eine Systemtheorie voraus. Die Systemtheorie ist daher immer schon auf den Gegenstand Gesellschaft bezogen, sie bezeichnet sich aber dennoch als eine allgemeine Theorie. Dass dies für Luhmann kein Widerspruch ist, liegt an seinem Begriff von Gesellschaft. Gesellschaft gilt ihm als nicht mehr zu übersteigender, theoretisch oder praktisch nicht mehr erreichbarer Gesamtrahmen aller sozialen Prozesse. Sein radikal innovativer Ansatz in der Gesellschaftstheorie ist hochgradig kontraintuitiv, aber theoretisch äußerst fruchtbar, denn er verabschiedet in erster Linie die Vorstellung, «daß eine Gesellschaft aus konkreten Menschen und aus Beziehungen zwischen Menschen bestehe».[1] Vielmehr wird Gesellschaft als System verstanden, das nicht aus Strukturen besteht, die ihrerseits wiederum auf Individuen zurückgerechnet werden müssen, sondern aus sozialen Prozessen. Gesellschaft wird als soziales System aufgefasst und ein soziales System als jener Prozess, der es aufrechterhält und auf Dauer stellt. Diesen Prozess setzt Luhmann mit Kommunikation gleich. Kommunikation besteht für ihn aus drei Selektionen: Zuerst wird ausgewählt, was kommuniziert werden soll (Information), sodann, wie kommuniziert werden soll (Mitteilung), und schließlich muss zwischen Information und Mitteilung selbst noch einmal differenziert werden; diesen Akt bezeichnet Luhmann als Verstehen[2] – ganz gegen die hermeneutische Tradition vom emphatischen Sinn-Verstehen. Damit wird gerade an der gesellschaftskonstitutiven Kommunikation deutlich, was für Gesellschaft insgesamt gilt: Auch Kommunikation ist für Luhmann nicht Kommunikation unter Menschen, im Gegenteil. In dieser operativen Perspektive kommt Luhmann zu seiner berühmten und provokanten These: «Aber Menschen können nicht kommunizieren, nicht einmal ihre Gehirne können kommunizieren, nicht einmal das Bewußtsein kann kommunizieren. Nur die Kommunikation kann kommunizieren.»[3] Damit fällt auch die Idee eines autonomen, selbstbewussten Subjekts als Urheber von Kommunikation und Garant ihrer Bedeutung weg und wird durch «den Begriff des selbstreferentiellen Systems» ersetzt.[4]

Kommunikation ist also die Operationsweise von Gesellschaft und jedem sozialen System, so dass daraus eine wechselseitige Identifikation von Gesellschaft und Kommunikation, von sozialem System und Kommunikationssystem resultiert:

> Gesellschaft betreibt Kommunikation, und was immer Kommunikation betreibt, ist Gesellschaft. Die Gesellschaft konstituiert die elementaren Einheiten (Kommunikationen), aus denen sie besteht, und was immer so konstituiert wird, wird Gesellschaft, wird Moment des Konstitutionsprozesses selbst.[5]

Wenn aber Gesellschaft als System beobachtet wird, und zwar als soziales System, so resultiert daraus eine Totalisierung des Begriffs des sozialen Systems: Die Gesellschaft ist das «umfassendste Sozialsystem, das alles Soziale in sich einschließt und infolgedessen keine soziale Umwelt kennt».[6] Insofern ist Gesellschaft auch das umfassendste Kommunikationssystem. Es gibt keine Kommunikation außerhalb der Gesellschaft, es gibt keine kommunikative Umwelt zur Gesellschaft.

2.2 Funktionale Ausdifferenzierung. Dies erlaubt eine gesellschaftsgeschichtliche Perspektive. Denn Luhmann untersucht, inwiefern sich an den Kommunikationen und den in ihnen gebrauchten Bedeutungen, also an den verwendeten Semantiken, Änderungen der Gesellschaftsstruktur ablesen lassen. Eine wichtige vierbändige Aufsatzsammlung von ihm heißt daher auch programmatisch *Gesellschaftsstruktur und Semantik*. Von epochaler Bedeutung ist die «Umstellung» der Gesellschaftstypik, also des «Gesamtsystems der Gesellschaft auf einen Primat funktionaler Differenzierung»[7] im 18. Jahrhundert. Bis dahin gab es aus der Sicht Luhmanns in Europa stratifikatorisch, also in hierarchisch geordneten Schichten ausdifferenzierte Gesellschaften, die eine klare Vertikalstruktur hatten, die sich über alle Lebensbereiche erstreckte. Oben war die göttliche und politische Macht, das Schöne und das Gute. Im 18. Jahrhundert änderte sich diese Struktur, weil sich das systemische Zusammenspiel unterschiedlicher sozialer Systeme änderte. Die Gesellschaft war nicht mehr vertikal, sondern horizontal strukturiert. Luhmann spricht von einer funktionalen Ausdifferenzierung. Demnach bilden sich im Gesamtsystem der Gesellschaft Funktionssysteme aus, die sich selbst als System über eine spezifische gesellschaftliche Funktion definieren und auf je systemspezifische Weise, also autonom operieren, wie Recht, Wirtschaft, Wissenschaft, Religion, Politik, Erziehung, Kunst: also genau jene Systeme, denen Luhmann große Monographien widmen wird. Und auch hier hat Luhmann diese Überlegungen erstn als im Zusammenhang mit jenem Funktionssystem angestellt, das am schwierigsten zu definieren ist: Kunst.[8] Am Beispiel der Kunst experimentierte er mit «theoretischen Innovationen».[9]

Die Besonderheit dieser systemischen Konzeption besteht darin, dass kein System durch einen festen Bereich definiert wird, sondern durch seine Operationsweise. Ein Ereignis kann daher im Rechtssystem, im Wirtschaftssystem und im Kunstsystem eine Rolle spielen, z. B. wenn es darum geht, ein teures Kunstwerk zu verkaufen. Jedes System bildet hierzu einen binären Code aus, mit dessen Hilfe es ihm möglich ist zu entscheiden, was zum System gehört. Während das Rechtssystem sich leicht tut zu entscheiden, was Recht ist, ebenso das Wirtschaftssystem, was wirtschaftlich ist, ist dies beim Wissenschaftssystem nicht mehr so leicht. Geradezu symptomatisch scheinen die Probleme zu sein, die das Kunstsystem hat. Luhmann selbst hat den Code ‹schön› versus ‹hässlich› vorgeschlagen, was zahlreiche Gegenstimmen hervorgerufen hat. Andere haben den Code ‹mit› versus ‹ohne Geschmack› (Georg Jäger) oder den Code ‹interessant› versus ‹langweilig› (Gerhard Plumpe und Niels Werber) vorgeschlagen. Wenn Siegfried J. Schmidt für die Literatur im speziellen den tautologischen Code ‹literarisch› versus ‹nicht-literarisch› vorschlägt, so zeigt dies, dass Kunst und mehr noch Literatur gerade dieses Systemmerkmal des Codes grundsätzlich in Frage stellen und somit die weitergehende Frage aufwerfen, inwieweit Literatur überhaupt als System beobachtet werden kann.

2.3 System/Umwelt-Differenz. Vor allem beim späteren Luhmann finden sich Ansätze, die Systemtheorie nicht mehr ausschließlich als Gesellschaftstheorie zu konzipieren. Demnach wäre die Systemtheorie eine allgemeine Theorie mit einem starken methodischen Apparat, der es erlaubt, beliebige Gegenstände zu erfassen und sie unter den systemischen und systemtheoretischen Vorgaben zu spezifizieren. Auch wenn sich diese Systemtheorie als eine Theorie der Gesellschaft ausgibt, so gehört es zum Grundcharakteristikum der Systemtheorie, dass sie so allgemein und abstrakt ist, dass ihre Denkfiguren und ihre konzeptionellen Konstruktionen vielfach anwendbar sind, auch auf Literatur, zumal in ihrer historischen Perspektive.

Der zentrale Begriff ist der des Systems, der in der Systemtheorie eben nicht mehr immanent – ein System ist, was es enthält –, sondern durch eine rückbezügliche Differenz definiert wird: Ein System ist die Differenz zwischen System und Umwelt. Im Definiens (Differenz zwischen System und Umwelt) kommt das Definiendum (System) noch einmal vor, was eine gewisse Paradoxie erzeugt. Ergaben Paradoxien aus logischen Gründen bis zur Systemtheorie immer theoretische Aporien, so macht die Systemtheorie diese paradoxale Struktur gerade zu ihrem Prinzip. Gleichzeitig ist damit ein Definitionstyp vorgegeben, der nicht mehr nach der Ontologie, der Realität oder gar dem Wesen des Definierten fragt, sondern der alles formal und differenziell bestimmt sieht. Der frühe Luhmann hat dies eine funktionale Sichtweise genannt; alles wird über seine Funktion definiert. Luhmann nennt dies auch die Umstellung der ‹Was-Fragen› auf ‹Wie-Fragen›.[10] Der Vorwurf an Luhmann, seine Aussagen zu Literatur und Kunst seien wenig substanziell, greift daher nicht. Es geht ihm ja nicht um eine Antwort dieser Art. Aber gerade das ist es, was ihn auch literaturtheoretisch interessant macht, weil damit Literaturdefinitionen jenseits von Wesensdefinitionen angeregt werden, wie er selbst beispielhaft vorführt, wenn er Literatur als jenen Bereich von Kommunikation bestimmt, der in Form von Texten «den Bereich der Rekursionen des Kommunikationssystems» erweitert.[11]

2.4 Beobachter. Methodischer Ausdruck dieses antiontologischen Funktionalismus wird das Beobachtertheorem, dessen Grundsatz besagt, dass alles, was gesagt wird, von einem Beobachter gesagt wird. Mit der Ausarbeitung des Beobachtertheorems bekommt die

Systemtheorie eine konstruktivistische Wende: Ob etwas existiert, entscheidet sich nicht mehr dadurch, dass man versucht, den ontologischen Status zu klären. Alles, was existiert, existiert, indem es beobachtet wird. Alles, was *ist*, *ist* durch Beobachtung und Bezeichnung:

> Wann immer man denkt oder sagt: es ‹gibt› eine Sache, es ‹gibt› eine Welt, und damit mehr meint als nur, es gibt etwas, das ist, wie es ist, dann ist ein Beobachter involviert. Für einen Beobachter des Beobachters, für uns also, ist die Frage dann nicht mehr: *was* gibt es? – sondern: *wie* konstruiert ein Beobachter, was er konstruiert, um weitere Beobachtungen anschließen zu können.[12]

Die Realität gilt somit immer als Realität des Beobachters. Mit dem Beobachter wird es möglich, die Paradoxie, die in der Systemdefinition enthalten ist, produktiv zu machen. Ein Beobachter kann alles beobachten, nur eben seine Beobachtung nicht; sie ist sein blinder Fleck. Die Beobachtung ist eine Operation, die unterscheidet und die eine Seite der Unterscheidung bezeichnet.

> Damit ist zugleich alles, was überhaupt beobachtet oder nicht beobachtet wird, auf eine Paradoxie gegründet und zugleich angegeben, welche Unterscheidung aus dieser Paradoxie herausführt, nämlich die Unterscheidung von Operation und Beobachtung.[13]

Als Operation kann die Beobachtung nur durch eine weitere Beobachtung erfasst werden, durch eine Beobachtung von Beobachtung, durch eine Beobachtung zweiter Ordnung. Das erlaubt es, unabhängig von der idealistischen Idee eines Erkenntnissubjekts Systeme – soziale wie psychische – als Beobachter zu beobachten, was wiederum bedeutet, dass jede theoretische Anstrengung, wie z. B. die Dekonstruktion, wie Luhmann selbst ausführt,[14] aber in erster Linie natürlich die Systemtheorie selbst eine Beobachtung zweiter oder höherer Ordnung ist.

2.5 Supertheorie. Alle vier Prinzipien – Universalität, Autoreflexivität, Funktionalismus, Beobachtertheorem – zusammengenommen, ergeben den Charakter der Systemtheorie als Supertheorie. Supertheorie heißt in dem Fall, dass die Systemtheorie für beliebige Gegenstände Theorie sein, also eine theoretische Rekonzeptualisierung liefern kann und dass sie selbst auch in ihrem eigenen Gegenstandsbereich vorkommen kann, so wie der Systembegriff in seiner eigenen Definition wieder vorkommt. Ausgangsbasis ist die Anlage (bzw. das Design) der Theorie selbst. Im Einleitungskapitel zu seinem Buch *Soziale Systeme*, seinem – wenn man so will – ‹discours de la méthode›, führt Luhmann zwei theorieleitende Begriffe ein: Supertheorie und Leitdifferenz, und definiert beide folgendermaßen:

> Supertheorien sind Theorien mit universalistischen (und das heißt auch: sich selbst und ihre Gegner einbeziehenden) Ansprüchen. Leitdifferenzen sind Unterscheidungen, die die Informationsverarbeitungsmöglichkeit der Theorie steuern.[15]

Um abschließend festzustellen: «Systemtheorie ist eine besonders eindrucksvolle Supertheorie.»[16] Die für die Systemtheorie maßgebliche Leitdifferenz ist die zwischen System und Umwelt.

Damit gewinnt die Systemtheorie einen ähnlichen Status wie andere allgemeine Theorien, insbesondere die Hermeneutik, der Strukturalismus oder auch die Dekonstruktion. Diese Liste zeigt auch, dass solche allgemeinen Theorien in ihrer literaturtheoretischen Ausrichtung ein eigentümliches Profil erhalten, weil Literatur ein Gegenstand ist, der in besonderer Weise Definitionsprobleme mit sich bringt. Supertheorien müssen sich also gerade auch an der Literatur bewähren. Darüber hinaus ist aber all diesen Supertheorien etwas gemeinsam, das gerade bei der Literatur zum Tragen kommt, nämlich Sinn. Ob sie diesen Begriff zu ihrem zentralen Ausgangspunkt machen, wie die Hermeneutik, oder ihn in den Begriff der Bedeutung übersetzen und ihn damit sprach- und textanalytisch in einem System aus Strukturen handhabbar machen, wie der Strukturalismus, oder aber ihn aus prinzipiellen Gründen problematisieren, aufrufen und widerrufen, rekonstruieren und dekonstruieren, wie die Dekonstruktion: Alle diese Theorieoptionen greifen auf den Sinn-Begriff zurück. Insofern nimmt es nicht wunder, dass die Systemtheorie mehrfach mit diesen Theorien – nicht nur mit Bezug auf Literatur – ins Verhältnis gesetzt wurde. Aber in den ersten Positionen, die sich auf dem Feld von Systemtheorie und Literatur(-wissenschaft) ausgebildet haben, so z. B. bei Dietrich Schwanitz (*Systemtheorie und Literatur*), besteht der Reiz gerade darin, einen strukturalen und einen systemtheoretischen Systembegriff komplementär zu verwenden. Während der Erstere einen strukturell gefüllten Systembegriff liefert, erlaubt es der Letztere, Oppositionsstrukturen als Differenzen zu rekonstruieren.

Die Systemtheorie macht aus dem Sinnbegriff sogar einen weiteren Grundbegriff, der insbesondere mit dem Begriff des Systems eng verknüpft wird. Wenn das System die Differenz von System und Umwelt ist, so kann man fragen, wie denn beide Bereiche miteinander verbunden sind. Wenn aber nur die Differenz zur Umwelt ein System ausmacht und nicht das, was es z. B. an Strukturen enthält, so bedeutet dies, dass das System immer als dynamische Einheit gedacht werden muss. Für Luhmann ist das paradigmatische System ein soziales System. Ein soziales System konstituiert sich über seine Operationen. Und diese Operationen haben wiederum die Aufgabe, die Differenz zwischen dem System selbst und seiner Umwelt immer wieder – prozessual also – aufrechtzuerhalten. Als System kommt in der frühen Systemtheorie all das in Frage, was man als soziales System bezeichnen kann.

2.6 Konstruktivistische Begriffe. Ein soziales System ist ein System, das Luhmann in späteren Arbeiten als autopoietisches System bezeichnen wird. Er übernimmt diesen Begriff von den Biologen Humberto Maturana und Francisco Varela aus einem biologischen Kontext, verwendet ihn allerdings als ‹soziologischen› Begriff[17] und definiert Gesellschaft als «das autopoietische System par excellence».[18] Ein autopoietisches System ist – in der griffigen Definition von Dirk Baecker – ein «System, das sich mittels der Reproduktion seiner Elemente, aus denen es besteht, durch die Elemente, aus denen es besteht, reproduziert».[19]

Neben der Gesellschaft gibt es aber noch mindestens ein anderes System, das gleichermaßen als autopoietisch gekennzeichnet werden kann: nämlich das Bewusstsein.[20] Nun darf man aber das Bewusstsein nicht als Psyche eines Einzelnen und somit als Individuum betrachten. Genau das will Luhmann vermeiden. Die Idee des psychischen Systems stellt geradezu eine systemische Abstraktion von dem einzelnen Bewusstsein dar. Wie wäre also, so muss man sich fragen, das Bewusstsein als System zu verstehen? In der systemtheoretischen Reformulierung erweist sich das Bewusstsein, als operierendes System betrachtet, als strukturanalog zur Kommunikation und Gesellschaft – und wird daher im späteren Werk Luhmanns immer wichtiger. Soziale Systeme und psychische Systeme operieren sehr ähnlich. Aber nicht nur das, sie operieren auch in wechselseitiger Abhängigkeit voneinander. Das soziale System setzt das psychische System voraus und umgekehrt. Mit Luhmann kann man so auch von der strukturellen Kopplung von Bewusstsein und Kommunikation sprechen.[21]

Und von hier aus kann man auf den Sinn zurückkommen. Sinn ist die Voraussetzung dafür, dass ein System überhaupt operieren kann, insbesondere natürlich ein autopoietisches System, also vor allem Gesellschaft und jedes soziale System. Wenn man nun das soziale und psychische System voneinander unterscheidet, so kann man fragen, welches Medium denn beide miteinander verbindet, welches Medium sie in wechselseitige Abhängigkeit voneinander, also in strukturelle Kopplung bringt. Luhmanns Antwort: «Das allgemeinste Medium, das psychische und soziale Systeme ermöglicht und für sie unhintergehbar ist, kann mit dem Begriff ‹Sinn› bezeichnet werden.»[22] Sinn ist für Luhmann «eine unnegierbare, eine differenzlose Kategorie»,[23] weil das Medium selbst unabschließbar ist. Sinn ist in seinen Formen, jedoch nicht in seinem Medium beobachtbar, und nur deswegen ist Beobachtung möglich: «Sinn ist mithin eine Form als Grenze, die immer mit beobachtet wird, aber nie operativ überschritten werden kann, da jede Operation auf der Innenseite der Form bleibt, nämlich Sinn aktualisiert.»[24] Als «Letzthorizont alles Sinnes» gibt daher Luhmann «Welt» als korrelativen Totalitätsbegriff an.[25]

Es ist bemerkenswert, dass die Systemtheorie gerade an Fragen der Kunst immer wieder neue Theoriebausteine einführt, so z. B. auch die Differenz von Medium und Form, die es erlaubt, die System/Umwelt-Differenz wesentlich flexibler zu handhaben und die Paradoxie, die die Systemdefinition enthält, produktiv zu nutzen. *Medium und Form* sind nach Luhmann relationale und korrelative Begriffe:[26] Wenn *x* das Medium für *y* ist, dann ist *y* die Form von *x*. Das Medium besteht aus nur sehr lose verknüpften Elementen. «Formen entstehen dagegen durch Verdichtung von Abhängigkeitsverhältnissen zwischen Elementen, also durch Selektion aus Möglichkeiten, die ein Medium bietet.»[27] Mit diesen Begrifflichkeiten können insbesondere Paradoxien veranschaulicht werden: Schreibt man beispielsweise mit dem Finger in den Sand, so ist das Medium der Sand, die Form – durchaus im technischen Sinne – besteht auch aus Sand. Diese Differenz macht anschaulich, wie es zusammengeht, dass autopoietische Systeme einerseits operativ geschlossen sind, also sich nur aus sich selbst heraus reproduzieren, und andererseits – eben gerade dadurch – umweltoffen, also auf andere Systeme angewiesen sind. So kann man sagen, dass Bewusstsein und Kommunikation jeweils Medien füreinander sind, zwei operativ geschlossene, aber beide sinnhaft operierende Systeme, die das Bezugssystem abgeben, vor dem sich Literatur vollzieht.

2.7 Literaturwissenschaftliche Adaptationen der Systemtheorie. Weil hier das weite Feld literaturwissenschaftlicher Adaptationen der Systemtheorie nicht ausgemessen werden kann,[28] sollen nur einige Elemente und Effekte der literaturtheoretischen Verwendung der Systemtheorie skizziert werden. Wie auch sonst, so besteht der Reiz der Systemtheorie auch bei literaturtheoretischen Fragen gerade darin, dass sie traditionelle und vielfach wesenhafte Definitionen mit Hilfe eines umfassenden ‹Redeskriptions›- und Reformulierungsvermögens auflöst und stattdessen funktionalistisch inspirierte und nominalistische Neudefinitionen liefert. Luhmann selbst hat dies in einem einzigen Aufsatz durchgespielt, der mit der im Grunde – wie er selbst sagt – wenig überraschenden Idee ansetzt, «Literatur als Kommunikation» zu betrachten.[29] Wenn man jedoch den systemtheoretischen Kommunikationsbegriff in Rechnung stellt, so werden die weitreichenden Implikationen deutlich, die zu einem völlig veränderten Literaturbegriff führen.

Das wird schon an der sozialen Dimension dieses Literaturbegriffs deutlich. Die Systemtheorie erlaubt es, eine sozialsystemische Dimension von Literatur zu berücksichtigen, ohne in die Literaturferne einer Literatursoziologie zu verfallen. Vielmehr erlaubt sie es, die Frage nach dem Zusammenhang von Gesellschaftsstruktur und genuin literarischer Semantik neu zu stellen. Insofern geht sie auch über die Fragestellungen einer Sozialgeschichte der Literatur weit hinaus. Dabei ist vor allem das 18. Jahrhundert im Blick, wenn man feststellt, wie dies z. B. Niels Werber und Gerhard Plumpe getan haben,[30] dass mit der Umstellung der Gesellschaftstypik zu der daraus folgenden funktionalen Ausdifferenzierung des Kunstsystems sich der Kunstcode nicht nur ändert, sondern dass er mit den Semantiken zugleich neue Themen, neue Interessen und neue Faszinosa wie zum Beispiel das Böse oder das Hässliche hervorbringt. Das Literatursystem nimmt dabei eine kulturhistorisch bedeutsame Stellung ein, weil es auf besondere Weise andere Systeme, zum Beispiel das Recht (mit Kriminalsujets) beobachtet und dabei mit beobachtet, wie andere Systeme beobachten, und dabei selbst wiederum beobachtet wird. Plumpe und Werber entwickeln daraus die Konzeption einer polykontexturalen Literaturwissenschaft, die den Zugang zu den Texten gerade aus diesen Beobachtungsverhältnissen ableitet.

Henk de Berg und Matthias Prangel entwickeln gleichermaßen in den 1990er Jahren ein auf dem Kommunikationsbegriff beruhendes Modell, das die System/Umwelt-Differenz explizit als Text/Kontext-Differenz versteht. Dieses Modell setzt sich in der Darstellung de Bergs gegen eine Konzeption von Textverstehen ab, das den Text als ein autonomes Gebilde aus sich selbst heraus betrachtet. Stattdessen wird nach der Kontextthematisierung des Textes bzw. Konstituiertheit des Textes durch den Kontext gefragt. Das Textverstehen setzt die Rekonstruktion des Kontextes voraus; es blickt auf der Basis des luhmannschen Kommunikations- und Sinnbegriffs nicht auf die Übereinstimmungen, sondern gerade auf die Differenzen von Text und Kontext, die konstitutiv für den Text und seinen Bedeutungsaufbau sind. «Ein Text konstituiert sich bedeutungsmäßig erst vor dem Hintergrund von dem, was er negiert.»[31] Der «Wissenschaftler beobachtet, wie sich ein Text in Opposition [besser müsste es heißen: in Differenz] zu einem Kontext bedeutungsmäßig konstituiert».[32] Bedeutung ist demnach die «Einheit der Differenz zwischen dem, was ein Text sagt, und dem, was er negiert».[33]

Luhmann selbst hat diese differenzielle Relationierung von Text und Kontext als entscheidende Komponente einer systemtheoretischen Überlegung zur Literatur gerade gegenüber der Semiotik ausgegeben:

> Man muß entscheiden, ob man vom Begriff der Kommunikation ausgeht oder vom Begriff des Zeichens. Geht man vom Begriff der Kommunikation aus, klärt sich zugleich das Verhältnis von Text und Kontext. Der kommunikativ aktualisierte Sinn mit all seinen expliziten und impliziten Verweisungen (Husserl) ist dann der Kontext, [sic!] der in der Kommunikation verwendeten Texte; und wir können hinzufügen: ein nicht textfähiger, ins Unbestimmbare auslaufender Kontext. Die Semiotik hat dagegen bekannte Schwierigkeiten mit dem Unterschied von Text und Kontext und tendiert dazu, ihn in Richtung auf Texte aufzulösen. Der Kontext, das ist dann nur die Gesamtheit anderer Texte, die eventuell für Zwecke der Interpretation herangezogen werden können.[34]

Demgegenüber sieht Luhmann eine konstitutive Funktion der Literatur darin, «der Unbestimmbarkeit der Welt» «die selbsterzeugte Unbestimmtheit des Systems»[35] [hier: der Literatur; O.J.] entgegenzusetzen. Das bedeutet, dass Literatur vor dem Letzthorizont allen Sinns, der Welt, bestimmte Sinnkonfigurationen etablieren kann, die nicht völlig in der Welt aufgehen. Text, so könnte man schlussfolgern, ist nur in dem Maße sinnhaft und mithin interpretierbar und interpretationswürdig, wie er dies auch immer zugleich zurücknimmt.

Gerade dort aber, wo die System/Umwelt-Differenz als Text/Kontext-Differenz gehandhabt wird, stellen sich grundlegende literaturtheoretische Fragen. Der Frage, wie Literatur im systemtheoretischen Sinne als Kommunikation konzipiert werden kann, verändert nicht allein die Ausgangssituation einer Definition von Literatur völlig, weil Kommunikation nicht mehr als Interaktion zwischen Aktanten, sondern als Prozess verstanden wird. Der einzelne literarische Text bekommt daher Ereignischarakter in einem großen kommunikativen Zusammenhang, dessen systemische Eigenschaften in den Blickpunkt rücken. Damit aber verändert sich sogar die Idee von Literaturtheorie überhaupt. Im systemtheoretischen Kontext kommt es nicht mehr darauf an zu fragen, was denn Literatur sei, sondern zu fragen, wie denn Literatur sei, konkret: wie sich Literatur als System konstituiere.

Gerade dort, wo die systemtheoretische Reformulierung literaturtheoretischer Fragestellung ihr höchstes Abstraktionsniveau erreicht, stößt ihre Definition von Literatur an ihre schon eingangs erwähnte Grenze: nämlich an jene Grenze des Textes, hinter der der Text als System semantischer Strukturen und mithin als Symbolsystem erscheint. Auch wenn die Frage, ob Kontexte selbst nicht textförmig oder gerade textförmig sind – zum Beispiel in der Definition von Kultur als Kontext –, beantwortet ist, so ist dies doch um den Preis erkauft, nur wenig über die textuellen Strukturen von Semantiken aussagen zu können. Selbst im großen Überblick einer langen Tradition systemtheoretischer Adaptationen erweist sich eine Überlegung aus Niels Werbers Dissertation aus dem Jahre 1992 noch immer als maßgeblich für eine systemtheoretische Definition von Literatur. Es ging ihm seinerzeit darum, eine Konzeption der wechselseitigen Verschränkung von Gesellschaftsstruktur und Semantik, der Theorie sozialer Systeme mit literaturtheoretischen Anforderungen so zu konzipieren, dass der systemtheoretische Ansatz bis «auf die Ebene von Texten» ‹durchgreift›.[36] Die methodische Vorgabe, dass die Systemtheorie als Theorie sozialer Systeme jedes Phänomen in seiner sozialen Verfasstheit oder Relevanz beobachtet, macht diese Grenze offenbar. In seiner späteren größeren Arbeit *Liebe als Roman* hat Werber eine systemtheoretische Konzeption vorgelegt, wie Gesellschaftsstruktur und Semantik am Beispiel des Verhältnisses von Liebe und Roman im europäischen Kontext im 18. Jahrhundert vor dem Hintergrund gesellschaftsstruktureller Umstellungen als Koevolution zu beschreiben sind.[37]

Literaturwissenschaftliche Adaptationen der Systemtheorie versuchen diese Koevolution aufzugreifen, indem sie neben dem sozialsystemischen Aspekt der Literatur zugleich ihre semantische, textuelle, strukturelle, mithin also ihre symbolische Dimension gleichermaßen als systematisch beobachten und Literatur als Einheit der Differenz von Sozial- und Symbolsystem definieren.[38] Damit lässt sich ein Medienbegriff für die Literatur ableiten, dessen Funktion es ist, diese Einheit immer wieder neu herzustellen, zu ‹prozessieren›.[39] Doch als Medium ist Literatur erst dann vollständig zu konzipieren, wenn man die von Luhmann vorgegebene sozialsystemische Perspektive verlässt und stärker die Idee der strukturellen Kopplung von Kommunikation und Bewusstsein in den Fokus rückt. Erstmals hat das Christoph Reinfandt in seiner Dissertation *Der Sinn fiktionaler Wirklichkeiten* ausgearbeitet.[40] An dieser Arbeit wird deutlich, dass eine beiderseitige Konzeptualisierung der Literatur sowohl als Sozial- wie auch als Symbolsystem nur möglich ist, wenn dabei Literatur zwischen dem psychischen und sozialen System, also zwischen Bewusstsein und Kommunikation situiert wird. Zentraler Ausgangspunkt seiner Überlegungen in diesem Zusammenhang ist, dass das Sozialsystem Literatur nicht nur in einem Leistungszusammenhang mit anderen sozialen Systemen, sondern auch mit dem psychischen System steht.

Aber es gibt noch eine zweite Grenze, die aus demselben Grund heraus spürbar wird. Sie hängt gleichermaßen mit dem systemtheoretischen Kommunikationsbegriff und der daraus resultierenden Verabschiedung eines Begriffs zusammen, der für die Literaturgeschichte eine eminente Bedeutung besitzt: dem des Subjekts. Die Systemtheorie kappt die Verbindung zwischen dem Subjekt als thematischem (literaturhistorischem) und operativem (literaturtheoretischem) Begriff, um somit die thematische Adressierung des Subjekts in den Text verlagern und den Entwurf einer sich wandelnden Idee von Subjektivität nachverfolgen zu können. Luhmann selbst gibt dies als Vorteil aus,[41] doch es bleibt die Frage, ob man auf eine Idee des Subjekts zum Beispiel als Korrelat von Rezeptionsdispositionen oder als Instanz der Interpretation gänzlich verzichten kann. Wenn man auf den Zusammenhang von Text und Interpretation blickt, wird dieses Problem virulent. Denn die systemtheoretische Konzeption definiert Verstehen ausschließlich als kommunikatives, soziales und eben nicht als psychisches Ereignis. Dadurch aber werden Verstehen und Missverstehen ununterscheidbar, die hermeneutische Idee des richtigen Verstehens wird hinfällig. Vor diesem Hintergrund hat Hans Ulrich Gumbrecht «die Abstinenz hinsichtlich des Interpretationsbegriffes» konstatiert und diese «als Symptom von Luhmanns Theoriearchitektonik» gewertet.[42] In diesem Zusammenhang stehe auch eine «Depotenzierung der Differenz zwischen Verstehen und Mißverstehen».[43] Auch hier zeigt sich die Notwendigkeit, die engeren sozialsystemischen Grenzziehungen der Systemtheorie in Richtung auf die strukturelle Kopplung von Bewusstsein und Kommunikation zu überschreiten, um eine Idee von Interpretation als Verstehen zwischen Systemen oder überhaupt Interpretation als Überbrückung einer Differenz zwischen psychischen und sozialen Systemen entwerfen zu können.

3. Wirkung

Wer die Erscheinungsdaten der meisten systemtheoretisch inspirierten oder fundierten Arbeiten zur Literaturwissenschaft betrachtet, wird schnell feststellen, dass diese theoretische Option vor allem in den neunziger Jahren des 20. Jahrhunderts eine Konjunktur, ja geradezu einen Boom erlebte, ohne jedoch das literaturtheoretische Feld insgesamt zu beherrschen. Als Ausgangsfaktoren können sicherlich ein Ungenügen an dem Paradigma der Dekonstruktion, das sich zu dieser Zeit schon längst erschöpft hatte, aber auch an sozialgeschichtlichen Modellen geltend gemacht werden. Auf der anderen Seite wirkte sicherlich die kulturwissenschaftliche Wende in der Literaturwissenschaft zunächst ebenfalls befördernd, auch wenn sie diese systemtheoretische Modellbildungen in der Literatur heute wieder weit hinter sich gelassen hat. Die Systemtheorie ordnet sich aber in den neunziger Jahren in ein Feld ein, in dem es gerade darauf ankam, neue literaturtheoretische Optionen durch neue Kontextualisierungen zu erproben.[44] Die Grundfrage, was denn Literatur sei, wird verstärkt mit einem wechselseitigen Bedingungsverhältnis von Text und Kontext beantwortet. Generell kann als Kontext der Phänomenbereich der Kultur angenommen werden, der den literarischen Text jeweils spezifisch definiert. Solche kulturellen Kontexte können neben der Gesellschaft wie in den literaturwissenschaftlichen Adaptationen der Systemtheorie die Geschichte wie im *New Historicism* bzw. in der Kulturpoetik oder aber auch die evolutionären und biologischen Grundlagen der Kultur wie in der Biopoetik sein. Diese grundlegende Tendenz zur kulturwissenschaftlichen Erweiterung des literaturwissenschaftlichen Gegenstandsbereiches führte zu einem Konflikt zwischen Kulturwissenschaft und Philologie, zu dem aus systemtheoretischer Sicht kaum wegweisende Stellungnahmen vorliegen. Was die Systemtheorie in der Literaturwissenschaft attraktiv gemacht hat, ließ sie zu Beginn des 21. Jahrhunderts wieder unattraktiv werden: die Abkehr von substanziellen und gegebenenfalls auch wesenhaften Aussagen über Literatur (sowie Kunst und Kultur). Heute scheint es, als hätten die systemtheoretischen Adaptationen innerhalb der literaturtheoretischen Diskussion ihre Strahlkraft verloren. Aber daneben darf nicht vergessen werden, dass Luhmanns Systemtheorie wieder neu auf literaturtheoretische Ansätze wirkt, etwa über den Umweg der Kulturtheorie, für die Luhmann selbst mittlerweile – vergleichbar mit Freud – zu einem Klassiker geworden ist.[45]

Literatur

1. Werkausgaben

Luhmann, Niklas: Soziale Systeme. Grundriß einer allgemeinen Theorie, Frankfurt/M. 1984.
- Liebe als Passion. Zur Codierung von Intimität, Frankfurt/M. 1984.
- Die Wissenschaft der Gesellschaft, Frankfurt/M. 1990.
- Die Kunst der Gesellschaft, Frankfurt/M. 1995.
- Die Gesellschaft der Gesellschaft, 2 Bde., Frankfurt/M. 1997.
- Aufsätze und Reden, hg. von Oliver Jahraus, Stuttgart 2001.
- Schriften zu Kunst und Literatur, hg. von Niels Werber, Frankfurt/M. 2008.

2. Bibliographien

Dammann, Klaus/Grunow, Dieter/Japp, Klaus P. (Hg.): Die Verwaltung des politischen Systems. Neuere systemtheoretische Zugriffe auf ein altes Thema. Niklas Luhmann zum 65. Geburtstag. Mit einem Gesamtverzeichnis der Veröffentlichungen 1958–1992, Opladen 1994.

3. *Sonstige Sekundärliteratur*

Berg, Henk de: Kunst kommt von Kunst. Die Luhmann-Rezeption in der Literatur- und Kunstwissenschaft, in: Ders./Schmidt, Johannes (Hg.): Rezeption und Reflexion. Zur Resonanz der Systemtheorie Niklas Luhmanns außerhalb der Soziologie, Frankfurt/M. 2000, S. 175–221.

– /Prangel, Matthias (Hg.): Kommunikation und Differenz, Opladen 1993.

– /Prangel, Matthias (Hg.): Differenzen. Systemtheorie zwischen Dekonstruktion und Konstruktivismus, Tübingen/Basel 1995.

– /Prangel, Matthias (Hg.): Systemtheorie und Hermeneutik, Tübingen/Basel 1997.

Berghaus, Margot: Luhmann leicht gemacht. Eine Einführung in die Systemtheorie, Köln/Weimar/Wien [2]2004.

Fohrmann, Jürgen/Müller, Harro (Hg.): Systemtheorie der Literatur, München 1996.

Horster, Detlef: Niklas Luhmann, München 1997.

Jäger, Georg: Systemtheorie und Literatur. Teil 1: Der Systembegriff der Empirischen Literaturwissenschaft, in: IASL 19 (1994), H. 1, S. 95–125.

Jahraus, Oliver/Schmidt, Benjamin Marius: Systemtheorie und Literatur, Teil III: Modelle systemtheoretischer Literaturwissenschaft in den 1990ern, in: IASL 23 (1998), H. 1, S. 66–111; gekürzte, aktualisierte u. übers. Fassung unter dem Titel: Systems Theory and Literary Studies in the 1990s. From Difference between Symbolic and Social Systems to the Difference between Consciousness and Communication, in: The Germanic Review 74 (1999), H. 3, S. 242–254.

Ort, Claus-Michael: Systemtheorie und Literatur. Teil II: Der literarische Text in der Systemtheorie, in: IASL 20 (1995), H. 1, S. 161–178.

Plumpe, Gerhard/Werber, Niels (Hg.): Beobachtungen der Literatur. Aspekte einer polykontexturalen Literaturwissenschaft, Opladen 1995.

– Epochen literarischer Kommunikation. Ein systemtheoretischer Entwurf, Opladen 1995.

Reinfandt, Christoph: Der Sinn der fiktionalen Wirklichkeiten. Ein systemtheoretischer Entwurf zur Ausdifferenzierung des englischen Romans vom 18. Jahrhundert bis zur Gegenwart, Heidelberg 1997.

– Literatur als Medium, in: Jannidis, Fotis/Lauer, Gerhard/Winko, Simone (Hg.): Grenzen der Literatur. Zu Begriff und Phänomen des Literarischen, Berlin/New York 2009, S. 161–187.

– Systemtheorie und Literatur. Teil IV: Systemtheoretische Überlegungen zur kulturwissenschaftlichen Neuorientierung der Literaturwissenschaften, in: IASL 26 (2001), H. 1, S. 88–118.

Schmidt, Siegfried J. (Hg.): Systemtheorie und Literaturwissenschaft. Positionen, Kontroversen, Perspektiven, Opladen 1993, S. 9–43.

Schwanitz, Dietrich: Systemtheorie und Literatur. Ein neues Paradigma, Opladen 1990.

Werber, Niels: Literatur als System. Zur Ausdifferenzierung literarischer Kommunikation, Opladen 1992.

Anmerkungen

1 Luhmann, Gesellschaft, S. 24.
2 Luhmann, Systeme, S. 196 ff.
3 Luhmann, Niklas: Wie ist Bewußtsein an der Kommunikation beteiligt? [1988], in: Ders.: Aufsätze, S. 111–136, hier S. 111.
4 Luhmann, Systeme, S. 51, siehe hierzu auch Jahraus, Oliver: Literatur als Medium. Sinnkonstitution und Subjekterfahrung zwischen Bewußtsein und Kommunikation. Weilerswist 2003, S. 221.
5 Luhmann, Systeme, S. 555.
6 Ebd.
7 Luhmann, Gesellschaft, S. 707.
8 Luhmann, Niklas: Ist Kunst codierbar? [1976], in: Ders.: Schriften, S. 14–44.
9 Werber, Niels: Nachwort. Niklas Luhmanns Kunst der Gesellschaft – Ein einführender Überblick, in: Luhmann, Schriften zu Kunst, S. 438–478, hier S. 465.
10 Siehe Luhmann: Wissenschaft, S. 95.
11 Luhmann, Niklas: Literatur als Kommunikation, in: Ders.: Schriften, S. 373–388, hier S. 379.
12 Luhmann, Wissenschaft, S. 78.
13 Luhmann, Niklas: Die Paradoxie der Form, in: Baecker, Dirk (Hg.): Kalkül der Form, Frankfurt/M. 1993, S. 197–212, hier S. 198.
14 Luhmann, Niklas: Dekonstruktion als Beobachtung zweiter Ordnung [Engl.: 1993, Dt.:1995], in: Ders.: Aufsätze, S. 262–296.
15 Luhmann, Systeme, S. 19.
16 Ebd.
17 Einschlägig hierfür: Luhmann, Niklas: Autopoiesis als soziologischer Begriff, in: Haferkamp, Hans/Schmid, Michael (Hg.): Sinn, Kommunikation und soziale Differenzierung. Beiträge zu Luhmanns Theorie sozialer Systeme, Frankfurt/M. 1987, S. 307–324.
18 Luhmann, Systeme, S. 555.
19 Baecker, Dirk: Womit handeln Banken? Eine Untersuchung zur Risikoverarbeitung in der Wirtschaft, Frankfurt/M. 1991, S. 33.
20 Luhmann, Niklas: Die Autopoiesis des Bewusstseins [1985], in: Ders.: Soziologische Aufklärung 6: Die Soziologie und der Mensch, Opladen 1995, S. 55–112.
21 Jahraus, Oliver: Bewußtsein und Kommunikation. Zur Konzeption der strukturellen Kopplung. In: Ders./Ort, Nina (Hg.): Bewußtsein – Kommunikation – Zeichen, Tübingen 2001, S. 23–47.
22 Luhmann, Kunst, S. 173.
23 Luhmann, Systeme, S. 44.
24 Luhmann, Niklas: Zeichen als Form, in: Baecker, Dirk (Hg.): Probleme der Form, Frankfurt/M. 1993, S. 45–69, hier: S. 63.
25 Luhmann, Systeme, S. 105.
26 Luhmann, Bewußtsein (wie Anm. 3), S. 120.
27 Luhmann, Niklas: Das Medium der Kunst [1986], in: Ders.: Schriften, S. 123–138, hier S. 124 f.

28 Jäger, Systemtheorie. Teil I; Ort, Systemtheorie und Literatur. Teil II; Jahraus/Schmidt, Systemtheorie und Literatur, Teil III; Reinfandt, Systemtheorie und Literatur. Teil IV; Berg, Kunst.

29 Niklas Luhmann: Literatur (wie Anm. 11), S. 373–388.

30 Plumpe, Epochen; Ders./Werber, Beobachtungen; Ders./Werber, Niels: Literatur ist codierbar. Aspekte einer systemtheoretischen Literaturwissenschaft, in: Schmidt, Systemtheorie, S. 9–43, Werber, Literatur.

31 Berg, Henk de: Text – Kontext – Differenz. Ein Vorschlag zur Anwendung der Luhmannschen Systemtheorie in der Literaturwissenschaft, in: Siegener Periodicum zur Internationalen Empirischen Literaturwissenschaft 10 (1991), H. 2, S. 191–206, hier S. 199.

32 Prangel, Matthias: Zwischen Dekonstruktionismus und Konstruktivismus. Zu einem systemtheoretisch fundierten Ansatz von Textverstehen, in: Berg/Prangel, Kommunikation, S. 9–31, hier S. 18.

33 Ebd., S. 19.

34 Luhmann, Literatur (wie Anm. 11), S. 379.

35 Ebd., S. 375.

36 Werber, Literatur, S. 103.

37 Werber, Niels: Liebe als Roman. Zur Koevolution intimer und literarischer Kommunikation, München 2003.

38 Ort, Claus-Michael: Sozialsystem ‹Literatur› – Symbolsystem ‹Literatur›. Anmerkungen zu einer wissenssoziologischen Theorieoption für die Literaturwissenschaft, in: Schmidt, Systemtheorie, S. 269–294.

39 Ort, Claus-Michael: Literaturwissenschaft als Medienwissenschaft. Einige systemtheoretische und literaturgeschichtliche Stichworte, in: Faulstich, Werner (Hg.): Medien und Kultur. Beiträge zu einem interdisziplinären Symposion an der Universität Lüneburg, Göttingen 1991, S. 51–61; Jahraus, Literatur (wie Anm. 4); Reinfandt, Literatur.

40 Reinfandt, Sinn.

41 Luhmann, Literatur (wie Anm. 11), S. 382 f.

42 Gumbrecht, Hans Ulrich: Interpretation versus Verstehen von Systemen, in: Berg/Prangel, Differenzen, S. 171–185, hier S. 171 f.

43 Ebd., S. 179.

44 Jahraus, Oliver: Text, Kontext, Kultur. Zu einer zentralen Tendenz in den Entwicklungen in der Literaturtheorie von 1980–2000, in: Journal of Literary Theory 1 (2007), H. 1, S. 19–45.

45 Siehe z. B. Hagen, Wolfgang: Niklas Luhmann (1927–1998). Luhmanns Medien – Luhmanns Matrix, in: Hofmann, Martin Ludwig u. a. (Hg.): Culture Club. Klassiker der Kulturtheorie, Frankfurt/M. 2004, S. 187–203 und Burkart, Günter/Runkel, Gunter (Hg.): Luhmann und die Kulturtheorie, Frankfurt/M. 2004.

Joseph Jurt

Pierre Bourdieu
(1930–2002)

I. Leben

Pierre Bourdieu wurde am 1. August 1930 als Sohn eines aus einer Pächterfamilie stammenden Postbeamten im kleinen Dorf Denguin im südwestfranzösischen Béarn geboren. Die Herkunft aus bescheidenen Verhältnissen und zudem aus der Provinz machte ihn ein Leben lang sensibel für alle Formen der Ungleichheit. Von 1941 bis 1947 besuchte er das Gymnasium in Pau als Interner. Hier erfuhr er eine neue soziale Grenze, die Grenze, die die Internen vom Land von den Externen trennte, die aus dem städtischen Bürgertum stammten. Die Erfahrung der Doppelnatur der Schule – der ‹verzauberten› Welt des Unterrichts und der des unerbittlichen Internatsalltags – musste, so Bourdieu später, «fast zwangsläufig und dauerhaft die deutliche Diskrepanz zwischen der hohen schulischen Anerkennung und einer niedrigen gesellschaftlichen verstärken und damit einen gespaltenen, von Spannungen und Widersprüchen beherrschten Habitus»[1] erzeugen. Aufgrund seiner exzellenten Schulleistungen empfahl ihn 1948 einer seiner Lehrer für die Vorbereitungsklassen am berühmten Pariser *Lycée Louis-le-Grand*. 1951 zählte er zur handverlesenen Gruppe der besten Schüler Frankreichs, die in die Elite-Schule der *École Normale Supérieure* an der Rue d'Ulm aufgenommen wurde. Hier stand er auch Jacques Derrida nahe, der ein Jahr später eintrat und wie Bourdieu an der *Sorbonne* Philosophie belegte. Unter der Leitung von Henri Gouhier erstellte Pierre Bourdieu eine Diplomarbeit, die Leibniz galt (eine kommentierte Übersetzung von *Animadversiones*). 1955 schloss er sein Studium mit der Agrégation in Philosophie als Bester seines Jahrganges ab. Er konzipierte unter der Leitung von Georges Canguilhem ein Dissertationsprojekt über die Zeitstrukturen der affektiven Erfahrung, das den phänomenologischen Ansatz mit der Wissenschaftsphilosophie verbinden sollte. Bourdieu unterrichtete zunächst für ein Jahr (1954–1955) als Philosophielehrer an einem Gymnasium in der Provinz, in Moulins. Nach diesem Jahr wurde er zum Militärdienst nach Algerien einberufen. Nach dem Ende seiner

Dienstzeit blieb er noch während zweier Jahre als Assistent für Philosophie an der Universität von Algier (1958–1960). In Algerien sah er, dass er mit den traditionellen philosophischen Kategorien die Situation des Landes nicht erfassen konnte; er betrieb darum intensive sozioethnologische Feldarbeit und erwarb sich dabei das methodologische Rüstzeug (Claude Lévi-Strauss, Max Weber) autodidaktisch. Erstes Resultat dieser Untersuchungen war das Bändchen *Sociologie de l'Algérie* (1958), später folgten weitere Arbeiten über Algerien, *Travail et travailleurs en Algérie* (1963) und *Le Déracinement* (1964).

1960 bot Raymond Aron dem jungen Bourdieu eine Stelle als Assistent an seinem Lehrstuhl für Soziologie an der Sorbonne an. Von 1961 bis 1964 lehrte er Soziologie als Dozent (*maître de conférences*) an der Universität Lille, wirkte gleichzeitig als Generalsekretär an dem von Aron an der *Ecole Pratique des Hautes Etudes* gegründeten *Centre de sociologie européenne*. Innerhalb dieses Zentrums betreute Bourdieu den Bereich Kultur- und Bildungssoziologie. Hier entstanden nun parallel mehrere Untersuchungen, die Frucht empirischer Gruppenarbeit waren: eine Studie über die Situation der Studenten (*Les Héritiers*, 1964; Dt.: *Die Erben*, 2007), eine Arbeit über den sozialen Gebrauch der Photographie (*Un Art moyen*, 1965; Dt.: *Eine illegitime Kunst*, 1981) und eine über den Museumsbesuch (*L'Amour de l'art*, 1966; Dt.: *Die Liebe zur Kunst*, 2006). Nach einem Konflikt mit Aron im Gefolge von Mai 1968 gründete Bourdieu sein eigenes Zentrum, *Centre de sociologie de l'éducation et de la culture*, in dem er stets auf Teamarbeit setzte, die sich dann auch in einer eigenen, von ihm gegründeten Zeitschrift manifestierte: *Actes de la recherche en sciences sociales*. Bourdieu widmete sich weiterhin bildungssoziologischen Themen, etwa dem französischen universitären Feld (*Homo Academicus*, 1984; Dt.: 1988) sowie den Elite-Hochschulen (*La Noblesse d'Etat*, 1989; Dt.: *Der Staatsadel*, 2004). Das forschungsstrategisch relevante Resultat der Untersuchungen zum Bildungssystem war die Kategorie des kulturellen Kapitals. Die zahlreichen Studien über die sozialen Gebrauchsweisen der symbolischen Praktiken bündelte Bourdieu 1979 in einer sehr umfangreichen Synthese als eine Art Sozialstrukturanalyse der Gegenwart im Buch *La Distinction* (Dt.: *Die feinen Unterschiede*, 1982), mit dem er endgültig den Durchbruch schaffte.

1981 wurde Bourdieu auf den Lehrstuhl für Soziologie am *Collège de France* berufen und hatte damit die höchste Stufe des französischen Bildungswesens erreicht. Seine Resonanz reichte nun weit über Frankreich hinaus. Seit den 1970er Jahren hatte er sich mit Fragen der Soziologie der Kunst und der Literatur beschäftigt und versuchte, den Autonomisierungsprozess dieser Bereiche über die Kategorie des Feldes zu erforschen. 1992 veröffentlichte er die Resultate seiner Untersuchungen zum literarisch-künstlerischen Feld in seiner Arbeit *Les Règles de l'art* (Dt.: *Die Regeln der Kunst*, 1999). Das Konzept der Autonomie bedeutete für Bourdieu auch die Basis für engagiertes Handeln. So erschien schon 1993 der Band *La Misère du monde* (Dt.: *Das Elend der Welt*, 1997), in dem er die Ausgeschlossenen zu Wort kommen lassen wollte. 1995 nahm er für die streikenden Bahnarbeiter Stellung und setzte sich nun auch für eine engagierte europäische soziale Bewegung ein. Grundlage für die Interventionen blieb aber die wissenschaftliche Analyse: «Keine Wissenschaft ohne Engagement. Kein Engagement ohne Wissenschaft.» So galt seine letzte Vorlesung am *Collège de France* der Wissenschaftssoziologie (*Science de la science et réflexivité*, 2001). Am 23. Januar 2002 starb Pierre Bourdieu unerwartet schnell an den Folgen eines Krebsleidens.

2. Werk

Pierre Bourdieu entwarf keine Literaturtheorie im engeren Sinne. Das lag daran, dass er allen Großtheorien misstraute, die ein abstraktes System konstruierten und lediglich Belege suchten, die es illustrieren sollten. In seinen Arbeiten ging er immer von empirischen Untersuchungen aus, aus denen er universalisierbare Thesen entwickelte. Für Literatur interessierte er sich stets. Dafür gab es verschiedene Gründe: individuelle, nationenspezifische und generationstypische sowie Gründe, die sich aus dem Verständnis seiner Disziplin ableiteten.

Literatur entsprach zunächst seiner persönlichen Neigung. Schon sehr früh hat er Balzac und Flaubert gelesen, aber auch als Soziologe vernachlässigte er die Lektüre literarischer Werke nicht. Seine Interessen galten überdies der bildenden Kunst und der Musik. Einer seiner allerersten Aufsätze, den er 1959 veröffentlicht hatte, war im Übrigen Jean-Baptiste Molières *Tartuffe* (1664) gewidmet.

Nicht vergessen darf man den hohen sozialen Stellenwert der Literatur in Frankreich; dort und nur dort, so Ernst-Robert Curtius, wird sie als «repräsentativer Ausdruck der Nation»[2] gesehen. Es war gerade ein Vertreter der Feldtheorie, Alain Viala, der in seiner Untersuchung zur französischen Klassik (*Naissance de l'écrivain*, 1985) aufgezeigt hat, dass die Literatur im Frankreich des 17. Jahrhunderts mit ihrer Institutionalisierung durch die *Académie française* zum dynamischsten und einflussreichsten Teil des kulturellen Feldes geworden war und es auch geblieben ist.

Trotzdem waren Philosophie und Literatur, vor allem seit dem 19. Jahrhundert, in Frankreich getrennte Welten: André Gide nahm eine Position ein, die nichts mit der von Henri Bergson zu tun hatte. Das änderte sich mit Jean-Paul Sartre, der, wie Simone de Beauvoir in ihren Memoiren schrieb, Stendhal ebenso sehr liebte wie Spinoza und sich weigerte, die Philosophie von der Literatur zu trennen, und der damit die neue Position schuf, die Bourdieu als die des «totalen Intellektuellen» bezeichnete. Die eminenten Vertreter der Sartre folgenden Generation, Michel Foucault und Jacques Derrida, beschränkten sich keineswegs auf die klassische Philosophie, sondern bezogen sich immer wieder auf die Literatur.

Bourdieu zählte zur selben Generation; er ging aber in seiner Beschäftigung mit der Literatur weniger von der Philosophie als vielmehr von seiner Disziplin, der Soziologie aus. Er behauptete für die Soziologie einen Universalitätsanspruch. Die Disziplin sollte sich keineswegs auf traditionelle ‹soziale Fragen› beschränken, sondern alle Bereiche untersuchen, gerade auch die Felder der symbolischen Produktion. Bourdieu weigerte sich, einer Literatursoziologie bloß die Untersuchung der materiellen Aspekte der Literatur zuzuordnen, etwa das Buch als Ware, das Verlagswesen und den Vertrieb, die Leserschichten. Er war vielmehr überzeugt, dass man aus sozialgeschichtlicher Perspektive die literarischen Werke selbst und ihre Genese adäquat erfassen könne. Deswegen analysierte er bewusst so genannte Genies – Gustave Flaubert und Martin Heidegger –, die gängigerweise über die Kategorie des herausragenden Individuums verrechnet werden. Gerade diese Figuren stellten für ihn eine Herausforderung dar, die ihm erlaubte zu belegen, dass auch außergewöhnliche Vertreter der Literatur oder der Philosophie sowie ihre Werke in einem sozialen Kontext stehen und von diesem Kontext her erklärbar sind.

Schon Mitte der 1960er Jahre entwickelte Bourdieu in mehreren Aufsätzen seine Theorie eines intellektuellen Feldes, das er als Produkt eines historischen Autonomisierungsprozesses sah, und er unterstrich dabei die Doppelnatur intellektueller Produkte (‹Ware und Bedeutung›). Später folgten Studien zur Ökonomie symbolischer Güter, in denen neben der Kunst vor allem die Literatur und auch das Theater im Zentrum standen. 1975 veröffentlichte er schon in der zweiten Nummer seiner Zeitschrift *Actes de la recherche en sciences sociales* seine große Studie über Flauberts *L'Éducation sentimentale* (1869). Später gedachte er eine umfassende «Theorie des Feldes» auszuarbeiten. Dazu kam es aber nicht mehr. Er belegte diese Theorie ausschließlich durch die Analyse der Genese und der Struktur des literarischen Feldes (Frankreichs); die Arbeit erschien 1992 unter dem Titel *Les Règles de l'art*. In etlichen Kapiteln nahm er frühere Aufsätze, allerdings in überarbeiteter Form, wieder auf, was manchmal kleinere Inkohärenzen erklärt. Im genannten Buch sind zweifellos die zentralen Thesen Bourdieus zur Literatur fassbar; aber auch in anderen Werken, vor allem in Bänden, die Gespräche und Vorträge wiedergeben, sind oft, en passant, seine Einschätzungen der Literatur zu greifen.

Generell sind bei den Ausführungen Bourdieus zur Literatur zwei Ebenen zu unterscheiden:

Zunächst die Reflexion über den Status des literarischen Diskurses gegenüber demjenigen des wissenschaftlich-soziologischen Diskurses, dann die Metaebene der Erklärungskompetenz eines sozialgeschichtlichen Ansatzes hinsichtlich der Literatur.

2.1 Der Status des literarischen Textes gegenüber dem wissenschaftlich-soziologischen Diskurs. Während in *La Distinction* das Erklärungsinteresse sich nicht auf die Kunst als solche konzentriert, sondern auf die Lebensstile sozialer Gruppen und insofern auf die Instrumentalisierung von Kunst und Literatur als Mittel der gesellschaftlichen Distinktion, so findet man in *Les Règles de l'art* eine intensive Reflexion über das, was Kunst zur Kunst macht: die formale Gestaltung.

In *Les Règles de l'art* scheint Bourdieu ein inhärentes ästhetisches Substrat anzunehmen, das gerade durch eine unvoreingenommene soziologische Analyse erfasst werden könne. Er spricht, was bei ihm zu überraschen vermag, von den Kunstwerken als «den höchsten Errungenschaften des menschlichen Tuns».[3] Gerade in der Analyse der *Éducation sentimentale* findet sich eine vertiefte Reflexion über den Status der formalen Gestaltung, aber auch über die kognitive Funktion des Kunstwerkes, die man bei ihm in früheren Untersuchungen so nicht angetroffen hatte.

Der Schriftsteller spreche in seinem Werk von der Welt im Modus der Freud'schen Verneinung – wie wenn er nicht von ihr spräche. Bei Freud verweist die Verneinung auf das Vorhandensein von etwas Verdrängtem. Beim schriftstellerischen Werke handle es sich indes um eine kontrollierte «Wiederkehr des Verdrängten». Mit der ‹Verneinung› meint Bourdieu die literarische Verkörperung und damit auch Verschleierung der Tiefenstrukturen, die so sinnlich fassbar werden. Die Arbeit an der Form ermögliche eine partielle Anamnese der verdrängten Tiefenstrukturen. Durch die intensive Arbeit an der Form werde der Schriftsteller – unwillkürlich – zum Medium von verdeckten sozialen und psychologischen Strukturen der Wirklichkeit. Das Konzept gemahnt auch an die psychoanalytische Vorstellung des Verhältnisses von Manifestem und Latentem; Bourdieu war sich dieser Analogie durchaus bewusst. So bezeichnete er seinen Ansatz der Literaturbetrachtung bisweilen auch als ‹Sozioanalyse›. Analogien bestehen aber auch zur generativen Grammatik Noam Chomskys und deren Konzept von Oberflächen- und Tiefenstruktur, auf die sich Bourdieu oft bezog.

Wenn das literarische Werk verborgene soziale Strukturen zum Sprechen bringt, worin besteht dann dessen Differenzqualität gegenüber einer wissenschaftlichen soziologischen Analyse, die demselben Erkenntnisinteresse gehorcht? In den Augen Bourdieus kann man die Sicht der Strukturen der sozialen Welt und der durch sie geformten mentalen Strukturen, die etwa Flauberts *Éducation sentimentale* entwirft, durchaus soziologisch nennen. Die literarische Sicht der sozialen Welt unterscheidet sich ihm zufolge von der wissenschaftlichen Analyse indes durch die Form, die diese Strukturen zugleich offenbart und kaschiert. Das literarische Werk erfasst die Welt mit den ihm eigenen Mitteln,

> das heißt, indem es sehen und empfinden lässt, in Exemplifizierungen oder, besser, in Evokationen im Sinne von Beschwörungen, die – insbesondere auf Körper – Wirkungen hervorrufen können durch die ‹beschwörende Magie› von Worten, die ‹zur Sensibilität zu sprechen› und einen Glauben und eine

imaginäre Teilhabe zu erwirken vermögen analog jenen, die wir gewöhnlich der realen Welt zubilligen.[4]

Das literarische Werk vermag durch seine Singularität, die über es hinausweist, einen Tatbestand zu kondensieren, der in der wissenschaftlichen Analyse diskursiv ausgefaltet werden muss. Bourdieu hat darum oft seine Bewunderung gegenüber den unmittelbaren Wirkmöglichkeiten der Kunst zum Ausdruck gebracht, die das diskursive Denken nicht erreiche.

Bourdieu arbeitete in den frühen neunziger Jahren gleichzeitig an seinem großen Werk über das literarische Feld und am Band *La Misère du monde*. Diejenigen zu Wort kommen zu lassen, auf die man nicht hört, war für ihn eine ethische und eine ästhetische Herausforderung. Die Literatur, etwa bei Flaubert, hat, so Bourdieu, in ihrer subtilen Beziehung des Erzählers zum Erzählgegenstand in vollendeter Form die Probleme der Schreibweise gelöst, die sich dem Sozialwissenschaftler bei der Wiedergabe der Aussagen von sozial Ausgegrenzten in *La Misère du monde* stellten, wo es darum ging, dem Wortlaut der Aussagen treu zu bleiben, ohne die Personen zu demütigen.

Im Band *Réponses* (Dt.: *Reflexive Anthropologie*, 1996) verglich Bourdieu die Arbeit des Soziologen mit der des Schriftstellers. Flauberts Satz «Ich möchte alle Leben leben» entspreche der Intention des Soziologen, der möglichst viele menschliche Erfahrungen zu verstehen suche. Wie der Schriftsteller müsse der Soziologe Erfahrungen, die normalerweise unbeachtet oder ungesagt bleiben, zum Ausdruck bringen: Gerade dank der formalen Verfahren vermöge Literatur die Komplexität menschlicher Erfahrungen besser zu übersetzen als gewisse lineare Vereinfachungen des soziologischen oder ethnologischen Diskurses. In den scheinbar rein formalen Versuchen seien etwa Virginia Woolf, William Faulkner, James Joyce oder Claude Simon näher an der Wahrheit der Zeiterfahrung als die künstlich linearen Lebensgeschichten, mit denen sich Soziologen und Ethnologen oft begnügten.

Während die wissenschaftliche Analyse aufgrund ihres hohen Abstraktionsgrades und ihrer ‹Klarheit› unmittelbar ihren Konstruktcharakter offenbart, schafft das literarische Werk wohl auch ein Konstrukt, aber gleichzeitig eine eigene Welt, der wegen ihrer Konkretheit dieselbe Evidenz zukommt wie der realen Welt. Das literarische Werk vermöge wegen seines ‹Glaubenseffektes› mehr über die soziale Welt auszusagen als die wissenschaftliche Analyse; die wissenschaftliche Analyse der Tiefenstruktur müsse eine komplexe Erfahrung auf das schlichte Protokoll eines Experiments reduzieren. Durch die Arbeit an der Form erlaube indes der literarische Ausdruck, der gleichzeitig Offenbarung und Verneinung sei, «die begrenzte Äußerung einer Wahrheit, die anders gesagt untragbar wäre».[5] Bourdieu schreibt der Literatur einen hohen Stellenwert zu, zweifellos eine kognitive Funktion und eine Wirkmacht auf der Basis einer unmittelbaren Evidenz, die über die des diskursiven Denkens hinausgehen kann, die aber gleichzeitig «von den ernstesten Dingen spricht, ohne [...] zu verlangen, dass man es vollkommen ernst nimmt».[6]

Die Einsicht in die Bedeutung des literarischen Ausdrucks erklärt Bourdieus ausgeprägten Stilwillen auch in seinen wissenschaftlichen Arbeiten und damit eine ästhetische Qualität seines Schreibens, die sich nicht einer ornamentalen Intention verdankt, sondern der Suche nach dem adäquaten Ausdruck. Jacques Dubois sprach deshalb von der sehr schönen Syntax bei Bourdieu, wo der Satz fast proustsche Züge annehme, weil er den Ehrgeiz habe, etwas von der Komplexität der Welt und ihrer verborgenen Beweggründe wiederzugeben.[7] Auch in den Augen des Linguisten Pierre Encrevé hat Bourdieu eine neue Art des Schreibens in die Sozialwissenschaften eingeführt. Bourdieu dachte daran, so zu schreiben, dass der Leser nicht vereinfachen kann. Die Verknüpfung der Theorie und der Empirie führt dazu, dass es sich nie um einen philosophischen Jargon handelt. Der Stil Bourdieus erinnere an Jacques Bénigne Bossuet durch seine lateinischen Aspekte, an Georg Wilhelm Friedrich Hegel wegen der internen Dialektik des Wortschatzes und dann an Marcel Proust. Die strukturierte Komplexität der Realität, die man erfassen will, drängt die Komplexität der Schreibweise auf.[8]

Mit der Aufgabe, Verborgenes aufzudecken und zum Ausdruck zu bringen, hat Bourdieu sehr gut den Erkenntnismodus der Wissenschaft definiert, die auch daran gemessen wird. Literatur kann Verborgenes aufdecken, sie muss es aber nicht. Ihre Qualität kann nicht ausschließlich an ihrem Erkenntnisgewinn gemessen werden. Dass der Soziologe sie unter diesem Gesichtspunkt befragt, ist aber legitim.

2.2 Bourdieus sozialgeschichtlicher Erklärungsansatz der Literatur. Bourdieu reflektierte nicht nur über den jeweiligen Status des wissenschaftlich-soziologischen und des literarischen Diskurses, er beanspruchte für seinen Ansatz auf der Metaebene ebenfalls eine wissenschaftliche Erklärungskompetenz des Phänomens Literatur und wollte so zu einer «Wissenschaft der Werke» beitragen. *Grundlagen einer Wissenschaft der Werke,* so lautet der Titel des zweiten Teils der Summa seiner Arbeiten zur Literatur. Damit ist sein eigentlicher Anspruch deutlich benannt. Das versteht sich vor allem aus dem französischen Kontext. Während in Deutschland, und nur in Deutschland, der Begriff Literaturwissenschaft seit dem 19. Jahrhundert gang und gäbe ist, firmiert in Frankreich auch die universitäre Form der Literaturbetrachtung unter dem Begriff Literaturkritik, die sich stark am Kriterium des Geschmacks und der subjektiven Intuition orientiert. Demgegenüber erhebt Bourdieu den Anspruch, Literatur als Ganzes aus streng wissenschaftlicher Sicht zu verstehen. Das bedeutet den Bruch mit einer ganzen Reihe von präwissenschaftlichen Begriffen, die als nicht hinterfragte letztinstanzliche Erklärungsgrößen Legitimität beanspruchen, weil sie von den Autoren selbst – zur Selbststilisierung ihres Tuns – verwendet werden. So etwa die Vorstellung des ‹schöpferischen Genies› als das einzige Erklärungsprinzip des literarischen Werkes. Eine wissenschaftliche Betrachtungsweise erfordere, mit diesen Mythen zu brechen und aus einer Metaperspektive alle Elemente des literarischen Lebens in ihrer Interdependenz einzubeziehen.

Primäres Anliegen Pierre Bourdieus ist es so, die Literaturbetrachtung aus dem Subjektivismus zu lösen, um ihr den Status einer Wissenschaft zu geben. Literaturwissenschaft ist dann ein Teil einer allgemeinen Sozialwissenschaft oder einer sozialwissenschaftlich orientierten Anthropologie. Literatur erscheint als ein Teil aus der Gesamtheit menschlicher Praktiken.

Bourdieu grenzt seinen sozialgeschichtlichen Ansatz nicht nur von einer autorzentrierten Betrachtungsweise ab, sondern auch von der immanenten Methode, die glaubt, der Schlüssel zur Entzifferung des Werkes liege im Werk selbst, was nach ihm ebenfalls eine Hypostasierung eines vorwissenschaftlichen ‹Werk›-Begriffs bedeutet.

Er distanziert sich aber auch von einem traditionellen literatursoziologischen Ansatz, der über ein Zurechnungsparadigma Literatur unmittelbar einzelnen sozialen Gruppen oder Klassen als deren

Weltsicht zuordnet. In seinen Augen ist dieser Ansatz zu reduktionistisch, weil er das verkennt, was Bourdieu zufolge die historische soziale Ausdifferenzierung ausmacht: die sukzessive Ausbildung von einzelnen relativ autonomen Bereichen, die er ‹Felder› nennt. Dadurch gelingt ihm zweierlei. Einerseits führt er die Geschichtlichkeit wieder in die Literaturbetrachtung ein, die von der strukturalistischen und formalistischen Analyse, etwa bei Roland Barthes oder Gérard Genette, ausgeblendet wurde: Geschichtlichkeit verstanden als nicht linearer Prozess der sukzessiven Autonomisierung des literarischen Feldes. Damit respektiert er andererseits die Eigengesetzlichkeit, die (relative) Autonomie der Literatur, was in seinen Augen nicht, wie man in Deutschland oft meint, Elfenbeinturm, Verzicht auf gesellschaftliche Intervention meint, sondern (relative) Unabhängigkeit.

Das eigentlich Soziale für Bourdieu ist gerade das Funktionieren der Literatur nicht als individuelle Tätigkeit, sondern als Aktivität innerhalb einer Institution, eines Feldes, innerhalb dessen die Schriftsteller selbst als Akteure wirken und nicht bloße Sprecher einer sozialen Klasse sind. Die Originalität des Ansatzes von Bourdieu besteht darin, dass er Literatur als ein relativ eigengesetzliches synchrones System oder spezifischer als Feld denkt, dabei aber die Diachronie der Geschichte nicht ausblendet und die Akteure über die Kategorie des Habitus ins Spiel bringt. Bourdieus Literaturbetrachtung ist so von seinem generellen sozialwissenschaftlichen Ansatz geformt worden, der gleichzeitig den Subjektivismus der existentialistischen Bewusstseinsphilosophie und den Objektivismus strukturalistischer Prägung überwinden will.

Der Feldbegriff ist ein Konstrukt, das (unsichtbare) Strukturen, ähnlich wie im Magnetfeld, erkennbar macht. Beim Feldkonzept darf der soziale Raum nicht als Über- und Unterbau gedacht werden; die symbolische und die materielle Dimension stehen nicht in einem gegenseitigen Beherrschungsverhältnis. Das (räumliche) Modell des Feldes dient schlicht dazu, Positionen anzuzeigen. Der Ansatz ist dem relationalen Denken (versus Substanz-Denken) verpflichtet, das nach Ernst Cassirer *(Substanzbegriff und Funktionsbegriff*, 1910), auf den sich Bourdieu beruft, den Denkmodus der modernen Wissenschaft darstellt.

Durch die Unterstreichung des agonistischen Charakters des Feldes weist der Begriff eine gewisse Nähe zu Michel Foucaults

Machtkonzept oder zu Jean-François Lyotards Widerstreit auf, unterscheidet sich aber klar von der Idee einer herrschaftsfreien Kommunikation à la Jürgen Habermas. Im Unterschied zu Foucault geht Bourdieu aber nicht von einem alle Äußerungen bestimmenden Diskurssystem, sondern von einer Korrespondenz von mentalen und sozialen Diskursstrukturen und Positionen aus. Er postuliert eine Homologie zwischen dem Feld der Stellungnahmen – den einzelnen literarischen Werken – und den Stellungen im Feld – etwa die Zugehörigkeit zur etablierten Literatur oder zur Avantgarde.

> Der Prozess, der die Werke hervorbringt, ist das Resultat des Kampfes zwischen den Akteuren, die entsprechend ihrer Stellung im Feld, ihrem spezifischen Kapital, an der Bewahrung, d. h. an der Routine und der Routinisierung oder am Umsturz, d. h. an der Rückkehr zu den Quellen, an der häretischen Kritik, an der Reinheit usf. interessiert sind.[9]

Wenn Bourdieu von den russischen Formalisten für den Raum der Werke die These einer systemimmanenten literarischen Evolution übernimmt, so ergänzt er diese Vorstellung durch eine sich an Max Webers Religionssoziologie orientierenden antagonistischen Rollentypologie, die vom konstitutiven Gegensatz zwischen der Funktion der ‹Priester› (Orthodoxie) und der der ‹Propheten› (Häresie) ausgeht. Der intertextuelle Raum der Werke artikuliert sich immer über die Akteure, deren ästhetische Haltungen sich unter dem Zwang und innerhalb der Grenzen der Position definieren, die sie innerhalb einer historisch situierten Feldstruktur einnehmen. Weder der literarische Akteur noch die Feldstrukturen erscheinen als alleinige Erklärungsinstanzen. Bourdieu postuliert vielmehr ein Zusammenspiel zwischen dem strukturierten und strukturierenden Habitus der Akteure und den (historisch variierenden) Kraftlinien des literarischen Feldes.

Hinsichtlich des feldinternen Kampfes um die kulturelle Legitimität bedeutet dies, dass die ‹Neuen› im Feld, die noch über ein geringes symbolisches Kapital verfügen, sich vor allem durch Innovation, durch die Infragestellung der herrschenden literarischen Normen einen Namen machen können und wollen, während die Vertreter des dominanten Pols an der Wahrung der etablierten literarischen Legitimität interessiert sind. Das Feld ist so stets bestimmt durch ein Machtgefälle und einen Machtkampf.

Der Ansatz Bourdieus, die Texte vom Kontext, d. h. vom Feld der Literaturproduzenten her zu verstehen, bedeutet forschungspraktisch, dass man die zeitgenössische Feldstruktur rekonstruieren muss und sich nicht an die Resultate halten darf, die sich aus dem historischen Kanonisierungsprozess ergeben haben. Konkret: Gegen welche im *Second Empire* existierenden und damals dominanten Dichtergruppen und Dichtungskonzepte musste ein Baudelaire ankämpfen oder besser gesagt anschreiben, um sich einen eigenen – unverwechselbaren – Platz im Feld zu schaffen?

Für Bourdieu sind die formalen Aspekte der Werke keineswegs irrelevant; er geht aber nicht von ihnen aus, sondern versucht, sie von der Struktur des Feldes und der Position der Produzenten im Feld aus zu verstehen und zu erklären. Wenn es das Ziel der feldinternen literarischen Kämpfe ist, das Monopol zu erreichen, mit Autorität zu sagen, was Literatur ist, so wird von der Definition der literarischen Legitimität eine symbolische Hierarchie der literarischen Gattungen abgeleitet, die mitgeprägt wird durch den spezifischen oder nicht spezifischen Charakter der Rezipienten dieser oder jener Kategorie von Literaturprodukten. Das Gattungssystem wird von der Feldtheorie durchaus analysiert, jedoch nicht mit dem Gesellschaftssystem unmittelbar in Verbindung gebracht, sondern in seiner spezifischen symbolischen Wertigkeit innerhalb der Logik des Feldes untersucht.

Den verschiedenen Positionen im Feld der Produktion, die sich auch aus der Gattungswahl, aus den Publikationsorten, aber auch aus äußeren Indizien wie sozialer und geographischer Herkunft ablesen lassen, entsprechen die Positionen, die im Bereich der Ausdrucksformen, der literarischen oder künstlerischen Formen, der Themen, der subtilen formalen Indizien eingenommen werden, die die traditionelle Literaturbetrachtung seit langem erforscht hat. Der Stil, die Form sind in den Augen Bourdieus ebenso soziale Phänomene wie die Autorenrechte, die Beziehungen der Autoren zu den Verlegern oder anderen Schriftstellern.

Für Bourdieu kann die Schreibweise als soziales Phänomen nur durch das Soziale – die Struktur des Feldes – interpretiert werden. Er redet so einer extensiven Literaturbetrachtung das Wort: Es gilt, die gängigen formalen und biographischen Analysen zu betreiben, aber gleichzeitig auch das Feld der Werke und das Feld der Produzenten zu rekonstruieren sowie die Beziehung zwischen den beiden Strukturen. Im Gespräch nach dem Erscheinen der *Règles de l'art* rief er zu einer eigentlichen Kooperation zwischen den Vertretern des formalen und des soziologischen Ansatzes auf.

In letzter Instanz werden bei Bourdieu alle formalen Entscheidungen des Autors – für diese oder jene Gattung, für dieses oder jenes Versmaß usw. – auf die Position des Autors im Feld zurückgeführt und daraus erklärt. Das mag aus soziologischer Perspektive einleuchten, erscheint aber trotzdem etwas monokausal. Kann der Wille, sich gegenüber anderen Polen des Feldes abzusetzen oder sich in einen bestimmten Pol einzuschreiben, alle ästhetischen Entscheidungen erklären? Geht es nicht zuallererst darum, ein in sich stimmiges, geschlossenes – oder auch offenes – Kunstwerk zu schaffen, das zunächst für sich selbst stehen, einer Eigengesetzlichkeit entsprechen muss?

Bourdieu geht es in erster Linie darum, das Kunstwerk von der Produktionsseite her zu erklären, aus der Handlungslogik der Schaffenden. Diese Handlungslogik impliziert seiner Meinung nach beim Autor durchaus auch Vorannahmen eines potentiellen Zielpublikums der ästhetischen Produkte; diese Hypothesen bleiben aber immer noch Teil des Produktionsaspektes. Die reale Rezeption der Kunstwerke durch die Kritik, durch die Leserschaft, die ja auch ein eminent soziales Phänomen darstellt, werden von Bourdieu weniger ins Auge gefasst. Er geht davon aus, dass es eine Art Homologie zwischen dem Feld der ästhetischen Produktion und dem der Publikumsrezeption gibt. Diese These müsste allerdings empirisch überprüft werden. Vom Ansatz Bourdieus her lässt sich aber durchaus eine sozialgeschichtliche Rezeptionsforschung ausbauen. Zentral ist hier die These der Geschichtlichkeit des literarischen Feldes. Die einzelnen Interpretationsweisen der literarischen Werke sind auch wieder durch einen spezifischen geschichtlichen Horizont bestimmt. Auch Bourdieus Lektüre der *Éducation sentimentale* ist eine Lektüre, die nun möglich ist nach der Aufwertung Flauberts durch den Nouveau Roman und nach Sartres Flaubert-Deutung.

Der Begriff des Feldes ebenso wie der Begriff der Struktur suggeriert zunächst einmal die Vorstellung eines synchronen Systems. Das Feld ist ein Konstrukt, um die Macht- und Positionskämpfe kopräsenter Kräfte sichtbar zu machen. Der Untertitel von *Les Règles de l'art* lautet indes: *Genèse et structure du champ littéraire*. Es geht also nicht nur um die Struktur, sondern auch um die Genese. Wenn er tatsächlich großen Wert auf Etikettierung legte, so führte

Bourdieu in einem Gespräch aus, dann würde er sich wahrscheinlich als genetischen Strukturalisten definieren:

> Ich gehe davon aus, dass die Analyse der objektiven Strukturen – die der verschiedenen *Felder* – nicht zu trennen ist von der Analyse der Entwicklung mentaler Strukturen, die – auf der Ebene des biologischen Einzelwesens – sich aus der Inkorporierung sozialer Strukturen und der Genese dieser Strukturen selber noch erklären lassen: Der soziale Raum ebenso wie die darin auftretenden Gruppen sind das Produkt historischer Auseinandersetzungen [...].[10]

Das relationale Denken und die Historisierung sind in der Tat für Bourdieu zwei wichtige Denkansätze, um dem Substantialismus zu entgehen. In dem Bemühen, Genese und Struktur gleichzeitig zu erfassen, äußert sich wiederum der Universalitätsanspruch des Ansatzes, der Versuch, eine vereinigte Sozialwissenschaft zu begründen, «wobei Geschichte eine historische Soziologie der Vergangenheit und die Soziologie eine Sozialgeschichte der Gegenwart wäre».[11] Bourdieu plädiert in diesem Zusammenhang für eine doppelte Historisierung.

> Erstens eine Historisierung des Subjekts der Geschichtsforschung, d. h. seiner Konzepte und Klassifikationsschemata, kurz, des historischen Wahrnehmungsvermögens des Forschers [...]. Zweitens eine Historisierung der analysierten ‹Daten› und zunächst einmal der Dokumente mit dem Ziel, die historischen Kategorien herauszufinden [...], die darin enthalten sind.[12]

Die Geschichte ist für Bourdieu in einem doppelten Sinne im literarischen Feld präsent, zunächst in den einzelnen Werken; dann ist auch das Feld als Ganzes in einen historischen Prozess eingebettet, der grosso modo ein Prozess der wachsenden Autonomisierung darstellt. Das künstlerische Feld ist der Ort eines kumulativen Prozesses, im Laufe dessen sich immer elaboriertere, verfeinerte, subtilere Werke ausbilden, die sich von denen unterscheiden, die nicht das Ergebnis eines solchen Prozesses sind, da sie nur bekannte Muster wiederholen. Avantgarde-Werke sind so erst dann zugänglich, wenn man die Geschichte der vorgängigen künstlerischen Produktion kennt, d. h. jene endlose Reihe der Steigerung und Überwindung, die zum heutigen Stand der Kunst geführt hat. Der Sinn der ‹*anti-poésie*› wird nur verständlich, wenn man mit der Geschichte der Poesie vertraut ist.

Die Geschichte ist nicht nur in den Werken enthalten; das literarische Feld beschreibt selbst eine historische Linie. Bourdieu sieht Geschichte nun keineswegs als lineare Evolution im Sinne einer

Sozial- oder Geschichtsphilosophie. Ihm schwebt eher eine Strukturgeschichte vor. Es gilt, die Struktur eines Feldes zu einem bestimmten historischen Zeitpunkt als Produkt vorgängiger Spannungen und die Dynamik dieser Struktur als Motor für spätere Transformationen zu beschreiben. Auf das literarische Feld wirken sich die feldexternen Faktoren – ökonomische Krisen, technische Veränderung, politische Revolutionen – nicht direkt aus, sondern vermittelt über die Veränderung der Struktur des Feldes. Für Bourdieu gibt es kein transhistorisches Gesetz, das die Verhältnisse zwischen den einzelnen Feldern regeln würde, selbst wenn man durchaus davon ausgehen könne, dass in den Industriegesellschaften die Wirkungen des ökonomischen Feldes besonders stark seien. Bourdieu lehnt aber eine eindimensionale Widerspiegelungsthese ab. Er unterstreicht vielmehr, wie im Laufe des Autonomisierungsprozesses das literarische Feld versuchte, sich von externen (politischen) Vorgaben, seien sie konservativer oder revolutionärer Natur, in einem ‹doppelten Bruch› zu lösen. Der Prozess wird aber keineswegs als irreversibel eingeschätzt.

In den Augen Bourdieus vermag der Begriff des Feldes die Antithese zwischen interner und externer Literaturbetrachtung zu überwinden, ohne dass dabei die Ergebnisse des einen oder des anderen Ansatzes aufgegeben werden müssen. Die Antinomie zwischen einer Struktur, die als synchron erfasst wird, und der Geschichte wird transzendiert, wenn man den Motor der Veränderung nicht in den Werken selbst sucht, sondern in der Grundopposition zwischen den dominanten Positionen, die auf Bewahrung der symbolischen Ordnung aus sind, und denjenigen, die einen häretischen Bruch mit dieser Ordnung vollziehen.

Die Geschichte des einzelnen Feldes ist die Geschichte seiner Autonomisierung, die Geschichte einer dynamischen Auseinandersetzung zwischen dem Prinzip der Autonomie und demjenigen der Heteronomie. Schon in seinen früheren Arbeiten zum literarisch-künstlerischen Feld hatte Bourdieu die Grundlinien einer Geschichte des Autonomisierungsprozesses der Literatur entworfen und dabei aufgezeigt, wie die Epoche vom Mittelalter bis zur Klassik von externen Legitimationsinstanzen (Kirche, Aristokratie) bestimmt war, die in der Lage waren, ihre moralischen und ästhetischen Vorstellungen auch im Bereich der Literatur durchzusetzen. Doch lasse sich schon im Florenz des 15. Jahrhunderts für die

Sphäre der Kunst (Form/Stil) die Ausbildung einer eigenen künstlerischen Legitimität feststellen, die sich nicht mehr den religiösen und politischen Normen unterwerfe. Diese Bewegung sei aber während zweier Jahrhunderte durch die absolutistische Monarchie und die Gegenformation blockiert worden, die die Kunst wieder ihren Interessen unterzuordnen versuchten. In der Studie *Les Règles de l'art* untersucht Bourdieu vor allem die Konstitution eines (relativ) autonomen Feldes (in Frankreich) vom *Second Empire* an mit der Behauptung eines autonomen Status als Dichter und Schriftsteller durch Flaubert und Baudelaire.

Pierre Bourdieu war in erster Linie Sozialwissenschaftler. Im Unterschied zu Émile Durkheim und Claude Lévi-Strauss stimmte er mit Karl Marx und Max Weber darin überein, dass Sinnbeziehungen auf Machtbeziehungen beruhen. Während Marx in seiner antiidealistischen Haltung das Symbolische als bloße Widerspiegelung der ökonomisch-politischen Beziehungen betrachtete, unterstrich Bourdieu die Eigenlogik des Symbolischen. Das erklärt auch, warum er sich intensiv mit symbolischen Praktiken – der Religion, der Kunst und der Literatur – auseinandersetzte. Von Ernst Cassirer übernahm er den relationalen Ansatz, und sein Habituskonzept verdankt viel Erwin Panofsky. Ähnlich wie Ludwig Wittgenstein misstraute er empirielosen Großtheorien, die er etwa im Werk von Louis Althusser oder Theodor W. Adorno verkörpert sah. Aber ebenso wandte er sich gegen einen neopositivistischen Empirismus ohne jede theoretische Phantasie. Als Sozialwissenschaftler suchte Bourdieu nach Antworten auf die Fragen, die die Philosophie stellt. Der gängigen Philosophie warf er aber Kontext- und Geschichtsvergessenheit vor; so kritisierte er auch entschieden Hans-Georg Gadamers – aus seiner Sicht – enthistorisierende Verstehenstheorie. Wenn er zunächst auch im Banne des Strukturalismus stand, so entfernte er sich davon, indem er über den Habitusbegriff die Akteure und auch die Geschichtlichkeit wieder einführte. Damit setzte er sich auch von immanent-formalistischen Betrachtungsweisen der Literatur – etwa von Gérard Genette oder Roland Barthes – ab, die sich teilweise am Strukturalismus orientierten.

Literatur und Kunst sind für Bourdieu Felder, die viele Invarianten mit anderen Bereichen der sozialen Welt teilen, sich aber auch von ihnen durch spezifische Züge unterscheiden. Darum betrachtet er das literarische Feld mit seinem eigenen theoretischen Instrumentarium und bezieht sich kaum auf andere Literaturtheoretiker. Georg Lukács und Lucien Goldmann werden kaum erwähnt, vor allem weil ihr Zurechnungsparadigma Literatur zu unmittelbar auf soziale Klassen bezieht und den Autonomisierungsprozess der Literatur verkennt. Der französische Literatursoziologe Robert Escarpit wird überhaupt nicht genannt, wohl weil dieser vor allem den Gebrauch von Literatur – Lektüregewohnheiten, Diffusion der Literatur in Bibliotheken und durch Verkaufsstellen – untersucht.

Die Figur, an der sich Bourdieu am meisten reibt, ist Jean-Paul Sartre. Wenn er in den *Règles de l'art* Flaubert exemplarisch untersucht, dann auch, um sich gegen dessen subjektzentrierte Deutung Flauberts in *L'Idiot de la famille* (1971-1972) zu wenden. Vom agonistischen Ansatz her ergibt sich eine gewisse Nähe zu Foucault, dessen monokausale Bestimmung durch Diskursstrukturen er aber ablehnt. Aus deutscher Sicht müsste man auch eine Nähe zu Niklas Luhmanns Systemtheorie annehmen. Der Autonomisierungsprozess der einzelnen kulturellen Felder scheint der Ausbildung funktional differenzierter Systeme bei Luhmann zu gleichen. Innerhalb der Systemtheorie stellt das statische Gleichgewicht den Normalzustand dar und der Konflikt erscheint als eine Störung dieser Statik, bei Bourdieu hingegen stellt der als Machtkampf verstandene Konflikt das Grundprinzip dar. Die Autonomie eines Feldes ist bei Bourdieu nicht Resultat einer funktionalen Differenzierung, sondern Ergebnis eines emanzipatorischen Kampfes gegen das Machtfeld. Im Unterschied zur Systemtheorie geht Bourdieu von einer Hierarchie der Felder aus. Wenn in *Les Règles de l'art* Luhmann nicht erwähnt wird, so ist das kein Zufall. Die beiden Ansätze sind letztlich kaum vermittelbar.

3. Wirkung

Bourdieu betrachtete sein Buch über Kunst und Literatur, *Les Règles de l'art*, als eines seiner Hauptwerke. Mittlerweile ist es in nicht weniger als 15 Sprachen übersetzt worden. Trotzdem zählt diese Studie keineswegs zu den am meisten diskutierten. Bourdieus Literatur- und Kunstbetrachtung ist stark profiliert und wirkt auch etwas exklusiv. Deswegen können kaum einzelne Elemente in eine andere Literaturtheorie integriert werden. Sehr fruchtbar sind aber seine Konzepte für die konkrete literaturwissenschaftliche Arbeit.

Der Begriff des literarischen Feldes ist zu einem Standardbegriff geworden. Wichtiger noch als der Begriff ist indes der relationale Ansatz.

Bourdieus Ansatz kann wohl darum als ‹klassisch› bezeichnet werden, weil er die Literatursoziologie aus ihrer Partialität erlöst hat und eine sozialgeschichtliche Betrachtung der Literatur nicht mehr auf den Literaturbetrieb und -vertrieb reduziert. Er tritt mit dem Anspruch auf, den gesamten Bereich der Literatur – die Werke selbst, aber auch deren Produktion und Rezeption – aus sozialwissenschaftlicher Perspektive zu erfassen. Es handelt sich hier zweifellos um die komplexeste Variante der Literatursoziologie.

Originell ist Bourdieus Ansatz, weil er über die Aporien der Subjektphilosophie und des Strukturalismus hinausführt. Wenn Bourdieu das strukturale Verfahren der Objektivierung durch Einbettung in ein System als richtig erachtet, so sieht er doch darin die Gefahr des Objektivismus und sucht deswegen den Strukturalismus zu transzendieren, indem er nach dem Objektivierungsschritt wieder die Situation der Akteure ins Visier nimmt. Die internationale Resonanz, die Bourdieu gefunden hat, ist unbestritten. Heute ist er weltweit der nach Michel Foucault meistzitierte Autor unter den Philosophen und Sozialwissenschaftlern, die im 20. Jahrhundert geboren wurden.[13]

Die Originalität des Ansatzes von Pierre Bourdieu besteht aber auch in seiner Verbindung von Empirie und Theorie, die dank ihrer Offenheit auf die konkrete literaturwissenschaftliche Forschung anregend wirkte. Die zahlreichen sozialgeschichtlichen Arbeiten, die sich auf das Feldkonzept berufen, belegen zweifellos die Fruchtbarkeit dieser Betrachtungsweise. Erwähnt seien hier die Arbeiten von Alain Viala zum französischen literarischen Feld des 17. Jahrhunderts, diejenigen von Christophe Charle und Rémy Ponton zum 19. Jahrhundert, diejenigen von Anna Boschetti, Pascale Casanova, Gisèle Sapiro, Hervé Serry, Jacques Dubois, Jérôme Meizoz und Michael Einfalt zum 20. Jahrhundert. Aber auch im deutschen Raum sind in letzter Zeit eine ganze Reihe von Studien entstanden, die mit der Theorie des literarischen Feldes arbeiten, so die Arbeit von Norbert Christian Wolf zu Goethes Ästhetik, Heribert Tommeks Analyse von Jakob Michael Reinhold Lenz und Markus Jochs Untersuchung zum intellektuellen Habitus von Heinrich Heine, Heinrich Mann und Hans Magnus Enzensberger. Verwiesen sei auch auf die Sammelbände *Text und Feld. Bourdieu in der literaturwissenschaftlichen Praxis* (2005) und *Mediale Erregungen? Autonomie und Aufmerksamkeit im Literatur- und Kunstbetrieb der Gegenwart* (2009).

Literatur

1. Werkausgaben

Bourdieu, Pierre: Champ intellectuel et projet créateur, in: Les Temps modernes 22 (1966), S. 865–906 (Dt.: Künstlerische Konzeption und intellektuelles Kräftefeld, in: Ders.: Zur Soziologie der symbolischen Formen, übers. von Wolfgang Fietkau, Frankfurt/M. 1974, S. 75–124).

– Disposition esthétique et compétence artistique, in: Les Temps modernes 27 (1971), S. 1345–1378.

– Le Marché des biens symboliques, in: L'Année sociologique 22 (1971), S. 49–126 (Dt.: Die Wechselbeziehungen von eingeschränkter Produktion und Großproduktion, übers. von Bernd Schwibs, in: Bürger, Christa/Bürger, Peter/Schulte-Sasse, Jochen [Hg.]: Zur Dichotomisierung von hoher und niederer Literatur, Frankfurt/M. 1982, S. 40–61).

– Champ du pouvoir, champ intellectuel et habitus de classe, in: Scolies, Cahiers de recherches de l'Ecole Normale Supérieure (1971), H. 1, S. 7–26 (Dt.: Habitus, Herrschaft und Freiheit, in: Ders.: Wie die Kultur zum Bauern kommt. Über Bildung, Schule und Politik, übers. von Jürgen Bolder, Franz Hektor u. Joachim Wilke, hg. von Margareta Steinrücke, Hamburg 2004, S. 162–173).

– L'Invention de la vie d'artiste, in: Actes de la recherche en sciences sociales 13 (1977), S. 4–43 (Dt.: Flaubert – Einführung in die Sozioanalyse, in: Sprache im technischen Zeitalter [1987], H. 102, S. 173–189; [1987], H. 103, S. 240–250).

– Questions de sociologie, Paris 1980 (Dt.: Soziologische Fragen, übers. von Hella Beister u. Bernd Schwibs, Frankfurt/M. 1993). Darin: Quelques propriétés des champs, S. 113–120 (Dt.: Über einige Eigenschaften von Feldern, S. 107–114) u. Mais qui a créé les ‹créateurs›? S. 207–221 (Dt.: Aber wer hat denn die ‹Schöpfer› geschaffen? S. 197–211).

– Le Champ littéraire. Préalables critiques et principes de méthode, in: Lendemains IX, 36 (1984), S. 5–20.

– The Genesis of the Concepts of Habitus and Field, in: Sociocriticism 2 (1985), S. 11–26 (Dt.: Einführung in eine Soziologie des Kunstwerks, in: Ders.: Die Intellektuellen und die Macht, übers. von Jürgen Bolder, Ulrike Nordmann u. Margareta Steinrücke, hg. von Irene Dölling, Hamburg 1991, S. 101–124).

– Choses dites, Paris 1987 (Dt.: Rede und Antwort, übers. von Bernd Schwibs, Frankfurt/M. 1992). Darin: Le Champ intellectuel: un monde à part, S. 167–177 (Dt.: Das intellektuelle Feld: Eine Welt für sich, S. 155–178).

– Le Champ littéraire, in: Actes de la recherche en sciences sociales 89 (1991), S. 4–46 (Dt.: Das literarische Feld. Die drei Vorgehensweisen, übers. von Stephan Egger, in: Pinto, Louis/Schultheis, Franz [Hg.]: Streifzüge durch das literarische Feld, Konstanz 1997, S. 33–147).

– Les Règles de l'art. Genèse et structure du champ littéraire, Paris 1992 (Dt.: Die Regeln der Kunst. Genese und Struktur des literarischen Feldes, übers. von Bernd Schwibs u. Achim Russer, Frankfurt/M. 1999).
– Le Fonctionnement du champ littéraire, in: Regards sociologiques 17/18 (1999), S. 5–27.

2. *Bibliographien*

Delsaut, Yvette/Rivière, Marie-Christine: Bibliographie des travaux de Pierre Bourdieu, Pantin 2002.
Bibliographie Pierre Bourdieu, in: Bourdieu, Pierre: Forschen und Handeln. Recherche et action. Vorträge am Frankreich-Zentrum der Albert-Ludwigs-Universität Freiburg (1989–2000), übers., komm. u. hg. von Joseph Jurt, Freiburg 2004, S. 125–143).

3. *Biographien*

Bourdieu, Pierre: Ein soziologischer Selbstversuch, übers. von Stefan Egger, Frankfurt/M. 2002.
Jurt, Joseph: Pierre Bourdieu. Leben und Zeit, in: Fröhlich, Gerhard/Rehbein, Boike (Hg.): Bourdieu-Handbuch. Leben – Werk – Wirkung, Stuttgart 2009, S. 1-9.

4. *Sonstige Sekundärliteratur*

Einfalt, Michael/Jurt, Joseph (Hg.): Le Texte et le contexte. Analyses du champ littéraire français. (XIXe et XXe siècle), Berlin/Paris 2002.
Gebauer, Gunter/Wulf, Christoph (Hg.): Praxis und Ästhetik. Neue Perspektiven im Denken Pierre Bourdieus, Frankfurt/M. 1993.
Joch, Markus/Wolf, Norbert Christian (Hg.): Text und Feld. Bourdieu in der literaturwissenschaftlichen Praxis, Tübingen 2005.
Jurt, Joseph: Die Theorie des literarischen Feldes. Zu den literatursoziologischen Arbeiten Bourdieus und seiner Schule, in: Romanistische Zeitschrift für Literaturgeschichte 5 (1981), S. 454–479.
– Das literarische Feld. Das Konzept Pierre Bourdieus in Theorie und Praxis, Darmstadt 1995.
– Das Feld der Kunst und der Literatur, in: Jurt, Joseph (Hg.): Absolute Pierre Bourdieu, überarb. Neuaufl., Freiburg 2007, S. 112–122.
Pinto, Louis: Feldtheorie und Literatursoziologie. Überlegungen zu den Arbeiten Pierre Bourdieus, in: Pinto, Louis/Schultheis, Franz (Hg.): Streifzüge durch das literarische Feld, Konstanz 1997, S. 9–32.
Schwingel, Markus: Kunst, Kultur und Kampf um Anerkennung. Die Literatur- und Kunstsoziologie Pierre Bourdieus in ihrem Verhältnis zur Erkenntnis- und Kultursoziologie, in: Internationales Archiv für Sozialgeschichte der deutschen Literatur 22 (1997), H. 2, S. 109–151.

Anmerkungen

1 Bourdieu, Selbstversuch, S. 113.
2 Curtius, Ernst Robert: Die französische Kultur, Bern/München 1975, S. 74.
3 Bourdieu, Regeln, S. 16.
4 Ebd., S. 66.
5 Ebd., S. 67.
6 Ebd., S. 68.
7 Les Inrockuptibles, 29. Jan.–4. Febr. 2002, S. 12.
8 Ebd., S. 18.
9 Bourdieu, Einführung, S. 113.
10 Bourdieu, Rede, S. 31–32.
11 Pierre Bourdieu im Gespräch mit Lutz Raphael, in: Geschichte und Gesellschaft 22 (1996), S. 169.
12 Ebd., S. 79.
13 Nach Wuggenig, Ulf: Die Übersetzung von Bildern. Das Beispiel von Pierre Bourdieus La Distinction, in: Bismarck, Beatrice von/Kaufmann, Therese/Wuggenig, Ulf (Hg.): Nach Bourdieu: Visualität, Kunst, Politik, Wien 2008, S. 161. Der Autor erwähnt folgende Zitationszahlen: 97 400 für Michel Foucault, 49 000 für Pierre Bourdieu, 42 500 für Jacques Derrida, 41 200 für Roland Barthes.

Peter V. Zima

Jacques Derrida
(1930–2004)

I. Leben

Jacques Derrida wurde am 15. Juli 1930 im algerischen El Biar geboren und starb am 8. Oktober 2004 in Paris. Er gilt als Begründer der sogenannten Dekonstruktion, die er in einem Gespräch als «stratégie générale de la déconstruction»[1] bezeichnet. Nach dem *Lycée Gauthier* in Algier, wo er die Werke Henri Bergsons und Jean-Paul Sartres kennenlernt und beginnt, sich als Philosoph und Schriftsteller zu positionieren, besucht er bis 1952 das *Lycée Louis-le-Grand* in Paris. Von 1952 bis 1953 studiert er an der *École Normale Supérieure*, wo er sich mit Louis Althusser anfreundet. In den Jahren 1959 und 1960 ist er als Gymnasiallehrer in Le Mans tätig, später, 1960 bis 1964 lehrt er an der Sorbonne – gemeinsam mit Gaston Bachelard, Georges Canguilhem und Paul Ricœur – Allgemeine Philosophie und Logik. Im Jahre 1967 hält er vor der *Société française de philosophie* einen Vortrag über den Schlüsselbegriff der Dekonstruktion mit dem Titel *Die Différance* (*La différance*). Im selben Jahr wird er mit drei Werken bekannt, die zu Ausgangspunkten der Dekonstruktion werden: *La voix et le phénomène* (Dt.: *Die Stimme und das Phänomen*, 1979), *L'écriture et la différence* (Dt.: *Die Schrift und die Differenz*, 1972) und *De la grammatologie* (Dt.: *Grammatologie*, 1974). Er veröffentlicht Aufsätze in der Pariser Zeitschrift *Tel Quel* und unterhält eine enge Beziehung zu Philippe Sollers, Julia Kristeva und anderen Redaktionsmitgliedern. Nach einem kurzen Aufenthalt als *chercheur* am CNRS lehrt er bis 1984 als *maître-assistant* an der *École Normale Supérieure*. Trotz seiner Mitwirkung an verschiedenen *Tel-Quel*-Nummern distanziert er sich von den marxistischen, später maoistischen Positionen dieser Zeitschrift. Er lehrt seit 1975 auch in Yale, wo seine Dekonstruktion eine nachhaltige Wirkung auf die Literaturtheorien der sogenannten *Yale Critics* – Paul de Man, J. Hillis Miller und Geoffrey H. Hartman – ausübt. Für sein politisches Engagement zeugt die Gründung der *Jan Hus-Gesellschaft*, die er gemeinsam mit mit Jean-Pierre Vernant ins Leben gerufen hat und die in Prag geheime

Seminare für Dissidenten organisiert. Bei einem seiner Prag-Besuche wird er verhaftet und erst nach internationalen Protesten und einer energischen Intervention der französischen Regierung freigelassen. 1983 wird er zum Gründungsdirektor des *Collège international de philosophie* gewählt und ist gleichzeitig als *Directeur d'études* an der *École des Hautes Etudes en Sciences Sociales* und als *visiting professor* an den Universitäten Irvine und Cornell in den USA tätig. Im Laufe der neunziger Jahre veröffentlicht er Schriften wie *Du droit à la philosophie* (1990; Dt.: *Vom Recht auf Philosophie*, 2004), *Spectres de Marx* (1993; Dt.: *Marx' Gespenster*, 1995), *Politiques de l'amitié* (1994; Dt.: *Politik der Freundschaft*, 2000) und *Sur parole* (1999), die von einem politischen Engagement der Dekonstruktion zeugen. Im Jahre 2001 erhält Derrida den Adorno-Preis.

2. Werk

Jacques Derrida, der das Wort Klassiker sicherlich nicht goutiert hätte, wird von manchen dennoch als Klassiker der Literaturtheorie gelesen, weil er einen wesentlichen Gedanken zur Sprache brachte, der in der hegelianischen Dialektik, der Hermeneutik und der Semiotik verpönt war: den Gedanken, dass philosophische und literarische Texte nicht sinnvolle Totalitäten oder zusammenhängende Zeichensysteme oder Bedeutungsstrukturen mit Dominanten sind, sondern von Zweideutigkeiten, Vieldeutigkeiten und Widersprüchen durchwirkte Zeichenkonstellationen, die sich jeder Art von Bedeutungszuordnung als Vereinheitlichung oder Monosemierung widersetzen.

Dies ist ein Grund, weshalb es nicht sinnvoll wäre, von ihm eine kurze und klare Antwort auf die Frage, ‹was Literatur sei›, zu erwarten: Auch ‹Literatur› als ausuferndes historisches Textkorpus, das einem ständigen Bedeutungs- und Funktionswandel unterliegt, kann nicht auf den Begriff gebracht werden.

Der andere Grund hängt eng mit der Ausrichtung seiner dekonstruktivistischen Philosophie zusammen. Diese geht u. a. von Friedrich Nietzsches radikaler Kritik der Metaphysik aus, welche darauf abzielt, die scheinbar unumstößlichen Wahrheiten der Philosophen – von Plato bis Georg Wilhelm Friedrich Hegel – mit den Mitteln der Rhetorik (als Theorie der Tropen) aufzulösen. Auf die metaphysische Frage, was Wahrheit sei, antwortet Nietzsche:

> Ein bewegliches Heer von Metaphern, Metonymien, Anthropomorphismen, kurz eine Summe von menschlichen Relationen, die, poetisch und rhetorisch gesteigert, übertragen, geschmückt wurden und die nach langem Gebrauch einem Volke fest, kanonisch und verbindlich dünken […].[2]

Mit etwas Übertreibung ließe sich behaupten, dass die gesamte Dekonstruktion Derridas in dieser Passage angelegt ist. Denn Philosophie erscheint hier nicht länger als begriffliches Denken, das induktiv oder deduktiv zeitlose Wahrheiten hervorbringt, sondern als ein auf kollektiven Konventionen gründender Sprachgebrauch. Dieser ist partikular, kontingent und kann jederzeit durch kritische Analyse in Frage gestellt, dekonstruiert werden. Wenn sich die Wahrheit, die Nietzsche rhetorisch relativiert, als Schein entpuppt, kann auch die Wahrheit über die Literatur nicht begrifflich, d. h. als eindeutige Definition oder *Sinnpräsenz* (*présence du sens*, Derrida) formuliert werden.

In diesem Kontext ist der erste Satz von Derridas Antwort auf die Frage «Was ist Dichtung?» zu verstehen:

> Um auf eine solche Frage zu antworten (*mit – nur zwei Wörtern, nicht wahr?*), verlangt man von dir, daß du auf das Wissen zu verzichten weißt.[3]

Schon die Textanordnung deutet an, dass nicht ein Philosoph im traditionellen Sinne oder gar ein Literaturwissenschaftler der empiristisch-rationalistischen Schule spricht, sondern jemand, der nicht an die Möglichkeit eindeutiger Definitionen glaubt – und auch nicht an die Möglichkeit, Sinngegenwart als Eingrenzung von Sinn oder Definition herbeizuführen. Um diese skeptische Einstellung zu verstehen, die mit der postmodernen Partikularisierungs- und Pluralisierungstendenz und mit der postmodernen Ablehnung des Universalismus zusammenhängt,[4] ist es notwendig, weiter auszuholen und Derridas Kritik der Metaphysik näher zu betrachten.

In seinen Kritiken an Plato, Étienne Bonnot de Condillac, Jean-Jacques Rousseau, Edmund Husserl und Martin Heidegger geht Derrida von dem Kerngedanken aus, dass alle diese Philosophen – ebenso wie Ferdinand de Saussure – dem geschriebenen Wort misstrauen, weil sie sehr wohl wissen oder ahnen, dass die Schrift (*écriture*) rhetorisch labil ist, und deshalb das gesprochene Wort (*parole*) bevorzugen. Derrida versucht zu zeigen, wie Plato in *Phaidros* das geschriebene Wort abwertet und mit einer Droge (*Pharmakon*) vergleicht, die zwar den Vorteil hat, unserer Erinnerung nachzuhelfen, zugleich aber eine Atrophie der Erinnerung zur Folge hat, weil sie uns dazu verführt, auf den Gebrauch unseres Gedächtnisses zu verzichten. Plato, meint Derrida, sei ein Gegner des geschriebenen Wortes:

> Denn in Wahrheit [sei] die Schrift ihrem Wesen nach schlecht, dem Gedächtnis äußerlich, und sie bring[e] kein Wissen hervor, sondern eine Meinung, keine Wahrheit, sondern Schein.[5]

An dieser Stelle folgt Derrida Nietzsche und wertet den Schein – die Schrift – der metaphysischen *parole* als «Sinngegenwart» gegenüber auf. Weit davon entfernt, sagt er, für Sinnpräsenz und Eindeutigkeit zu bürgen, ist das gesprochene Wort vor den Vieldeutigkeiten und Sinnverschiebungen der Sprache nicht gefeit, weil die Sprache von einer ‹Urschrift› oder *archi-écriture* durchwirkt ist. Diese These ist nicht historisch aufzufassen: Denn Derrida behauptet nicht, dass in der Entwicklung der Menschheit das geschriebene Wort dem gesprochenen vorausgeht, sondern dass dieses immer schon die Vieldeutigkeiten der Schrift (als *archi-écriture*) enthält. Dem Autor der *Grammatologie* erscheint diese als «Bedingung für jedes sprachliche System».[6]

Nicht nur Plato, auch einigen Philosophen der Neuzeit wie Rousseau und Condillac wirft Derrida vor, die *parole* der *écriture* gegenüber aufzuwerten und so die von Plato begründete logozentrische Tradition fortzusetzen, die ein Versuch ist, den begrifflichen Logos als Herrschaftsinstrument mit allen Mitteln an der Macht zu halten. Im Zusammenhang mit Condillac bemerkt Derrida: «Die Wurzel des Übels ist das Schreiben. Der frivole Stil der Schreib-Stil.»[7]

Daher ist eine väterliche Instanz vonnöten, die in der Philosophie die «frivole Schrift» bewacht und versucht, sie den Regeln des gesprochenen Wortes, der *parole*, anzunähern. Diese Instanz bezeichnet Derrida als *Phallogozentrismus* (*Phallus* + *Logos*), den er außer bei Plato, Rousseau und Condillac auch bei Hegel, Husserl und Heidegger zu beobachten meint. Da der Logozentriker Hegel – paradoxerweise – Derridas zentralen Begriff der *différance* (Dt.: *Differänz*) antizipiert, wird er hier trotz seiner Zugehörigkeit zum späten 18. und frühen 19. Jahrhundert Husserl und Heidegger nachgestellt.

Edmund Husserl, Begründer der modernen Phänomenologie, der u. a. für seinen Entwurf der Philosophie als «strenger Wissenschaft» bekannt ist, nahm sich eine «endgültige Fixierung der wissenschaftlichen Sprache»[8] vor. Ein solches Vorhaben muss dem Dekonstruktivisten, der jede begriffliche Fixierung als «Sinnpräsenz» für eine Illusion hält, ein Dorn im Auge sein. Schon deshalb nimmt es nicht wunder, dass Derrida Husserl vorwirft, logozentristisch vorzugehen und das gesprochene Wort (*phoné*) zu privilegieren, um die Bewegung des Sinnes eindämmen und in eine eindeutige Sinngegenwart verwandeln zu können:

> Die von der ganzen Geschichte der Metaphysik implizierte notwendige Privilegierung der *phoné* wird von Husserl noch radikalisiert, indem er mit größtem kritischen Raffinement deren Mittel und Möglichkeiten ausschöpft.[9]

Der Sprachduktus dieses Satzes zeugt von einer gewissen Faszination, die Derrida dem Logozentrismus gegenüber empfindet, den es aus seiner Sicht zu bekämpfen gilt.

Diese Faszination wird durch seine ambivalente Einstellung zu Heidegger noch gesteigert. Denn Heidegger erscheint ihm einerseits als radikaler Kritiker der abendländischen Metaphysik, andererseits als Erbe von deren Logozentrismus. Obwohl Derrida an die Seinsphilosophie anknüpft, wenn er Heideggers «Destruktion der Metaphysik» als Zerlegung oder «Dekonstruktion» mit anderen Mitteln fortsetzt, wirft er Heidegger vor, eine «Metaphorik der Präsenz» und der «Gegenwart der Stimme»[10] entwickelt zu haben, die ihn in der Tradition des Logo- und Phonozentrismus verharren lässt. Dennoch meint Derrida, dass Heidegger der Negativität als Sinnabwesenheit Rechnung trägt, indem er «das Differente aus der Differenz»[11] zu denken versucht.

In dieser Hinsicht trifft er sich mit Hegel, in dessen systematischer Philosophie der Logozentrismus zwar seinen Höhepunkt erreicht, zugleich aber über sich selbst hinausweist. Derrida fasst Hegel als einen Philosophen der Totalität auf, der – gleichsam *malgré lui* – dem Leser vor Augen führt, dass die Totalität unabschließbar und der Sinn nicht fixierbar ist.

Das Anliegen des Dekonstruktivisten ist klar: Ähnlich wie Karl Marx, der nachzuweisen versuchte, dass der Hauptvertreter der idealistischen Philosophie, ohne es zu beabsichtigen, den Idealismus in historischen Materialismus umschlagen lässt, will er zeigen, dass der Totalitätsdenker, ohne es zu beabsichtigen, die Totalität öffnet und dadurch die *différance* als Sinnverschiebung ankündigt. Als Logozentriker ist Hegel zweifellos ein Denker der *parole* und der Sinngegenwart: «Und doch kann alles, was Hegel in diesem Horizont gedacht hat – das heißt alles außer der Eschatologie –, auch als Überlegung zur Schrift gedacht werden.»[12]

Hegel kann dekonstruktivistisch, d. h. gegen den Strich gelesen werden, weil man den Totalitätsbegriff gegen sein Systemdenken wenden kann. «Warum nicht den ganzen Zusammenhang?», fragt der Erzähler von Jürgen Beckers *Umgebungen* (1970) und antwortet: «Weil der ganze Zusammenhang nie aufhört [...].»[13] Der Gesamtzusammenhang als hegelsche Totalität ist nicht bestimmbar, eingrenzbar, definierbar, so dass sich die postmodern betrachtete Totalität öffnet und in eine endlose Verschiebung des Sinnes übergeht: in *différance*.

In diesem Zusammenhang zerlegt Derrida auch Saussures rationalistisches System, in dem es gilt, die Bedeutung von Zeichen durch ihre Differenz von benachbarten Zeichen zu bestimmen. Dazu heißt es in Saussures *Cours de linguistique générale*:

> Innerhalb einer und derselben Sprache begrenzen sich gegenseitig alle Worte, welche verwandte Vorstellungen ausdrücken: Synonyma wie *denken, meinen, glauben* haben ihren besonderen Wert nur durch ihre Gegenüberstellung; wenn *meinen* nicht vorhanden wäre, würde sein ganzer Inhalt seinen Konkurrenten zufallen.[14]

Was für Hegels Totalität gilt, gilt auch für Saussures System: Die Sprache in ihrer Gesamtheit ist offen und unterliegt einem soziohistorischen Wandel, der eine Fixierung ihrer Sinneinheiten kaum zulässt. Wie im Falle von Hegel und Heidegger übernimmt Derrida auch einen Grundgedanken des Genfer Linguisten: jedoch nur um ihn in sein Gegenteil zu verkehren. Es sei zwar richtig, sagt er, dass die Bedeutung eines Wortes nicht an und für sich, sondern nur in Bezug auf dessen Differenzen im Vergleich zu anderen Worteinheiten zu bestimmen ist; er fügt aber sogleich hinzu, dass auch Saussures differenzielle Betrachtung Wortbedeutungen nicht fixieren kann. Der Sinn kann nicht vergegenwärtigt werden, weil der historische Sprachzusammenhang nie aufhört – ebenso wenig wie der Differenzierungsprozess, von dem Bedeutungen abhängen.

Für Derrida ist jeder Text – sowohl der literarische als auch der philosophische – ein offenes Zusammenwirken von Signifikanten, und jeder Versuch, diese Signifikanten an stabile Signifikate oder Begriffe zu binden, mündet in die *différance*:

> Und wenn die Bedeutung des Sinns (in der allgemeinen Bedeutung des Wortes Sinn, nicht aber von Bezeichnung) unendliches Einbegriffensein ist? Die unbestimmte Rückverweisung eines Signifikanten auf einen Signifikanten? Wenn seine Kraft eine gewisse reine und unendliche Mehrdeutigkeit ist, die dem bezeichneten Sinn keinen Aufschub und keine Ruhe läßt, die ihn in seiner eigenen *Ökonomie* auffordert, zum Zeichen zu werden und sich selbst aufzuschieben?[15]

In dieser Passage wird deutlich, warum Derrida auch als Poststrukturalist bezeichnet werden kann und warum diese Bezeichnung sogar wörtlich aufzufassen ist: Anders als Strukturalisten wie Saussure, Louis Hjelmslev, André Martinet oder Algirdas Greimas, die von dem Postulat ausgingen, dass Bedeutungseinheiten (welcher Art auch immer) innerhalb der Struktur bestimmt, definiert werden können, versucht Derrida nachzuweisen, dass die Differenzen zwischen den Bedeutungseinheiten nicht zur Eingrenzung und Fixierung des Sinnes beitragen, weil sie stets auf andere Bedeutungseinheiten verweisen. Dieser Bedeutungszusammenhang ist offen: «eine unbestimmte Rückverweisung eines Signifikanten auf einen Signifikanten» – und keine Struktur von Signifikaten oder Begriffen, keine «Sinngegenwart».

Im Anschluss an die *différance* ist Derridas zweiter Schlüsselbegriff zu verstehen: die ‹Iterabilität› (*itérabilité*). Anders als die *différance*, die eine endlose Verschiebung der «Sinnpräsenz» meint, besagt die Iterabilität, dass Wiederholung eines Wortzeichens oder einer größeren semantischen Einheit die Textkohärenz nicht stärkt, sondern zerfallen lässt. Insofern stellt sie eine der Grundannahmen von Greimas' strukturaler Semiotik in Frage: den Gedanken, dass Wiederholung einerseits den Textsinn entwickelt, andererseits die Textkohärenz konsolidiert.

Dieser Gedanke kommt in Greimas' und Joseph Courtés' Definition der ‹semantischen Isotopie› zum Ausdruck: «Wiederholtes Auftreten von Klassemen auf einer syntagmatischen Achse, die die Homogenität des Diskurses als Aussage gewährleistet.»[16] Derrida widerspricht dieser Auffassung mit seiner Definition von Iterabilität als sinnzersetzender Wiederholung:

> Die Iterabilität verändert und kontaminiert auf parasitäre Art gerade das, was sie identifiziert und wiederholt; sie bewirkt, daß man (immer schon, auch)

etwa anderes sagt, als man sagt *und* sagen möchte, etwas anderes versteht... usw.[17]

Allerdings bringt Derrida dieses Argument nicht in einer Kritik an Greimas vor, sondern in seinen Auseinandersetzungen mit John L. Austins und John R. Searles Sprechakttheorie. Auch die Wiederholung von Sprechakten, gibt er zu bedenken, kann dazu führen, dass sich deren Bedeutung ändert, weil sie in verschiedenen Kontexten vorkommen. Beim Übergang von einem Kontext zum anderen kann sich beispielsweise ein konstativer Sprechakt (z. B. «er kommt») in einen performativen Sprechakt (ein Versprechen) verwandeln. Kurzum, durch Wiederholung von Wörtern oder Sprechakten kommt es nicht zur Sinnkonstitution, sondern zu einer Sinnverschiebung, die ähnlich wirkt wie die *différance*. In beiden Fällen wird die Sinngegenwart aufgeschoben. (Theoretisch interessant ist die Ambivalenz der «Wiederholung», die Tatsache, dass sie sowohl als sinnkonstituierendes als auch als sinnzersetzendes Element aufgefasst werden kann.)

In diesem Kontext sind Derridas Kommentare zur Literatur zu verstehen, die im Folgenden anhand der Texte Franz Kafkas, Stéphane Mallarmés und Charles Baudelaires erläutert werden. Während im Falle von Kafka der *différance*-Begriff zentral ist, stehen in der Mallarmé-Analyse die verwandten Begriffe ‹Iterabilität› (*itérabilité*) und ‹Dissemination› (*dissémination*) im Vordergrund. In Derridas Analyse von Baudelaires *La fausse monnaie* interagieren alle drei Begriffe. Dies ist der Grund, warum dieser Text hier an letzter Stelle besprochen wird.

Derridas Kommentar zu Kafka in *Préjugés. Devant la loi* (1982; Dt.: *Préjugés. Vor dem Gesetz*, 1992) veranschaulicht die *différance* auf drei komplementären Ebenen: auf der Ebene des «Gesetzes», auf der Ebene der Erzählung und auf der des Literaturbegriffs. In allen drei Fällen kommt es aus Derridas Sicht zu einer endlosen Aufschiebung der Sinngegenwart.

Derrida argumentiert zunächst eher konventionell, wenn er feststellt, dass sich in Kafkas bekannter Parabel *Vor dem Gesetz* (1915) das vieldeutige Wort «Gesetz» gegen alle Versuche sperrt, es zu definieren:

Wie der Mann vom Lande in der Erzählung Kafkas würden narrative Berichte versuchen, sich dem Gesetz zu nähern, es präsent zu machen, mit ihm in Beziehung zu treten, ja sogar in es einzutreten, ihm *innerlich* zu werden –

ohne Erfolg. Die Erzählung von diesen Manövern wäre nur die Erzählung von dem, was der Erzählung entgeht und ihr letztlich unzugänglich bleibt. Aber das Unzugängliche provoziert dadurch, daß es sich entzieht.[18]

Man könnte an dieser Stelle – mit einigem Recht – einwenden, dass Derrida klarer und überzeugender mit Hilfe einer semiotischen Terminologie argumentieren könnte: Der Signifikant «Gesetz» in Kafkas Parabel kann auf kein bestimmtes Signifikat und auf keinen Referenten bezogen werden, weil er syntaktisch mit anderen Signifikanten wie «Türhüter», «Saal», «Schemel», «Glanz, der unverlöschlich aus der Türe des Gesetzes bricht», verknüpft wird. Dadurch nimmt er Konnotationen an, die uns daran hindern, ihn eindeutig als «Gesetz» im juristischen, theologischen oder naturwissenschaftlichen Sinn zu bestimmen.

Von dieser semiotischen Argumentation unterscheidet sich die dekonstruktivistische dadurch, dass Derrida die Vieldeutigkeit des Signifikanten «Gesetz» mit dem Prozess der *différance* (*Differänz*) als unaufhaltsamer Sinnverschiebung verbindet. Der endlose Aufschub der Sinngegenwart wird *zeitlich* dargestellt:

Alles ist eine Frage der Zeit, und das heißt der Zeit der Erzählung, aber die Zeit selbst erscheint nur dank dieser Vertagung der Präsentation, dank dem Gesetz der Verzögerung und dem Vorsprung des Gesetzes, gemäß dieser Anachronie der *relatio*. – Das gegenwärtige Verbot (*interdiction*) des Gesetzes ist also kein Verbot im Sinne des imperativistischen Zwanges, es ist eine *différance*.[19]

Man könnte in diesem Fall von einer Verzeitlichung der Vieldeutigkeit sprechen.

Die Vieldeutigkeit des Signifikanten hat insofern eine philosophische Bedeutung, als sie die *Sinnpräsenz* (*présence du sens*), nach der die logozentristischen Philosophen der *parole* streben, negiert. Von Kafkas «Gesetz» sagt Derrida: «Es entzieht sich jenem Wesen des Seins, das die Präsenz wäre. Seine ‹Wahrheit› ist jene Un-Wahrheit, von der Heidegger sagt, daß sie die Wahrheit der Wahrheit ist.»[20] Anders gesagt: Die Wahrheit als Sinngegenwart bleibt unzugänglich. Zugleich wird deutlich, dass Kafkas Text auch philosophisch gelesen werden kann, so dass die gattungsmäßige Trennung von literarischen und nichtliterarischen Texten auch ‹differiert›, verschoben, vertagt werden muss (vgl. unten).

Diese Verzeitlichung kommt ebenfalls auf der Ebene der Erzählung als Suche nach Sinn zur Geltung. Als Leser stehen wir vor dem

Text, so wie der Mann vom Lande «vor dem Gesetz» steht, weil wir den Sinn des Textes nicht vergegenwärtigen, nicht in Besitz nehmen können. Dieser Sinn entzieht sich unserem Zugriff, so wie sich das Gesetz dem Zugriff von Kafkas Protagonisten entzieht:

> Wir sind *vor* diesem Text, der, indem er nichts Deutliches sagt, keinen identifizierbaren Gehalt jenseits der Erzählung selbst präsentiert, außer einer unabschließbaren *différance* bis zum Tode, gleichwohl im strengen Sinne unantastbar bleibt.[21]

Diese Deutung der Parabel ist nicht so radikal und neu, wie sie auf den ersten Blick anmuten mag. Denn bei näherem Hinsehen zeigt sich, dass Derridas *différance* in Kafkas Text selbst zur Sprache gebracht wird, und zwar im Gespräch zwischen K. und dem Geistlichen, der auf die Unabschließbarkeit der Sinngebung hinweist, wenn er zu K.s stets voreiligen, stets provisorischen Deutungsversuchen bemerkt: «Die Schrift ist unveränderlich und die Meinungen sind oft nur ein Ausdruck der Verzweiflung darüber.»[22] Von dieser Verzweiflung leben die philologischen Kommentare – auch die der Dekonstruktion.

Bekanntlich treiben nicht nur die literarischen Texte ihre Kommentatoren zur Verzweiflung, sondern auch die philosophischen. Kant, Hegel, Marx und Nietzsche haben ähnliche Diskussionen und Kontroversen ausgelöst wie Kafka. Und auch die Dekrete totalitärer Parteien – der KPDSU, der SED – haben nicht vermocht, im Zusammenhang mit Marx' Schriften eine «Sinngegenwart» oder einen Konsens herbeizuführen. Vor diesem Hintergrund sollten Derridas Bemerkungen zur Differenzierung von Literatur und Nichtliteratur gelesen werden.

Indem Kafkas Parabel auch von der Literatur spricht, geht sie schon über den literarischen Bereich hinaus, wie sich weiter oben gezeigt hat:

> Wenn Kafkas Text all dies von der Literatur sagt, dann gehört die mächtige Ellipse, die er uns liefert, nicht vollständig zur Literatur. Der Ort, von dem aus er uns *von den* Gesetzen der Literatur spricht, von dem Gesetz, ohne das keine literarische Besonderheit (*spécifité*) Gestalt oder Konsistenz annähme, dieser Ort kann nicht einfach *innerhalb* der Literatur sein.[23]

Das heißt, dass die Literatur als ganze – ähnlich wie die Zeichen ihrer Texte – über sich hinausweist im Sinne von Derridas «unbestimmte[r] Rückverweisung eines Signifikanten auf einen Signifikanten». Dies bedeutet freilich nicht, dass «Literatur» nicht im Sinne von Roman Jakobson als «Zentrierung auf die Nachricht um ihrer selbst willen»[24] definiert werden kann. Allerdings sind diese Begriffsbestimmungen nicht gegen historische Relativierungen gefeit, die zutage treten, sobald klar wird, dass Jakobson von einer bestimmten Autonomieästhetik im Sinne von Kant ausgeht, sodass seine Definitionen nicht universelle, überhistorische Geltung beanspruchen können.

Derridas Argumentation sensibilisiert das theoretische Bewusstsein für die Tatsache, dass Definitionen in den Kultur- und Sozialwissenschaften stets in einen offenen historischen und folglich variablen Kontext eingebettet sind. Sie sind daher als heuristische Konstruktionen aufzufassen, die nie mit ihren Gegenständen identisch sind. Hier zeigt sich, dass die Dekonstruktion argumentativ an den Konstruktivismus grenzt, von dem sie sich gleichwohl durch die von Nietzsche und Heidegger geerbte Negativität unterscheidet.

Diese Negativität, die der dialektischen, hermeneutischen und semiotischen Kohärenzbildung entgegenwirkt, kommt besonders klar in Derridas Reaktion auf Jean-Pierre Richards Mallarmé-Interpretationen zum Ausdruck. Sie tritt dort in zwei begrifflichen Gestalten auf: als ‹Iterabilität› (*itérabilité*) und ‹Dissemination› oder ‹Streuung› (*dissémination*).

Zwar verwendet Derrida das Wort ‹Iterabilität› in seiner Kritik an Jean-Pierre Richard nicht, er wendet das Prinzip aber an und verknüpft es mit dem radikalen Terminus der Dissemination, der von Mallarmé stammt.[25] Symptomatisch für die vereinheitlichenden Tendenzen der thematischen (J.-P. Richard) und strukturalen (Greimas) Textanalyse sind die folgenden Erläuterungen aus Jean-Pierre Richards Buch über die Dichtung Stéphane Mallarmés: «Gegen die Streuung des Sinnes wird das glückliche Wort die Wahrheit mit einem festen Schutzwall umgeben.» («Contre la dissémination du sens, le mot heureux campera donc la vérité d'un dur relief.»)[26] Das Wort ‹dissémination› hat hier eine pejorative Bedeutung – ähnlich wie bei Mallarmé selbst das Verb ‹disséminer›.

Derrida sorgt für seine Umdeutung, indem er es mit dem Prinzip der Iterabilität verknüpft, um zu zeigen, dass die Themen, die Jean-Pierre Richard in Mallarmés Dichtung zu erkennen meint – wie *flamme* (Flamme), *pli* (Falte), *blanc* (weiß) usw. –, bei näherer Betrachtung zerfallen, weil die von ihm genannten Schlüsselwörter durch Wiederholung immer neue, auch widersprüchliche Bedeutungen annehmen.

Zunächst rügt Derrida die «intimistische, symbolistische und neohegelianische Atmosphäre»[27] in Richards Mallarmé-Buch, in dem es tatsächlich darum geht, Mallarmés Dichtung als sinnerfüllte Totalität im dialektisch-hermeneutischen Sinne zu beschreiben. In einem zweiten Schritt nimmt er sich vor zu zeigen, dass die von Richard beschriebenen Themen in Wirklichkeit «Nichtthemen» sind. Im Zusammenhang mit dem Thema *pli/Falte*, das bei Richard «Geschlossenheit» und «Intimität» konnotiert, hebt er all das hervor, «was in der Falte auch das Aufspringen, die Dissemination, die Verräumlichung, die Verzeitlichung etc. markiert».[28]

Dieses Argument stellt abermals ‹Wiederholung› als vereinheitlichendes Prinzip in Frage. Weit davon entfernt, ein Thema (Richard) oder eine Isotopie (Greimas) zu konstituieren, sagt Derrida, zersetzt die Wiederholung eines Wortes wie *pli* den Sinn des Gedichts oder des Werks. Statt eine Begrifflichkeit (ein Klassem, Greimas) wie «Intimität» zu begründen, lässt die Wiederholung des Wortes *pli* diese Begrifflichkeit zerfallen.

Sie zerfällt in Derridas Betrachtungsweise auch deshalb, weil der Dekonstruktivist im Anschluss an Nietzsche die Signifikanten und Tropen (Metaphern, Metonymien) privilegiert und dadurch die Existenz von allgemeinen Signifikaten grundsätzlich in Frage stellt. Für ihn gibt es keinen Unterschied zwischen «eigentlichem» (begrifflichem) und «metaphorischem» Sinn:

> Die Dissemination der weißen/Leerstellen (wir werden nicht von Weißheit sprechen) bringt eine tropologische Struktur hervor, die aufgrund des nichtaufhörenden Supplements einer Drehung zuviel unendlich um sich selbst zirkuliert: *mehr* Metapher/keine Metapher *mehr*, *mehr* Metonymie/keine Metonymie *mehr* (plus *de métaphore*, plus *de métonymie*). Wenn alles metaphorisch wird, gibt es keinen eigentlichen Sinn und folglich auch keine Metapher mehr.[29]

Dies ist auch das Ende einer Metapherntheorie, die auf der Unterscheidung zwischen Begrifflichem und Nichtbegrifflichem gründet.

Gegen Derridas «Dissemination» könnte man nun einwenden, dass das Wort eine vage oder mythische Bezeichnung für das ist, was die Semiotik als *Polysemie* bezeichnet: als Zusammenwirken heterogener Seme und Isotopien (im Sinne von Greimas). Solche

Isotopien können nur metaphorisch oder metonymisch aufeinander bezogen werden, wie Greimas' Mitarbeiter François Rastier in seiner Analyse von Mallarmés Sonett *Salut* (1893) gezeigt hat.

Auf dieses Argument hat Derrida antizipierend reagiert – vor allem in einem Interview aus den neunziger Jahren. Er bezieht sich auf seine Kommentare zu Mallarmé in *La dissémination* und versucht, Dissemination von Polysemie zu unterscheiden:

> Es gibt einen *pli*, der nicht nur die polysemische Gesamtheit der Falte ist, sondern auch etwas ganz Bedeutungsloses, ganz Sinnloses, das im Zwischenraum der *plis* besteht. In diesem Fall geht also die Dissemination über die Polysemie hinaus und das Supplement geht über die Polysemie hinaus.[30]

Das Supplement ist in diesem Fall die zusätzliche Bedeutung, die ein Textelement bei Wiederholung in einem neuen Kontext annimmt.

Diese Bemerkungen Derridas enthalten einen Gedanken, der ebenfalls zu den Thesen der Dialektiker, Hermeneutiker und Semiotiker quer steht: den Gedanken, dass nicht alle Textelemente eines Gedichts, Dramas oder Romans sinnvoll sein müssen. Aber man muss nicht Dekonstruktivist sein, um in avantgardistischer und postmoderner Zeit auf diesen Gedanken zu kommen.

In Derridas Kommentar zu Charles Baudelaires Prosagedicht *La fausse monnaie* (1864; Dt.: *Das falsche Geldstück*) greifen *différance*, *itérabilité* und *dissémination* ineinander. Den Kern der Erzählung bildet die Frage, *welches Schicksal einen Bettler erwartet, dem ein Passant ein falsches Geldstück schenkt.* Der Erzähler und sein Freund verlassen einen Tabakladen, und der Erzähler beobachtet, wie sein Gefährte beginnt, sein Geld «sorgfältig zu sondern». Dabei betrachtet er aufmerksam «ein silbernes Zweifrankenstück». Die beiden Freunde treffen kurze Zeit später einen Bettler, dessen Blick den Erzähler mit Mitleid erfüllt. Sie schenken ihm ein paar Münzen, und der Erzähler stellt fest, dass die Gabe seines Freundes wesentlich großzügiger war als seine eigene. Arglos bemerkt er: «‹Nächst dem Vergnügen, sich überraschen zu lassen, gibt es kein größeres, als einem anderen eine Überraschung zu bereiten.› ‹Es war das falsche Geldstück› antwortete er gelassen, als wollte er seine Freigiebigkeit rechtfertigen.»[31]

Zunächst versucht der Erzähler, das Verhalten seines Freundes zu entschuldigen und stellt sich vor, dieser sei auf den Gedanken gekommen, im «Leben dieses armen Teufels ein Ereignis zu schaffen». Dieses Ereignis ist ambivalent: Es kann eine glückliche Wende im Leben des Bettlers herbeiführen; es kann ihn aber auch als Falschmünzer «ins Gefängnis bringen». Jäh werden die Spekulationen des Erzählers von seinem Freund unterbrochen: «Ja, Sie haben recht; es gibt kein süßeres Vergnügen, als einen Menschen dadurch zu überraschen, dass man ihm mehr gibt, als er erwartet.» Der Erzähler reagiert mit Entrüstung, weil er merkt, dass sein Freund «zugleich ein Almosen geben und ein gutes Geschäft machen wollte». Seine Boshaftigkeit hätte er ihm fast verziehen, nicht jedoch diese eigenartige Mischung aus Boshaftigkeit und Dummheit.

In Derridas Kommentar geht es primär darum, im Anschluss an Marcel Mauss' *Essai sur le don* den «disseminativen Wahnsinn des Sinns ‹Gabe›»[32] nachzuweisen. Die Dissemination oder «Streuung» dieses Sinnes wird durch die Zweideutigkeit der «Gabe» bewirkt, die nicht ohne weiteres vom wirtschaftlichen Tausch oder von der langfristigen Verschuldung zu unterscheiden ist. Derrida erklärt: «Damit es Gabe gibt, *ist es nötig*, daß der Gabenempfänger nicht zurückgibt, nicht begleicht, nicht tilgt, nicht abträgt, keinen Vertrag schließt und niemals in ein Schuldverhältnis tritt.»[33] So eindeutig sind die meisten Gaben nicht, weil der Beschenkte direkt oder indirekt, explizit oder implizit zu etwas verpflichtet wird, so dass das Schenken in fast allen Fällen ein «Schuldverhältnis» begründet. Durch die unvermeidliche Erwartung einer Gegengabe wird die Gabe – als reines, selbstloses Schenken – verzeitlicht oder aufgeschoben: *différé*. Ihr wohnt daher stets die Differänz inne, die bewirkt, dass sie nie endgültig, eindeutig vom Kauf unterschieden werden kann. Im Grunde, sagt Derrida, kann man nur die «Zeit schenken» («donner le temps»), die Reziprozität als Gegengabe in Aussicht stellt.

Um den zweideutigen Charakter der Gabe zu unterstreichen, beruft sich Derrida auf Émile Benvenistes linguistische Arbeiten, in denen die Zweiwertigkeit des indoeuropäischen Verbs ‹do› untersucht wird, das sowohl ‹geben› als auch ‹nehmen› bedeuten kann, je nachdem, wie der syntaktische Kontext beschaffen ist.

Diese Ambivalenz des Gebens meint Derrida in Baudelaires *La fausse monnaie* wiederzufinden: Die falsche Münze, die der Freund des Erzählers dem Bettler schenkt, kann diesem sowohl Glück als auch Unglück bringen, und es ist nur eine Frage der Zeit, bis sie als

Gabe ihr gesamtes widersprüchliches Potential entfaltet. Strenggenommen schenkt der Freund dem «armen Teufel» nur die «Zeit» als *différance*.

Es ist zwar richtig, dass die falsche Münze dem Bettler sowohl Glück als auch Unglück bringen kann – jedoch nicht beides gleichzeitig. Es kommt hinzu, dass die Reihenfolge Glück-Unglück (Entlarvung) wahrscheinlicher ist als die umgekehrte Reihenfolge. Schon deshalb ist Derridas These, die falsche Münze zeuge vom aporetischen Charakter aller Gaben, nicht zu halten. Außerdem begründet das flüchtige und anonyme Verhältnis der beiden Freunde zum Bettler keinerlei Reziprozität als «Schuldverhältnis».

Bestenfalls illustriert die falsche Münze auf narrativer Ebene das Prinzip der Iterabilität: Sie kann – je nach Kontext, je nach Erzählung – ‹Glück› oder ‹Unglück› bedeuten, und bedeutet beides in Baudelaires vieldeutigem Text.

Diesen vergleicht nun Derrida mit der falschen Münze, weil er in seiner Vieldeutigkeit, Iterabilität und Differänz ebenso viele Deutungsmöglichkeiten zulässt wie das Geldstück. Über den Titel *Das falsche Geldstück* schreibt er:

> Er besagt nicht allein: Hier ist eine Geschichte von Falschgeld. Sondern: Die Geschichte ist – vielleicht – selbst *als* Literatur Falschgeld, eine Fiktion, über die man sich – letztlich immer bereit, sich in abwegigen Vermutungen zu ergehen – all das sagen kann, was der Erzähler [...] über das falsche Geldstück seines Freundes wird gesagt haben können [...].[34]

Dies ist eine fragwürdige Analogie, denn zwischen literarischer Illusionsbildung und den Illusionen, denen sich der Besitzer einer falschen Münze hingeben mag, besteht ein wesentlicher Unterschied: Literarische Illusionen sind intendierte und reflektierte Konstruktionen, während wirtschaftliche und finanzielle Illusionen in sich zusammenbrechen, sobald sie kritisch reflektiert werden. Es kommt hinzu, dass literarische, ästhetische Illusionsbildung – im Gegensatz zur finanziellen – Wahrheitsgehalte nicht ausschließt.

3. Wirkung

Spuren von Derridas Philosophie sind in nahezu allen Bereichen der Kultur- und Sozialwissenschaften zu finden. Sein Denken hat auf Debatten in so verschiedenen Disziplinen wie Literaturwissenschaft, Geschichtswissenschaft, Soziologie und Rechtswissenschaft eingewirkt und in diesen Wissenschaften neue Perspektiven eröffnet. Im Folgenden soll die Literaturwissenschaft im Mittelpunkt stehen, die vor allem in den USA von Derridas Dekonstruktion wichtige Impulse empfing.

So greift beispielsweise Paul de Man, der zu den Dekonstruktivisten von Yale gehörte, Derridas Gedanken auf, dass literarische und philosophische Texte widersprüchlich, aporetisch sind, wenn sie aufmerksam gelesen werden. Ähnlich wie Derrida geht de Man in seiner Kritik des begrifflichen, des theoretischen Denkens von Nietzsches Auffassung der Rhetorik (als Zusammenspiel von Tropen) aus. Wie Derrida vertritt er die Ansicht, dass Theorie nicht als Metadiskurs Metaphern, Metonymien oder Katachresen zu erklären vermag, weil sie selbst aus diesen Figuren besteht. Wie Derrida versucht er, literarische Texte zu dekonstruieren, indem er auf Zweideutigkeiten, Ungereimtheiten und Widersprüche hinweist; allerdings stellt er eher den Widerspruch als die *différance* oder die *itérabilité* in den Vordergrund.

Letztere wird vor allem von J. Hillis Miller, einem anderen Dekonstruktivisten der Universität Yale (später Irvine), auf Werke der britischen und der amerikanischen Literatur angewandt. In seiner Analyse von Thomas Hardys Roman *Tess of the d'Urbervilles* (1891) unterscheidet Miller im Anschluss an Gilles Deleuze und Derrida zwei Arten der Wiederholung: die platonische und die nietzscheanische. Während die platonische Wiederholung ein Wiederauftreten des mit sich Identischen ist, ist die nietzscheanische Wiederholung eine Wiederholung mit Abweichung, mit Differenz. In seinen Kommentaren zu Hardys Roman spielt Miller die nietzscheanische Wiederholung gegen die platonische aus und versucht zu zeigen – ähnlich wie Derrida im Falle von Mallarmé –, wie die nietzscheanische Wiederholung die Kohärenz des Romans und das platonische Prinzip in Frage stellt.

Auch das Werk von Geoffrey H. Hartman (Yale) lässt den doppelten Einfluss Nietzsches und Derridas erkennen. Die von ihm eingeführten Begriffe *negativity*, *delay* und *indeterminacy* deuten an, dass seine Betrachtungsweise eher auf die Offenheit des Textes als auf dessen Widersprüche (im Sinne von de Man) ausgerichtet ist. Sie ist eher Derridas *différance* oder *dissémination* als seiner Auffassung vom Widerspruch verpflichtet. In *Criticism in the Wilderness* fasst Hartman den *delay* als eine Art *différance* auf: als einen

Prozess, in dem es zu einer Verzögerung der Sinngegenwart kommt, sodass die Unbestimmtheit des Textes (seine *indeterminacy*) sichtbar wird. Anders als Derrida, der versucht, die Spannung zwischen Literatur und Philosophie auszutragen, betrachtet Hartman den *literary criticism* als Bestandteil des literarischen Diskurses und spricht von einer «Symbiose oder Verflochtenheit von Literatur und Literaturkommentar».[35]

Es ist kaum möglich, der zeitgenössischen Bedeutung von Derridas Denken gerecht zu werden, solange man seine Wirkung auf den literarischen Bereich beschränkt. Denn schon in den achtziger und neunziger Jahren regte es Philosophen an, Synthesen von Dekonstruktion und Marxismus, von Dekonstruktion und Kritischer Theorie ins Auge zu fassen. Ein Beispiel für den ersten Syntheseversuch ist Michael Ryans Buch *Marxism and Deconstruction* (1982), in dem Marx' Denken als Humanismus, als Kritik der Hierarchien und der Macht und als Kritik der Metaphysik durch zentrale Theoreme aus Derridas Werk ergänzt werden soll. Einen ganz anderen Syntheseversuch stellt Holger Mathias Briels Arbeit über *Adorno und Derrida* (1993) dar, in der es primär darum geht, den textimmanenten Ansatz Derridas in die kritische Gesellschaftstheorie Adornos einzubetten.

Im sozialphilosophischen Bereich haben vor allem diejenigen unter den Feministinnen Derridas Gedanken aufgegriffen, die den männlich vorgeprägten Subjektbegriff dekonstruktivistisch betrachten, weil sie vermeiden möchten, dass Frauen diesem Begriff unterworfen werden. Charakteristisch für diese Position ist Diane Elams *Feminism and Deconstruction* (1994), ein Werk, das sich gegen den Gleichheitsslogan wendet, weil er eine Gleichschaltung zur Folge haben kann: «Feminism is destined to lose the entire argument, since the equal rights to which women aspire turn out to mean the right to be hu-MAN.»[36] Nur eine Dekonstruktion des etablierten Subjektbegriffs, der Bestandteil des Phallogozentrismus im Sinne Derridas ist, kann eine weibliche Subjektivität jenseits der bestehenden Machtverhältnisse ermöglichen.

Auch in der Geschichtswissenschaft ist Derridas Einfluss spürbar: etwa in Alun Munslows *Deconstructing History* (1997), wo die Konstruktionen von Historikern als Textkonstruktionen aufgefasst und zerlegt werden. Es zeigt sich, dass die Dekonstruktion ein negativer Konstruktivismus ist, der ‹historische Fakten› nicht *at face value* beurteilt, sondern als potentiell widersprüchliche, vieldeutige Konstrukte.

Matthew H. Kramer zeigt in *Legal Theory, Political Theory, and Deconstruction*, dass auch die Rechtswissenschaft nicht immun gegen dekonstruktivistische Analysen ist. In seinen Kritiken an der Jurisprudenz David Humes, der marxistischen Rechtswissenschaft und der Rechtstheorie H. L. A. Harts werden fragwürdige Stellen dieser Ansätze erkennbar, etwa Harts Versuch, Fakten und Normen sauber voneinander zu trennen.

Schließlich führt uns Samuel C. Wheeler eine ganz besondere Einheit der Gegensätze vor, wenn er in *Deconstruction as Analytic Philosophy* (2000) die Dekonstruktion Derridas als eine Art analytischer Philosophie auffasst. Tatsache ist, dass sowohl die Dekonstruktion als auch einige analytische Philosophien durch Überpräzisierung des sprachlichen Rasters fragwürdige Stellen in theoretischen Diskursen aufdecken können.

In diesem Kontext wäre das dekonstruktivistische Projekt kritisch zu betrachten: als Versuch, die metaphysische Sinngegenwart (in Philosophie, Sprachwissenschaft oder Literaturwissenschaft) zu hinterfragen, und als extreme Position, die semiotisch und argumentationstheoretisch zu korrigieren wäre.

Wenn die von Derrida unermüdlich attackierte «Sinngegenwart» tatsächlich unmöglich wäre, wären seine Werke unübersetzbar: Man könnte sie im Kontext einer anderen Sprache nicht «vergegenwärtigen», da jede Übersetzung semantische Verschiebungen (Iterabilität) mit sich bringt. Man könnte sie nicht einmal diskutieren, da jede Diskussion eine konsensfähige Zusammenfassung voraussetzt, die in jedem neuen Kommunikationszusammenhang wiederholt, vergegenwärtigt werden muss. Derrida selbst, der auf Missverständnisse (z. B. bei Searle) besonders empfindlich reagierte, setzt eine relativ stabile Bedeutung seiner Schriften voraus, die er gegen ‹falsche Deutungen› verteidigt.

Dennoch hat er auf seine Art recht, weil dieses Argument umkehrbar ist: Man wird wohl nie aufhören, die widersprüchlichen und vieldeutigen Werke von Kant, Hegel, Marx und Nietzsche zu kommentieren und stets neue Kontroversen auszulösen. Nicht Derrida, sondern Margaret Masterman, die Anfang der siebziger Jahre von der Dekonstruktion nichts wusste, wies darauf hin, dass der «Paradigma»-Begriff in Thomas S. Kuhns bekanntem Buch *The*

Structure of Scientifc Revolutions (1962) in mindestens 21 verschiedenen Bedeutungen vorkam. Man könnte in diesem Fall von einer Iterabilität *avant la lettre* sprechen.

Selbst wenn man Derridas Dekonstruktion für eine Übertreibung hält, wird man den Wahrheitsgehalt dieser Übertreibung nicht übersehen wollen.

Literatur

1. Werkausgaben

Derrida, Jacques: L'écriture et la différence, Paris 1967 (Dt.: Die Schrift und die Differenz, übers. von Rodolphe Gasché u. Ulrich Köppen, Frankfurt/M. 1972).

– De la grammatologie, Paris 1967 (Dt.: Grammatologie, übers. von Hans-Jörg Rheinberger u. Hanns Zischler, Frankfurt/M. 1974).

– La voix et le phénomène. Introduction au problème du signe dans la phénoménologie de Husserl, Paris, 1967 (Dt.: Die Stimme und das Phänomen. Ein Essay über das Problem des Zeichens in der Phänomenologie Husserls, übers. u. mit einem Vorwort von Jochen Hörisch, Frankfurt/M. 1979).

– Marges de la philosophie, Paris 1972 (Dt.: Randgänge der Philosophie, übers. von Gehrhard Ahrens, Henriette Bese u. a., hg. von Peter Engelmann, Wien 1988).

– Positions. Entretiens avec Henri Ronse, Julia Kristeva, Jean-Louis Houdebine, Guy Scarpetta, Paris 1972 (Dt.: Positionen. Gespräche mit Henri Ronse, Julia Kristeva, Jean-Louis Houdebine, Guy Scarpetta, übers. von Dorothea Schmidt unter Mitarbeit von Astrid Wintersberger, hg. von Peter Engelmann, Wien/Graz 1986).

– La dissémination, Paris 1972 (Dt.: Dissemination, übers. von Hans-Dieter Gondek, hg. von Peter Engelmann, Wien 1995).

– L'archéologie du frivole, Paris 1973 (Dt.: Die Archäologie des Frivolen, übers. von Joachim Wilke, Berlin 1993).

– Éperons. Les styles de Nietzsche, Paris 1978 (Dt.: Sporen. Die Stile Nietzsches, übers. von Richard Schwaderer, in: Hamacher, Werner [Hg.]: Nietzsche aus Frankreich, Frankfurt/M./Berlin 1986, S. 129–168).

– Préjugés. Devant la loi, in: Ders. u. a.: La faculté de juger. Colloque de Cerisy 1982, Paris 1985, S. 87–140 (Dt.: Préjugés. Vor dem Gesetz, übers. von Detlev Otto u. Axel Witte, hg. von Peter Engelmann, Wien [3]2005 [1992]).

– Memoires. For Paul de Man, New York 1986 (Dt.: Mémoires. Für Paul de Man, übers. von Hans-Dieter Gondek, hg. von Peter Engelman, Wien 1988).

– Psyché. Inventions de l'autre, 3 Bde., Paris 1987 (Dt.: Psyché. Erfindung des Anderen, Bd. 1, übers. von Markus Sedlaczek, hg. von Peter Engelmann, Wien 2010 [im Druck]).

– De l'esprit. Heidegger et la question, Paris 1987 (Dt.: Vom Geist. Heidegger und die Frage, übers. von Alexander Garcia Düttmann, Frankfurt/M. 1992).

- Qu'est-ce que la poésie? Was ist Dichtung? Text dt., engl., frz. Ins Dt. übers. von Alexander García Düttmann, Berlin 1990.
- Limited Inc., Paris 1990 (Dt.: Limited Inc., übers. von Werner Rappl u. Dagmar Travner, hg. von Peter Engelmann, Wien 2001).
- Du droit à la philosophie, Paris 1990 (Dt.: Vom Recht auf Philosophie, übers. von Markus Sedlaczek, hg. von Peter Engelmann, Wien 2004).
- Donner le temps I: La fausse monnaie, Paris 1991 (Dt.: Zeit geben I: Falschgeld, übers. von Andreas Knop u. Michael Wetzel, München 1993).
- Points de suspension. Entretiens, choisis et présentés par Elisabeth Weber, Paris 1992 (Dt.: Auslassungspunkte. Gespräche, übers. von Katrin Schreiner u. Dirk Weissmann, hg. von Peter Engelmann, Wien 1998).
- Spectres de Marx. L'état de la dette, le travail du deuil et la nouvelle Internationale, Paris 1993 (Dt.: Marx' Gespenster. Der verschuldete Staat, die Trauerarbeit und die neue Internationale, übers. von Susanne Lüdemann, Frankfurt/M. 1995).
- As if I were Dead. An Interview With Jacques Derrida, in: Applying: To Derrida, ed. by John Brannigan, Ruth Robbins and Julian Wolfreys, London 1995. (Dt.: Als ob ich tot wäre. Ein Interview mit Jacques Derrida, übers. und hg. von Ulrike O. Dinkelsbühler, Thomas Frey u. Dirk Jäger, unveränd. Nachdruck Wien 2007 [2000]).

2. Biographien

Bennington, Geoffrey/Derrida, Jacques: Jacques Derrida. Ein Porträt, Frankfurt/M. 1994.

3. Sonstige Sekundärliteratur

Briel, Holger M.: Adorno und Derrida. Oder wo liegt das Ende der Moderne? New York/Berlin u. a. 1993.

Elam, Diane: Feminism and Deconstruction, London/New York 1994.

Martin, Bill: Matrix and Line. Derrida and the Possibilities of Postmodern Social Theory, New York 1992.

Kramer, Matthew H.: Legal Theory, Political Theory, and Deconstruction. Against Rhadamanthus, Bloomington/Indianapolis 1991.

Le passage des frontières. Autour du travail de Jacques Derrida (Colloque de Cerisy), Paris 1994.

Munslow, Alun: Deconstructing History, London/New York 1997.

Ryan, Michael: Marxism and Deconstruction. A Critical Articulation, Baltimore/London 1982.

Smith, Robert: Derrida and Autobiography, Cambridge, NY 1995.

Wheeler, Samuel C.: Deconstruction as Analytic Philosophy, Stanford 2000.

Zima, Peter V.: Die Dekonstruktion. Einführung und Kritik, Tübingen/Basel 1994.

- Moderne/Postmoderne. Gesellschaft, Philosophie, Literatur, Tübingen/Basel [2]2001.

Anmerkungen

1 Derrida: Positions, S. 56.
2 Nietzsche, Friedrich: Werke, 6 Bde., hg. von Karl Schlechta, Bd. V, München 1980, S. 314.
3 Derrida, Dichtung, S. 7.
4 Vgl. Zima, Moderne, Kap. VI.
5 Derrida, Dissemination, S. 115.
6 Derrida, Grammatologie, S. 105.
7 Derrida, Archäologie, S. 129.
8 Husserl, Edmund: Philosophie als strenge Wissenschaft, Frankfurt/M. 1965, S. 27.
9 Derrida, Stimme, S. 66.
10 Derrida, Randgänge, S. 335.
11 Heidegger, Martin: Identität und Differenz, Pfullingen 1957, S. 64.
12 Derrida, Grammatologie, S. 48.
13 Becker, Jürgen: Umgebungen, Frankfurt/M. 1970, S. 126.
14 Saussure, Ferdinand de: Grundfragen der allgemeinen Sprachwissenschaft, übers. u. mit einem Nachwort von Peter von Polenz, Berlin [2]1967, S. 138.
15 Derrida, Schrift, S. 44 f.
16 Greimas, Algirdas J./Courtés, Joseph: Sémiotique. Dictionnaire raisonné de la théorie du langage, Paris 1979, S. 197.
17 Derrida, Limited Inc., S. 120.
18 Derrida, Préjugés, S. 45.
19 Ebd., S. 61.
20 Ebd., S. 66.
21 Ebd., S. 74.
22 Kafka, Franz: Der Prozeß, Frankfurt 1964, S. 158.
23 Derrida, Préjugés, S. 79.
24 Jakobson, Roman: Linguistik und Poetik, in: Ihwe, Jens (Hg.), Literaturwissenschaft und Linguistik, Bd. I, Frankfurt/M. 1972, S. 108.
25 Vgl. Mallarmé, Stéphane: Œuvres complètes, Bd. II, éd. présentée, établie et annotée par Bertrand Marchal, Paris 2003, S. 20.
26 Richard, Jean-Rierre: L'univers imaginaire de Mallarmé, Paris 1961, S. 380.
27 Derrida, Dissemination, S. 304.
28 Ebd., S. 304.
29 Ebd., S. 290.
30 Derrida, Als ob ich tot wäre, S. 27.
31 Hier und im Folgenden zitiert nach Baudelaire, Charles: Das falsche Geldstück, in: Derrida, Falschgeld, o. S.
32 Ebd., S. 76.
33 Ebd., S. 24.
34 Ebd., S. 116.
35 Hartman, Geoffrey H.: Easy Pieces, New York 1985, S. 203.
36 Elam, Feminism, S. 78.

Matei Chihaia

Gérard Genette
(*1930)

I. Leben

Gérard Genette wurde 1930 in Paris geboren. Er gilt zusammen mit Roland Barthes und Tzvetan Todorov als Wegbereiter der strukturalistischen Literaturwissenschaft in Frankreich. Nach seinem Vorstudium am *Lycée Lakanal* wird Genette als Stipendiat an der Pariser Elite-Schule *École Normale Supérieure* an der Rue d'Ulm aufgenommen, wo er französische Literatur studiert (1951–1955). Seine erste Tätigkeit als Französischlehrer führt ihn nach Le Mans, an eines der Gymnasien, die auf die Aufnahmeprüfung der *École Normale* vorbereiten.[1] Daneben veröffentlicht er eine Reihe politischer Essays, die im Zusammenhang seines schon 1948 beginnenden Engagements für die kommunistische Partei stehen. Von 1952 bis 1953 leitet er die Zeitschrift *Clarté*, das traditionsreiche Organ des kommunistischen Studentenverbands. 1956 tritt er aus der Partei aus und nähert sich kurzzeitig der neomarxistischen, antistalinistischen Gruppierung «Socialisme ou barbarie» an.[2] Die Politik tritt schließlich gegenüber seiner literaturwissenschaftlichen Tätigkeit in den Hintergrund.

Ab 1963 lehrt Genette französische Literatur an der Universität Paris IV, der Sorbonne. Sein Interesse für die Zusammenarbeit mit anderen Fächern, insbesondere Anthropologie und Sprachwissenschaft, entfernt ihn jedoch vom fachlich stark ausdifferenzierten Hochschulbetrieb. Schon 1966 schließt er sich dem Teilprojekt eines von Claude Lévi-Strauss organisierten kulturwissenschaftlichen Forums an. Leiter dieses ‹semio-linguistischen› Projekts ist der Sprachwissenschaftler Algirdas J. Greimas, zu den Mitarbeitern gehören u. a. Julia Kristeva und Tzvetan Todorov.[3] Ermutigt von Roland Barthes, verlässt Genette sogar die Sorbonne, um Forscher (1967–1972) und schließlich, wie Barthes, *Directeur d'Études* (1972–1994) an der *École Pratique des Hautes Études* zu werden, einem überuniversitären und interdisziplinären Forschungs- und Ausbildungsinstitut, aus dem 1975 die *École des Hautes Études en Sciences Sociales* (EHESS) hervorgeht.[4]

Ohne an einer Hochschule im traditionellen Sinn zu unterrichten, nimmt Genette doch durch seine Tätigkeit als Forscher, Autor und Herausgeber seit Mitte der sechziger Jahre einen entscheidenden Einfluss auf die Entwicklung der Literaturwissenschaft in Frankreich.[5] Er spielt insbesondere eine wichtige Rolle bei der Durchsetzung der strukturalen Methode, für die das Jahr 1966 als Schlüsseldatum gelten kann: In diesem Jahr beteiligt sich der junge Literaturwissenschaftler mit einem Vortrag an der internationalen Konferenz über den Strukturalismus an der Johns Hopkins University, an der auch Jacques Derrida, Roland Barthes, Jacques Lacan und Lucien Goldmann teilnehmen. Im programmatischen Heft 8 der Zeitschrift *Communications*, *Recherches sémiologiques: L'analyse structurale du récit*, veröffentlicht er *Frontières du récit*, seinen ersten Beitrag zur allgemeinen Erzähltheorie. Gleichzeitig erscheint Genettes Monographie *Figures* mit einem Vorwort von Roman Jakobson.[6] Vier weitere Bände aus den Jahren 1969–2002 sammeln die Erträge seiner Forschungen. Zwischen 1970 und 1978 leitet Genette gemeinsam mit Tzvetan Todorov und Hélène Cixous die angesehene Zeitschrift *Poétique*. Zugleich wird er Herausgeber der gleichnamigen Reihe bei dem Pariser Verlag Seuil, dem er bis in die Gegenwart auch als Autor zahlreicher literaturtheoretischer, aber auch autofiktionaler Werke treu geblieben ist.[7] Als einer der Begründer der Erzähltheorie und der allgemeinen Poetik nimmt Genette nicht nur sehr aktiv an der internationalen literaturwissenschaftlichen Diskussion teil, sondern lehrt auch regelmäßig als *visiting professor* an der New York University.

2. Werk

2.1 Poetik und Hermeneutik: Plädoyer für eine pluralistische Methode. Genettes Anfänge als Literaturtheoretiker gehören in den historischen Kontext der sogenannten *Querelle de la nouvelle critique*.[8] Dieser Kritikerstreit um die strukturale Methode in der Literaturwissenschaft entbrennt, als Roland Barthes sich 1960 mit der Schrift *Sur Racine* an dem kanonischen Autor schlechthin vergreift. Der knappe, mit wenigen Zitaten auskommende Essay reduziert die tragische Situation aller Stücke Jean Racines nach Art der strukturalistischen Anthropologie. Hinter der Fassade der höfischen Gesellschaft entdeckt Barthes so die Strukturen der primitiven

«Urhorde», wie sie Sigmund Freud in *Totem und Tabu* beschreibt. Auf diese Provokation antwortet der Hochschulprofessor Raymond Picard, Herausgeber und Kommentator der damals einschlägigen Werkausgabe Racines, in einem kleinen Buch mit dem sprechenden Titel *Nouvelle critique ou nouvelle imposture* (1965). Barthes, aber auch die literaturtheoretische Strömung, die er vertritt, werden darin mit heftigen Worten und philologisch-hermeneutischen Argumenten angegriffen. Picard wirft Barthes etwa vor, dass er Zitate aus dem Kontext reiße, auf das Gesamtwerk abzielende Thesen nur für einzelne Stücke belege und dabei nicht auf die Intention des Autors Racine achte.[9]

Genettes Aufsatz *Structuralisme et critique littéraire*, der zunächst 1965 in einer Claude Lévi-Strauss gewidmeten Sonderausgabe der Zeitschrift *L'Arc* erscheint und dann in den Band *Figures* (1966) aufgenommen wird, bezieht in dieser *Querelle* Stellung für den Strukturalismus, enthält sich aber der Polemik.[10] Sein versöhnliches Angebot der «Arbeitsteilung» wirbt für ein komplementäres Verhältnis von allgemeiner Poetik und philologisch-hermeneutischer Analyse des Einzeltexts.[11] Die strukturale Methode verteidigt Genette als Gegengewicht zu der Suche nach politischen oder religiösen Botschaften, über welche viele Kritiker die Frage nach den eigenen Gesetzmäßigkeiten literarischer Texte, nach ihrer «Sprache», vergessen hätten: «Man hatte so lange die Literatur als eine Nachricht ohne Kode betrachtet, dass es notwendig wurde, sie einen Moment lang als einen Kode ohne Nachricht zu betrachten.»[12] Mit den Strukturalisten ist sich Genette darin einig, dass Literatur, genau wie die natürliche Sprache, auf einem System latenter Relationen beruht, dessen einzelne Elemente ihren Wert erst durch die Differenz zu anderen Elementen erhalten. Die Poetik des einzelnen Texts lässt sich folglich erst in Bezug auf das übergreifende Struktursystem bestimmen, das Forschungsobjekt einer allgemeinen Poetik ist. Die traditionelle Literaturkritik hingegen sucht nach dem einzigartigen Sinnüberschuss eines einmaligen Texts. Die Identität solcher Texte bestimmt sich mit Hilfe von Konzepten, die aus der Tradition der Hermeneutik stammen: das Ganze, der Geist des Werks, die Intention des Autors. Genette sieht einen «impliziten, unreflektierten» Strukturalismus in der Tendenz, das einzelne Motiv oder stilistische Verfahren aus «ad hoc» für jeden einzelnen Text neu entworfenen Kategorien zu erklären.[13] Auch in der strukturalen Methode hat die hermeneutische Auseinandersetzung mit der Besonderheit eines bestimmten literarischen Kunstwerks ihren Platz; dies setzt allerdings voraus, dass eine allgemeine Poetik zuvor die Strukturen systematisch erforscht und expliziert hat, die für dieses Werk relevant sind.

Die theoretische Leistung des kleinen Aufsatzes liegt also darin, dass er die Hermeneutik in die strukturale Methode eingliedert. *Structuralisme et critique littéraire* ist in dieser Hinsicht ein Gegenentwurf zu Paul Ricœurs einflussreichem Aufsatz *Structure et herméneutique* (1963). Genette wirft Ricœur vor, einen «hermeneutischen» und einen «strukturalen Bereich» der Literatur voneinander zu trennen. Während kanonische Texte, in welchen eine Interpretationsgemeinde einen Sinnüberschuss findet, laut Ricœur auf hermeneutischem Weg – als einmalige Äußerung – erschlossen werden sollten, stelle sich die Frage nach der übergreifenden Struktur in Bezug auf das «gewissermaßen ethnographische» Material, bei dem der Einzeltext nicht für sich selbst spreche. Dazu gehörten für Ricœur «zeitlich wie räumlich ferne Literaturen, Kinder- und Volksliteratur, einschließlich neuerer Formen wie dem Melodram und dem Feuilletonroman».[14] Diese Differenzierung kann laut Genette nur zu eingeschränkten Erkenntnissen führen. Denn was für eine bestimmte Lesergemeinde als kanonisches Werk gilt, kann zugleich für andere Leser höchst exotisch erscheinen. Folglich dürften Poetik und Hermeneutik nicht jeweils verschiedenen Gebieten der Literatur zugeordnet, sondern müssten vielmehr für alle literarischen Äußerungen als zwei unterschiedliche Zugangsweisen genutzt werden, die erst in ihrem Zusammenspiel eine wissenschaftlich gültige Erkenntnis gestatten.

Der Zugang zur Literatur fordert laut Genette also zwei einander ergänzende Arbeitsschritte. Vorrang hat dabei die Poetik, denn ohne eine systematische, den einzelnen Text übergreifende Klärung des Kodes – z. B. der strukturellen Möglichkeiten einer Gattung – bleiben alle kritischen Urteile willkürlich. Allerdings kann die Literaturwissenschaft nicht bei der Erforschung dieses Kodes stehen bleiben, sondern muss ihn hermeneutisch in den Dienst einer Analyse einzelner Werke stellen. Dieses Programm setzt Genette auch in seinen späteren Aufsätzen konsequent um, indem er die strukturale Poetik an das Ziel eines hermeneutisch-philologischen Verständnisses des Einzeltexts bindet. Wie es das Vorwort zu *Discours du récit* (1972) erläutert, soll die Poetik des Erzählens nicht die kritische Auseinandersetzung mit dem Erzähltext ersetzen. Wenn dieser zum bloßen Vorwand, zu einer Illustration von Gattungsregeln wird, verfehlt die allgemeine Poetik die Einmaligkeit eines literarischen Kunstwerks, das «nur sich selbst» illustriert.[15] Im Vergleich zum klassischen Strukturalismus zeichnet sich Genettes Vorgehen also dadurch aus, dass es sich nicht einseitig auf Tiefenstrukturen, auf das Grundgerüst, auf das System des Texts konzentriert. Stattdessen behält der Wissenschaftler die Details der Textoberfläche, die über das strukturale Gerüst hinausragende Fülle eines Werks und die sich anarchisch der Regel entziehende Ausnahme im Blick.[16] Ein Titel wie *Silences de Flaubert* (1966) veranschaulicht dieses Interesse für den Ort eines stilistischen Details – der Ellipse – in der Poetik eines Autors. Die Ähnlichkeit dieses Vorgehens mit der rhetorischen Textanalyse Leo Spitzers wird nicht nur in *Structuralisme et critique littéraire*,[17] sondern auch in späteren Kommentaren zum Verhältnis von Rhetorik und Poetik reflektiert.

2.2 Poetik und Rhetorik: Die Neuentdeckung der Figurenlehre als strukturale Metasprache. Neben dem Werk Gustave Flauberts und Marcel Prousts widmen sich Genettes erste Forschungen besonders der Literatur des 17. Jahrhunderts. Für ihn als hervorragenden Kenner der neoaristotelischen Rhetorik und Poetik liegt es nahe, die Methode des Strukturalismus nicht nur als avantgardistischen Bruch mit der traditionellen philologischen Literaturkritik zu begreifen, sondern auch als Wiederentdeckung der älteren, vorromantischen Tradition eines rhetorischen Literaturverständnisses. So definiert er die strukturale Poetik, in Anlehnung an einen Ausdruck des Dichters Francis Ponge, als «nouvelle rhétorique».[18] Anstatt wie andere Strukturalisten eine formale Metasprache aus der mathematischen Topologie oder Logik zu entlehnen, gibt Genette also den Kategorien der Rhetorik einen neuen Sinn. Insbesondere die Figurenlehre stellt ihm zufolge bereits eine Struktur dar, deren Elemente nicht für sich, sondern erst in Relation zu anderen Bedeutung haben. Was es bedeutet, dass ein Thema z. B. in metaphorischem Stil besprochen wird, erschließt sich erst in Differenz zum buchstäblich Gemeinten und zu anderen stilistischen Alternativen.[19] Die Figurenlehre muss nur systematisiert werden, um als strukturale Stilistik gelten zu können. Mehr noch: Die Rhetorik bietet sich als Metasprache an, um die Poetik als System literarischer «Figuren» nach dem Modell stilistischer Figuren zu interpretieren. Der Unterschied der neuen zur klassischen Rhetorik liegt außerdem in der Erweiterung des relevanten Kontexts auf ein Werk, eine Gattung oder eine Epoche. Die neue Rhetorik soll sich, im Gegensatz zur «Rhetorik im engeren Sinne» (*La Rhétorique restreinte*, 1970), nicht auf die Figurenlehre, also auf die Analyse einzelner Ausdrücke und Sätze beschränken, sondern eine strukturale Herangehensweise an alle Diskurse und vor allem an das Ganze des Textes anbieten.[20] *Figures* – «Figuren», der Titel, den Genette seinen Aufsatzsammlungen gibt, betont den Zusammenhang zwischen der rhetorischen Analyse von Texten und der strukturalen Poetik.

Zwei Figuren der erweiterten Rhetorik, Metapher und Metalepse, veranschaulichen besonders gut die beständige Arbeit an dieser Metasprache. Bereits in *Proust palimpseste* (1963) diskutiert Genette die Theorie der Metapher, die Marcel Proust in seinem Roman *À la recherche du temps perdu* (1913–1927) entwirft. Schönheit und Ewigkeit des Stils liegen laut dieser Poetik in der Figur der Metapher, welche die Essenz der Dinge zum Ausdruck bringe – handelt es sich doch um eine Übertragung von Sinn, welche auf den tiefen, wesentlichen Ähnlichkeiten der Dinge beruhe.[21] Schon in dem frühen Aufsatz unterstreicht Genette eine Gegentendenz in der Poetik der *Recherche*. Denn diese Erzählung zieht ihre Metaphern neben der Tiefenstruktur und dem Gesamtzusammenhang der Erinnerung auch aus einer Serie zusammenhangloser Oberflächeneindrücke, die einander nach Art eines «Palimpsests», einer mehrfach übereinander beschriebenen Manuskriptseite, auslöschen. In *Métonymie chez Proust* (1970) benennt Genette dann die narrative Figur, welche diesem besonderen Umgang mit der Figur der Metapher entspricht, als «metonymisch motivierte Metapher». In der Rhetorik bezeichnet die Metonymie eine Übertragung, die nicht auf ähnlicher Bedeutung, also auf wesentlicher Affinität, sondern auf äußerlicher Nähe beruht. Der figürliche Ausdruck entstammt dem gleichen Wirklichkeitsbereich wie das buchstäblich Gemeinte. Prousts Metaphern, so Genette, seien nicht nur durch metaphorische, sondern auch durch metonymische Relationen begründet. Der Kirchturm wird als Ähre bezeichnet, explizit weil er Ähnlichkeit mit ihrer Farbe und hoch aufragenden Gestalt habe, implizit aber auch bloß, weil die Kirche in einem Kornfeld steht.[22] Solche metonymischen Metaphern verweisen insofern nicht auf die Wesensähnlichkeit der Dinge, sondern im gleichen Atemzug auf ihre zufällige Nähe in Raum und Zeit. Diese rhetorische Eigenheit betrifft natürlich die Poetik des gesamten Romans und der Erinnerung: Die ewige, in der Erinnerung wiedergefundene Identität bedarf, was der Erzähler in seinem expliziten Lob der «mémoire involontaire» nicht wahrhaben will, der ‹metonymischen› Stütze durch die momentanen Erlebnisse und die zufällig aufeinander folgenden Episoden.

Die Figur der Metalepse veranschaulicht sodann die Grenzen der Übertragung von der Stilistik zur Poetik. Im Zusammenhang der Analyse von Antoine Gérard de Saint-Amants Epos *Moyse sauvé* (1653) kommt Genette 1968 auf diese rhetorische Figur zu sprechen, die er als eine auf mehrere Worte ausgedehnte Metonymie definiert. Wenn ‹Ich lese den Vergil› eine einfache Metonymie ist, bei welcher der Autor das von ihm geschaffene Werk ersetzt, so lautet die entsprechend komplexere Figur, die Metalepse: ‹Vergil tötet im vierten Gesang der Äneis die Königin Dido.› Der Dichter wird so dargestellt, als bewirkte er die von ihm erzählten Ereignisse selbst. Er wird zum Helden seiner eigenen Fiktion erhoben. Für die Rhetorik des barocken Epos ist die Steigerung dieser Metalepse des Erzählers über zwei Stufen charakteristisch: Auf der ersten gibt er vor, ein Augenzeuge des von ihm berichteten Geschehens zu sein, auf der zweiten macht er sich auch zum Handelnden seiner Erzählung.[23] Von dieser rhetorischen Figur leitet Genette in seinem *Discours du récit* von 1972 die literarische Figur der narrativen Metalepse ab. In der Poetik der Erzählung bezeichnet diese die Stelle, an welcher die Grenze zwischen Rahmen- und Binnenerzählung vom Erzähler oder einer der Figuren überschritten wird.[24] Eine etwas konträre Begründung des Übergangs von rhetorischer zu literarischer Figur reicht die kleine Monographie *Métalepse* (2004) nach. Hier wird nun die Poetik der Fiktion allerdings nicht mehr zu dem Spielraum rhetorischer Möglichkeiten in Analogie gesetzt, sondern als Realisierung rhetorischer Virtualitäten verstanden: «Eine Fiktion ist im Großen und Ganzen nur eine buchstäblich genommene Stilfigur, die als ein wirkliches Ereignis behandelt wird.»[25] Poetik stellt in diesem Buch nicht einfach eine Erweiterung der struktural interpretierten Figurenlehre dar, sondern erfordert eine semiotische und pragmatische Transformation. Die theoretischen Voraussetzungen für den neuen Literaturbegriff, bei dem der spezifische Pluralismus und die Pragmatik literarischer Relationen gegenüber der Rhetorik in den Vordergrund rücken, erarbeitet Genette in den siebziger und achtziger Jahren: Die Struktur literarischer Rede öffnet sich jetzt auf die Strukturen literarischer Redevielfalt.

2.3 Poetik und Semiotik: Der Entwurf einer neuen Metasprache. 2.3.1 Redevielfalt als Transtextualität. Auf der Suche nach einer allgemeinen Poetik, nach einer Struktur aller literarischer Äußerungen übernimmt Genette zunächst die bestehenden Konzepte der Sprachwissenschaft und Semiotik, welche auch im Hintergrund seiner erweiterten Figurenlehre stehen. Sein wegweisender Aufsatz *Métonymie chez Proust* (1970) verwendet auf diese Weise die traditionelle strukturale Methode, aus ‹Paradigmen› und ‹Syntagmen› von Zeichen einen Kode des Texts zu rekonstruieren, zu einer stil- und erzähltheoretischen Analyse. Grundlegend ist für dieses Vorgehen der Aufsatz *Linguistik und Poetik* (1960) von Roman Jakobson. Exemplarisch verwirklicht findet es sich in der Analyse von Charles Baudelaires Gedicht *Les Chats* (1847), die Jakobson und Lévi-Strauss 1962 vorlegen.[26] Insbesondere in den späten siebziger und achtziger Jahren sucht Genette – zusätzlich zu den Konzepten der strukturalen Sprachwissenschaft – aber auch nach einer neuen Metasprache, welche den spezifisch vieldeutigen, mehrdimensionalen Strukturen der Literatur besser gerecht würde als die ‹Grammatiken› des harten Strukturalismus – z. B. Tzvetan Todorovs *Grammaire du Décaméron* (1969) – und die von ihm zunächst privilegierte ‹erweiterte Rhetorik›. Dabei konzentriert er sich besonders auf die Interaktion von Texten, auf ihr kommunikatives Beziehungsgefüge.

Der grundsätzliche Anstoß kommt von der Rezeption der Werke Michail Bachtins, und insbesondere von dessen Theorie der «Dialogizität», welche dank der Übersetzung durch Julia Kristeva seit Mitte der sechziger Jahre in Frankreich diskutiert wird. Anders als eine sprachliche Äußerung, die sich auf eine bestimmte natürliche Sprache beziehen lässt, unterliegt der Roman laut Bachtin verschiedenen, einander gegensätzlichen Kodes, welche sich als eine Redevielfalt ausdrücken. Die Poetik des Romans ist nicht monologisch, sondern «dialogisch», weil sich darin soziale Stimmen konfrontieren können. Kristeva zieht daraus eine radikale Schlussfolgerung:

Der einzelne Text sei nicht die Äußerung eines Autors, sondern ein «Mosaik von Zitaten», ein «intertextueller» Schnittpunkt verschiedener gesellschaftlicher Stimmen und «Prätexte».[27] Unter diesen Bedingungen lässt sich kaum noch nach den ‹relevanten› Merkmalen fragen, welche für die Struktur konstitutiv sind. Kristevas Theorie der «Intertextualität» geht also mit einer Abwendung vom Zeichenverständnis des Strukturalismus einher. Die Weigerung, strukturale Differenzen auf ‹relevante›, d. h. gegenüber anderen Eigenschaften privilegierte Merkmale des Texts zu begründen, bedeutet aber auch das Ende des ausgewogenen Verhältnisses von Poetik und Hermeneutik, so wie es Genettes frühe Theorie fordert. Jedes geschlossene System erscheint jetzt als willkürliche Konstruktion. Typischerweise widmet sich eine poststrukturale Literaturwissenschaft nicht mehr Baudelaires Gedicht *Les chats*, sondern der Frage, weshalb der Aufsatz von Jakobson und Lévi-Strauss ausgerechnet den Unterschied von ‹männlichen› und ‹weiblichen› Endungen oder von ‹belebten› und ‹unbelebten› Substantiven für relevant hält. Die potenziell unendlichen, unhierarchischen, unmarkierten und unorientierten Bezüge der Texte untereinander sprengen die Vorstellung von Poetik als geschlossener Struktur.

Genette reagiert auf diese Herausforderung mit einem erneuten Plädoyer für einen pluralistischen, offenen Strukturalismus. Sein Ende der siebziger Jahre entwickeltes und in *Palimpsestes* (1983; Dt.: *Palimpseste*, 1996) ausführlich erläutertes Konzept der «Transtextualität» ist nicht nur eine terminologische Alternative zu Kristevas «Intertextualität», sondern auch ein Versuch, die Redevielfalt auf eine Vielfalt von Strukturen zurückzuführen. Die Komplexität der Literatur bedeutet für Genette nicht das Ende der strukturalen Poetik, sondern nur das einer bestimmten Metasprache. Ein komplexeres Begriffssystem muss das System der Figurenlehre ersetzen. So benennt er fünf verschiedene Arten der transtextuellen Relation, welche fünf Dimensionen des literarischen Zeichens zu beschreiben helfen.[28] Mit anderen Worten: Die Offenheit beruht nicht auf einer unerforschlichen Qualität der Literatur, sondern auf fünf in jedem Einzeltext angelegten Öffnungen, die jeweils eine spezifische Struktur aufweisen. Die (1) «Intertextualität» bezeichnet jetzt, in einem engeren Sinne verstanden als bei Kristeva, alle Formen, durch welche ein Text implizit in einem anderen präsent ist, z. B. Zitat, Plagiat oder auch eine Anspielung, welche die Kenntnis eines Intertexts voraussetzt. Diese Relation lässt sich in verschiedene Richtungen von anderen Arten von Verhältnissen abgrenzen: In der (2) «Hypotextualität» wird ein bestimmtes Werk in seiner Gesamtheit zur grundlegenden Folie für ein anderes. Dies ist etwa der Fall bei dem Roman *Ulysses* (1922) von James Joyce oder der *Äneis* (31–19 v. Chr.) von Vergil, die beide ohne Homers *Odyssee* (8. Jh. v. Chr.) undenkbar wären, aber auch bei jeder Parodie.[29] Handelt es sich nicht um ein einzelnes Werk, sondern um eine Gruppe von Texten als Gattung, auf welche Bezug genommen wird, spricht Genette von (3) «Architextualität». Kommt es zu einem expliziten Kommentar, mit dem sich ein Metatext von einem Objekttext absetzt, was nicht nur in der Literaturkritik der Fall ist, muss dies als (4) «Metatextualität» untersucht werden. Zu diesen vier spezifischen Relationen, mit denen ein Text über sich selbst hinaus verweist, kommt noch der Bezug zu den «Schwellen», die ihn mit der Welt, seinem kulturellen Kontext und ihn umgebenden Texten verbinden. Zu diesem (5) «Paratext» gehören etwa Titel und Untertitel, Klappentexte und Ähnliches. Die fünf transtextuellen Beziehungen stellen eine komplexere und pluralistischere Struktur dar als das Koordinatensystem aus paradigmatischen und syntagmatischen Beziehungen, von dem Jakobson und Lévi-Strauss ausgingen – auch wenn sie nach dem Modell dieser Relationen gedacht werden. In der neuen Metasprache ist es nunmehr also möglich, die ‹Literarizität› des literarischen Texts differenziert, gemäß den verschiedenen Dimensionen des literarischen Zeichens, und vor allem pluralistisch, als Ausdruck einer organisierten Redevielfalt, zu beschreiben.

Die fünf literarischen Relationen bezeichnen zugleich ein Forschungsprogramm, das Genette in mehreren Publikationen durchführen sollte: *Palimpsestes* selbst konzentriert sich vor allem auf Intertextualität und Hypotextualität. Unter die Kategorie des Architexts fällt die Diskussion der Gattungspoetik in *Introduction à l'architexte* (1979; Dt.: *Einführung in den Architext*, 1990). Die Paratextualität ist Gegenstand einer eigenen Monographie, *Seuils* (1987; Dt.: *Paratexte*, 1989). Auf einer niedrigeren Ebene als die Relationen, welche für Literatur im Allgemeinen gelten, arbeitet Genette aber weiterhin auch an den für die Erzählliteratur spezifischen Relationen. Dieser Unterabschnitt seiner Literaturtheorie verdient nicht nur deswegen eine eigene Darstellung, weil er vom Autor immer wieder überarbeitet worden ist, sondern weil sich darin eine theoretische Tendenz besonders deutlich ausdrückt: Die Begründung der Poetik in einer Pragmatik des Sprechakts, welche Genette in seinem Spätwerk konsequent zur analytischen Philosophie führt.

2.3.2 Die pragmatische Begründung der Erzähltheorie. Beginnend mit *Discours du récit* (1972) über *Nouveau discours du récit* (1983; beide Dt.: *Die Erzählung*, 1994) bis hin zu *Fiction et Diction* (1991; Dt.: *Fiktion und Diktion*, 1992) arbeitet Genette daran, sein systematisches Struktur- und Funktionsmodell narrativer Texte zu perfektionieren. Dabei leistet die Rhetorik zwar, wie am Beispiel der Metalepse gezeigt, immer noch einen wichtigen Beitrag. Dies gilt etwa für seine Analyse der Erzählzeit, in der rhetorische Figuren wie die Analepse, die Prolepse und die Ellipse einfließen. Aber den systematischen Vorrang erhält eine semiotische Metasprache, welche insbesondere das Verhältnis von Erzählsituation und Erzählung zu klären gestattet. Die strukturalistische Theorie des Erzählens hatte an der Unterscheidung zwischen dem, was erzählt wird, und der Art seiner narrativen Vermittlung gearbeitet. Grundlegend war die Zweiteilung zwischen der erzählten Geschichte als dem Signifikat und der kunstvoll gefügten Erzählung als dem Signifikanten, der bei Tomaševskij «sjužet», bei Todorov «discours» und bei Barthes «narration» heißt.[30] Der in *Discours du récit* entwickelte Vorschlag, dieses binäre Modell durch eine Dreiteilung zu ersetzen, geht auf die vom Sprachwissenschaftler Émile Benveniste getroffene Unterscheidung von Akt («énonciation») und Ergebnis der Äußerung («énoncé») zurück. In dieser neuen Bestimmung des sprachlichen Zeichens findet Genette den Ansatzpunkt für eine klare Trennung zwischen der Sprechsituation des Erzählers («narration») und der Rhetorik der Darstellung («récit»). Beides sind Formen der Vermittlung einer erzählten Geschichte («histoire»).

Bereits Todorov verwendet Benvenistes Ausdruck, um den «temps de l'énonciation», d.h. die Zeit, in welcher der Erzähler seine Geschichte zu schreiben behauptet, von der Zeit der erzählten Ereignisse zu trennen.[31] Laut Genette müssen die Situation und der Akt des Erzählens insgesamt systematisch von den Eigenschaften der produzierten Erzählung unterschieden werden. Im Gegensatz zu einheitlichen Formenlehren des Erzählens, wie z.B. der Erzählertypologie Franz K. Stanzels, trennt der *Discours du récit* die

Frage nach der Erzählinstanz von der Analyse der narrativen Rhetorik. Ob beispielsweise der Erzähler selbst persönlich an der Geschichte beteiligt ist, schränkt die Art und Weise, in welcher das Erzählte vermittelt wird, keinesfalls ein: Die Frage «Wer ist der Erzähler?» ist völlig unabhängig von der Frage «Aus welcher Perspektive wird das Erzählte vermittelt?».[32] Entsprechend der dreigliedrigen, pragmatischen Zeichenrelation (énonciation-énoncé/signifiant-signifié) soll folglich auch die Erzählung, der «récit», nicht nur als Signifikant zur davon bezeichneten Geschichte («histoire»), sondern auch zur Tätigkeit und Situation des Erzählers, dem Erzählen («narration») in Beziehung gesetzt werden.[33] Die drei Kategorien des Erzählens – Zeit, Modus und Stimme – verteilen sich ungleichmäßig auf diese Funktionen: «Zeit» und «Modus» charakterisieren die Art und Weise, in welcher die Ereignisse dargestellt werden, «Stimme» hingegen sowohl das Verhältnis zwischen «narration» und «histoire» als auch zwischen «narration» und «récit».[34]

Diese Asymmetrie ist auffällig. Gewiss wäre es sinnvoller, zumindest für das fiktionale Erzählen, die «Stimme» auf die gleiche Ebene wie den «Modus» oder die «Zeit» zu stellen – dient doch auch die Wahl einer bestimmten fiktiven Erzählinstanz, genau wie die einer besonderen Distanz oder Fokalisierung, der kunstvollen Vermittlung der Geschichte.[35] Wenn Genette die «narration» durch ihre übergreifende Position akzentuiert, so deutet sich darin jedoch das verstärkte Interesse für die pragmatische, kommunikationsbezogene Dimension des Zeichens an: Die Poetik literarischer ‹Figuren› soll zunehmend durch eine Poetik literarischer Handlungen und Haltungen ergänzt werden. Diese Tendenz äußert sich im Kontext der Erzähltheorie in der Aufwertung des Erzählakts gegenüber der Rhetorik der Erzählung.

Die Haltung, welche der Erzähler zu seiner eigenen Rede einnimmt, indem er sie etwa als Bekenntnis, Erinnerung, Fiktion oder Lüge qualifiziert, hat zudem besonderes Gewicht in dem modernen Roman, von dem Genettes Erzähltheorie ausgeht. Denn in Marcel Prousts *À la recherche du temps perdu* stellt die Stimme des Erzählers, seine Reflexion auf ein Erzählen, das von der problematischen Bedingung des Erinnerns abhängt, tatsächlich eine übergreifende Dimension dar. Für die *Recherche* gilt, dass «die Gegenwart des Erzählers selbst, das verstörende Eingreifen der Erzähl-Instanz, das Erzählen [narration] die Erzählung [récit]» reflektiert.[36] Wie in vielen Texten von Jorge Luis Borges, einem der Autoren, die Genette immer wieder zur Veranschaulichung seiner Theorie zitiert, wird die Trennlinie von fiktionalem und autobiographischem – oder fingierendem und erinnerndem – Erzählen hier in Frage gestellt. Die besondere Akzentuierung der «Stimme» unterstreicht das subversive Potenzial dieser dritten Kategorie, welche das geschlossene System von erzählter Geschichte und narrativer Rhetorik zu reflektieren gestattet.

In *Fiction et diction* versucht Genette, das Modell dieser offenen Struktur sogar zu einer allgemeinen Poetik zu erweitern. Diesmal wird nicht mehr nur die pragmatische Zeichendimension der Erzählung, sondern die Pragmatik der Literatur überhaupt betrachtet. Die Geschichte der Poetik teilt sich, so Genette, in zwei einander ausschließende Bestimmungen der Literatur: Entweder wird diese, wie etwa bei Aristoteles, als Fiktion, also als Darstellung ‹imaginärer Gegenstände›, definiert, oder aber durch ‹formale Charakteristika›, wie etwa die von Jakobson beschriebene «poetische Funktion».[37] Diese beiden Definitionen erfassen also jeweils nur einen partiellen Aspekt der Literatur. Um sie zu integrieren, schlägt Genette vor, das eine, von ihm «Fiktion» genannte Kriterium, und das andere, das er «Diktion» nennt, als alternative Qualitäten der Literatur zu verstehen. In dieser pluralistischen Poetik hätte nicht nur die große Schnittmenge Platz, die beide Kriterien erfüllt, sondern auch die «bedingt literarischen» Texte, welche nur einem der beiden gerecht werden. Diese Öffnung des Literaturbegriffs behebt zwar keineswegs die Vorrangstellung der Fiktion. Denn jede Fiktion ist literarisch, während die Bedingtheit nur von nichtfiktionalen Texten in Anspruch genommen werden muss – von Gebrauchstexten oder der Geschichtsschreibung etwa, welche nur unter bestimmten Bedingungen unter einer literarischen Perspektive gelesen, also z. B. für ihren Stil geschätzt werden.[38] Aber die klare Trennung gestattet, wie die folgenden Kapitel des Buchs zeigen, eine konsequent pragmatische Definition der Literatur. Die Fiktion wird zum Gegenstand einer Analyse von «actes de fiction», welche mit den Sprechakten (oder aber der «énonciation») in Zusammenhang gebracht werden können. Der Diktion wiederum widmet sich eine Stiltheorie, die nunmehr weniger eine Figurenlehre als eine Semiotik der literarischen Zusatzbedeutungen darstellt. In den einzelnen Untersuchungen von *Fiction et diction* bezieht sich Genette dabei auf analytische Philosophen wie John R. Searle, die zu den Urhebern der Sprechakttheorie gehören und deren ‹pragmatische› Fiktionstheorie in Frankreich erst in den achtziger Jahren rezipiert wurde.[39] Die Suche nach einer pragmatischen Begründung der Poetik führt Genette auf diese Weise – durch die Auseinandersetzung mit der analytischen Philosophie – über die Grenzen der Literatur hinaus.

2.3.3 Von der objektiven zur subjektiven Begründung der Ästhetik. Der Strukturalismus zielt von Anfang an, laut der bekannten Äußerung Ferdinand de Saussures, auf die Entdeckung einer allgemeinen Theorie kultureller Zeichen, der ‹Semiologie›. Diese Tendenz verwirklicht etwa Roland Barthes mit Vorstößen der semiologischen Analyse in verschiedene Bereiche der Kultur wie Werbung, Architektur, Mode und Photographie. Eine ähnliche, systematische Erweiterung seines Gegenstandsbereichs führt Genette in den neunziger Jahren von der allgemeinen Poetik zur allgemeinen Ästhetik und Kunsttheorie. Dieses Spätwerk charakterisiert sich aber nicht nur durch eine thematische Öffnung, sondern auch durch einen neuen Literaturbegriff.

Schon in den siebziger Jahren berührt Genette immer wieder ästhetische Fragen, die allerdings im Rahmen einer Poetik objektiver Relationen bleiben, also Eigenschaften des literarischen Kunstwerks betreffen. Dies gilt z. B. für sein Buch *Mimologiques. Voyages en Cratylie* (1976; Dt.: *Mimologiken. Reise nach Kratylien*, 1996). Darin erörtert er zum ersten Mal ausführlich die Frage nach der ästhetischen Funktion der Literatur, und nutzt die Zeichentheorie als Metasprache, um diese Problematik historisch zu rekonstruieren. Es besteht eine grundsätzliche Spannung zwischen dem arbiträren Zeichenverhältnis, so wie es in der Sprachwissenschaft beschrieben wird, und der Bestimmung des literarischen Zeichens bei Aristoteles und Platon, welches eine motivierte, nicht arbiträre Relation darstellt. In diesem Spannungsfeld entfaltet sich laut Genette die ästhetische Funktion der Literatur: «Die Dichtung verleiht der Sprache durch verschiedene Mittel eine Motivierung, oder zumindest die Illusion einer Motivierung, die ihr normalerweise und, so scheint es, unglücklicherweise, in ihrem alltäglichen Gebrauch fehlt.»[40] Der Band *Mimologiques* analysiert die systematischen und historischen Formulierungen dieser Spannung in Literatur und Philosophie. Auf eine ihrer klassischen Darstellungen bezieht sich der Untertitel, *Voyages en Cratylie*. Im Dialog *Kratylos* lässt Platon zwei Gesprächspartner aufeinander treffen: Kratylos behauptet, der Name einer Person enthalte zugleich seine Charakteristik, Hermogenes bestreitet dies. In der Poetik stellt sich das Problem etwas anders dar: Die Dichter unterliegen der faszinierenden Vorstellung, dass die Relation der Laute oder Buchstaben mit der Bedeutung und das Verhältnis der Worte zu den Dingen durch eine Ähnlichkeit begründet sein könnte. Diese Vorstellung führt zu einem «mimologisme secondaire», dem Versuch, das künstliche Zeichen künstlerisch zu motivieren.[41] Die poetische Funktion der Dichtung beruht auf dieser absichtlich produzierten Ähnlichkeit von Worten und Dingen, welche sie von der Alltagssprache zu unterscheiden gestattet. Diese Ähnlichkeit ist aber ihrerseits nur durch konventionelle Kodes begründet, welche darüber entscheiden, was als ähnlich gelten kann. Die strukturale Poetik, also die Methode Genettes, muss sich also zwischen diesen beiden Ordnungen hin und her bewegen: Als objektbezogene Theorie der Literatur birgt sie differentielle Strukturen aus einem Meer von künstlich erzeugten Ähnlichkeiten.

Das Interesse für das Verhältnis zwischen Zeichen und Objekt verlagert sich in Genettes späten Schriften auf die subjektive Relation zwischen Betrachter und Werk. Während auf diese Weise der Bezug auf Immanuel Kants *Kritik der Urteilskraft* (1790) das Modell der aristotelischen Poetik verdrängt, nähert sich Genette zugleich den ästhetischen Betrachtungen der neueren angloamerikanischen Philosophie an. Die einzelne Urteile untersuchende, ‹analytische› Logik wird auf ähnliche Weise in die semiologische Ästhetik integriert, wie die strukturale Poetik die hermeneutische Analyse in sich aufnimmt. Die beiden Teile von Genettes allgemeiner Kunsttheorie, welche in zwei Bänden mit dem Obertitel *L'Œuvre de l'art* (1994 und 1997) veröffentlicht werden, ergeben sich aus seiner Bestimmung des Kunstwerks als Schnittmenge zwischen der Menge aller Artefakte und der Menge aller Objekte ästhetischer Betrachtung. Erfordert Ersteres eine funktionale Definition des Artefakts, so führt Letzteres zu einer Theorie ästhetischer Erfahrung. In beidem setzt sich Genette nicht nur mit Kant, sondern vor allem mit seinem Zeitgenossen, dem analytischen Philosophen Nelson Goodman, ausführlich auseinander.[42]

Die allgemeine Kunsttheorie enthält selbstverständlich auch eine allgemeine Literaturtheorie. Seinen Argwohn gegen die ontologische Frage «Was ist Literatur?»[43] äußert Genette hier, indem er sie pragmatisch umdeutet. Die Identität des literarischen Kunstwerks liegt nicht in seinem materiellen Sein: Der Text als Gegenstand ist verschieden von dem diesem Text immanenten Werk, «denn das Werk ist die Art, in welcher der Text agiert».[44] Um diesen Unterschied zu erklären, greift er auf die bekannte Fiktion von Jorge Luis Borges zurück, in der ein Franzose namens Pierre Menard den *Don Quijote* Buchstaben für Buchstaben neu schreibt (*Pierre Menard, autor del «Quijote»*, 1939). Es handelt sich um den gleichen Text, mit den gleichen Bedeutungen, und doch stellt er ein ungleich komplexeres Zeichen dar als der *Don Quijote* des Cervantes. Der Verfasser ist also keineswegs so belanglos wie Goodman meint, der in einem Gedankenexperiment sogar Pierre Menard durch einen Affen ersetzt.[45] Der Autor gehört zwar nicht zum Text als Gegenstand, wohl aber zu den pragmatischen Funktionsbedingungen des Werks als Artefakt. Die spezifische Intention dieses Autors ist also nicht nur eine Annahme, die aus der hermeneutischen Tradition stammt, sondern eine logische Voraussetzung des Werkbegriffs. Die Differenzierung zwischen Text und Werk bedeutet allerdings nicht eine Einschränkung, sondern eine Erweiterung des Literaturbegriffs, welche der ereignishaften Interaktion von Autor und Leser mehr Gewicht als dem absoluten Sein des Texts zuschreibt.

Kunst als Ereignis bedarf nicht nur der Intention des Autors, welcher ein Artefakt schafft, sondern auch des ästhetischen Urteils eines Rezipienten. Auch dieses schätzt Genette anders ein als der analytische Philosoph. Die ästhetische Relation beruht laut Goodman auf der impliziten öffentlichen Anerkennung als Kunst. Genette bestreitet die Relevanz einer solchen Anerkennung. Denn erfahrungsgemäß urteile jeder anders, und die vermeintliche gemeinsame Betrachtung sei nur eine Summe von einzelnen Rezeptionshaltungen.[46] Das unbestreitbare private, subjektive Wohlgefallen drückt sich zudem in einer objektiven Form aus, in der Aussage ‹Das ist schön› (und nicht etwa: ‹Das gefällt mir›). Dieses explizite Urteil kann folglich zum Gegenstand psychologischer, psychoanalytischer und soziologischer Analyse werden.[47] Einerseits greift *L'Œuvre de l'art* also auf Positionen zurück, die Roland Barthes in *Le Plaisir du texte* (1973) skizziert hatte: Kunst ist, was mir Vergnügen bereitet. Andererseits sucht Genette nach einer Form von Objektivierung des ästhetischen Urteils, welche er in der semiotischen Analyse findet.

Literatur entsteht also – wie alle Kunst – in der Interaktion eines funktional angelegten Werks mit einem individuellen Leser, der hier nicht bloß als Rezipient, sondern durch sein Urteil geradezu als Miturheber des ästhetischen Ereignisses gilt. Diese Antwort auf die strukturalistische Frage nach dem, was an der Literatur ‹poetisch› sei, rückt zwei kommunikative Funktionen in den Vordergrund, welche Genettes Frühwerk ausgeklammert hatte. Stand seit Jakobson programmatisch die ‹autoreferentielle› Dimension der Kommunikation, also die verfremdete Nachricht im Mittelpunkt, so hatte Genette ausgehend davon in den sechziger Jahren eine Einstellung auf den Kode gefordert, welche ihn zu einer gattungszentrierten Poetik führte. Die auf das Phänomen der ‹Stimme› zulaufende Erzähltheorie und die Ästhetiktheorie von *L'Œuvre de l'art*, die das Kunstereignis von einer subjektiven Relation abhängig macht, orientieren sich nun eher am Beitrag von Sender und Empfänger als an der Nachricht. Einerseits schöpft Genette damit die theoretischen Möglichkeiten aus, die in Jakobsons sechsteiligem Funktionsmodell der Kommunikation (*Linguistik und Poetik*) angelegt waren. Andererseits entfernt er sich mit der Vorstellung einer pragmatisch bedingten, relativen Literarizität jedoch schon vom Literaturbegriff des Strukturalismus.

Nach der Versöhnung der strukturalen Methode mit dem Vorgehen der Hermeneutik und der Metasprache der Rhetorik öffnet Genettes Literaturtheorie somit drei neue Wege zu einer semiotischen Begründung der Poetik. Das Angebot, die Kategorien zur Beschreibung des literarischen Zeichens ‹pluralistisch› zu gestalten, findet seinen Ausdruck in der Theorie der Transtextualität. Der Wille, Literatur in einem ‹pragmatischen› Kontext zu situieren, äußert sich am deutlichsten in Genettes Erzähltheorie. Das Interesse für die ‹subjektive› Relation des Rezipienten mit dem Werk schließlich führt ihn zu einer Kunsttheorie, in welcher das literarische (oder künstlerische) Ereignis weitgehend von der Rhetorik, d. h. den strukturalen Eigenschaften des Texts, unabhängig ist.

3. Wirkung

Obgleich das Werk Gérard Genettes eine bemerkenswerte theoretische Kohärenz aufweist, entfalten seine verschiedenen Teile eine sehr unterschiedliche Wirkung. Ebenso breit wie intensiv wird nur seine Erzähltheorie rezipiert, die sich als Begründung einer eigenen Disziplin der Poetik, der ‹Narratologie›, durchsetzt. Insbesondere *Figures III* wird als Sekundärtext zu Marcel Proust und Entwurf einer systematischen Erzähltheorie zu einem zweifachen Klassiker. Obgleich Genette auf zahlreiche frühere Theorien des Erzählens aufbaut – z. B. der Analyse der narrativen Fokalisierung durch Jean Pouillon –, gilt er nicht nur als Urheber dieser Disziplin, sondern auch der damit verbundenen Terminologie, welche bis heute eine Lingua franca der Erzähltheorie geblieben ist.[48] Wichtige Beiträge zu ihrer Verbreitung, aber auch zu ihrer kritischen Überarbeitung leisten Mieke Bals *Narratologie* (1977) und Shlomith Rimmon-Kenans *Narrative Fiction. Contemporary Poetics* (1983).

Genettes Konzept der Poetik, seine allgemeinen literaturtheoretischen Thesen hingegen finden eine verhältnismäßig bescheidene Aufnahme. Jonathan Culler muss 1997 noch einmal daran erinnern, dass ‹Poetik› und ‹Hermeneutik› grundsätzlich verschiedene Zugangsweisen zur Literatur seien und dass beides in der Kritik oft verknüpft werde. Das Argument aus *Structuralisme et critique littéraire*, das Culler hier verteidigt, wird aber nicht mehr mit dem Namen des französischen Wissenschaftlers verbunden.[49] Viele Handbücher der Literaturtheorie erwähnen Genette überhaupt nicht oder nur als Hauptvertreter strukturalistischer Erzähltheorie. Die Gründe für dieses Desinteresse liegen auf der Hand. Schon innerhalb des Strukturalismus entwickelt sich, etwa bei Barthes, die Vorstellung einer die Kultur als Ganzes betreffenden Theorie, welche auch Literatur als kulturelles Phänomen umfasst. Gerade die Beschränkung auf Fragen der Poetik – also allgemeiner, aber als eigenständige Disziplin verstandener Literaturwissenschaft – unterscheidet Genettes Beiträge von diesem emphatischen Diskurs der Theorie. Schließlich wirkt Genette gegenüber den erfolgreichen Literaturtheorien der siebziger Jahre nicht nur zu bescheiden, sondern auch zu moderat: Seine strukturalistische Pragmatik ist bereits von der Kritik der Zeichentheorie bei Derrida überholt, sein konstruktiver Umgang mit der Figurenlehre wird zum Opfer der Dekonstruktion der Rhetorik durch Paul de Man.[50] Der an Michel Foucault anschließende *New Historicism* und die diskurskritischen *Gender Studies* müssen sich an Genettes optimistischen Klassifikationen und Strukturmodellen stoßen. Dabei gibt es zahlreiche Affinitäten zwischen der Art, wie die barocke Verbindung unterschiedlicher Metalle (*L'Or tombe sous le fer*) in *Figures* beschrieben wird, und der Archäologie frühneuzeitlichen Wissens in Foucaults *Les Mots et les Choses*, das im gleichen Jahr 1966 erscheint.[51] Aber in der Folge entfernen sich die Diskurse der beiden befreundeten Wissenschaftler. Genette bleibt selbst der klaren und deutlichen Darstellung – sprich: einer rationalistischen Tradition – verpflichtet, auch wenn er diese Ordnung gerne selbstironisch in Frage stellt.[52]

Genettes Klassizität beruht also nicht in erster Linie auf seiner Rezeption; sie charakterisiert bereits seinen Diskurs. Anders gesagt, hebt sich sein kohärentes und transparentes Nachdenken über Literatur von der Vielfalt wissenschaftlicher Turns ab. Als französischer Autor verkörpert er sodann einen Kompromiss zwischen der *French Theory* und dem klaren Diskurs der angloamerikanischen ‹analytischen Philosophie›. Gerade sein späteres Werk stellt einen interessanten Ansatz dar, die strukturale Methode mit der analytischen Ästhetik zu verknüpfen. Die Wirkung solcher Schriften wie *L'Œuvre de l'art* lässt sich aus der geringen Distanz schwer bemessen. Auf jeden Fall aber trägt die Vorstellung von Kunst als kommunikativem Ereignis interessante Impulse zu einer pragmasemiotischen Poetik bei, wie sie in Frankreich etwa Jean-Marie Schaeffer vertritt. Eine weitere Qualität von Genettes Diskurs ist schließlich die Offenheit für Kritik und die selbstkritische Überarbeitung. Er stellt sich immer wieder der Auseinandersetzung mit den Klassikern, aber auch mit lebenden Autoren, und seine Schriften sind bewusst auf Diskussion angelegt: Die Begriffe seiner Erzähltheorie etwa werden mit einer Klarheit vorgetragen, der sie nicht nur ihren Erfolg, sondern auch die Möglichkeit ihrer kritischen Präzisierung verdanken.

Literatur

1. Werkausgaben:

Genette, Gérard: Figures I, Paris 1966.
- Figures II, Paris 1969.
- Figures III, Paris 1972.
- Mimologiques. Voyages en Cratylie, Paris 1976 (Dt.: Mimologiken. Reise nach Kratylien, übers. von Michael von Killisch-Horn, München 1996).
- Palimpsestes. La littérature au second degré, Paris 1982 (Dt.: Palimpseste. Die Literatur auf zweiter Stufe, mit einem Vorwort von Harald Weinrich, übers. von Dieter Hornig, Frankfurt/M. 1996).
- Nouveau discours du récit, Paris 1983.
- Fiction et diction, précédé par Introduction à l'architexte, Paris 2004 [1991] (Dt.: Fiktion und Diktion, übers. von Heinz Jatho, München 1992).
- Die Erzählung [Discours du récit, 1972/Nouveau discours du récit, 1983], übers. von Andreas Knop, hg. von Jochen Vogt, München ²1998 [1994].
- L'Œuvre de l'art I. Immanence et transcendance, Paris 1994.
- L'Œuvre de l'art II. La relation esthétique, Paris 1997.
- Figures IV, Paris 1999.
- Figures V, Paris 2002.
- Métalepse. De la figure à la fiction, Paris 2004.

2. Bibliographien

Gorman, David: Gérard Genette – an Anglo-French Checklist up to 1996, in: Style 30 (1996), H. 3, S. 539–550.

3. Biographien

De Biasi, Pierre-Marc: Art. «Genette, Gérard», in: Encyclopaedia Universalis, Bd. 26, Paris 2002, S. 1842 f.

Schaeffer, Jean-Marie: Art. «Genette (Gérard)», in: Dictionnaire des intellectuels français. Les personnes, les lieux, les moments, Paris 1996, S. 530–532.

Dosse, François: Histoire du structuralisme I. Le champ du signe, 1945–1966, Paris 1991.
- Histoire du structuralisme II. Le chant du cygne, 1967 à nos jours, Paris 1991.

4. Sonstige Sekundärliteratur:

Broich, Ulrich/Pfister, Manfred: Konzepte der Intertextualität, in: Dies. (Hg.): Intertextualität. Formen, Funktionen, anglistische Fallstudien, Tübingen 1985, S. 1–30.

Culler, Jonathan: Literary Theory. A Very Short Introduction, Oxford ²2000.

Harlos, Christopher: Rhetoric, Structuralism, and Figurative Discourse: Gérard Genette's Concept of Rhetoric, in: Philosophy and Rhetoric 19 (1986), H. 4, S. 209–223.

Martínez, Matías/Scheffel, Michael: Einführung in die Erzähltheorie, München ⁸2009.

Montalbetti, Christine: Gérard Genette. Une poétique ouverte, Paris 1998.

Onega, Susana: Structuralism and Narrative Poetics, in: Waugh, Patricia (Hg.): Literary Theory and Criticism. An Oxford Guide, Oxford 2006, S. 259–279.
Prince, Gerald: Narratology, in: Selden, Raman (Hg.): The Cambridge History of Literary Criticism, Bd. 8: From Formalism to Poststructuralism, S. 110–130.
Rimmon, Shlomith: A Comprehensive Theory of Narrative: Genette's Figures III and the Structuralist Study of Fiction, in: PTL: A Journal for Descriptive Poetics and Theory of Literature 1 (1976), S. 33–62.
Rochlitz, Rainer: D'un subjectivisme en esthétique. Gérard Genette. La relation esthétique, in: Critique 605 (1997), S. 709–721.
Spoerhase, Carlos: Autorschaft und Interpretation. Methodische Grundlagen einer philologischen Hermeneutik, Berlin 2007.
Stix, Bettina: Rhetorische Aufmerksamkeit: Formalistische und strukturalistische Vorgaben in Paul De Mans Methode der Literaturwissenschaft, München 1997.
Zipfel, Frank: Fiktion, Fiktivität, Fiktionalität. Analysen zur Fiktion in der Literatur und zum Fiktionsbegriff in der Literaturwissenschaft, Berlin 2001.

Anmerkungen

1 De Biasi, Genette, Gérard, S. 1842.
2 Dosse, Histoire I, S. 194.
3 Ebd., S. 250.
4 Schaeffer, Genette (Gérard), S. 530, Dosse, Histoire I, S. 230 f.
5 Schaeffer, Genette (Gérard), S. 530 f.
6 Dosse, Histoire I, S. 325, S. 370, Histoire II, S. 46 und S. 184.
7 Autobiographischen oder autofiktionalen Charakter haben Bardadrac (2006) und Codicille (2009).
8 Dosse, Histoire I, S. 233.
9 Spoerhase, Autorschaft, S. 26 f.
10 Vgl. Dosse, Histoire I, S. 400 f.
11 Genette, Figures I, S. 159.
12 Ebd., S. 150. Übersetzung hier und im Folgenden von mir, M. C.
13 Ebd., S. 149.
14 Ebd., S. 158 f., hier S. 159.
15 Genette, Figures III, S. 68.
16 Rimmon, Theory, S. 38 f.
17 Genette, Figures I, S. 156.
18 Ebd., S. 154.
19 Ebd., S. 221.
20 Genette, Figures III, S. 21–40.
21 Genette, Figures I, S. 39–43.
22 Genette, Figures III, S. 43 f.
23 Genette, Figures II, S. 216 f.
24 Genette, Figures III, S. 243–246.
25 Genette, Metalepse, S. 20.

26 Vgl. Genette, Figures IV, S. 11.
27 Broich/Pfister, Konzepte, S. 6 ff.
28 Genette, Palimpsestes, S. 8–16.
29 Ebd., S. 14 f.
30 Martínez/Scheffel, Erzähltheorie, S. 26.
31 Genette, Figures III, S. 226 und S. 226, Anm. 2.
32 Ebd., S. 203 f.
33 Ebd., S. 71–76 und S. 225 ff.
34 Ebd., S. 76.
35 Martínez/Scheffel, Erzähltheorie, S. 24 und S. 47 ff.
36 Genette, Figures III, S. 224.
37 Genette, Fiction, S. 110.
38 Ebd., S. 113.
39 Ebd., S. 119–140, bezieht sich dabei vor allem auf Searles The Logical Status of Fictional Discourse (1975, Frz. 1982). Zur Rekonstruktion und Kritik von Genettes Fiktionsbegriff und seiner Abgrenzung zu Searle vgl. Zipfel, Fiktion, S. 203–208.
40 Genette, Figures IV, S. 16.
41 Genette, Mimologiques, S. 68.
42 Genette, L'Œuvre I, S. 10 ff.
43 Vgl. Genette, Fiction, S. 91.
44 Genette, L'Œuvre I, S. 275.
45 Ebd., S. 272–280.
46 Rochlitz, subjectivisme, S. 718.
47 Genette, L'Œuvre II, S. 118 f.
48 Prince, Narratology, S. 110 und S. 122, Onega, Structuralism, S. 276.
49 Culler, Theory, S. 61 f.
50 Stix, Aufmerksamkeit, S. 153–162.
51 Genette, Figures I, S. 34.
52 Montalbetti, Gérard Genette, S. 9.

Marion Gymnich

Edward Said
(1935–2003)

I. Leben

Edward Wadie Said stammt aus einer wohlhabenden arabischen Familie und wurde am 1. November 1935 als Sohn eines palästinensischen Vaters und einer aus dem Libanon stammenden Mutter in Jerusalem geboren. Seine Eltern gehörten nicht der muslimischen Mehrheit der arabischen Bevölkerung, sondern der christlichen Minderheit an. Said hat sich jedoch später in seinen Schriften, Vorträgen und Interviews gerade auch mit der von ihm als einseitig und verzerrt kritisierten Repräsentation des Islam im Westen beschäftigt. Im Jahr 1947 wanderte die Familie nach Ägypten aus; nicht zuletzt durch den ersten Arabisch-Israelischen Krieg in den Jahren 1948/1949 wurde aus einem vorübergehenden Aufenthalt in Kairo ein dauerhaftes Exil. Saids Vater, der die amerikanische Staatsbürgerschaft besaß, ermöglichte seinem Sohn eine westlich geprägte Ausbildung an Schulen im Nahen Osten und in den USA. Nachdem Edward Said zunächst britische Schulen in Jerusalem und Kairo besucht hatte, beendete er seine schulische Ausbildung an einem Internat in Massachusetts. Schon während seiner Schulzeit kam Said somit durch europäisch bzw. amerikanisch geprägte Schulen zum einen in intensiven Kontakt mit der westlichen Kultur und wurde westlich sozialisiert; zum anderen wurde er unmittelbar mit dem Problem der Repräsentation des Eigenen und des Fremden konfrontiert, das seitens postkolonialer Kritiker gerade auch in Bezug auf die schulische Ausbildung in kolonialen Kontexten oft angeprangert wird: Durch die europäische Prägung des Schulunterrichts, so Said später in seinen Memoiren *Out of Place* (1999; Dt.: *Am falschen Ort*, 2000), wurden den Schülern und Schülerinnen – dominant oder ausschließlich – westliches kulturelles Wissen und westliche Werte als Norm vermittelt, ohne dass dabei Rücksicht auf das Umfeld oder die Herkunft der Lernenden genommen wurde: «Wir erfuhren von englischem Leben und Treiben, von Monarchie und Parlament, von Indien und Afrika, von Sitten und Idiomen, die wir weder in Ägypten noch sonst irgendwo verwenden konnten.»[1]

Nach seinem Schulbesuch in den USA absolvierte Said auch dort sein Studium und machte in den folgenden Jahren eine beeindruckende akademische Karriere. Er studierte zunächst an der Eliteuniversität Princeton und wurde anschließend in Harvard im Fach Vergleichende Literaturwissenschaft promoviert. Von 1963 bis zu seinem Tod im Jahr 2003 lehrte Said Englische Literatur und Vergleichende Literaturwissenschaft an der renommierten *Columbia University* in New York. Dass er zudem Präsident der angesehenen *Modern Language Association* war und mit zahlreichen Preisen und Ehrendoktorwürden ausgezeichnet wurde, unterstreicht seine etablierte Position innerhalb der amerikanischen wissenschaftlichen Elite. Er wurde durch verschiedene wegweisende Veröffentlichungen zu einem der national und international bekanntesten Vertreter der *Postcolonial Studies*, die seit ihrer Entstehung in den späten 1970er Jahren zu einem zunehmend an Bedeutung gewinnenden Wissenschaftszweig avanciert sind.

Said wurde aber nicht nur durch seine wissenschaftlichen Arbeiten im Bereich der *Postcolonial Studies* bekannt, sondern auch durch seine politischen Aktivitäten und insbesondere durch sein intensives Engagement für den Kampf der Palästinenser um politische Souveränität. In den USA wie auch auf internationaler Ebene war Said zweifellos einer der prominentesten und wortgewandtesten Fürsprecher der palästinensischen Bestrebungen, einen unabhängigen Staat zu gründen. Im Jahr 1977 ist Said in den *Palästinensischen Nationalrat* (PNC) eingetreten, bemühte sich als unabhängiges Mitglied allerdings beständig um Distanz zu den unterschiedlichen Fraktionen. Er war u. a. an der Erstellung der palästinensischen Verfassung von 1988 beteiligt. 1991 trat er jedoch, u. a. aufgrund von Unstimmigkeiten mit Jassir Arafat, aus dem Nationalrat aus. Said vertrat zwar die Auffassung, dass die Gründung des Staates Israel ohne Rücksicht auf die Rechte der Palästinenser nur als historisches Unrecht betrachtet werden könne, welches korrigiert werden müsse; er lehnte jedoch einen bewaffneten Kampf gegen Israel vehement ab. Vielmehr plädierte er für eine Annäherung zwischen Israelis und Palästinensern. Said war zudem, wie u. a. in dem 1979 veröffentlichten Band *The Question of Palestine* (1979; Dt.: *Zionismus und palästinensische Selbstbestimmung*, 1981) deutlich wird, einer der ersten Fürsprecher einer Zwei-Staaten-Lösung auf politischer Ebene, was ihn in Konflikt mit der Palästinensischen Befreiungsorganisation (PLO) brachte. Das von ihm gemeinsam mit dem israelischen Dirigenten Daniel Barenboim, mit dem er seit 1991 zusammenarbeitete und gemeinsam publizierte, in Weimar gegründete *West-Eastern Divan Orchestra* sollte auf kultureller Ebene Wege zu einer Aussöhnung zwischen Israel und der arabischen Welt aufzeigen, denn in diesem Orchester spielen junge arabische und israelische Musiker zusammen.

Im Jahr 1991 wurde bei Said Leukämie diagnostiziert. Seine schwere Erkrankung, gegen die er mehr als zehn Jahre ankämpfte, hatte allerdings keineswegs zur Folge, dass Saids Produktivität abnahm; vielmehr veröffentlichte er in den 1990er Jahren weitere einflussreiche Studien sowie eine Vielzahl von Artikeln, gab zahlreiche Interviews und hielt Vorträge. Schließlich verstarb er im Alter von 67 Jahren am 25. September 2003 an den Folgen seiner Leukämieerkrankung.

2. Werk

Saids Werk umfasst neben dominant kultur- und literaturtheoretisch ausgerichteten Arbeiten auch musiktheoretische Schriften sowie politisch engagierte Texte, in denen er insbesondere immer wieder zur Situation in Palästina kritisch Stellung bezieht. Was Saids literatur- und kulturwissenschaftlich orientierte Schriften allerdings mit seinen politischen Werken verbindet, ist zum einen die grundlegende Auffassung, dass kulturelle Manifestationen jeglicher Art ebenso wie politische Ereignisse konsequent in ihrem jeweiligen historischen Entstehungskontext betrachtet werden müssen. Zum anderen handelt es sich bei den von Said mitbegründeten *Postcolonial Studies* um eine Forschungsrichtung, die sich dezidiert für politisch-ideologische Fragen öffnet und politische Lesarten literarischer Texte hervorbringt. Im Laufe seines Lebens hat Said 24 Bücher, von denen insbesondere zwei – *Orientalism* (1978; Dt.: *Orientalismus,* 1981) und *Culture and Imperialism* (1993; Dt.: *Kultur und Imperialismus,* 1994) – inzwischen zu Klassikern der *Postcolonial Studies* und speziell der postkolonialen Literaturwissenschaft geworden sind, sowie eine Vielzahl von Artikeln und Essays publiziert. Schon in seinem 1966 veröffentlichten, auf seiner Doktorarbeit basierenden ersten Buch, *Joseph Conrad and the Fiction of Autobiography,* beschäftigt sich Said mit einem Autor, der in der postkolonialen Literaturwissenschaft generell auf großes Interesse gestoßen ist. Mit seinen Romanen, in denen er den Prozess der Kolonisierung und dessen Folgen thematisiert, und vor allem mit seinem bekanntesten Werk *Heart of Darkness* (1899) gehört Conrad zu den im postkolonialen Kontext – aufgrund der oft ambivalenten Darstellung des Verhältnisses von Kolonialherren und kolonisierter Bevölkerung – besonders kontrovers diskutierten Schriftstellern.

Saids Studie *Orientalism* zählt zu jenen Texten, die die *Postcolonial Studies* als eigenständigen Zweig der Literatur- und Kulturwissenschaft etabliert haben, zu dessen bekanntesten Vertretern neben Said u. a. Homi Bhabha und Gayatri Chakravorty Spivak zählen. Bis heute handelt es sich bei *Orientalism* um das bekannteste und einflussreichste Werk Saids, das für die postkoloniale Theorie nach wie vor einen zentralen Bezugstext darstellt und das insbesondere die koloniale Diskursanalyse begründet hat. In *Orientalism* legt Said zugleich den Grundstein für eine Forschungsrichtung, die eine dezidiert kulturwissenschaftliche Ausrichtung besitzt, die sich also nicht allein mit Literatur, sondern mit kulturellen Objektivationen und Phänomenen jeglicher Art und deren vielfältigen Relationen untereinander beschäftigt. Literarische Texte gelten folglich ebenso als relevante Untersuchungsgegenstände der *Postcolonial Studies* wie nicht fiktionale Texte, Kunstwerke unterschiedlicher Art, kulturelle Praktiken und Institutionen. In dieser weiten Ausrichtung in Bezug auf die Untersuchungsgegenstände besteht einer der zentralen Impulse von Saids Ansatz; er hat dazu beigetragen, die *Postcolonial Studies* als einen Forschungsansatz zu definieren, der sich von früheren Arbeiten zur kolonialen und postkolonialen Literatur deutlich abgrenzt. Zudem fordert Said in *Orientalism* programmatisch einen Umgang mit Literatur und Kultur, der deren politisch-ideologischer Dimension, d. h. deren Einbindung in gesellschaftliche Machtstrukturen Rechnung trägt, und wendet sich damit gegen rein ästhetische Lesarten literarischer und kultureller Texte:

> Wenn man der Literatur und Kultur vielfach unterstellt, dass sie politisch, ja sogar historisch naiv seien, so erschien es mir meistens anders, und gewiss hat die Orientalismus-Studie mich davon überzeugt (und wird hoffentlich auch meine Kollegen davon überzeugen), dass man die gesellschaftliche und die literarische Kultur nur zusammen erforschen und begreifen kann.[2]

Saids Argumentation in *Orientalism* beruht auf der Prämisse, dass ‹der Orient› als Konzept eine europäische Erfindung sei. Bei dem von Said identifizierten Denkmuster des Orientalismus handelt es sich um «jene Denkweise, die sich auf eine ontologische und epistemologische Unterscheidung zwischen ‹dem Orient› und – zumindest in den meisten Fällen – ‹dem Okzident› stützt».[3] Dieses Denkmuster, dessen Ursprung sich bis in die Antike zurückverfolgen lasse,[4] sei durch eine Vielzahl unterschiedlicher kultureller Objektivationen, darunter nicht zuletzt auch wissenschaftlicher Texte verschiedener Disziplinen – u. a. aus den Philologien, der Lexikographie, der Geschichtswissenschaft, der Biologie sowie der politischen und ökonomischen Theorie – gestützt worden,[5] so dass es letztlich unmöglich sei, einen, wie auch immer gearteten, ‹realen›, also prädiskursiven Orient hinter dem Diskurs des Orientalismus auszumachen. Vor allem in Großbritannien und Frankreich, aber auch in anderen Ländern Europas, so Said, wurden über Jahrhunderte hinweg Vorstellungen vom Orient als dem ‹Anderen› der europäischen Kultur entwickelt und perpetuiert. Jegliches ‹Wissen›, das im Westen über den Orient formuliert und verbreitet wurde, sei also bereits als kulturell überformt anzusehen. Dass gerade der Nahe und Mittlere Osten zur Projektionsfläche europäischer Vorstellungen vom ‹Anderen› wurden, erklärt sich laut Said aus dessen relativer geographischer Nähe zu Europa und aus der langen Tradition des Kontakts mit der Region:

> Der Orient grenzt nicht nur an Europa, er barg auch seine größten, reichsten und ältesten Kolonien, ist die Quelle seiner Zivilisationen und Sprachen, sein kulturelles Gegenüber und eines seiner ausgeprägtesten und meist variierten Bilder «des Anderen».[6]

Die binäre Opposition zwischen dem ‹Orient› und dem ‹Okzident› ziehe sich seit Jahrhunderten als roter Faden durch die europäische Geistesgeschichte und werde auch heute weiterhin perpetuiert.

Die Literatur spielt in *Orientalism* als Gegenstand postkolonialer Forschung eine vergleichsweise untergeordnete Rolle bzw. erscheint in ihrer Bedeutung lediglich als gleichrangig neben anderen kulturellen Objektivationen. Zwar weist Said wiederholt explizit auf die Bedeutung von Literatur bei der Konstruktion und Verbreitung orientalistischer Vorstellungen hin; dabei wird der Literatur aber kein Sonderstatus unter den verschiedenen Gegenständen postkolonialer Forschung beigemessen. Said plädiert allerdings bereits in *Orientalism* explizit für die Untersuchung von textuellen Verfahren und deren Bedeutung im Rahmen von kritischen Analysen kultureller Konstruktionen orientalistischer Vorstellungen; stilistische Aspekte, rhetorische Figuren, Schauplätze und narrative Verfahren beispielsweise werden von Said als für die *Postcolonial Studies* relevante Analysekriterien benannt.[7] Obwohl also Said die Aufmerksamkeit auf strukturelle Aspekte und Darstellungsverfahren von Texten und speziell auch auf deren sprachliche Verfasstheit lenkt, nimmt er keine konsequente Unterscheidung zwischen literarischen und nicht literarischen Texten hinsichtlich ihres Funktions- und Wirkungspotentials vor.

Eine zentrale theoretische Prämisse von Saids *Orientalism* bildet der diskurstheoretische Ansatz des französischen Poststrukturalisten Michel Foucault. Said stützt sich in seiner Analyse der Verbreitung und Wirkungsweise orientalistischer Denk- und Wahrnehmungsmuster auf die Foucault'sche Auffassung von dem engen Zusammenhang zwischen Wissen und Macht, die dieser u. a. in seiner Studie *L'Archéologie du savoir* (1969; Dt.: *Archäologie des Wissens*, 1970) und *Surveiller et Punir – La naissance de la prison* (1975; Dt.: *Überwachen und Strafen. Die Geburt des Gefängnisses*, 1976) formuliert hat. Gleichwohl folgt Said Foucault schon in *Orientalism* nicht in jeder Hinsicht, und in späteren Veröffentlichungen Saids nimmt der Einfluss Foucaults sichtlich ab. So betont Said etwa, dass er, anders als Foucault, dem individuellen Einfluss der Verfasser orientalistischer Texte Rechnung zu tragen suche: «[...] im Unterschied zu Michel Foucault [...] glaube ich an den prägenden Einfluss einzelner Schriftsteller auf den ansonsten anonymen kollektiven Fundus von Texten, die eine Diskursformation wie jene des Orientalismus begründen.»[8] Hierin deutet sich bereits jene Affinität zu einem im Kern humanistischen Denken an, die in späteren Schriften Saids noch deutlicher zu Tage tritt.

Die Produktion kulturellen Wissens über den Orient bzw. das Fremde diente laut Said nicht zuletzt der Legitimierung und Stabilisierung kolonialer Herrschaftsstrukturen, wie sie von den europäischen Nationen im 19. Jahrhundert, als die koloniale Expansion Europas ihrem Höhepunkt zustrebte, massiv ausgebaut wurden. Zudem diente die Konstruktion von Fremdbildern des Orients aber immer auch der Definition des europäischen bzw. okzidentalen Selbst, bedarf es doch für die Bestimmung der Identität stets eines Gegenübers, von dem man sich absetzen kann: «[...] der Orient

[hat] dazu beigetragen, Europa (oder den Westen) als sein Gegenbild, seine Gegenidee, Gegenpersönlichkeit und Gegenerfahrung zu definieren.»[9] Da alle Formen des kulturellen Wissens, das über den Orient erzeugt wird, in Machtverhältnisse eingebunden sind und Letztere stützen,[10] muss letztlich jeder Aspekt des kulturellen Wissens als ideologisch geprägt verstanden werden. Hieraus folgt auch das der Literatur inhärente politische Funktionspotential.

Der Diskurs des Orientalismus manifestiert sich in einer einseitigen Repräsentation des Fremden, das nicht in seiner Heterogenität und Variabilität dargestellt wird. Said betont, dass die westliche Repräsentation und Wahrnehmung des ‹Orients› und des ‹Orientalen› seit Jahrhunderten konsequent auf Stereotype rekurriere, die den Orient zum Gegenpol des Westens stilisieren. Zu den orientalistischen Stereotypen zählen dominant negativ konnotierte Attribute wie Irrationalität, Unreife oder auch ein Mangel an moralischen Prinzipien; dem Westen wird folglich jeweils der – positiv konnotierte – Gegenpol zugewiesen.[11] Außerdem wird der Orient als weitgehend statisch konzipiert und steht auch damit im Gegensatz zum Westen, der sich selbst als dynamisch sieht, d. h. als dem Ideal des Fortschritts und der Modernisierung verpflichtet. Im orientalistischen Diskurs werden aber nicht nur eindeutige Dichotomien zwischen Orient und Okzident aufgestellt, sondern es wird zugleich auch ein Hierarchieverhältnis angelegt, gemäß dem der Westen die überlegene Position innehat, welche durch die Akkumulation von positiv konnotierten Eigenschaften begründet wird. Dem Orient bzw. dem Orientalen wird im Diskurs des Orientalismus zudem keine Stimme zugebilligt, die eine Repräsentation des Eigenen erlauben würde; vielmehr beansprucht der Westen (zumindest implizit) für sich die alleinige Autorität auf die Repräsentation des Orients.[12]

An der diskursiven Generierung des Orients hatten nach Said unterschiedliche wissenschaftliche Disziplinen (z. B. die Philologien, die Geschichtswissenschaft, die Geographie, die Religionswissenschaft und die Anthropologie) sowie verschiedene Künste (Literatur, Malerei usw.) maßgeblichen Anteil. Die Wirksamkeit und der vermeintliche Wahrheitsgehalt der Aussagen über den Orient und seine Bevölkerung resultieren u. a. aus der Tatsache, dass sich die verschiedenen Disziplinen und Kunstwerke in ihren Aussagen im Wesentlichen gegenseitig stützen und verstärken, indem sie ein relativ homogenes Bild des Orients zeichnen. Für das Verständnis der besonderen Wirkungsweise des orientalistischen Diskurses ist zudem zentral, dass Said den Orientalismus als Naturalisierungsprozess auffasst. Dies bedeutet, dass orientalistische Denk- und Wahrnehmungsmuster innerhalb einer Gesellschaft tendenziell als ‹naturgegeben› betrachtet und nicht als kulturell konstruiert angesehen bzw. kritisch hinterfragt werden. Vor allem seit dem ausgehenden 18. Jahrhundert verfestigte sich der Diskurs des Orientalismus in Europa zunehmend und ist damit auch das Ergebnis eines in dieser Zeit stattfindenden Wandels in dem Erwerb, der Strukturierung und der Verbreitung kulturellen Wissens, der das Zeitalter der europäischen Aufklärung prägte: Mit der Entwicklung und zunehmenden Professionalisierung der wissenschaftlichen Disziplinen, die am Diskurs des Orientalismus Anteil hatten, wurde der Verbreitung und Konsolidierung kulturellen Wissens über den Orient Vorschub geleistet.

Ein zentraler Aspekt bei der Analyse des orientalistischen Diskurses ist die von Said beschriebene Konstanz orientalistischer Stereotype über die Jahrhunderte hinweg. Wenngleich sich Said in *Orientalism* primär mit der Zeit des Kolonialismus beschäftigt, weist er auch darauf hin, dass die Konstruktion orientalistischer Stereotype bis in die Gegenwart andauere. In der Geschichte des orientalistischen Diskurses stellt laut Said der Zweite Weltkrieg insofern einen Wendepunkt dar, als mit ihm die Vorherrschaft Frankreichs und Großbritanniens als Kolonialmächte im Orient endete und zugleich auch die dominante Stellung dieser beiden Nationen im Diskurs des Orientalismus einer amerikanischen Vorherrschaft wich. Im Mai 2003, wenige Monate vor seinem Tod, verfasste Said ein Vorwort zu einer neuen Auflage von *Orientalism*. In diesem Vorwort betont er u. a. die anhaltende Aktualität der von ihm in *Orientalism* beschriebenen Mechanismen und wirft die Frage auf, ob der Imperialismus tatsächlich ein Phänomen der Vergangenheit sei oder nicht vielmehr in der gegenwärtigen US-Politik im Nahen und Mittleren Osten seine konsequente Fortsetzung finde, seien doch hier die gleichen Prozesse der generalisierenden und reduktionistischen Repräsentation des Anderen und der Verbreitung von Stereotypen zu beobachten, die auch schon in den vergangenen Jahrhunderten den Diskurs des Orientalismus bestimmt haben.[13] Als Ausweg aus dem Kreislauf der Perpetuierung von Stereotypen sieht Said ein Bemühen um Analyse, gegenseitiges Verstehen und intellektuellen Austausch anstelle eines Festhaltens an etablierten Kategorien im Interesse einer möglichst stabilen kollektiven Identitätsbildung. Der Ausweg besteht also in einer Vorgehensweise, die Said als humanistisch geprägt bezeichnet, da sie auf die Wirkmacht individuellen Handelns setze, statt auf überkommene Ideen und etablierte Autoritäten zu bauen:

> Meine Grundidee für *Orientalismus* war, die Kampfgebiete mit Hilfe der humanistischen Kritik zu öffnen, längere Sequenzen von Gedanken und Analysen einzuführen, um die kurzen Ausbrüche von polemischer, denkfeindlicher Raserei zu unterbinden, die uns so sehr in Etiketten und in antagonistischen Debatten einsperren mit dem Ziel einer kriegerischen kollektiven Identität anstelle von Dialog und wechselseitigem Verständnis.[14]

Wenngleich sich Said in *Orientalism* auf die Konstruktion von Wissen über eine bestimmte Region bezieht, sind seine grundlegenden Einsichten zur Repräsentation des Fremden als Gegenpol des Eigenen vielfach auf die im Diskurs des Imperialismus erfolgende Konstruktion von Wissen über andere Kulturen übertragen worden. Said selbst tut dies in *Culture and Imperialism*. In dieser Studie, die er wiederholt als Fortsetzung von *Orientalism* bezeichnet hat, beschäftigt sich Said erneut primär mit der Genese und Verbreitung imperialistischer Denkmuster im 19. und 20. Jahrhundert. Der Fokus der in *Orientalism* entwickelten Ansätze ändert sich hier jedoch in einer Weise, die gerade auch aus literaturwissenschaftlicher Sicht von großem Interesse ist. Erstens ist eine Ausweitung im Hinblick auf den Untersuchungsgegenstand zu beobachten. Während in *Orientalism* die diskursive Formation des arabisch und islamisch geprägten Nahen Ostens im Zentrum stand, beschäftigt sich Said in *Culture and Imperialism* mit verschiedenen Regionen der Welt, die im Zuge der Kolonisierung in westliche Deutungsmuster eingeschrieben wurden: mit Afrika, Indien, dem Fernen Osten, Australien, der Karibik und Irland. Zweitens versucht Said in der späteren Studie verstärkt auch den Widerstand gegen imperialistische Strukturen und Denkmuster in den postkolonialen Literaturen und Kulturen herauszuarbeiten. Drittens schließlich widmet sich Said in *Culture and Imperialism* im Gegensatz zu *Orientalism* ausführlich der Bedeutung, die speziell der Literatur im Prozess der Verbreitung und Konsolidierung kolonialer bzw. generell westlich geprägter Denkmuster zukommen kann.

Während Literatur als kulturelle Manifestation in *Orientalism* keine herausragende Rolle spielt, unterstreicht Said bereits in der Einleitung zu *Culture and Imperialism*, dass literarischen Texten, und in ganz besonderem Maße dem Roman, eine große Bedeutung im Prozess der Herausbildung und Perpetuierung imperialistischer Einstellungen zukomme. In Romanen, so Said, manifestiere sich in deutlicher Weise die Aneignung des Rechts, Narrative zu formulieren, durch die Kolonialmächte und ein damit einhergehender Ausschluss denkbarer (Gegen-)Narrative der Kolonisierten. So trügen literarische Texte maßgeblich dazu bei, dass sich jene Rhetorik des Eigenen und des Fremden verfestigen könne, die der Legitimierung kolonialer Herrschaftsstrukturen diene. Wenngleich in kulturellen Objektivationen aus dem 19. und frühen 20. Jahrhundert in Großbritannien und Frankreich Bezüge zum Imperialismus ohnehin nahezu allgegenwärtig seien, so seien diese doch im britischen Roman mit besonderer Häufigkeit anzutreffen.[15] Die Tradition der Generierung imperialistischer Denkmuster im britischen Roman lässt sich laut Said bis zu den Anfängen des realistischen Romans im 18. Jahrhundert zurückverfolgen, wird doch in Daniel Defoes *Robinson Crusoe* (1719) durch die Titelfigur geradezu der Prototyp des Kolonisators verkörpert.

Said sieht die Entwicklung des britischen Romans im 18. und 19. Jahrhundert auf das Engste mit der Geschichte des Imperialismus verknüpft, wobei die Bezüge zum Imperialismus sich freilich in unterschiedlicher Weise manifestieren können. Die offensichtlichsten Belege für die von Said beobachtete enge Beziehung zwischen der Gattungsgeschichte und der Kolonialgeschichte bilden zweifellos Romane von Autoren wie Rudyard Kipling, Joseph Conrad, Arthur Conan Doyle, Henry Rider Haggard, Robert Louis Stevenson und E. M. Forster, in denen die Kolonien als zentraler Schauplatz fungieren und die sich explizit mit dem Prozess der Kolonisierung beschäftigen. Darüber hinaus seien aber auch die Romane von weiteren kanonischen Autoren und Autorinnen, wie etwa Charles Dickens, Charlotte Brontë, George Eliot und William M. Thackeray, voller Bezüge auf den Imperialismus und trügen damit maßgeblich zur Verbreitung imperialistischer Denkweisen bei, die es mittels «‹kontrapunktische[n] Lesen[s]›»[16] aufzudecken gelte:

> Deshalb müssen wir die großen kanonischen Texte, ja vielleicht das ganze Archiv der modernen und vormodernen europäischen und amerikanischen

> Kultur mit dem Vorsatz lesen, alles, was in solchen Werken stumm, nur marginal präsent oder ideologisch verzerrt dargestellt ist, herauszustellen, zu bezeichnen und ihm Nachdruck und Stimme zu verleihen […].[17]

Vorstellungen von den Kolonien sowie von den noch zu kolonisierenden Regionen werden in den europäischen Texten mittels rekurrierender Motive und rhetorischer Verfahren konstruiert. So wird koloniale Expansion beispielsweise immer wieder als Quelle von Reichtümern und exotischen, bisweilen auch gefährlichen Objekten dargestellt. Zugleich erscheinen die Kolonien oder die noch zu kolonisierenden Regionen als Orte, an denen die Europäer alle Arten von Abenteuern, auch solche sexueller Natur, erwarten. Die Bevölkerung der Kolonien wird als fremdartig und in der Regel auch als minderwertig im Vergleich zu den Europäern gezeichnet. Im Gegensatz zu den sogenannten Empire-Romanen (u. a. Kiplings *Kim* von 1901 und Conrads *Heart of Darkness*), die erst seit der zweiten Hälfte des 19. Jahrhunderts in der britischen Literatur zunehmend in Erscheinung traten, lässt sich die kursorische Bezugnahme auf das Empire bereits wesentlich früher breit nachweisen.

Zu den zentralen Thesen in Saids *Culture and Imperialism* zählt die Annahme, dass sich auch in solchen literarischen Texten, die keineswegs den Schwerpunkt auf die Darstellung kolonialer Expansion setzen, der Einfluss imperialistischer Denkmuster und Werte zeige und dass diese Werke ihrerseits zur Konsolidierung ebendieser Denkmuster und Werte beigetragen hätten. So argumentiert Said etwa, dass ein Roman wie Jane Austens *Mansfield Park* (1814), der auf den ersten Blick ‹unpolitisch› erscheinen mag, gleichwohl dazu beitragen kann, die koloniale Expansion ideologisch zu stützen und zu legitimieren. Wenngleich in *Mansfield Park* keine detaillierte Darstellung der Kolonien oder der kolonialen Ausdehnung erfolgt, sondern nur eher beiläufig auf eine Plantage auf Antigua verwiesen wird, suggeriere der Roman doch schon durch diese Bezugnahmen exemplarisch die Bedeutung der Kolonien für das ‹Mutterland›. Der Reichtum einer der Figuren des Romans, Sir Thomas Bertram, ebenso wie Sir Thomas' sozialer Status scheinen von seinen Besitztümern in Übersee abhängig zu sein. So impliziere der Roman, dass koloniale Besitztümer, wie etwa die im Roman wiederholt erwähnte Plantage der Bertrams auf der Karibikinsel Antigua, erforderlich seien, um den Lebensstandard der Familie Bertram in England aufrechtzuerhalten. In Austens Roman finden sich keinerlei Szenen, die auf Antigua angesiedelt sind; ebenso wenig wird Antigua im Figurendialog oder seitens der Erzählinstanz in irgendeiner Weise beschrieben. Stattdessen finden sich im Textverlauf nur einige wenige Referenzen auf Antigua, die es auf den ersten Blick vielleicht abwegig erscheinen lassen, die Situierung von Austens Roman im imperialistischen Diskurs hervorzuheben, wie Said es tut. Said jedoch argumentiert, dass es gerade der beiläufige Charakter der Verweise auf Antigua sei, der suggeriere, dass die kolonialen Besitztümer für Großbritannien unerlässlich seien: «Austen zufolge sollen wir zu dem Schluß kommen, daß, wie isoliert und abgelegen der englische Landstrich (nämlich Mansfield Park) auch sein mag, er gleichwohl Unterstützung aus Übersee braucht.»[18] Demnach, so Said, lasse sich durchaus eine Kontinuitätslinie zwischen Romanen wie Austens *Mansfield Park* und den Romanen Kiplings oder Conrads, die sich in prominenter Weise mit dem Imperialismus auseinandersetzen, postulieren – und insbesondere mit späteren Romanen, die eine wirtschaftliche Nutzung der Kolonien thematisieren:

> Die von den Bertrams ausgebeutete Kolonie in *Mansfield Park* läßt sich als Zeichen deuten, das auf Charles Goulds Silbermine von San Tomé in *Nostromo* oder auf die anglo-imperiale Rubber Company der Wilcox in Forsters *Howards End* vorausweist – oder auf irgendeine dieser entlegenen, aber bequemen Schatztruhen in *Große Erwartungen*, Jean Rhys' *Das wilde Sargassomeer* oder *Herz der Finsternis*.[19]

Die Bedeutung von Romanen wie *Mansfield Park* im Kontext der Verbreitung und Konsolidierung imperialistischer Vorstellungen erschöpft sich laut Said allerdings nicht in den ideologisch aufgeladenen kursorischen Bezugnahmen auf koloniale Besitztümer. Darüber hinaus verweist Said auf Parallelen zwischen inhaltlichen Konfigurationen im Roman und imperialistischen Denkfiguren. Wenn etwa in Austens Roman während Sir Thomas' Abwesenheit von dem englischen Landsitz Mansfield Park dort eine chaotische Situation eintritt, dann unterstreiche dies im übertragenen Sinne die zentrale Bedeutung, welche der Aufrechterhaltung (imperialer) Kontrolle zukomme.[20] Ähnliche Analogien sieht Said in anderen englischen Romanen. Wenn beispielsweise in Samuel Richardsons Briefromanen das Engagement im Wettstreit und das hartnäckige Überwinden von Hindernissen am Ende belohnt werden, dann trete darin eine Geisteshaltung zu Tage, die auch in der kolonialen Expansion zum Ausdruck komme.[21] Obwohl Saids Ansatz eine politisch-ideologische Lesart für literarische Texte einfordert, betont er zugleich, dass sich das Wirkungs- und Funktionspotential von Literatur damit nicht erschöpfe. Said hebt wiederholt hervor, dass er literarische Werke wie Austens *Mansfield Park*, Dickens' *Great Expectations* (1860/1861) oder auch Kiplings *Kim* nicht allein auf ihre Funktion im imperialistischen Diskurs reduzieren wolle, sondern sie als komplexe und polyvalente ästhetische Werke zu würdigen suche.

Die kursorische Bezugnahme auf den Imperialismus in der Art, wie sie in Romanen wie *Mansfield Park* oder auch in einigen Romanen von Charles Dickens und George Eliot anzutreffen sind, betrachtet Said als Spezifikum des englischen Romans des 19. Jahrhunderts. Im französischen Roman lassen sich derartige beiläufige Bezugnahmen auf den Imperialismus gemäß Said kaum finden. Dass in der französischen Literatur imperialistisches Denken vor allem bis zur Mitte des 19. Jahrhunderts keine vergleichbar prominente Rolle spielt, führt Said auf die wechselvolle historische Entwicklung in Frankreich um die Wende vom 18. zum 19. Jahrhundert zurück.[22] In den USA entwickelte sich nahezu zeitgleich zur britischen imperialistisch geprägten Literatur hingegen ebenfalls eine Literatur, die eine koloniale Expansion im Dienste einer kollektiven Identitätsstiftung propagierte, wobei sich dieser Imperialismus vor allem in der gewaltsamen Expansion nach Westen und der Kolonisierung oder Vernichtung der indigenen Bevölkerung Nordamerikas manifestierte.[23] Die Legitimierung und Propagierung der Ausdehnung der USA nach Westen in Werken von Autoren wie James Fenimore Cooper, Mark Twain und Herman Melville war dabei freilich oft mit einer Kritik am europäischen Imperialismus gepaart.

In *Culture and Imperialism* beschäftigt sich Said nicht nur mit den unterschiedlichen Formen der Repräsentation der Kolonisierung in der europäischen Literatur, sondern wendet sich zudem der (post-)kolonialen Literatur zu und liefert dabei einen wichtigen Beitrag zur Funktionsgeschichte postkolonialer Literaturen. Letztere werden seitens der postkolonialen Literaturwissenschaft generell dominant auf das Paradigma einer ‹Literatur des Widerstandes› festgeschrieben. Said legt seinen funktionsgeschichtlichen Hypothesen ebenfalls diese Annahme zugrunde und erläutert differenziert, in welcher Weise sich dieses spezielle Funktionspotential von Fiktion niederschlagen kann. So kann sich etwa ein Widerstand gegen die (ehemalige) Kolonialmacht im Prozess der (erneuten) Aneignung von kulturellen Ausdrucksformen, die von der Kolonialmacht begründet oder doch zumindest massiv beeinflusst worden sind, konkretisieren. Ein Beispiel hierfür ist die Nutzung des Motivs der Reise in postkolonialer Literatur, d. h. eines Motivs, das in der Vergangenheit vielfach eingesetzt wurde, um koloniale Vorstellungen zu propagieren – in der nicht fiktionalen Reiseliteratur ebenso wie beispielsweise in Joseph Conrads *Heart of Darkness*. Vielfach manifestiert sich der Prozess der postkolonialen Aneignung der europäischen Kultur auch in intertextuellen Bezugnahmen, insbesondere in Form eines Umschreibens von kanonischen Werken wie William Shakespeares *The Tempest* (1611). Im Umschreiben von Texten des europäischen Literaturkanons manifestiert sich eine kulturelle Hybridisierung, die laut Said für postkoloniale Gesellschaften generell kennzeichnend ist. Nicht zuletzt aufgrund der Geschichte des Imperialismus, so Said, könnten Kulturen heute nicht mehr als unabhängig voneinander betrachtet werden und seien nicht monolithisch, sondern hybrid und heterogen.

Said beließ es in seinen Studien aber nicht bei einer Analyse des Status quo; vielmehr war es ihm ein Anliegen, zumindest erste Schritte in Richtung eines Ausbrechens aus der Wiederholung der immer selben Denkmuster in Bezug auf die Konstruktion des Anderen aufzuzeigen. In der Erfahrung des Exils beispielsweise glaubte er einen Ausweg aus dem Dilemma der Wiederholung von stereotypen Fremd- und Selbstbildern zu erkennen. Die Exilsituation war für Said eines der zentralen Themen. Er hat sich im Verlauf seines Lebens immer wieder zur Bedeutung des Exils geäußert; dabei hat er die Erfahrung des Exils einerseits als schmerzvollen Bruch charakterisiert, sie aber andererseits auch als Chance zur Erweiterung des persönlichen Erfahrungsbereichs bezeichnet. 1999 veröffentlichte Said unter dem Titel *Out of Place* seine Memoiren, in denen er sich insbesondere mit seiner Kindheit und Jugend beschäftigt und, wie schon der Titel suggeriert, über die Erfahrung des Exils und dessen Folgen reflektiert, mit denen er – als Palästinenser und als Christ – schon in seiner Kindheit in Kairo konfrontiert wurde. Saids Schriften ist letztlich auch ein utopisches Potential eigen. Gerade in seinen späteren Werken machte er dieses explizit, wenn er das Ideal eines ‹Neuen Humanismus› propagierte. Wenngleich Said traditionellen humanistischen Vorstellungen durchaus kritisch gegenüberstand, vertrat er doch insbesondere in seinen späteren Veröffentlichungen die im Kern humanistische Auffassung, dass die Bedeutung des Individuums als Impuls für gesellschaftliche Veränderungen nicht unterschätzt werden dürfe. Eine zentrale Verantwortung für die Überwindung der kulturell tradierten Dichotomien schrieb Said zudem dem Intellektuellen zu, dessen ureigenste Aufgabe er darin sah, Grenzen zu überwinden und als Mahner zu fungieren, der in der öffentlichen Sphäre an das erinnert, was vergessen ist oder übersehen wird. In *Representations of the Intellectual: The Reith Lectures* spricht Said von *Speaking Truth to Power*, so der Titel eines der Kapitel, und macht für Intellektuelle eine «andere, auf Grundsätzen beruhende Eigenständigkeit»[24] im öffentlichen Diskurs geltend. Diesem Ethos des Intellektuellen sah sich auch Said selbst verpflichtet, wie nicht nur seine Schriften, sondern auch seine Präsenz in der öffentlichen politischen Diskussion nachdrücklich bezeugen.

Neben seinen wegweisenden Arbeiten im Bereich der postkolonialen Literatur- und Kulturtheorie hat sich Said auch mit diversen anderen Gebieten beschäftigt. So hat er etwa verschiedene Beiträge zur Musikwissenschaft geleistet, insbesondere in Zusammenarbeit mit Daniel Barenboim. In *Musical Elaborations* (1991; Dt.: *Der wohltemperierte Satz*, 1995) beispielsweise setzt er sich mit der Rolle der Musik in der Gesellschaft auseinander. In der Öffentlichkeit haben vor allem Saids politische Schriften Beachtung gefunden, die sich mit dem Verhältnis zwischen Israel und Palästina auseinandersetzen, u. a. *The Politics of Dispossession: The Struggle for Palestinian Self-Determination, 1969–1994* (1994) und *Peace and its Discontents: Essays on Palestine in the Middle East Peace Process* (1996; Dt.: *Frieden in Nahost?* 1997). In seiner Studie *Covering Islam: How the Media and the Experts Determine How We See the Rest of the World* (1981), zu der er durch die amerikanische Berichterstattung über die Besetzung der amerikanischen Botschaft in Iran im Jahr 1979 angeregt wurde, dehnt er seine Überlegungen zur Konstruktion der Dichotomie des Eigenen und des Fremden auf die modernen Medien aus. Er kritisiert hier vehement die verzerrte westliche Darstellung des Islam als Religion, die Gewalt und Fanatismus propagiere. Dass Said diese Sichtweise des Islam auch nach den Anschlägen des 11. Septembers unbeirrt weiterhin vertreten hat, hat ihm insbesondere in konservativen Kreisen in den USA Feinde eingebracht.

3. Wirkung

Die Wirkung, die Saids Schriften und insbesondere seine frühe Studie *Orientalism* in den *Postcolonial Studies* und in vielen anderen Disziplinen hatten und nach wie vor haben, kann kaum überschätzt werden. Das Konzept des Orientalismus bzw. des kolonialen Anderen als Produkt von westlichen Diskursen spielt immer noch eine zentrale Rolle im postkolonialen Diskurs. Der Beitrag Saids zur Literaturwissenschaft bestand vor allem in der kritischen Neuverortung kanonisierter Texte und Autoren im kulturellen Kontext von Kolonisierung und Dekolonisierung. In Bezug auf die Klassiker der englischen Literatur und insbesondere des englischen Romans seit dem 18. Jahrhundert hat Said mit seiner kolonialen Diskursanalyse einen neuen Blickwinkel eröffnet, der inzwischen aus der literaturwissenschaftlichen Diskussion nicht mehr wegzudenken ist, wenngleich Saids dezidiert politische Lesarten von auf den ersten Blick unpolitischen Romanen ihm keinesfalls nur Zustimmung einbrachten. Insbesondere wurde ihm vorgeworfen, die ästhetische Dimension literarischer Werke und die Eigenheit der Literatur im Gegensatz zu nichtfiktionalen Texten nicht ausreichend zu berücksichtigen. Saids Schriften waren aber auch über die Literaturwissenschaft hinaus einflussreich. Es ist nicht zuletzt dem von Said propagierten kulturwissenschaftlichen Ansatz zu verdanken, dass seine Schriften in Disziplinen wie der Geschichtswissenschaft, der Psychologie, der Soziologie, der Anthropologie und der Philosophie Nachhall fanden.

Welche Verbreitung Saids Thesen zum politisch-ideologischen Gehalt literarischer Texte und zur Bedeutung von Bezügen zum Imperialismus in der Literatur inzwischen gefunden haben, wird u. a. an Verfilmungen von Klassikern der britischen Literatur des 18. und 19. Jahrhunderts deutlich. So werden etwa in Patricia Rozemas Verfilmung von Austens *Mansfield Park* aus dem Jahr 1999 die Bezüge zur Kolonisierung, die in dem Roman zumindest auf den ersten Blick nur eine geringe Rolle zu spielen scheinen, durch den Einsatz von Musik, durch zusätzliche Szenen u. Ä. hervorgehoben. Insbesondere wird bei Rozema das Thema der Sklaverei explizit gemacht, das bei Austen nur indirekt angelegt ist. Wie auch Said feststellt, muss es sich bei Sir Thomas Bertrams Plantage um eine Zuckerrohrplantage gehandelt haben, auf der zu Austens Zeit – d. h.

vor der Abschaffung der Sklaverei – selbstverständlich Sklaven arbeiteten. Anders als Austens Roman zeichnet Rozemas Verfilmung Sir Thomas Bertram explizit als Sklavenhalter und verweist auf die physische und sexuelle Ausbeutung und Misshandlung der Sklaven. Damit artikuliert der Film einen Aspekt, der im literarischen Text weitgehend ausgespart bleibt, der aber genau jene Dimension des literarischen Werkes herausarbeitet, auf die auch Said in seiner Lesart von *Mansfield Park* hinweisen wollte.

Als postkolonialer Theoretiker, der an einer der amerikanischen Eliteuniversitäten tätig war, sah sich Said immer wieder mit der Kritik von Theoretikern und Autoren konfrontiert, die sich aus der postkolonialen ‹Peripherie›, also beispielsweise aus den unterschiedlichen afrikanischen Ländern, am postkolonialen Diskurs beteiligen. Saids Position zu den von ihm selbst analysierten Machtstrukturen ist bisweilen kritisch hinterfragt worden: Als kosmopolitischer Intellektueller, so lautet der Grundtenor der Kritik, sei er Gefahr gelaufen, selbst Teil jener Diskurse zu werden, die orientalistisches Denken hervorbringen. Zugleich wird mitunter kritisiert, dass Said – ebenso wie anderen postkolonialen Theoretikern, die im Westen fest verankert sind – der Bezug zu den kulturellen Traditionen seines Herkunftslandes fehlte. In diesem Kontext lösten Saids Memoiren *Out of Place* eine kontroverse Diskussion aus, wurde ihm doch vorgeworfen, dass er darin versuche, durch die Art und Weise, wie er seine Herkunft darstelle, seine Position als Fürsprecher der palästinensischen Sache zu legitimieren. Anlass für Kritik an Said seitens postkolonialer Autoren und Literaturwissenschaftler war ferner die Tatsache, dass er zwar einerseits die Rolle literarischer Texte im Prozess der Konstruktion und Perpetuierung imperialistischer Denkweisen herausgearbeitet hat, andererseits aber immer wieder unverhohlen seine Bewunderung für Werke wie Kiplings *Kim* zum Ausdruck brachte, deren ästhetischen Wert er sehr hoch einschätzte, obwohl sie imperialistische Denkmuster und eine diskriminierende Sichtweise des Fremden perpetuieren. Dass Said den Schwerpunkt seiner Arbeit auf kanonische Texte setzte, statt in stärkerem Maße marginalisierte, postkoloniale literarische Texte zu erschließen, ist ihm bisweilen ebenfalls zum Vorwurf gemacht worden: Die Selektion von Werken, die er in den Mittelpunkt seines Interesses stellte, reproduziere imperialistische Hierarchieverhältnisse.

Nicht nur innerhalb des wissenschaftlichen Diskurses sah sich Said mit Kritik konfrontiert. Seine politischen Stellungnahmen zur Situation der Palästinenser haben ihm ebenfalls heftige Kritik und sogar Morddrohungen eingebracht. Die Situation verschärfte sich nach den Terroranschlägen vom 11. September 2001, als Said seitens konservativer Kreise in den USA bisweilen sogar Sympathien für die Attentäter und eine antiamerikanische Haltung vorgeworfen wurden. Bis kurz vor seinen Tod war Said politisch wie auch wissenschaftlich aktiv, für die postkoloniale Literatur- und Kulturtheorie bleiben aber seine vergleichsweise frühen Werke *Orientalism* und *Culture and Imperialism* die entscheidenden Meilensteine.

Literatur

1. Werkausgaben

Barenboim, Daniel/Said, Edward W.: Parallels and Paradoxes. Explorations in Music and Society, New York 2002 (Dt.: Parallelen und Paradoxien. Über Musik und Gesellschaft, übers. von Burkhardt Wolf, hg. von Ara Guzelimian, Berlin 2004).

Said, Edward W.: Joseph Conrad and the Fiction of Autobiography, Cambridge, MA 1966.

– Orientalism, London 1994 [1978] (Dt.: Orientalismus, übers. von Hans Günter Holl, Frankfurt/M. 2009).

– The Question of Palestine, New York 1979 (Dt.: Zionismus und palästinensische Selbstbestimmung, übers. von Ingrid Nowel, Stuttgart 1981).

– Covering Islam. How the Media and the Experts Determine How we See the Rest of the World, New York 1981.

– The World, the Text, and the Critic, Cambridge, MA 1983 (Dt. Teilausgabe: Die Welt, der Text und der Kritiker, übers. von Brigitte Flickinger, Frankfurt/M. 1997).

– Musical Elaborations, New York 1991 (Dt.: Der wohltemperierte Satz. Musik, Interpretation und Kritik, übers. von Christine Mrowietz, München 1995).

– Culture and Imperialism, London 1993 (Dt.: Kultur und Imperialismus. Einbildungskraft und Politik im Zeitalter der Macht, übers. von Hans-Horst Henschen, Frankfurt/M. 1994).

– Representations of the Intellectual. The 1993 Reith Lectures, New York 1994 (Dt.: Götter, die keine sind. Der Ort des Intellektuellen, übers. von Peter Geble, Berlin 1997).

– The Politics of Dispossession. The Struggle for Palestinian Self-Determination, 1969–1994, New York 1994.

– Peace and its Discontents. Essays on Palestine in the Middle East Peace Process, New York 1996 (Dt.: Frieden in Nahost? Essays über Israel und Paläs-

tina, mit einem Vorwort von Felicia Langer, übers. von Michael Schiffmann, Heidelberg 1997).
- Out of Place. A Memoir, New York 1999 (Dt.: Am falschen Ort, übers. von Meinhard Büning, Berlin 2000).
- Humanism and Democratic Criticism, New York 2004.

2. Sekundärliteratur

Abraham, Matthew: Introduction. Edward Said and After. Toward a New Humanism, in: Cultural Critique 67 (2007), S. 1–12.
Ahmad, Aijaz: Orientalism and After. Ambivalence and Metropolitan Location in the Work of Edward Said, in: Ders.: In Theory. Classes, Nations, Literatures, London 1992, S. 159–219.
Bayoumi, Moustafa/Rubin, Andrew (Hg.): The Edward Said Reader, New York 2000.
Bhabha, Homi K./Mitchell, William J. Thomas (Hg.): Edward Said. Continuing the Conversation, Chicago 2005.
Curthoys, Ned/Ganguly, Debjani (Hg.): Edward Said. The Legacy of a Public Intellectual, Melbourne 2007.
Kennedy, Valerie: Edward Said. A Critical Introduction, Cambridge 2000.
Said, Edward W.: Power, Politics and Culture. Interviews with Edward W. Said, New York 2001.
- Culture and Resistance. Conversations with Edward Said, Cambridge, MA 2003.
Singh, Amrijit/Johnson, Bruce G.: Interviews with Edward Said, Jackson 2004.
Sprinker, Michael (Hg.): Edward Said. A Critical Reader, Oxford 1992.
Viswanathan, Gauri (Hg.): Power, Politics and Culture. Interviews with Edward W. Said, London 2005.
Zeleza, Paul Tiyambe: The Politics and Poetics of Exile. Edward Said in Africa, in: Research in African Literatures 36 (2005), H. 3, S. 1–22.

Anmerkungen

1 Said, Ort, S. 285.
2 Said, Orientalismus, S. 39.
3 Ebd., S. 11.
4 Ebd., S. 9.
5 Ebd., S. 11.
6 Ebd., S. 9 f.
7 Ebd., S. 32.
8 Ebd., S. 34.
9 Ebd., S. 10.
10 Ebd., S. 11 f.
11 Ebd., S. 53.
12 Ebd., S. 16.
13 Ebd., S. 406 ff.
14 Ebd., S. 412.

15 Said, Kultur, S. 107.
16 Ebd., S. 112.
17 Ebd.
18 Ebd., S. 140.
19 Ebd., S. 145.
20 Ebd., S. 137.
21 Ebd., S. 117.
22 Ebd., S. 108.
23 Ebd.
24 Said, Götter, S. 105.

Andreas Blödorn

Judith Butler
(*1956)

I. Leben

Judith Butler (geboren 1956 in Cleveland, Ohio) ist amerikanische Philosophin jüdischer Herkunft und Theoretikerin der *Gender* und *Queer Studies* und gilt heute als eine der einflussreichsten Vertreterinnen der neueren Frauen- und Geschlechterforschung. Seit 1993 lehrt sie als Professorin für Rhetorik an der University of California in Berkeley, seit 1994 hat sie dort den Lehrstuhl für Rhetorik und Vergleichende Literaturwissenschaft inne. Außerdem lehrt sie an der *European Graduate School* in Saas-Fee (Schweiz), wo sie die Hannah Arendt Professur für Philosophie innehat.

Butler kam über ihre Familie und über ihre religiöse Erziehung schon früh mit theologischen und philosophischen Schriften in Kontakt. Nach dem Besuch des *Bennington College* in Vermont studierte sie Philosophie in Yale und Heidelberg (u. a. bei Hans-Georg Gadamer). 1984 wurde sie in Yale mit einer Arbeit über Hegel promoviert (erschienen 1987 als: *Subjects of Desire. Hegelian Reflections in Twentieth-Century France*).

Als 1990 ihr Buch *Gender Trouble* erschien (Dt.: *Das Unbehagen der Geschlechter*, 1991), erregte es international Aufsehen, weil Butler darin ihre umstrittene These von der Performativität des Geschlechts nicht nur auf soziale Geschlechterkonstruktionen, sondern auch auf den Bereich des Körpers als eines kulturellen Konstrukts ausdehnte und damit insbesondere auch feministische Grundpositionen im Hinblick auf feststehende, genuin weibliche Identitätsformen und Subjektpositionen in Frage stellte. Ihre These performativer (Geschlechts-)Identitäten hat Butler in ihrer darauf folgenden Forschungs- und Publikationstätigkeit bis heute weiter ausgeführt und entwickelt, wobei sie anthropologische, psychoanalytische, soziologische, politische und (sprach-)philosophische Fragestellungen miteinander verbindet. In ihren jüngeren Arbeiten befasst sich Butler v. a. mit politischer Theorie im moralphilosophischen Kontext; so arbeitet sie u. a. ihre Konzeption des Subjekts in ethischer Hinsicht aus. Im Zusammenhang mit den von den USA geführten neuen Kriegen und der US-amerikanischen wie auch der israelischen Politik befasst sich Butler hier intensiv mit Fragen gesellschaftlicher Zwangsbestimmung des Menschen. Ihrem längerfristigen Projekt einer Kritik an staatlicher Gewalt[1] entspricht Butlers politisches Engagement u. a. für das 2009 gegründete *Russell-Tribunal zu Palästina*, das für die Rechte des palästinensischen Volkes eintritt.

2. Werk

2.1 Butlers Grundideen – ein Fall für die Literaturtheorie? Im Ganzen gesehen befasst sich Judith Butler mit sprach-, diskurs- und identitätstheoretischen sowie identitätspolitischen Fragen, die sie in ihrem Werk ausgehend und am Beispiel von geschlechtertheoretischen Diskussionen erörtert. Dabei weitet sich der Untersuchungsrahmen zunehmend von der Analyse von Geschlechtsidentitäten und von Subjekttheorien hin zu ethisch ausgerichteten Diskurs- und Machtanalysen im gesellschaftspolitischen Umfeld. In den Blick nimmt sie damit übergreifend und in immer neuer Akzentuierung das argumentationslogische Verhältnis von Subjekt und Körper, Sprache und Macht. Von ihren frühen Schriften bis heute verbindet Butlers Werk hier die durchgängige Reflexion von Widerständigkeit gegen diskursive, sprachlich verankerte Zwänge. Ihre speziell auf Diskursregularitäten und Sprache fokussierten Untersuchungen von Geschlechtsidentität und Geschlechternormen, Gender- und Subjekttheorie, sprachlicher, politischer und ethischer Gewalt werden daher literaturtheoretisch der Dekonstruktion bzw. dem feministischen Dekonstruktivismus bzw. der Diskursanalyse und dem Poststrukturalismus zugerechnet.

Insbesondere für die deutsche Rezeption sind nach wie vor v. a. Butlers frühe Texte und Thesen zu Fragen der Geschlechtsidentität maßgebend. Ein Zurückgehen auf ihre bisher erfolgreichsten und auch in Deutschland am meisten rezipierten frühen Bücher erscheint aber auch deshalb sinnvoll, weil Butler hier ihre Thesen dezidiert in der Auseinandersetzung mit Literatur entwickelt bzw. sie am Beispiel literarischer Textanalysen erläutert (in *Bodies that Matter*, 1993; Dt.: *Körper von Gewicht*, 1995). Ausgehend von einer genauen und kritischen Lektüre von *Das Unbehagen der Geschlechter* lassen sich daher insbesondere im Hinblick auf eine spezifisch gendertheoretisch angeleitete, ‹queere› Lektürepraxis wichtige Impulse abstrahieren. Für Butlers spätere, dezidiert ethisch und politisch orientierte Schriften hingegen spielt Literatur allenfalls eine untergeordnete Rolle.

Dass Butlers frühe Werke zur Geschlechterforschung überhaupt im literaturtheoretischen Kontext einflussreich werden konnten, mag auf den ersten Blick verwundern – entwickelt sie doch weder eine bestimmte Literaturtheorie, noch lassen sich in ihrem Werk direkte Aussagen zur spezifischen Rolle und Funktion von Literatur finden. Dies würde auch ihrem Ansatz widersprechen, geht es ihr doch um die Analyse diskursiver Praktiken, an denen Literatur nur anteilig innerhalb eines größeren Diskurszusammenhangs partizipiert. Deutlich wird dies in Butlers eigener Lektürepraxis, wenn sie etwa die *Antigone* (442 v. Chr.) des Sophokles hinsichtlich ihrer Thesen zu diskursiven Praktiken im Zusammenhang mit Verwandtschaftsstrukturen und ihrer gesellschaftlichen Funktion liest (*Antigone's Claim*, 2000; Dt.: *Antigones Verlangen*, 2001). Butlers Rezeption im Rahmen einer kulturwissenschaftlich ausgerichteten Literaturwissenschaft liegt daher auch weniger in ihrem methodischen Ansatz als vielmehr in ihrem thematischen Fragehorizont begründet, der – aus der feministischen Theorie kommend – sein Augenmerk auf die diskursive Konstruktion von Geschlechtsidentitäten richtet.[2] Vor allem im Rahmen der *Queer Studies* aber zeichnen sich darüber hinaus inzwischen auch Tendenzen ab, Butlers insbesondere in *Bodies that Matter* vorgeführte subversive Lektürepraxis im Zusammenhang mit der ‹Performativität von Sprache› theoretisch zu diskutieren bzw. lektürepraktisch anzuwenden und weiterzuentwickeln.

Diese Ansätze zur Fortentwicklung einer bestimmten Lektürepraxis knüpfen an Butlers Anspruch an, prinzipielle Denkgewohnheiten hinterfragen und Grundannahmen auch wissenschaftlicher Argumentationsformen und -verfahren reflektieren zu wollen. Hierzu gehört, dass Butler auch eine ‹Hierarchisierung› des Denkens im Sinne simplifizierender Ursache-Wirkungs-Ketten ablehnt und prinzipiell jeder – letztlich noch einem abendländisch-metaphysischen Denken verpflichteten – Suche nach einem Ursprung die sprachphilosophisch reflektierte Frage nach Prämissen und Abhängigkeiten eines auf gegenwärtige Diskurszusammenhänge ausgerichteten Denkens vorzieht.

Mit diesem Erkenntnisinteresse kommt der Sprache und ihrer diskursiven Verwendung innerhalb performativer Sprechakte eine herausragende Rolle in Butlers Theoriegebäude zu; hier auch liegt der Ansatzpunkt, ihre Theorie über die motivisch-stoffliche Ebene (etwa textinterner Geschlechterkonstruktionen) hinaus für literaturtheoretische und lektürepraktische Ansätze fruchtbar zu machen.[3] Nicht also eine spezifische Rolle der Textsorte ‹Literatur› und auch nicht generelle Funktionszuweisungen an Texte legitimieren die Verhandlung von Butlers Werk als ‹Literaturtheorie› im klassischen Sinne, sondern die diskursanalytische Herangehensweise an ihre Gegenstände, mit der Butler Prämissen des Denkens und Argumentierens im soziokulturellen Zusammenhang offenlegen will. Denn jedes Denken, so Butler im Anschluss an die Sprechakttheorie John L. Austins, entsteht nicht nur erst im Moment und mit seiner sprachlichen Artikulation, sondern indem es sich als performative Sprechhandlung ‹materialisiert› und somit innerhalb einer sozialen Wirklichkeit wirkmächtig und diskursprägend wird. Diese ‹Macht› von Sprache und Sprechakten steht im Zentrum jener diskursiven Praktiken, die Butler in ihrem zum «akademische[n] Bestseller»[4] avancierten Buch *Gender Trouble* am Beispiel der Geschlechtsidentitäten untersucht. Damit knüpft sie an den von Michel Foucault beschriebenen, kulturell etablierten Zusammenhang von Sexualität und Macht an, der durch die sprachlich-diskursive Einteilung der Gesellschaft in zwei Geschlechter Machtstrukturen und Normdiskurse reguliert.

2.2 Geschlecht als kulturelles, diskursives und performatives Konstrukt: Anknüpfungspunkte und Ausgangsthesen Butlers. In *Gender Trouble* legt Butler ihre Grundthesen zur diskursiven Konstruktion von Geschlechtsidentitäten dar und positioniert sich damit in der US-amerikanischen feministischen Theoriediskussion der 1980er Jahre, die von Yale aus entscheidende Impulse erhielt. In der zusammenführenden Rezeption von dekonstruktiven Ansätzen (Jacques Derrida, Paul de Man) und Positionen des französischen (Differenz-)Feminismus (Hélène Cixous, Luce Irigaray; Julia Kristeva) entwickelten dort zunächst Shoshana Felman, Gayatri Chakravorty Spivak und Barbara Johnson einen nordamerikanischen ‹dekonstruktiven Feminismus›. Dieser basiert auf der – auf eines der Grundlagenbücher feministischer Literaturkritik, Simone de

Beauvoirs *Le Deuxième Sexe* (1949; Dt.: *Das andere Geschlecht*, 1952) zurückgehenden – Grundannahme, dass die Geschlechtsidentität (*gender identity*) nicht biologisch determiniert ist, sondern sprachlich und soziokulturell konstruiert wird. Dies setzt zunächst die Unterscheidung zwischen dem biologisch-anatomischen, auf den primären körperlichen Geschlechtsmerkmalen beruhenden Geschlecht (*sex*) und dem sozialen Geschlecht (*gender*), als einer zugeschriebenen Geschlechterrolle, die gleichwohl – so die feministische Kritik – soziokulturell stets auf das biologische Geschlecht bezogen bleibt, voraus.

Mit dem Ziel, solche im abendländischen Logozentrismus (Derrida) verankerten und patriarchalisch dominierten Geschlechterdifferenzen nun ‹anders› zu denken, verbindet sich im dekonstruktiven Feminismus vor allem der Versuch, Denkformen zu finden, die nicht jene – *phallogozentrisch*, d. h. hierarchisch ausgerichtete und dabei stets vom Männlichen dominierte – Binäropposition ‹Mann› versus ‹Frau› erneut bestätigen, und sei es noch *ex negativo*. Die sprachliche Konstruktion der Geschlechterdifferenz auf eine (de-)konstruktive Weise zu untersuchen, bedeutet demgemäß in der *Yale School*, jene sprachlichen Bezeichnungs- und Interpretationsprozesse kritisch zu analysieren, die auf die Biologie zurückgeführte patriarchalische und phallogozentrische Geschlechterverhältnisse immer wieder bestätigen. Insbesondere bei Spivak eng mit weiteren Faktoren postkolonialer Theoriebildung einhergehend – neben *gender* werden hier als sprachliche und soziokulturelle Unterdrückungsmechanismen vor allem *race* und *class* relevant –, plädiert der dekonstruktive Feminismus daher für ein ‹anderes› Lesen,[5] bei dem entweder das in Texten und deren gängigen, ‹hegemonialen› Lektüren Marginalisierte zum Ausgangspunkt für eine – patriarchalischen Argumentationsstrukturen gegenläufige – Lektüre genommen wird. Oder aber eine feministisch bzw. gendertheoretisch angeleitete dekonstruktive Lektüre baut auf ‹subversiven› Textelementen auf, die geeignet sind, eine Festschreibung der Geschlechterdifferenz innerhalb der patriarchalen Logik unterlaufen zu können. Damit grenzt sich dieser Ansatz strikt von der Suche nach mehr oder weniger eindeutigen weiblichen ‹Schreibweisen› bzw. Formen ‹weiblicher› Lektüre ab, wie sie der *gynocriticism* (Sandra Gilbert/Susan Gubar, Elaine Showalter) fokussiert, aber auch vom nur teilweise dekonstruktiv, teilweise aber essentialisierend ausgerichteten französischen Differenz-Feminismus und der *écriture féminine* (Hélène Cixous, Annie Leclerc).

In dieses Argumentationsfeld stellt Judith Butler 1990 ihr Buch *Gender Trouble*. Drei Bereiche sind es, in denen Butler hier grundlegend neu ansetzt: mit einer radikal-dekonstruktivistischen Subjektkritik, einer diskursanalytisch ausgerichteten Machtkritik und mit ihrer These performativ konstruierter (Geschlechts-)Identitäten. Gleich zu Beginn greift Butler eine der Grundüberzeugungen feministischer Kritik und Theoriebildung an, indem sie die ‹Frau› als Subjekt des Feminismus in Frage stellt: Denn die diskursive Zuschreibung ‹Frau› sei, so Butler, bereits der Effekt – also das ‹Produkt› – der vom Feminismus kritisierten Machtstrukturen und könne daher nicht zur Ausgangsbasis einer Kritik der Geschlechterverhältnisse und der Machtstrukturen dienen. Vielmehr gelte es, die Machtkritik auf der übergeordneten Ebene, in der ‹Produktion› eben des gesamten sprachlogischen Argumentationsrahmens anzusetzen. Dieser stelle mittels der Unterscheidung Mann/Frau jenes binäre Denkmuster zur Verfügung, nach dem die Geschlechterzuordnungen erfolgen. Grundlage von Butlers Subjektkritik ist die radikale – u. a. auf Jacques Lacans Theorie des Spiegelstadiums rückbeziehbare – Vorstellung, dass es kein Subjekt ‹vor› der sprachlich-diskursiven Bezeichnungspraxis gibt, sondern dass dieses immer schon das Produkt von Diskursen ist und somit über keine vorgängige ‹Identität› verfügt.

Im Zusammenhang mit ihrer Subjektkritik kommt Butler nun zu einer für die Weiterentwicklung der Gender Studies fundamentalen Neukonzeption der identitätskonstitutiven Kategorie ‹Geschlecht›: Denn wo es kein Subjekt vor dem Diskurs gibt, kann auch der ‹physikalische› Körper in einem essentiell-biologischen Sinne nicht vor seiner sprachlichen Benennung existieren, d. h. als geschlechtlicher Körper wahrgenommen werden.[6]

Butler argumentiert daher, auf Thesen Monique Wittigs zurückgreifend,[7] dass die für den Feminismus und die Geschlechterstudien fundamentale Unterscheidung von biologischem und sozialem Geschlecht letztlich gar keine relevante Unterscheidung sei, denn auch *sex* sei eine diskursive Konstruktion geschlechtlicher Identität – vorgeprägt durch einen soziokulturell etablierten binären und perzeptuell festgefügten Blick auf den menschlichen Körper. Identitätsbildende Klassifizierungen von Menschen wären somit theoretisch auch mit Hilfe anderer – nicht zwangsläufig binärer – Klassifikationsmuster denkbar, die andere als jene an den primären körperlichen Geschlechtsmerkmalen orientierte Unterscheidungen zuließen.

Mit der Rücknahme der grundlegenden Unterscheidung zwischen biologischem und sozialem Geschlecht einhergehend, nimmt Butler die drei für die Geschlechtsidentität bestimmenden Faktoren neu und in ihrer diskursiven Verflechtung in den Blick: neben biologischem, d. h. anatomischem Geschlecht (*sex*) und der Geschlechtsidentität, dem sozialen Geschlecht (*gender*) das geschlechtliche Begehren (*desire*). Im phallogozentrisch dominierten gesellschaftlichen Machtdiskurs nun sieht Butler diese Faktoren entlang einer ‹heterosexuellen Matrix›, einem kohärenzbildenden «Raster der kulturellen Intelligibilität»,[8] nicht nur aneinander gekoppelt, sondern zugleich ‹naturalisiert›. Denn, so Butlers Machtkritik, im diskursiven Geflecht kulturell verfügbarer Fremd- und Selbstzuschreibungen von Körper und Geschlecht, Sexualität und Begehren wird die heterosexuell-zweigeschlechtliche Kopplung von *sex*, *gender* und Begehren als eine natürliche Einheit ausgegeben und deren Charakter als kulturell konstruierte Identität damit verschleiert. In ebendiesem Effekt, die kulturelle Konstruktion als ‹Natur› erscheinen zu lassen, steckt die spezifische Macht des Geschlechterdiskurses, resultiert hieraus doch nicht nur die Unterdrückung der Frau als das ‹Andere› des Mannes, sondern ergibt sich zugleich das normative Modell einer ‹Zwangsheterosexualität› (Adrienne Rich),[9] die wiederum als vorgeblich ‹natürliche› Form die Ausbildung von einförmigen, geschlechtlich bestimmten, heterosexistischen Identitäten reguliert.[10]

Butlers grundlegende These, durch den Vollzug von Sprechakten konstruiere sich geschlechtliche Identität *performativ*, impliziert, dass der Sprechende unausweichlich zum immer wieder zitierenden Nachvollzug und zur Reproduktion der zweigeschlechtlichen, heterosexistischen Normen gezwungen wird. Geschlechtsidentitäten sind somit nicht Produkt eines oder mehrerer Subjekte, sondern Resultat diskursiver Regulierungsverfahren; in diesem Sinne gibt es, wie Butler im Rekurs auf Friedrich Nietzsche ausführt, auch keinen ‹Täter› «hinter der Tat».[11] Hierin besteht denn auch jene zirkuläre Logik der von Butler beschriebenen Geschlechtsidentität, die über keine wahre, essentielle Identität ‹hinter› ihren Äußerungsformen verfügt, sondern Identität durch die sprachlich-performativen Äußerungsformen erst hervorbringt. Durch die Aufdeckung dieses rekursiven Zusammenhangs kann Butler geschlechtliche Identität als eine Größe entlarven, die sich sprachlich konstituiert und die durch das Sprechen immer wieder aufs Neue bestätigt werden muss. Die Sprache selbst wird in diesem Zusammenhang zum Machtregulativ, das die soziale Wirklichkeit hervorbringt.[12]

Der performativ erzeugte Effekt einer solchen dauernd wiederholten und (re-)affirmierten Praxis kultureller Zuschreibung besteht demnach in der heterosexistischen Verschleierung der Geschlechtsidentität als ‹natürlich›, ‹ursprünglich› und ‹unvermeidlich›. Wo Identität aber durch Sprache diskursiv erst hervorgebracht wird und es daher auch weder eine materielle Basis noch tatsächliche Ursprünglichkeiten gibt, dort existiert auch kein ‹Original› zur ‹Kopie› – es gibt nur mehr gleichursprüngliche Konstrukte, ‹Kopien› von ‹Kopien›. Dies gilt insbesondere für die identitätskonstitutive Kategorie ‹Geschlecht›, d.h. für die performative Reproduktion heteronormativer Zweigeschlechtlichkeit. Auch – und gerade – die heterosexuelle, diskursiv als ‹normal› gehandelte Geschlechtsidentität stellt daher eine Imitation des nicht vorhandenen Originals dar, «eine Art ständiger Nachahmung [...], die als das Reale gilt».[13] Hieraus ergeben sich für Butler Konsequenzen, die sowohl Möglichkeiten zur Bestätigung als auch zur Subversion geschlechtsregulativer Praktiken bieten.

2.3 Geschlechterverwirrungen: Travestie und Parodie im Rahmen subversiver Identitätspolitik. Ansatzpunkt für Butlers Suche nach Möglichkeiten, auf Hierarchisierung, Unterdrückung und diskursive Ausgrenzung beruhende Machtprozesse zu verändern, ist die von ihr beschriebene Performativität der Geschlechtsidentität. Denn da die Geschlechtsidentität durch beständig wiederholte performative Akte eingesetzt werde, bestehe genau hier eine Möglichkeit, in solche Prozesse der Wiederholung durch «interne Subversion»[14] ein irritierendes Moment einzubringen, um die auf Binarität beruhenden Identitätskonstruktionen letztlich so sehr zu stören, dass deren soziale Wirksamkeit außer Kraft gesetzt und diese Konstruktionen somit sinnlos werden.[15] Butler zielt hier auf die ‹Entnaturalisierung› kultureller Konstruktionen von Geschlechtsidentität, von hierarchischer Zweigeschlechtlichkeit und Zwangsheterosexualität, also darauf, die Unterscheidung zwischen ‹natürlich› und ‹künstlich› zu unterminieren. Die sprachlich-diskursiv verankerte und auf immer erneute performative Reproduktion angewiesene Stabilität der Geschlechterkategorien soll dadurch destabilisiert werden, dass diese Reproduktion *bewusst* wiederholt und dabei zugleich die Begründungslogik geschlechtlicher Identitätsentwürfe parodistisch ‹vervielfältigt› und deren Bedeutung ‹verschoben› wird. Die heterosexuelle Matrix binärer Kopplungen, so Butlers Vorstellung, werde dabei aufgebrochen, so dass die Kategorien Körper, Geschlecht, Geschlechtsidentität und Sexualität entkoppelt und für neue Kombinationen ‹frei› würden. Ihre Strategie, «zur Geschlechter-Verwirrung anzustiften»,[16] will ‹Geschlecht› insofern als eine «variable Zuschreibungskategorie»[17] etablieren. Die «parodistische Vervielfältigung» und das «subversive Spiel der kulturell erzeugten Bedeutungen der Geschlechtsidentität»[18] bedient sich dabei entlarvender Wiederholungen des sogenannten ‹Originals›.[19] In der Travestie erscheint eine solche umdeutende Resignifikation der Körperkategorien beispielhaft möglich, weil diese performativ darauf zielt, den Körper nicht länger fragmentiert, d. h. reduziert auf eindeutig zuzuordnende primäre und sekundäre Geschlechtsmerkmale, zu denken.

Intendiert sind damit jedoch keinesfalls Praktiken oberflächlicher Umakzentuierung von körperlicher Geschlechtsidentität – etwa durch ‹Kleidertausch›. Vielmehr setzt Butler mit ihrer Strategie auf «eine tiefergehende Aneignung und Wieder-Einsetzung der Identitätskategorien selbst, indem man nicht nur die Kategorie ‹Geschlecht› anficht, sondern die Überschneidung vielfältiger Diskurse am Schauplatz der ‹Identität› artikuliert, um diese Kategorie, gleichgültig in welcher Form sie auftreten mag, dauerhaft problematisch zu machen».[20] ‹Travestie› bezeichnet bei Butler somit einen theoretischen Begriff der Geschlechterparodie, die durch ihre ‹Kopie›, durch die bewusste ‹Maskerade› auf das grundsätzliche Fehlen jedes Originals aufmerksam machen soll, «um die Parodie *des* Begriffs des Originals als solchem»[21] offenzulegen.

Da Butler die Sprache als diskursiven Ort der Konstruktion von Geschlechtsidentität betrachtet, überträgt sie die Formen der Travestie und der Parodie auf Sprache und Diskurs. Sie sieht hier vor allem die Möglichkeit zur ‹Resignifizierung›, und zwar durch die

Umdeutung abwertender Fremdzuschreibungen zu positiv gewendeten Selbstzuschreibungen. Gemeint sind damit jene Begriffsaneignungen, die Fremdbezeichnungen, welche ursprünglich vom gesellschaftlich dominanten Diskurs abwertend zur Stigmatisierung von Abweichendem gebraucht wurden, aufzugreifen, sie sich anzuverwandeln und im Bezug auf sich selbst positiv umzudeuten und damit zugleich jene sozial wirksamen Ausgrenzungsstrategien diskursiv zu unterlaufen. Als ein Beispiel hierfür untersucht Butler etwa in ihrem Buch *Bodies that Matter* die ‹Umfunktionierung› des US-amerikanischen Begriffs ‹*queer*› zur bejahenden Selbstbezeichnung Homosexueller. Möglich wird eine solche Begriffsumwertung, weil durch die damit einhergehenden Aneignungs- und Umdeutungsprozesse die Bedingungen performativer Sprechakte gestört werden, zu denen es entscheidend gehört, wer, an welchem Ort, zu welcher Zeit und unter welchen Bedingungen – d. h. eben auch: mit welcher Legitimation und an wen gerichtet – überhaupt eine Sprecherposition einnimmt und dadurch zu vollziehen sucht, was er/sie sprachlich bezeichnet.

2.4 Modifikationen: Körperlichkeit, Materialität und Performativität als vordiskursive, soziale Tatsachen? *Gender Trouble* lässt sich insgesamt als ein radikales Programm lesen, das Materialität und Körperlichkeit als apriorische Voraussetzungen sprachlich-diskursiv erzeugter Bedeutung zu negieren scheint. Nach heftiger Kritik formuliert Butler daher in *Bodies that Matter* noch einmal ihre Thesen neu. ‹Materialität› und ‹Körperlichkeit› bezeichnet sie als Wirkungen der produktiven Diskursmacht und also als Ergebnisse von performativen Signifikationsprozessen,[22] wobei ‹Performativität› nicht auf den Sprechakt eines Subjekts bezogen ist, sondern auf die entsubjektivierte, wiederholende und zitierende Äußerungsform der Macht des Diskurses, wie Butler auch noch einmal in *Für ein sorgfältiges Lesen* (1993) herausstellt: «Diese Macht des Rezitierens ist nicht Funktion der *Intention* des Einzelnen, sondern Effekt der historisch abgelagerten sprachlichen Konventionen.»[23] Die Vorstellung von der «Materialisierung der Norm als Körper»[24] präzisiert somit Butlers Begriff der ‹kulturellen Konstruktion›. Damit ist eine – sich auf Louis Althusser beziehende – Neuformulierung von ‹Performativität› verbunden: Auf paradoxe Weise hänge das Ich vom Akt seiner Benennung, der ‹Anrufung› ab, und hierin liege Butler zufolge jene ambivalente Möglichkeit begründet, auch beleidigende Fremdbezeichnungen durch Praktiken zitierender Wiederholung zur bejahenden Selbstbezeichnung umzufunktionieren. Allerdings bedeute dies auch, dass eine solche Resignifikation misslingen kann, dass sich also in der subversiv gemeinten begrifflichen Logik erneut die «Logik der Verwerfung»[25] behauptet und bestätigt.[26] Daraus folgt nun zugleich, dass für keinen Diskursteilnehmer jemals eine vollständige Inbesitznahme von Begriffen möglich ist. Insofern relativiert Butler hier einen allzu optimistischen Anspruch auf zwangsläufig gelingende Subversion, die sich stets auch ins Gegenteil verkehren und wiederum zum Teil herrschender, am heterosexuellen Ideal ausgerichteter Machtdiskurse funktionalisiert werden könne.[27]

Zugleich aber ist mit dieser Ambivalenz ein Grundgedanke formuliert, der für die in *Bodies that Matter* entwickelte und hier erstmals von Butler eingesetzte Lektürepraxis folgenreich ist. Denn diese «konstitutive[n] Instabilitäten»[28] konkretisierten ihre Vorstellungen vom subversiven ‹Eingreifen› in die rituelle Praxis performativ erzeugter geschlechtlicher Identitätskonstruktionen, das sich auf eine Entlarvung der komplexen Bedingungen und Beschränkungen resignifizierender Umdeutungen zu richten habe. Sich «[a]uf kritische Weise ‹queer›»[29] zu verhalten meint dann, Fragen und Analysen stets zweifach zu prüfen: hinsichtlich der in ihnen angelegten Möglichkeiten, sowohl subversiv als auch reaffirmativ wirken zu können.

Im Rückgriff auf die Queer-Theoretikerin Eve Kosofsky Sedgwick besteht die Praxis eines solchen «queering»[30] folglich im Sichtbarmachen diskursiver Rahmenbedingungen als eines komplexen Geflechts, innerhalb dessen die unterschiedlichen Positionen wechselseitig voneinander abhängig sind: der subversive Sprechakt vom normativen Sprechakt, das Zitat vom Zitierten und die Parodie vom Parodierten. Hiermit sind zuletzt jene Eckpunkte und Voraussetzungen skizziert, die Ausgangspunkt subversiver Praktiken und damit auch queerer Lektüren sein können, indem sie nicht auf eindimensionale ‹Gegendiskurse› oder die Aufdeckung von Eindeutigkeit herstellenden Subtexten zielen, sondern stets das Aufzeigen mehrdimensionaler und gegenläufiger Argumentationslogiken sowie die Analyse der Komplexität von Diskursvoraussetzungen und impliziten Vorannahmen anstreben.

2.5 Queering – Crossing – Passing: Butlers dekonstruktive Lektürepraxis. Dient die Literatur Judith Butler innerhalb ihres Werkes primär zur Illustration dessen, wie diskursiv und performativ konstruierte Identitäten subvertiert werden können, so ist ihre Lektürepraxis – ohne dass Butler sie explizit erörtert oder programmatisch formuliert – aufschlussreich für eine literaturtheoretische und methodische Fundierung ihres Ansatzes.

Entgegen der in der Rezeption häufig verkürzenden Adaption genderorientierter Lektürepraktiken verfolgen die von Butler selbst durchgeführten Lektüren einen doppelten Ansatz: einerseits die Analyse der verhandelten Identitätsproblematiken auf einer stofflichen Motivebene, andererseits die auf die Textpragmatik bezogene Analyse von Sprechakten, Redeformationen und nonverbalen Kommunikationsprozessen. In der Verknüpfung beider Ebenen umfassen ihre queeren Lektürestrategien folglich insbesondere die im Text angelegten Möglichkeiten affirmativer ebenso wie subversiver Haltungen der vorgeführten Figuren und Erzählinstanzen zu normativen Machtdiskursen. Neben allgemeinen Möglichkeiten zur Resignifizierung kommt dabei insbesondere den Figurationen des Übergangs – des *crossing* (Überwechseln) bzw. *passing* (Passieren) – entscheidende Bedeutung für Butlers dekonstruktive Lektürepraxis zu, etwa hinsichtlich möglicher Interferenzen von Figuren- und Erzählrede.

In *Körper von Gewicht* dienen Butler u. a. Texte von Willa Cather und Nella Larsen zur Illustration und Erörterung ihrer Thesen.[31] Insbesondere aus ihrer Analyse der Konstruktion und Subversion von Geschlechtsidentitäten in Prosatexten Cathers lassen sich dabei weiterführende Annahmen und Verfahrensweisen queerer Lektürepraktiken abstrahieren. Butler untersucht hier Strategien der subversiven Wiederholung und der Resignifikation, wobei sie unter Bezugnahme auf Sigmund Freud und Jacques Lacan eine psychoanalytische Erklärung für die «Formierung sexuierter Körper»[32] heranzieht und der Frage «nach der Kraft des Namens in der erzählenden Literatur»[33] nachgeht. In Willa Cathers Texten, so zeigt Butler, tragen Namen zur Verunsicherung von Geschlechtsidentitäten und deren körperlichen Materialisierungen bei, indem Name und Körper immer wieder gegeneinander ausgespielt werden, sodass «die instabilen Beschreibungen geschlechtlich bestimmter Körper […] eine Krise in der Referentialität des Namens, eine Krise des

Namens selbst»[34] auslösen. Damit stabilisieren Namen nicht länger, sondern sie subvertieren den Vorgang sprachlichen Benennens selbst, die Funktion des Zuweisens und Aneignens von Namen und damit verbundener Geschlechtsidentitäten.

Butler zeigt des Weiteren, wie die Figuration bei Cather als vermittelnde Ausdrucksebene zwischen dem in Rechnung gestellten biographischen Autorhorizont und dem Konzept eines ‹idealen Lesers› dient, um die «Übertragung von Autorität und Begehren im Namen»[35] sichtbar zu machen. Die in Cathers Texten ausgemachten spezifischen Probleme wie homosexuelle Erotik, Verheimlichung der Homosexualität und Selbstmord stellen dabei subtextuelle Erzählelemente dar, die das ‹normativierende Gesetz› der heterosexuellen Vaterwelt durch die Ambiguisierung von Sprecherpositionen – das Ineinander-Übergehen von Erzähler- und Figurenstimmen – und von Autorisationen durch aneignende Wiederholungen von Handlungen und zitierender Rede ideologisch hinter sich lassen. Die textuelle Subversionsstrategie des *crossing* deckt hierbei einen Zustand wechselseitiger Referenz auf, der durch die Zitatförmigkeit der Rede sowie durch Positionswechsel zwischen Erzählendem und Zuhörendem, zwischen Sprecher und Adressat der Rede, zustande kommt.

So wird in Cathers Roman *My Antonia* (1918) ein auf die Figur Antonia gerichtetes doppeltes Begehren erkennbar, das die Figur Jim Burden mit dem ambivalent in der Schwebe gehaltenen Erzähl-Ich verbindet. Männlich konnotierte Autorschaft bedingt hier zugleich die Möglichkeit einer Existenz des von ihr unterdrückten lesbischen Begehrens. Dies erreicht der Text, weil das Erzähl-Ich einerseits die Haltung eines Lesers der Binnenerzählung Jims annimmt, andererseits aber die Binnenerzählung metaleptisch mit dem Gesamttext verschränkt ist: Binnen- und Rahmenerzählung tragen denselben Titel, Autorschaft wird somit zur Frage nach der unauflösbaren Autorisierung von Rede verschoben. Damit verknüpft der Text die Bedingtheit der Rede und die Selbstthematisierung des Erzählens als eines Autorisierungsdiskurses mit Fragen geschlechtlicher Identität und sexuellen Begehrens. Die Verschleierung der Erzählrede des Ichs als Zitat bildet dabei als ‹männlich› bzw. als ‹weiblich› markierte Sprechpositionen und Wahrnehmungen untrennbar aufeinander ab. Neben dem Geschlechtlichen kommt dabei auch das Begehren ins Spiel, markiert Homosexualität als eine «Liebe, die ihren Namen nicht zu sagen wagt»,[36] doch den Hintergrundkontext, vor dem das ‹Unaussprechliche› zwar auf der Oberfläche verschwiegen, aber eben doch implizit ‹ausgesprochen› wird: Die Erzählrede lässt sich als verdecktes Zitat dechiffrieren, das sich nun jedoch eine andersgeschlechtliche Sprechinstanz zitierend aneignet. Gerade dadurch, so Butler, konstituiere sich die Erzählung durch das Verbot, das gegen das homosexuelle Begehren gesetzt ist, «ein Verbot, das erzählerische Ersetzungen erzeugt».[37]

Das Verschwiegene wird jedoch zusätzlich auch auf der Textoberfläche der bei Cather explizit dargestellten Handlung kodiert: durch eine Antonia bedrohende Schlange, die mit ihrem wellenhaft liegenden Körper ein ‹W› zu beschreiben scheint und die Jim zu töten versucht. Dieser Verweis der Erzählinstanz auf den Buchstaben ‹W› eröffnet nun für Butler einen subversiven Anspielungsraum, der die unausgesprochenen und von der heterosexuellen Matrix unterdrückten Möglichkeiten jener mit den Namen verbundenen Referentialisierungen im Text aufeinander bezieht. Per Analogiebildung zeigt Butler daher mögliche Textangebote, das wellenhafte ‹W› mit Bedeutungen aufzufüllen, die zur normativen Signifikationsebene quer verlaufen: als eine Abkürzung für den Autornamen Willa, als Signum für den Vorgang des Schreibens selbst (*writing*), das die männliche Figur Jim überhaupt erst hervorbringt, und zuletzt als Zeichen der unterdrückten weiblichen Geschlechtsidentität (*woman*), die damit insgeheim die ‹männliche› Autorisierung des Erzählens subvertiert. Das abgekürzte ‹W› kodiert somit die Bedingung der Verschleierungsstrategie und zeigt Subversionsmöglichkeiten, wie das im dominanten Diskurs nicht Erzählbare *innerhalb* des Diskurses als ein nicht Erzähltes integrierbar wird, ohne es als ein Eindeutiges zu erzählen. Denn das in der Abkürzung ‹W› und der dadurch bezeichneten Leerstelle sichtbar werdende Ausgeschlossene lässt mehrere Deutungsmöglichkeiten zu, die jedoch in unterschiedlicher Akzentuierung alle auf das heteronormativ und phallogozentrisch ‹Verbotene› verweisen: auf die weibliche Legitimation und Autorisation der Rede sowie auf weibliche Geschlechtsidentität im Allgemeinen und lesbisches Begehren im Besonderen. Damit deutet Butler Cathers Texte und den Widerstand ihrer Figuren gegen die soziale Geschlechtsidentität und die sexuelle Kohärenz als «eine erzählerische Spezifizierung jener sozialen Praxis» des «Überwechselns» und «Passierens», die

Butler für Lesbierinnen im zeitgenössischen kulturellen Kontext der Jahrhundertwende in Anschlag bringt.[38] So führen Cathers Texte für Butler vor, dass Namen, wie der Vorgang des Benennens als solcher, zur Subjektivierung, Machtausübung und Unterwerfung im Zeichen der Heteronormativität fungieren – und zugleich, wie sich Namen literarisch funktionalisieren lassen, um mit derselben Strategie umgekehrte Zwecke zu verfolgen, um Naturalisiertes zu entnaturalisieren und damit insgesamt das Konstruierte zu dekonstruieren.

Zusammengefasst entwickelt Butler aus ihren Thesen zum Verhältnis von Sprache, Macht und Geschlechterdiskurs eine Lektürepraxis, die Performativität als «Zitatförmigkeit»[39] fasst und psychoanalytisch fundierten Textstrategien ‹symbolischer Wiederholung› ebenso nachgeht wie erzähltechnisch bedingten Formen der Entnaturalisierung und Resignifikation. Indem ihre Lektüren dabei den Ausgang bei jenen im Text angelegten, zeichenhaft kodierten Möglichkeiten nehmen, die Oberflächenebene der Signifikation als eine suppressive Norm zu lesen, die in der semantischen Tiefenstruktur des Textes subversiv unterlaufen werden kann, zielen sie darauf, implizite Normen und regulative Praktiken ebenso wie textuell angelegte ‹queere› Bedeutungsangebote aufzuzeigen, die kohärenzbildende Vereindeutigungen zu ambiguisieren vermögen.

3. Wirkung

3.1 Butler-Rezeption und Kritik. Butlers Thesen zur Performativität von sprachlich verankerten Machtstrukturen und zur grundlegenden kulturellen Konstruktion von Geschlechtsidentitäten fanden ein breites Echo und wurden vielfach aufgegriffen, im Bereich politischer, soziologischer und philosophischer Theoriebildung ebenso wie in den Sprach- und Literaturwissenschaften. Vor allem aber beeinflussten sie die sich z. T. in den 1990er Jahren erst etablierenden *Gender* und *Queer Studies* und die eher sektionalistisch arbeitenden neueren Forschungsgebiete der *Men's* und *Women's Studies* und der *Lesbian and Gay Studies*. Die heftige Kritik, der sich Butlers radikaler Konstruktivismus insbesondere aus feministischer Perspektive ausgesetzt sah, warf ihr vor, den empirisch gegebenen Körper – und mit ihm auch jede Intentionalität und Subjektivität – unberücksichtigt zu lassen: Butlers Theorie der Materialisierung des

Körpers mittels performativer Sprechhandlungen bringe den Körper, der doch die unbestreitbare materielle Basis jeder Identität darstelle, quasi zum Verschwinden. Die Frau als Subjekt des Feminismus werde von Butler somit zur «Frau ohne Unterleib» gemacht.[40] Und wenn letztlich alles diskursiv konstruiert sei, stelle sich, so die Kritik, die Frage, wer denn überhaupt den Diskurs konstruiere. Im Zusammenhang damit vernachlässige Butlers allzu universalistische Kopplung von Geschlechtsidentität und Machtdiskurs zudem nicht nur eine Diskussion der Geschlechterhierarchie,[41] sondern auch zahlreiche weitere soziale Faktoren wie etwa *race* und *class*, die Identität generell, aber auch im Hinblick auf intersektionale Überschneidungen von Unterdrückungs- und Ausgrenzungsmechanismen bedingen. Ebenso wurde darauf hingewiesen, dass bereits die Kategorie Geschlecht selbst variable Abstufungen zulassen müsste, denn die einzelnen Faktoren *gender*, *sex* und Begehren würden jeweils durchaus heterogene soziale Praktiken und Diskriminierungszusammenhänge implizieren.[42] So fehle Butlers Theorie insgesamt eine gesellschaftliche und historische Fundierung.[43]

Kennzeichnend für sämtliche Einwände gegen Butlers Thesen ist, dass sie von der sozialen Praxis und von der Erfahrung unterschiedlicher Lebenswirklichkeiten ausgehen – nicht aber, wie Butler, von der sprachphilosophisch motivierten Frage nach einer der Sprache und dem Diskurs inhärenten Macht. So geht auch der polemische Angriff Martha Nussbaums von 1999 an Butlers Argumentation vorbei,[44] wenn er ihr nicht nur eine unzugängliche Sprache, sondern vor allem Zynismus und Verantwortungslosigkeit vorwirft – angesichts von Butlers Vorschlag, gesellschaftlicher Unterdrückung mit der Parodie der dafür ursächlichen gesellschaftlichen Machtmechanismen zu begegnen. Mit ihrer These aber, dass der diskursiven Macht der heterosexuellen Matrix nicht zu entkommen sei, da es kein Außerhalb des Diskurses gebe, zielt Butler keinesfalls auf eine Desillusionierung feministischer Politik, sondern auf einen bewussteren, reflektierteren Umgang mit bestehenden Machtstrukturen.

3.2 ‹Que(e)r lesen›: Entwürfe neuer Lektürepraktiken. Weithin vernachlässigt wurde in der Rezeption Butlers die psychoanalytische Dimension ihres Werks. Auch in der durch Butlers Ansatz neu angeregten queeren Lektürepraxis tritt dieser Aspekt gegenüber dekonstruktiven, poststrukturalistischen und diskursanalytischen

Elementen häufig zurück. Innerhalb der Literaturwissenschaften wurde so v. a. Butlers Prinzip des *queering* als eine subversive Lektürepraxis weiterentwickelt, welche die Auflösung kohärenzbildender und normativer Lektüren und das Aufzeigen von Möglichkeiten anderweitiger geschlechtlicher Entwürfe, gegenläufiger Identitäten und Lektüren zum Ziel hat. Die Suche nach Strategien der Verunsicherung sowie der Versuch, heterosexuell-normative Geschlechtsidentitäten und ihre regulierenden Kopplungen von *sex*, *gender* und Begehren zu entlarven und zu entkoppeln, richten sich damit schließlich darauf, die normativ erstarrten, naturalisierten Kategorien des Geschlechts zu relativieren sowie Geschlechtsidentitäten und Formen geschlechtlichen Verhaltens und Begehrens zu pluralisieren.[45] In einem weiteren Sinne arbeiten queere Lektüren somit auch an der Differenzierung von intersektionalen Zwischenformen der Identität – etwa im Zusammenhang mit postkolonialen Hybriditätskonzepten –,[46] um «die Institutionalisierung von Normativitäten kritisch infrage zu stellen und grundsätzlich Identitätsdenken, Identitätslogiken und Identitätspolitiken zu analysieren».[47] Die Anwendung von Butlers Thesen im Rahmen literaturwissenschaftlicher Textanalysen wird damit zugleich zum politischen Akt «kritische[r] Mitgestaltung der Kultur, in der Männer und Frauen leben».[48]

Im Anschluss an Butler sowie in Fortführung bereits bestehender queerer Lektürepraktiken (u. a. Eve Kosofsky Sedgwicks, Teresa de Lauretis', Richard Dyers) haben sich inzwischen auch im deutschsprachigen Raum Ansätze herausgebildet, eine queere Literaturtheorie respektive eine queere Lektürepraxis zu etablieren (Andreas Kraß, Anna Babka/Susanne Hochreiter sowie der Autor dieses Beitrags). Grundsätzlich lassen sich hierbei verschiedene Richtungen unterscheiden, von denen die erste unter dem Schlagwort *Queering the Canon* noch in konventioneller Hinsicht der feministischen Suche nach einem Gegenkanon zum offiziell als normativ gehandelten Kanon verpflichtet ist, indem entweder andere als nichtkanonische Texte dem bekannten Kanon konfrontiert werden oder indem eine neue Gegenlektüre bekannter Texte versucht wird, die man gegen den Strich «heteronormativer Zeichenökonomie» liest, um «Schattengeschichten», verborgene Subtexte und Bedeutungen ausfindig zu machen.[49] Daneben aber – und erst dies entspricht dem butlerschen Neuansatz – wird vor allem nach einer grundsätzlich anderen Art zu lesen gesucht, die auf dekonstruktivistische Weise die Konstruktion der Texte sichtbar zu machen versteht und damit Wege aufzeigt, verschiedene, im Text neben- und ineinander angelegte Deutungsperspektiven durch den Text selbst erklären zu können. Dabei stehen keinesfalls nur transgressive Formen sexuellen Begehrens (Homo-, Bi- und Transsexualität) im Fokus des Interesses, sondern verstärkt auch Modelle heterosexueller Geschlechtsidentitäten.[50] Dieser Ansatz wendet sich – stärker noch als Butler selbst – gegen jegliche Ausrichtung am Subjektivitätsdenken, gegen Biografismus und Enthüllungshermeneutik und fragt eher mit Sedgwick nach einem «Textbegehren», das sich – z. B. im Rückgriff auf Jurij Lotmans Grenzüberschreitungstheorie – auf die Semiotik kultureller Texte richtet.[51]

Für queere Lektüren, die auf Butler Bezug nehmen, ist dabei der performative Status von Sprache, Sprechhandlungen und Sprecherpositionen zentral, mithin die auf die Textpragmatik ausgerichteten Fragen, wer, wann, wo und wie zu wem und mit welcher Legitimation spricht – sowie die Frage, was durch die explizit ausgesprochene Rede implizit unterdrückt, ausgeschlossen und ausgegrenzt wird. Das solcherart eingekreiste subversive Potential von Texten und Subtexten gilt es dann, in Bezug auf seine produktive Fähigkeit zu umdeutenden Resignifikationen in den Blick zu nehmen, um die Ambivalenzen und Leerstellen eines Textes hinsichtlich ihrer prinzipiellen ‹Materialisierbarkeit› mittels performativer Sprechakte zu verorten. Das Aufdecken implizit unausgesprochenen, ausgesparten oder diskursiv nicht aussprechbaren Bedeutungspotenzials kann sich dabei beispielsweise (post-)strukturalistischer Verfahren der Propositions- und Präsuppositionsanalyse bedienen, welche die impliziten Vorannahmen und Voraussetzungen der Rede sichtbar machen. Zudem müssen wahrnehmungs- und bewusstseinsbezogene Aspekte der Rede einbezogen werden, um Subjektivierungsgrad und Perspektivierung des Redeinhalts zu ermitteln. Daneben richten queere Analysen ihr Augenmerk auch auf den fiktionalen und diskursiven Status und die Zitatförmigkeit der Rede, d. h. auf die Fragen, wo die Rede zwischen Figuren- und Erzählerebene zu verorten ist, worauf sich die Rede bezieht und als wessen Zitat sie möglicherweise aufzudecken ist – und zwar hinsichtlich ihrer intertextuellen wie auch ihrer intratextuellen Bezüge.[52] Wichtig ist hierbei jeweils die Bewertung von Zitation, Zitat und Zitiertem innerhalb der inter- und intratextuellen Referenzialisierung, können Formen zitierter Rede doch verschieden funktionalisiert sein: als affirmativ-unreflektierte, wiederholende Rede oder als adaptierende Rede mit subversivem Charakter, die in der Wiederholung das Wiederholte fraglich werden lässt.

Queere Lektürepraktiken verfolgen somit ein doppeltes Ziel, wenn sie sich auf das Aufdecken normativer ebenso wie auf das Aufdecken subversiver Textstrukturen richten, deren diskursives Verhältnis sie zueinander ins Verhältnis zu setzen suchen. Dass damit jedoch möglicherweise zugleich neue Grenzziehungen vorgenommen und neue Differenzen produziert werden, gilt es stets mit zu bedenken. So ordnen sich queere Lektüren selbst häufig dem generellen Projekt der *Queer Theory* zu, der «Erzeugung selbstreflexiven Wissens»[53] und der «kritische[n] Arbeit der Dekonstruktion der eigenen Diskurse und dessen, was diese verschweigen».[54] In diesem Sinne streben queere Lektüren keine kohärenzbildenden Interpretationen an, sondern legen nicht zuletzt die Bedingungen und Grenzen unterschiedlicher Lektüremöglichkeiten offen.

Literatur

1. Werkausgaben

Butler, Judith: Gender Trouble: Feminism and the Subversion of Identity, New York 1990 (Dt.: Das Unbehagen der Geschlechter, übers. von Kathrina Menke, Frankfurt/M. 1991).
- Bodies That Matter: On the Discursive Limits of «Sex», New York 1993 (Dt.: Körper von Gewicht. Die diskursiven Grenzen des Geschlechts, übers. von Karin Wördemann, Berlin 1995 [erneut als Lizenzausg. Frankfurt/M. 1997]).
- Für ein sorgfältiges Lesen, in: Dies./Benhabib, Seyla/Cornell, Drucilla/Fraser, Nancy: Der Streit um Differenz. Feminismus und Postmoderne in der Gegenwart, Frankfurt/M. 1993, S. 122–132.
- /Benhabib, Seyla/Cornell, Drucilla/Fraser, Nancy: Der Streit um Differenz. Feminismus und Postmoderne in der Gegenwart, Frankfurt/M. 1993.
- Antigone's Claim: Kinship Between Life and Death, New York 2000 (Dt.: Antigones Verlangen: Verwandtschaft zwischen Leben und Tod, übers. von Reiner Ansén, mit einem Nachwort von Bettine Menke, Frankfurt/M. 2001).
- /Guillory, John/Kendall, Thomas: What's Left of Theory? New Work on the Politics of Literary Theory, London 2000 [Neuaufl. 2007].
- Undoing Gender, New York 2004 (Dt.: Die Macht der Geschlechternormen und die Grenzen des Menschlichen, übers. von Karin Wördemann u. Martin Stempfhuber Frankfurt/M. 2009).

2. *Bibliographien*

Selected Bibliography of Works by Judith Butler, in: Salih, Sara (Hg.): The Judith Butler Reader, Malden, MA 2004, S. 357–360.

3. *Sekundärliteratur zu Judith Butler*

Blumenfeld, Warren J./Margaret Sönser Breen (Hg.): Butler Matters: Judith Butler's Impact on Feminist and Queer Studies Since Gender Trouble, 2001 (= International Journal of Sexuality and Gender Studies, [2001], Vol. 6.1/2; Illustr. Neuausg., Aldershot 2005).

Bublitz, Hannelore: Judith Butler zur Einführung, Hamburg [2]2005.

Distelhorst, Lars: Judith Butler, Paderborn 2009.

Geller, Alex: Diskurs von Gewicht? Erste Schritte zu einer systematischen Kritik an Judith Butler, Köln 2005.

Hauskeller, Christine: Das paradoxe Subjekt. Unterwerfung und Widerstand bei Judith Butler und Michel Foucault, Tübingen 2000.

Jensen, Heike: Judith Butler: Gender Trouble, in: Löw, Martina/Mathes, Bettina (Hg.): Schlüsselwerke der Geschlechterforschung, Wiesbaden 2005, S. 254–266.

Salih, Sarah: Judith Butler, London 2002.

Schinkel, Sebastian: Die Performativität von Überlegenheit. Zu Judith Butlers Kritik des souveränen Subjekts, Berlin 2005.

Villa, Paula-Irene: Judith Butler, Frankfurt/M. 2003.

Wagner, Hedwig: Theoretische Verkörperungen. Judith Butlers feministische Subversion der Theorie, Frankfurt/M. 1998.

4. *Sekundärliteratur zu Queer Theory und Queer Reading*

Babka, Anna/Hochreiter, Susanne (Hg.): Queer Reading in den Philologien. Modelle und Anwendungen, Göttingen 2008.

Blödorn, Andreas: Von der ‹Queer Theory› zur Methode eines ‹Queer Reading›: Tonio Krögers verquere ‹Normalität›, in: Lörke, Tim/Müller, Christian (Hg.): Vom Nutzen und Nachteil der Theorie für die Lektüre. Das Werk Thomas Manns im Lichte neuer Literaturtheorien, Würzburg 2006, S. 129–146.

Degele, Nina: Gender/Queer Studies. Eine Einführung, Paderborn 2008.

Engel, Antke: Wider die Eindeutigkeit. Sexualität und Geschlecht im Fokus queerer Kritik der Repräsentation, Frankfurt/M./New York 2002.

Hark, Sabine: Queer Studies, in: von Braun, Christina/Stephan, Inge (Hg.): Gender@Wissen. Ein Handbuch der Gender-Theorien, Köln u. a. 2005, S. 285–303.

Jagose, Annamarie: Queer Theory, Carlton South, Victoria 1996 (Dt.: Queer Theory. Eine Einführung, Berlin 2001).

Kraß, Andreas (Hg.): Queer Denken. Gegen die Ordnung der Sexualität (Queer Studies), Frankfurt/M. 2003.

Lorey, Christoph/Plews, John L. (Hg.): Queering the Canon. Defying Sights in German Literature and Culture, Columbia 1998.

Sedgwick, Eve Kosofsky: Between Men. English Literature and Male Homosexual Desire, New York 1985.

– Epistemology of the Closet, Berkeley 1990.
– Novel Gazing. Queer Readings in Fiction, Durham/London 1997.
Yekani, Elahe Haschemi/Michaelis, Beatrice (Hg.): Quer durch die Geisteswissenschaften. Perspektiven der Queer Theory, Berlin 2005.

Anmerkungen

1 Vgl. Distelhorst, Judith Butler, S. 118.
2 Uwe Wirth etwa ordnet Butler in seinem Standardwerk zur Kulturwissenschaft der «kulturwissenschaftlichen Wende» zu, vgl. Ders. (Hg.): Kulturwissenschaft. Eine Auswahl grundlegender Texte, Frankfurt/M. 2008.
3 Vgl. etwa Culler, Jonathan: Literaturtheorie. Eine kurze Einführung, Stuttgart 2002, S. 148–155.
4 Jensen, Judith Butler, S. 254.
5 Vgl. etwa Felman, Shoshana (Hg.): Literature and Psychoanalysis. The Question of Reading: Otherwise, Baltimore/London 1982.
6 Butler, Unbehagen, S. 170.
7 Vgl. ebd., S. 167 ff.
8 Ebd., S. 219.
9 Vgl. Rich, Adrienne: Zwangsheterosexualität und lesbische Existenz, in: List, Elisabeth/Studer, Herlinde (Hg.): Denkverhältnisse. Feminismus und Kritik, Frankfurt/M. 1989, S. 244–280.
10 Vgl. Butler, Unbehagen, S. 58.
11 Ebd., S. 49.
12 Vgl. ebd., S. 173.
13 Ebd., S. 8.
14 Ebd., S. 188.
15 Ebd.
16 Ebd., S. 61.
17 Köppe, Tilman/Winko, Simone: Neuere Literaturtheorien. Eine Einführung, Stuttgart/Weimar 2008, S. 204.
18 Butler, Unbehagen, S. 61.
19 Ebd., S. 58.
20 Ebd., S. 189.
21 Ebd., S. 203.
22 Vgl. Butler: Körper, S. 22 f.
23 Butler, Lesen, S. 124, Hervorhebung im Original.
24 Butler: Körper, S. 40.
25 Ebd., S. 307.
26 Vgl. ebd., S. 313.
27 Vgl. ebd., S. 317.
28 Ebd., S. 33.
29 Ebd., S. 305.
30 Ebd., S. 309.
31 Vgl. dazu auch Salih: Judith Butler, S. 150.
32 Butler: Körper, S. 194.

33 Ebd., S. 194.
34 Ebd., S. 196.
35 Ebd., S. 205.
36 Ebd., S. 212.
37 Ebd., S. 211.
38 Ebd., S. 226.
39 Ebd., S. 35.
40 Duden, Barbara: Die Frau ohne Unterleib: Zu Judith Butlers Entkörperung. Ein Zeitdokument, in: Feministische Studien 1993, Heft 2.
41 Jensen, Judith Butler, S. 260.
42 So ebd., S. 262.
43 Vgl. dazu die Darstellung bei Bublitz, Judith Butler, S. 117 f.
44 Vgl. Nussbaum, Martha: The Professor of Parody. The hip Defeatism of Judith Butler, in: The New Republic, 22. Februar 1999, S. 37–45. Vgl. dazu auch dies.: Judith Butlers modischer Defätismus, in: Leviathan. Zeitschrift für Sozialwissenschaft 27 (1999), H. 4, S. 447–468.
45 Klawitter, Arne/Ostheimer, Michael: Literaturtheorie – Ansätze und Anwendungen, Göttingen 2008, S. 250 f.
46 Vgl. dazu den Beitrag von Yekani, Elahe Haschemi in: Babka/Hochreiter (Hg.), Queer Reading, S. 107–122.
47 Perko, Gudrun: Wissenschaftstheoretische Grundlagen zu Queer Theory als Hintergrundfolie von Queer Reading, in: Babka/Hochreiter (Hg.), Queer Reading, S. 69–87, hier S. 83.
48 Jahraus, Oliver: Literaturtheorie. Theoretische und methodische Grundlagen der Literaturwissenschaft, Tübingen/Basel 2004, S. 336.
49 Kraß, Andreas: Queer Studies – eine Einführung, in: Ders., Queer Denken, S. 22.
50 Vgl. dazu ebd., S. 27.
51 Vgl. dazu Kraß, Andreas in: Babka/Hochreiter (Hg.), Queer Reading, S. 29–42.
52 Vgl. hierzu Blödorn, Queer Theory, S. 136.
53 Hark, Queer Studies, S. 286.
54 Ebd., S. 299.

Anhang

Über die Beiträger

Matthias Aumüller
Geb. 1971 in Mainz; Dr. phil.; wissenschaftlicher Angestellter für Neuere Deutsche Literaturgeschichte an der Bergischen Universität Wuppertal; Forschungsschwerpunkte: DDR-Literatur, Erzähltheorie, Geschichte der deutschen und russischen Literaturwissenschaft. Publikationen u. a.: *Innere Form und Poetizität. Die Theorie Aleksandr Potebnjas in ihrem begriffsgeschichtlichen Kontext*, 2005.

Hendrik Birus
Geb. 1943 in Kamenz/Sachsen; Gründer des Instituts für Allgemeine und Vergleichende Literaturwissenschaft (Komparatistik) an der Ludwig-Maximilians-Universität München; seit 2006 Vizepräsident und Dekan der Fakultät für Geistes- und Sozialwissenschaften an der Jacobs University Bremen; Forschungsschwerpunkte: Literarische Hermeneutik und Literaturtheorie, Grenzbereiche von Dichtung, Philosophie, bildender Kunst und Musik, produktive Rezeption von Klassikern der europäischen und orientalischen Dichtung in der neueren deutschen Literatur. Neuere Publikationen u. a.: (Hg.): *Germanistik und Komparatistik: DFG-Symposion 1993*, 1995; (Hg.): Goethe, *West-östlicher Divan*, 1994, ^{2}2010; (Hg.): Goethe, *Ästhetische Schriften 1816–1820: Über Kunst und Altertum I-II*, 1999; zus. mit Sebastian Donat: *Goethe – ein letztes Universalgenie?*, 1999, ^{2}2004; (Mhg.): Roman Jakobson, *Poesie der Grammatik und Grammatik der Poesie: Sämtliche Gedichtanalysen I/II. Kommentierte deutsche Ausgabe*, 2007.

Andreas Blödorn
Geb. 1972 in Flensburg; Akademischer Oberrat a. Z. in der Neueren Deutschen Literaturgeschichte und Allgemeinen Literaturwissenschaft an der Bergischen Universität Wuppertal; Forschungsschwerpunkte: Narratologie und Erzählverfahren in der Literatur der Moderne und im Film, Transkulturalität und Literatur, Literatur des Realismus und der Jahrhundertwende. Publikationen u. a.: *Zwischen den Sprachen. Modelle transkultureller Literatur bei Christian Levin Sander und Adam Oehlenschläger*, 2004; (Mhg.): *Imagologie des Nordens. Kulturelle Konstruktionen von Nördlichkeit in interdisziplinärer Perspektive*, 2004; (Mhg.): *Metaphysik und Moderne. Von Wilhelm Raabe bis Thomas Mann*, 2006; (Mhg.): *Stimme(n) im Text. Narratologische Positionsbestimmungen*, 2006; (Mhg.): *Ambivalenz und Kohärenz. Untersuchungen zur narrativen Sinnbildung*, 2009.

Matei Chihaia
Geb. 1973 in Bukarest; Professor für Spanische Literaturwissenschaft an der Bergischen Universität Wuppertal; Forschungsschwerpunkte: Theorie und Geschichte der Tragödie, Fiktionstheorie, Literatur des La-Plata-Raums. Publikationen u. a.: *Institution und Transgression. Inszenierte Opfer in Tragödien Corneilles und Racines*, 2002; (Mhg.): *Ficciones de los medios. Técnicas de comunicación en la ficción hispanoamericana moderna*, 2008.

Achim Geisenhanslüke
Geb. 1965 in Osnabrück; Studium der Allgemeinen und Vergleichenden Literaturwissenschaft, Philosophie, Germanistik und Romanistik in Berlin und Paris; Professor für Deutsche Philologie/Neuere deutsche Literaturwissenschaft an der Universität Regensburg; zahlreiche Aufsätze zur Theorie und Geschichte der europäischen Literaturen. Publikationen u. a.: *Foucault und die Literatur. Eine diskurskritische Untersuchung*, 1997; *Goethe, Iphigenie auf Tauris. Interpretation*, 1997; *Sophokles, Antigone. Interpretation*, 1999; *Le sublime chez Nietzsche*, 2000; *Der Buchstabe des Geistes. Postfigurationen der Allegorie von Bunyan zu Nietzsche*, 2003; *Einführung in die Literaturtheorie*, [4]2007; *Masken des Selbst. Aufrichtigkeit und Verstellung in der europäischen Literatur*, 2007; *Gegendiskurse. Literatur und Diskursanalyse bei Michel Foucault*, 2008; *Das Schibboleth der Psychoanalyse. Freuds Passagen der Schrift*, 2008.

Marion Gymnich
Geb. 1968 in Köln; Professorin für Englische Literatur an der Rheinischen Friedrich-Wilhelms Universität Bonn; Forschungsschwerpunkte: Erzähltheorie, Gender Studies, erinnerungskulturelle Ansätze, englische Literatur des 19. und 20. Jahrhunderts, postkoloniale und interkulturelle Literatur und Literaturtheorie. Publikationen u. a.: *Entwürfe weiblicher Identität im englischen Frauenroman des 20. Jahrhunderts*, 2000; (Mhg.): *Literatur – Erinnerung – Identität: Theoriekonzeptionen und Fallstudien*, 2003; (Mhg.): *Funktionen von Literatur: Theoretische Grundlagen und Modellinterpretationen*, 2005; *Metasprachliche Reflexionen und sprachliche Gestaltungsmittel im englischsprachigen postkolonialen und interkulturellen Roman*, 2007.

Christiane Hauschild
Geb. 1964 in Bremen; Dr. phil.; Studium der Ost- und Westslavischen Philologie und Philosophie in Göttingen und Moskau; 2000–2004 Mitarbeit an der *Enzyklopädie des Märchens*, Akademie der Wissenschaften zu Göttingen; 2004–2007 am Interdisciplinary Center for Narratology (ICN) der Universität Hamburg. Publikationen u. a.: *Häretische Transgressionen. Das Märchenpoem «Molodec» von Marina Cvetaeva*, 2004; Cvetaeva, Marina: *Mólodec. Ein Märchenpoem.* Russisch-Deutsch. 2004.

Oliver Jahraus
Geb. 1964 in Kempten/Allgäu; Professor für Neuere Deutsche Literatur und Medien und Vorstand des Humanwissenschaftlichen Zentrums an der Ludwig-Maximilians-Universität München; Forschungsschwerpunkte: Literaturtheorie

und Methodologie, Medien- und Kulturtheorie, Film und Literatur, Semiotik, Systemtheorie, Avantgarde, Kafka. Publikationen: *Das monomanische Werk* (zu Th. Bernhard), 1992; *Die Aktion des Wiener Aktionismus*, 2000; *Theorieschleife*, 2001; *Martin Heidegger*, 2004; *Amour fou*, 2004; *Literaturtheorie*, 2004; *Franz Kafka*, 2006; (Mhg.): *Lyrik lesen*, 2000; (Mhg.): *Beobachtungen des Unbeobachtbaren*, 2000; (Mhg.): *Niklas Luhmann. Reden und Aufsätze*, 2001; (Mhg.): *Kafkas Urteil und die Literaturtheorie*, 2002; (Mhg.): *Der erotische Film*, 2003; (Mhg.): *Der fantastische Film*, 2005; (Mhg.): *Europa in den europäischen Literaturen der Gegenwart*, 2003; (Mhg.): *Wie im Film*, 2004; (Mhg.): *Beobachten mit allen Sinnen*, 2008; (Mhg.): *Kafka-Handbuch*, 2008; (Mhg.): *Sex – Tod – Genie: Beiträge zum Werk von Helmut Krausser*, 2009.

Joseph Jurt
Geb. 1940 in Willisau/Schweiz; Studium der Romanistik und der Geschichte an der Universität Fribourg und an der Sorbonne; 1981–2005 Professor für Französische Literaturwissenschaft an der Universität Freiburg i. Br.; Mitgründer und Vorsitzender des Frankreich-Zentrums der Universität Freiburg (1993–2000); Gastdozenturen an der École des Hautes Études en Sciences Sociales (Paris), an der Sorbonne Nouvelle, an der Bundesuniversität Rio de Janeiro; Mitglied und dann Vizepräsident des Schweizerischen Wissenschaftsrates (2000–2007); Forschungsschwerpunkte: Rezeptionsforschung, Literatur und Politik, Literatursoziologie. Neuere Publikationen: *Das literarische Feld. Das Konzept Pierre Bourdieus in Theorie und Praxis*, 1995; *Absolute Pierre Bourdieu*, 2003, 2007; (Hg.): *Unterwegs zur Moderne*, 2004; (Hg.): *Die Literatur und die Erinnerung an die Shoah*, 2005; (Hg.): *Champ littéraire et nation*, 2007; *Grundwissen Philosophie. Bourdieu*, 2008.

Andreas Mahler
Geb. 1957 in München; Professor für Intermedialität (Anglistik) und Gründungsmitglied des Zentrums für Intermedialität (CIMIG) an der Karl-Franzens-Universität Graz; Forschungsschwerpunkte: Frühneuzeitforschung, Textualisierungen des Komischen, Literatur- und Medientheorie. Publikationen u. a.: *Moderne Satireforschung und elisabethanische Verssatire*, 1992; (Hg.): *Stadt-Bilder. Allegorie – Mimesis – Imagination*, 1999; (Hg.): *Shakespeares Subkulturen*, 2002; (Mhg.): *Die Cambridge School der politischen Ideengeschichte*, 2010.

Matías Martínez
Geb. 1960 in Santiago de Chile; Professor für Neuere deutsche Literaturgeschichte sowie Gründungsmitglied und Geschäftsführender Direktor des Zentrums für Erzählforschung (ZEF) an der Bergischen Universität Wuppertal; Forschungsschwerpunkte: Theorie und Geschichte des Erzählens, literarische Autorschaft, Romantik, moderne Lyrik. Publikationen u. a.: (Hg.) *Formaler Mythos. Beiträge zu einer Theorie ästhetischer Formen*, 1996; *Doppelte Welten. Struktur und Sinn zweideutigen Erzählens*, 1996; zus. mit Michael Scheffel: *Einführung in die Erzähltheorie*, [8]2009; (Mhg.): *Rückkehr des Autors. Zur Erneuerung eines umstrittenen Begriffs*, 1999; (Mhg.): *Wirklichkeitserzählungen. Felder, Formen und Funktionen nicht-literarischen Erzählens*, 2009.

Joachim Pfeiffer
Geb. 1950 in Lindenberg/Allgäu; Professor für Neuere deutsche Literatur und Literaturdidaktik an der Pädagogischen Hochschule Freiburg; Forschungsschwerpunkte: Literatur und Psychoanalyse, Goethezeit (bes. Kleist), Literarische Moderne, Filmtheorie und Filmdidaktik, Literatur und Neue Medien. Publikationen u. a.: *Die zerbrochenen Bilder. Gestörte Ordnungen im Werk Heinrich von Kleists*, 1989; *Literaturpsychologie 1945–1987. Eine systematische und annotierte Bibliographie*, 1989; *Tod und Erzählen. Wege der literarischen Moderne um 1900*, 1997; *Franz Kafka: Die Verwandlung/Brief an den Vater*, 1998; zus. mit Walter Schönau: *Einführung in die psychoanalytische Literaturwissenschaft*, 2003; zus. mit Hans-Martin Lohmann: *Freud-Handbuch. Leben – Werk – Wirkung*, 2006; (Mhg.): *Jahrbuch für Literatur und Psychoanalyse* und *Der Deutschunterricht*.

Friederike Rese
Geb. 1971 in Münster/Westfalen; zur Zeit: Privatdozentin am Philosophischen Seminar der Albert-Ludwigs-Universität Freiburg; 2002–2008: Wissenschaftliche Assistentin am Lehrstuhl von Günter Figal; Forschungsschwerpunkte: Theoretische Philosophie und Praktische Philosophie, Antike Philosophie, Hermeneutik und Phänomenologie; Habilitationsschrift: *Erfahrung als eine Form des Wissens* (Publikation in Vorbereitung). Publikationen u. a.: *Praxis und Logos bei Aristoteles. Handlung, Vernunft und Rede in «Nikomachischer Ethik», «Rhetorik» und «Politik»*, 2003; (Hg.): *Heidegger und Husserl im Vergleich* 2010 (im Druck); *Dialektik und Hermeneutik. Platons und Gadamers Theorien des Verstehens im Vergleich*, in: *Internationales Jahrbuch für Hermeneutik* 4 (2005), S. 141–176; *Phronesis als Modell der Hermeneutik*, in: Figal, Günter (Hg.): *Hans-Georg Gadamer. Wahrheit und Methode. Klassiker auslegen*, Bd. 30, 2007, S. 127–150.

Michael Scheffel
Geb. 1958 in Frankfurt/M.; Professor für Neuere Deutsche Literaturgeschichte und Allgemeine Literaturwissenschaft sowie Gründungsmitglied des Zentrums für Erzählforschung (ZEF) an der Bergischen Universität Wuppertal; Forschungsschwerpunkte: Theorie und Geschichte des Erzählens, Fiktionalitäts- und Metafiktionalitätstheorie, Literatur des Realismus und der Zeit um 1900. Publikationen u. a.: *Magischer Realismus*, 1990; *Formen selbstreflexiven Erzählens*, 1997; (Hg.): *Erschriebene Natur – Internationale Perspektiven auf Texte des 18. Jahrhunderts*, 2001; zus. mit Matías Martínez: *Einführung in die Erzähltheorie*, [8]2009; (Mhg.): *Stimme(n) im Text. Narratologische Positionsbestimmungen*, 2006; (Mhg.): *Ambivalenz und Kohärenz. Untersuchungen zur narrativen Sinnbildung*, 2009.

Frauke Schmidt
Geb. 1982 in Hannover; Diplom-Kulturwirtin (Universität Passau) und Doktorandin am Romanischen Seminar der Universität zu Köln; Forschungsschwerpunkte: Spanische und katalanische Lyrik der 1950er und 1960er Jahre, Autobiographie und Autofiktion. Publikationen: (Mhg.): *Sin fronteras? Chancen und*

Probleme lateinamerikanischer Migration, 2007; *Lyrik als Ort subversiver Zeichen: Lesbarkeit von Nähesprache bei Carlos Barral, Jaime Gil de Biedma, José Agustín Goytisolo und Gabriel Ferrater*, in: Baumann, Inga u. a. (Hg.): *Zeichen setzen – Konvention, Kreativität, Interpretation: Beiträge zum 24. Forum Junge Romanistik*, 2009.

Linda Simonis
Geb. 1965 in Köln; Professorin für Allgemeine und Vergleichende Literaturwissenschaft an der Ruhr-Universität Bochum; Forschungsschwerpunkte: Literatur der Aufklärung, literarische Mythenrezeption, Kulturgeschichte und -kritik, transnationale Literaturen. Publikationen u. a.: *Genetisches Prinzip. Zur Struktur der Kulturgeschichte*, 1998; *Die Kunst des Geheimen*, 2002; (Mhg.): *Mythen in Kunst und Literatur*, 2004; (Mhg.): *Comparatio. Zeitschrift für Vergleichende Literaturwissenschaft*, seit 2009; (Hg.): *Geopolitische Fiktionen*, 2010.

Filippo Smerilli
Geb. 1969 in Essen; wissenschaftlicher Mitarbeiter im Fach Neuere Deutsche Literaturgeschichte und Allgemeine Literaturwissenschaft sowie Mitglied im Vorstand des Zentrums für Erzählforschung (ZEF) an der Bergischen Universität Wuppertal; Forschungsschwerpunkte: Literatur der Moderne, Literaturtheorie, Erzähltheorie. Publikationen u. a.: *Moderne – Sprache – Körper. Analysen zum Verhältnis von Körpererfahrung und Sprachkritik in erzählenden Texten Robert Musils*, 2009.

Christoph Veldhues
Geb. 1961 in Rheine/Westfalen; Leiter Spracharbeit der Goethe-Institute in Osteuropa/Zentralasien mit Sitz am Goethe-Institut Moskau; Forschungsschwerpunkte: Osteuropäische Semiotik, russischer Formalismus, Erzähltheorie, populäre Erzählformen. Publikationen u. a.: *Systematische und textematische Bedeutung in literarischen Kunstwerken*, 1991; (Mhg.): *Textbeschreibungen, Systembeobachtungen*, 1997; (Mhg.): *Im Zeichen-Raum*, 1998; *Formalistischer Autor-Funktionalismus. Wie Tynjanovs Puškin gemacht ist*, 2003.

Peter V. Zima
Geb. 1946 in Prag; ordentlicher Professor für Allgemeine und Vergleichende Literaturwissenschaft an der Universität Klagenfurt und seit 1998 korr. Mitglied der Österreichischen Akademie der Wissenschaften in Wien. Neuere Publikationen: *La Déconstruction. Une critique*, 1994 u. 2007; *Die Dekonstruktion. Einführung und Kritik*, 1994; *Moderne/Postmoderne*, [2]2001; *Was ist Theorie?*, 2004 (engl. erw. Fassung: *What is Theory?*, 2007); *Der europäische Künstlerroman*, 2008; *Narzissmus und Ichideal*, 2009; *Modern/Postmodern. Society, Philosophy, Literature*, 2010.

Personenregister